TIME  **E**

TINTIN DICTIONARY

时代高级英汉拼音词典

TIMES

Advanced English-Chinese

Pinyin Dictionary

Compiled by
Wu Zhaoyi • Qian Suwen
Liang Wenxuan • Guo Yuling

 FEDERAL PUBLICATIONS
Singapore • Kuala Lumpur • Hong Kong

© 1988 New World Press
24 Baiwanzhuang Road, Beijing, China

This edition first published 1988 by
Federal Publications (S) Pte Ltd
A member of the Times Publishing Group
Times Centre
1 New Industrial Road
Singapore 536196
by arrangement with New World Press

Originally entitled *The English-Chinese Pinyin Pocket Dictionary*

Reprinted 1991 (twice), 1992 (twice), 1993, 1994,
1995 (twice), 1996, 1997

ISBN 981 01 2378 7

Printed by Press Ace Pte Ltd, Singapore

CONTENTS

Contents

PREFACE

The *Advanced English-Chinese Pinyin Dictionary* has been specially prepared for English speakers who study Chinese. It contains about 10,000 entries, introducing commonly-used English and Chinese words, phrases and expressions. Each entry consists of an English word, its part of speech, corresponding Chinese meaning(s), usage and examples. One of the prominent features of this dictionary is that all Chinese characters are followed by *pinyin* (Chinese phonetic transcription) so that readers who have some basic knowledge of the Chinese *pinyin* system can pronounce the words and read the sentences. Moreover, in giving definitions, explanations and examples, great care has been taken to explain the different usages of a single word in English and Chinese including different collocations and the use of different measure words. For example:

wear

wear a coat	穿大衣	chuān dàyī
wear glasses	戴眼镜	dài yǎnjìng

visit

visit an exhibition	参观展览会	cānguān zhǎnlǎnhuì
visit a friend	访问朋友	fǎngwèn péngyǒu

play

play basketball	打篮球	dǎ lánqiú
play football	踢足球	tī zúqiú
play the violin	拉小提琴	lā xiǎotíqín

play the piano	弹钢琴	tán gāngqín
play the flute	吹横笛	chuī héngdí
play chess	下象棋	xià xiàngqí
a		
a knife	一把刀	yī bǎ dāo
a horse	一匹马	yī pí mǎ
a piece of paper	一张纸	yī zhāng zhǐ
a cake of soap	一块肥皂	yī kuài féizào

The *Advanced English-Chinese Pinyin Dictionary* has been jointly edited by Wu Zhaoyi, Qian Suwen, Liang Wenxuan and Guo Yuling of Beijing Teachers' College. Lu Weifan, Huang Jiadi, Lu Yunzhong and Wang Xijing also participated in the compiling work.

The editorial team of this dictionary wish to express their thanks to Lu Yunzhong, associated professor of the Chinese Language and Literature Department of Beijing Teachers' College for contributing "Chinese Pronunciation" (see Appendix). Thanks are also due to students of the Foreign Languages Department of Beijing Teachers' College and American students who have given advice and suggestions.

Editors

Guide to the Use of the Dictionary

1. Each entry consists of an English word, its part of speech, corresponding Chinese meaning(s) *pinyin* explanations and/or examples.

2. English words appear in regular print, parts of speech in italics, and *pinyin* words are marked with tones.

3. Homonyms are listed as separate entries and numbers are given at the upper right-hand corners:
   bank[1] 河岸 hé'àn   bank[2] 银行 yínháng

4. Different parts of speech are included in the same entry:
   hail   *v.* 欢呼 huānhū, 致敬 zhìjìng
   　　　n. 欢呼（声）huānhū(shēng), 致敬 zhìjìng

5. Derivations are listed as separate entries:
   cohere *v.* 粘着 niánzhe, 连结 liánjiē
   coherence *n.* 连贯性 liánguànxìng

6. When a word has several meanings, only basic meanings are given, marked with 1, 2, 3, etc.

7. An English word is followed by its corresponding Chinese words. In some cases explanations of usage are given.

8. The *pinyin* system is based on "The Basic Rules of the *Pinyin* System" adopted by the Chinese *Pinyin*-Defining Commission of China. Changes in the tones of the words 一，七，八，不 are indicated, for example: 不是 búshì 不行 bùxíng. Unstressed syllables are not marked with tones. The "r" sound is added to certain words such as 花 huār.

9. Symbols

~ represents the word of each entry.

/ separates different examples.

= expresses equal meanings.

: appears before an example.

* precedes explanations.

– is a link symbol.

( ) quotes possible different choices, such as 脑力(体力)劳动 nǎolì (tǐlì) láodòng mental (manual) work

...... is an omission mark.

10. Abbreviations

n.	noun	名词	míngcí
pron.	pronoun	代词	dàicí
v.	verb	动词	dòngcí
a.	adjective	形容词	xíngróngcí
ad.	adverb	副词	fùcí
conj.	conjunction	连词	liáncí
prep.	preposition	介词	jiècí
aux. v	auxiliary verb	助动词	zhùdòngcí
num.	numeral	数词	shùcí
sb.	somebody	某人	mǒurén
sth.	something	某事	mǒushì
&	and	和	hé

A

a (an) 1. 一 yī; 一个 yí gè: ~ book 一本书 yì běn shū, ~ pen 一支钢笔 yì zhī gāngbǐ, ~ chair 一把椅子 yì bǎ yǐzi, ~ table 一张桌子 yì zhāng zhuōzi, ~ poet 一位诗人 yí wèi shīrén, ~ child 一个小孩儿 yí gè xiǎoháir 2. 每 měi; 每一 měi yī: sixty kilometres an hour 每小时60公里 měi xiǎoshí liùshí gōnglǐ, once ~ month 每月一次 měi yuè yí cì 3. a cake of soap 一块肥皂 yí kuài féizào, ~ piece of bread 一片面包 yí piàn miànbāo, ~ pair of trousers 一条裤子 yì tiáo kùzi, ~ pair of glasses 一付眼镜 yí fù yǎnjìng, ~ suit of clothes 一套衣服 yí tào yīfú, ~ pair of scissors 一把剪刀 yì bǎ jiǎndāo, ~ cluster of grapes 一串葡萄 yí chuàn pútáo, ~ barrel of beer 一桶啤酒 yì tǒng píjiǔ, ~ crowd of people 一群人 yì qún rén, ~ grain of sand 一粒沙子 yí lì shāzi, ~ piece of furniture 一件家具 yí jiàn jiājù

abacus *n.* 算盘 suànpán: use (work) an ~ 打算盘 dǎ suànpán

abandon *v.* 1. 抛弃 pāoqì; 放弃 fàngqì: ~ an attempt 放弃尝试 fàngqì chángshì 2. 纵情 zòngqíng; 沉溺 chénnì: ~ oneself to ... 沉溺于…… chénnìyú *n.* 放任 fàngrèn; 纵情 zòngqíng

abbey *n.* 修道院 xiūdàoyuàn

abbreviate *v.* 简略 jiǎnlüè; 缩写 suōxiě

abbreviation *n.* 简略 jiǎnlüè; 缩写 suōxiě

ABC *n.* 1. 字母表 zìmǔbiǎo 2. 基本知识入门 jīběn zhīshi rùmén: ~ of Chinese grammar 汉语语法入门 hànyǔ yǔfǎ rùmén

abet *v.* 教唆 jiàosuō; 煽动 shāndòng.

abide *v.* 1. = stick to 遵守 zūnshǒu; 坚持 jiānchí: I ～ by what I said. 我坚持我所说的话。 Wǒ jiānchí wǒ suǒ shuō de huà. 2. 容忍 róngrěn: I can't ～ such people. 对这种人我不能容忍。 Duì zhèzhǒng rén wǒ bùnéng róngrěn.

ability *n.* 能力 nénglì; 才干 cáigàn: to the best of one's ～ 尽最大努力 jìn zuì dà nǔlì

abject *a.* 悲惨的 bēicǎnde; 凄惨的 qīcǎnde *of condition ～ poverty 赤贫 chìpín

able *a.* 1. 能 néng; 会 huì: be ～ to swim 会游泳 huì yóuyǒng 2. 有才干的 yǒu cáigàn de; 能干的 nénggànde: an ～ teacher 一位能干的教师 yí wèi nénggànde jiàoshī; ～ -bodied 强壮的 qiángzhuàngde

abnormal *a.* 反常的 fǎnchángde

aboard *ad. & prep.* 1. 在船(飞机、火车)上 zài chuán (fēijī, huǒchē) shang 2. 上船(飞机、 火车) shàng chuán (fēijī, huǒchē): All ～! 请上船(飞机、火车)! Qǐng shàng chuán (fēijī, huǒchē)!

abolish *v.* 废除 fèichú; 取消 qǔxiāo

abolition *n.* 废除 fèichú; 取消 qǔxiāo

A-bomb = atom bomb 原子弹 yuánzǐdàn

abominate *v.* 厌恶 yànwù

aboriginal *n.* 土著人 tǔzhùrén; *a.* 土著的 tǔzhùde

abortion *n.* 流产 liúchǎn: induced ～ 人工流产 réngōng liúchǎn

abound *v.* 1. 丰富 fēngfù: Natural resources ～ in China. 中国自然资源丰富。 Zhōngguó zìrán zīyuán fēngfù. 2. 多 duō: That region ～s in rain. 那个地区多雨。 Nàge dìqū duō yǔ.

about *ad. & prep.* 1. 周围 zhōuwéi; 附近 fùjìn: There

were few people ～. 周围没有什么人。Zhōuwéi méiyǒu shénme rén. 2. 大约 dàyuē; 差不多 chàbuduō: ～ three hours 大约三小时 dàyuē sān xiǎoshí 3. 关于 guānyú: They are talking ～ the weather. 他们正在谈论天气。 Tāmen zhèngzài tánlùn tiānqì. 4. be ～ to do sth. 正要 zhèngyào: We were ～ to start when it rained. 我们正要出发时下雨了。 Wǒmen zhèngyào chūfā shí xiàyǔ le.

above *prep., a. & ad.* 1. 在……上 zài . . . . . . shang: The sun rises ～ the horizon. 太阳从地平线上升起。 Tàiyáng cóng dìpíngxiàn shang shēngqǐ. 2. 在上面 zài shàngmian; 在高处 zài gāochù: I was just in the room ～. 刚才我在楼上。 Gāngcái wǒ zài lóushang. 3. 上述的 shàngshùde: as was stated ～ 如上所述 rú shàng suǒ shù; ～ all, 首先 shǒuxiān; 尤其重要的是 yóuqí zhòngyào de shì

abreast *ad.* 并排 bìngpái; 并肩 bìngjiān: be (keep) ～ of 同……并进 tóng . . . . . . bìngjìn

abridge *v.* 1. 删节 shānjié; 节略 jiélüè 2. 剥夺 bōduó: ～ sb. of his rights 剥夺某人的权力 bōduó mǒurénde quánlì

abroad *ad.* 1. 到国外 dào guówài; 在海外 zài hǎiwài: He is studying ～. 他在国外留学。 Tā zài guówài liúxué. 2. 到处 dàochù: The news soon spread ～. 消息很快传开了。 Xiāoxi hěn kuài chuánkāi le.

abrupt *a.* 1. 突然的 tūránde: an ～ departure 突然离去 tūrán líqù 2. 粗鲁的 cūlǔde; 无礼的 wúlǐde: an ～ manner 无礼的态度 wúlǐde tàidu 3. 陡峭的 dǒuqiàode: ～ rocks 陡峭的山岩 dǒuqiàode shānyán

absence *n.* 1. 不在 bú zài; 缺席 quēxí: My friend came in my ~. 我的朋友在我外出时来了。Wǒde péngyou zài wǒ wàichū shí lái le. 2. 缺乏 quēfá; 缺少 quēshǎo: in the ~ of definite information 在缺乏确定消息的情况下 zài quēfá quèdìng xiāoxi de qíngkuàng xià

absent *a.* 不在 bú zài; 缺席 quēxí: How many students are ~ today? 今天有多少学生缺席? Jīntiān yǒu duōshao xuésheng quēxí? ~-minded 心不在焉的 xīnbúzàiyànde

absolute *a.* 1. 绝对的 juéduìde; 完全的 wánquánde: ~ trust 绝对的信任 juéduìde xìnrèn 2. 专制的 zhuānzhìde; 独裁的 dúcáide: an ~ ruler 专制的统治者 zhuānzhìde tǒngzhìzhě

absorb *v.* 1. 吸收 xīshōu: ~ water 吸收水份 xīshōu shuǐfèn 2. 吸引 xīyǐn; 使……专心 shǐ ...... zhuānxīn: He is entirely ~ed in his business. 他完全专心于他的业务。Tā wánquán zhuānxīnyú tāde yèwù.

absorbing *a.* 引人入胜的 yǐnrénrùshèngde; 非常吸引人的 fēicháng xīyǐn rén de

absorbent *a.* 能吸收的 néng xīshōu de: Sponge is ~ of water. 海绵能吸水。Hǎimián néng xī shuǐ. *n.* 吸收剂 xīshōujì

abstain *v.* 1. 戒 jiè; 避免 bìmiǎn: ~ from wine 戒酒 jiè jiǔ 2. 弃权 qìquán; ~ from voting 弃权 qìquán

abstention *n.* 弃权 qìquán

abstinence *n.* 节制 jiézhì; 禁欲 jìnyù

abstract[1] *a.* 抽象的 chōuxiàngde: ~ art 抽象艺术 chōuxiàng yìshù / an ~ noun 抽象名词 chōuxiàng míngcí *n.* 抽象 chōuxiàng; 抽象物 chōuxiàngwù

abstract² *n.* 摘要 zhāiyào; 提要 tíyào. *v.* 提取 tíqǔ:
~ metal from ore 从矿沙中提炼金属 cóng kuàngshā
zhōng tíliàn jīnshǔ

absurd *a.* 荒谬的 huāngmiùde

abundance *n.* 丰富 fēngfù; 充足 chōngzú: an ~ of
sunshine 充足的阳光 chōngzúde yángguāng

abundant *a.* 1. 丰富的 fēngfùde: an ~ year 丰年
fēngnián 2. 充分的 chōngfènde: ~ proof 充分的证
据 chōngfènde zhèngjù

abuse *v.* 1. 滥用 lànyòng: Don't ~ your power.
不要滥用你的权力。 Búyào lànyòng nǐde quánlì.
2. 辱骂 rǔmà 3. 虐待 nüèdài

abyss *n.* 深渊 shēnyuān

A.C. , a.c. = Alternating Current 交流电 jiāoliúdiàn

a / c = account 账户 zhànghù; savings ~ 存款账户
cúnkuǎn zhànghù

academic(al) *a.* 1. 专科学校的 zhuānkē xuéxiào de
*of a school 2. 学术的 xuéshùde: ~ achievement
学术成就 xuéshù chéngjiù

academy *n.* 1. 专科院校 zhuānkē yuàn-xiào: a mili-
tary ~ 军事学院 jūnshì xuéyuàn 2. 学会 xuéhuì;
研究院 yánjiūyuàn: the Chinese ~ of Sciences
中国科学院 Zhōngguó Kēxuéyuàn

accede *v.* 1. 同意 tóngyì; 答应 dāying: He ~ed
to our request. 他答应了我们的请求。 Tā dāying-
le wǒmende qǐngqiú. 2. 就任 jiùrèn: ~ to a higher
position 提升 tíshēng 3. 加入 jiārù: ~ to a treaty
成为条约的一方 chéngwéi tiáoyuē de yìfāng

accelerate *v.* 加速 jiāsù

accelerator *n.* 加速器 jiāsùqì

accent *n.* 1. 重音 zhòngyīn: The ~ falls on the second

syllable. 重音在第二音节上 Zhòngyīn zài dì-èr yīnjié shang. 2. 口音 kǒuyīn: He speaks with a strong Shanghai ~. 他说话带有很重的上海口音。 Tā shuōhuà dàiyǒu hěn zhòng de Shànghǎi kǒuyīn.

accessory *n.* 1. 附件 fùjiàn: car accessories 汽车附件 qìchē fùjiàn 2. 同谋者 tóngmóuzhě; 帮凶 bāng-xiōng: He was an ~ to the crime. 他是这桩罪行的帮凶。 Tā shì zhè zhuāng zuìxíng de bāngxiōng.

accident *n.* 1. 事故 shìgù: a traffic ~ 交通事故 jiāo-tōng shìgù 2. 偶然的事 ǒuránde shì: His success is a mere ~. 他的成功只出于偶然。 Tāde chénggōng zhǐ chūyú ǒurán. by ~ 偶然 ǒurán

acclaim *v.* 1. 欢呼 huānhū; 向……喝彩（称赞）xiàng……hècǎi (chēngzàn): be wildly ~ed 受到广泛称赞 shòudào guǎngfàn chēngzàn 2. 以欢呼声拥戴（推举）yǐ huānhūshēng yōngdài (tuījǔ): They ~ed her their leader. 在欢呼声中他们推举她为领导者。 Zài huānhūshēng zhōng tāmen tuījǔ tā wéi lǐngdǎozhě.

accommodate *v.* 1. 供给住宿 gōngjǐ zhùsù: The hotel can ~ 500 guests. 这家旅馆可供 500 个客人住宿。 Zhè jiā lǚguǎn kě gōng wǔbǎi gè kèrén zhùsù. 2. 使……适应 shǐ …… shìyìng; 使……配合 shǐ …… pèihé: You must ~ yourself to circumstances. 你必须适应环境。 Nǐ bìxū shìyìng huánjìng.

accommodation *n.* 住所 zhùsuǒ; 住宿 zhùsù

accompany *v.* 1. 陪伴 péibàn; 陪同 péitóng: He was accompanied by his secretary. 他由秘书陪同。 Tā yóu mìshū péitóng. 2. 伴奏 bànzòu: The singer was accompanied on the piano. 歌唱家由

钢琴伴奏。Gēchàngjiā yóu gāngqín bànzòu. 3. 与 …… 同时发生 yǔ …… tóngshí fāshēng: Lightning is accompanied by thunder. 闪电带着雷声。Shǎndiàn dàizhe léishēng.

accomplice *n.* 同谋者 tóngmóuzhě; 帮凶 bāngxiōng

accomplish *v.* 完成 wánchéng; 实现 shíxiàn

accomplishment *n.* 成就 chéngjiù

accord *n.* 一致 yízhì; 符合 fúhé: of one's own ~ 自发地 zìfāde; with one ~ 一致地 yízhìde *v.* 1. 一致 yízhì 符合 fúhé: What you've done doesn't ~ with what you've said. 你说的与做的不一致。Nǐ shuōde yǔ zuòde bù yízhì. 2. 给与 jǐyǔ: He was ~ed a warm welcome. 他受到热烈欢迎。Tā shòudào rèliè huānyíng.

according *ad.* ~ to 根据 gēnjù

accordingly *ad.* 1. 照办 zhàobàn: You told me to lock the door, and I acted ~. 你叫我锁上门, 我照办了。Nǐ jiào wǒ suǒ shàng mén, wǒ zhàobàn le. 2. = therefore 因此 yīncǐ; 从而 cóng'ěr

accordion *n.* 手风琴 shǒufēngqín

account[1] *n.* 1. 账目 zhàngmù: Can I settle my ~? 我可以把账结清吗？ Wǒ kěyǐ bǎ zhàng jiéqīng ma? 账户 zhànghù: open an ~ 开个账户 kāigè zhànghù. 2. 叙述 xùshù; 描写 miáoxiě: She gave an ~ of her life. 她叙述了她的生平。Tā xùshùle tāde shēngpíng. 3. 重要性 zhòngyàoxìng: a matter of great ~ 一件很重要的事 yī jiàn hěn zhòngyào de shì, on ~ of 因为 yīnwèi, on no ~ 决不 juébù, take into ~ 考虑 kǎolǜ

account[2] *v.* 1. 认为 rènwéi: He was ~ed a wise man. 大家都认为他是个聪明人。Dàjiā dōu rènwéi tā shì gè cōngmíngrén. 2. 说明原因 shuōmíng yuányīn: What accounts for his absence? 他由于什么原因没来? Tā yóuyú shénme yuányīn méi lái?

accountant *n*. 会计 kuàijì

accumulate *v*. 积累 jīlěi; 积聚 jījù

accumulator *n*. 蓄电池 xùdiànchí *storage battery; 储存器 chǔcúnqì *something that accumulates

accurate *a*. 准确的 zhǔnquède; 精密的 jīngmìde

accuse *v*. 控告 kònggào *of theft; 谴责 qiǎnzé *of cowardice; the ~d 被告人 bèigàorén

accustom *v*. 使……习惯于 shi …… xíguànyú: I am ~ed to the weather here. 我习惯这里的天气。Wǒ xíguàn zhèlide tiānqì.

ache *v*. 1. 疼痛 téngtòng: I ~ all over. 我浑身疼。Wǒ húnshēn téng. 2. 渴望 kěwàng; 想念 xiǎngniàn: He was ~ing to go with me. 他渴望和我一起走。Tā kěwàng hé wǒ yìqi zǒu. *n*. 疼痛 téngtòng: tooth-~ 牙疼 yáténg

achieve *v*. 1. 完成 wánchéng. 2. 达到(目的) dádào (mùdì); 赢得 yíngdé: He hopes to ~ all his aims. 他希望达到他所有的目的。Tā xiwàng dádào tā suǒyǒu de mùdì.

achievement *n*. 成就 chéngjiù

acid *n*. 酸 suān *of chemistry *a*. 酸性的 suānxìngde; 酸的 suānde

accept *v*. 1. 接受 jiēshòu: I cannot ~ your gift. 我不能接受你的礼物。Wǒ bùnéng jiēshòu nìde lǐwù. 2. 同意 tóngyì; 承认 chéngrèn: I accept your explanation. 我同意你的解释。Wǒ tóngyì nǐde jiěshì.

access *n*. 1. 接近 jiējìn: Students must have ~ to good books. 学生必须要看好书。Xuésheng bìxū yào kàn hǎoshū. 2. 通路 tōnglù: This is the only ~ to the house. 这是到那所房子的唯一通路。 Zhè shì dào nà suǒ fángzi de wéiyī tōnglù.

accessible *a*. 1. 易接近的 yì jiējìn de; 能进去的 néng jìnqù de: a place ~ to the public 公众可以进入的地方 gōngzhòng kěyǐ jìnrù de dìfang 2. 可理解的 kě lǐjiě de: a book ~ to beginners 初学者能理解的书 chūxuézhě néng lǐjiě de shū

acknowledge *v*. 1. 承认 chéngrèn: I ~ my mistake. 我承认我的错误。 Wǒ chéngrèn wǒde cuòwu. 2. 通知收到 tōngzhī shōudào: ~ a letter 致函说明收到来信 zhì hán shuōmíng shōudào láixin 3. 表示感谢 biǎoshì gǎnxiè: We ~ his long service with the company. 我们感谢他对公司的长期贡献。 Wǒmen gǎnxiè tā duì gōngsī de chángqī gòngxiàn.

acquaint *v*. 1. 认识 rènshi: We are ~ed. 我们认识。 Wǒmen rènshi. 2. 熟悉 shúxī; 了解 liǎojiě: Are you ~ed with the facts? 你了解那些事实吗？ Nǐ liǎojiě nàxiē shìshí ma?

acquaintance *n*. 1. 相识 xiāngshí: I only have a nodding ~ with him. 我与他仅有点头之交。 Wǒ yǔ tā jǐn yǒu diǎntóu zhī jiāo. 2. 熟人 shúrén: He has a lot of ~s in this town. 他在这个城里有许多熟人。 Tā zài zhège chénglǐ yǒu xúduō shúrén.

acquire *v*. 获得 huòdé

acquit *v*. 1. 开释 kāishì; 宣告无罪 xuāngào wúzuì: He was ~ed on the charge. 他被宣告无罪 Tā bèi xuāngào wúzuì.

acre *n*. 英亩 yīngmǔ

acrid *a*. 1. 辛辣的 xīnlàde; 刺鼻的 cìbíde: the ~

smell of the burning wood. 烧焦木头的难闻气味 shāojiāo mùtou de nánwén qìwèi. 2. 尖刻的 jiānkède: an ～ speech 尖刻的讲话 jiānkède jiǎnghuà

acrobat *n.* 杂技演员 zájì yǎnyuán

acrobatics *n.* 杂技 zájì

across *prep. & ad.* 1. 横过 héngguò: They built a bridge ～ the river. 他们在河上架了一座桥。 Tāmen zài héshang jiàle yí zuò qiáo. 2. 在……对面 zài …… duìmiàn: The post office is just ～ the street. 邮局就在马路对面。 Yóujú jiù zài mǎlù duìmiàn. 3. 交叉 jiāochā: The two lines cut ～ each other. 这两条线相互交叉。 Zhè liǎng tiáo xiàn xiānghù jiāochā.

act *v.* 1. 行动 xíngdòng; 做 zuò: We must ～ at once. 我们必须马上行动。 Wǒmen bìxū mǎshàng xíngdòng. 2. 表演 biǎoyǎn; 扮演 bànyǎn: Who is ～ing Hamlet? 是谁扮演哈姆雷特? Shì shéi bànyǎn (Hamlet) Hāmǔléitè? 3. 担任 dānrèn; 充当 chōngdāng: ～ as interpreter 充当译员 chōngdāng yìyuán 4. 起作用 qǐzuòyòng: The brakes refused to ～. 刹车不灵了。Shāchē bù líng le. *n.* 1. 行为 xíngwéi; 行动 xíngdòng: a foolish ～ 愚蠢的行为 yúchǔnde xíngwéi 2. 幕 mù: a play in three ～s 三幕剧 sānmùjù

acting[1] *a.* 代理的 dàilǐde: the ～ minister 代理部长 dàilǐ bùzhǎng

acting[2] *n.* 表演 biǎoyǎn

action *n.* 1. 行动 xíngdòng; 活动 huódòng: a man of ～ 活动家 huódòngjiā 2. 行为 xíngwéi: We'll judge him by his ～. 我们将根据他的行为来判断他。 Wǒmen jiāng gēnjù tāde xíngwéi lái pànduàn tā.

active *a.* 1. 活跃的 huóyuède; 积极的 jījíde: He is very ∼ in sports. 他在体育活动中很活跃。 Tā zài tǐyù huódòng zhōng hěn huóyuè. 2. 在活动中的 zài huódòng zhōng de: an ∼ volcano 活火山 huóhuǒshān 3. 主动的 zhǔdòngde: the ∼ voice 主动语态 zhǔdòng yǔtài *in grammar

activity *n.* 活动 huódòng: social activities 社会活动 shèhuì huódòng: recreational ∼ 娱乐活动 yùlè huódòng

actor *n.* 男演员 nányǎnyuán

actress *n.* 女演员 nǚyǎnyuán

actual *a.* 现实的 xiànshíde; 实际的 shíjìde: the ∼ conditions 实际情况 shíjì qíngkuàng

actually *ad.* 1. 实际上 shíjìshang: A∼, that's not true. 实际上那是不真实的。 Shíjìshang nà shì bù zhēnshí de. 2. 竟然 jìngrán: He ∼ said so. 他竟然这样说。 Tā jìngrán zhèyàng shuō.

acupuncture *n.* 针刺 zhēncì: 针刺疗法 zhēncì liáofǎ: ∼ anaesthesia 针刺麻醉 zhēncì mázuì / ∼ and moxibustion 针灸 zhēnjiǔ

acute *a.* 1. 历害的 lìhaide; 剧烈的 jùliède: ∼ pain 剧烈疼痛 jùliè téngtòng 2. 敏锐的 mǐnruìde; 灵敏的 língmǐnde: ∼ sense of smell 嗅觉灵敏 xiùjué língmǐn 3. 急性的 jíxìngde: Pneumonia is an ∼ disease. 肺炎是一种急性疾病。 Fèiyán shì yì zhǒng jíxìng jíbìng. 4. 锐利的 ruìlìde; 尖锐的 jiānruìde: ∼ angle 锐角 ruìjiǎo

A.D. = Anno Domini 公元 gōngyuán; 纪元 jìyuán

adapt *v.* 1. 使……适应 shǐ …… shìyìng; 使……适合 shǐ …… shìhé: ∼ oneself to new customs 使自己适应新的风俗习惯 shǐ zìjǐ shìyìng xīnde fēngsú xíguàn 2. 改编 gǎibiān; 改写 gǎixiě: Novels are often ~ed for the stage. 小说常被改编为剧本。 Xiǎoshuō cháng bèi gǎibiānwéi jùběn.

add v. 1. 加 jiā; 增加 zēngjiā: He ~ed the wood to the fire. 他给火加了些木柴。 Tā gěi huǒ jiāle xiē mùchái. 2. 补充说 bǔchōng shuō: He ~ed that .... 他接着说……。 Tā jiēzhe shuō ....~ up 加起来 jiā qǐlái; 合计 héjì

addict v. 使……沉迷 shǐ ...... chénmí; 使……嗜好 shǐ ...... shìhào: be ~ed to sth. 沉迷于（嗜好）某事物 chénmíyú (shìhào) mǒu shìwù n. 有瘾的人 yǒuyǐnde rén: a drug ~ 吸毒上瘾的人 xīdú shàngyǐn de rén

addition n. 1. 加法 jiāfǎ *in maths 2. 增加 zēngjiā: in ~ 另外 lìngwài; in ~ to 除……之外 chú ...... zhī wài

address v. 1. 向……讲话（演说） xiàng ...... jiǎnghuà (yǎnshuō): He will ~ the meeting. 他将向大会演说。 Tā jiāng xiàng dàhuì yǎnshuō. 2. 称呼 chēnghu: How do I ~ him? 我怎么称呼他？ Wǒ zěnme chēnghu tā? 3. 写住址 xiě zhùzhǐ: The letter was wrongly ~ed. 信的住址写错了。 Xìn de zhùzhǐ xiěcuò le. n. 1. 通信处 tōngxìnchù *postal address; 地址 dìzhǐ 2. 致词 zhìcí *speech 3. 称呼 chēnghu *appellation

adept a. 熟练的 shúliànde; 内行的 nèihángde: be ~ in figures 善于计算 shànyú jìsuàn n. 内行 nèiháng; 能手 néngshǒu: He is an ~ in photography. 他是个照相能手。 Tā shì gè zhàoxiàng néngshǒu.

adequate a. 1. 足够的 zúgòude: We took ~ food

for the trip. 我们为那次旅行带了足够的食品。
Wǒmen wèi nà cì lǚxíng dàile zúgòude shípǐn.
2. 适当的 shìdàngde: take ~ measures 采取适当
措施 cǎiqǔ shìdàng cuòshī

adhere v. 1. 粘着 zhānzhe: The two surfaces are
~ed. 两面粘在一起。Liǎngmiàn zhān zài yìqǐ.
2. 坚持 jiānchí: ~ to one's plans 坚持其计划
jiānchí qí jìhuà

adhesive a. 有粘性的 yǒu niánxìng de; 粘着的 nián-
zhede: ~ plaster 橡皮膏 xiàngpígāo n. 胶合剂
jiāohéjì

adjacent a. 紧接的 jǐnjiēzhede: ~ rooms 相连的房
间 xiānglíande fángjiān

adjoin v. 靠近 kàojìn

adjourn v. 使……中止 shǐ …… zhōngzhǐ; 休会
xiūhuì: The meeting was ~ed for a week.
会议休会一周。Huìyì xiūhuì yì zhōu.

adjudge v. 1. 判决 pànjué; 裁决 cáijué: ~ sb. guilty
判决某人有罪 pànjué mǒu rén yǒuzuì 2. 评判给
píngpàn gěi: The court ~ed the dead man's
house to his son. 法庭把死者的房子评判给他
的儿子。Fǎtíng bǎ sǐzhě de fángzi píngpàn gěi
tā de érzi.

adjust v. 调整 tiáozhěng; 调节 tiáojié; 使……适合
shǐ …… shìhé: She'll just have to ~ herself
to the new conditions. 她只好使自己适应新的
环境。Tā zhǐhǎo shǐ zìjǐ shìyìng xīnde huánjìng.

administer v. 1. 管理 guǎnlǐ; 经营 jīngyíng: ~
business affairs 管理商务 guǎnlǐ shāngwù 2. 实施
shíshī; 给与 jǐyǔ: ~ the law 执法 zhífǎ / ~ the
medicine to the patient 给病人吃药 gěi bìngrén
chī yào

administration *n.* 1. 管理 guǎnlǐ: ～ of business 管理商务 guǎnlǐ shāngwù; 经营 jīngyíng 2. 执行 zhíxíng: ～ of the law 执行法律 zhíxíng fǎlǜ 3. 政府 zhèngfǔ: the A～ 中央政府 zhōngyāng zhèngfǔ

administrative *a.* 管理的 guǎnlǐde: ～ responsibilities 管理职责 guǎnlǐ zhízé; 行政的 xíngzhèngde: an ～ division 行政区划 xíngzhèng qūhuà

administrator *n.* 管理人员 guǎnlǐ rényuán

admirable *a.* 1. 值得赞美的 zhídé zànměi de: an ～ speech 值得称赞的演说 zhídé chēngzàn de yǎnshuō 2. 极好的 jí hǎo de; 极妙的 jí miào de *a thing: an ～ meal 佳餐 jiācān

admiral *n.* 海军上将 hǎijūn shàngjiàng

admire *v.* 1. 羡慕 xiànmù; 钦佩 qīnpèi: I ～ her for her bravery. 我钦佩她的勇敢。Wǒ qīnpèi tāde yǒnggǎn.

admission *n.* 1. 接纳 jiēnà; 进入 jìnrù: ～ by ticket only 凭票入场 píng piào rù chǎng 2. 承认 chéngrèn; 供认 gòngrèn: an ～ of guilt 承认有罪 chéngrèn yǒuzuì

admit *v.* 1. 接纳 jiēnà; 许可进入 xǔkě jìnrù: I cannot ～ you into the theatre yet. 我还不能让你进剧院。Wǒ hái bùnéng ràng nǐ jìn jùyuàn. 2. 承认 chéngrèn; 供认 gòngrèn: He ～ed having done that. 他承认做了那件事。Tā chéngrèn zuòle nà jiàn shì.

admittance *n.* 许可进入 xǔkě jìnrù: No ～ except on business 非公莫入 fēi gōng mò rù; 闲人免进 xiánrén miǎn jìn

adolescence *n.* = youth 青春 qīngchūn; 青春期 qīngchūnqī *the period

adolescent *a.* 青少年的 qīngshàoniánde *n.* 青少年 qīngshàonián

adopt *v.* 1. 采用 cǎiyòng: ～ a new method 采用新方法 cǎiyòng xīn fāngfǎ 2. 通过 tōngguò: Congress ～ed the new measure. 国会通过了新方案。 Guóhuì tōngguòle xīn fāng'àn. 3. 收养（子女）shōuyǎng (zǐnǚ): an ～ed daughter 养女 yǎngnǚ

adore *v.* 1. 崇拜 chóngbài; 爱 ài: Shé ～s her mother. 她极爱她的母亲。 Tā jí ài tāde mǔqīn. 2. 喜欢 xǐhuan: She ～s the cinema. 她很喜欢看电影。 Tā hěn xǐhuan kàn diànyǐng.

adrift *a. & ad.* 漂流 piāoliú; 漂泊 piāobó

adult *a.* 成年的 chéngniánde *n.* 成年人 chéngniánrén

adultery *n.* 私通 sītōng; 通奸 tōngjiān

advance *v.* 1. 前进 qiánjìn; 促进 cùjìn: They ～ed two miles. 他们前进了两英里。Tāmen qiánjìnle liǎng yīnglǐ. 2. 提高 tígāo: Prices continue to ～ 价格继续上涨。 Jiàgé jìxù shàngzhǎng. 3. 提前 tíqián: The date of the meeting was ～d from the 10th of June to the 3rd of June. 会议的日期由六月十日提前到六月三日。 Huìyì de rìqī yóu liùyuè shí rì tíqián dào liùyuè sān rì. *n.* 1. 前进 qiánjìn; 进展 jìnzhǎn 2. 预付款 yùfùkuǎn: ～payment 预支 yùzhī 3. 上涨 shàngzhǎng; 提高 tígāo, in ～ 预先 yùxiān, in ～ of 在……之前 zài …… zhīqián

advanced *adj.* 1. 前进〔进〕的 qiánjìnde. 2. 高级的 gāojíde

advantage *n.* 1. 益处 yìchù; 有利条件 yǒulì tiáojiàn 2. 利益 lìyì: be to sb.'s ～, to the ～ of sb. 对某人有利 duì mǒu rén yǒulì, take ～ of sth. 利用某物 lìyòng mǒu wù, take ～ of sb. 利用某人 lìyòng mǒu rén

advantageous *a.* 有利的 yǒulìde

advent *n.* 1. 来临 láilín; 降临 jiànglín; 出现 chūxiàn: Society has changed rapidly since the ~ of the car. 汽车出现后社会已发生了迅速的变化。Qìchē chūxiàn hòu shèhuì yǐ fāshēngle xùnsùde biànhuà. 2. [A-] 耶稣降临 Yēsū jiànglín; 降临节 jiànglínjié

adventure *n.* 1. 冒险事迹 màoxiǎn shìjì: his ~s in Africa 他在非洲的冒险事迹 tā zài Fēizhōu de màoxiǎn shìjì 2. 冒险精神 màoxiǎn jīngshen

adventurous *a.* 1. 有冒险精神的 yǒu màoxiǎn jīngshen de: ~ spirit 冒险精神 màoxiǎn jīngshen 2. 惊险的 jīngxiǎnde; 冒险的 màoxiǎnde: an ~ voyage 惊险的航行 jīngxiǎn de hángxíng

adversary *n.* 敌手 díshǒu; 对手 duìshǒu

adverse *a.* 1. 不利的 búlìde 2. 反对的 fǎnduìde; 相反的 xiāngfǎnde: an ~ opinion: 相反的意见 xiāngfǎn de yìjiàn

advertise *v.* 登广告 dēng guǎnggào

advertisement *n.* 广告 guǎnggào

advertiser *n.* 做广告的人 zuò guǎnggào de rén

advice *n.* 劝告 quàngào: take sb's ~ 接受劝告 jiēshòu quàngào / act on sb's ~ 照某人的建议去做 zhào mǒu rén de jiànyì qù zuò

advise *v.* 1. 劝告 quàngào; 建议 jiànyì: I ~ you to leave now. 我建议你现在就走。Wǒ jiànyì nǐ xiànzài jiù zǒu. 2. 通知 tōngzhī: Please ~ us when the goods arrive. 货物到达时请通知我们。Huòwù dàodá shí qǐng tōngzhī wǒmen.

adviser, advisor *n.* 顾问 gùwèn

advocate *n.* 1. 倡导人 chàngdǎorén: an ~ of jogging 提倡慢速长跑的人 tíchàng mànsù chángpǎo de rén 2. 辩护人 biànhùrén *in law v.* 提倡 tíchàng;

主张 zhǔzhāng

aerial[1] *a.* 空气的 kōngqìde; 空中的 kōngzhōngde

aerial[2] *n.* = antenna （无线电）天线 (wúxiàndiàn) tiānxiàn

aerodrome, airdrome *n.* 飞机场 fēijīchǎng

aeroplane, airplane *n.* 飞机 fēijī

aesthete *n.* 审美家 shěnměijiā

aesthetic *a.* 美学的 měixuéde; 审美的 shěnměide

aesthetics *n.* 美学 měixué

affair *n.* 事件 shìjiàn; 事情 shìqing: a love ～ 恋爱事件 liàn'ài shìjiàn/ current ～s 时事 shíshì; 事务 shìwù: the ～s of state 国务 guówù

affect[1] *v.* 1. 影响 yǐngxiǎn; Smoking ～s health. 吸烟影响健康。 Xīyān yǐngxiǎng jiànkāng. 2. 感动 gǎndòng: I was deeply ～ed by his words. 我深深地被他的话所感动。 Wǒ shénshénde bèi tāde huà suǒ gǎndòng. 3. 感染 gǎnrǎn *of a disease: The left lung is ～ed. 左肺受到感染。 Zuǒfèi shòudào gǎnrǎn.

affect[2] *v.* 1. 假装 jiǎzhuāng: He ～ed not to see her. 他假装没看见她。 Tā jiǎzhuāng méi kànjiàn tā. 2. 喜爱 xǐ'ài; 总爱 zǒng ài: He ～s an exaggerative way of speaking. 他说话总爱夸张。 Tā shuōhuà zǒng ài kuāzhāng.

affectation *n.* 做作 zuòzuo

affected (artificial) *a.* 做作的 zuòzuode; 假装的 jiǎzhuāngde

affection *n.* 1. 慈爱 cí'ài; 爱 ài: Every mother has ～ for her children. 每位母亲都爱她的孩子们。 Měi wèi mǔqīn dōu ài tāde háizimen. 2. 爱慕 àimù: set one's ～ on sb. 钟爱某人 zhōng'ài mǒurén

affectionate *a.* 深情的 shēnqíngde

affidavit *n.* 宣誓书 xuānshìshū

affiliate *v.* 使……加入 shǐ …… jiārù; 使……隶属 shǐ …… lìshǔ: an ~d company 分公司 fēngōngsī

affirm *v.* 肯定 kěndìng; 断言 duànyán

afforest *v.* 造林 zàolín; 绿化 lùhuà

afraid *a.* 1. 害怕 hàipà; Don't be ~ of asking for help. 不要害怕请求帮助。 Búyào hàipà qǐngqiú bāngzhù. 2. 恐怕 kǒngpà: I'm ~ I am late. 恐怕我迟到了。 Kǒngpà wǒ chídào le.

Africa *n.* 非洲 Fēizhōu

African *a.* 非洲的 Fēizhōude *n.* 非洲人 Fēizhōurén

after *prep.* *of time 在……以后 zài …… yǐhòu: the day ~ tomorrow 后天 hòutiān, *of place 在……后面 zài …… hòumian: After you! 您先请! Nín xiān qǐng! ~ all 毕竟 bìjìng: We are new hands ~ all 我们毕竟是新手。 Wǒmen bìjìng shì xīnshǒu.

aftermath *n.* 后果 hòuguǒ

afternoon *n.* 下午 xiàwǔ: Good! ~ 您好! Nín hǎo!

afterthought *n.* 事后想起的事 shìhòu xiǎngqi de shì

afterward, **afterwards** *ad.* 以后 yǐhòu; 后来 hòulái

again *ad.* 1. 再 zài; 又 yòu: Try again! 再试一下! Zài shì yíxià! be home ~ 又回家了 yòu huíjiā le 2. 还有 háiyǒu: A~ there is another matter to consider. 还有件事要考虑。 Háiyǒu jiàn shì yào kǎolù. ~ and ~ 再三地 zàishānde; 反复地 fǎnfùde

against *prep.* 1. 反对 fǎnduì: Are you for or ~ it? 你赞成还是反对? Nǐ zànchéng háishì fǎnduì? 2. 对着 duìzhe; 逆 nì: sail ~ the wind 逆风航行 nìfēng hángxíng 3. 对着……打击 duìzhe……dǎjī:

Rain beat ~ the window. 雨拍打着窗户。Yǔ pāidǎ-
zhe chuānghu. 4. 靠 kào: Place the ladder ~ the
wall. 把梯子靠在墙上。Bǎ tīzi kào zài qiáng shang.
5. 对比 duìbǐ: 3 ~ 5 三比五 sān bǐ wǔ

age *n.* 1. 年龄 niánlíng; 年纪 niánjì: What's his ~?
他多大年纪? Tā duō dà niánjì? 2. 老年 lǎonián:
His back was bent with ~. 他的背因年老而弯
曲。Tāde bèi yīn niánlǎo ér wānqū. 3. 时代
shídài: the Stone A~ 石器时代 shíqì shídài
4. 长时间 cháng shíjiān: I haven't seen you for
~s. 很长时间没见到你了。Hěn cháng shíjiān méi
jiàndào nǐ le.

agency *n.* 1. 代理商 dàilishāng: The Company
has agencies in all parts of Africa. 该公司在非洲
各地均有代理商。Gāi gōngsi zài Fēizhōu gèdì
jūn yǒu dàilishāng. 2. 机构 jīgòu; 社 shè: a news
~ 通讯社 tōngxùnshè

agenda *n.* 议程 yìchéng

agent *n.* 1. 代理人 dàilǐrén 2. 动力 dònglì: Rain and
sun are the ~s which help plants to grow. 雨和
阳光是促进植物生长的动力。Yǔ hé yángguāng
shì cùjìn zhíwù shēngzhǎng de dònglì.

aggravate *v.* 加剧 jiājù; 恶化 èhuà

aggression *n.* 进犯 jìnfàn; 侵略 qīnlüè

aggressive *a.* 1. 侵略的 qīnlüède: an ~ act 侵略行为
qīnlüè xíngwéi; 好与人斗的 hào yǔ rén dòu de:
an ~ man 好斗的人 hào dòu de rén 2. 有闯劲的
yǒu chuǎngjìng de; 进取的 jìnqǔde: If you want
to succeed, you have to be ~. 如果你要成功,
你必须不怕阻力。Rúguǒ nǐ yào chénggōng, nǐ
bìxū bú pà zǔlì.

aggressor *n.* 侵略者 qīnlüèzhě

agile *a.* 敏捷的 minjiéde；轻快的 qīngkuàide

agitate *v.* 鼓动 gǔdòng

ago *ad.* 以前 yǐqián：long ～ 很久以前 hěnjiǔ yǐqián

agony *n.* 极大痛苦 jí dà tòngkǔ

agree *v.* 1. 同意 tóngyì；赞同 zàntóng：I quite ～ with you. 我很同意你的意见。 Wǒ hěn tóngyì nǐde yìjiàn. 2. 应允 yīngyǔn；答应 dāying：He ～d to help us. 他答应帮助我们。Tā dāying bāngzhù wǒmen. 3. 一致 yízhì：They will never ～. 他们永远不会一致。 Tāmen yǒngyuǎn búhuì yízhì.

agreeable *a.* 1. 使人愉快的 shǐ rén yúkuài de：an ～ voice 悦耳的声音 yuè'ěr de shēngyīn 2. 欣然同意 (赞同)的 xīnrán tóngyì (zàntóng) de：be ～ to the plan 欣然赞同这个计划 xīnrán zàntóng zhège jìhuà

agreement *n.* 1. 同意 tóngyì；一致 yízhì：We are in ～ with the decision. 关于那决定，我们意见一致。Guānyú nà juédìng, wǒmen yìjiàn yízhì. 2. 协议 xiéyì；协定 xiédìng：sign an ～ 签定协议 qiāndìng xiéyì：come to an ～ with sb. 与某人达成协议 yǔ mǒu rén dáchéng xiéyì

agriculture *n.* 农业 nóngyè

agronomy *n.* 农学 nóngxué；农艺学 nóngyìxué

ahead *a. & ad.* 1. 在前面 zài qiánmiàn；向前 xiàngqián：go ～ (colloq.) 继续下去 jìxù xiàqù 2. 提前 tíqián：fulfil a plan ～ of schedule 提前完成计划 tíqián wánchéng jìhuà

aid *v. & n.* 帮助 bāngzhù；援助 yuánzhù：first ～ 急救 jíjiù：a hearing ～ 助听器 zhùtīngqì

AIDs *n.* 爱滋病 àizībìng

aim *v.* 1. 瞄准 miáozhǔn (to take ～ at) 2. 目的在于 mùdì zàiyú *to have ～ of 打算 dǎsuàn：I ～ to be a writer. 我打算当个作家。 Wǒ dǎsuàn dāng gè zuòjiā. *n*. 1. 瞄准 miáozhǔn 2. 目的 mùdì; 目标 mùbiāo: What's your ~ in life? 你的人生目标是什么？ Nǐde rénshēng mùbiāo shì shénme?

aimless *a*. 无目的的 wú mùdì de

air *n*. 1. 空气 kōngqì: fresh ~ 新鲜空气 xīnxiān kōngqì 2. 神态 shéntài; 姿态 zītài; 架子 jiàzi *manner: put on ~s 摆架子 bǎi jiàzi: on / off the ~ 开始（停止）广播 kāishǐ (tíngzhǐ) guǎngbō; the a~ force 空军 kōngjūn *v*. 1. 晾（衣服）liàng (yīfu) *to ~ / dry clothes; 烘干 hōnggān 2. 使……通气 shǐ …… tōngqì: We ~ed the room by opening the windows. 我们打开窗户使房间通气。 Wǒmen dǎkāi chuānghu shǐ fángjiān tōngqì. 3. 发表 fābiǎo: ~ one's views 发表意见 fābiǎo yìjiàn

airborne *a*. 空降的 kōngjiàngde; 空运的 kōngyùnde

air-conditioned *a*. 装有空气调节设备的 zhuāngyǒu kōngqì tiáojié shèbèi de

aircraft *n*. 飞机 fēijī; 飞行器 fēixíngqì: an ~ carrier 一艘航空母舰 yì sōu hángkōng mǔjiàn

airfield *n*. 飞机场 fēijīchǎng

airline *n*. 航（空）线 háng(kōng)xiàn

airliner *n*. 班机 bānjī

airmail *n*. 航空邮件 hángkōng yóujiàn

airport *n*. 机场 jīchǎng

air-raid *n*. 空袭 kōngxí

airship *n*. 飞艇 fēitǐng; 飞船 fēichuán

airtight *a*. 不透气的 bú tòuqì de; 密封的 mìfēngde

aisle *n*. 通道 tōngdào; 走廊 zǒuláng

alarm *n*. 1. *警报 jǐngbào *signal warning danger 2. 警报器 jǐngbàoqì *warning device: ~ clock 闹钟 nàozhōng 3. 惊慌 jīnghuāng; 恐慌 kǒng-

huāng: He jumped in ~. 他惊慌地跳了起来。
Tā jīnghuānde tiàole qilái. v. 1. 使……警觉 shi
…… jǐngjué *to alert to danger 2. 使……惊恐
shǐ …… jīngkǒng: Every one was ~ed at
the news that war might break out. 听了战争可
能爆发的消息人人都感到惊恐。 Tīngle zhàn-
zhēng kěnéng bàofā de xiāoxi rénrén dōu gǎndào
jīngkǒng.

album *n.* 1. photograph ~ 相册 xiàngcè; stamp ~
集邮册 jíyóucè 2. record ~ 唱片 chàngpiàn

alcohol *n.* 酒精 jiǔjīng;

ale *n.* 淡色啤酒 dànsè píjiǔ

alert *a.* 警惕的 jǐngtìde; 机敏的 jīmǐnde *n.* 警报 jǐng-
bào *esp. an air-raid; on the ~ 警惕 jǐngtì

algebra *n.* 代数 dàishù

alien *a.* 1. 外国的 wàiguóde; 外来的 wàiláide 2. 不相
容的 bù xiāngróng de: Cruelty was quite ~ to
his nature. 残忍与他的天性完全不相容。 Cánrěn
yǔ tāde tiānxìng wánquán bù xiāngróng. *n.* 外国人
wàiguórén

alienate *v.* 使……疏远 shi …… shūyuǎn; 离开 líkāi

alight *a.* 燃着的 ránzháode; 发亮的 fāliàngde

alight *v.* 下 xià: We ~ed from the train soon after
midday. 我们午后不久下的火车。 Wǒmen wǔhòu
bùjiǔ xià de huǒchē.

alike *a. & ad.* 同样的 tóngyàngde; 相象的 xiāng-
xiàngde: The two brothers are very much ~.
这俩兄弟非常相象。 Zhè liǎ xiōngdì fēicháng
xiāngxiàng.

alive *a.* 1. 活的 huóde: He is still ~. 他还活着。
Tā hái huózhe. 2. 活跃的 huóyuède: Although
he is old, he is still very much ~. 尽管他年老了,

他仍非常活跃。 Jìnguǎn tā niánlǎo le, tā réng fēicháng huóyuè.

all *a.* 所有的 suǒyǒude: He ate ~ his food. 他把所有的食品都吃光了。 Tā bǎ suǒyǒude shípǐn dōu chīguāng le. 全部的 quánbùde: ~ the world 全世界 quánshìjiè / ~ the year (round) 全年 quánnián *ad.* 1. 十分 shífēn; 完全地 wánquánde: She was ~ excited. 她十分兴奋。 Tā shífēn xīngfèn. 2. 更加 gèngjiā: If we get help, the work will get finished ~ the sooner. 如果能得到帮助，我们的工作会完成得更快。 Rúguǒ néng dédào bāngzhù, wǒmende gōngzuò huì wánchéng de gèng kuài. *pron.* 3. 都 dōu; 完全 wánquán: They were ~ dressed in white. 他们都穿着白衣服。 Tāmen dōu chuānzhe bái yīfu. ~ over 到处 dàochù; 遍 biàn: travel ~ over the world 在世界各地旅游 zài shìjiè gèdì lǚyóu. 4. 完了 wánle; 结束了 jiéshùle: Everything is ~ over. 一切都结束了。 Yíqiè dōu jiéshù le. ~ at once 突然 tūrán, ~ right (O.K.) 好吧 hǎoba; 行 xíng: ~ the better 反而更好 fǎn'ér gènghǎo; 一切 yíqiè; 全体 quántǐ; 全部 quánbù: ~ are agreed 全体同意（一致同意）quántǐ tóngyì (yízhì tóngyì) / He gave ~ he had. 他给了他所有的一切。 Tā gěile tā suǒyǒude yíqiè. *n.* 1. 一切 yíqiè: above ~ 首先 shǒuxiān, after ~ 毕竟 bìjìng: at ~ 完全 wánquán; 根本 gēnběn: I didn't know at ~. 我根本不知道。 Wǒ gēnběn bù zhīdào. 2. (not) at ~ 全然（不）quánrán (bù): He doesn't understand the situation at ~. 他全然不了解情况。 Tā quánrán bù liǎojiě qíngkuàng. once (and) for ~ 只此一次 zhǐ cǐ yí cì

all-round *a.* 全面的 quánmiànde

allege *v.* 声称 shēngchēng

allegory *n.* 寓言 yùyán; 比喻 bǐyù

allergic *a.* 有过敏性反应的 yǒu guòmǐnxìng fǎnyìng de

allergy *n.* 过敏症 guòmǐnzhèng

alley *n.* 胡同 hútong; 小巷 xiǎoxiàng

alliance *n.* 联盟 liánméng; 同盟 tóngméng

allied *a.* 1. 联合的 liánhéde; 同盟的 tóngméngde 2. 同源的 tóngyuánde: The English language is ~ to the German language. 英语和德语同出一源。 Yīngyǔ hé déyǔ tóng chū yì yuán. 3. 有关的 yǒuguānde: painting and other ~ arts 绘画和其他有关艺术 huìhuà hé qítā yǒuguān yìshù

allocate *v.* 分配 fēnpèi

allot *v.* 分配 fēnpèi; 分派 fēnpài

allow *v.* 1. 允许 yǔnxǔ: Smoking is not ~ed here. 此处禁止吸烟。 Cǐchù jìnzhǐ xīyān. 2. 承认 chéngrèn: I was wrong, I ~. 我承认我错了。 Wǒ chéngrèn wǒ cuò le. 3. ~ for 考虑（到）kǎolù (dào): We must ~ for his inexperience. 我们必须考虑到他缺乏经验。 Wǒmen bìxū kǎolù dào tā quēfá jīngyàn.

allowance *n.* 1. 津贴 jīntiē: a travel ~ 车贴 chētiē; 交通费 jiāotōngfèi 2. 配给量 pèijǐliàng *ration: ~ of food for a prisoner 犯人的食品配给量 fànrén de shípǐn pèijǐliàng 3. 考虑 kǎolù make ~(s) for 考虑到 ……（而谅解）kǎolù dào…… (ér liàngjiě)

alloy *n.* 合金 héjīn

allure *v.* 诱惑 yòuhuò; 吸引 xīyǐn

allusion *n.* 影射 yǐngshè

ally *v.* 联合 liánhé *n.* 盟国 méngguó; 同盟者 tóngméngzhě

almanac *n.* 历书 lìshū; 年鉴 niánjiàn

almighty *a.* 万能的 wànnéngde

almond *n.* 杏仁儿 xìngrénr

almost *ad.* 几乎 jīhū: ~ no one took any rest. 几乎没有一个人歇过一下。 Jīhū méiyǒu yí gè rén xiēguò yíxià.

alms *n.* 施舍物 shīshěwù

alone *ad. & a.* 1. 单独地 dāndúde; 独自 dúzì: He lives ~. 他独自生活。 Tā dúzì shēnghuó. 2. 仅仅 jǐnjǐn; 只有 zhǐyǒu: Time ~ will show who was right. 时间本身就能证明谁是对的。 Shíjiān běnshēn jiù néng zhèngmíng shéi shì dui de. let ~ 不用说 búyòngshuō

along *ad.* 1. 向前 xiàngqián: The dog is running ~ behind him. 狗跟在他后面向前跑。 Gǒu gēn zài tā hòumian xiàng qián pǎo. 2. 一道 yídào; 一起 yìqǐ: He took his sister ~ with him. 他带了妹妹一起去。 Tā dàile mèimei yìqi qù. *prep.* 沿着 yánzhe: We walked ~ the road. 我们顺着路走。 Wǒmen shùnzhe lù zǒu.

alongside *prep & ad.* 在……旁 zài …… páng; 并肩地 bìngjiānde; 并排地 bìngpáide

aloof *ad. & a.* 远离 yuǎnlí; 孤零零的 gūlínglíngde: He kept himself ~ from the others. 他总是远离其他人。 Tā zǒngshì yuǎnlí qítā rén.

aloud *ad.* 大声地 dàshēngde

alphabet *n.* 字母表 zìmǔbiǎo

alphabetical *a.* 按字母顺序的 àn zìmǔ shùnxù de: in ~ order 按字母顺序 àn zìmǔ shùnxù

already *ad.* 已经 yijīng: He had ~ gone when I

arrived. 我到时他已经走了。 Wǒ dào shí tā yijīng zǒu le.

also *ad.* 也 yě: He ~ wants to go. 他也要去。 Tā yě yào qù. not only ...... but ~...... 不但…… 而且…… búdàn ...... érqiě ……: He can speak not only English but also French. 他不但会说英语， 而且会说法语。 Tā búdàn huì shuō yīngyǔ, érqiě huì shuō fǎyǔ.

altar *n.* 祭坛 jìtán; 供桌 gòngzhuō

alter *v.* 改变 gǎibiàn

alternate *a.* 1. 交替的 jiāotìde; 间隔的 jiāngéde: on ~ days 隔日 gérì 2. 预备的 yùbèide; 候补的 hòubǔde: an ~ member 候补成员 hòubǔ chéng-yuán *v.* 交替 jiāotì; 轮流 lúnliú: Work ~ed with sleep. 工作睡觉交替进行。 Dōngzuò shuì-jiào jiāotì jìnxíng. ~ing current 交流电 jiāoliúdiàn

alternative *a.* 二中选一的 èr zhōng xuǎn yī de; 选择性的 xuǎnzéxìngde *n.* 挑选 tiāoxuǎn: We have no ~ in this matter. 在这件事上，我们没有挑选的余地。 Zài zhè jiàn shì shang, wǒmen méiyǒu tiāoxuǎnde yúdì.

although *conj.* 尽管 jǐnguǎn; 虽然 suīrán: A ~ they are poor, they are generous. 尽管他们贫穷， 却很慷慨。 Jǐnguǎn tāmen pínqióng, què hěn kāng-kǎi.

altitude *n.* 1. 高度 gāodù 2. 高处 (pl.) gāochù: It is difficult to breathe at these ~s. 在这些高的地方呼吸感到困难。 Zài zhèxiē gāode dìfang hūxī gǎndào kùnnan.

altogether *ad.* 1. 完全 wánquán; 全部 quánbù; 总共 zǒnggòng: We are eight ~. 我们总共八人。 Wǒmen zǒnggòng bā rén. 2. 总的说来 zǒngde shuōlái: It was raining, but ～ it was a good trip. 天下了雨，但总的说来这是一次很好的郊游。Tiān xiàle yǔ, dàn zǒngde shuōlái zhè shì yí cì hěn hǎo de jiāoyóu.

aluminium *n.* 铝 lǚ

always *ad.* 1. 总是 zǒngshì: He is ～ late. 他总是迟到。Tā zǒngshì chídào. 2. 永远 yǒngyuǎn: He will ～ be remembered. 人们将永远怀念他。Rénmen jiāng yǒngyuǎn huáiniàn tā.

am *v.* 是 shì

A.M. , a.m. 上午 shàngwǔ

amateur *n.* 业余爱好者 yèyú àihàozhě *a.* 业余的 yèyúde: an ～ painter 一位业余画家 yí wèi yèyú huàjiā

amaze *v.* 使……惊奇 shǐ …… jīngqí: I was ～d at the news. 我听到这个消息感到惊奇。Wǒ tīngdào zhège xiāoxi gǎndào jīngqí.

amazing *a.* 惊人的 jīngréndе; 了不起的 liǎobùqǐde

amazement *n.* 惊奇 jīngqí

ambassador *n.* 大使 dàshǐ

amber *n.* 琥珀 hǔpò; 琥珀色 hǔpòsè *colour

ambiguity *n.* 意义含糊 yìyì hánhu

ambiguous *a.* 意义不明确的 yìyì bù míngquè de; 模棱两可的 móléng liǎngkě de: an ～ reply 模棱两可的回答 móléng liǎngkě de huídá

ambition *n.* 1. 雄心 xióngxīn; 抱负 bàofù: He has great ～s. 他有很大的抱负。Tā yǒu hěn dà de bàofù. 2. 野心 yěxīn: political ～s 政治野心 zhèngzhì yěxīn

ambulance *n.* 救护车 jiùhùchē

ambush *n.* 埋伏 máifú; 伏击 fújī fall into an ～ 中埋伏 zhōng máifú, wait in ～ for 埋伏 máifú *v.* 埋

伏 máifu

amend[1] *v.* 1. 改正 gǎizhèng *improve 2. 修正 xiū-zhèng: ~ a bill 修正议案 xiūzhèng yì'àn

amend[2] *n.* (pl.) 赔偿 péicháng; 赔罪 péizuì: make ~s to sb. for sth. 向某人赔偿损失 xiàng mǒu rén péicháng sǔnshī

American *a.* 美洲的 Měizhōude *of America; 美国的 Měiguóde *of the U.S.A. *n.* 美国人 Měiguórén

amiable *a.* 亲切的 qīnqiède; 温和的 wēnhéde; 友好的 yǒuhǎode

amicable *a.* 友好的 yǒuhǎode; 和睦的 hémùde: ~ relations 友好关系 yǒuhǎo guānxi

amid *prep.* 在……中 zài …… zhōng: ~ warm applause the honoured guests mounted the rostrum. 在热烈的掌声中贵宾们登上了主席台。 Zài rèliède zhǎngshēng zhōng guìbīnmen dēngshàngle zhǔxítái.

ammunition *n.* 军火 jūnhuǒ; 弹药 dànyào

amnesty *n. & v.* 大赦 dàshè

among *prep.* 在……中间 zài …… zhōngjiān: Divide it ~ yourselves. 这东西你们分了吧。 Zhè dōngxī nǐmen fēnle ba. / They quarrelled ~ themselves 他们彼此吵架。 Tāmen bǐcǐ chǎojià.

amount *v.* 1. 合计 héjì; 总共达 zǒnggòng dá: The investment ~s to over $1,000,000 投资总数达一百万美元。 Tóuzī zǒngshù dá yìbǎi wàn měiyuán. 2. 等于 děngyú: Your words ~ to a refusal. 你的话等于拒绝。 Níde huà děngyú jùjué. *n.* 总数 zǒngshù; 数量 shùliàng: a large ~ of money 一大笔钱 yí dà bǐ qián

ample *a.* 1. 大的 dàde; 宽敞的 kuānchǎngde: an

~ garden 大花园 dà huāyuán 2. 充裕的 chōng-yùde; 足够的 zúgòude: We have ~ money for the trip. 这次旅游，我们有足够的钱。Zhè cì lǚyóu, wǒmen yǒu zúgòude qián.

amplify v. 1. 放大 fàngdà; 增强 zēngqiáng: ~ a radio signal 增强无线电信号 zēngqiáng wúxiàndiàn xìnhào 2. 做进一步阐述 zuò jìnyībù chǎnshù: He ~ied (on) his remarks with drawings and figures. 他用数字、图表对自己的话做进一步阐述。Tā yòng shùzì, túbiǎo duì zìjǐde huà zuò jìnyībù chǎnshù.

amuse v. 1. 使……愉快 shǐ …… yúkuài: I often ~ myself by reading novels. 我常常用看小说来消遣。Wǒ chángcháng yòng kàn xiǎoshuō lái xiāoqiǎn. 2. 逗……笑 dòu …… xiào: The joke ~d the children. 这笑话逗得孩子们直笑。Zhè xiàohuà dòude háizimen zhí xiào.

amusing a. 好笑的 hǎoxiàode; 有趣的 yǒuqùde

amusement n. 1. 娱乐活动 yúlè huódòng: There are many ~s during the holidays. 假期中有许多娱乐活动。Jiàqī zhōng yǒu xǔduō yúlè huódòng. 2. 娱乐 yúlè: He does it for his own ~, not for money. 他这样做是为了自己消遣，而不是为了钱。Tā zhèyàng zuò shì wèile zìjǐ xiāoqiǎn, ér búshì wèile qián.

anaesthesia n. 麻醉 mázuì

analyse v. 1. 分析 fēnxī 2. 分解 fēnjiě *in chemistry

anarchy n. 无政府状态 wúzhèngfǔ zhùangtài; 混乱 hùnluàn

anarchism n. 无政府主义 wúzhèngfǔzhǔyì

anatomy n. 解剖 jiěpōu; 解剖学 jiěpōuxué *the science

ancestor *n*. 祖先 zǔxiān

anchor *n*. 锚 máo *v*. 抛锚 pāomáo

ancient *a*. 古代的 gǔdàide; 古老的 gǔlǎode

and *conj*. 1. 和 hé; 与 yú: knife ~ fork 刀和叉 dāo hé chā 2. 又 yòu: He was cold ~ hungry. 他又冷又饿。Tā yòu lěng yòu è. / They talked ~ talked. 他们谈了又谈。Tāmen tánle yòu tán. 3. 加 jiā: Two ~ two make four. 二加二等于四。èr jiā èr děngyú sì. ~ then 于是 yúshì, 然后 ránhòu, ~ so on 等等 děngděng

anecdote *n*. 轶事 yìshì

anew *ad*. 重新 chóngxīn

angel *n*. 天使 tiānshǐ

anger *n*. 愤怒 fènnù *v*. 使⋯⋯发怒 shǔ ...... fānù

angle *n*. 1. 角 jiǎo: a right ~ 直角 zhíjiǎo 2. 角度 jiǎodù; 观点 guāndiǎn: view it from a different ~ 从不同角度来观察 cóng bùtóng jiǎodù lái guānchá

angry *a*. 发怒的 fānùde; 生气的 shēngqìde

anguish *n*. 极度的痛苦 jídùde tòngkǔ; 苦恼 kǔnǎo

animal *n*. 动物 dòngwù: a wild ~ 野兽 yěshòu

animate *v*. 1. 使⋯⋯有生命 shǐ ...... yǒu shēng-mìng: A smile ~d her face. 微笑使她容光焕发。Wēixiào shǐ tā róngguāng huànfā. 2. 使⋯⋯生气勃勃 shǐ ...... shēngqì bóbó 3. 激励 jīlì; 鼓励 gǔlì: The news ~ us. 这个消息激励了我们。Zhège xiāoxì jīlìle wǒmen. *a*. 1. 有生命的 yǒu shēngmìng de 2. 有生气的 yǒu shēngqì de

animated *a*. 1. 栩栩如生的 xǔxǔrúshēngde: an ~ piece of sculpture 栩栩如生的雕塑品 xǔxǔrúshēngde diāosùpín 2. 热烈的 rèliède; 活跃的 huóyuède: an ~ discussion: 一场热烈的讨论 yì chǎng rèliède tǎolùn/　～cartoon 动画片 dònghuàpiàn

ankle *n.* 踝 huái

annals *n.* 年表 niánbiǎo；编年史 biānniánshǐ

annex *v.* 1. 附加　fùjiā：～ed to a hotel 附属一个旅馆 fùshǔ yí gè lǚguǎn 2. 并吞　bìngtūn *territory *n.* 附加物 fùjiāwù；附录 fùlù

annihilate *v.* 消灭　xiāomiè

anniversary *n.*　　周年纪念日 zhōunián jìniànrì

annotate *v.* 注释 zhùshì；注解 zhùjiě

annotation *n.* 注解 zhùjiě；注释　zhùshì：an ～ on a word　关于一个词的注释　guānyú yí gè cí de zhùshì

announce *v.* 宣布 xuānbù；宣告 xuāngào

announcement *n.* 通知 tōngzhī

announcer *n.*　广播员 guǎngbōyuán *on the radio；报幕员 bàomùyuán *in a theatre

annoy *v.* 使人生气 shǐ rén shēngqì；使……烦恼　shǐ …… fánnǎo：I was ～ed because I missed the bus.　因为没赶上汽车我很生气。Yīnwèi méi gǎnshàng qìchē wǒ hěn shēngqì.

annoying *a.* 讨厌的 tǎoyànde；恼人的 nǎorénde

annual *a.* 每年的 měi nián de；年度的　niándùde：the ～ output 年产量 niánchǎnliàng / an ～ report 年度报告 niándù bàogào *n.* 年报 niánbào；年鉴 niánjiàn

anonymous *a.* 不知名的　bù zhīmíng de：an author who remains ～　一位不知名的作家　yí wèi bù zhīmíng de zuòjiā；匿名的　nìmíngde：an ～ letter 匿名信 nìmíngxìn

another *a. & pron.* 1. 再一 zàiyī：Will you have ～ cup of tea?　再喝一杯茶吗？Zài hē yì bēi chá ma? 2. 另一 lìngyī：That's quite ～ matter. 那完全是

另一回事。Nà wánquán shì lìng yì huí shì.

answer *v*. 回答 huídá; 答复 dáfù: ~ a letter 回信 huíxìn / ~ the telephone 接电话 jiē diànhuà *n*. 答案 dá'àn; 回答 huídá

ant *n*. 蚂蚁 mǎyi

antagonism *n*. 对抗 duìkàng

antagonist *n*. 对手 duìshǒu; 敌手 díshǒu

antarctic *a*. 南极的 nánjíde: the A~ Circle 南极圈 nánjíquān

antenna *n*. 1. 触角 chùjiǎo *of an animal 2. = aerial 天线 tiānxiàn

anthem *n*. 1. 赞美诗 zànměishī; 圣歌 shènggē 2. 国歌 guógē: the national ~ 国歌 guógē

anthology *n*. 文选 wénxuǎn; 选集 xuǎnjí

anthropologist *n*. 人类学家 rénlèixuéjiā

anthropology *n*. 人类学 rénlèixué

anti-aircraft *a*. 防空的 fánkōngde

antiballistic *a*. 反弹道的 fǎndàndàode: an ~ missile 反弹道导弹 fǎndàndào dǎodàn

antibiotic *a*. 抗菌的 kàngjūnde; 抗生的 kàngshēngde *n*. 抗菌素 kàngjūnsù

anticipate *v*. 1. 预料 yùliào: Trouble is ~d. 人们预料到会发生麻烦。Rénmen yùliào dào huì fāshēng máfan. 2. 期待 qīdài: We ~ hearing from you again. 我们期待再接到你们的来信。Wǒmen qīdài zài jiēdào nimende láixìn. 3. 提前 tíqián: Don't ~ your income. 不要提前用掉你的收入。Búyào tíqián yòngdiào nide shōurù.

anticipation *n*. 预料 yùliào; 预期 yùqī

antique *n*. 古董 gǔdǒng; 古玩 gǔwán

antonym *n*. 反义词 fǎnyìcí

anxiety *n*. 1. 挂念 guàniàn; 焦虑 jiāolǜ: wait with

~ 焦急地等待 jiāojíde děngdài 2. 渴望 kěwàng:
~ for knowledge 渴望得到知识 kěwàng dédào
zhīshi

anxious *a.* 1. 焦急的 jiāojíde; 担心的 dānxīnde:
be ~ about his health 为他的健康担心 wèi
tāde jiànkāng dānxīn 2. 渴望的 kěwàngde; 急要的
jíyàode: I am ~ to know the result. 我急于要
知道结果。 Wǒ jíyú yào zhīdào jiéguǒ.

any *a.* 1. 什么 shénme: A~ suggestions? 有什么建
议吗? Yǒu shénme jiànyì ma? 2. 任何的 rènhéde;
任一的 rènyīde: A~ child would know that. 那
一点任何一个孩子都懂。 Nà yìdiǎn rènhé yí gè
háizi dōu dǒng. 3. 一些 yìxiē: Have you got
~ money? 你有(一些)钱吗? Nǐ yǒu (yìxiē)
qián ma? *pron.* 那个 nàge; 一个 yí gè: Does ~ of
you know her name? 你们中间哪个知道她的
名字? Nǐmen zhōngjiān nǎge zhīdào tāde míngzi?
/ I can't find ~. 我一个也找不到。 Wǒ yí gè
yě zhǎo bú dào. *ad.* 一点 yìdiǎnr: I didn't hurt
myself ~. 我一点也没受伤。 Wǒ yìdiǎnr yě
méi shòushāng.

anybody *pron.* 任何人 rènhérén; 无论谁 wúlùn
shuí

anyhow *ad.* 无论如何 wúlùn rúhé; 不管怎样 bùguǎn
zěnyàng

anything *pron.* 任何事物 rènhé shìwù; 无论什么
wúlùn shénme: There isn't ~ in it. 里边什么也没
有。 Lǐbiān shénme yě méiyǒu. ~ but 除了……都
chúle …… dōu: I will do ~ but that. 除了
那件事别的我都愿意干。 Chúle nà jiàn shì biéde
wǒ dōu yuànyì gàn. for ~ I know 据我所知
jù wǒ suǒ zhī

anywhere *ad.* 无论哪里 wúlùn nǎlǐ; 任何地方 rènhé dìfang: I'll go ~ you suggest. 你建议我到哪儿去,我就到哪儿。Nǐ jiànyì wǒ dào nǎr qù, wǒ jiù dào nǎr.

apart *ad.* 1. 分离 fēnlí 2. 相距 xiāngjù: The two buildings are three miles ~. 这两座楼相距3英里。Zhè liǎng zuò lóu xiāngjù sān yīnglǐ. 3. 除去 chúqù: ~ from this 除去这一点 chúqù zhè yìdiǎn 4. 区别 qūbié; 区分 qūfēn: I can't tell these two things ~. 我不能区分这两件东西。Wǒ bùnéng qūfēn zhè liǎng jiàn dōngxī.

apartment *n.* 1. 一套房间 yí tào fángjiān 2. 公寓 gōngyù

apathetic *a.* 冷淡的 lěngdànde

apathy *n.* 冷淡 lěngdàn; 漠不关心 mòbuguānxīn

ape *n.* (类人)猿 (lèirén) yuán

aphorism *n.* 格言 géyán; 警句 jǐngjù

apiece *a.* 每个 měi ge; 每件 měi jiàn

apologize *v.* 道歉 dàoqiàn

apparatus *n.* 仪器 yíqì; 装置 zhuāngzhì

apparent *a.* 1. 明显的 míngxiǎnde: It is ~ to us all. 这对我们是显而易见的。Zhè duì wǒmen shì xiǎnéryìjiàn de. 2. 表面上 biǎomiànshang: in spite of her ~ indifference 尽管她表面上冷淡 jǐnguǎn tā biǎomiànshang lěngdàn

appeal *v.* 1. 请求 qǐngqiú; 呼吁 hūyù; ~ for support 请求支援 qǐngqiú zhīyuán 2. 上诉 shàngsù: ~ against a decision 不服判决而上诉 bù fú pànjué ér shàngsù 3. 引起兴趣 yǐnqǐ xìngqù: Do these paintings ~ to you? 你对这些画感兴趣吗? Nǐ duì zhèxiē huà gǎn xìngqù ma? *n.* 1. 吸引力 xīyǐnlì; 感染力 gǎnrǎnlì: lose one's ~ 失去吸引力

shíqù xīyǐnlì 2. 呼吁 hūyù: an ～ for invest-
ment 呼吁人们投资 hūyù rénmen tōuzī 3. 上诉
shàngsù: the right of ～ 上诉权 shàngsùquán

appear *v.* 1. 出现 chūxiàn: A ship ～ed in the dis-
tance. 船在很远的地方出现了。Chuán zài hěn yuǎn
de dìfang chūxiàn le. 2. 来到 láidào; 露面 lòumiàn:
He didn't ～ until six. 他六点才来。Tā liù diǎn
cái lái. 3. 出版 chūbǎn: His new book will be
～ing very soon. 他的新书很快就要出版了。
Tāde xīnshū hěn kuài jiùyào chūbǎn le. 4. 似乎
sìhū; 好象 hǎoxiàng: He ～s very young. 他好
象很年轻。Tā hǎoxiàng hěn niánqīng.

appearance *n.* 1. 出现 chūxiàn: make an ～ 露面
lòumiàn 2. 外表 wàibiǎo; 容貌 róngmào: We
must not judge by ～s. 我们不可根据外貌来判
断。Wǒmen bùkě gēnjù wàimào lái pànduàn.

appendix *n.* 1. 附录 fùlù *of a book 2. 附庸 fùyōng
3. 阑尾 lánwěi *appendage of the large intestine

appendicitis *n.* 阑尾炎 lánwěiyán

appetite *n.* 食欲 shíyù: lose one's ～ 食欲不振
shíyù bú zhèn

appetizer *n.* 开胃品 kāiwèipǐn

appetizing *a.* 开胃的 kāiwèide

applaud *v.* 鼓掌（欢呼） gǔzhǎng (huānhū); 喝彩
hècǎi

apple *n.* 苹果 píngguǒ

appliance *n.* 用具 yòngjù; 装置 zhuāngzhì: an office
～ 办公用具 bàngōng yòngjù: electric ～s 电器
diànqì

applicant *n.* 申请人 shēnqǐngrén

application *n.* 1. 应用 yìngyòng: the ～ of new scien-
tific discoveries to industry 科学新发现应用于

工业。　Kēxué　xīn fāxiàn yìngyòngyú gōngyè.
2. 申请书 shēnqǐngshū; 　请求　qǐngqiú: I wrote
five ～s for the job. 我写了五份请求工作的
申请书。　Wǒ xiěle wǔ fèn qǐngqiú gōngzuò de
shēnqǐngshū. 3. 涂敷 túfū: This medicine is
for external ～ only. 此药仅供外敷。　Cǐ yào
jǐn gōng wàifū.

applied *a.* 应用的 yìngyòngde

apply *v.* 1. 申请 shēnqǐng: ～ for a visa 申请签证
shēnqǐng qiānzhèng 2. 适合 shìhé: This book doesn't
～ to you. 这本书对你不合适。　Zhè běn shū
duì nǐ bù héshì. 3. 敷 fū; 涂 tú A～ some medi-
cine to his wound. 在他伤口上敷些药。　Zài
tā shāngkǒu shang fū xiē yào. 4. 运用 yùnyòng;
应用 yìngyòng: ～ a rule to a case 将规则应用于某
一具体情况。 jiāng guīzé yìngyòngyú mǒu yí jùtǐ
qíngkuàng: ～ oneself to 致力于 zhìlìyú: He
applied himself to his new job. 他致力于新的工作。
Tā zhìlìyú xīnde gōngzuò.

appoint *v.* 1. 安排 ānpái; 　约定　yuēdìng: Let's ～ a
day to have dinner together. 让我们约一天一
起吃饭。　Ràng wǒmen yuē yì tiān yìqǐ chīfàn.
2. 任命 rènmìng; 委派 wěipài: He was ～ed
chairman of the department. 他被任命为系主任。
Tā bèi rènmìng wéi xìzhǔrèn.

appointment *n.* 1. 　任命　rènmìng: the ～ of Mr.
White as manager 任命怀特先生为经理　rènmìng
Huáitè xiānsheng wéi jīnglǐ. 2. 职位 zhíwèi; 职务
zhíwù: take up an ～ 就职 jiùzhí 3. 约会 yuēhuì;
约 yuē: keep an ～ 守约 shǒuyuē

appraisal *n.* 估价 gūjià; 评价 píngjià

appreciate *v.* 1. 欣赏 xīnshǎng; 鉴赏 jiànshǎng 2. 珍惜

zhēnxī; 感激 gǎnjī: I ~ your kindness. 我感激你
的厚意。Wǒ gǎnjī nǐde hòuyì.

apprehend v. 1. 逮捕 dàibǔ; 捉拿 zhuōná: ~ a thief
捉拿小偷 zhuōná xiǎotōu 2. 怕 pà: Do you ~
any difficulty? 你怕困难吗？Nǐ pà kùnnán ma?
3. 理解 lǐjiě *understand (old use)

apprehension n. 1. 怕 pà: ~ for one's safety 为某人的
安全而忧虑 wèi mǒu rén de ānquán ér yōulǜ
2. 理解 lǐjiě: quick of ~ 理解问题快 lǐjiě wèntí
kuài 3. 逮捕 dàibǔ: the ~ of a thief 逮捕小偷
dàibǔ xiǎotóu

apprehensive a. 害怕 hàipà; 忧虑 yōulǜ

apprentice n. 学徒 xuétú

approach v. 1. 接近 jiējìn: He is easily ~ed.
他容易接近。Tā róngyì jiējìn. 临近 línjìn: The
Spring Festival is ~ing. 春节即将来临。Chūnjié
jíjiāng láilín. 2. 与人商量 yǔ rén shāngliáng:
We ~ him about putting on a play. 我们找他
商量演一个剧。Wǒmen zhǎo tā shāngliáng yǎn
yí gè jù. n. 途径 tújìng; 方法 fāngfǎ

appropriate a. 适当的 shìdàngde: at an ~ time
在适当的时间 zài shìdàngde shíjiān v. 拨给 bōgěi:
~ a sum for an enterprise 为一家企业拨一笔款子
wèi yì jiā qǐyè bō yì bǐ kuǎnzi

approval n. 1. 赞成 zànchéng; 同意 tóngyì: meet
with general ~ 获得一致同意 huòdé yízhì tóngyì
2. 批准 pīzhǔn: ~ of an application 批准申请
pīzhǔn shēnqǐng

approve v. 1. 赞成 zànchéng: I ~ of your choice.
我赞成你的选择。Wǒ zànchéng nǐde xuǎnzé.
2. 批准 pīzhǔn; 通过 tōngguò: The minister
~d the building plans. 部长批准了这些建筑计划。

Bùzhǎng pīzhǔnle zhèxiē jiànzhù jìhuà.

approximate *a.* 大约的 dàyuēde; 近似的 jìnsìde: an ~ value 近似值 jìnsìzhí *v.* 接近 jiējìn: The cost will ~ $5,000,000. 费用将接近五百万美元。 Fèiyòng jiāng jiējìn wǔbǎi wàn měiyuán.

apricot *n.* 1. 杏 xìng *fruit 2. 杏黄色 xìnghuángsè *color

April *n.* 四月 sìyuè

apron *n.* 围裙 wéiqún

aquarium *n.* 1. 鱼缸 yúgāng *a container 2. 水族馆 shuǐzúguǎn *a building

aquatic *a.* 1. 水生的 shuǐshēngde; 水产的 shuǐchǎnde: an ~ plant 水生植物 shuǐshēng zhíwù 2. 水上的 shuǐshàngde: ~ sports 水上运动 shuǐshàng yùndòng

Arab *n.* 阿拉伯人 Alābórén

Arabian *a.* 阿拉伯（的） Alābó(de)

Arabic *n.* 阿拉伯语 Alābóyǔ

arable *a.* 可耕的 kěgēngde: ~ land 可耕地 kěgēngdì

arbitrary *a.* 随意的 suíyìde; 任意的 rènyìde: ~ decision 任意的决定 rènyìde juédìng

arbitrate *v.* 仲裁 zhòngcái; 公断 gōngduàn

arc *n.* 1. 弧形 húxíng 2. 弧光 húguāng: an ~ lamp 弧光灯 húguāngdēng

arch *n.* 拱 gǒng: an ~ roof 拱顶 gǒngdǐng:

archaeology *n.* 考古学 kǎogǔxué

archbishop *n.* 大主教 dàzhǔjiào

archer *n.* 弓箭手 gōngjiànshǒu

archery *n.* 射箭 shèjiàn

architect *n.* 建筑师 jiànzhùshī

architecture *n.* 1. 建筑学 jiànzhùxué *science 2. 建筑式样 jiànzhù shìyàng: Chinese architecture 中

国建筑 Zhōngguó jiànzhù

archive *n*. 1. 档案室 dàng'ànshì *pl. the place 2. 档案
dàng'àn *the files

Arctic *a*. 北极的 běijíde: the A~ Circle 北极圈
běijíquān

ardent *a*. 热情的 rèqíngde; 热心的 rèxīnde: an
~ lover of art 热爱艺术的人 rè'ài yìshù de rén

ardour *n*. 热情 rèqíng: ~ for study 对学习的热情
duì xuéxí de rèqíng

arduous *a*. 1. 艰巨的 jiānjùde: an ~ task 艰巨
的工作 jiānjùde gōngzuò 2. 陡峭的 dǒuqiàode:
an ~ hill 陡峭的山 dǒuqiàode shān

area *n*. 1. 面积 miànjī: What is the ~ of Beijing?
北京的面积多大? Běijīng de miànjī duō dà?
2. 地区 dìqū: a rural ~ 农村地区 nóngcūn dìqū /
an ~ of scientific investigation 科学研究的领域
kēxué yánjiū de lǐngyù

argue *v*. 1. 辩论 biànlùn; 争论 zhēnglùn 2. 证明 zhèng-
míng; 表示 biǎoshì: They ~d that their dis-
covery was of great significance. 他们说他们的
发现具有重大的意义。Tāmen shuō tāmende
fāxiàn jùyǒu zhòngdà de yìyì.

argument *n*. 1. 争论 zhēnglùn 2. 论据 lùnjù; 理由
lǐyóu: What is his ~? 他的论据是什么? Tāde
lùnjù shì shénme?

arid *a*. 干旱的 gānhànde: ~ land 干旱的土地 gān-
hànde tǔdì

arise *v*. 1. 起来 qǐlái; 升起 shēngqǐ 2. 出现 chūxiàn:
A new problem has ~n. 出现了一个新的问题。
Chūxiànle yí gè xīn de wèntí.

aristocrat *n*. 贵族 guì zú

arithmetic *n*. 算术 suànshù; 计算 jìsuàn

arm¹ *n.* 胳臂 gēbei: She carried a child in her ~. 她抱着一个小孩儿。Tā bàozhe yí gè xiǎoháir.

arm² *n.* 武器 wǔqì *pl. v.* 武装 wǔzhuāng

armament *n.* 1. 军备 jūnbèi: reduction of ~s 裁减军备 cáijiǎn jūnbèi 2. 兵器 bīngqì

armchair *n.* 扶手椅 fúshǒuyǐ

armistice *n.* 休战 xiūzhàn; 停战 tíngzhàn: an ~ agreement 停战协定 tíngzhàn xiédìng

armour *n.* 盔甲 kuījiǎ

armoured *a.* 装甲 zhuāngjiǎ: ~ vehicle 装甲车辆 zhuāngjiǎ chēliàng, ~ troops 装甲部队 zhuāngjiǎ bùduì

army *n.* 1. 军队 jūnduì: The Chinese People's Liberation Army 中国人民解放军 Zhōngguó Rénmín Jiěfàngjūn 2. 大群 dàqún: an ~ of workers 一大群工人 yí dà qún gōngrén

around *prep.* 1. 环绕 huánrǎo; 在……周围 zài …… zhōuwéi: The earth moves ~ the sun. 地球围绕太阳旋转。Dìqiú wéirǎo tàiyáng xuánzhuàn. / They stood ~ him. 他们站在他的周围。Tāmen zhàn zài tāde zhōuwéi. 2. 在各地 zài gèdì: We travelled ~ the country. 我们在全国各地旅行。Wǒmen zài quánguó gèdì lǚxíng. *ad.* 1. 周围 zhōuwéi: He looked ~ but could see nobody. 他向周围看,但谁也没看见。Tā xiàng zhōuwéi kàn, dàn shuí yě méi kànjiàn. 2. 附近 fùjìn: She is ~ somewhere. 她就在附近。Tā jiù zài fùjìn. 3. 各处 gèchù; 各地 gèdì 4. 转 zhuǎn: He turned ~. 他转过身来。Tā zhuǎnguò shēnlái. 5. 一圈儿 yìquānr: The track is 400 metres ~. 跑道一圈儿有四百米长。Pǎodào yì quānr yǒu sìbǎi mǐ cháng.

arouse *v.* 1. 唤醒 huànxǐng: We ~d him from his deep sleep. 我们把他从沉睡中唤醒。Wǒmen bǎ tā cóng chénshuì zhōng huànxǐng. 2. 唤起 huànqǐ: ~ the masses to action 发动群众 fādòng qúnzhòng

arrange *v.* 1. 整理 zhěnglǐ: ~ tools in order 把工具整理好 bǎ gōngjù zhěnglǐ hǎo 2. 安排 ānpái: Everything is arranged now. 现在一切都安排好了。Xiànzài yíqiè dōu ānpái hǎo le.

arrangement *n.* 1. 布置 bùzhì: the art of flowers ~ 陈设花卉的艺术 chénshè huāhuì de yìshù 2. 安排 ānpái: make ~s for a journey 做好旅行的安排 zuòhǎo lǚxíng de ānpái

arrest *v.* 1. 逮捕 dàibǔ: The policeman ~ed the thief. 警察逮捕了小偷。Jǐngchá dàibǔle xiǎotōu. 2. 阻止 zǔzhǐ: ~ the growth of the disease 阻止病菌的增长 zǔzhǐ bìngjūn de zēngzhǎng 3. 吸引 xīyǐn: His speech ~ed my attention. 他的讲话吸引了我。Tāde jiǎnghuà xīyǐnle wǒ.

arrive *v.* 1. 到达 dàodá; 来到 láidào: ~ at a station 到达车站 dàodá chēzhàn 2. 达到 dádào: He has ~d at manhood. 他已经到了成年。Tā yǐjīng dàole chéngnián. 3. 得出 déchū: I ~d at this conclusion. 我得出了结论。Wǒ déchūle jiélùn.

arrogance *n.* 傲慢 àomàn; 骄傲自大 jiāo'ào-zìdà

arrogant *a.* 傲慢的 àomànde; 趾高气扬的 zhǐgāo-qìyángde

arrow *n.* 1. 箭 jiàn 2. 指示箭头 zhǐshì jiàntóu: a traffic ~ 交通箭头标志 jiāotōng jiàntóu biāozhì

art *n.* 1. 艺术 yìshù; 美术 měishù: ~ gallery 美术馆 měishùguǎn / work of ~ 艺术品 yìshùpǐn 2.

技巧 jìqiǎo: the ～ of writing 写作技巧 xiězuò jìqiǎo

artery *n.* 1. 动脉 dòngmài 2. 干线 gànxiàn: ～ of traffic 交道干线 jiāotōng gànxiàn

article *n.* 1. 文章 wénzhāng; 论文 lùnwén *written: a feature ～ 特写 tèxiě 2. 物品 wùpin; 商品 shāngpin *object: an ～ of furniture 一件家具 yí jiàn jiāju 3. 项目 xiàngmù; 条款 tiáokuǎn: ～s of an agreement 协定的条款 xiédìngde tiáokuǎn 4. 冠词 guàncí *in grammar

articulate *a.* 口齿清楚的 kǒuchi qīngchu de; 表达清楚的 biǎodá qīngchu de *v.* 说得清楚 shuōde qīngchu

artificial *a.* 1. 人工的 réngōngde: an ～ earth satellite 人造地球卫星 rénzào dìqiú wèixīng 2. 不自然的 bú zìrán de; 做作的 zuòzuode: an ～ smile 假笑 jiǎxiào

artillery *n.* 1. 大炮 dàpào 2. 炮兵部队 pàobīng bùduì *army

artist *n.* 艺术家 yìshùjiā; 画家 huàjiā *painter

as *adv.* 象……一样 xiàng …… yíyàng: ～ heavy ～ gold 象金子一样重 xiàng jīnzi yí yàng zhòng *conj.* 1. 象……一样 xiàng …… yíyàng 2. 当…… 时候 dāng …… shíhou: I saw him ～ he was getting off the bus. 当他下车的时候我看见了他。 Dāng tā xià chē de shíhou wǒ kànjiànle tā. 3. 由于 yóuyú: She stayed at home ～ it was raining. 由于下雨她只好呆在家里。 Yóuyú xiàyǔ tā zhǐhǎo dāi zài jiāli. 4. 虽然 suīrán: Much ～ I like the book, I cannot take it away. 虽然我很喜欢这本书,但我不能把它拿走。Suīrán wǒ hěn xihuan zhè běn shū, dàn wǒ bùnéng bǎ tā názǒu.

ascend *v.* 上升 shàngshēng; 上楼 shànglóu *go

upstairs

ascent *n.* 上升 shàngshēng; 攀登 pāndēng

ascribe *v.* 把……归于 bǎ …… guīyú: ~ one's success to hard work 把某人的成功归功于努力工作 bǎ mǒu rén de chénggōng guīgōngyú nǔlì gōngzuò.

ash *n.* 1. 灰 huī: Don't drop your cigarette ~ on the carpet. 不要把烟灰掉在地毯上。Búyào bǎ yānhuī diào zài dìtǎn shang.

ashamed *a.* 羞愧 xiūkuì; 害臊 hàisào

ashore *ad.* 在岸上 zài ànshang; 上岸 shàng'àn: go (come) ~ 上岸 shàng'àn

Asia *n.* 亚洲 Yàzhōu

Asian *a.* 亚洲的 Yàzhōude *n.* 亚洲人 Yàzhōurén

aside *ad.* 在……旁边 zài …… pángbiān; 在……一边 zài …… yìbiān: stand ~ 站在一边 zhàn zài yìbiān / He put his work ~. 他把工作放在一边。Tā bǎ gōngzuò fàng zài yìbiān.

ask *v.* 1. 问 wèn: You'd better ~ him. 你最好问他。Nǐ zuì hǎo wèn tā. 2. 请求 qǐngqiú 要求 yāoqiú: I must ~ the doctor to come. 我必须请医生来。Wǒ bìxū qǐng yīshēng lái. 3. 邀请 yāoqing: A~ a friend to dinner. 请朋友吃饭。Qǐng péngyou chīfàn.

asleep *ad.* 睡着的 shuìzháode; 睡熟 shuìshú: I can't fall asleep. 我睡不着觉。Wǒ shuì bù zháo jiào. fall ~ 睡着了 shuìzháole

aspect *n.* 1. 面貌 miànmào: assume a new ~ 出现新面貌 chūxiàn xīn miànmào 2. 方向 fāngxiàng: The house has a southern ~. 这所房子是向南的。Zhè suǒ fángzi shì xiàng nán de. 3. 方面 fāngmiàn: from every ~ 从各方面看 cóng gè fāngmiàn kàn

aspiration *n*. 1. 志气 zhìqì * ambition 2. 渴望 kěwàng
*longing

aspire *v*. 1. 渴望 kěwàng: ~ to become an author
渴望成为作家 kěwàng chéngwéi zuòjiā 2. 立志
lìzhì: He ~d to fame. 他立志成名。Tā lìzhì
chéngmíng.

ass *n*. 1. 驴 lǘ *donkey 2. 傻瓜 shǎguā: make an
~ of oneself 干蠢事 gàn chǔnshì; 使……出丑
shǐ …… chūchǒu

assassin *n*. 刺客 cìkè

assassinate *v*. 暗杀 ànshā; 行刺 xíngcì

assault *v. & n*. 攻击 gōngjī; 袭击 xíjī

assemble *v*. 1. 集合 jíhé: The students ~d in the
playground. 学生们在操场集合。Xuéshēngmen
zài cāochǎng jíhé. 2. 装配 zhuāngpèi: ~ cars
装配汽车 zhuāngpèi qìchē

assembly *n*. 集合 jíhé: an ~ line 装配线 zhuāngpèi-
xiàn

assent *v. & n*. 同意 tóngyì

assert *v*. 1. 断言 duànyán: I ~ that this is true.
我断言这是真实的。Wǒ duànyán zhè shì zhēnshí
de. 2. 维护 wéihù: ~ one's rights 维护权力
wéihù quánlì

assess *v*. 估价 gūjià: They are ~ing his house.
他们正在给他的房子估价。Tāmen zhèngzài gěi
tāde fángzi gūjià.

asset *n*. 1. 财富 cáifù 2. 资产 zīchǎn

assign *v*. 1. 分配 fēnpèi: He has been ~ed this posi-
tion. 已分配他担任这个职务。Yǐ fēnpèi tā dānrèn
zhège zhíwù. 2. 确定 quèdìng: The date has
been ~ed for the trial 审讯日期已经确定。Shěnxùn

rìqī yǐjing quèdìng.

assimilate v. 吸收 xīshōu: Some kinds of food ~ easily. 有些食物容易吸收。Yǒuxiē shíwù róngyì xīshōu.

assist v. 帮助 bāngzhù; 援助 yuánzhù

assistance n. 援助 yuánzhù; 帮助 bāngzhù

assistant n. 1. 助手 zhùshǒu; 助理 zhùlǐ: an ~ engineer 助理工程师 zhùlǐ gōngchéngshī 2. 助教 zhùjiào: a teaching ~ 助教 zhùjiào 3. 售货员 shòuhuòyuán shop ~

associate v. 1. 联合 liánhé: They ~ themselves with a large firm. 他们同一家大公司联合起来。Tāmen tóng yì jiā dà gōngsī liánhé qǐlái. 2. 联系 liánxì; 联想 liánxiǎng: We ~ Egypt with the Nile. 我们想起埃及就想起尼罗河。Wǒmen xiǎngqi (Egypt) Aijí jiù xiǎngqi (Nile) Níluóhé.

association n. 1. 联合 liánhé: in ~ with 与……联合 yǔ …… liánhé 2. 协会 xiéhui *an organization

assorted a. 1. 各种各样的 gèzhǒng-gèyàngde: ~ chocolates 什锦巧克力 shíjǐng qiǎokèlì 2. 相配的 xiāngpèide: a well ~ pair 很相配的一对 hěn xiāngpèi de yíduì

assume v. 1. 假定 jiǎdìng; 假设 jiǎshè: I ~ that it is so. 我假定它是这样。Wǒ jiǎdìng tā shì zhèyàng. 2. 承担 chéngdān: I ~ responsibility. 我承担责任。Wǒ chéngdān zérèn. 3. 假装 jiǎzhuāng: He took an ~d name. 他用了假名。Tā yòngle jiǎmíng.

assuming a. 傲慢的 àomànde

assumption n. 设想 shèxiǎng

assurance n. 1. 把握 bǎwò; 自信 zìxìn: speak with ~ 很自信地讲话 hěn zìxìn de jiǎnghuà 2. 保证

bǎozhèng: give an ~ that …… 保证…… bǎo-zhèng ……. 3. =insurance 保险 bǎoxiǎn

assure *v.* 1. 保证 bǎozhèng: I ~ you there is no danger. 我向你保证没危险。Wǒ xiàng ni bǎo-zhèng méi wēixiǎn. 2. 使……确信 shǐ …… quèxìn; 使……放心 shǐ …… fàngxīn: The news ~d me. 这个消息使我放心了。Zhège xiāoxī shǐ wǒ fàngxīnle.

asthma *n.* 哮喘 xiāochuǎn

astonish *v.* 使……惊讶 shǐ …… jīngyà: His words ~ed all. 他的话使大家感到惊讶。Tāde huà shǐ dàjiā gǎndào jīngyà.

astronaut *n.* 宇航员 yǔhángyuán

astronomer *n.* 天文学家 tiānwénxuéjiā

astronomy *n.* 天文学 tiānwénxué

asylum *n.* 1. 避难所 bìnànsuǒ; 收容所 shōuróngsuǒ *a place 2. 避难 bìnàn: seek political ~ 寻求政治避难 xúnqiú zhèngzhì bìnàn

at *prep.* 1. 在 zài: ~ home 在家 zài jiā, ~ work 在工作 zài gōngzuò 2. 以 yǐ: ~ full speed 以高速 yǐ gāosù, ~ first 首先 shǒuxiān, ~ last 最后 zuìhòu, ~ least 至少 zhìshǎo, ~ once 马上 mǎ-shàng

atheism *n.* 无神论 wúshénlùn

atheist *n.* 无神论者 wúshénlùnzhě

athlete *n.* 运动员 yùndòngyuán

Atlantic *a.* 大西洋的 dàxīyángde *n.* the A~ 大西洋 Dàxīyáng

atlas *n.* 地图册 dìtúcè

atmosphere *n.* 1. 大气 dàqì; 空气 kōngqì: a moist ~ 潮湿的空气 cháoshīde kōngqì 2. 气氛 qìfēn: The ~ was tense. 气氛是紧张的。Qìfēn shì jǐnzhāng de / a festival ～ 节日气氛 jiérì qìfēn

atom *n.* 原子 yuánzǐ

atomic *a.* 原子的 yuánzǐde: an ～ bomb 原子弹 yuánzǐdàn: ～ energy 原子能 yuánzǐnéng

atrocity *n.* 残忍 cánrěn; 暴行 bàoxíng;

atrocious *a.* 残忍的 cánrěnde; 可怕的 kěpàde

attach *v.* 1. 系 jì: A～ this label to your luggage. 把这个签条系在行李上。 Bǎ zhège qiāntiáo jì zài xíngli shang. 2. 使……隶属 shǐ …… lìshǔ; 附属 fùshǔ: The normal school has a primary school ～ed to it. 这所师范学校有一所附属小学。 Zhè suǒ shīfàn xuéxiào yǒu yì suǒ fùshǔ xiǎoxué.

attack *v. & n.* 1. 攻击 gōngjī: make an ～ upon the enemy 向敌人进攻 xiàng dírén jìngōng 2. 从事 cóngshì; 着手 zhuóshǒu: ～ one's task 着手工作 zhuóshǒu gōngzuò

attain *v.* 1. 取得 qǔdé; 达到 dádào: He ～ed his goal by hard work. 他经过努力达到了目的。 Tā jīngguò nǔlì dádàole mùdì. 2. 到达 dàodá: ～ the top of the hill 到达山顶 dàodá shāndǐng

attempt *v.* 1. 尝试 chángshì: He ～ed the examination but failed. 他试着参加考试但没及格。 Tā shìzhe cānjiā kǎoshì dàn méi jígé. 2. 试图 shìtú: They are ～ing to climb the mountain. 他们试图爬上这座山。 Tāmen shìtú páshàng zhè zuò shān.

attend *v.* 1. 出席 chūxí: ～ a meeting 出席会议 chūxí huìyì 2. 照顾 zhàogù; 护理 hùlǐ: Which doctor is ～ing you? 哪位医生护理你? Nǎ wèi yīshēng hùlǐ nǐ? 3. 注意 zhùyì; 倾听 qīngtīng: ～ to sb's advice 听别人意见 tīng biérén yìjiàn

attendance *n.* 1. 出席 chūxí: a large ～ 出席人很多

chūxírén hěn duō 2. 护理 hùlǐ: a doctor in ～ 护
理医生 hùlǐ yīshēng

attendant *n.* 服务员 fúwùyuán; 随从 suícóng *a.* 伴
随的 bànsuíde

attention *n.* 1. 注意 zhùyì: Pay ～ to your work.
注意你的工作。 Zhùyì nǐde gōngzuò. 2. 关心 guān-
xīn: They showed the old lady a lot of ～.
他们对这位老妇人十分关心。 Tāmen duì zhè
wèi lǎofùrén shífēn guānxīn.

attentive *a.* 聚精会神的 jùjīng-huìshénde

attest *v.* 证实 zhèngshí

attitude *n.* 态度 tàidu; 看法 kànfǎ: What's your
～ towards this question? 你对这个问题有什
么看法? Nǐ duì zhège wèntí yǒu shénme kànfǎ?

attorney *n.* 1. 代理人 dàilǐrén 2. 律师 lǜshī *lawyer

attract *v.* 1. 吸引 xīyǐn: The earth ～s all things
towards its centre. 地球把万物都吸引向它的中
心。 Dìqiú bǎ wànwù dōu xīyǐn xiàng tāde zhōng-
xīn. 2. 引起 yǐnqǐ: ～ one's attention 引起别人注意
yǐnqǐ biérén zhùyì

attraction *n.* 吸引力 xīyǐnlì

attractive *a.* 1. 吸引人的 xīyǐnrénde: an ～ idea
吸引人的主意 xīyǐnrénde zhǔyì 2. 漂亮的 piào-
liàngde; 迷人的 mírénde; 英俊的 yīngjùnde *of
appearance

attribute *n.* 1. 属性 shǔxìng; 本性 běnxìng 2. 定语
dìngyǔ *in grammar *v.* 把……归于 bǎ ……
guīyú; 认为是……的结果 rènwéi shì …… de
jiéguǒ: Jim ～s his success to hard work. 吉
米认为他的成功是努力的结果。 Jímǐ rènwéi tāde
chénggōng shì nǔlì de jiéguǒ.

auction *n.* 拍卖 pāimài

audacious *a.* 1. 大胆的 dàdǎnde: an ～ explorer 大胆的探险家 dàdǎnde tànxiǎnjiā 2. 鲁莽的 lǔmǎngde: an ～ remark 鲁莽的话 lǔmǎngde huà

audacity *n.* 鲁莽 lǔmǎng; 放肆 fàngsì

audible *a.* 听得见的 tīngde jiàn de

audience *n.* 1. 听众 tīngzhòng; 观众 guānzhòng: There was a large ～ in the theatre. 剧院里的观众很多。 Jùyuàn li de guānzhòng hěn duō. 2. 接见 jiējiàn: grant sb. an ～ 接见某人 jiējiàn mǒu rén

audio-visual *a.* 1. 听觉视觉的 tīngjué-shìjuéde 2. 直观的 zhíguānde: ～ apparatus 直观教具 zhíguān jiàojù

audit *v. & n.* 审计 shěnjì; 查帐 cházhàng

auditor *n.* 审计员 shěnjìyuán; 查帐员 cházhàngyuán 2. 旁听生 pángtīngshēng *in the U.S.A.

auditorium *n.* 1. 大礼堂 dàlǐtáng *the hall 2. 观众席 guānzhòngxí *the seats

August *n.* 八月 bāyuè

aunt *n.* 1. 伯母 bómǔ *father's elder brother's wife 2. 婶母 shěnmǔ *father's younger brother's wife 3. 姨（母） yímǔ *mother's sister 4. 姑（母） gūmǔ *father's sister 5. 舅母 jiùmǔ *mother's brother's wife

aural *a.* 听觉的 tīngjuéde; 听力的 tīnglìde

auspices *n.* 赞助 zànzhù

auspicious *a.* 吉祥的 jíxiángde; 幸运的 xìngyùnde; 顺利的 shùnlìde

austere *a.* 1. 艰苦的 jiānkǔde: an ～ life 艰苦的生活 jiānkǔde shēnghuó 2. 朴素的 pǔsùde: an ～ style of painting 朴实无华的画 pǔshí-wúhuá de huà

authentic *a.* 真实的 zhēnshíde; 可靠的 kěkàode

an ～ report 可靠的报导 kěkàode bàodǎo

author *n.* 1. 作者 zuòzhě: Who is the ～ of this book? 这本书的作者是谁? Zhè běn shū de zuòzhě shì shéi? 2. 创始人 chuàngshǐrén; 发起人 fāqǐrén: the ～ of an idea 先有某种想法的人 xiān yǒu mǒu zhǒng xiǎngfǎ de rén

authoritative *a.* 1. 命令式的 mìnglìngshìde: ～ tones 命令的口气 mìnglìngde kǒuqì 2. 有权威性的 yǒu quánwēixìng de: ～ information 官方消息 guānfāng xiāoxi

authority *n.* 1. 权力 quánlì: use one's ～ 行使权力 xíngshǐ quánlì 2. 当局 dāngjú: college authorities 学院当局 xuéyuàn dāngjú 3. 权威 quánwēi; 专家 zhuānjiā: an ～ on phonetics 语言学权威 yǔyánxué quánwēi

authorize *v.* 授权 shòuquán

auto *n.* 汽车 qìchē

autobiography *n.* 自传 zìzhuàn

autocracy *n.* 独裁 dúcái; 专制制度 zhuānzhì zhìdù

autocrat *n.* 独裁者 dúcáizhě

autograph *n.* 亲笔签名 qīnbǐ qiānmíng

automatic *a.* 自动的 zìdòngde: an ～ control system 自动控制系统 zìdòng kòngzhì xìtǒng

automaton *n.* 自动装置 zìdòng zhuāngzhì

automobile *n.* 汽车 qìchē

autonomous *a.* 自治的 zìzhìde: an ～ region 自治区 zìzhìqū

autonomy *n.* 自治 zìzhì; 自主 zìzhǔ

autumn *n.* 秋天 qiūtiān

auxiliary *a.* 辅助的 fǔzhùde

avail *v.* 有利 yǒulì

available *a.* 1. 可得到的 kě dédào de: Is water ～ in

the desert? 这沙漠中有水吗？ Zhè shāmò zhōng yǒu shuǐ ma? 2. 有效的 yǒuxiàode: The ticket is ～ on the day of issue only. 此票当日有效。 Cǐ piào dàngrì yǒuxiào. 3. 可见到的 kě jiàndào de: Is the doctor ～ now? 现在能见大夫吗？ Xiànzài néng jiàn dàifu ma?

avalanche *n.* 雪崩 xuěbēng

avant-garde *n.* 先锋派 xiānfēngpài *a.* 先锋派的 xiānfēngpàide

avenge *v.* 替……报仇 tì …… bàochóu

avenue *n.* 1. 马路 mǎlù; 大街 dàjiē 2. 方法 fāngfǎ; 途径 tújìng: an ～ of research 研究途径 yánjiú tújìng

average *n.* 1. 平均 píngjūn; 平均数 píngjūnshù: What's the ～ temperature in Beijing in August? 北京八月的平均温度是多少？ Běijīng bāyuè de píngjūn wēndù shì duōshǎo? 2. 一般水平 yìbān shuǐpíng: Tom's work at school is above the ～. 汤姆在校的功课在一般水平之上。 Tāngmu zài xiào de gōngkè zài yìbān shuǐpíng zhīshàng. *a.* 平均的 píngjūnde: the ～ age 平均年龄 píngjūn niánlíng

avert *v.* 1. 转移 zhuǎnyí 2. 防止 fángzhǐ: Accidents can be ～ed by careful driving. 行车谨慎可以防止事故发生。 Xíngchē jǐnshèn kěyǐ fángzhǐ shìgù fāshēng.

aviation *n.* 航空 hángkōng: civil ～ 民航 mínháng

avoid *v.* 避免 bìmiǎn

await *v.* 等待 děngdài

awake *v.* 1. 使……醒 shǐ …… xǐng: A great noise awoke the baby. 嘈杂的声音把孩子吵醒了。 Cáozáde shēngyīn bǎ háizi chǎoxǐng le.

2. 醒 xǐng: I usually ~ at six. 我经常六点（钟）
醒来。 Wǒ jīngcháng liù diǎn (zhōng) xǐng lái.
3. 唤醒 huànxǐng: Her letter awoke old memories.
她的信唤起了旧日的回忆。 Tāde xìn huànqǐle
jiùrì de huíyì.

award *v.* 授予 shòuyǔ: He was ~ed the first
prize. 他获得了一等奖。 Tā huòdéle yīděngjiǎng.
n. 奖品 jiǎngpǐn; 奖赏 jiǎngshǎng

aware *a.* 知道的 zhīdàode; 意识到 yìshìdào: He is
well ~ that there is danger. 他完全意识到这儿有
危险。 Tā wánquán yìshì dào zhè yǒu wēixiǎn.

away *ad.* 1. 离 lí; 远离 yuǎnlí: He is ~ from home 他
不在家。 Tā bú zài jiā / He is ~ in the country. 他
到农村去了。 Tā dào nóngcūn qù le. 2. ……去……
qù; ……掉…… diào: Wash the dirt ~. 洗掉污垢。
Xǐdiào wūgòu. / The snow melted ~. 雪化掉了。
Xuě huàdiàole. right ~ 立刻 lìkè; 马上 mǎshàng

awe *n.* 敬畏 jìngwèi

awful *a.* 1. 可怕的 kěpàde 2. 极度的 jídùde; 极坏的
jíhuàide: ~ weather 极坏的天气 jíhuàide tiānqì

awfully *ad.* 极度地 jídùde: ~ hard rain 急雨 jíyǔ

awkward *a.* 1. 不便的 búbiànde: an ~ tool 使用不便
的工具 Shǐyòng búbiàn de gōngjù 2. 笨拙的
bènzhuōde: The children are still ~ with chop-
sticks. 这些孩子们还不会用筷子。 Zhèxiē hái-
zimen hái búhuì yòng kuàizi 3. 尴尬的 gān'gàde:
an ~ moment 令人尴尬的时刻 lìng rén gān'gā de
shíkè; 难堪的 nánkānde: an ~ situation 窘境
jiǒngjìng

axe *n.* 斧 fǔ

axis *n.* 1. 轴 zhóu 2. 轴心 zhóuxīn: the A~ 轴心国
Zhóuxīnguó

axle *n.* 车轴 chēzhóu

B

BA = Bachelor of Arts 文学士 wénxuéshì

baby *n.* 1. 婴儿 yīng'ér ~-sitter 替人临时看孩子的人 tì rén línshí kān háizi de rén 2. 孩子气的人 háiziqìde rén: Don't be such a baby! 别孩子气! Bié háiziqì! 3. 小动物 xiǎo dòngwù: ~ elephant 小象 xiǎoxiàng

bachelor *n.* 1. 未婚男子 wèihūn nánzi *an unmarried man 2. 学士 xuéshì: B~ of Arts (Science) 文(理)学士 Wén(lǐ)xuéshì

back *n.* 1. 背 bèi: lie on one's ~ 朝天躺着 cháo tiān tǎngzhe 2. 后面 hòumian: the ~ of the house 房子的后面 fángzide hòumian 3. 背面 bèimian: the ~ of the hand 手背 shǒubèi/turn one's ~ on 不理睬 bù lícǎi *ad.* 1. 在后面 zài hòumian; 往后 wànghòu: Stand ~, please. 请往后站。Qǐng wànghòu zhàn. 2. 回来 huílái: We shall be ~ before dark. 我们将在天黑前回来。Wǒmen jiāng zài tiānhēi qián huílái. *a.* 后面的 hòumiande: ~ door 后门 hòumén: through the ~-door 走后门 zǒu hòumén *v.* 1. 后退 hòutuì: ~ a car into the garage 把汽车倒着开进车库 bǎ qìchē dàozhe kāijìn chēkù 2. ~ sb. up 支持某人 zhīzhí mǒu rén

backbone *n.* 1. 脊骨 jígǔ 2. 骨干 gǔgàn *main support

background *n.* 1. 背景 bèijing: a ~ briefing 背景情况介绍会 bèijing qíngkuàng jièshàohuì 2. 经历 jīnglì: What's his ~? 他的经历如何? Tāde jīnglì rúhé?

backward *a.* 1. 向后的 xiàng hòu de: a ～ glance 向后一看 xiàng hòu yíkàn 2. 落后的 luòhòude: a ～ part of the country 国家的落后地区 guójiā de luòhòu dìqū *ad.* 向后 xiàng hòu: lean ～ 往后靠 wàng hòu kào

bacon *n.* 1. 咸肉 xiánròu *salted meat 2. 熏肉 xūnròu *smoked meat

bacteria *n.* 细菌 xìjūn

bad *a.* 1. 坏的 huàide; 不好的 bù hǎo de: a ～ effect 坏影响 huài yǐngxiǎng / ～ behaviour 不好的行为 bù hǎo de xíngwéi 2. 臭的 chòude: ～ smell 臭味儿 chòuwèir/ a ～ egg 臭蛋 chòudàn; 坏蛋 huài-dàn *fig 3. 有害的 yǒuhàide: Smoking is ～ for the health. 吸烟对健康有害。 Xīyān duì jiànkāng yǒuhài. 4. 不舒服的 bù shūfu de: feel ～ 感觉不舒服 gǎnjué bù shūfu 5. 严重的 yánzhòngde: a ～ cold 重感冒 zhòng gǎnmào Too ～! 糟糕 zāogāo; 太可惜了。 Tài kěxi le.

badge *n.* 徽章 huīzhāng

badly *ad.* 1. 很坏 hěn huài: ～ dressed 穿得很坏 chuānde hěn huài 2. 非常 fēicháng: She wants it ～. 她非常想要它。 Tā fēicháng xiǎng yào tā.

badminton *n.* 羽毛球 yǔmáoqiú

bag *n.* 袋 dài; 包 bāo *v.* 装进袋里 zhuāngjìn dài li

baggage *n.* 行李 xíngli

bagpipe *n.* 风笛 fēngdí

bail *n.* 保释金 bǎoshìjīn: go ～ for someone 为某人保释 wèi mǒu rén bǎoshì, be out on ～ 在保释中 zài bǎoshì zhōng *v.* 准许保释 zhǔnxǔ bǎoshì

bait *n.* 饵 ěr; 引诱物 yìnyòuwù *fig

bake *v.* 烤 kǎo: ～ bread 烤面包 kǎo miànbāo

bakery *n.* 面包房 miànbāofáng

balance *n.* 1. 秤 chèng; 天平 tiānpíng *an instrument 2. 平衡 pínghéng: keep (lose) one's ～ 保持（失去）平衡 bǎochí (shīqù) pínghéng 3. 差额 chā'é: a favourable (an unfavourable) ～ of trade 顺（逆）差 shùn(nì)chā *v.* 平衡 pínghéng: ～ a budget 平衡预算 pínghéng yùsuàn

balcony *n.* 阳台 yángtái

bald *a.* 秃的 tūde

bale *n.* 大包 dàbāo; 捆 kǔn

ball[1] *n.* 球 qiú: throw a ～ 扔球 rēng qiú

ball[2] *n.* 舞会 wǔhuì *the dance; have a ～ 尽情作乐 jìnqíng zuòlè

ballad *n.* 歌谣 gēyáo

ballerina *n.* 芭蕾舞女演员 bāléiwǔ nüyǎnyuán

ballet *n.* 芭蕾舞 bāléiwǔ

balloon *n.* 气球 qìqiú

ballot *n.* 选票 xuǎnpiào: cast a ～ 投票 tóupiào *v.* 投票 tóupiào

balm *n.* 油膏 yóugāo: essential ～ 清凉油 qīngliángyóu

bamboo *n.* 竹 zhú: ～ shoot 竹笋 zhúsǔn

ban *v.* 禁止 jìnzhǐ *n.* 禁令 jìnlìng

banana *n.* 香蕉 xiāngjiāo

band[1] *n.* 1. 带子 dàizi: rubber ～ 橡皮筋儿 xiàngpíjīnr 2. 镶边儿 xiāngbiānr: neck ～ 领边儿 lingbiānr 3. 波段 bōduàn *of radiowaves *v.* 用带子扎 yòng dàizi zhā

band[2] *n.* 1. 一队 yíduì: a ～ of robbers 一帮强盗 yì bāng qiángdào 2. 乐队 yuèduì *of musicians

bandage *n.* 绷带 bēngdài

bandit *n.* 匪徒 fěitú

bang *v. & n.* 1. 猛击 měngjī: ~ against a wall 撞墙 zhuàng qiáng 2. "砰"一下关上 "pēng" yíxià guānshang: ~ the door 把门使劲撞上 bǎ mén shǐjìn zhuàngshang

banish *v.* 驱逐 qūzhú

bank¹ *n.* 岸 àn: river ~ 河岸 hé'àn

bank² *n.* 银行 yínháng: the B~ of China 中国银行 Zhōngguó Yínháng; ~ draft 银行汇票 yínháng huìpiào; ~ note 钞票 chāopiào 3. 库 kù: blood ~ 血库 xuèkù

banker *n.* 银行家 yínhángjiā

bankrupt *n.* 破产者 pòchǎnzhě *a.* 破产的 pòchǎnde *v.* 使……破产 shǐ …… pòchǎn

bankruptcy *n.* 破产 pòchǎn

banner *n.* 旗 qí; 旗帜 qízhì

banquet *n.* 宴会 yànhuì

baptism *n.* 洗礼 xǐlǐ

bar *n.* 1. 条 tiáo; 棒 bàng: a ~ of soap 一条肥皂 yì tiáo féizào 2. 障碍 zhàng'ài *barrier 3. 线条 xiàntiáo: ~s of sunlight 光线 guāngxiàn 4. 酒吧 jiǔbā *drinking place *v.* 1. 闩上 shuānshang: ~ a door 闩门 shuān mén 2. 封锁 fēngsuǒ: ~ the way to the city 封锁进城的路 fēngsuǒ jìn chéng de lù/ the B~ 律师界 lǜshījiè: go to the B~ 当律师 dāng lǜshī

barbarous *a.* 粗野的 cūyěde

barber *n.* 理发师 lifàshī

bare *a.* 1. 赤裸的 chìluǒde: ~ foot 赤脚 chìjiǎo 2. 空的 kōngde: a room ~ of furniture 几乎没有家具的房间 jīhū méiyǒu jiājù de fángjiān 3. 勉强的 miǎnqiǎngde: ~ majority 勉强够多数 miǎnqiǎng gòu duōshù *v.* 揭露 jiēlù *to reveal sth. or sb.

barely *ad.* 仅仅 jǐnjǐn: ～ enough 刚刚够 gānggāng gòu

bargain *n.* 1. 协议 xiéyì: make a ～ with sb. 与某人达成协议 yǔ mǒu rén dáchéng xiéyì 2. 廉价品 liánjiàpǐn: ～ counter 廉价部 liánjiàbù *v.* 讨价还价 tǎojià-huánjià

bark[1] *n.* 吠声 fèishēng *v.* 吠 fèi *the sound made by the dog

bark[2] *n.* 树皮 shùpí *outer covering of a tree

barley *n.* 大麦 dàmài

barn *n.* 1. 谷仓 gǔcāng *on a farm 2. 马（牛）棚 mǎ(niú)péng *for horses & cows, etc.

barometer *n.* 气压计 qìyājì

baron *n.* 1. 男爵 nánjué *the title of a nobleman 2. 工业巨头 gōngyè jùtóu; 大王 dàwáng: an oil ～ 石油大王 shíyóu dàwáng

barrack *n.* 营房 yíngfáng *v.* 驻兵 zhùbīng

barrel *n.* 桶 tǒng: a beer ～ 啤酒桶 píjiǔtǒng

barren *a.* 1. 贫瘠的 pínjíde: ～ land 贫瘠的土地 pínjíde tǔdì 2. 不结果实的 bù jiē guǒshí de *of trees or plants 3. 不会生育的 búhuì shēngyù de *of animals

barricade *n.* 路障 lùzhàng

barrier *n.* 障碍 zhàng'ài

base[1] *n.* 1. 基础 jīchǔ: the ～ of a pillar 柱的基础 zhù de jīchǔ 2. 基地 jīdì: an air ～ 空军基地 kōngjūn jīdì *v.* 以……为根据 yǐ …… wéi gēnjù: be ～d on 根据 gēnjù

base[2] *a.* 卑鄙的 bēibǐde: a ～ act 卑鄙的行为 bēibǐde xíngwéi

baseball *n.* 棒球 bàngqiú

basement *n.* 地下室 dìxiàshì

basic *a.* 基础的 jīchǔde; 基本的 jīběnde

basin *n.* 1. 盆 pén *the vessel 2. 盆地 péndì; 流域 liúyù: the Yellow River ~ 黄河流域 Huáng Hé liúyù

basis *n.* 基础 jīchǔ

basket *n.* 篮 lán; 筐 kuāng

basketball *n.* 篮球 lánqiú

bass *a.* 低音的 dīyīnde: ~ viol 低音提琴 dīyīn tíqín *n.* 男低音 nándīyīn *of the male voice

bastard *n.* 私生子 sīshēngzǐ; 杂种 zázhǒng

bat[1] *n.* 1. 球棒 qiúbàng *for baseball or cricket 2. 乒乓球拍 pīngpāngqiúpāi *for table tennis

bat[2] *n.* 蝙蝠 biānfú *an animal

batch *n.* 一批 yì pī: several ~es of letters 几批信件 jǐ pī xìnjiàn

bath *n.* 洗澡 xǐzǎo: have a ~ 洗澡 xǐzǎo / sun ~ 日光浴 rìguāngyù, ~ room 浴室 yùshì

bathe *v.* 1. 浸 jìn * soak in water 2. 游泳 yóuyǒng *go swimming 3. 洗澡 xǐzǎo *have a bath

bathing *n.* 游泳 yóuyǒng: ~ suit 游泳衣 yóuyǒngyī

baton *n.* 1. 警棍 jǐnggùn *used by a policeman 2. 指挥棒 zhǐhuībàng *used by a conductor

battalion *n.* 营 yíng

batter *v.* 猛击 měngjī

battery *n.* 1. 炮兵连 pàobīnglián *an army unit 2. 电池 diànchí *electric cells

battle *n. & v.* 战斗 zhàndòu

battlefield *n.* 战场 zhànchǎng

bay[1] *n.* 海湾 hǎiwān *along the coast

bay[2] 吠叫 fèijiào *of dogs

bayonet *n.* 刺刀 cìdāo

bazaar *n.* 集市 jíshì; 市场 shìchǎng

BBC =British Broadcasting Corporation 英国广播公司 Yīngguó Guǎngbō Gōngsī

B.C. = Before Christ 公元前 gōngyuán qián

be *v.* 1. 是 shì: This book must ～ mine. 这本书一定是我的。 Zhè běn shū yídìng shì wǒ de. 2. 在 zài: He may be upstairs. 他可能在楼上。 Tā kěnéng zài lóushang.

beach *n.* 1. 海滨 hǎibīn *the shore of a sea 2. 湖滨 húbīn *the shore of a lake 3. 河滩 hétān *the bank of a river

beacon *n.* 灯塔 dēngtǎ; 航标 hángbiāo *navigation mark.

bead *n.* 1. 小珠 xiǎozhū: a string of ～s 一串珠子 yí chuàn zhūzi 2. 水珠 shuǐzhū: ～s of sweat 汗珠 hànzhū

beak *n.* 鸟嘴 niǎozuǐ

beam *n.* 1. 梁 liáng *a large piece of wood 2. 一道 yídào; 一束 yíshù: a ～ of light 一道光 yí dào guāng *v.* 1. 发光 fāguāng *send out light 2. 发热 fārè *send out heat 3. 微笑 wēixiào *smile

bean *n.* 豆 dòu; 豆角 dòujiǎo: ～ curd 豆腐 dòufu

bear[1] *v.* 1. 负担 fùdān: ～ expenses 负担费用 fùdān fèiyòng 2. 忍受 rěnshòu: ～ pain 忍痛 rěntòng 3. 结(实) jiē (shí): ～ fruit 结果实 jiē guǒshí 4. 生孩子 shēng háizi *give birth to a child

bear *n.* 熊 xióng

beard *n.* 胡子 húzi

bearing *n.* 轴承 zhóuchéng *ball-bearing

beast *n.* 兽 shòu; 畜牲 chùshēng: a ～ of burden 驮畜 tuóchù

beat *v.* 1. 打 dǎ; 敲 qiāo: ～ a child 打孩子 dǎ háizi,

~ a drum 敲鼓 qiāo gǔ 2. 击败 jībài: ~ the opponent 击败对手 jībài duìshǒu 3. 跳动 tiào- dòng: His heart ~ fast. 他的心跳得很快。 Tāde xīn tiàode hěn kuài. *n.* 1. 跳动 tiàodòng: heart-~ 心跳 xīntiào 2. 拍子 pāizi *in music

beautiful *a.* 美丽的 měilìde: ~ flowers 美丽的花朵 měilìde huāduǒ; 美好的 měihǎode: ~ weather 好天气 hǎo tiānqì

beauty *n.* 1. 美丽 měilì 2. 美人 měirén: She is a ~. 她是一位美人儿。 Tā shì yí wèi měirénr.

because *conj.* 因为 yīnwèi

beaver *n.* 河狸 hélí

become *v.* 1. 变成 biànchéng; 成为 chéngwéi: The weather has ~ warmer. 天变暖了。 Tiān biàn nuǎn le. 2. 合适 héshì: a ~ing hat 一顶合适的帽子 yì dǐng héshì de màozi

bed *n.* 1. 床 chuáng: a room with two ~s 一间有两张床的房间 yì jiān yǒu liǎng zhāng chuáng de fángjiān, go to ~ 睡觉 shuìjiào, make the ~ 铺床 pū chuáng 2. 河床 héchuáng *a riverbed 3. 苗圃 miáopǔ: flower ~ 花坛 huātán, ~bug 臭虫 chòuchóng, ~ clothes 床上用品 chuángshang yòngpǐn, ~ room 卧室 wòshì

bedridden *a.* 卧床不起 wòchuáng bùqǐ

bee *n.* 蜜蜂 mìfēng

beef *n.* 牛肉 niúròu

beefsteak *n.* 牛排 niúpái

beehive *n.* 蜂窝 fēngwō; 蜂房 fēngfáng

beer *n.* 啤酒 píjiǔ

beet *n.* 甜菜 tiáncài

beetle *n.* 甲虫 jiǎchóng *insect

before *prep.* 1. 在……以前 zài …… yǐqián: the

day ～ yesterday 前天 qiántiān, ～ long 不久 bùjiǔ 2. 在……前面 zài …… qiánmian: She stood ～ him. 她站在他前面。 Tā zhàn zài tā qiánmian. *conj.* 在……以前 zài …… yǐqián *ad.* 以前 yǐqián: long ～ 很久以前 hěnjiǔ yǐqián

beforehand *ad.* 事先 shìxiān

beg *v.* 1. 乞讨 qǐtǎo: ～ for food 讨饭 tǎofàn 2. 恳求 kěnqiú: ～ favour of someone 恳求某人帮助 kěnqiú mǒu rén bāngzhù

beggar *n.* 乞丐 qǐgài

begin *v.* 开始 kāishǐ

beginner *n.* 初学者 chūxuézhě

beginning *n.* 开始 kāishǐ; 开端 kāiduān: at the ～ of the term 学期初 xuéqī chū

behalf *n.* on ～ of 代表 dàibiǎo ……

behave *v.* 表现 biǎoxiàn: ～ well (badly) 行为好 (坏) xíngwéi hǎo(huài): B～ yourself! 规矩点 儿! Guījudiǎnr!

behaviour *n.* 行为 xíngwéi

behind *prep.* 1. 在……后面 zài …… hòumian: ～ the door 在门后 zài mén hòu 2. 不如 bùrú: He is ～ me in swimming. 他游泳不如我。 Tā yóuyǒng bùrú wǒ. *ad.* 在后 zàihòu: stay ～ 留 下来 liú xialai

being *n.* 1. 存在 cúnzài; 出现 chūxiàn *existance 2. 人 rén: human ～s 人类 rénlèi *a.* for the time ～ 暂时 zànshí

belief *n.* 1. 信任 xìnrèn: He had no great ～ in his doctor. 他不太信任他的医生。 Tā bú tài xìnrèn tāde yīshēng. 2. 信仰 xìnyǎng: religious ～s 宗教信仰 zōngjiào xìnyǎng

believe *v.* 1. 相信 xiāngxìn: We ～ his reports

我们相信他的报告。Wǒmen xiāngxìn tāde bàogào.
2. 信任 xìnrèn: We ~ in him. 我们信任他。
Wǒmen xìnrèn tā. 3. 认为 rènwéi: I ~ that he
will come. 我认为他会来的。Wǒ rènwéi tā huì
lái de.

bell *n.* 钟 zhōng; 铃 líng

bellows *n.* 风箱 fēngxiāng

belly *n.* 肚子 dùzi

belong *v.* 属于 shǔyú

belongings *n.* 所属物 suǒshǔwù

beloved *a.* （被）热爱的 (bèi) rè'àide

below *prep.* 在……下面 zài …… xiàmian; 低于……
dīyú ……: ~ the average income 低于平均收入
dīyú píngjūn shōurù/ five degrees ~ zero 零下五度
língxià wǔ dù *ad.* 在下面 zài xiàmian; 向下 xiàng
xià: He is down ~. 他在下面。Tā zài xiàmian.

belt *n.* 1. 带 dài; 腰带 yāodài: a new leather belt
一条新皮带 yì tiáo xīn pídài 2. 地带 dìdài: an
earthquake ~ 地震带 dìzhèndài

bench *n.* 1. 长凳 chángdèng *a long seat 2. 工作台
gōngzuòtái *a long work-table 3. 法官席 fǎguānxí
*the judge's seat

bend *v.* & *n.* 弯曲 wānqū

beneath *prep.* 在……下方 zài …… xiàfāng: a vil-
lage ~ the hill 山下的村庄 shānxià de cūnzhuāng

beneficial *a.* 有益的 yǒuyìde; 有利的 yǒulìde

benefit *n.* 利益 lìyì: It's of ~ to everyone. 这对
人人有益。Zhè duì rénrén yǒuyì. *v.* 对……有利
duì …… yǒulì: This medicine will ~ you.
这药对你有好处。Zhè yào duì nǐ yǒu hǎochu.

benevolence *n.* 仁慈 réncí

berry *n.* 浆果 jiāngguǒ

berth *n.* 卧铺 wòpù *a sleeping place in a ship or train

beside *prep.* 在……旁边 zài …… pángbiān

besides *prep.* 除……外 chú …… wài: I have three other hats ～ this. 除此之外，我还有三顶别的帽子。 Chú cǐ zhī wài, wǒ háiyǒu sān dǐng biéde màozi. *ad.* 而且 érqiě: I don't want to go, ～, I'm tired. 我不想去，而且我也累了。 Wǒ bùxiǎng qù, érqiě wǒ yě lèi le.

besiege *n.* 围困 wéikùn

best *a.* 最好的 zuì hǎo de *n.* 1. 最好的东西 zuì hǎo de dōngxi 2. 最大努力 zuì dà nǔlì: do one's ～ 竭力 jiélì, ～-seller *n.* 畅销书 chàngxiāoshū

bet *v.* 打赌 dǎdǔ

betray *v.* 出卖 chūmài: ～ one's friend 出卖朋友 chūmài péngyou

better *a.* 较好的 jiào hǎo de: Are you ～? 你好些了吗？ Nǐ hǎo xiē le ma? ～ than nothing 比没有好 bǐ méiyǒu hǎo, ～ off 更富有 gèng fùyǒu, the sooner the ～ 越快越好 yuè kuài yuè hǎo, you'd ～ ……你最好…… ni zuì hǎo……

between *prep.* 在……之间 zài …… zhījiān

beware *v.* 注意 zhùyì; 当心 dāngxīn: B～ of danger! 谨防危险！ Jǐnfáng wēixiǎn!

bewilder *v.* 迷惑 míhuò

bewitch *v.* 施魔法 shī mófǎ

beyond *prep.* 1. 在……的那一边 zài …… de nà yìbiān: ～ the mountains 在山那边 zài shān nàbiān 2. 超过 chāoguò: ～ doubt 无疑地 wúyíde

bias *n.* 偏见 piānjiàn: have a ～ against ……对…… 有偏见 duì …… yǒu piānjiàn

Bible *n.* 圣经 Shèngjīng

bibliography *n.* 1. 书目 shūmù: a ～ of writings by Lu Xun 鲁迅书目 Lǔ Xùn shūmù 2. 目录学 mùlùxué *study of the authorship, editions, etc., of books

bicycle *n.* 自行车 zìxíngchē

bid *v.* 1. 出价 chūjià: He ～ ten yuan for an old book. 他出十元买一本旧书。Tā chū shí yuán mǎi yì běn jiùshū. 2. 投标 tóubiāo: ～ against each other for a new project 相互竞争取得某工程的投标权 xiānghù jìngzhēng qǔdé mǒu gōngchéng de tóubiāoquán

big *a.* 1. 大 dà: a ～ city 大城市 dà chéngshì 2. 重要的 zhòngyàode: a ～ event 重大事件 zhòngdà shìjiàn

bilateral *a.* 双边的 shuāngbiānde: a ～ agreement 双边协定 shuāngbiān xiédìng

bilingual *a.* 能说两种语言的 néng shuō liǎng zhǒng yǔyán de *speaking two languages 2. 两种文字对照的 liǎng zhǒng wénzì duìzhào de: a ～ English-Chinese dictionary 英汉词典 Yīng-Hàn cídiǎn *n.* 能说两种语言的人 néng shuō liǎng zhǒng yǔyán de rén *a person who can speak two languages

bill *n.* 1. 帐单 zhàngdān: pay a ～ 付账 fùzhàng 2. 钞票 chāopiào *banknote 3. 法案 fǎ'àn: parliamentary ～s 国会法案 guóhuì fǎ'àn

billiards *n.* 台球 táiqiú

billion *num.* 1. 十亿 shíyì *a thousand million 2. 万亿 wànyì *(BrE old use) a million million

bind *v.* 1. 捆 kǔn: ～ with ropes 用绳子捆上 yòng shéngzi kǔnshang 2. 装订 zhuāngdìng: ～ a book 装订一本书 zhuāngdìng yì běn shū

binocular *n.* 望远镜 wàngyuǎnjìng

biography *n.* 传记 zhuànjì

biology *n.* 生物学 shēngwùxué

bionics *n.* 仿生学 fǎngshēngxué

birch *n.* 1. 桦 huà *the tree 2. 桦木 huàmù *its wood

bird *n.* 鸟 niǎo: kill two ~s with one stone 一箭双雕 yíjiàn-shuāngdiāo /Birds of a feather flock together. 物以类聚，人以群分。Wùyǐlèijù, rényǐqúnfēn. **bird's-eye** *a.* 鸟瞰的 niǎokànde: a ~ view 鸟瞰图 niǎokàntú

birth *n.* 出生 chūshēng: give ~ to a baby girl 生出一个女孩 shēngchū yí gè nǚháir, ~ control 节育 jiéyù

birthday *n.* 生日 shēngrì

birthplace *n.* 出生地 chūshēngdì; 故乡 gùxiāng

birthrate *n.* 出生率 chūshēnglù

biscuit *n.* 饼干 bǐnggān

bishop *n.* 主教 zhǔjiào

bit *n.* 一点儿 yìdiǎnr: a ~ of cake 一点儿蛋糕 yìdiǎnr dàngāo, ~ by ~ 一点儿一点儿地 yìdiǎnr yìdiǎnr de, do one's ~ 尽自己的一份力量 jìn zìjide yí fèn lìliang, feel a ~ cold 觉得有点儿冷 juéde yǒudiǎnr lěng, quite a ~ 相当多 xiāngdāng duō, Wait a ~. 等一会儿。Děng yíhuìr.

bite *v.* 1. 咬 yǎo: The dog doesn't bite. 这狗不咬人。Zhè gǒu bù yǎo rén. 2. 叮 dīng *of insects

biting *a.* 刺痛的 cìtòngde; 尖利的 jiānlìde: a ~ wind 刺骨的寒风 cìgǔde hánfēng, ~ words 尖刻的话 jiānkède huà

bitter *a.* 1. 苦的 kǔde *taste 2. 历害的 lìhàide: ~ pain 剧痛 jùtòng 3. 怨恨的 yuànhènde: ~ words 怨恨的话 yuànhènde huà

black *a.* 黑色的 hēisède: ~ beer 黑啤酒 hēipíjiǔ,

~ coffee 清咖啡 qīngkāfēi, ~ market 黑市 hēishì, ~ people 黑人 hēirén, ~ tea 红茶 hóngchá

blackboard *n.* 黑板 hēibǎn

blacklist *n.* 黑名单 hēimíngdān *v.* 列入黑名单 lièrù hēimíngdān

blackmail *n. & v.* 敲诈 qiāozhà

blackout *n.* 灯火管制 dēnghuǒ guǎnzhì; 遮光 zhē guāng

blacksmith *n.* 铁匠 tiějiàng

blade *n.* 1. 刃 rèn: the ~ of a knife 刀刃 dāorèn 2. 刀片 dāopiàn: a razor ~ 刀片 dāopiàn

blame *v.* 责备 zébèi: Don't ~ it on him, ~ it on me. 别责备他，责备我吧。 Bié zhébèi tā, zébèi wǒ ba. B~ it! 该死! Gāisǐ!

blank *a.* 空白的 kòngbáide: a ~ form 空白表格 kòngbái biǎogé *n.* 空白 kòngbái; 空格 kònggér: leave a ~ 留出空白 liúchū kòngbái

blanket *n.* 毯子 tǎnzi

blast *n.* 1. a ~ of wind 一阵风 yí zhèn fēng 2. 爆炸 bàozhà: an H-bomb blast 氢弹爆炸 qīngdàn bàozhà

blaze *n.* 1. 火焰 huǒyàn: The fire burst into a ~. 火烧得旺起来了。 Huǒ shāode wàng qǐlái le. 2. 耀眼的光 yàoyǎnde guāng: a ~ of light 灯火辉煌 dēnghuǒ huīhuáng *v.* 1. 燃烧 ránshāo: A wood fire is ~ing. 一堆木柴正在熊熊燃烧。 Yì duī mùchái zhèngzài xióngxióng ránshāo. 2. 发出耀眼的光 fāchū yàoyǎn de guāng: Lights were blazing in the room. 室内灯火辉煌。 Shìnèi dēnghuǒ huīhuáng.

blazing *a.* 1. 烧得旺的 shāode wàng de: the ~ building 正在起火的大厦 zhèngzài qǐhuǒ de dàshà 2. 耀眼的 yàoyǎnde; 炽烈的 chìliède: the ~ sun

烈日 lièrì

bleach *v. & n.* 漂白 piǎobái

bleak *a.* 1. 阴冷的 yīnlěngde: ~ weather 阴冷的天气 yīnlěngde tiānqì 2. 荒凉的 huāngliángde: a ~ hillside 荒凉的山坡 huāngliángde shānpō 3. 暗淡的 àndànde: ~ prospects 暗淡的前途 àndànde qiántú

bleed *v.* 出血 chūxuè: Your nose is ~ing. 你鼻子出血了。Nǐ bízi chūxuè le.

blend *v.* 混合 hùnhé

bless *v.* 1. 祝福 zhùfú 2. 保佑 bǎoyòu

blind *a.* 1. 失明的 shīmíngde; 瞎的 xiāde: He is ~ in one eye. 他一只眼睛失明。Tā yì zhī yǎnjīng shīmíng/ She has been ~ from birth. 她出生时就瞎了。Tā chūshēng shí jiù xiā le. 2. 盲人的 mángrénde: a school for the ~ 盲人学校 mángrén xuéxiào

blindfold *v.* 蒙住……的眼睛 méngzhù …… de yǎnjīng

blink *v. & n.* 眨眼 zhǎ yǎn

blister *n.* 水泡 shuǐpào: ~s on one's feet 脚上起泡 jiǎoshang qǐpào *v.* 起泡 qǐpào

blizzard *n.* 大风雪 dà fēngxuě

bloc *n.* 集团 jítuán

block *n.* 1. 块 kuài: a ~ of ice 一大块冰 yī dà kuài bīng 2. 街 jiē: The post office is two ~s from here. 过两条马路就是邮局。Guò liǎng tiáo mǎlù jiùshì yóujú. *v.* 堵塞 dǔsè: The road is ~ed. 路被堵住了。Lù bèi dǔzhù le.

blockade *n. & v.* 封锁 fēngsuǒ

blond(e) *a.* 淡黄色的 dànhuángsède *n.* 白肤金发的人 báifū jīnfà de rén

blood *n.* 1. 血 xuè: ~ bank 血库 xuèkù, ~ pressure 血压 xuèyā, ~ test 验血 yàn xuè, ~ type 血型 xuèxíng, ~ vessel 血管 xuèguǎn 2. 血统 xuètǒng: noble ~ 贵族血统 guìzú xuètǒng

bloodshot *a.* （眼睛）充血的 (yǎnjīng) chōngxuède

bloodless *a.* 1. 无血的 wú xuè de 2. 不流血的 bù liúxuè de: ~ victory 不流血的胜利 bù liúxuè de shènglì

bloom *v.* 开花 kāihuā: Roses are ~ing. 玫瑰正在盛开。 Méiguì zhèngzài shèngkāi. *n.* 花 huā

blossom *n.* 1. 花 huā: apple ~s 苹果花 píngguǒhuā 2. 开花 kāihuā: Peach-trees are in full blossom. 桃花盛开。Táohuā shèngkāi. *v.* 开花 kāihuā

blot *n.* 污渍 wūzì: a ~ of ink on the paper 纸上的墨渍 zhǐshang de mòzì *v.* 弄上污渍 nòngshang wūzì: blotting paper 吸墨水纸 xī mòshuǐ zhǐ

blouse *n.* 女衬衫 nǔ chènshān

blow[1] *v.* 吹 chuī: The wind is ~ing hard. 风刮得很大。 Fēng guāde hěn dà. ~ a horn 吹号 chuī hào, ~ up 爆炸 bàozhà *n.* 吹风 chuīfēng

blow[2] *n.* 打击 dǎjī: strike a ~ 给予一击 jǐyǔ yìjī, at one ~ 一下子 yíxiàzi

blue *a.* 1. 蓝 lán: a light-~ dress 一件淡兰色的衣服 yí jiàn dànlánsè de yīfu, / ~ collar 穿兰领工服的 chuān lánlíng gōngfú de: a ~ worker 兰领工人 lánlíng gōngrén 2. 忧郁的 yōuyùde: She looks ~. 她面有忧色。 Tā miàn yǒu yōusè. 3. 下流的 xiàliúde: ~ movies 黄色电影 huángsè diànyǐng

bluff *v. & n.* 吓唬 xiàhu

blunder *n.* 大错 dàcuò: make a ~ 犯大错 fàn dàcuò *v.* 犯大错 fàn dàcuò

blunt *a.* 1. 钝的 dùnde: a ~ knife 钝刀 dùndāo

2. 生硬的 shēngyìngde: a ～ man 说话生硬的人 shuōhuà shēngyìng de rén 3. 直率的 zhíshuàide a ～ refusal 干脆的拒绝 gāncuìde jùjué

blush v. & n. 脸红 liǎnhóng

board n. 1. 板 bǎn: a notice ～ 布告栏 bùgàolán 2. 伙食 huǒshí: How much do you pay for ～? 你付多少伙食费? Nǐ fù duōshǎo huǒshí fèi? 3. 委员会 wěiyuánhuì: a ～ of directors 董事会 dǒngshìhuì 4. on ～ 在船上 zài chuánshang *on a ship, 在火车上 zài huǒchē shang *on a train, 在飞机上 zài fēijī shang *on an aircraft v. 1. 上船（机） shàng chuán (jī): ～ a ship 上船 shàng chuán, ～ an aeroplane 上飞机 shàng fēijī, ～ a train 上火车 shàng huǒchē n. 寄宿生 jìsùshēng *a student

boast v. & n. 吹嘘 chuīxū; 自夸 zìkuā

boat n. 小船 xiǎochuán v. 划船 huáchuán: go ～ing 去划船 qù huáchuán

body n. 1. 身体 shēntǐ 2. 主体 zhǔtǐ: the ～ of a motorcar 汽车的车身 qìchē de chēshēn 3. 尸体 shītǐ: bury the ～ 埋尸体 mái shītǐ 4. 物体 wùtǐ: heavenly bodies 天体 tiāntǐ

bodyguard n. 保镖 bǎobiāo

boil v. 1. 沸腾 fèiténg: The water is ～ing. 水开了。Shuǐ kāile. 2. 煮 zhǔ ～ potatoes 煮土豆 zhǔ tǔdòu

boiler n. 锅炉 guōlú

boiling a. 沸腾的 fèiténgde; ～ point 沸点 fèidiǎn

bold a. 大胆的 dàdǎnde: a ～ action 大胆的行动 dàdǎnde xíngdòng

bolt n. 1. 插销 chāxiāo *a metal bar for fastening a door 2. 螺栓 luóshuān *a pointless screw

bomb n. 炸弹 zhàdàn v. 轰炸 hōngzhà

bomber n. 轰炸机 hōngzhàjī: a jet ～ 喷气式轰炸机

pēnqìshì hōngzhàjì

bond *n.* 1. 契约 qìyuē: enter into a ~ with sb. 与某人订契约 yǔ mǒu rén dìng qìyuē 2. 公债 gōngzhài: a government bond 公债 gōngzhài *v.* 结合 jiéhé

bondage *n.* 奴役 núyì

bone *n.* 骨 gǔ; 骨头 gútou

bonfire *n.* 篝火 gōuhuǒ

bonus *n.* 奖金 jiǎngjīn

book¹ *n.* 书 shū; 名册 míngcè: the visitors' ~ 来客登记簿 láikè dēngjìbù

book² *v.* 预订 yùdìng: ~ a ticket 预订票 yùdìng piào

bookcase *n.* 书柜 shūguì

bookish *a.* 书呆子气 shūdāiziqì: a ~ man 书呆子 shūdāizi

booklet *n.* 小册子 xiǎocèzi

bookshop *n.* 书店 shūdiàn

bookworm *n.* 书呆子 shūdāizi

boom¹ *n.* 隆隆声 lónglóngshēng *v.* 发出轰鸣 fāchū hōngmíng *the sound

boom² *n. & v.* 迅速发展 xùnsù fāzhǎn * develop rapidly

boost *v.* 1. 升 shēng; 举 jǔ: ~ the boy up 把这男孩儿举起来 bǎ zhè nánháir jǔ qǐlái 2. 增加 zēngjiā; 促进 cùjìn: ~ production 促进生产 cùjìn shēngchǎn

boot *n.* 靴子 xuēzi

booth *n.* 小间 xiǎojiān: a telephone ~ 电话间 diànhuàjiān

border *n.* 1. 边 biān; 边缘 biānyuán: with a white ~ 带白边 dài báibiān 2. 边界 biānjiè; 国境 guójìng: ~ incidents 边境事件 biānjìng shìjiàn *v.* 接界 jiējiè

bore¹ *v.* 钻孔 zuānkǒng

bore² *v.* 使……厌烦 shǐ …… yànfán: He was ~d.

他感到很厌烦。 Tā gǎndào hěn yànfán.

born *a.* 出生 chūshēng: He was born in China. 他出生在中国。 Tā chūshēng zài Zhōngguó.

borrow *v.* 借 jiè: I ~ed a book from him. 我向他借了一本书。 Wǒ xiàng tā jièle yì běn shū.

bosom *n.* 1. 胸 xiōng *a person's breast 2. 内心 nèixīn: a ~ friend 知心朋友 zhīxīn péngyou

boss *n.* 工头 gōngtóu; 老板 lǎobǎn

botany *n.* 植物学 zhíwùxué

both *a. & pron.* 两 liǎng; 双 shuāng: ~ hands 双手 shuāngshǒu/ B~ of them are well. 他们俩人都很好。 Tāmen liǎrén dōu hěn hǎo.

bother *v.* 1. 打扰 dǎrǎo: Don't ~ me! 别打扰我! Bié dǎrǎo wǒ! 2. 烦恼 fánnǎo: ~ over trifles 为琐事而烦恼 wèi suǒshì ér fánnǎo

bottle *n.* 瓶 píng: a ~ of beer 一瓶啤酒 yì píng píjiǔ

bottom *n.* 1. 底 dǐ: the ~ of the cup 杯底 bēidǐ, the river-~ 河底 hédǐ 2. 尽头 jìntóu: the ~ of the road 路的尽头 lùde jìntóu, from the ~ of one's heart 真诚地 zhēnchéngde

bounce *v.* 跳起 tiàoqǐ; 弹起 tánqi

bound¹ *a.* 1. 被捆的 bèi kǔn de; ~ to a post 捆在柱上 kǔn zài zhù shang 2. 一定的 yídìngde: It's ~ to rain. 一定会下雨。 Yídìng huì xiàyǔ. 3. 下了决心的 xiàle juéxīn de: He is ~ to go. 他下决心要走。 Tā xià juéxīn yào zǒu.

bound² *a.* 准备去……的 zhǔnbèi qù …… de: The train is ~ for Shanghai. 这火车是开往上海的。 Zhè huǒchē shì kāiwǎng Shànghǎi de.

bound³ *n.* 范围 fànwéi: within the ~s of possibility 在可能范围之内 zài kěnéng fànwéi zhīnèi

boundary *n.* 1. 分界线 fēnjièxiàn: a ~ between the

farms 两个农庄间的分界线 liǎng gè nóngzhuāng jiān de fēnjièxiàn 2. 边界 biānjiè: the ～ between the two countries 两国间的边界 liǎngguó jiān de biānjiè

bouquet *n.* 花束 huāshù *of flowers

bourgeois *n.* 资产阶级分子 zīchǎn jiējí fènzi *a.* 资产阶级的 zīchǎn jiējí de

bourgeoisie *n.* 资产阶级 zīchǎn jiējí

bow[1] *v.* 鞠躬 jūgōng: He ～ed his thanks. 他鞠躬致谢。Tā jūgōng zhìxiè.

bow[2] *n.* 弓 gōng: ～ and arrows 弓和箭 gōng hé jiàn 2. 蝴蝶结 húdiéjié: tie in a ～ 打蝴蝶结 dǎ húdiéjié

bowel = intestine *n.* 肠 cháng: have loose ～s 腹泻 fùxiè

bowl *n.* 碗 wǎn: a rice ～ 饭碗 fànwǎn

box[1] *n.* 箱 xiāng; 盒 hé: a wooden ～ 木箱 mùxiāng / a shoebox 鞋盒 xiéhé

box[2] *v.* 打 dǎ

boxing *n.* 拳击 quánjī: shadow ～ 太极拳 tàijíquán

boy *n.* 1. 男孩儿 nánháir; 少年 shàonián 2. 服务员 fúwùyuán *attendant in a restaurant or hotel

boycott *v.* 抵制 dǐzhì

boyhood *n.* 少年时代 shàonián shídài

bra *n.* 乳罩 rǔzhào

bracelet *n.* 手镯 shǒuzhuó

bracket *n.* 括号 kuòhào

brag *v.* 吹牛 chuīniú: Don't ～! 别吹牛! Bié chuīniú!

braid *n.* 1. 辫子 biànzi: She wears her hair in ～s. 她梳着辫子。Tā shūzhe biànzi. 2. 花边 huābiān *on clothes *v.* 梳辫子 shū biànzi

brain *n.* 1. 脑 nǎo 2. 头脑 tóunǎo: He has good ～s. 他很有头脑。Tā hěn yǒu tóunǎo.

brake *n.* 刹车 shāchē; 闸 zhá *v.* 刹（车）shā(chē) The driver ~d suddenly. 驾驶员突然刹车。Jiàshǐyuán tūrán shāchē.

branch *n.* 1. 树枝 shùzhī *of a tree 2. 支流 zhīliú *of a river 3. 支线 zhīxiàn *of a railway 4. 分科 fēnkē: a ~ of science 一门学科 yì mén xuékē 5. 分公司 fēn gōngsī *of a company

brand *n.* 1. 烙印 luòyìn *a mark burnt by a hot iron 2. 商标 shāngbiāo; 牌子 páizi *trade-mark ~-new 崭新的 zhǎnxīnde

brandy *n.* 白兰地(酒) báilándì(jiǔ)

brass *n.* 1. 黄铜 huángtóng 2. 铜管乐器 tóngguǎn yuèqì: ~ band 铜管乐队 tóngguǎn yuèduì

brave *a.* 勇敢的 yǒnggǎnde

breach *v.* 破坏 pòhuài; 违反 wéifǎn

bread *n.* 1. 面包 miànbāo 2. 生计 shēngjì: earn one's ~ 谋生 móushēng

breadth *n.* 宽度 kuāndù

break *v.* 1. 打破 dǎpò: ~ a window 打破窗户 dǎpò chuānghu / ~ a record 打破纪录 dǎpò jìlù 2. 违反 wéifǎn: ~ the law 违法 wéifǎ 3. 中断 zhōngduàn: ~ one's journey 中断旅行 zhōngduàn lǚxíng *n.* 1. 破裂 pòliè: a ~ in the drainpipe 排水管的裂口 páishuǐguǎn de lièkǒu 2. 休息 xiūxi: Let's have a ~. 我们休息一下吧。Wǒmen xiūxi yīxià ba. 3. 黎明 límíng; 天亮 tiānliàng: at ~ of day 黎明时 límíng shí; ~ away 逃走 táozǒu: The criminal broke away. 罪犯逃走了。Zuìfàn táozǒu le. ~ down 打破 dǎpò: ~ the door down 打破门 dǎpò mén, ~ through 突破 tūpò: ~ through the enemy's defences 突破敌人防御 tūpò dírén fángyù, ~ into 闯入 chuǎngrù: ~ into a house 闯入屋子

chuǎngrù wūzi, ~ up 散开 sànkāi: The crowd broke up. 人群散开了。Rénqún sànkāi le. ~ with 同……决裂 tóng …… juéliè: ~ with one's friend 和朋友决裂 hé péngyou juéliè

breakfast *n.* 早餐 zǎocān

breast *n.* 1. 乳房 rǔfáng: a baby at its mother's ~ 母亲怀里的婴儿 mǔqīn huái li de yīng'ér 2. = chest 胸 xiōng

breath *n.* 1. 气息 qìxī; 呼吸 hūxī: draw a ~ 吸一口气 xī yì kǒu qì, out of ~ 上气不接下气 shàngqì bù jiē xiàqì 2. 微风 wēifēng: There wasn't a ~ of air. 一丝微风也没有 Yìsī wēifēng yě méiyǒu.

breathe *v.* 呼吸 hūxī: ~ in 吸气 xīqì

breathless *a.* 气喘吁吁的 qìchuǎnxūxūde

breathtaking *a.* 惊险的 jīngxiǎnde

breed *v.* 1. 繁殖 fánzhí: Rabbits ~ quickly. 兔子繁殖很快。Tùzi fánzhí hěn kuài. 2. 饲养 sìyǎng: ~ horses 养马 yǎn mǎ 3. 教养 jiàoyǎng: a well-bred boy 一个有教养的男孩子 yí gè yǒu jiàoyǎng de nánháizi

breeze *n.* 微风 wēifēng

brew *v.* 酿造 niàngzào

brewery *n.* 啤酒厂 píjiǔchǎng

bribe *n.* 贿赂 huìlù: give a ~ 行贿 xínghuì, take a ~ 受贿 shòuhuì *v.* 向……行贿 xiàng …… xínghuì

bribery *n.* 贿赂 huìlù

brick *n.* 砖 zhuān

bride *n.* 新娘 xīnniáng

bridegroom *n.* 新郎 xīnláng

bridesmaid *n.* 女傧相 nǚbīnxiàng

bridge *n.* 1. 桥 qiáo: the Nanjing Yangtse River B~ 南京长江大桥 Nánjīng-Chángjiāng-Dàqiáo 2. 鼻梁

bíliáng: the ～ of a nose 鼻梁 bíliáng 3. 桥牌 qiáopái: play a game of ～ 打桥牌 dǎ qiáopái

brief *a.* 简短的 jiǎnduǎnde: a ～ letter 简短的信 jiǎnduǎnde xìn

briefcase *n.* 公事包 gōngshìbāo

brigade *n.* 1. 旅 lǚ *an army unit 2. 队 duì: a fire ～ 消防队 xiāofángduì

bright *a.* 1. 明亮的 míngliàngde: ～ sunshine 明亮的阳光 míngliàngde yángguāng 2. 聪明的 cōngmíngde: a ～ girl 聪明的姑娘 cōngmíngde gūniang 3. 愉快的 yúkuàide: a ～ smile 愉快的微笑 yúkuàide wēixiào

brilliant *a.* 1. 光辉的 guānghuīde; 灿烂的 cànlànde: ～ sunshine 灿烂的阳光 cànlànde yángguāng 2. 卓越的 zhuóyuède: a ～ scientist 卓越的科学家 zhuóyuède kēxuéjiā

bring *v.* 1. 拿来 nálái; 带来 dàilái: B～ me the book. 把书拿来。Bǎ shū nálái. 2. 引起 yǐnqǐ: ～ pleasant memories 引起愉快的回忆 yǐnqǐ yúkuàide huíyì, ～ about 引起 yǐnqǐ: ～ about quarrels 引起争吵 yǐnqǐ zhēngchǎo, ～ down 降低 jiàngdī: ～ down prices 降低物价 jiàngdī wùjià, ～ forward 提出 tíchū: ～ forward a plan 提出计划 tíchū jìhuà, ～ in 挣 zhèng: He is ～ing in 100 a week. 他一周挣一百元。Tā yì zhōu zhèng yìbǎi yuán. ～ out 出版 chūbǎn: ～ out a novel 出版一本小说 chūbǎn yì běn xiǎoshuō, ～ up 培养 péiyǎng: ～ up children 培养孩子 péiyǎng háizi

brisk *a.* 轻快的 qīngkuàide: a ～ pace 轻快的步子 qīngkuàide bùzi

bristle *n.* 硬毛 yìngmáo: hog's ～s 猪鬃 zhūzōng

Britain *n.* 不列颠 Búlièdiān; 英国 Yīngguó

British *a.* 不列颠的 Búlièdiānde; 英国的 Yīngguóde:

~ English 英国英语 Yīngguó Yīngyǔ

broad *a.* 宽的 kuānde: ~ shoulders 宽肩膀 kuān jiānbǎng, ~-minded 宽宏大量的 kuānhóng dàliàng de, ~ minded 宽宏大量 kuānhóng dàliàng

broadcast *v.* & *n.* 广播 guǎngbō

broaden *v.* 加宽 jiākuān: ~ the road 加宽路面 jiākuān lùmiàn

broil *v.* 烤(肉) kǎo(ròu)

broken *a.* 打碎的 dǎsuìde; 破的 pòde

broker *n.* 经纪人 jīngjìrén; 掮客 qiánkè

bronchitis *n.* 支气管炎 zhīqìguǎnyán

bronze *n.* 1. 青铜 qīngtóng 2. 青铜色 qīngtóngsè *colour

brooch *n.* 别针 biézhēn; 胸针 xiōngzhēn

brood *n.* 一窝 yìwō *birds *v.* 孵蛋 fū dàn *on eggs

brook *n.* 小河 xiǎohé

broom *n.* 扫帚 sàozhou

broth *n.* 肉汤 ròutāng

brother *n.* 兄弟 xiōngdì: elder ~ 哥哥 gēge, younger ~ 弟弟 dìdi

brother-in-law *n.* 1. 姐夫 jiěfu *the husband of one's elder sister 妹夫 mèifu *the husband of one's younger sister 2. 内兄 nèixiōng *elder brother of one's wife 内弟 nèidì *younger brother of one's wife 3. 大伯 dàbó *elder brother of one's husband 小叔 xiǎoshū *younger brother of one's husband

brow *n.* 眉毛 méimao

brown *a.* 褐色的 hèsède; 棕色的 zōngsède: ~ sugar 红糖 hóngtáng

bruise *n.* 伤痕 shānghén *v.* 碰伤 pèngshāng

brush *n.* 刷子 shuāzi *v.* 刷 shuā

brutal *a.* 残忍的 cánrěnde: a ~ person 残忍的人 cánrěnde rén

brute *n.* 畜牲 chùsheng

B.Sc. = Bachelor of Science 理学士 lǐxuéshì

bubble *n.* 泡 pào

bucket *n.* 水桶 shuǐtǒng

buckle *n.* 带扣 dàikòu *v.* 扣住 kòuzhù: ~ the belt 扣住腰带 kòuzhù yāodài

bud *n.* 芽 yá *v.* 发芽 fāyá

Buddhism *n.* 佛教 Fójiào

budget *n.* 预算 yùsuàn

buffalo *n.* 水牛 shuǐniú

buffet[1] *v.* 殴打 ōudǎ

buffet[2] *n.* 1. 餐具柜 cānjùguì *sideboard 2. 小卖部 xiǎo-màibù *a counter where food may be bought: ~ supper 自取晚餐 zìqǔ wǎncān

bug *n.* 1. 虫子 chóngzi *a small insect bed ~s 臭虫 chòuchóng 2. 窃听器 qiètīngqì *an apparatus for listening secretly

bug *v.* 窃听 qiètīng

build *v.* 建筑 jiànzhù; 建造 jiànzào: ~ a house 造房子 zào fángzi

building *n.* 建筑物 jiànzhùwù; 楼房 lóufáng

bulb *n.* 1. 灯泡 dēngpào *of an electric lamp 2. 球形物 qiúxíngwù

bulge *n. & v.* 肿胀 zhǒngzhàng

bulk *n.* 1. 大块 dàkuài *great size 2. 大量 dàliàng: the ~ of the work 大量工作 dàliàng gōngzuò, in ~ 大量 dàliàng

bull *n.* 公牛 gōngniú; ~-dozer 推土机 tuītǔjī

bullet *n.* 子弹 zǐdàn

bulletin *n.* 1. 公报 gōngbào *an official notice 2. 会刊 huìkān *a newssheet produced by an association

bully *n.* 恶霸 èbà *v.* 威胁 wēixié: You can't ~ her into doing it. 你不能威胁她去干这事。Nǐ bùnéng wēixié tā qù gàn zhè shì.

bump *v.* 碰 pèng; 撞 zhuàng: The car ~ed the tree. 车撞树了。Chē zhuàng shù le.

bun *n.* 1. 小圆甜面包 xiǎoyuántiánmiànbāo *a kind of cake 2. 髻 jì *of woman's hair

bunch *n.* 串 chuàn; 束 shù: a ~ of grapes 一串葡萄 yí chuàn pútáo, a ~ of flowers 一束花 yí shù huā

bundle *n.* 包 bāo; 捆 kǔn: a ~ of clothes 一包衣服 yì bāo yīfu *v.* 包 bāo; 捆 kǔn

bunk *n.* 铺位 pùwèi

buoy *n.* 浮标 fúbiāo

burden *n.* 负担 fùdān

bureau *n.* 1. 局 jú, 司 xī, 处 chù *a government department 2. 柜子 guìzi *chest of drawers

bureaucracy *n.* 官僚主义 guānliáozhǔyì

burglar *n.* 窃贼 qièzéi

burial *n.* 埋葬 máizàng

burn *v.* 1. 燃烧 ránshāo: ~ gas 烧煤气 shāo méiqì 2. 点（灯）diǎn (dēng): Lamps were ~ing in every room. 每间屋子都点着灯。Měi jiān wūzi dōu diǎnzhe dēng. 3. 烧 shāo: He burnt his hand. 他把手烧了。Tā bǎ shǒu shāo le. 4. 烧焦了 shāojiāole; 烤糊了 kǎohúle: The potatoes have burnt. 土豆烧焦了。Tǔdòu shāojiāo le. 5. 烫 tàng: Be careful not to ~ your tongue. 小心别烫着舌头。Xiǎoxīn bié tàngzhe shétou.

burst *v.* 破裂 pòliè: The tyre ~. 轮胎破了。Lúntāi pò le. 2. 突然发生 tūrán fāshēng: ~ into tears 突然哭起来 tūrán kū qǐlái, ~ out crying 突然大哭起来 tūrán dàkū qǐlái

bury *v.* 1. 埋葬 máizàng: ~ a dead person 埋葬死者 máizàng sǐzhě 2. 隐藏 yǐncáng: She buried her face in her hands. 她用双手蒙住她的脸。Tā yòng shuāngshǒu méngzhù tāde liǎn.

bus *n.* 公共汽车 gōnggòng qìchē

bush *n.* 灌木丛 guànmùcóng

business *n.* 1. 职责 zhízé; 事 shì: B~ is ~. 公事公办。Gōngshì gōngbàn/ go to Shanghai on ~ 去上海出差 qù Shànghǎi chūchāi/ It's none of your ~. 这不关你的事。Zhè bù guān nǐde shì. 2. 商业 shāngyè; 买卖 mǎimài: do ~ 做买卖 zuò mǎimài

bust *n.* 半身像 bànshēnxiàng *sculpture

busy *a.* 1. 忙 máng: Are you ~? 你忙吗？Nǐ máng ma? 2. 热闹的 rènàode: a ~ street 热闹的大街 rènàode dàjiē; 紧张的 jǐnzhāngde: I've had a very ~ day. 我渡过了紧张的一天。Wǒ dùguòle jǐnzhāngde yì tiān. 3. 占用的 zhànyòngde: The line is ~! (电话) 占线! (diànhuà) Zhànxiàn!

busybody *n.* 爱管闲事的人 ài guǎn xiánshì de rén

but *conj.* 但是 dànshì: It's good, ~ not cheap. 东西很好，但不便宜。Dōngxi hěn hǎo, dàn bù piányi. *prep.* 除了 chúle: We go to shcool every day but Sunday. 除了星期日，我们天天上学。Chúle xīngqīrì, wǒmen tiāntiān shàngxué. last ~ one (two) 倒数第二 (第三) dàoshǔ dì-èr (dì-sān)

butcher *n.* 屠夫 túfū

butter *n.* 黄油 huángyóu

butterfly *n.* 蝴蝶 húdié

buttocks *n.* 屁股 pìgu; 臀部 túnbù

button *n.* 1. 扣子 kòuzi 2. 电钮 diànniǔ: press the ~ 按电钮 àn diànniǔ

buy *v.* 买 mǎi

by *prep.* 1. 在……旁 zài …… páng: stand ～ the gate 站在门旁 zhàn zài ménpáng 2. 经过 jīngguò: He passed ～ me without noticing me. 他从我旁边走过没有发现我。 Tā cóng wǒ pángbiān zǒuguò méiyǒu fāxiàn wǒ. 3. 在……之前 zài ….. zhīqián: We can finish the work ～ three o'clock. 我们能在三点以前把工作做完。 Wǒmen néng zài sān diǎn yǐqián bǎ gōngzuò zuòwán. 4. 靠 kào; 用 yòng: He makes a living ～ teaching. 他靠教书为生。 Tā kào jiāoshū wéi shēng; go ～ train 乘火车去 chèng huǒchē qù 5. 按照 ànzhào: It's 3 o'clock ～ my watch. 我的表是三点。 Wǒde biǎo shì sān diǎn. 6. 被 bèi; 由 yóu: This novel is ～ Lu Xun. 这本小说是(由)鲁迅写的。 Zhè běn xiǎoshuō shì (yóu) Lǔ Xùn xiěde.

bye-bye *int.* 再见 zàijiàn

bystander *n.* 旁观者 pángguānzhě

by-product *n.* 副产品 fùchǎnpǐn

C

cab *n.* = taxicab 出租汽车 chūzū qìchē

cabbage *n.* 圆白菜 yuánbáicài: Chinese ～ 大白菜 dàbáicài

cabin *n.* 1. 小屋 xiǎowū 2. 船舱 chuáncāng *in a ship

cabinet *n.* 1. 橱柜 chúguì 2. 内阁 nèigé: a ～ council 内阁会议 nèigé huìyì

cable *n.* 1. 缆绳 lǎnshéng: ～ car 缆车 lǎnchē 2. 电缆 diànlǎn *electric cable 3. 电报 diànbào: inform him by ～ 打电报通知他 dǎ diànbào tōngzhī tā *v.* 打电报 dǎ diànbào

cactus *n.* 仙人掌 xiānrénzhǎng

cadre *n.* 干部 gànbù

café *n.* 1. 咖啡馆 kāfēiguǎn 2. 小餐馆儿 xiǎocānguǎn

cafeteria *n.* 自助食堂 zìzhù shítáng

cage *n.* 笼 lóng *v.* 关进笼内 guānjìn lóng nèi

cake *n.* 1. 蛋糕 dàngāo; 饼 bǐng 2. 块 kuài: a ~ of soap 一块肥皂 yí kuài féizào

calamity *n.* 灾害 zāihài; 灾难 zāinàn

calcium *n.* 钙 gài

calculate *v.* 1. 计算 jìsuàn 2. 估计 gūjì: I ~ we'll be in time. 我估计我们是来得及的。Wǒ gūjì wǒmen shì láide jí de.

calculator *n.* 计算器 jìsuànqì

cancel *v.* 取消 qǔxiāo

cancer *n.* 癌 ái; 毒瘤 dúliú

candid *a.* 坦率的 tǎnshuàide; 正直的 zhèngzhíde

candidate *n.* 1. 候选人 hòuxuǎnrén 2. 应试人 yìng-shìrén *for an exam

candle *n.* 蜡烛 làzhú: ~ stick 烛台 zhútái

candy *n.* 糖果 tángguǒ

cane *n.* 1. 藤茎 téngjìng; 竹茎 zhújìng: a ~ chair 藤椅 téngyǐ 2. 甘蔗 gānzhe *sugar cane 3. 手杖 shǒuzhàng: The old man is walking with a ~. 这位老人拄着拐杖走路。Zhè wèi lǎorén zhǔzhe guǎizhàng zǒulù.

cannon *n.* 大炮 dàpào

canoe *n.* 独木船 dúmùchuán

canteen *n.* 1. 小卖部 xiǎomàibù 2. = box 饭盒 fànhé

canvas *n.* 帆布 fānbù

cap *n.* 1. 便帽 biànmào *a hat 2. 盖儿 gàir: the ~ on a bottle 瓶盖儿 pínggàir

capability *n.* 能力 nénglì; 才能 cáinéng

capable *a.* 有能力的 yǒu nénglì de: a very ~ teacher 很能干的教师 hěn nénggàn de jiàoshī

capacity *n.* 1. 容量 róngliàng: The theatre was filled to ~. 剧院客满 jùyuàn kèmǎn 2. 智能 zhìnéng; 理解力 lǐjiělì: He has a mind of great ~. 他接受能力很强。 Tā jiēshòu nénglì hěn qiáng.

capital *n.* 1. 首都 shǒudū *the city 2. 大写字母 dàxiě zìmǔ: Write your name in ~ letters. 用大写字母写你的名字。 Yòng dàxiě zìmǔ xiě mǐde míngzi. 3. 资本 zīběn: The company has a ~ of 70,000 yuán. 那家公司有七万元的资本 Nà jiā gōngsī yǒu qī wàn yuán de zīběn *a.* 主要的 zhǔyàode; ~ punishment 死刑 sǐxíng

capitalism *n.* 资本主义 zīběnzhǔyì

capitalist *n.* 资本家 zīběnjiā

capricious *a.* 反复无常的 fǎnfù wúcháng de

capsule *n.* 胶囊 jiāonáng

captain *n.* 1. 首领 shǒulǐng: the ~ of a ship 船长 chuánzhǎng, the ~ of a football team 足球队长 zúqiú duìzhǎng 2. 上尉 shàngwèi *in an army 3. 上校 shàngxiào *in an air force or navy

caption *n.* 标题 biāotí; 字幕 zìmù; 图片解说 túpiàn jiěshuō

captive *n.* 俘虏 fúlǔ

capture *v.* 捕获 bǔhuò; 抓获 zhuāhuò ~ a thief 抓住一个贼 zhuāzhù yí gè zéi

car *n.* 1. 小汽车 xiǎoqìchē 2. 车 chē: dining ~ 餐车 cānchē, sleeping ~ 卧铺车 wòpùchē

card *n.* 1. 卡片 kǎpiàn: a New Year ~ 贺年片 hèniánpiàn, a visiting ~ 名片 míngpiàn 2. 纸牌 zhǐpái: a pack of playing ~s 一副扑克 yí fù pūkè

cardboard *n.* 纸板 zhǐbǎn

carbon *n.* 碳 tàn; ~ paper 复写纸 fùxiězhi

care *n.* 1. 注意 zhùyì; 谨慎 jǐnshèn 2. 看护 kānhù; 照管

zhàoguǎn: Take ～ of the baby. 照看小孩儿 zhàokàn xiǎoháir 3. 忧虑 yōulǜ: free from ～ 无忧无虑 wúyōuwúlǜ *v.* 1. 关心 guānxīn; 在意 zàiyì: I don't ～ a bit. 我一点也不在乎。 Wǒ yìdiǎnr yě bù zàihu. 2. 喜欢 xǐhuan: He doesn't ～ much for dancing. 他不太喜欢跳舞。 Tā bù tài xǐhuan tiàowǔ.

career *n.* 1. 经历 jīnglì: 生涯 shēngyá: a successful ～ 成功的经历 chénggōngde jīnglì 2. 专业 zhuānyè; 职业 zhíyè: She chose a ～ on the stage. 她选择了舞台生活。 Tā xuǎnzéle wǔtái shēnghuó.

careful *a.* 小心的 xiǎoxīnde; 仔细的 zǐxìde

careless *a.* 不小心的 bù xiǎoxīn de; 粗心的 cūxīnde; 草率的 cǎoshuàide: a ～ mistake 粗心大意的错误 cūxīn dàyì de cuòwù

cargo *n.* 船货 chuánhuò; 货物 huòwù

caricature *n.* 漫画 mànhuà; 讽刺画 fěngcìhuà

carpenter *n.* 木工 mùgōng

carpet *n.* 地毯 dìtǎn

carriage *n.* 1. 马车 mǎchē *horse ～ 2. 客车 kèchē *passenger ～ 3. 货运 huòyùn *freight

carrot *n.* 胡萝卜 húluóbo

carry *v.* 1. 搬运 bānyùn; 携带 xiédài: He carried a box. 他搬了一个箱子。 Tā bānle yí ge xiāngzi. 2. 传送 chuánsòng: The news was carried all over the world. 消息传遍了全世界。 Xiāoxì chuánbiànle quán shìjiè. ～ on 继续下去 jìxù xiàqù, ～ out 实现 shíxiàn, ～ through 坚持到底 jiānchí dàodǐ

cartoon *n.* 1. 漫画 mànhuà: draw ～s 画漫画 huà mànhuà 2. 美术片 měishùpiān; 动画片 dònghuàpiān *of films

carve *v.* 雕刻 diāokè

case[1] *n.* 情况 qíngkuàng: It is always the ~ with him. 他总是这样。Tā zǒngshì zhèyàng. 2. 病例 bìnglì: There were five ~s of influenza. 有五个患流行性感冒的病例。Yǒu wǔ gè huàn liúxíngxìng gǎnmào de bìnglì. 3. 案件 ànjiàn: try a ~ 审案 shěn'àn, in ~ of 万一 wànyī, in any ~ 无论如何 wúlùn rúhé, in this ~ 要是这样的话 yàoshì zhèyàng de huà

case[2] *n.* 箱子 xiāngzi; 盒子 hézi *a container

cash *n.* 现金 xiànjīn; 现款 xiànkuǎn

cashier *n.* 出纳员 chū' nàyuán; 收款员 shōukuǎnyuán

cassette *n.* 匣子 xiázi; 暗盒 ànhé; 磁带盒 cídàihé: ~ tape recorder 盒式录音机 héshì lùyīnjī

cast *v.* 1. 投 tóu 2. 投射 tóushè: ~ a shadow on ... 把阴影投射在……上 bǎ yīnyǐng tóushè zài ...... shang 3. 铸造 zhùzào: ~ a bronze statue 铸铜像 zhù tóngxiàng

castle *n.* 城堡 chéngbǎo

casual *a.* 1. 偶然的 ǒuránde *by chance 2. 不关心的 bú guānxīn de: clothes for ~ wear 便服 biànfú 3. 临时的 línshíde; 不定的 búdìngde: a ~ labourer 临时工 línshígōng

casualty *n.* 死伤者 sǐshāngzhě; 伤亡 shāngwáng: The enemy suffered heavy casualties. 敌军伤亡惨重。Díjūn shāngwáng cǎnzhòng.

cat *n.* 猫 māo

catalogue *n.* 目录 mùlù; 书目 shūmù

catch *v.* 1. 捕获 bǔhuò: ~ a thief 抓小偷 zhuā xiǎotōu 2. 及时赶上 jíshí gǎnshàng: ~ a train 赶火车 gǎn huǒchē, ~ up with 赶上 gǎnshàng 3. 感染 gǎnrǎn: ~ a cold 着凉 zháoliáng, 感冒 gǎnmào 4. 懂得 dǒngdé: I don't quite ~ your meaning. 我不懂你

的意思。 Wǒ bù dǒng nǐde yìsi.

category n. 种类 zhǒnglèi; 范畴 fànchóu

caterpillar n. 1. 毛虫 máochóng 2. 履带 lǚdài: a ～ tractor 履带拖拉机 lǚdài tuōlājī

cathedral n. 大教堂 dà jiàotáng

catholic a. 天主教的 tiānzhǔjiàode n. 天主教徒 tiān- zhǔjiàotú

cattle n. 牛 niú

catty n. 斤 jīn * =500g

cauliflower n. 菜花 càihuā

cause n. 1. 原因 yuányīn: The ～ of the fire was carelessness. 失火的原因是不小心。 Shīhuǒde yuán- yīn shì bù xiǎoxīn. 2. 理由 lǐyóu: You have no ～ for complaint. 你没有理由抱怨 Nǐ méiyǒu lǐyóu bàoyuàn 3. 事业 shìyè; 目标 mùbiāo: Work for a good ～. 为高尚的目标而工作。 Wèi gāoshàng- de mùbiāo ér gōnzuò. v. 引起 yǐnqǐ: The cigarette end caused the fire. 香烟头引起了火灾。 Xiāngyān- tóu yǐnqǐle huǒzāi.

caution n. 1. 小心 xiǎoxīn; 谨慎 jǐnshèn 2. 警告 jǐnggào

cautious a. 谨慎的 jǐnshènde

cave n. 穴洞 xuédòng; 窑洞 yáodòng

cease v. 停止 tíngzhǐ: ～ fire 停火 tínghuǒ

ceiling n. 天花板 tiānhuābǎn

celebrate v. 1. 庆祝 qìngzhù 2. 赞美 zànměi; 歌颂 gē- sòng: ～ a hero in songs 用歌赞美英雄 yòng gē zànměi yīngxióng

celebrated a. 著名的 zhùmíngde

celery n. 芹菜 qíncài

cell n. 1. a prison ～ 一间牢房 yì jiān láofáng 2. a monastery ～寺院中的小屋 sìyuàn zhōng de xiǎowū 3. 细胞 xìbāo *biology 4. = battery 电池 diànchí

cellar *n.* 地窖 dìjiào; 地下室 dìxiàshì

cello *n.* 大提琴 dàtíqín

cement *n.* 水泥 shuǐní

cemetery *n.* 墓地 mùdì; 公墓 gōngmù

censor *n.* 审查员 shěncháyuán *v.* 审查 shěnchá; 检查 jiǎnchá

census *n.* 普查 pǔchá

cent *n.* 分 fēn

centigrade *n.* 摄氏度 shèshìdù

central *a.* 中心的 zhōngxīnde; 中央的 zhōngyāngde

centralize *v.* 集中 jízhōng

centre *n.* 中心 zhōngxīn: the ~ of Beijing 北京的中心 Běijīng de zhōngxīn

century *n.* 1. 百年 bǎinián 2. 世纪 shìjì: in the 20th ~ 在二十世纪 zài èrshí shìjì

ceramics *n.* 陶瓷器 táocíqì

cereal *n.* 谷物 gǔwù *a.* 谷类的 gǔlèide

ceremony *n.* 1. 典礼 diǎnlǐ; 仪式 yíshì 2. 礼仪 lǐyí; 礼节 lǐjié: stand on ~ 讲究礼节 jiǎngjiu lǐjié

certain *a.* 1. 有把握的 yǒu bǎwò de: Are you ~? 你有把握吗？ Nǐ yǒu bǎwò ma? 2. 确实 quèshí; 可靠 kěkào: The fact is ~. 事实确凿。 Shìshí quèzuò. 3. 某一 mǒuyī; 某些 mǒuxiē: for a ~ reason 出于某种原因 chūyú mǒu zhǒng yuányīn 4. 相当 xiāngdāng: to a ~ extent 到相当程度 dào xiāngdāng chéngdù

certainly *ad.* 当然 dāngrán; 一定 yídìng

certificate *n.* 证明书 zhèngmíngshū

chain *n.* 1. 链子 liànzi 2. 一系列 yíxìliè; 一连串 yìliánchuàn: a ~ of events 一连串事件 yìliánchuàn shìjiàn, ~ reaction 连锁反应 liánsuǒ fǎnyìng

chair *n.* 1. 椅子 yǐzi 2. 教授职位 jiàoshòu zhíwèi

*of professorship 3. 会长席位 huìzhǎng xíwèi: take the ～ 担任主席 dānrèn zhǔxí

chairman *n.* 主席 zhǔxí

chalk *n.* 粉笔 fěnbǐ

challenge *n.* 挑战 tiǎozhàn: He accepted the ～. 他接受了挑战。Tā jiēshòule tiǎozhàn. *v.* 向……挑战 xiàng …… tiǎozhàn

chamber *n.* 1. 室 shì; 卧室 wòshì 2. 议院 yìyuàn *hall used by a group of law-makers

champion *n.* 冠军 guànjūn; 优胜者 yōushèngzhě

championship *n.* 锦标赛 jǐnbiāosài

chance *n.* 机会 jīhuì: It's the only ～. 这是唯一的机会。Zhè shì wéiyīde jīhuì. 2. 运气 yùnqi: take a ～ 碰碰运气 pèngpeng yùnqi 3. 可能性 kěnéngxìng: What is our ～ of succeeding? 我们成功的可能性如何? Wǒmen chénggōngde kěnéngxìng rúhé? *a.* 意外的 yìwàide: by ～ 偶然 ǒurán

chancellor *n.* 大臣 dàchén; 校长 xiàozhǎng; 总理 zǒnglǐ

change *v.* 1. 换 huàn; 更换 gēnghuàn 2. 改变 gǎibiàn: This has ～d my ideas. 这改变了我的想法。Zhè gǎibiànle wǒde xiǎngfǎ. ～ one's mind 改变主意 gǎibiàn zhǔyi 3. 兑换 duìhuàn: ～ money 兑换钱 duìhuàn qián *n.* 1. 改变 gǎibiàn 2. 零钱 língqián: I have no small ～ about me. 我身边没有零钱。Wǒ shēnbiān méiyǒu língqián.

changeable *a.* 易变的 yì biàn de

channel *n.* 1. 海峡 hǎixiá: the English C～ 英吉利海峡 Yíngjílì (English) Hǎixiá 2. 沟渠 gōuqú 3. 路线 lùxiàn; 途径 tújìng: through the proper ～ 通过正当途径 tōngguò zhèngdàng tújìng 4. 频道 píndào *a television ～

chant *v.* 唱歌 chànggē

chaos *n.* 混乱 hùnluàn

chap *n.* 家伙 jiāhuo; 小伙子 xiǎohuǒzi

chapter *n.* 章 zhāng

character *n.* 1. 性格 xìnggé: a woman of strong ～ 一
个性格倔强的女人 Yí gè xìnggé juéjiàng de nǚrén
2. 特性 tèxìng: the ～ of the area 这个地区的特性
zhège dìqū de tèxìng 3. 人物 rénwù; 角色 juésè: the
～ in a novel 小说中的人物 xiǎoshuō zhōng de rénwù
4. 字 zì: Chinese ～s 汉字 hànzì

characteristic *a.* 特有的 tèyǒude *n.* 特征 tèzhēng

charcoal *n.* 炭 tàn

charge *v.* 1. 指控 zhǐkòng; 控告 kònggào *with a crime
2. 冲锋 chōngfēng: ～ the enemy 向敌人冲锋 xiàng
dírén chōngfēng 3. 收费 shōufèi: How much are
you ～ing for the shoes? 这双鞋收多少钱？
Zhè shuāng xié shōu duōshao qián? 4. 充电
chōngdiàn: ～ an electric battery 给电池充电
gěi diànchí chōngdiàn *n.* 1. 指控 zhǐkòng; 罪名
zuìmíng 2. 冲锋 chōngfēng *the military manoeuvre
3. 费用 fèiyòng: free of ～ 免费 miǎnfèi 4. 管理
guǎnlǐ: in ～ of 负责 fùzé

chargé d'affaires *n.* 代办 dàibàn

charity *n.* 慈善 císhàn; 施舍 shīshě

charm *n.* 1. 妩媚 wǔmèi; 魅力 mèilì: Her eyes are
full of charm. 她的眼睛很有魅力。 Tāde yǎnjing
hěn yǒu mèilì. 2. 护身符 hùshēnfú: a ～ to bring
good luck 可带来福气的小饰物 kě dàilái fúqì de
xiǎo shìwù

charming *a.* 迷人的 mírénde

chart *n.* 1. 海图 hǎitú; 航线图 hángxiàntú *used by
sailors 2. 图表 túbiǎo: a weather ～ 气象图表

qìxiàng túbiǎo

charter *n.* 1. 特许证 tèxǔzhèng; 执照 zhízhào *a permit 2. 包租 bāozū: a ~ flight 包机 bāojī 3. 宪章 xiàn-zhāng: the C~ of the United Nations 联合国宪章 Liánhéguó Xiànzhāng

chase *v.* 追赶 zhuīgǎn

chat *v.* 闲谈 xiántán; 聊天儿 liáotiānr

chauffeur *n.* 汽车司机 qìchē sījī

chauvinism *n.* 沙文主义 shāwénzhǔyì

cheap *a.* 便宜的 piányide; 廉价的 liánjiàde

cheat *v.* 欺骗 qīpiàn *n.* 骗子 piànzi

check *v.* 1. 核对 héduì 2. 抑制 yìzhì: He could not ~ his anger. 他抑制不住愤怒。Tā yìzhì bú zhù fèn-nù. *n.* 1. 支票 zhīpiào 2. = bill 账单 zhàngdān: I'll ask the waiter for my check. 我叫服务员拿账单来。Wǒ jiào fúwùyuán ná zhàngdān lái.

cheek *n.* 面颊 miànjiá

cheer *v.* 1. 使……快活 shǐ …… kuàihuo: Your visit has ~ed the sick man. 你的访问使病人高兴。Nǐde fǎngwèn shǐ bìngrén gāoxìng. 2. 欢呼 huānhū: The crowd ~ed. 人群欢呼起来。Rénqún huānhū qǐlái. ~ up 高兴起来 gāoxìng qǐlái

cheerful *a.* 高兴的 gāoxìngde

cheese *n.* 干酪 gānlào; 奶酪 nǎilào

chemical *a.* 化学的 huàxuéde

chemist *n.* 1. 化学家 huàxuéjiā *the scientist 2. 药剂师 yàojìshī: a ~ shop 药房 yàofáng

chemistry *n.* 化学 huàxué

cheque *n.* 支票 zhīpiào

cherish *v.* 1. 珍爱 zhēn'ài 2. 怀抱 huáibào: to ~ the hope 抱有希望 bàoyǒu xīwàng

cherry *n.* 樱桃 yīngtao

chess *n.* 棋 qí; 国际象棋 guójì xiànqí: Chinese ～ 中国象棋 Zhōngguó xiàngqí

chest *n.* 1. 箱 xiāng; 柜子 guìzi: a ～ of drawers 衣柜 yīguì 2. 胸膛 xiōngtáng *of a person

chestnut *n.* 栗子 lìzi

chew *v.* 1. 嚼 jiáo; 咀嚼 jǔjué 2. 细想 xìxiǎng: ～ upon 仔细考虑 zǐxì kǎolù, *～ over (a problem)

chicken *n.* 1. 小鸡 xiǎo jī 2. 鸡肉 jīròu *its meat

chief *n.* 领袖 lǐngxiù; 首长 shǒuzhǎng *a.* 主要的 zhǔyàode

child *n.* 儿童 értóng; 孩子 háizi: ～hood 童年时代 tóngnián shídài, ～ bearing 分娩 fēnmiǎn, ～ birth 分娩 fēnmiǎn

childish *a.* 孩子气的 háiziqìde

chill *n.* 寒气 hánqì *v.* 发冷 fālěng

chimney *n.* 烟囱 yāncong

chin *n.* 下巴 xiàba

china *n.* 瓷器 cíqì: a piece of ～ 一件瓷器 yí jiàn cíqì

China *n.* 中国 Zhōngguó

Chinese *a.* 中国的 Zhōngguóde *n.* 中国人 Zhōngguórén 2. 汉语 hànyǔ *the language

chip *n.* 1. 碎片 suìpiàn 2. 土豆片 tǔdòupiàn: fried fish and ～s 油炸鱼和土豆片 yóu zhá yú hé tǔdòupiàn

chocolate *n.* 巧克力 qiǎokèlì

choice *n.* 选择 xuǎnzé *a.* 精选的 jīngxuǎnde

choir *n.* 合唱队 héchàngduì

choke *v.* 1. 窒息 zhìxī: 哽住 gěngzhù 2. 抑制 yìzhì: ～ back one's tears 忍住眼泪 rěnzhù yǎnlèi 3. 阻塞 zǔsè: a chimney ～d up with dirt 污物堵塞的烟囱 wūwù dǔsè de yāncong

cholera *n.* 霍乱 huòluàn

choose *v.* 1. 选择 xuǎnzé; 挑选 tiāoxuǎn 2. 甘愿 gānyuàn:

She chose to marry him. 她愿意同他结婚。 **Tā yuànyì tóng tā jiéhūn.**

chop *v.* 砍 kǎn; 剁碎 duòsuì: ～ meat 剁肉 duòròu

chopsticks *n.* 筷子 kuàizi

chord *n.* 1. 弦 xián 2. 和弦 héxián *of music

chorus *n.* 1. 合唱 héchàng 2. 齐声 qíshēng: read in ～ 一起念 yìqǐ niàn

Christian *n.* 基督教徒 jīdūjiàotú

Christianity *n.* 基督教 Jīdūjiào

Christmas *n.* 圣诞节 shèngdànjié

chronic *a.* 慢性的 mànxìngde

chronicle *n.* 年代史 niándàishǐ; 编年史 biānniánshǐ; 记事 jìshì

chrysanthemum *n.* 菊花 júhuā

chuckle *v.* 轻声笑 qīngshēng xiào

church *n.* 1. 教堂 jiàotáng: go to ～ （去）做礼拜 (qù) zuò lǐbài 2. 教会 jiàohuì: the C～ of England 英国国教 Yīngguó Guójiào

cigar *n.* 雪茄烟 xuějiāyān

cigarette *n.* 香烟 xiāngyān

cinema *n.* 电影院 diànyǐngyuàn

circle *n.* 1. 圆 yuán: draw a ～ 画一个圆 huà yí gè yuán 2. 圈子 quānzi; 小组 xiǎozǔ: the family ～ 家族 jiāzú 3. 周期 zhōuqī: the ～ of the seasons 四季的循环 sìjìde xúnhuán *v.* 盘旋 pánxuán; 环绕 huánrào

circuit *n.* 1. 环行 huánxíng: The moon makes its ～ of the earth. 月亮绕太阳转。Yuèliang rào tàiyáng zhuàn. 2. 电路 diànlù: a short ～ 短路 duǎnlù

circular *a.* 1. 圆形的 yuánxíngde: a ～ route 环形路 huánxínglù 2. 循环的 xúnhuánde *n.* 通知 tōngzhī

circulate *v.* 1. 运行 yùnxíng; 流通 liútōng; 传播 chuánbō: people who ～ false news 传播流言的人 chuánbō liúyán de rén

circumference *n.* 圆周 yuánzhōu; 周围长度 zhōuwéi chángdù

circumstance *n.* 情况 qíngkuàng; under all ~ 无论如何 wúlùn rúhé

cite *v.* 引用 yǐnyòng

circus *n.* 1. 马戏场 mǎxìchǎng   *the place 2. 马戏 mǎxì *the show

citizen *n.* 1. 市民 shìmín: a ~ of Beijing 北京市民 Běijīng shìmín 2. 公民 gōngmín: a Chinese ~ 中国 公民 Zhōngguó gōngmín

citizenship *n.* 公民身份 gōngmín shēnfen; 公民权 gōng-mínquán

city *n.* 城市 chéngshì

civil *a:* 1. 市民的 shìmínde; 公民的 gōngmínde: ~ rights 公民权 gōngmínquán 2. 国内的 guónèide: a ~ war 内战 nèizhàn 3. 文职的 wénzhíde: a ~ servant 文官 wénguān   4. 有礼貌的 yǒu lǐmào de: ~ to strang- ers 对陌生人有礼貌   duì mòshēngrén yǒu lǐmào

civilization *n.* 1. 文明 wénmíng 2. 文化 wénhuà: Chi- nese ~ 中国文化 Zhōngguó wénhuà

claim *v.* 1. 要求 yāoqiú: Does anyone ~ this umbrella? 有人认领这把伞吗? Yǒu rén rènlǐng zhè bǎ sǎn ma? 2. 声称 shēngchēng: He ~s to be a scholar. 他以 学者自称。 Tā yǐ xuézhě zìchēng.

clan *n.* 氏族 shìzú

clap *v.* 1. 拍手 pāishǒu; 鼓掌 gǔzhǎng: ~ one's hands 拍手 pāishǒu 2. 轻拍 qīngpāi; ~ a boy on the back 拍拍男孩的脊背 pāipai nánháirde jǐbèi *n.* 掌声 zhǎng- shēng

clarify *v.* 澄清 chéngqīng

clash *v.* 1. 碰撞作声 pèngzhuàng zuòshēng 2. 冲突

chōngtū: ~ with his interests 同他的利益发生冲
突 tóng tāde lìyì fāshēng chōngtū

class *n.* 1. 阶级 jiējí: the working ~ 工人阶级 gōngrén
jiējí 2. 班级 bánjí: Are you in the first class or the
second class? 你现在在一班还是二班? Nǐ xiàn-
zài zài yì bān háishì èr bān? 3. 课 kè: have ~s
上课 shàngkè 4. 等级 děngjí: travel third ~ 坐三等车
旅行 zuò sān děng chē lǚxíng

classmate *n.* 同学 tóngxué

classroom *n.* 教室 jiàoshì

classic *a.* 1. 最优秀的 zuì yōuxiù de *of the highest
class 2. 古典的 gǔdiǎnde *n.* 名著 míngzhù, 古典文学
gǔdiǎn wénxué

classical *a.* 古典的 gǔdiǎnde

classify *v.* 分类 fēnlèi

clause *n.* 1. 条款 tiáokuǎn *section of a document
2. 从句 cóngjù *in grammar

claw *v.* 抓 zhuā *n.* 爪 zhuǎ

clay *n.* 粘土 niántǔ

clean *a.* 1. 清洁的 qīngjiéde: keep the room ~. 保持
房间清洁。Bǎochí fángjiān qīngjié. 2. 纯洁的 chún-
jiéde: He has a ~ record. 他历史清楚。Tā
lìshǐ qīngchu. *v.* ~ up 扫除 sǎochú, ~ your teeth
刷牙 shuā yá

clear *a.* 1. 晴朗的 qínglǎngde: a ~ day 晴天 qíngtiān
2. 清晰的 qīngxī de: the ~ voice of a young girl
姑娘清脆的声音 gūniang qīngcuìde shēngyīn 3.
明白的 míngbaide: I'm not quite ~ about it.
我对这事还不太清楚。Wǒ duì zhè shì hái bú tài
qīngchu. *v.* 扫清 sǎoqīng: ~ a desk 清理桌子
qīnglǐ zhuōzi, The weather has ~ed up. 天晴了。
Tiānqíngle. make... ~ 把……弄清楚 bǎ……

nòng qīngchu

clench *v.* 1. 握紧 wòjǐn *in the hand: ～ one's teeth 咬紧牙关 yǎojǐn yáguān 2. 抓紧 zhuājǐn; 抓牢 zhuāláo: ～ sth. in one's hand 用手抓紧某物 yòng shǒu zhuājǐn mǒu wù

clergyman *n.* 牧师 mùshi

clerk *n.* 1. 职员 zhíyuán: a bank ～ 银行职员 yínháng zhíyuán 2. 店员 diànyuán *in a shop

clever *a.* 1. 聪明 cōngming; 灵巧 língqiǎo: a ～ boy 聪明的孩子 cōngmingde háizi 2. 巧妙的 qiǎomiàode: a ～ answer 巧妙的回答 qiǎomiàode huídá

client *n.* 1. 委托人 wěituōrén; 当事人 dāngshìrén *of law 2. = customer 顾客 gùkè

climate *n.* 气候 qìhòu

climax *n.* 顶点 dǐngdiǎn; 高潮 gāocháo

climb *v.* 攀登 pāndēng; 爬 pá: ～ a tree 爬树 pá shù

cling *v.* 粘住 niánzhù; 依附 yīfù

clinic *n.* 门诊部 ménzhěnbù; 医务所 yīwùsuǒ

clinical *a.* 临床的 línchuángde

clip¹ *v.* 剪 jiǎn; 修剪 xiūjiǎn *with cutters

clip² *n.* 夹子 jiāzi; paper ～ 曲别针 qūbiézhēn *v.* 夹住 jiāzhù

clippers *n.* 剪刀 jiǎndāo: hair-clippers 理发推子 lǐfà tuīzi

clipping *n.* 剪下的东西 jiǎnxià de dōngxi; a newspaper ～ 剪报 jiǎnbào

cloak *n.* 斗篷 dǒupeng *v.* 掩盖 yǎngài: ～ room 行李寄存处 xíngli jìcúnchù; 衣帽间 yīmàojiān

clock *n.* 钟 zhōng: It's four o'clock by my watch. 我的表是四点。Wǒde biǎo shì sì diǎn.

clockwise *a. & ad.* 顺时针的 shùnshízhēnde

cloisonne *n.* 景泰蓝 jǐngtàilán

close *v.* 1. 关闭 guānbì: ~ a door 关门 guānmén, The shops ~ at 6. 商店六点关门。 Shāngdiàn liù diǎn guānmén. 2. 结束 jiéshù: ~ a discussion 结束讨论 jiéshù tǎolùn *n.* 末尾 mòwěi; 结束 jiéshù: draw sth. to a ~ 结束某事 jiéshù mǒu shì

close *a.* 1. 近的 jìnde: We're quite close to the station. 我们离车站相当近。Wǒmen lí chēzhàn xiāng·dāng jìn. 2. 不公开的 bù gōng kāi de: to keep sth. ~ 对某事保密 duì mǒu shì bǎomì 3. 亲密的 qīnmìde: ~ friends 亲密的朋友 qīnmìde péngyou; close-up (shot) 特写镜头 tèxiě jìngtóu

closet *n.* 1. 壁橱 bìchú *built-in cupboard 2. 盥洗室 guànxǐshì W.C. = water ~厕所 cèsuǒ *washroom

cloth *n.* 1. 衣料 yīliào; 布料 bùliào: cotton ~ 棉布 miánbù 2. table ~ 台布 táibù; 桌布 zhuōbù

clothes *n.* 衣服 yīfu

clothing *n.* 服装 fúzhuāng: winter ~ 冬装 dōngzhuāng

cloud *n.* 1. 云 yún 2. 大群 dàqún: a ~ of smoke 一团烟 yì tuán yān 3. 阴影 yīnyǐng *a shadow over sth.

cloudy *a.* 1. 多云的 duōyúnde; 阴天的 yīntiānde: a ~ day 阴天 yīntiān 2. 混浊的 húnzhuóde: a ~ liquid 浑水 húnshuǐ

clown *n.* 小丑 xiǎochǒu *in the circus

club *n.* 1. 棍棒 gùnbàng; *the weapon 2. 球棒 qiúbàng *in sports 3. 俱乐部 jùlèbù *an association of persons 4. = a suit of cards 梅花 méihuā

clue *n.* 线索 xiànsuǒ

clumsy *a.* 笨拙的 bènzhuōde

cluster *n.* 1. 串 chuàn; 簇 cù: a ~ of grapes 一串葡萄 yí chuàn pútao 2. 群 qún: a ~ of bees 一群蜂

yì qún fēng

clutch *v.* 紧握 jǐngwò

coach *n.* 1. 四轮大马车 sìlún dà mǎchē *a horse carriage 2. 客车 kèchē 3. 教练 jiàoliàn *a trainer *v.* 训练 xùnliàn

coal *n.* 煤 méi

coarse *a.* 1. 粗糙的 cūcāode *unrefined 2. 粗鲁的 cūlǔde: ～ manners 粗暴的态度 cūbàode tàidu

coast *n.* 海岸 hǎiàn

coast-line *n.* 海岸线 hǎiànxiàn

coat *n.* 1. 上衣 shàngyī; 外套 wàitào: May I take your ～? 我给你拿外衣好吗？ Wǒ gěi nǐ ná wàiyī hǎo ma? 2. 涂层 túcéng: put on a ～ of paint 涂一层漆 tú yì céng qī

coax *v.* 哄 hǒng

cobble *n.* 鹅卵石 éluǎnshí

cobra *n.* 眼镜蛇 yǎnjìngshé

cock *n.* 公鸡 gōngjī

cocktail *n.* 鸡尾酒 jīwěijiǔ

cocoa *n.* 1. 可可粉 kěkefěn *powder 2. = the drink 可可饮料 kěke yǐnliào

coconut *n.* 椰子 yēzi

code *n.* 1. 法典 fǎdiǎn: a civil ～ 民法典 mínfǎdiǎn 2. 电码 diànmǎ: a ～ book 电码簿 diànmǎbù

coexist *v.* 共存 gòngcún

coexistence *n.* 共存 gòngcún

coffee *n.* 咖啡 kāfēi

coffin *n.* 棺材 guāncai

cohere *v.* 1. 粘着 zhānzhe *stick together 2. 连贯 liánguàn *consistent

coherence *n.* 1. 结合性 jiéhéxìng 2. 连贯性 liánguànxìng

coherent *a.* 粘紧的 zhānjǐnde; 结合的 jiéhéde

cohesion *n.* 粘着 zhānzhe (niánzhuó)

coil *v. & n.* 卷 juǎn; 盘线 pánxiàn: a ～ of rope 一卷绳子 yì juǎn shéngzi

coin *n.* 硬币 yìngbì; 货币 huòbì

coincide *v.* 重合 chónghé 2. 与……同时发生 yǔ …… tóngshí fāshēng: Her working hours and mine ～. 她的工作时间和我的相同。 Tāde gōngzuò shíjiān hé wǒde xiāngtóng.

coincidence *n.* 巧合 qiǎohé

cold *a.* 冷 lěng; 寒冷 hánlěng: I feel ～. 我觉得冷。 Wǒ juéde lěng. *n.* 感冒 gǎnmào: have a ～ 伤风 shāngfēng

collaborate *v.* 协作 xiézuò; 合作 hézuò: ～ on a book 合著一本书 hézhù yì běn shū

collapse *v.* 1. 倒塌 dǎotā: The house ～d. 房子倒塌了。Fángzi dǎotā le. 2. 崩溃 bēngkuì: the ～ of the Roman Empire 罗马帝国的崩溃 Luómǎ (Roman) dìguóde bēngkuì

collar *n.* 衣领 yīlǐng

colleague *n.* 同事 tóngshì

collect *v.* 1. 收集 shōují: ～ stamps 集邮 jíyóu

collection *n.* 1. 搜集 shōují 2. 收藏品 shōucángpǐn *when used pl. 3. = donations 捐款 juānkuǎn

collective *a.* 集体的 jítǐde

college *n.* 学院 xuéyuàn

collide *v.* 碰撞 pèngzhuàng

colloquial *a.* 口语的 kǒuyǔde

colonel *n.* 陆军上校 lùjūn shàngxiào

colonial *a.* 殖民的 zhímínde; 殖民地的 zhímíndìde: the ～ people 殖民地人民 zhímíndì rénmín

colony *n.* 殖民地 zhímíndì

colour *n.* 1. 颜色 yánsè: It is of a red ～. 这是红色的。

Zhè shì hóngsè de. 2. 颜料 yánliào: oil ～s 油画颜料
yóuhuà yánliào 3. 气色 qìsè: She has a good ～.
她气色好。Tā qìsè hǎo.

colourful *a.* 丰富多彩的 fēngfù-duōcǎide

column *n.* 1. 柱 zhù 2. 栏 lán *in a newspaper 3. 纵队
zòngduì *in an army: the fifth ～ 第五纵队 dì-wǔ
zòngduì

comb *n.* 1. 梳子 shūzi 2. 鸡冠 jīguān *of a cock *v.* 梳
shū

combat *n.* 战斗 zhàndòu

combination *n.* 结合 jiéhé; 联合 liánhé

combine *v.* 结合 jiéhé; 联合 liánhé *n.* 联合收割机
liánhé shōugējī *a machine

come *v.* 1. 来 lái: C～ in, please. 请进。Qǐngjìn.
2. 发生 fāshēng: ～ about 出现 chūxiàn

comedy *n.* 喜剧 xǐjù

comfort *n.* 1. 安慰 ānwèi: You have given me great ～.
你给了我很大安慰。Nǐ gěile wǒ hěn dà ānwèi.
2. 舒适 shūshì: There is no ～ in the room. 这
间屋子不舒适。Zhè jiān wūzi bù shūshì.

comfortable *a.* 舒适的 shūshìde: a ～ room 舒适的
屋子 shūshìde wūzi, feel ～ 觉得舒适 juéde shūshì

comic *a.* 1. 滑稽的 huájide 2. 喜剧的 xǐjùde: a ～ opera
喜歌剧 xǐgējù

command *v.* 命令 mìnglìng; 指挥 zhǐhuī *n.* 命令 mìnglìng

commander *n.* 指挥官 zhǐhuīguān

commemorate *v.* 纪念 jìniàn

commend *v.* 称赞 chēngzàn; 表扬 biǎoyáng

comment *n.* 短评 duǎnpíng *v.* 评论 pínglùn

commentator *n.* 评论员 pínglùnyuán

commerce *n.* 商业 shāngyè

commission *n.* 1. 委托 wěituō *entrusting of authority

2. 佣金 yōngjīn; 手续费 shǒuxùfèi: sell goods on ～ 代销货物 dàixiāo huòwù 3. 任命 rènmìng = warrant; 委托 wěituō 4. 委员会 wěiyuánhuì: establish a ～ 建立一个委员会 jiànlì yí gè wěiyuánhuì

commit *v.* 1. 犯罪 fànzuì: ～ a crime 犯罪 fànzuì 2. 承担义务 chéngdān yìwù: He has ～ted himself to support his brother's child. 他已答应负责养育他兄弟的孩子。 Tā yǐ dāying fùzé yǎngyù tā xiōngdìde háizi.

commitment *n.* 许诺 xǔnuò; 承担义务 chēngdān yìwù

committee *n.* 委员会 wěiyuánhuì

commodity *n.* 日用品 rìyòngpǐn; 商品 shāngpǐn

common *a.* 1. belonging equally 共有的 gòngyǒude 2. = ordinary 普通的 pǔtōngde: This is a very ～ flower. 这是朵很常见的花。 Zhè shì duǒ hěn chángjiàn de huā. ～ sense 常识 chángshí

commonplace *a.* 平凡的 píngfánde

commonwealth *n.* 联邦 liánbāng: the British C～ of Nations 英联邦 Yīngliánbāng

commune *n.* 公社 gōngshè

communicate *v.* 1. = transmit 传达 chuándá 2. 通讯 tōngxùn: We can ～ with people by telephone. 我们可以通过电话与人们联络。 Wǒmen kěyǐ tōngguò diànhuà yǔ rénmen liánluò. 3. 交流 jiāoliú; 联络 liánluò

communication *n.* 1. = act of transmitting 传达 chuándá 2. = information 信息 xìnxī 3. 通讯 tōngxùn; 联络 liánluò: All ～ with the north has been stopped by snow storms. 北部的一切交通都被暴风雪所阻碍。 Běibùde yíqiè jiāotōng dōu bèi bàofēngxuě suǒ zǔ'ài.

communist *n.* 共产党员 gòngchǎndǎngyuán *a.* 共产主义

的 gòngchǎnzhǔyìde

community *n.* 1. 社会 shèhuì: work for the good of the ~ 为社会利益而工作 wèi shèhuì lìyì ér gōngzuò 2. 团体 tuántǐ; 共同体 gòngtóngtǐ: the Chinese commumity in San Francisco 旧金山华人区 Jiùjīnshān huárénqū

compact¹ *n.* 合同 hétong; 协定 xiédìng *an agreement

compact² *a.* 紧密的 jǐnmìde *close packed

companion *n.* 伴侣 bànlǔ

company *n.* 1. 交往 jiāowǎng; 同伴 tóngbàn: Don't keep bad ~. 不要与坏人交往。 Búyào yǔ huàirén jiāowǎng. in ~ with 和……一起 hé ……yìqǐ, keep sb. ~ 陪伴某人 péibàn mǒu rén 2. 公司 gōngsī: a limited ~ 有限公司 yǒuxiàn gōngsī 3. 队 duì; 团 tuán: a theatrical ~ 剧团 jùtuán 4. 连 lián: a ~ of infantry men 一连步兵 yì lián bùbīng

comparative *a.* 比较的 bǐjiàode

compare *v.* 1. 比较 bǐjiào; 对照 duìzhào: ~ notes 交换意见 jiāohuàn yìjiàn 2. 比作 bǐzuò: Poets ~d death to sleep. 诗人将死亡比作睡眠。 Shīrén jiāng sǐwāng bǐzuò shuìmián. 3. 相比 xiāngbǐ: This cannot be ~d with that. 这个与那个不能相比。 Zhège yǔ nàge bùnéng xiāngbǐ.

comparison *n.* 1. 比较 bǐjiào: in ~ with 与……相比 yǔ …… xiāngbǐ

compartment *n.* 1. 室 shì 2. 列车车厢 lièchē chēxiāng *in a train

compass *n.* 指南针 zhǐnánzhēn

compassion *n.* 同情 tóngqíng

compatible *a.* 适宜的 shìyíde

compatriot *n.* 同胞 tóngbāo

compel *v.* 强迫 qiǎngpò; 逼迫 bīpò

compensate *v.* 补偿 bǔcháng; 赔偿 péicháng

compete *v.* 1. 比赛 bǐsài 2. 竞争 jìngzhēng *in a commercial sense

competence *n.* 能力 nénglì

competition *n.* 比赛 bǐsài

compile *v.* 编辑 biānjí

complacent *a.* 自满的 zìmǎnde; 得意的 déyìde

complain *v.* 抱怨 bàoyuàn

complaint *n.* 1. 不满 bùmǎn; 抱怨 bàoyuàn: They are full of ~s about their food. 他们抱怨食物不好。Tāmen bàoyuàn shíwù bù hǎo. 2. 疾病 jíbìng: a heart ~ 心脏病 xīnzàngbìng

complement *v.* 补足 bǔzú

complete *a.* 全部的 quánbùde; 完全的 wánquánde

complete *v.* 完成 wánchéng

complex *a.* 复杂的 fùzáde

complicate *v.* 使……复杂化 shǐ …… fùzáhuà

compliment *n.* 1. 称赞 chēngzàn: pay sb. a ~ 称赞某人 chēngzàn mǒu rén 2. *pl.* = formal greetings 致意 zhìyì *v.* 称赞 chēngzàn

complimentary *a.* 1. 赞美的 zànměide 2. 免费赠送的 miǎnfèi zèngsòng de: a ~ ticket 赠券 zèngquàn

component *a.* 组成的 zǔchéngde; 构成的 gòuchéngde *n.* 成份 chéngfèn

compose *v.* 1. 组成 zǔchéng: be ~d· of 由……组成 yóu …… zǔchéng 2. 作 zuò: ~ music 作曲 zuòqǔ

composer *n.* 作曲家 zuòqǔjiā

composition *n.* 1. 写作 xiězuò *writing: musical ~ 作曲 zuòqǔ 2. 作文 zuòwén: He can write a ~ in Chinese. 他能用中文作文。Tā néng yòng Zhōngwén zuòwén. 3. 合成物 héchéngwù: chemical ~ 化学合成物 huàxué héchéngwù

compound *n.* 化合物 huàhéwù *v.* 混合 hùnhé

comprehension *n.* 1. 理解 lǐjiě: The problem is above my ~. 这个问题我理解不了。 Zhège wèntí wǒ lǐjiě bù liǎo. 2. 包含 bāohán *inclusive power

comprehensive *a.* 1. 有理解力的 yǒu lǐjiělì de *of understanding 2. 综合的 zōnghéde; 广泛的 guǎngfànde: a ~ school 综合性的学校 zōnghéxìng de xuéxiào

compress *v.* 压缩 yāsuō

comprise *v.* 包括 bāokuò; 包含 bāohán

compromise *n.* 妥协 tuǒxié; 让步 ràngbù

compulsory *a.* 强迫的 qiǎngpòde; 义务的 yìwùde: Is English a ~ subject? 英语是必修课吗？ Yīngyǔ shì bìxiūkè ma?

computer *n.* 计算机 jìsuànjī; 电脑 diànnǎo

comrade *n.* 同志 tóngzhì

con *n.* 反对票 fǎnduìpiào: pro and ~ 赞成和反对 zànchéng hé fǎnduì

conceal *v.* 隐藏 yǐncáng; 隐瞒 yǐnmán

concede *v.* 让步 ràngbù

conceit *n.* 自负 zìfù; 自高自大 zìgāo-zìdà

conceive *v.* 1. 设想 shèxiǎng; 想出 xiǎngchū: Who first ~d the idea? 谁最先想出的这个主意？ Shéi zuì xiān chūde zhège zhǔyi? 2. 怀孕 huáiyùn: ~ a child 怀孕 huáiyùn

concentrate *v.* 1. 集中 jízhōng 2. 浓缩 nóngsuō *of chemistry

concept *n.* 概念 gàiniàn; 观念 guānniàn

concern *v.* 1. 和……有关系 hé ...... yǒu guānxi: as far as I am~ed 就我个人来说 jiù wǒ gèrén láishuō, as ~s 关于 guānyú 2. 关心 guānxīn; 担心 dānxīn: be ~ed about future 为将来担心 wèi jiānglái dānxīn *n.* 1. 关系 guānxi: It's no ~ of

mine. 这事与我无关。Zhè shì yǔ wǒ wúguān.
2. 担心 dānxīn; 忧虑 yōulù: a matter of deep ~ to us
all 一件使我们都非常忧虑的事 yí jiàn shǐ wǒmen
dōu fēicháng yōulù de shì

concert *n.* 1. 音乐会 yīnyuèhuì: ~ hall 音乐厅 yīnyuè-
tīng 2. 一致 yízhì: in ~

concession *n.* 1. 让步 ràngbù: a ~ to the public outcry
对公众呼声的让步 duì gōngzhòng hūshēng de ràngbù
2. 租界地 zūjièdì; 租界 zūjiè * a piece of territory

concise *a.* 简明的 jiǎnmíngde

conclude *v.* 1. 结束 jiéshù: The meeting ~d at 9
o'clock. 会议九点已结束。Huìyì jiǔ diǎn yí jiéshù.
2. 缔结 dìjié: ~ a treaty with 与……缔结条约 yǔ
…… dìjié tiáoyuē

conclusion *n.* 1. 结束 jiéshù 2. 结论 jiélùn: draw a ~
from 从……得出结论 cóng …… déchū jiélùn

concord *n.* 一致 yízhì; 协调 xiétiáo

concoct *v.* 1. 调制 tiáozhì: ~ a new kind of medicine
调制一种新的药剂 tiáozhì yì zhǒng xīnde yàojì
2. 捏造 niēzào *fabricate

concrete *a.* 具体的 jùtìde *n.* 混凝土 hùnníngtǔ

condemn *v.* 1. 谴责 qiǎnzé: Everyone ~ed his foolish
behaviour. 每个人都谴责他的愚蠢行为。Měige rén
dōu qiǎnzé tāde yúchǔn xíngwéi. 2. 判罪 pànzuì:
~ a murderer to life imprisonment 判凶手无期徒刑
pàn xiōngshǒu wúqī túxíng

condense *v.* 1. 浓缩 nóngsuō: ~d milk 浓缩牛奶 nóng-
suō niúnǎi 2. 缩短 suōduǎn; 摘要 zhāiyào: a ~d
account of an event 对某事的简要叙述 duì mǒu
shì de jiǎnyào xùshù

condition *n.* 1. 条件 tiáojiàn: Ability is one of the ~s
of success in life. 能力是人生成功的条件之一。

Nénglì shì rénshēng chénggōng de tiáojiàn zhī yī. 2. 状况 zhuàngkuàng: the ～ of one's health 某人的身体状况 mǒu rén de shēntǐ zhuàngkuàng 3. 环境 huánjìng: under existing ～s 在现有的情况下 zài xiànyǒu de qíngkuàng xià

conditional *a.* 有条件的 yǒu tiáojiàn de

conduce *v.* 有助于 yǒuzhùyú

conduct *n.* 1. 行为 xíngwéi *behaviour 2. 引导 yǐndǎo *guidance *v.* 1. 指导 zhǐdǎo: He ～ed visitors round the museum. 他领着游客们在博物馆参观。 Tā lǐngzhe yóukèmen zài bówùguǎn cānguān. 2. 处理 chǔlǐ: ～ one's business affairs 处理公事 chǔlǐ gōngshì

conductor *n.* 1. 领导者 lǐngdǎozhě *of a team 2. 售票员 shòupiàoyuán *on a bus; 列车员 lièchēyuán *on a train 3. 导体 dǎotǐ *of electric current

cone *n.* 圆锥 yuánzhuī

confer *v.* 授予 shòuyǔ

conference *n.* 会议 huìyì

confess *v.* 交代 jiāodài; 坦白 tǎnbái

confession *n.* 承认 chéngrèn; 自白 zìbái

confide *v.* 信任 xìnrèn: There is no one she can ～ in. 这里没有一个她可信赖的人。 Zhèlǐ méiyǒu yí gè tā kě xìnlàide rén.

confidence *n.* 1. 信任 xìnrèn: have ～ in sb. 信任某人 xìnrèn mǒu rén, in ～ 秘密的 mìmìde 2. 信心 xìnxīn: with confidence 有把握地 yǒu bǎwò de

confident *a.* 有自信心的 yǒu zìxìnxīnde

confidential *a.* 机密的 jīmìde: a ～ secretary 机要秘书 jīyào mìshū

confine *v.* 1. 限制 xiànzhì: Please ～ your remarks to the subject. 请不要走题。 Qǐng búyào zǒutí. 2.

禁闭 jìnbì: He is ~d to the house by illness. 他因病不能出门。Tā yīn bìng bùnéng chū mén.

confirm v. 证实 zhèngshí: The report has now been ~ed. 这一报告已被证实。Zhè yī bàogào yǐ bèi zhèngshí.

confiscate v. 没收 mòshōu

conflict n. 1. 斗争 dòuzhēng 2. 冲突 chōngtu *of opinions or desires

conform v. 1. 一致 yízhì 2. 遵照 zūnzhào: You should ~ to the rules. 你应该遵守规则。Nǐ yīnggāi zūnshǒu guīzé.

confront v. 1. 面对 miànduì: They are ~ed with many difficulties. 他们面临许多困难。Tāmen miànlín xǔduō kùnnan. 2. 对抗 duìkàng *to face in hostility

Confucian a. 孔子的 kǒngzǐde; 儒家的 rújiāde n. 孔子的门徒 kǒngzǐde méntú; 儒家 rújiā

confuse v. 1. 混同 hùntóng: Don't ~ this with that. 不要把这个和那个搞混。Bú yào bǎ zhège hé nàge gǎohùn. 2. 糊涂 hútu: I get confused. 把我弄糊涂了。Bǎ wǒ nòng hútu le.

congratulate v. 祝贺 zhùhè; 恭喜 gōngxǐ

congress n. 1. 代表大会 dàibiǎo dàhuì; 会议 huìyì 2. 国会 guóhuì *in U.S.A.

connect v. 1. 连接 liánjiē; 联系 liánxì: The two towns are connected by a railway. 这两个城镇有一条铁路相连。Zhè liǎng gè chéngzhèn yǒu yì tiáo tiělù xiānglián. 2. 联想 liánxiǎng: ~ A with B in the mind 提到 A 就联想到 B tídào A jiù liánxiǎng dào B

conquer v. 征服 zhēngfú

conscience n. 良心 liángxīn

conscientious a. 认真的 rènzhēnde

conscious *a.* 有意识的 yǒu yìshí de

consciousness *n.* 意识 yìshí; 知觉 zhījué: We have no ~ during sleep. 我们睡觉时没有知觉。 Wǒmen shuìjiào shí méiyǒu zhījué.

conscript *v.* 征募 zhēngmù *n.* 被征入伍的士兵 bèi zhēng rùwù de shìbīng

consent *v. & n.* 同意 tóngyì

consequence *n.* 1. 结果 jiéguǒ 2. 重要性 zhòngyàoxìng: It is of no ~. 这事不重要。Zhè shì bú zhòngyào.

consecutive *a.* 连续的 liánxùde

conservation *n.* 1. 保存 bǎocún: the ~ of forests 森林的保护 sēnlínde bǎohù 2. 守恒 shǒuhéng: the ~ of energy 能量守恒 néngliàng shǒuhéng

conservative *a.* 保守的 bǎoshǒude

consider *v.* 1. 考虑 kǎolǜ: ~ the matter carefully 仔细考虑这件事 zǐxì kǎolǜ zhè jiàn shì 2. 认为 rènwéi: ~ it necessary to do sth. 认为该做某事 rènwéi gāi zuò mǒu shì

considerate *a.* 周到的 zhōudàode

considering *prep.* 就……而论 jiù …… ér lùn; 考虑到 kǎolǜ dào

consist *v.* ~ of 由……组成 yóu …… zǔchéng

consistence *n.* 一致 yízhì

console *v.* 慰问 wèiwèn

consolidate *v.* 加强 jiāqiáng

conspicuous *a.* 明显的 míngxiǎnde

conspiracy *n.* 阴谋 yīnmóu

conspire *v.* 阴谋 yīnmóu

constant *a.* 经常的 jīngchángde

constitute *v.* 1. 构成 gòuchéng: Twelve months constitute a year. 十二个月为一年。Shí'èr gè yuè wéi yì nián. 2. 制定 zhìdìng; 成立 chénglì: ~ a committee

成立一个委员会 chénglì yí gè wěiyuánhuì

constitution *n.* 1. 宪法 xiànfǎ；章程 zhāngchéng：the ～ of China 中国的宪法 Zhōngguóde xiànfǎ 2. 构造 gòuzào；组织 zǔzhī：the ～ of water 水的组成 shuǐde zǔchéng 3. 体质 tǐzhì；体格 tǐgé：men with strong ～s 体格健壮的男人 tǐgé jiànzhuàngde nánrén

construct *v.* 建造 jiànzào；建筑 jiànzhù

construction *n.* 1. 建筑 jiànzhù；建设 jiànshè：The new railway is still under ～. 新的铁路在修建中。Xīnde tiělù zài xiūjiàn zhōng. 2. 建筑物 jiànzhùwù：The new factory is a very solid ～. 新工厂是座很坚实的建筑物。Xīn gōngchǎng shì zuò hěn jiānshí de jiànzhùwù. 3. 结构 jiégòu：the ～ of words 词的结构 cíde jiégòu

consulate *n.* 1. 领事职位 lǐngshì zhíwèi *the post 2. 领事馆 lǐngshìguǎn *place

consult *v.* 1. 商量 shāngliang：～ with sb. 与某人商量 yǔ mǒu rén shāngliang 2. 查阅 cháyuè；参考 cānkǎo：～ the dictionary 查阅词典 cháyuè cídiǎn

consultant *n.* 顾问 gùwèn

consultation *n.* 协商 xiéshāng

consume *v.* 消费 xiāofèi

consumer *n.* 消费者 xiāofèizhě

contact *v. & n.* 接触 jiēchù；联系 liánxì

contagious *a.* 传染性的 chuánrǎnxìngde

contain *v.* 1. 含有 hányǒu；包括 bāokuò 2. 容纳 róngnà：How much will this bottle contain? 这瓶儿能装多少? Zhè píngr néng zhuāng duōshao?

container *n.* 容器 róngqì

contaminate *v.* 污染 wūrǎn；弄脏 nòngzāng

contemporary *a.* 1. 当代的 dāngdàide 2. 同时代的 tóng shídài de：～ with sb. 和某人是同时代的人 hé mǒu rén shì tóngshídài de rén *n.* 同代人 tóngdàirén

contempt *n.* 1. 耻辱 chǐrǔ: Such behaviour will bring you into ~. 这种行为将使你遭受耻辱。 Zhèzhǒng xíngwéi jiāng shǐ nǐ zāoshòu chǐrǔ. 2. 轻视 qīngshì: in ~ of all rules 藐视一切规章 miǎoshì yíqiè guīzhāng

contend *v.* 斗争 dòuzhēng; 竞争 jìngzhēng

content[1] *n.* 1. 内容 nèiróng: the ~ of the article 文章内容 wénzhāng nèiróng 2. = capacity 容量 róngliàng 3. 目录 mùlù: the table of ~s 目录 mùlù

content[2] *a.* 满足 mǎnzú; 满意 mǎnyì

contest *n.* 1. 争论 zhēnglùn *a debate 2. 竞赛 jìngsài; 竞争 jìngzhēng: a ~ of skill 技艺的竞争 jìyì de jìngzhēng

context *n.* 上下文 shàngxiàwén

continent *n.* 大陆 dàlù; 洲 zhōu

continual *a.* 连续的 liánxùde; 不断的 bùduànde

continue *v.* 继续 jìxù

contraception *n.* 避孕 bìyùn

contract[1] *n.* 合同 hétong *an agreement *v.* 订合同 dìng hétong; 承包 chéngbāo

contract[2] *v.* 收缩 shōusuō: Wood ~s as it dries. 木材干燥时便收缩。 Mùcái gānzào shí biàn shōusuō.

contradict *v.* 1. 反驳 fǎnbó: ~ a statement 驳斥一项声明 bóchì yí xiàng shēngmíng 2. 同……矛盾 tóng …… máodùn: The reports ~ each other. 这些报告的内容互相矛盾。 Zhèxiē bàogào de nèiróng hùxiāng máodùn.

contradiction *n.* 矛盾 máodùn

contrary *a.* 相反的 xiāngfǎnde

contrast *v.* 对照 duìzhào; 对比 duìbǐ

contribute *v.* 1. 捐助 juān-zhù; 捐献 juānxiàn: ~ food

and clothing for the refugees 向难民捐献食品和衣物 xiàng nànmín juānxiàn shípǐn hé yīwù 2. 有助于 yǒuzhùyú; 促进 cùjìn: Hard work ~s to his success. 辛勤劳动有助于他的成功。Xīnqín láodòng yǒuzhùyú tāde chénggōng. 3. 投稿 tóugǎo: ~ an article to a magazine 向某杂志投稿 xiàng mǒu zázhì tóugǎo

control n. 1. 管理 guǎnlǐ 2. 控制 kòngzhì: The plane was out of ~. 飞机失去了控制。Fēijī shīqùle kòngzhì. 3. 抑制 yìzhì; 节制 jiézhì: ~ oneself 克制 自己 kèzhì zìjǐ; birth ~ 节育 jiéyù v. 1. 管理 guǎnlǐ 2. 控制 kòngzhì; 克制 kèzhì

controversy n. 论争 lùnzhēng

convene v. 召集 zhāojí; 集合 jíhé

convenience n. 1. 便利 biànlì; 方便 fāngbiàn 2. ~s 便利设施 biànlì shèshī: modern ~s like railways and telephones 铁路电话等现代化工具 tiělù diànhuà děng xiàndàihuà gōngjù

convention n. 1. = conference 大会 dàhuì; 会议 huìyì 2. = custom 习俗 xísú; 惯例 guànlì

conventional a. 常规的 chángguīde; 传统的 chuántǒngde

conversation n. 会话 huìhuà

converse[1] v. 交谈 jiāotán: ~ with a person 与某人交谈 yǔ mǒu rén jiāotán

converse[2] a. 相反的 xiāngfǎnde

convert v. 转变 zhuǎnbiàn: ~ the bedroom into a study 把卧室改为书房 bǎ wòshì gǎiwéi shūfáng

convex a. 凸的 tūde n. 凸面 tūmiàn

convey v. 1. 运送 yùnsòng: Pipes ~ hot water to every part of the building. 水管将热水送到大楼的每一部分。Shuǐguǎn jiāng rèshuǐ sòngdào dàlóude měi yī bùfen. 2. 表达 biǎodá: This well ~s my meaning. 这很好地表达了我的意思。 Zhè hěn hǎo de biǎodále wǒde yìsi. 3. 让与 ràngyǔ; 转让 zhuǎn-ràng: The land has been ~ed to his son. 这块地已转让给他的儿子了。Zhè kuài dì yǐ zhuǎnràng gěi tāde érzile. ~ our greetings 表示问候 biǎoshì wènhòu

convict *v.* 证明……有罪 zhèngmíng …… yǒuzuì; 宣判有罪 xuānpàn yǒuzuì *n.* 罪犯 zuìfàn

convince *v.* 使……确信 shǐ …… quèxìn; 使……信服 shǐ …… xìnfú

convoy *v.* 护送 hùsòng

cook *v.* 1. 烹调 pēngtiáo; 做饭 zuòfàn: She is ~ing dinner. 她正在做饭。Tā zhèngzài zuòfàn. *n.* 厨师 chúshī; 炊事员 chuīshìyuán

cooker *n.* 锅 guō

cookie *n.* 1. 饼干 bǐnggān 2. 小甜饼 xiǎo tiánbǐng

cool *a.* 1. 凉 liáng: a ~ room 凉爽的房间 liángshuǎngde fángjiān 2. 冷静的 lěngjìngde: Keep ~. 保持冷静。Bǎochí lěngjìng.

co-op *n.* 合作社 hézuòshè

cooperate *v.* 互助 hùzhù; 合作 hézuò

coordinate *a.* 同等的 tóngděngde; 并列的 bìngliède

cope *v.* 应付 yìngfu; 处理 chǔlǐ

copper *n.* 1. 铜 tóng 2. = coin 铜币 tóngbì

copy *n.* 1. 抄本 chāoběn; 副本 fùběn: This isn't an original, it's a ~. 这不是原本,这是抄本。Zhè bú shì yuánběn, zhè shì chāoběn. 2. 一本 yì běn; 一册 yí cè: I want a ~ of Chinese History. 我要一本《中国历史》。Wǒ yào yì běn《Zhōngguó Lìshǐ》. ~ right 版权 bǎnquán *v.* 1. 抄写 chāoxiě 2. 摹仿 mófǎng: ~ his voice 摹仿他的声音 mófǎng tāde shēngyīn

coral *n.* 珊瑚 shānhú

cord *n.* 绳子 shéngzi; 带 dài

cordial *a.* 诚恳的 chéngkěnde; 亲切的 qīnqiède

core *n.* 1. 果心儿 guǒxīnr *of fruits 2. 核心 héxīn: get to the ~ of ᵗhe subjects 触及题目的中心 chùjí tímù de zhōngxīn

cork *n.* 1. 软木 ruǎnmù *the material 2. 软木塞儿 ruǎnmùsāir: pull out the ~ 拔开软木塞 bákāi ruǎnmùsāi, ~ screw 瓶塞钻 píngsāizuàn

corn *n.* 1. 谷物 gǔwù; 谷粒 gǔlì 2. =maize 玉米 yùmǐ: ~ flour 玉米面 yùmǐmiàn

corner *n.* 角 jiǎo: ~ of a building 楼角 lóujiǎo 2. 角落 jiǎoluò: street ~ 街的拐角 jiē de guǎijiǎo, turn the ~ 拐弯 guǎiwānr *v.* 逼入困境 bīrù kùnjìng: I am ~ed by this question. 这个问题把我问住了。Zhège wèntí bǎ wǒ wènzhùle.

corporation *n.* 1. 团体 tuántǐ 2. 有限公司 yǒuxiàn gōngsī *in U.S.A

corps *n.* 军团 jūntuán; 军 jūn; Peace Corps 和平队 Hépíngduì

corpse *n.* 尸体 shītǐ

correct[1] *a.* 1. 正确的 zhèngquède 2. 恰当的 qiàdàngde

correct[2] *v.* 改正 gǎizhèng

correspondence *n.* 1. 通信 tōngxìn *letters: a ~ school 函授学校 hánshòu xuéxiào 2. 相当 xiāngdāng

correspond *v.* 1. 符合 fúhé: His actions do not ~ with his words. 他的言行不一致。Tāde yánxíng bù yīzhì. 2. 相应 xiāngyìng; 相当 xiāngdāng: The American Congress ~s to the British Parliament. 美国国会相当于英国的议会。Měiguó de guóhuì xiāngdāngyú Yīngguó de yìhuì.

corresponding *a.* 相当的 xiāngdāngde

correspondent *n.* 通讯员 tōngxùnyuán；记者 jìzhě

corridor *n.* 走廊 zǒuláng

corrupt *a.* 腐化的 fǔhuàde；腐败的 fǔbàide

cosmetic *n.* 化妆品 huàzhuāngpǐn

cosmic *a.* 宇宙的 yǔzhòude

cosmonaut *n.* 宇航员 yǔhángyuán

cosmos *n.* 宇宙 yǔzhòu

cost *v.* 1. 值 zhí；费 fèi：It ~s two yuan. 这个值两元。Zhège zhí liǎngyuán. 2. 付出 fùchū：This may ~ you your life. 这能使你付出生命。Zhè néng shǐ nǐ fùchū shēngmìng. *n.* 费用 fèiyòng；成本 chéngběn：at any ~ 不惜任何代价 bùxī rènhé dàijià, at the ~ of 以……为代价 yǐ …… wéi dàijià

costly *a.* 昂贵的 ángguìde

costume *n.* 服装 fúzhuāng

cosy *a.* 温暖而舒适的 wēnnuǎn ér shūshì de

cottage *n.* 1. 村舍 cūnshè：farmers' ~ 农舍 nóngshè 2. 小别墅 xiǎobiéshù

cotton *n.* 棉花 miánhuā

couch *n.* 长沙发 chángshāfā；睡椅 shuìyǐ

cough *v.* 咳嗽 késou

council *n.* 政务会 zhèngwùhuì；理事会 lǐshìhuì；State C~ 国务院 guówùyuàn

counsellor *n.* 1. 顾问 gùwèn *an adviser 2. 律师 lùshī *in law 3. 参赞 cānzàn

count *v.* 1. 数 shǔ：C~ from 1 to 100. 从一数到一百。Cóng yī shǔdào yìbǎi. ~ as 把……当作 bǎ …… dàngzuò *n.* 计算 jìsuàn：keep (lose) ~ of 知道（不知道）共有多少 zhīdào (bù zhīdào) gòng yǒu duōshǎo

counter[1] *n.* 柜台 guìtái *in a shop

counter[2] *n.* 计算器 jìsuànqì; speed ～ 计速器 jìsùqì

counter[3] *v.* 反对 fǎnduì

counteract *v.* 抵消 díxiāo; 抵制 dǐzhì

counterfeit *a.* 伪造的 wěizàode; 假冒的 jiǎmàode: a ～ note jia 假钞票 chāopiào *n.* 伪造物 wěizàowù; 假冒物 jiǎmàowù

countless *a.* 无数的 wúshùde

country *n.* 1. 国家 guójiā: the countries of Asia 亚洲国家 Yàzhōu guójiā 2. 乡村 xiāngcūn: He prefers to live in the ～ rather than in town. 他喜欢住在乡村而不愿住在城镇。Tā xǐhuan zhù zài xiāngcūn ér bù yuàn zhù zài chéngzhèn. 3. 地带 dìdài; 地区 dìqū: open ～ 开阔地带 kāikuò dìdài

countryman *n.* 1. 同胞 tóngbāo *of one's own country 2. 同乡 tóngxiāng *of one's own area

countryside *n.* 农村 nóngcūn

county *n.* 县 xiàn

couple *n.* 1. 一对 yí duì; 两个 liǎng gè: a ～ of days 几天 jǐ tiān 2. 夫妇 fūfù; 夫妻 fūqī *husband and wife

coupon *n.* 票 piào; 券 quàn

courage *n.* 勇气 yǒngqì; 胆量 dǎnliàng: take ～ 鼓起勇气 gǔqǐ yǒngqì, lose ～ 失去勇气 shīqù yǒngqì, 灰心 huīxīn

courageous *a.* 勇敢的 yǒnggǎnde

course *n.* 1. 过程 guòchéng: in the ～ of the discussion 在讨论过程中 zài tǎolùn guòchéng zhōng 2. 方向 fāngxiàng; 路线 lùxiàn: The ship is on its right ～. 这条船的航线正确。Zhè tiáo chuán de hángxiàn zhèngquè. 3. 课程 kèchéng: a high school ～ 中学课程 zhōngxué kèchéng 4. 一道菜 yí dào cài:

a five-~ dinner 五道菜的正餐 wǔ dào cài de zhèng-
cān, of ~ 当然 dāngrán, in due ~ 在适当的时候
zài shìdàngde shíhou

court¹ *n.* 1. 法庭 fǎtíng; 法院 fǎyuàn *of law 2. 宫廷
gōngtíng: go to ~ to meet the Queen. 去朝廷见
女王 qù cháotíng jiàn Nǚwáng 3. 球场 qiúchǎng:
tennis ~ 网球场 wǎngqiúchǎng 4. = yard 院子
yuànzi

court² *v.* 求爱 qiú'ài: He is ~ing the girl. 他在向那
个女孩儿求爱。 Tā zài xiàng nàge nǚháir qiú,ài.

courteous *a.* 有礼貌的 yǒu lǐmào de

courtyard *n.* 院子 yuànzi

cousin *n.* 堂兄（弟）tángxiōng (dì) *father's brother's
sons; 堂姐（妹）tángjiě (mèi); 表兄（弟）biǎoxiōng
(dì) *father's sister's sons, mother's brother's or
sister's sons; 表姐 （妹）biǎojiě (mèi)

cover *v.* 盖 gài: Dust ~ed all the furniture. 灰尘
盖满了所有的家具。 Huīchén gàimǎnle suǒyǒude
jiāju. 2. 走 zǒu: cover a long distance 走了一大
段路 zǒule yí dà duàn lù 3. 够用 gòuyòng: Will
ten yuan ~ the cost of a new skirt? 十元够买
一条新裙子吗? Shí yuán gòumǎi yì tiáo xīn qúnzi
ma? 4. 包括 bāokuò: His work ~ed a wide
field. 他的工作范围很广。Tāde gōngzuò fànwéi
hěn guǎng. 5. 报道 bàodào *by a journalist
n. 1. 盖子 gàizi * a lid 2. 套子 tàozi: chair-cover
椅套 yǐtào 3. 封皮 fēngpí: book-cover 书皮 shūpí;
under ~ of 以……为借口 yǐ …… wéi jièkǒu

cow¹ *n.* 母牛 mǔniú; 乳牛 rǔniú: ~ boy 牧童 mùtóng

cow² *v.* 恐吓 kǒnghè

coward *n.* 懦夫 nuòfū

crab *n.* 1. 蟹 xiè 2. 蟹肉 xièròu *its meat

crack *n.* 1. 裂缝 lièfèng 2. 噼啪声 pīpāshēng: ～ of thunder 雷声 léishēng *v.* 弄裂 nòng liè

cracker *n.* 1. 饼干 bǐnggān: The little boy likes～s. 这个小男孩儿喜欢吃饼干。Zhège xiǎo nánháir xǐhuan chī bǐnggān. 2. 爆竹 bàozhú *firework 3. 破碎机 pòsuìjī; 胡桃钳 hútáoqián *instrument for cracking

cradle *n.* 1. 摇篮 yáolán 2. 发源地 fāyuándì: The Yellow River is the ～ of Chinese civilization. 黄河是中国文明的发源地。Huáng Hé shì Zhōngguó wénmíngde fāyuándì.

craft *n.* 1. 工艺 gōngyì; 手艺 shǒuyì: arts and ～s factory 工艺美术工厂 gōngyì měishù gōngchǎng 2. 船 chuán = boats 3. 狡猾 jiǎohuá: Don't trust her, she is full of ～. 不要相信她，她很狡猾。Búyào xiāngxìn tā, tā hěn jiǎohuá.

craftsman *n.* 工匠 gōngjiàng; 技工 jìgōng

cram *v.* 填塞 tiánsāi; 硬灌 yìngguàn

cramp *n.* 1. 抽筋 chōujīn: The swimmer was seized with ～. 游泳的人忽然抽筋。Yóuyǒngde rén hūrán chōujīn. 2. 钳子 qiánzi *the tool

crane *n.* 1. 鹤 hè *a bird 2. 起重机 qǐzhòngjī *a machine

crash *n.* 轰隆声 hōnglōngshēng *v.* 1. 碰撞 pèngzhuàng 2. 坠毁 zhuìhuǐ: The aircraft ～ed. 那架飞机坠毁了。Nà jià fēijī zhuìhuǐ le.

crawl *v.* 爬 pá

crayon *n.* 1. 粉画笔 fěnhuàbǐ; 蜡笔 làbǐ *the pen 2. 粉笔画 fěnbǐhuà; 蜡笔画 làbǐhuà *the picture

craze *v.* 发狂 fākuáng *n.* 狂热 kuángrè

crazy *a.* 疯狂的 fēngkuángde; 狂热的 kuángrède

cream *n.* 1. 奶油 nǎiyóu: ice ～ 冰淇淋 bīngqílín 2. 香脂 xiāngzhī; 雪花膏 xuěhuāgāo *cosmetic

create v. 1. 创造 chuàngzào; 创作 chuàngzuò: Who ~d the world? 谁创造了世界? Shuí chuàngzàole shìjiè? 2. 产生 chǎnshēng

creative a. 创造性的 chuàngzàoxìngde

creature n. 1. 生物 shēngwù 2. 家伙 jiāhuo: He is a poor ~. 他是个可怜的人。Tā shì gè kěliánde rén.

creche n. 托儿所 tuō'érsuǒ

credit n. 1. 相信 xiāngxìn; 信任 xìnrèn: I place full ~ in the government. 我充分相信政府。Wǒ chōng-fèn xiāngxìn zhèngfǔ 2. 信用 xìnyòng; 赊欠 shē-qiàn: letter of ~ 信用证 xìnyòngzhèng, a ~ card 信用卡 xìnyòngkǎ, buy goods on ~ 赊买货物 shēmǎi huòwù 3. 声望 shēngwàng; 荣誉 róngyù: She was given great ~ for the invention. 她的发明给她带来很大的荣誉。Tāde fāmíng gěi tā dàilái hěn dà róngyù. 4. 贷方 dàifāng *at a bank 5. 银行存款 yínháng cúnkuǎn: Please place this sum to my ~. 请将这笔存款记在我帐上。Qǐng jiāng zhè bǐ cúnkuǎn jì zài wǒ zhàngshang. 6. 学分 xuéfēn: Students can get 3 ~s for this course. 学习这门课的学生可以得到三个学分。Xuéxí zhè mén kè de xuésheng kěyǐ dédào sān gè xuéfēn. v. 1. 信任 xìnrèn 2. ~ to 把……归功于…… bǎ …… guīgōngyú ……

creditor n. 债权人 zhàiquánrén

creek n. 小溪 xiǎoxī; 小湾 xiǎowān

creep v. 1. 爬 pá 2. 蹑手蹑脚地进来 nièshǒu-niè-jiǎode jìnlái: The thief crept into the house. 这个贼偷偷地溜进了房子。Zhège zéi tōutoude liū jìnle fángzi.

cremate v. 火葬 huǒzàng; 焚化 fénhuà

crematory *n.* 火葬场 huǒzàngchǎng

crescent *n.* 新月 xīnyuè；月牙儿 yuèyár *moon

crew *n.* 1. 全体船员 quántǐ chuányuán *in a ship
2. 全体乘务员 quántǐ chéngwùyuán *in a train
or a plane 3. 队 duì

cricket¹ *n.* 蟋蟀 xīshuài *an insect

cricket² *n.* 板球 bǎnqiú *a ball game

crime *n.* 罪 zuì: commit a ～ 犯罪 fànzuì

criminal *n.* 罪犯 zuìfàn

cripple *n.* 残废者 cánfèizhě；瘸子 quézi

crisis *n.* 危机 wēijī

crisp *a.* 1. 脆的 cuìde 2. 干脆 gāncuì；明快 míng-
kuài *of style, manner 3. 寒冷的 hánlěngde *of
the air, the weather

criterion *n.* 标准 biāozhǔn

critic *n.* 批评家 pīpíngjiā

critical *a.* 1. 批判的 pīpànde 2. 危急的 wēijíde；
紧要的 jǐnyàode: ～ moment 紧要时刻 jǐnyào
shíkè

criticism *n.* 批评 pīpíng；责备 zébèi

criticize *v.* 批评 pīpíng

crocodile *n.* 鳄鱼 èyú

crook *n.* 弯曲 wānqū *a bend or curve

crop *n.* 1. 庄稼 zhuāngjia 2. 收获 shōuhuò

cross¹ *n.* 1. 十字 shízì；交叉 jiāochā ～ road 十字路
shízìlù；～ talk 相声 xiàngsheng 2. 十字架 shízìjià

cross² *v.* 1. 穿过 chuānguò：～ a river 过河 guòhé
2. 勾画 gōuhuà；～ off 删去 shānqù

cross³ *a.* 1. 交叉的 jiāochāde；横的 héngde 2. 脾气
不好的 píqi bù hǎo de: Don't be ～ with the child.
不要对小孩发脾气。Búyào duì xiǎohái fā píqi.

crow¹ *n.* 乌鸦 wūyā

crow[2] *n.* 公鸡啼声 gōngjī tíshēng *sound of a cock *v.* 鸡啼 jītí: The cock ~s in the morning. 公鸡在清晨啼叫。 Gōngjī zài qīngchén tíjiào.

crowd *n.* 1. 人群 rénqún: There was a large ~ in the street. 街上有一大群人。 Jiēshang yǒu yí dà qún rén. *v.* 挤满 jǐmǎn

crowded *a.* 挤满的 jǐmǎnde: a ~ room 拥挤的房间 yōngjide fángjiān

crown *n.* 1. 王冠 wángguān *of a monarch 2. 花冠 huāguān *of flowers and leaves *v.* 加冕 jiāmiǎn

crucial *a.* 决定性的 juédìngxìngde; 极重要的 jí zhòngyào de: at the ~ moment 在紧要关头 zài jǐnyào guāntóu

crude *a.* 1. 原有的 yuányǒude: ~ oil 原油 yuányóu 2. 粗鲁的 cūlǔde: ~ manners 粗鲁的举止 cūlǔde jǔzhǐ 3. 粗制的 cūzhìde; 不完善的 bù wánshàn de *methods, ideas

cruel *a.* 1. 残忍的 cánrěnde; 凶恶的 xiōng'ède 2. 痛苦的 tòngkǔde: ~ death 死得很痛苦 sǐde hěn tòngkǔ

cruise *v. & n.* 巡洋 xúnyáng; 巡航 xúnháng

crumb *n.* 面包屑 miànbāoxiè

crumple *v.* 弄皱 nòngzhòu

crush *v.* 1. 压碎 yāsuì, 挤 jǐ: ~ out the juice 榨出果汁 zhàchu guǒzhī 2. 压皱 yāzhòu: ~ hat 压皱帽子 yāzhòu màozi 3. 击溃 jīkuì: ~ the enemy 击溃敌人 jīkuì dírén

crust *n.* 1. 面包皮 miànbāopí 2. 外壳 wàiké: the earth's ~ 地壳 dìqiào

crutch *n.* 拐杖 guǎizhàng *a staff

cry *v.* 1. 叫 jiào; 喊 hǎn: "Come here!" he cried. 他喊"过来!" Tā hǎn "guòlai!" 2. 哭 kū; 啼 tí:

The child is ～ing. 小孩儿在哭。Xiǎoháir zài kū.
n. 1. 呼声 hūshēng: cries of joy 欢呼声 huānhūshēng
2. 叫声 jiàoshēng: the ～ of a bird 鸟叫 niǎojiào
3. 哭声 kūshēng

crystal *n.* 水晶 shuǐjīng *a.* 水晶的 shuǐjīngde; 透明的 tòumíngde

cube *n.* 立方体 lìfāngtǐ

cucumber *n.* 黄瓜 huánggua

cuff *n.* 袖口 xiùkǒu

culprit *n.* 犯人 fànrén; 嫌疑犯 xiányífàn

cult *n.* 1. 宗教礼拜 zōngjiào lǐbài 2. 崇拜 chóngbài: personality ～ 个人崇拜 gèrén chóngbài

cultivate *v.* 1. 耕作 gēngzuò; 培植 péizhí: ～ land 耕地 gēngdì; ～ plants 培植植物 péizhí zhíwù 2. 培养 péiyǎng; 教养 jiàoyǎng *fig

culture *n.* 1. 教养 jiàoyǎng; 修养 xiūyǎng: a man of ～ 有教养的人 yǒu jiàoyǎng de rén 2. 文化 wénhuà

cultured *a.* 有教养的 yǒu jiàoyǎngde

cunning *a.* 1. 狡猾的 jiǎohuáde 2. 精巧的 jīngqiǎode: ～ workmanship 精巧的手艺 jīngqiǎode shǒuyì

cup *n.* 1. 杯子 bēizi 2. 一杯 yì bēi: a ～ of tea 一杯茶 yì bēi chá

cupboard *n.* 碗柜 wǎnguì; 食橱 shíchú

cure *v.* 治愈 zhìyù; 医治 yīzhì

curb *n.* 控制 kòngzhì

curfew *n.* 戒严 jièyán

curio *n.* 古董 gǔdǒng; 古玩 gǔwán

curiosity *n.* 1. 好奇心 hàoqíxīn: He did it out of ～. 他是出自好奇心而做的。Tā shì chūzì hàoqíxīn ér zuò de. 2. 奇物 qíwù; 珍品 zhēnpǐn *a rare object

curious *a.* 好奇的 hàoqíde

curl *n.* 卷发 juǎnfà

currency *n.* 1. 货币 huòbì: foreign ～ 外币 wàibì 2. 通用 tōngyòng *prevalence

current *a.* 1. 流行的 liúxíngde *in common use 2. 现实的 xiànshíde: ～ events 时事 shíshì; ～ issue of a magazine 本期杂志 běnqī zázhì *n.* 流 liú; 潮流 cháoliú

curriculum *n.* 课程 kèchéng

curry *n.* 咖哩 gālí

curse *n.* 咒骂 zhòumà

curtail *v.* 缩减 suōjiǎn; 削减 xuējiǎn

curtain *n.* 1. 帘子 liánzi 2. 幕 mù *on the stage

curve *n.* 弯曲 wānqū; 曲线 qūxiàn

cushion *n.* 垫子 diànzi

custody *n.* 看守 kānshǒu: keep in ～ 拘留 jūliú

custom *n.* 1. 习俗 xísú; 风俗 fēngsú 2. 关税 guānshuì: the C～s 海关 hǎiguān

customary *a.* 惯常的 guànchángde

customer *n.* 顾客 gùkè; 买主 mǎizhǔ

cut *v.* 1. 切 qiē; 割 gē: ～ it in slices 把它切成片 bǎ tā qiēchéng piàn 2. 削减 xuējiǎn: ～ prices 减价 jiǎnjià 3. 剪 jiǎn: I had my hair ～. 我剪了头发。 Wǒ jiǎnle tóufa. 4. 雕 diāo *stone *n.* 伤口 shāngkǒu *a wound; a short ～ 捷径 jiéjing, ～ down 减 jiǎn, 缩短 suōduǎn, wood-～ 版画 bǎnhuà, 木刻 mùkè

cute *a.* 漂亮可爱 piàoliàng kě'àide

cutting *n.* 1. 切片 qiēpiàn 2. 剪辑 jiǎnjí *of newspapers *a.* 快的 kuàide; 锐利的 ruìlìde; a ～ remark 尖刻的话 jiānkède huà

cycle *n.* 周期 zhōuqī; 循环 xúnhuán: the ～ of the seasons 季节的循环 jìjié de xúnhuán *v.* 1. 骑自行车 qízìxíngchē *to ride a cycle 2. 循环 xúnhuán

cylinder *n.* 1. 圆柱(体) yuánzhù(tǐ) 2. 汽缸 qìgāng: a six-~ motor-car （有）六个汽缸的汽车 (yǒu) liù gè qìgāng de qìchē

cynic *n.* 愤世嫉俗者 fènshì-jísúzhě

cynical *a.* 玩世不恭的 wánshìbùgōngde

D

dab *v.* 1. 轻拍 qīng pāi: ~ one's forehead with a handkerchief 用手帕轻拍额头 yòng shǒupà qīng pāi étóu 2. 轻涂 qīng tú: ~ paint on a picture 轻快地作画 qīngkuàide zuòhuà

dacron *n.* 涤纶织物 dílún zhīwù; 的确良 díquèliáng

dad *n.* 爸爸 bàba

daffodil *n.* 黄水仙 hiángshuǐxiān

dagger *n.* 短剑 duǎnjiàn; 匕首 bǐshǒu

daily *a.* 每日的 měi rì de: one's ~ bread 人们每日的食物 rénmen měi rì de shíwù *ad.* 每日 měi rì: Thousands of cars cross the bridge ~. 每天有成千上万辆汽车通过这座桥。 Měi tiān yǒu chéngqiān-shàngwàn liàng qìchē tōngguò zhèzuò qiáo. *n.* 日报 rìbào, China D~ 中国日报 Zhōngguó Rìbào

dainty *a.* 小巧的 xiǎoqiǎode; 漂亮的 piàoliàngde

dairy *n.* 1. 牛奶场 niúnǎichǎng *the farm 2. 乳品店 rǔpǐndiàn 食品店 shípǐndiàn *the shop

dam *n.* 坝 bà; 水闸 shuǐzhá *v.* 筑坝 zhù bà

damage *n.* 1. 损害 sǔnhài 2. 赔偿金 péichángjīn: pay ~s 付赔偿费 fù péichángfèi *v.* 损坏 sǔnhuài: The house was ~d by fire. 房屋在火灾中遭到了毁坏。 Fángwū zài huǒzāi zhōng zāodàole huǐhuài.

damn *v.* 1. 罚入地狱 fárù dìyù 2. 痛骂 tòngmà: The film was ~ed by the newspapers. 这部电影

在报纸上受到指责。 Zhè bù diànyǐng zài bàozhǐ shang shòudào zhǐzé. 3. 咒骂 zhòumà: **D~** you! 该死! Gāisi!

damp *a.* 潮湿的 cháoshīde *v.* 弄湿 nòngshī

dance *v.* 跳舞 tiàowǔ *n.* 1. 跳舞 tiàowǔ: ~-music 舞曲 wǔqǔ 2. 舞会 wǔhuì: I went to a ~ last night. 昨天晚上我参加了一个舞会。 Zuótiān wǎnshang wǒ cānjiāle yí gè wǔhuì.

dancer *n.* 舞蹈家 wǔdǎojiā

danger *n.* 危险 wēixiǎn: in ~ 处于危险之中 chùyú wēixiǎn zhī zhōng, out of ~ 脱险 tuōxiǎn

dangle *v.* 悬摆 xuánbǎi

dare *v.* 敢 gǎn

dark *a.* 1. 暗 àn; 黑暗的 hēi'ànde: ~ night 黑暗的夜晚 hēi'ànde yèwǎn 2. 深 shēn; 浓 nóng: ~ blue 深兰色 shēnlánsè

darling *n.* 心爱的人 xīn'àide rén *a.* 心爱的 xīn'àide

darn *v.* 织补 zhībǔ

dart *n.* 标枪 biāoqiāng

dash *v.* 猛冲 měngchōng *n.* 1. 冲击 chōngjī 2. 破折号 pòzhéhào *mark in printing

data *n.* 资料 zīliào; 数据 shùjù

date¹ *n.* 1. 日期 rìqī: What's the ~ today? 今天几号? Jīngtiān jǐ hào? 2. 约会 yuēhuì: make a ~ with sb. 与某人约会 yǔ mǒu rén yuēhuì, out of ~ 过时的 guòshíde, up to ~ 最新式的 zuì xīnshì de *v.* 1. 记日期 jì rìqī 2. 始于 shǐyú: This church ~s back to 1173. 这座教堂始于1173年。 Zhè zuò jiàotáng shǐyú yīyīqīsān nián. 3. 约会 yuēhuì: She has been dating him for months. 她已经和他交往了好几个月了。 Tā yǐjīng hé tā jiāowǎngle hǎojǐge yuè le.

date² *n.* 枣 zǎo *the fruit

daughter *n.* 女儿 nǚ'ér

daughter-in-law *n.* 儿媳妇 érxífu

dauntless *a.* 不屈不挠的 bùqū-bùnáode; 无畏的 wúwèide

dawn *n.* 黎明 límíng

day *n.* 1. 白昼 báizhòu; 白天 báitiān: I can see by ~, but not by night. 我白天能看见,但晚上不能。Wǒ báitiān néng kànjiàn, dàn wǎnshang bùnéng. 2. 一日 yí rì: a ~'s work 一天的工作 yì tiān de gōngzuò 3. 时代 shídài: in my school ~s 在我学生时代 zài wǒ xuésheng shídài, ~ break 黎明 límíng, ~ light 日光 rìguāng, ~ time 白天 báitiān, ~ by ~ 一天天 yì tiāntiān, the ~ after tomorrow 后天 hòutiān, ~ and night 日日夜夜 rìrìyèyè, one ~ 某一天 mǒu yì tiān, some ~ 有一天 yǒu yì tiān, the other ~ 前几天 qián jǐ tiān

dazzle *v.* 使人眼花 shǐ rén yǎnhuā; 眩耀 xuányào

dead *a.* 1. 死的 sǐde 2. 完全的 wánquánde: ~ silence 死一般的寂静 sǐ yìbān de jìjìng 3. 已废的 yǐfèide; 失效的 shīxiàode: a ~ language 已不用的语言 yǐ búyòng de yǔyán, ~ line 截止时间 jiézhǐ shíjiān, ~ lock 僵局 jiāngjú

deadly *a.* 致命的 zhìmìngde

deaf *a.* 1. 聋的 lóngde 2. 不愿听 bùyuàn tīng: He turned a ~ ear to my advice. 他不听我的劝告。Tā bù tīng wǒde quàngào.

deal *v.* 1. 处理 chǔlǐ; 对待 duìdài: ~ with a problem 处理一个问题 chǔlǐ yí gè wèntí 2. 论述 lùnshù: He ~s with the subject very well. 他对这个题目论述得很好。Tā duì zhège tímù lùnshùde hěn hǎo. 3. 做生意 zuò shēngyì; 经营 jīngyíng: The shop

~s in all kinds of goods. 这个商店经营各种货物。
Zhège shāngdiàn jīngyíng gèzhǒng huòwù. 4. 给予
jǐyǔ: ~ him a blow 给他一个打击 gěi tā yí gè dǎjī
n. 交易 jiāoyì *business, a good ~ of 很多 hěn duō

dealer *n*. 商人 shāngrén

dean *n*. 大学系主任 dàxué xìzhǔrèn

dear *a*. 1. 亲爱的 qīn'àide: D~ John 亲爱的约翰
qīn'àide Yuēhàn 2. 昂贵的 ánggulde: It's too ~,
I cannot afford it. 这太贵了，我买不起。 Zhè
tài guì le, wǒ mǎi bù qǐ.

death *n*. 死 sǐ; 死亡 sǐwáng: ~ rate 死亡率 sǐwánglù

debate *n*. 辩论 biànlùn; 争论 zhēnglùn

debit *n*. 借方 jièfāng *v*. 记入借方 jìrù jièfāng

debris *n*. 碎片 suìpiàn; 残骸 cánhái

debt *n*. 欠款 qiànkuǎn; 债务 zhàiwù: in ~ 欠债
qiànzhài

decade *n*. 十年 shí nián

decadent *a*. 颓废的 tuífèide

decay *v*. 腐朽 fǔxiǔ; 衰败 shuāibài

decease *n*. 死亡 sǐwáng: the ~d 死者 sǐzhě

deceit *n*. 1. 欺骗 qīpiàn: She is incapable of ~.
她不会撒谎。 Tā búhuì sāhuǎng. 2. 谎言 huǎngyán

deceive *v*. 欺骗 qīpiàn

December *n*. 十二月 shí'èryuè

decent *a*. 1. 适当的 shìdàngde; 象样的 xiàngyàngde:
~ clothes 适当的衣服 shìdàngde yīfu / a ~ meal
一顿很象样的饭 yí dùn hěn xiàngyàng de fàn 2.
文雅的 wényǎde; 文明的 wénmíngde: ~ language
and behaviour 文雅的语言和行为 wényǎde yǔyán
hé xíngwéi 3.正派的 zhèngpàide: a ~ fellow 很规
矩的人 hěn guīju de rén

deception *n*. 欺诈 qīzhà

deceptive *a.* 骗人的 piànrénde

decide *v.* 决定 juédìng

decimal *a.* 1. 十进的 shíjìnde: the ～ system 十进制 shíjìnzhì 2. 小数的 xiǎoshùde: ～ point 小数点 xiǎoshùdiǎnr

decipher *v.* 解密码 jiě mìmǎ

decision *n.* 决定 juédìng; 决议 juéyì: make a ～ 作出决定 zuòchū juédìng

decisive *a.* 1. 决定性的 juédìngxìngde: a ～ battle 一场决战 yì chǎng juézhàn 2. 果断的 guǒduànde: He is a ～ person. 他是一个果断的人。Tā shì yí gè guǒduàn de rén.

deck¹ *n.* 甲板 jiǎbǎn; 舱板 cāngbǎn

deck² *v.* 装饰 zhuāngshì; 修饰 xiūshì: streets ～ed with flags 挂满旗帜的街道 guàmǎn qízhì de jiēdào

declare *v.* 1. 宣告 xuāngào; 宣布 xuānbù: ～ war 宣战 xuānzhàn *proclaim formally 2. 声明 shēngmíng; 表明 biǎomíng: I ～ that I'm innocent. 我声明我是无罪的。Wǒ shēngmíng wǒ shì wúzuì de. / ～ oneself 表明态度 biǎomíng tàidu 3. 申报 shēnbào: Have you anything to ～? 你是否需要申报纳税的货物？Nǐ shìfǒu xūyào shēnbào nàshuì de huòwù?

declaration *n.* 宣言 xuānyán; 声明 shēngmíng

decline *v.* = refuse 1. 拒绝 jùjué; 婉谢 wǎnxiè: He ～d her invitation. 他拒绝了她的邀请。Tā jùjuéle tāde yāoqing. 2. 下降 xiàjiàng; 衰落 shuāiluò: His health has started to ～. 他的健康状况开始下降。Tāde jiànkāng zhuàngkuàng kāishǐ xiàjiàng.

decorate *v.* 装饰 zhuāngshì

decoration *n.* 装璜 zhuānghuáng; 装饰品 zhuāngshìpǐn

decrease *v.* 减少 jiǎnshǎo

decree *n.* 法令 fǎlìng

dedicate *v.* 献身 xiànshēn; 致力于 zhìlìyú

deduce *v.* 推论 tuīlùn

deduct *v.* 扣除 kòuchú; 减去 jiǎnqù

deed *n.* 1. 行为 xíngwéi: His words do not agree with his ~s. 他的言行不一。Tāde yánxíng bù yī. 2. 契约 qìyuē *signed agreement

deep *a.* 1. 深 shēn: ~ water 深水 shēnshuǐ 2. 深奥的 shēn'àode; 难懂的 nándǒngde: ~ theory 深奥的理论 shēn'àode lǐlùn 3. 低沉的 dīchénde: ~ voice 低沉的声音 dīchénde shēngyīn 4. 深厚的 shēnhòude: ~ feelings 深厚的感情 shēnhòude gǎnqíng

deer *n.* 鹿 lù

defame *v.* 破坏名誉 pòhuài míngyù; 诽谤 fěibàng

defeat *v.* 战胜 zhànshèng; 击败 jībài: We ~ed the enemy. 我们战胜了敌人。Wǒmen zhànshèngle dírén. *n.* 失败 shībài

defect *n.* 缺陷 quēxiàn; 缺点 quēdiǎn

defence *n.* 1. 防御 fángyù; 保卫 bǎowèi: national ~ 国防 guófáng / A thick overcoat is a good ~ against the cold. 一件厚大衣是御寒良物。Yí jiàn hòu dàyī shì yùhán liángwù. 2. 辩护 biànhù; 答辩 dábiàn: The accused made no ~. 被告未作答辩。Bèigào wèi zuò dábiàn.

defend *v.* 1. 防御 fángyù: ~ against enemies 防御敌人 fángyù dírén 2. 保卫 bǎowèi: ~ one's country 保卫祖国 bǎowèi zǔguó

defensive *a.* 防御性的 fángyùxìngde

defiance *n.* 挑战 tiǎozhàn; 蔑视 mièshì: in ~ of 无视 wúshì; 不管 bùguǎn

deficiency *n.* 缺乏 quēfá; 不足 būzú

deficit *n.* 亏损额 kuīsǔn'é; 赤字 chìzì

define *v.* 1. 解释 jiěshì; 下定义 xià dìngyì: Some words are hard to ～. 有些词很难解释。 Yǒuxiē cí hěn nán jiěshì. 2. 明确说明 míngquè shuōmíng *state precisely: be ～d as 被称为 bèi chēngwéi

definite *a.* 1. 明确的 míngquède: Give me a ～ answer. 给我一个明确的回答。 Gěi wǒ yí gè míngquède huídá. 2. 一定的 yídìngde: This book will be a ～ success. 这本书一定会成功。 Zhè běn shū yídìng huì chénggōng.

definition *n.* 定义 dìngyì; 解说 jiěshuō

deform *v.* 变形 biànxíng

degenerate *v.* 变坏 biànhuài; 退化 tuìhuà

degrade *v.* 1. 降低 jiàngdī; 堕落 duòluò 2. 降级 jiàngjí; 降职 jiàngzhí *rank, position

degree *n.* 1. 度 dù: at 50 ～s centigrade 50 摄氏度 wǔshí shèshì dù 2. 程度 chéngdù: to a certain ～ 在某种程度上 zài mǒu zhǒng chéngdùshang 3. 学位 xuéwèi: the ～ of Master of Arts 文学硕士学位 wénxué shuòshì xuéwèi

delay *v.* 耽搁 dānge; 推迟 tuīchí: without ～ 立刻 lìkè

delegate *n.* 代表 dàibiǎo

delegation *n.* 代表团 dàibiǎotuán

deliberate¹ *v.* 仔细考虑 zǐxì kǎolù

deliberate² *a.* 1. 故意的 gùyìde: It's a ～ attempt to kill him. 这是故意杀害他。 Zhè shì gùyì shāhài tā. 2. 慎重的 shènzhòngde: take ～ action 采取慎重的行动 cǎiqǔ shènzhòngde xíngdòng

delicate *a.* 1. 精致的 jīngzhìde 2. 娇弱的 jiāoruòde: a ～ child 娇弱的孩子 jiāoruòde háizi 3. 微妙的 wēimiàode; 需要谨慎处理的 xūyào jǐnshèn chǔlí de: The international situation is very ~ at present. 目前国际形势很微妙。Mùqián guójì xíngshì hěn wēimiào.

delicious *a.* 美味的 měiwèide; 好吃的 hǎochīde

delight *v.* 使……高兴 shǐ …… gāoxìng *n.* 爱好 àihào; 喜欢 xǐhuan: take ~ in 以……为乐 yǐ …… wéi lè

delinquency *n.* 犯罪 fànzuì: juvenile ~ 少年犯罪 shàonián fànzuì

deliver *v.* 1. 投递 tóudì: ~ letters 投递信件 tóudì xìnjiàn 2. 释放 shìfàng: ~ prisoners 释放犯人 shìfàng fànrén 3. 讲述 jiǎngshù; 发表 fābiǎo: ~ a speech 发表讲话 fābiǎo jiǎnghuà 4. 分娩 fēnmiǎn: ~ a baby 生孩子 shēng háizi

delta *n.* 三角洲 sānjiǎozhōu

delude *v.* 哄骗 hǒngpiàn; 迷惑 míhuò

delusion *n.* 1. 欺骗 qīpiàn; 迷惑 míhuò 2. 错觉 cuòjué; 幻想 huànxiǎng: She is under the ~ that I'm going to buy that house. 她误以为我要买那所房子。Tā wù yǐwéi wǒ yào mǎi nà suǒ fángzi.

demand *v.* 1. 要求 yāoqiú: I ~ that you leave at once. 我要求你马上离开。Wǒ yāoqiú nǐ mǎshàng líkāi. 2. 需要 xūyào: It ~s your immediate attention. 这需要立即引起你注意。Zhè xūyào lìjí yǐnqǐ nǐ zhùyì.

demarcation *n.* 分界 fēnjiè; 划分 huàfēn

demobilize *v.* 复员 fùyuán

democracy *n.* 民主 mínzhǔ

democratic *a.* 民主的 mínzhǔde; 民主主义的 mínzhǔzhǔyìde

democrat *n.* 1. 民主主义者 mínzhǔzhǔyìzhě 2. D- 美国民主党党员 Měiguó mínzhǔ dǎng dǎngyuán *member of the Democratic Party of the United States.

demolish v. 摧毁 cuīhuǐ; 破坏 pòhuài

demon n. 恶魔 èmó

demonstrate v. 1. 证明 zhèngmíng; 表示 biǎoshì: Please ~ how the machine works. 请演示这台机器怎样工作。 Qǐng yǎnshì zhè tái jīqì zěnyàng gōngzuò. 2. 示威 shìwēi *at a public meeting

demoralize v. 1. 败坏……道德 bàihuài …… dàodé *morals 2. 削弱……勇气 xuēruò …… yǒngqì *courage

den n. 1. 兽穴 shòuxuè *for animals 2. 巢 cháo: a ~ of thieves 一窝贼 yī wō zéi / an opium ~ 鸦片烟窟 yāpiànyānkū

denial n. 否认 fǒurèn; 拒绝 jùjué

denomination n. 命名 mìngmíng; 名称 míngchēng; 单位 dānwèi

denote v. 指示 zhǐshì; 表示 biǎoshì

denounce v. 1. 斥责 chìzé: His action was ~d in the newspaper. 他的行动在报刊上受到斥责。 Tāde xíngdòng zài bàokānshang shòudào chìzé. 2. 通知废除 tōngzhī fèichú: ~ a treaty 废除条约 fèichú tiáoyuē

dense a. 1. 浓的 nóngde: ~ fog 浓雾 nóngwù 2. 稠密的 chóumìde: ~ population 稠密的人口 chóumìde rénkǒu

density n. 浓度 nóngdù; 密度 mìdù

dental a. 牙齿的 yáchǐde; 牙科的 yákēde

dentist n. 牙科医生 yákē yīshēng

deny v. 1. 否定 fǒudìng; 否认 fǒurèn: He denied the charge. 他不承认对他的控告。 Tā bù chéngrèn duì tāde kònggào. 2. 拒绝 jùjué: They were denied admittance. 他们被拒绝入内。 Tāmen bèi jùjué rùnèi.

depart *v.* 离开 líkāi

department *n.* 部门 bùmén: the English D~ 英语系 yīngyǔxì ~ store 百货商店 bǎihuò shāngdiàn

departure *n.* 离开 líkāi; 出发 chūfā

depend *v.* 1. 依靠 yīkào; 依赖 yīlài: We ~ed on him for help. 我们靠他帮忙。Wǒmen kào tā bāngmáng 2. 信赖 xìnlài; 信任 xìnrèn: I ~ on you. 我信任你。Wǒ xìnrèn nǐ. / That ~s. / It all ~s. 看情况而定。Kàn qíngkuàng ér dìng.

dependence *n.* 依赖 yīlài

dependent *a.* 依赖他人的 yīlài tārén de *n.* = dependant 依赖他人生活的人 yīlài tārén shēnghuó de rén

depict *v.* 描绘 miáohuì; 描写 miáoxiě

deport *v.* 驱逐出境 qūzhú chūjìng

depose *v.* 罢免 bàmiǎn *esp. a ruler

deposit *v.* 1. 存储 cúnchǔ; 存放 cúnfàng: ~ money in a bank 在银行存款 zài yínháng cúnkuǎn 2. 沉积 chénjī 使……沉淀 shǐ……chéndiàn *of a liquid, a river 3. 交保证金 jiāo bǎozhèngjīn: We'd like you to ~ a quarter of the price of the house. 我们希望你先付房价的四分之一作为定金。Wǒmen xīwàng nǐ xiān fù fángjià de sì fēn zhī yī zuòwéi dìngjīn. *n.* 1. 存款 cúnkuǎn: current (fixed) ~ 活（定）期存款 huó(dìng)qī chúnkuǎn 2. 沉淀物 chéndiànwù *sediment 3. 矿床 kuàngchuáng *of minerals, 蕴藏量 yùncángliàng *preserves

depress *v.* 1. 压下 yāxià; 压低 yādī 2. 使……抑郁 shǐ……yìyù; 使……沮丧 shǐ……jǔsàng: The bad news ~ed me. 不幸的消息使我很沮丧。Búxìngde xiāoxi shǐ wǒ hěn jǔsàng. 3. 使……萧条 shǐ……xiāotiáo *business

depression *n.* 1. 不景气 bù jǐngqì; 萧条 xiāotiáo: economic ~ 经济萧条 jīngjì xiāotiáo 2. 沮丧 jǔsàng: a fit of ~ 心情一阵沮丧 xīnqíng yízhèn jǔsàng 3. 低气压 dīqìyā: a ~ over Shanghai 上海上空的低气压 Shànghǎi shàngkōng de dīqìyā

deprive v. 剥夺 bōduó

depth n. 深 shēn; 深度 shēndù

deputy n. 1. 代理人 dàilǐrén: ~ chairman: 代理主席 dàilǐ zhǔxí 2. 代表 dàibiǎo *in a congress

derivation n. 派生 pàishēng; 由来 yóulái: the ~ of words from Greek 由希腊语派生出来的词 yóu Xīlàyǔ pàishēng chūlái de cí

derive v. 1. 得出 déchū: He ~s a lot of pleasure from his work. 他从工作中得到很大乐趣。Tā cóng gōngzuò zhōng dédào hěn dà lèqù. 2. 来自 láizì: This word is ~d from Latin. 这个词来自拉丁文。Zhège cí láizì lādīngwén (Latin).

descend v. 下来 xiàlái; 降下 jiàngxià

descendant n. 后裔 hòuyì; 子孙 zǐsūn

descent n. 1. 降下 jiàngxià; 下坡 xiàpō *downword slope 2. 家世血统 jiāshì xuètǒng *lineage: She is of German ~. 她的祖籍是德国。Tāde zǔjí shì Déguó.

describe v. 描写 miáoxiě; 描述 miáoshù

desert¹ v. 1. 离开 líkāi; 抛弃 pāoqì: He ~ed his wife. 他遗弃了他的妻子。Tā yíqìle tāde qīzi. / The house was empty and ~ed. 房子空无一人。Fángzi kōng wú yì rén. 2. 开小差儿 kāixiǎochāir *military service

desert² n. 1. 沙漠 shāmò: the Sahara ~ 萨哈拉沙漠 Sàhālā shāmò 2. 荒地 huāngdì: My garden is a ~ after the drought. 干旱后我的花园成了一块荒地。Gānhàn hòu wǒde huāyuán chéngle yí kuài huāngdì. *a.* 荒凉的 huāngliángde

deserve *v.* 应得 yīngdé; 值得 zhídé: You ～ to be punished. 你应该受到惩罚。 Nǐ yīnggāi shòudào chéngfá.

design *n.* 设计 shèjì

designate *v.* 1. 指明 zhǐmíng: ～ boundaries 标明界限 biāomíng jièxiàn 2. 指定 zhǐdìng: She ～d him as her successor. 她指定他作继承人。 Tā zhǐdìng tā zuò jìchéngrén.

desire *n.* 1. 愿望 yuànwàng: She expressed a strong ～ to become a doctor. 她表达了她要成为医生的强烈愿望。 Tā biǎodále tā yào chéngwéi yīshēng de qiángliè yuànwàng. 2. 要求 yāoqiú: at the ～ of the chairman 在主席的要求下 zài zhǔxí de yāoqiúxià *v.* 愿得到 yuàn dédào: ～ happiness and health 愿得到幸福和健康 yuàn dédào xìngfú hé jiànkāng

desk *n.* 书桌 shūzhuō; 写字台 xiězìtái

desolate *a.* 荒凉的 huāngliángde

despair *v.* 绝望 juéwàng

desperate *a.* 1. 绝望的 juéwàngde; 铤而走险的 tǐng-érzǒuxiǎnde: ～ criminals 铤而走险的罪犯 tǐng'érzǒuxiǎnde zuìfàn 2. 拼命的 pīnmìngde: The prisoners became ～ in their attempts to escape. 那些囚犯拼命企图逃跑。 Nàxiē qiúfàn pīnmìng qǐtú táopǎo. 3. 严重的 yánzhòngde: The country is in a ～ state. 该国的情况极为严重。 Gāi guó de qíngkuàng jí wéi yánzhòng.

despise *v.* 轻视 qīngshì; 看不起 kàn bù qǐ

despite *prep.* 不管 bùguǎn

despot *n.* 暴君 bàojūn; 专制者 zhuānzhìzhě

dessert *n.* 饭后甜食 fàn hòu tiánshí

destination *n.* 目的地 mùdìdì; 终点 zhōngdiǎn

destiny *n.* 命运 mìngyùn

destroy *v.* 破坏 pòhuài; 毁坏 huǐhuài

destructive *a.* 破坏性的 pòhuàixìngde

detach *v.* 1. 分开 fēnkāi: ～ a coach from a train 把车厢从一列火车上分开 bǎ chēxiāng cóng yí liè huǒchē shang fēnkāi 2. 派遣 pàiqiǎn: ～ a group of men to guard the bridge. 派遣一组人保卫桥梁 pàiqiǎn yì zǔ rén bǎowèi qiáoliáng

detached *a.* 1. 不相连的 bù xiānglián de; 单独的 dāndúde: a ～ house 单独的房子 dāndúde fángzi 2. 不受人影响的 bú shòu rén yǐngxiǎng de; 独立的 dúlìde: a ～ view 独立的观点 dúlìde guāndiǎn

detail *n.* 细节 xìjié; 详细 xiángxì: in ～ 详细地 xiángxìde *v.* 详细说明 xiángxì shuōmíng

detain *v.* 拘留 jūliú

detect *v.* 发觉 fājué; 查出 cháchū

detective *n.* 侦探 zhēntàn

détente *n.* 缓和 huǎnhé

detention *n.* 扣留 kòuliú

detergent *a.* 清洁的 qīngjiéde *n.* 洗涤剂 xǐdíjì; 洗衣粉 xǐyīfěn *washing powder

deteriorate *v.* 变坏 biànhuài; 恶化 èhuà: Leather ～s in this damp climate. 在这种潮湿的气候条件下皮革会变坏的。 Zài zhè zhǒng cháoshī de qìhòu tiáojiànxià pígé huì biànhuài de.

determination *n.* 决心 juéxīn

determine *v.* 1. 决定 juédìng: The temperature ～s the quality of the product. 温度决定产品的质量。 Wēndù juédìng chǎnpǐn de zhìliàng. 2. 下决心 xià juéxīn: be ～d to do sth. 决心做某事 juéxīn zuò mǒu shì

detest *v.* 憎恨 zènghèn; 讨厌 tǎoyàn

detract *v.* 贬低 biǎndī

devaluate *v.* 贬值 biǎnzhí

develop *v.* 1. 开发 kāifā: ~ the natural resources of our country 开发我国的自然资源 kāifā wǒ-guó de zìrán zīyuán 2. 呈现 chéngxiàn: Symptoms of cancer ~ed. 癌症的症状呈现出来了。 Áizhèngde zhèngzhuàng chéngxiàn chūlai le. 3. 冲洗 chōngxǐ: ~ a film 冲洗胶卷 chōngxǐ jiāojuǎn

deviate *v.* 脱离 tuōlí; 违背 wéibèi

device *n.* 1. 设计 shèjì; 方法 fāngfǎ *plan scheme 2. 装置 zhuāngzhì: a nuclear ~ 核装置 hézhuāng-zhì

devil *n.* 魔鬼 móguǐ

devise *v.* 设计 shèjì

devote *v.* 贡献 gòngxiàn: ~ oneself to 献身于…… xiànshēnyú ……

devoted *a.* 忠实的 zhōngshíde

devour *v.* 狼吞虎咽 lángtūnhǔyàn

dew *n.* 露水 lùshuǐ

diabetes *n.* 糖尿病 tángniàobìng

diagnose *v.* 诊断 zhěnduàn

diagnosis *n.* 1.诊断 zhěnduàn; 2.诊断书 zhěnduànshū *the written statement

diagram *n.* 图解 tújiě; 图表 túbiǎo

dial *n.* 1. 钟表的面 zhōngbiǎo de miàn *of a clock 2. 电话拨号盘 diànhuà bōhàopán *of a telephone *v.* 打电话 dǎ diànhuà 拨电话号码 bō diànhuà hào-mǎ

dialect *n.* 方言 fāngyán; 土话 tǔhuà

dialectic *a.* 辩证的 biànzhèngde

dialectics *n.* 辩证法 biànzhèngfǎ

dialogue *n.* 对话 duìhuà

diameter *n.* 直径 zhíjìng

diamond *n.* 1. 金刚钻 jīngāngzuàn: a ring with a ~ in it 钻石戒指 zuànshí jièzhi 2. 菱形 língxíng *shape 3. 方块儿 fāngkuàir *in card games

diaper *n.* 1. 菱形花纹的织物 língxíng huāwén de zhīwù *the fabric 2. 尿布 niàobù *for a baby

diarrh(o)ea *n.* 腹泻 fùxiè

diary *n.* 日记 rìjì

dice *n.* 骰子 tǒuzi *v.* 1. 掷骰子 zhì tóuzi 2. 切……丁 qiē …… dīng *cut into cubes

dictate *v.* 1. 口授 kǒushòu: He is dictating a letter to his secretary. 他正向秘书口授信稿。Tā zhèng xiàng mìshū kǒushòu xìngǎo. 2. 指挥 zhǐhuī *give orders

dictation *n.* 听写 tīngxiě

dictator *n.* 独裁者 dúcáizhě; 专制者 zhuānzhìzhě

dictatorship 独裁 dúcái; 独裁政治 dúcái zhèngzhì

dictionary *n.* 字典 zìdiǎn; 词典 cídiǎn

die *v.* 1. 死 sǐ; 死亡 sǐwáng 2. 消失 xiāoshī: The sound ~d away. 声音消失了。Shēngyīn xiāoshī le. / The fire has ~ed down. 火熄灭了。Huǒ xīmiè le. 3. 急于 jíyú; 渴望 kěwàng: We are dying to know where she's been. 我们都渴望知道她去哪儿了。Wǒmen dōu kěwàng zhīdào tā qù nǎr le. ~-hard *n.* 顽固分子 wángù fènzǐ; 死硬派 sǐyìngpài

Diesel *n.* = ~ engine 内燃机 nèiránjī

diet *n.* 饮食 yǐnshí: on a ~ 节制饮食 jiézhì yǐnshí *v.* 限制饮食 xiànzhì yǐnshí

differ *v.* 不同 bùtóng; 有差别 yòu chābié

difference *n.* 1. 不同 bùtóng; 差异 chāyì: ~ in opinions 不同意见 bùtóng yìjiàn / make no ~ 没有关系 méiyǒu guānxi; 一样 yíyàng 2. 差额 chā'é *of money

differential *a.* 有差别的 yǒu chābié de *n.* 微分 wēifēn
*in math

difficult *a.* 困难的 kùnnande

difficulty *n.* 困难 kùnnan

diffident *a.* 缺乏自信的 quēfá zìxìn de

diffuse *v.* 扩散 kuòsàn; 传播 chuánbō

dig *v.* 掘 jué; 挖 wā

digest *v.* 1. 消化 xiāohuà: Some foods ～ more
easily. 有的食物更容易消化。 Yǒude shíwù gèng
róngyì xiāohuà. 2. 领悟 lǐngwù; 融会 rónghuì:
～ the main points of an article 领悟文章的重点
lǐngwù wénzhāng de zhòngdiǎn *n.* 摘要 zhāiyào:
Reader's D～ 读者文摘 Dúzhě Wénzhāi

digit *n.* 1. 数字 shùzì 2. =finger 手指 shǒuzhǐ
3. =toe 脚趾 jiǎozhǐ

dignity *n.* 1. 尊贵 zūnguì *honour 2. 威严 wēiyán:
lose one's ～ 失去尊严 shīqù zūnyán

dike *n.* 堤 dī

dilapidated *a.* 坍塌的 tāntāde

dilemma *n.* 困境 kùnjìng: in a ～ 进退两难 jìntuì liǎng-
nán

diligent *a.* 努力的 nǔlìde; 勤勉的 qínmiǎnde

dilute *v.* 冲淡 chōngdàn *a.* 冲淡的 chōngdànde

dim *a.* 1. 不亮的 bú liàng de: ～ light 微弱的光
wēiruòde guāng 2. 看不清的 kàn bù qīng de; 模糊的
móhude: His eyesight is getting ～. 他的视力
减退了。 Tāde shìlì jiǎntuì le. *v.* 变模糊 biàn móhu;
减弱 jiǎnruò

dime *n.* 一角硬币 yì jiǎo yìngbì

dimension *n.* 尺寸 chǐcùn; 大小 dàxiǎo: of three ～s
立体的 lìtǐde

dimensional *a.* ……面的 …… miànde two-～ 平面的

píngmiànde, three-~ 立体的 lìtǐde

diminish *v.* 减少 jiǎnshǎo

dimple *n.* 酒窝 jiǔwōr

din *n.* 喧闹声 xuānnàoshēng *v.* 吵闹 chǎonào

dine *v.* 吃饭 chīfàn: a dining-car 餐车 cānchē, a dining-room 食堂 shítáng

dingy *a.* 昏暗的 hūn'ànde; 脏的 zāngde

dinner *n.* 1. 正餐 zhèngcān: Have you had ~ yet? 你吃过饭了吗？ Nǐ chīguò fàn le ma? 2. 宴会 yànhuì: a state ~ 国宴 guóyàn

dip *v.* 1. 浸 jìn; 蘸 zhàn: ~ one's pen into the ink 钢笔蘸墨水 gāngbǐ zhàn mòshuǐ 2. 舀 yǎo: ~ out soup with a ladle 用勺子舀汤 yòng sháozi yǎo tāng

diploma *a.* 毕业证书 bìyè zhèngshū; 文凭 wénpíng

diplomacy *n.* 外交 wàijiāo

diplomat *n.* 外交家 wàijiāojiā; 外交官 wàijiāoguān

diplomatic *a.* 1. 外交上的 wàijiāoshangde 2. = tactful 有策略的 yǒu cèlüè de: Try to be ~ when you refuse her invitation. 当你拒绝她的邀请时，尽量婉转些。 Dāng nǐ jùjué tāde yāoqǐng shí, jìnliàng wǎnzhuǎn xiē.

dipper *n.* 1. 长柄的勺 chángbǐngde sháo 2. 北斗七星 běidǒu-qīxīng *stars

direct[1] *a.* 1. 直的 zhíde: in a ~ line 成直线 chéng zhíxiàn 2. 直接的 zhíjiēde: in ~ contact 直接接触 zhíjiē jiēchù 3. 直率的 zhíshuàide: a ~ answer 直率的回答 zhíshuàide huídá

direct[2] *v.* 1. 指示方向 zhǐshì fāngxiàng: Can you ~ me to the bank? 你可以告诉我去银行的路吗？ Nǐ kěyǐ gàosu wǒ qù yínháng de lù ma? 2. 导演 dǎoyǎn: Who ~ed that film? 谁导演那部电影？

Shuí dǎoyǎn nà bù diànyǐng? 3. 指导 zhídǎo:
John is ～ing the work. 约翰指导这项工作。
Yuēhàn zhídǎo zhè xiàng gōngzuò.

direction *n.* 1. 方向 fāngxiàng: in all ～s 向四面八方
xiàng sìmiàn-bāfāng 2. 指示 zhǐshì; 说明 shuōmíng:
～s for use 用法说明 yòngfǎ shuōmíng

directly *ad.* 1. 直接 zhíjiē: They followed him ～
to the office. 他们直接跟他去办公室。 Tāmen
zhíjiē gēn tā qù bàngōngshì. 2. 马上 mǎshàng:
Come in ～, please. 请马上进来。 Qǐng mǎshàng
jìnlái.

director *n.* 1. 指导者 zhǐdǎozhě 2. 董事 dǒngshì:
the board of ～s 董事会 dǒngshìhuì 3. 导演
dǎoyǎn: ～ of a film 一部电影的导演 yí bù diànyǐng
de dǎoyǎn

directory *n.* 姓名地址录 xìngmíng-dìzhǐlù: a telephone
～ 电话簿 diànhuàbù

dirt *n.* 1. 污物 wūwù; 灰尘 huīchén *mud dust, etc.
2. 泥土 nítǔ: The children are playing in the ～.
孩子们正在泥土里玩耍。 Háizimen zhèngzài nítǔ
lǐ wánshuǎ.

dirty *a.* 1. 肮脏的 āngzāngde: ～ clothes 脏衣服
zāng yīfu 2. = obscence 下流的 xiàliúde: ～ stories
下流的故事 xiàliúde gùshì 3. = despicable 卑鄙的
bēibǐde: a ～ trick 卑鄙的手段 bēibǐde shǒuduàn

disability *n.* 1. 无能力 wú nénglì; 失去能力 shīqù
nénglì 2. 残疾 cánjī: He gets money from the
government because of his disabilities. 他因残疾
而向政府领取救济。Tā yīn cánjī ér xiàng zhèngfǔ
lǐngqǔ jiùjì.

disable *v.* 无能力 wú nénglì, 残疾 cánjī: ～d ex-service
men 退役残疾军人 tuìyì cánjī jūnrén

disadvantage *n.* 1. 不利 búlì; 不利条件 búlì tiáojiàn 2. 损害 sǔnhài; 损失 sǔnshī: rumours to his ~ 有损他的名誉的谣言 yǒusǔn tāde míngyù de yáoyán

disadvantageous *a.* 不利的 búlìde

disagree *v.* 不同意 bù tóngyì: They often ~. 他们常常有不同意见。 Tāmen chángcháng yǒu bùtóng yìjiàn. 2. 不适宜 bú shìyí: The climate disagrees with me. 气候对我不适宜。 Qìhòu duì wǒ bú shìyí.

disagreement *n.* 1. 意见不一致 yìjiàn bù yízhì 2. 争执 zhēngzhí

disappear *v.* 消失 xiāoshī; 不见 bújiàn

disappoint *v.* 对……感到失望 duì …… gǎndào shīwàng: The news ~ed him. 消息使他失望。 Xiāoxi shǐ tā shīwàng

disapprove *v.* 不赞成 bú zànchéng

disarm *v.* 1. 缴械 jiǎoxiè: Five hundred rebels were ~ed. 五百名叛军被缴械。 Wǔbǎi míng pànjūn bèi jiǎoxiè. 2. 裁减军备 cáijiǎn jūnbèi: Do they agree to ~ 他们同意裁减军备吗? Tāmen tóngyì cáijiǎn jūnbèi ma?

disarmament *n.* 裁军 cáijūn

disaster *n.* 大灾难 dà zāinàn; 灾祸 zāihuò

disbelieve *v.* 不信 bú xìn

disc *n.* 1. 圆形的东西 yuánxíng de dōngxi 2. = a gramophone record 唱片 chàngpiàn

discard *v.* 抛弃 pāoqì; 放弃 fàngqì

discern *v.* 辨明 biànmíng; 认出 rènchū

discharge *v.* 1. 卸货 xièhuò: ~ a ship 从船上卸货 cóng chuán shang xiè huò 2. 开 kāi: ~ a gun 放枪 fàngqiāng 3. 排放 páifàng: ~ sewage 排放污水

páifàng wūshuǐ 4. 开释 kāishì: ～ a prisoner
释放一个囚犯 shìfàng yí gè qiúfàn 5. 解雇 jiěgù:
～ a worker 解雇一个工人 jiěgù yí gè gōngrén

disciple *n.* 弟子 dìzǐ; 门徒 méntú

discipline *n.* 1. 训练 xùnliàn: military ～ 军事训练
jūnshì xùnliàn 2. 纪律 jìlǜ: keep ～ 守纪律 shǒu
jìlǜ 3. 惩罚 chéngfá: This child needs ～ 应教
训教训这孩子。 Yīng jiàoxùn jiàoxùn zhè háizi.

disclose *v.* 揭发 jiēfā; 泄露 xièlù: ～ a secret 揭发
(一个)秘密 jiēfā (yí gè) mìmì

discomfort *n.* 不适 búshì; 不安 bù'ān

disconcert *v.* 使……感到不安 shǐ …… gǎndào bù'ān

disconnect *v.* 分开 fēnkāi; 拆开 chāikāi

discontent *n.* & *a.* 不满意 bù mǎnyì

discontinue *v.* 停止 tíngzhǐ

discord *n.* 不和 bùhé

discount[1] *v.* 不全信 bù quán xìn ～ a statement 怀疑
一个说法 huáiyí yí gè shuōfa

discount[2] *n.* 折扣 zhékòu: allow 10％ ～ 打九折 dǎ
jiǔ zhé 2. 贴现 tiēxiàn: a bank ～ 银行贴现 yínháng
tiēxiàn *v.* 1. 贴现 tiēxiàn 2. 打折扣 dǎ zhékòu

discourage *v.* 1. 令人泄气 lìng rén xièqì: Don't be
～d. 别失去勇气。 Bié shīqù yǒngqì. 2. 劝阻
quànzǔ: He ～ed me from doing so. 他劝阻我
不要这样做。 Tā quànzǔ wǒ búyào zhèyàng zuò.

discover *v.* 发现 fāxiàn; 发觉 fājué

discovery *n.* 发现 fāxiàn: new discoveries in technology
技术方面的新发现 jìshù fāngmiàn de xīn fāxiàn

discredit *v.* 怀疑 huáiyí: His theory was ～ed 他的理论
受到了怀疑。 Tāde lǐlùn shòudàole huáiyí. *n.* 丧失
名誉 sàngshī míngyù

discreet *a.* 谨慎的 jǐnshènde

discriminate *v.* 1. 区别 qūbié: ~ between two things 把两物区分开来 bǎ liǎng wù qūfēn kāilái 2. 歧视 qíshì: ~ against 歧视 qíshì

discrimination *n.* 1. 辨明 biànmíng 2. 歧视 qíshì: racial ~ 种族歧视 zhǒngzú qíshì

discus *n.* 铁饼 tiěbǐng

discuss *v.* 讨论 tǎolùn

disdain *v. & n.* 藐视 miǎoshì; 轻视 qīngshì

disease *n.* 疾病 jíbìng

disembark *v.* 上岸 shàng'àn

disgrace *n.* 耻辱 chǐrǔ *v.* 使······丢丑 shǐ ...... diūchǒu

disguise *v. & n.* 1. 假装 jiǎzhuāng; 装扮 zhuāngbàn: He ~d himself as a woman. 他假扮一个女子。 Tā jiǎbàn yí gè nǚzi 2. 隐瞒 yǐnmán: It's impossible to ~ the fact. 隐瞒事实是不可能的。Yǐnmán shìshí shì bù kěnéng de.

disgust *n.* 厌恶 yànwù

disgusting *a.* 令人讨厌的 lìng rén tǎoyàn de

dish *n.* 1. 盘子 pánzi 2. 菜 cài: It's my favorite ~. 这是我最爱吃的菜。Zhè shì wǒ zuì ài chī de cài.

dishonest *a.* 不诚实的 bù chéngshí de

dishonour *n.* 耻辱 chǐrǔ

disillusion *v. & n.* 幻想破灭 huànxiǎng pòmiè; 醒悟 xǐngwù

disinfect *v.* 给······消毒 gěi ...... xiāodú

disintegrate *v.* 瓦解 wǎjiě; 分裂 fēnliè

dislike *v. & n.* 厌恶 yànwù; 不喜欢 bù xǐhuan

disloyal *a.* 不忠的 bù zhōng de

dislocate *v.* 1. 使······脱位 shǐ ...... tuōwèi: He fell from his horse and ~d his collar-bone. 他从马上跌下,使锁骨脱臼了。Tā cóng mǎ shang diēxià, shǐ suǒgǔ tuōjiù le. 2. 混乱 hùnluàn: The traffic is ~d. 交通混乱。Jiāotōng hùnluàn.

dismantle *v.* 去掉 qùdiào; 拆卸 chāixiè

dismay *n.* & *v.*   惊慌 jīnghuāng

dismiss *v.* 1. 解散 jiěsàn: The class is ~ed. 现在下课。Xiànzài xiàkè. 2. 解雇 jiěgù 开除 kāichú: He was ~ed from school. 他被开除了学籍。Tā bèi kāichúle xuéjí. 3. 打消 dǎxiāo: The idea was ~ed. 想法被打消了。Xiǎngfǎ bèi dǎxiāole

dismount *v.* 1. 下来 xiàlái: ~ from a horse 下马 xià-mǎ 2. 拆卸 chāixiè: ~ a gun 把大炮卸下 bǎ dàpào xièxia

disobedient *a.* 不服从的 bù fúcóng de

disobey *v.* 不服从 bù fúcóng

disorder *n.* 1. 杂乱 záluàn: The room was in wild ~. 那屋子里乱七八糟。Nà wūzili luànqī-bāzāo 2. 骚动 sāodòng: ~s in town 城里的骚乱 chéng-lide sāoluàn 3. 失调 shītiáo: a ~ of the digestive system 消化系统的毛病 xiāohuà xìtǒng de máobing

dispatch *v.* 1. 发送 fāsòng: ~ a telegram 送电报 sòng diànbào 2. 派遣 pàiqiǎn: ~ a fleet 派遣舰队 pàiqiǎn jiànduì 3. 迅速结束 xùnsù jiéshù *business *n.* 1. 派遣 pàiqiǎn *of troops 2. 发 fā *written message

dispel *v.* 驱逐 qūzhú; 消除 xiāochú: ~ one's doubts and fears 消除某人的怀疑和恐惧 xiāochú mǒu rén de huáiyí hé kǒngjù

dispensary *n.* 药房 yàofáng

dispense *v.* 1. 分配 fēnpèi: ~ charity 施舍 shīshě 2. 配药 pèiyào: ~ a prescription 照药方配药 zhào yàofāng pèiyào

disperse *v.* 1. 驱散 qūsàn; 解散 jiěsàn: The police ~d the crowd. 警察驱散了群众。Jǐngchá qūsànle qúnzhòng.

displace *v.* 代替 dàitì

display *v.* 展出 zhǎnchū: ~ goods in the windows 在橱窗展出商品 zài chúchuāng zhǎnchū shāngpǐn 2. 表现 biǎoxiàn; 显出 xiǎnchū: ~ enthusiasm 表现出热情 biǎoxiànchū rèqíng *n.* 展览 zhǎnlǎn; 陈列 chénliè

displease *v.* 使……不高兴 shǐ …… bù gāoxìng

disposal *n.* 1. 处理 chǔlǐ: the ~ of property 财产的处理 cáichǎnde chǔlǐ 2. 支配 zhīpèi; 使用 shǐyòng: at one's ~ 任意使用 rènyì shǐyòng

disposition *n.* 1. 安排 ānpái *arrangement 2. 性情 xìngqíng: She has a cheerful ~. 她性情开朗。 Tā xìngqíng kāilǎng.

disproportion *n.* 不相称 bù xiāngchèn

dispute *v.* 争论 zhēnglùn; 辩论 biànlùn

disregard *v. & n.* 忽视 hūshì

disrupt *v.* 分裂 fēnliè; 瓦解 wǎjiě

dissatisfy *v.* 使……不满 shǐ …… bùmǎn

dissatisfaction *n.* 不满 bùmǎn

dissemble *v.* 掩饰 yǎnshì; 隐瞒 yǐnmán

disseminate *v.* 传播 chuánbō

dissent *v. & n.* 不同意 bù tóngyì

dissident *a.* 意见不同的 yìjiàn bùtóng de *n.* 意见不同者 yìjiànbùtóngzhě; 持不同政见者 chí bùtóng zhèngjiànzhě *political

dissolve *v.* 1. 溶解 róngjiě: Water ~s salt. 水溶解盐。 Shuǐ róngjiě yán. 2. 消失 xiāoshī: The view ~d in mist. 那景色在雾中消失了。 Nà jǐngsè zài wù zhōng xiāoshī le.

dissuade *v.* 劝阻 quànzǔ

distance *n.* 1. 距离 jùlí: He lives within easy ~ of

his work. 他的住所离工作地点很近。 Tāde zhùsuǒ lí gōngzuò dìdiǎn hěn jìn. 2. 远方 yuǎnfāng *in space: A ship could be seen in the ∼. 在远处可以看到一艘船。Zài yuǎnchù kěyǐ kàndào yì sōu chuán. 3. 时间的距离 shíjiān de jùlí *in time: look back over a ∼ of fifty years 回顾过去五十年 huígù guòqù wǔshí nián

distant *a.* 1. 远的 yuǎnde: a ∼ country 遥远的国家 yáoyuǎnde guójiā 2. 远族的 yuǎnzúde: a ∼ cousin 远房表兄（弟、姐、妹） yuǎnfáng biǎoxiōng (dì, jiě, mèi)

distaste *n.* 厌恶 yànwù

distasteful *a.* 令人讨厌的 lìng rén tǎoyàn de

distil *v.* 蒸馏 zhēngliú

distinct *a.* 1. 清楚的 qīngchude: ∼ pronunciation 清晰的发音 qīngxīde fāyīn 2. 种类不同的 zhǒnglèi bùtóng de: Keep these things ∼. 把这些东西分开来。Bǎ zhèxiē dōngxi fēnkāilai.

distinction *n.* 1. 区别 qūbié: Can you draw a ∼ between these two ideas. 你能区别这两种概念吗？ Nǐ néng qūbié zhè liǎng zhǒng gàiniàn ma? 2. 卓越 zhuōyuè: a writer of ∼ 卓越的作家 zhuōyuède zuòjiā

distinguish *v.* 1. 区分 qūfēn; 辨别 biànbié *differentiate 2. 使……杰出 shǐ……jiéchū: He ∼ed himself by his courage. 他因勇敢而扬名。Tā yīn yǒnggǎn ér yángmíng.

distort *v.* 1. 弄扭 nòngniǔ; 弄歪 nòngwāi: A curved mirror ∼s the features. 弯曲的镜面使容貌变形。Wānqūde jìngmiàn shǐ róngmào biànxíng. 2. 歪曲 wāiqū: The motives are ∼ed. 动机被歪曲了。Dòngjī bèi wāiqū le.

distract v. 分散 fēnsàn; 转移 zhuǎnyí: ~ one's attraction 分散某人的注意力 fēnsan mǒu rén de zhùyìlì

distress v. 痛苦 tòngkǔ: He was ~ed to hear the news of his mother's death. 他听到母亲去世的消息很悲痛。 Tā tīngdào mǔqin qùshì de xiāoxi hěn bēitòng. n. 痛苦 tòngkǔ

distribute v. 1. 分发 fēnfā: The teacher ~d the books to the class. 教师把书分给全班。Jiàoshī bǎ shū fēngěi quánbān. 2. 散播 sànbō: ~ leaflets 发传单 fā chuándān

district n. 地区 dìqū; 区域 qūyù

distrust n. & v. 不信任 bú xìnrèn; 怀疑 huáiyí

disturb v. 扰乱 rǎoluàn

disuse n. & v. 不用 bú yòng

ditch n. 沟渠 gōuqú

dive v. 1. 跳水 tiàoshuǐ *into water 2. 潜水 qiǎnshuǐ *under water 3. 俯冲 fǔchōng *of a plane n. 跳水 tiàoshuǐ; 潜水 qiǎnshuǐ

diverge v. 分歧 fēnqí

diverse a. 不同的 bùtóngde

diversify v. 使……不同 shǐ …… bùtóng

diversity n. 多样性 duōyàngxìng

divert v. 1. 转向 zhuǎnxiàng: ~ water from a river into the fields 把河水引入田间 bǎ héshuǐ yǐnrù tiánjiān 2. 转移注意力 zhuǎnyí zhùyìlì: The loud noise ~ed my attention. 这响声转移了我的注意力。 Zhè xiǎngshēng zhuǎnyíle wǒde zhùyìlì.

divide v. 1. 分 fēn; 划分 huàfēn: The river ~s the city into two parts. 这条河把城市分成两部。Zhè tiáo hé bǎ chéngshì fēnchéng liǎng bù. 2. 除 chú: When you divide 8 by 2 you get 4. 二除八得四。Èr chú bā dé sì. 3. 分派 fēnpài: ~ the food among the

children 把食物分给孩子们 bǎ shíwù fēngěi háizimen
4. ~分裂 fēnliè: The disagreement will not ~ us.
这个不同意见不会使我们分裂。 Zhège bùtóng yìjiàn
búhuì shǐ wǒmen fēnliè.

divine *a.* 神的 shénde

division *n.* 1. 划分 huàfēn; 区分 qūfēn: ~ of labour
分工 fēngōng 2. 除法 chúfǎ *in maths 3. 师 shī
*a military unit

divorce *n. & v.* 1. 离婚 líhūn 2. 分离 fēnlí; 脱离 tuōlí:
~ing of theory from practice 理论和实践的脱离
lǐlùn hé shíjiàn de tuōlí

dizzy *a.* 使人眩晕的 shǐ rén xuànyùn de

do *v.* 1. 做 zuò; 干 gàn: What are you ~ing? 你在
干什么? Nǐ zài gàn shénme?/ ~ a translation
做翻译 zuò fānyì 2. 学习 xuéxí *to study: He is
~ing engineering at London University. 他在伦敦
大学学工程学。Tā zài (London) Lúndūn dàxué xué
gōngchéngxué. 3. 打扫 dǎsǎo *to clean: Have you
done the bedroom? 你打扫卧室了没有?Nǐ dǎsǎo wò-
shìle méiyǒu? 4. 履行责任 lǚxíng zérèn D~ your duty.
尽你的责任。Jìn nǐde zérèn. / D~ your best. 尽力而
为。Jìnlìérwéi. How ~ you ~? 您好! Nín hǎo!
~ away with 除去 chúqù, have to ~ with 与……有关
yǔ …… yǒuguān

docile *a.* 驯良的 xùnliángde

dock *n.* 码头 mǎtou

doctor *n.* 1. 医生 yīshēng; 大夫 dàifu *in a hospital
2. 博士 bóshì: D~ of Law 法学博士 fǎxué bóshì

doctrine *n.* 学说 xuéshuō; 教义 jiàoyì

document *n.* 文件 wénjiàn; 公文 gōngwén

documentary *a.* 有文件的 yǒu wénjiàn de: ~ film 记录
影片 jìlù yǐngpiàn

dodge *v.* 躲开 duǒkāi

dog *n.* 狗 gǒu

dogged *a.* 顽固的 wángùde

dogma *n.* 教条 jiàotiáo; 信条 xìntiáo

dogmatism *n.* 教条主义 jiàotiáozhǔyì

doll *n.* 娃娃 wáwa

dollar *n.* 元 yuán: American ～ 美元 měiyuán

dolphin *n.* 海豚 hǎitún

domain *n.* 1. 领土 lǐngtǔ; 版图 bǎntú 2. 领域 lǐngyù; 范围 fànwéi: the ～ of science 科学的领域 kēxuéde lǐngyù

dome *n.* 圆顶 yuándǐng

domestic *a.* 1. 家的 jiāde; 家庭的 jiātíngde *of the home 2. 本国的 běnguóde 国内的 guónèide: ～ trade 国内贸易 guónèi màoyì

dominant *a.* 统治的 tǒngzhìde

dominate *v.* 统治 tǒngzhì; 控制 kòngzhì

domineer *v.* 压制 yāzhì

dominion *n.* 1. 主权 zhǔquán; 统治权 tǒngzhìquán 2. 领土 lǐngtǔ; 领地 lǐngdì *territory 3. 自治领 zìzhìlǐng: the D～ of Canada 加拿大自治领 Jiānádà (Canada) zìzhìlǐng

donate *v.* 捐赠 juānzèng

donation *n.* 捐赠 juānzèng; 赠金 zèngjīn

donkey *n.* 驴 lú

doom *n.* 厄运 èyùn; 死亡 sǐwáng: go to one's ～ 灭亡 mièwáng *v.* 注定 zhùdìng

door *n.* 1. 门 mén 2. 一家 yì jiā; 一户 yí hù: next ～ 隔壁 gébì 3. 门路 ménlù; 途径 tújìng: ～ to success 成功之路 chénggōng zhī lù, ～ keeper 看门人 kānménrén

dormitory *n.* 宿舍 sùshè

dose *n.* 剂量 jìliàng; 一服 yì fú: take a ~ 吃一剂药 chī yí jì yào

dot *n.* 小圆点 xiǎoyuándiǎnr *v.* 1. 打点 dǎdiǎn: Don't forget to ~ the i's. 别忘了在 "i" 上打点。Bié wàngle zài "i" shang dǎ diǎn. 2. 遍布 biànbù: a field ~ted with sheep 田野中遍布羊群 tiányě zhōng biànbù yángqún

double *a.* 1. 加倍的 jiābèide; 双倍的 shuāngbèide: do ~ work 做双份工作 zuò shuāngfènr gōngzuò 2. 双人用的 shuāngrén yòng de: a ~ bed 双人床 shuāngrénchuáng *v.* 1. 增加一倍 zhēngjiā yí bèi 2. 折叠 zhédié: Let me ~ the shawl. 让我把这披巾叠起来。Ràng wǒ bǎ pījin dié qǐlái. *to fold

doubt *v.* 怀疑 huáiyí: I ~ the truth of his report. 我怀疑他的报告的真实性。Wǒ huáiyí tāde bàogào de zhēnshíxìng. / I do not ~ that he will come. 我相信他是会来的。Wǒ xiāngxìn tā shì huì lái de. *n.* 怀疑 huáiyí: in ~ 不确定 bú quèdìng; 有疑问 yǒu yíwèn

doubtful *a.* 可疑的 kěyíde

dough *n.* 面团 miàntuánr

dove *n.* 鸽子 gēzi

down *ad.* 1. 向下 xiàng xià: He jumped ~ from the tree. 他从树上跳下来。Tā cóng shù shang tiào xiàlái. 2. 退 tuì; 减弱 jiǎnruò: The river is ~. 河水退了。Héshuǐ tuì le. / The wind died ~. 风渐渐减弱了。Fēng jiànjiàn jiǎnruò le. *prep.* 向下 xiàng xià: Tears ran ~ her face. 眼泪顺着她的脸流了下来。Yǎnlèi shùnzhe tāde liǎn liúle xiàlái.

downcast *a.* 1. 沮丧的 jǔsàngde; 垂头丧气的 chuítóusàngqìde 2. 向下看的 xiàng xià kàn de *of eyes

downpour *n.* 倾盆大雨 qīngpéndàyǔ

downstairs *ad.* 在楼下 zài lóuxià

downtown *ad.* 在商业区 zài shāngyèqū; 去市中心 qù shìzhōngxīn

downtrodden *a.* 受压迫的 shòu yāpò de; 被践踏的 bèi jiàntà de

dowry *n.* 嫁妆 jiàzhuang

doze *v. & n.* 打瞌睡 dǎ kēshuì; 打盹 dǎdǔnr

dozen *n.* 一打 yì dá; 十二个 shí'èr gè

draft *n.* 1. 草稿 cǎogǎo; 草案 cǎo'àn: a ～ for a machine 机器图样 jīqì túyàng 2. 汇票 huìpiào *in banking *v.* 起草 qǐcǎo

drag *v.* 1. 拖 tuō: ～ a log 拖木头 tuō mùtou 2. 慢走 mànzǒu: He could hardly ～ himself along. 他几乎走不动了。Tā jīhū zǒu bú dòng le.

dragon *n.* 龙 lóng

dragonfly *n.* 蜻蜓 qīngtíng

drain *v. & n.* 1. 排水 páishuǐ: ～ all the water out 把所有的水排出 bǎ suǒyǒude shuǐ páichū 2. 逐渐枯竭 zújiàn kūjié: The country was ～ed of its wealth by war. 战争使那个国家的财源枯竭。Zhànzhēng shǐ nàge guójiā de cáiyuán kūjié.

drainage *n.* 排水系统 páishuǐ xìtǒng

drama *n.* 剧本 jùběn; 戏剧 xìjù: modern ～ 话剧 huàjù

dramatic *a.* 1. 戏剧的 xìjùde: ～ performances 戏剧演出 xìjù yǎnchū 2. 戏剧性的 xìjùxìngde: ～ changes in the international situation 国际局势的戏剧性变化 guójì júshì de xìjùxìng biànhuà

drastic *a.* 激烈的 jīliède; 猛烈的 měngliède: take ～ measures 采取激烈的手段 cǎiqǔ jīliède shǒuduàn

draught *n.* 1. 通风 tōngfēng; 通气 tōngqì: sit in a ～ 坐在风口上 zuò zài fēngkǒu shang 2. 拉 lā; 拖 tuō: a ～ horse 拉车的马 lāchē de mǎ, ～ beer

桶装啤酒 tǒngzhuāng píjiǔ

draw *v.* 1. 拉 lā; 拖 tuō: ~ a cart 拉车 lā chē
2. 拔出 báchū; 抽出 chōuchū: ~ a cork from a
bottle 拔出瓶塞 báchū píngsāir 3. 汲取 jíqǔ; 提取
tíqǔ: ~ water from a well 从井里打水 cóng jǐng li
dǎ shuǐ 4. 画 huà: ~ a picture 画画儿 huàhuàr *n.* 1.
拉 lā 2. 抽签 chōuqiān: When will the ~take place?
什么时候抽签? Shénme shíhou chōuqiān? 3. 平局
píngjú: The game ended in a ~. 比赛打成平局。
Bǐsài dǎchéng píngjú. 4. 吸引人的事物 xīyǐn rén de
shìwù: The new play is a great ~. 这个新剧目吸
引了不少人。Zhège xīn jùmù xīyǐnle bùshǎo rén.

drawer *n.* 抽屉 chōutì

drawing *n.* 绘图 huìtú; 制图 zhìtú, ~ room 客厅 kètīng

dread *v.* & *n.* 害怕 hàipà

dreadful *a.* 1. 可怕的 kěpàde 2. 讨厌的 tǎoyànde:
What ~ weather! 多么讨厌的天气! Duōme tǎoyàn
de tiānqì!

dream *n.* 1. 梦 mèng: have bad ~ 做恶梦 zuò èmèng
2. 梦想 mèngxiǎng; 希望 xīwàng: His ~ of becom-
ing a dentist has come true. 他的当牙科医生的
梦想终于实现了。Tāde dāng yákē yīshēng de
mèngxiǎng zhōngyú shíxiàn le. *v.* 梦想 mèngxiǎng
假想 jiǎxiǎng: He always ~s of becoming an
astronaut. 他老想成为一个宇航员。Tā lǎo xiǎng
chéngwéi yí gè yǔhángyuán.

dreary *a.* 沉闷的 chénmènde: ~ weather 沉闷的天气
chénmènde tiānqì

dredge *n.* 挖泥机 wāníjī

dregs *n.* 渣滓 zhāzǐ

drench *v.* 淋透 líntòu: be ~ed by rain 被雨淋透 bèi
yǔ líntòu

dress *n.* 女服 nǚfú; 童装 tóngzhuāng *for a woman or girl 2. 服装 fúzhuāng: evening ～ 晚礼服 wǎnlǐfú *v.* 1. 穿衣 chuān yī: Get up and ～ quickly! 快起来穿衣! Kuài qǐlái chuān yī! 2. 敷裹 fūguǒ: ～ a wound 敷裹伤口 fūguǒ shāngkǒu 3. 装饰 zhuāngshì: ～ a shop-window 装点门面 zhuāngdiǎn ménmiàn

drift *v.* 漂流 piāoliú; 飘泊 piāobó *n.* 1. 漂流 piāoliú 2. 漂流物 piāoliúwù: snow ～s 大雪堆 dà xuěduī 3. 趋势 qūshì: the general ～ of affairs 事情的一般趋势 shìqing de yìbān qūshì

drill¹ *v.* 打孔 dǎ kǒng; 钻孔 zuān kǒng *a hole *n.* 钻孔机 zuānkǒngjī *the tool

drill² *n.* & *v.* 1. 训练 xùnliàn *military 2. 练习 liànxí: grammar ～ 语法练习 yǔfǎ liànxí

drink *v.* 1. 喝 hē: ～ a cup of milk 喝一杯牛奶 hē yì bēi niúnǎi 2. 喝酒 hējiǔ: He ～s far too much. 他饮酒过度。 Tā yǐnjiǔ guòdù. 3. 吸收 xīshōu: The dry field drank the rain. 干旱的大地把雨量全吸进去了。 Gānhànde dàdì bǎ yǔliàng quán xī jìnqu le. *n.* 1. 饮料 yǐnliào: soft ～s 不含酒精的饮料 bù hán jiǔjīng de yǐnliào 2. 酒 jiǔ: strong ～s 烈性酒 lièxìngjiǔ

drip *v.* 滴 dī; 落下 luòxià: The tap is ～ping. 水龙头在滴水。 Shuǐlóngtóu zài dīshuǐ. *n.* 滴 dī: ～s of water 滴水 dīshuǐ

drive *v.* 1. 驱 qū; 赶 gǎn: ～ cattle away 把牛赶走 bǎ niú gǎnzǒu 2. 驾驶 jiàshǐ: ～ a car; 开车 kāichē *n.* 1. 驾驶 jiàshǐ 2. 旅程 lǚchéng: an hour's ～ 汽车一小时的行程 qìchē yì xiǎoshí de xíngchéng 3. 精力 jīnglì; 魄力 pòlì: He lacks in ～. 他缺乏魄力。 Tā quēfá pòlì.

driver *n.* 1. 司机 sījī: a bus-~ 公共汽车司机 gōng-gòng qìchē sījī 2. 机器传动部分 jīqì chuándòng bùfen *part of a machine, a screw-~ 螺丝起子 luósī qǐzi

drizzle *n.* 细雨 xìyǔ; 毛毛雨 máomáoyǔ *v.* 下细雨 xià xìyǔ

droop *v.* 低垂 dīchuí

drop *n.* 1. 点滴 diǎndī: ~ by ~ 一点一滴 yìdiǎn-yìdī 2. 下降 xiàjiàng: a ~ in the price 价格下降 jiàgé xiàjiàng *v.* 1. 滴落 dīluò *of liquid 2. 降落 jiàngluò: *to descend 3. 减低 jiǎndī: The wind has ~ped. 风势已减。Fēngshì yǐ jiǎn. 3. 下降 xiàjiàng: The temperature has ~ped. 温度已下降了。Wēndù yǐ xiàjiàng le.

drought *n.* 干旱 gānhàn; 旱灾 hànzāi

drown *v.* 1. 淹死 yānsǐ; 溺死 nìsǐ: He was ~ed. 他淹死了。Tā yānsǐ le. 2. 淹没 yānmò: Her voice was ~ed by the noise of traffic. 车辆的噪声淹没了她的声音。Chēliàng de zàoshēng yānmòle tāde shēngyīn.

drowsy *a.* 昏昏欲睡的 hūnhūn-yùshuìde

drudge *v.* & *n.* 做苦工 zuò kǔgōng

drug *n.* 1. 药品 yàopǐn; 药材 yàocái: ~-store 药房 yàofáng 2. 麻醉药 mázuìyào; 毒品 dúpǐn *opium, cocaine, etc.

druggist *n.* 药剂师 yàojìshī

drum *n.* 1. 鼓 gǔ; 鼓声 gǔshēng 2. 圆筒 yuántǒng: an oil ~ 油筒 yóutǒng *v.* 击鼓 jī gǔ

drunkard *n.* 醉汉 zuìhàn; 酒鬼 jiǔguǐ

dry *a.* 1. 干的 gānde; 干燥的 gānzàode 2. 枯燥的 kūzàode; 缺乏趣味的 quēfá qùwèi de: a ~ book 枯燥无味的书 kūzào wúwèi de shū *v.* 变干 biàn gān;

晒干 shài gān

dryer (drier) *n.* 烘干器 hōnggānqì: an electric hair-~ 电动吹风机 diàndòng chuīfēngjī

dubious *a.* 1. 怀疑的 huáiyíde: I am very ~ about it. 我对此很怀疑。Wǒ duì cǐ hěn huáiyí. 2. 可疑的 kěyíde: a ~ character 可疑的人 kěyíde rén 3. 含糊的 hánhude: The result is ~. 结果不明。Jiéguǒ bù míng.

duck *n.* 鸭 yā

duckling *n.* 小鸭 xiǎoyā

due *a.* 1. 应付的 yīng fù de: money ~ 应付款 yīng fù kuǎn 2. 适当的 shìdàngde: in ~ time 在适当的时候 zài shìdàng de shíhou 3. 预定的 yùdìngde: When is the steamer ~? 轮船什么时候到? Lúnchuán shénme shíhou dào? ~ to 由于 yóuyú

duet *n.* 二重奏 èrchóngzòu; 二部合唱 èr bù héchàng

duke *n.* 公爵 gōngjué

dull *a.* 1. 钝的 dùnde: a ~ knife 一把钝刀 yì bǎ dùndāo 2. 黯淡的 àndànde: a ~ light 模糊的光线 móhude guāngxiàn 3. 愚笨的 yúbènde: a ~ boy 笨孩子 bèn háizi 4. 单调的 dāndiàode; 枯燥的 kūzàode: a ~ book 枯燥的书 kūzàode shū

duly *a.* 正好 zhènghǎo; 及时地 jíshíde: Your letter ~ reached us. 来信及时收到了。Láixìn jíshí shōudào le.

dumb *a.* 1. 哑的 yǎde: a ~ person 哑吧 yǎba 2. 沉默的 chénmòde: strike a person ~ 令人哑口无言 lìng rén yǎkǒu-wúyán

dummy *n.* 模型 móxíng; 假人 jiǎrén: a tailor's ~ 时装模特儿 shízhuāng mótèr

dump *n.* 垃圾堆 lājīduī *v.* 1. 倾倒 qīngdào; 倾卸 qīngxiè: ~ the coal outside 把煤卸在外面 bǎ méi xiè zài wài mian 2. 倾销 qīngxiāo: ～ goods at low prices 廉价倾销 liánjià qīngxiāo

dumpling *n.* 饺子 jiǎozi

dung *n.* 兽粪 shòufèn; 粪肥 fènféi

duplicate *v.* 复写 fùxiě; 复制 fùzhì: ～ a letter 复印信件 fùyìn xìnjiàn *n.* 复本 fùběn; 复制品 fùzhìpǐn *a.* 复制的 fùzhìde; 双重的 shuāngchóngde: ～ copies 正副两份 zhèng-fù liǎng fèn

durable *a.* 耐用的 nàiyòngde

during *prep.* 在······的期间 zài ...... de qījiān; 当······时侯 dāng ...... shíhou

dusk *n.* 黄昏 huánghūn

dust *n.* 灰尘 huīchén *v.* 掸掉灰尘 dǎndiào huīchén: ～ the desk 把桌上的灰尘掸掉 bǎ zhuōshang de huīchén dǎndiào

dutiful *a.* 忠实的 zhōngshíde 尽职的 jìnzhíde

duty *n.* 1. 义务 yìwù; 责任 zérèn: do one's ～尽义务 jìn yìwù 2. 税 shuì: customs duties 关税 guānshuì: a ～-free shop 免税商店 miǎnshuì shāngdiàn

dwarf *n.* 1. 矮子 ǎizi 2. 矮小动（植）物 ǎixiǎo dòng(zhí)wù *animals (plants)

dwell *v.* 1. 居住 jūzhù: ～ in the country 在乡村居住 zài xiāngcūn jūzhù 2. 细想 xìxiǎng: ～ on a subject 详细谈论一个题目 xiángxì tánlùn yí gè tímù

dye *v.* 染 rǎn; *n.* 染料 rǎnliào; 染色 rǎnsè

dynamic *a.* 1. 动力的 dònglìde: ～ forces 原动力 yuándònglì 2. 有力的 yǒulìde; 精力充沛的 jīnglì chōngpèi de *of a person

dynamics *n.* 动力学 dònglìxué *in physics 2. 动力 dònglì *moving forces

dynamite *n.* 炸药 zhàyào

dynasty *n.* 王朝 wángcháo; 朝代 cháodài

dysentery *n.* 痢疾 lìji

E

each *a. & pron.* 各 gè; 每 měi ~ time 每次 měi cì; ~ day 每天 měi tiān; ~ other 互相 hùxiāng

eager *a.* 渴望 kěwàng

eagle *n.* 鹰 yīng

ear[1] *n.* 耳朵 ěrduo

ear[2] *n.* 穗 suì: an ~ of wheat 一颗麦穗 yì kē màisuì

early *a. & ad.* 1. 早 zǎo: He gets up ~. 他起床起得早。Tā qǐchuáng qǐde zǎo. 2. 初期 chūqī: the ~ part of this century 本世纪初期 běn shìjì chūqī

earn *v.* 1. 挣得 zhèngdé: ~ 1,000 dollars a month 每月挣一千美元 měi yuè zhèng yìqiān měiyuán ~ one's living 谋生 móushēng 2. 赢得 yíngdé: ~ respect 受到尊敬 shòudào zūnjìng

earnest *a. & n.* 认真 rènzhēn

earning *n.* 收入 shōurù

earth *n.* 1. 地球 dìqiú: the ~ and the moon 地球和月亮 dìqiú hé yuèliang 2. 土地 tǔdì *ground 3. 泥土 nítǔ *soil

earthquake *n.* 地震 dìzhèn

earthworm *n.* 蚯蚓 qiūyǐn

ease *n.* 安逸 ānyì *v.* 1. 使……安逸 shǐ …… ānyì 2. 减轻 jiǎnqīng: ~ the pain 减轻疼痛 jiǎnqīng téngtòng

east *n. & a.* 东方 dōngfāng; 东部 dōngbù: the Far (Middle, Near) E~ 远（中、近）东 yuǎn (zhōng, jìn) dōng, E~ China 华东 huádōng

Easter *n.* 复活节 fùhuójié

eastern *a.* 东方的 dōngfāngde: the E~ Hemisphere

东半球　dōngbànqiú

easy *a.* 1. 容易的 róngyìde: The work is ～. 这项工作容易。Zhè xiàng gōngzuò róngyì. 2. 舒适的 shūshìde: an ～ life 舒适的生活 shūshìde shēnghuó 3. 从容 cóngróng: Take it ～! 别紧张! Bié jǐnzhāng!

eat *v.* 1. 吃 chī 2. 腐蚀 fǔshí: Acid ～s away metal. 酸腐蚀金属。Suān fǔshí jīnshǔ.

ebb *v. & n.* 退潮 tuìcháo

eccentric *a.* 古怪的 gǔguàide: an ～ person 古怪的人 gǔguàide rén

echo *n.* 回声 huíshēng *v.* 发出回声 fāchū huíshēng: The empty room ～ed. 空屋发出回声。Kòngwū fāchū huíshēng.

eclectic *a.* 折衷的 zhēzhōngde

eclipse *n.* 食 shí; 蚀 shí: a lunar ～ 月食 yuèshí

ecology *n.* 生态学 shēngtàixué

economic *a.* 1. 经济的 jīngjìde: an ～ crisis 经济危机 jīngjì wēijī 2. 经济学的 jīngjìxuéde *of economics

economical *a.* 节约的 jiéyuēde; 经济的 jīngjìde: an ～ person 节俭的人 jiéjiǎnde rén, an ～ stove 经济炉 jīngjìlú

economics *n.* 经济学 jīngjìxué

economy *n.* 1. 经济 jīngjì: national ～ 国民经济 guómín jīngjì 2. 节约 jiéyuē: ～ of time 节约时间 jiéyuē shíjiān

ecstasy *n.* 狂喜 kuángxǐ

edge *n.* 1. 刀口 dāokǒu 刃 rèn *of a knife 2. 缘 yuán; 边 biān: the ～ of a lake: 湖边 hú biān

edible *a.* 可食用的 kě shíyòng de

edit *v.* 编辑 biānjí: ～ a book 编辑一本书 biānjí yì běn shū

edition *n.* 版 bǎn; 版本 bǎnběn

editor *n.* 编辑 biānjí

editorial *a.* 编辑的 biānjíde: the ～ office 编辑部 biānjíbù *n.* 社论 shèlùn

educate *v.* 教育 jiàoyù

education *n.* 教育 jiàoyù: He has had a good ～. 他受过良好教育。 Tā shòuguò liánghǎo jiàoyù.

effect[1] *n.* 1. 结果 jiéguǒ: cause and ～ 原因和结果 yuányīn hé jiéguǒ 2. 效果 xiàoguǒ; 作用 zuòyòng: The medicine has no ～. 这药没有作用。 Zhè yào méiyǒu zuòyòng. come into ～ 生效 shēngxiào, in ～ 实际上 shíjìshang

effect[2] *v.* 实现 shíxiàn

effective *a.* 有效的 yǒuxiàode: ～ measures 有效措施 yǒuxiào cuòshī

efficiency *n.* 效率 xiàolǜ

efficient *a.* 1. 效率高的 xiàolǜ gāo de *of people 2. 有效的 yǒuxiàode: ～ methods of teaching 有效的教学法 yǒuxiàode jiàoxuéfǎ

effort *n.* 努力 nǔlì; 尽力 jìnlì: make an ～ 努力 nǔlì spare no ～ 尽力 jìnlì

egg *n.* 1. 蛋 dàn: lay an ～ 下蛋 xiàdàn 2. 卵 luǎn: an insect's ～ 虫卵 chóngluǎn

eggplant *n.* 茄子 qiézi

egoism *n.* 利己主义 lìjǐzhǔyì

Egyptian *a.* 1. 埃及的 Āijíde *of Egypt 2. 埃及人的 Āijírénde *of its people 3. 埃及语的 Āijíyǔde *of its language *n.* 1. 埃及人 Āijírén *people 2. 埃及语 Āijíyǔ *language

eight *num.* 八 bā

eighteen *num.* 十八 shíbā

eighteenth *num.* 第十八 dì-shíbā

eighth *num.* 第八 dì-bā

eighty *num.* 八十 bāshí

either *a. & pron.* 二者之一 èrzhě zhī yī: Take ~ one. 这两个，拿哪个都可以。 Zhè liǎng gè, ná něige dōu kěyǐ. *ad.* 也 yě: It is not his, and it is not mine ~ . 这不是他的，也不是我的。 Zhè búshì tāde, yě búshì wǒde. *conj.* E~ my father or my mother is coming. 或是我父亲来，或是我母亲来。 Huòshì wǒ fùqin lái, huòshì wǒ mǔqin lái.

eject *v.* 1. 弹出 tánchū *of solids 2. 射出 shèchū *of liquid

elaborate *a.* 精心的 jīngxīnde

elapse *v.* （时间）过去 (shíjiān) guòqù *of time

elastic *a.* 1. 有弹性的 yǒu tánxìng de: Rubber is ~. 橡皮有弹性。Xiàngpí yǒu tánxìng. 2. 灵活的 línghuóde: ~ rules 灵活的规则 línghuóde guīzé *n.* 松紧带 sōngjǐngdài (~ cord)

elbow *n.* 肘 zhǒu

elder *a.* 年长的 niánzhǎngde: ~ brother (sister) 哥哥（姐姐） gēge (jiějie) *n.* 年长者 niánzhǎngzhě

elect *v.* 1. 选举 xuǎnjǔ: ~ a president 选举总统 xuǎnjǔ zǒngtǒng 2. 决定 juédìng: ~ to become an engineer 决定当工程师 juédìng dāng gōngchéngshī

election *n.* 选举 xuǎnjǔ

electric *a.* 电的 diànde; 带电的 dàidiànde

electricity *n.* 电 diàn

electrify *v.* 电气化 diànqìhuà: The railway system has been electrified. 铁路电气化了。 Tiělù diànqìhuà le.

electrode *n.* 电极 diànjí

electrolysis *n.* 电解 diànjiě

electron *n.* 电子 diànzǐ

electronics *n.* 电子学 diànzǐxué

electroplate *v.* 电镀 diàndù

elegant *a.* 优雅的 yōuyǎde: ～ manners 文雅的举止 wényǎde júzhǐ, an ～ room 雅致的房间 yǎzhìde fángjiān

element *n.* 1. 元素 yuánsù: Both hydrogen and oxygen are ～s. 氢和氧都是元素。 Qīng hé yǎng dōushì yuánsù. 2. 因素 yīnsù; 成分 chéngfèn *component part: an important ～ 一个重要因素 yí gè zhòngyào yīnsù

elementary *a.* 初步的 chūbùde; 基本的 jīběnde: an ～ school 小学 xiǎoxué, ～ mathematics 初等数学 chūděng shùxué

elephant *n.* 象 xiàng

elevate *v.* 提高 tígāo

elevator *n.* 电梯 diàntī

eleven *num.* 十一 shíyī

eleventh *num.* 第十一 dì-shíyī

eligible *a.* 合格的 hégéde

eliminate *v.* 淘汰 táotài; 消灭 xiāomiè

elite *n.* 1. 重要人物 zhòngyào rénwù: the ～ of society 社会名流 shèhuì míngliú 2. 特权阶层 tèquán jiēcéng *a small & privileged group

ellipse *n.* 椭园 tuǒyuán

eloquence *n.* 雄辩 xióngbiàn: Facts speak louder than ～ 事实胜于雄辩。 Shìshí shèngyú xióngbiàn.

else *a. & ad.* 别的 biéde; 另外 lìngwài: Anything ～ I can do for you? 我还能为你做些别的事吗？ Wǒ hái néng wèi nǐ zuòxiē biéde shì ma? When ～ can we meet except Friday? 除了星期五另外什么时候我们再碰头呢？ Chúle Xīngqīwǔ lìngwài shénme shíhou wǒmen zài pèngtóu ne?

elsewhere *ad.* 别处 biéchù

elude *v.* 逃避 táobì

elusive *a.* 1. 逃避的 táobìde: an ～ criminal 隐匿的罪犯 yǐnnìde zuìfàn 2. 难以捉摸的 nányi zhuōmō de: He is an ～ person. 他是个难以捉摸的人。Tā shì gè nányǐ zhuōmō de rén.

emancipate *v.* 解放 jiěfàng

embankment *n.* 堤 dī

embargo *n. & v.* 禁运 jìnyùn

embark *v.* 乘船 chéngchuán

embarrass *v.* 窘 jiǒng: She was ～ed when they asked her age. 当他们问她年龄时，她感到很窘。Dāng tāmen wèn tā niánlíng shí, tā gǎndào hěn jiǒng.

embassy *n.* 大使馆 dàshǐguǎn

embezzle *v.* 挪用（公款）nuóyòng (gōngkuǎn)

emblem *n.* 徽章 huīzhāng: the national ～ of China 中国国徽 Zhōngguó guóhuī

embrace *v.* 1. 拥抱 yōngbào: She ～d her son. 她拥抱她的儿子。Tā yōngbào tāde érzi. 2. 包括 bāokuò: the book ～s many different subjects. 这本书包括许多不同的题目。Zhè běn shū bāokuò xǔduō bùtóng de tímù.

embroider *v.* 刺绣 cìxiù

embryo *n.* 胚胎 pēitāi

emerald *n.* 绿宝石 lǜbǎoshí

emerge *v.* 出现 chūxiàn

emergency *n.* 紧急情况 jǐnjí qíngkuàng: an ～ exit 太平门 tàipíngmén, ～ treatment 紧急治疗 jǐnjí zhìliáo

emigrant *n.* 移民 yímín

emigrate *v.* 移居国外 yíjū guówài

emigration *n.* 移民 yímín

eminence *n.* 1. 卓越地位 zhuōyuè dìwèi: She has won ～ as a scientist. 她已成为卓越的科学家。 Tā yǐ chéngwéi zhuōyuède kēxuéjiā. 2. = high ground, 高地 gāodì

eminent *a.* 杰出的 jiéchūde; 优良的 yōuliángde

emit *v.* 发出 fāchū

emotion *n.* 情绪 qíngxù; 感情 gǎnqíng

emotional *a.* 1. 感情的 gǎnqíngde 2. 易激动的 yì jīdòng de: an emotional nature 易激动的性情 yì jīdòng de xìngqíng

emperor *n.* 皇帝 huángdì

emphasis *n.* 强调 qiángdiào; 重点 zhòngdiǎn: lay ～ on 强调 qiángdiào

emphasize *v.* 强调 qiángdiào

empire *n.* 帝国 dìguó

employ *v.* 1. 雇用 gùyòng: He ～s a thousand men. 他雇用了一千人。 Tā gùyòngle yìqiān rén. 2. 使用 shǐyòng: ～ one's spare time 利用业余时间 lìyòng yèyú shíjiān

employee *n.* 雇员 gùyuán

employer *n.* 雇主 gùzhǔ

empress *n.* 1. = a female emperor 女皇 Nǚhuáng 2. = the wife of an emperor 皇后 huánghòu

empty[1] *a.* 1. 空的 kōngde: an ～ house 空屋 kōngwū 2. 空洞的 kōngdòngde: ～ talk 空谈 kōngtán

empty[2] *v.* 使……成为空的 shǐ …… chéngwéi kōng de: ～ one's glass 干杯 gānbēi

enable *v.* 使……能够 shǐ …… nénggòu

enamel *n.* 搪瓷 tángcí; 珐琅 fàláng: ～ ware 搪瓷器 tángcíqì

enchant *v.* 使……陶醉 shǐ …… táozuì; 使……喜乐

shǐ ...... xǐlè: She was ~ed with the gift you gave her. 她非常喜欢你送给她的礼物。 Tā fēicháng xǐhuan nǐ sònggěi tāde lǐwù.

encircle v. 环绕 huánrǎo; 包围 bāowéi

enclose v. 1. 围住 wéizhù: They ~d the garden with a wall. 她们用墙把花园围了起来。 Tāmen yòng qiáng bǎ huāyuán wéile qǐlái. 2. 装进 zhuāngjìn: I ~ a cheque for 100 yuan. 我附上一百元支票一张。 Wǒ fùshàng yìbǎi yuán zhīpiào yì zhāng.

enclosure n. 包围 bāowéi; 围墙 wéiqiáng

encore int. 再来一个! Zài lái yí gè!

encounter v. 1. 遇到 yùdào: ~ difficulties 遇到困难 yùdào kùnnan 2. 遇见 yùjiàn: He ~ed a friend on the road. 他在路口遇见了一个朋友。 Tā zài lùkǒu yùjiànle yí gè péngyou.

encourage v. 鼓励 gǔlì

encouraging a. 令人鼓舞的 lìng rén gǔwǔ de

encroach v. 侵占 qīnzhàn; 侵犯 qīnfàn

encyclopaedia n. 百科全书 bǎikē-quánshū

end¹ n. 1. 末端 mò duān: the ~ of the road 路的尽头 lù de jìntóu 2. 结果 jiéguǒ: the ~ of a story 故事的结局 gùshi de jiéjú 3. 目的 mùdì: He's achieved his ~. 他达到了目的。 Tā dádàole mùdì. at one's wit's ~ 毫无办法 háowú bànfǎ by the ~ of 在……结束前 zài ...... jiéshù qián in the ~ 最后 zuìhòu *put an ~ to 终止 zhōngzhǐ make both ~s meet 使收支相抵 shǐ shōuzhī xiāngdǐ

end² v. 结束 jiéshù

endanger v. 危害 wēihài

endeavour n. & v. 尽力 jìnlì; 努力 nǔlì

endless *a.* 无尽的 wújìnde

endow *v.* 捐助 juānzhù

endurance *n.* 忍耐力 rěnnàilì

endure *v.* 1. 忍受 rěnshòu: I cannot ~ that noise. 我不能忍受那噪声。 Wǒ bùnéng rěnshòu nà zàoshēng. 2. 持久 chíjiǔ: They couldn't ~ any longer without water. 没有水他们不能再坚持下去了。 Méiyǒu shuǐ tāmen bùnéng zài jiānchí xiaqu le.

enemy *n.* 敌人 dírén

energetic *a.* 有力的 yǒulìde; 精力旺盛的 jīnglì wàngshèng de

energy *n.* 1. 精力 jīnglì: He is full of ~. 他精力充沛。 Tā jīnglì chōngpèi. 2. 能量 néngliàng: atomic ~ 原子能 yuánzǐnéng

enforce *v.* 1. 实施 shíshī: ~ a law 实施法律 shíshī fǎlǜ 2. 加强 jiāqiáng: ~ discipline 加强纪律 jiāqiáng jìlǜ

engage *v.* 1. 雇用 gùyòng: ~ a secretary 雇用秘书 gùyòng mìshū 2. 预订 yùdìng: ~ a room at a hotel 预订旅馆房间 yùdìng lǚguǎn fángjiān 3. 允诺 yǔnnuò: He ~d to do the work. 他答应干这件工作。 Tā dāying gàn zhè jiàn gōngzuò. 4. 从事 cóngshì; 忙于 mángyú: be ~d in writing 忙于写作 mángyú xiězuò, The line is ~d. 电话占线。 Diànhuà zhànxiàn. 5. 订婚 dìnghūn: He is ~d. 他已订婚。 Tā yǐ dìnghūn. *agree to marry

engine *n.* 1. 发动机 fādòngjī: the ~ of a car 汽车发动机 qìchē fādòngjī 2. = locomotive 机车 jīchē

engineer *n.* 工程师 gōngchéngshī

English *a.* 1. 英国的 Yīngguóde *of England 2. 英国人的 Yīngguórénde *of its people 3. 英语的 Yīngyǔde *of its language *n.* 1. 英语 Yīngyǔ *language

2. 英国人 Yīngguórén *people

engrave v. 1. = carve 刻上 kèshang 2. 铭记 míngjì: The terrible memory was ~d on his mind. 这可怕的记忆已铭刻在他的心上。 Zhè kěpà de jìyì yǐ míngkè zài tāde xīnshang.

enjoy v. 享受 xiǎngshòu: ~ free medical care 享受公费医疗 xiǎngshòu gōngfèi yīliáo, ~ good health 享健康之福 xiǎng jiànkāng zhī fú, ~ oneself 过得快活 guòde kuàihuo

enlarge v. 1. 扩大 kuòdà: ~ one's house 扩建房屋 kuòjiàn fángwū 2. 放大 fàngdà: ~ a photograph 放大相片 fàngdà xiàngpiàn

enlighten v. 启发 qǐfā

enlist v. 1. 征募 zhēngmù; 应征 yìngzhēng: He ~ed when he was 18. 他十八岁时应征入伍。 Tā shíbā suì shí yìngzhēng rùwǔ. 2. 得到……的支持 dédào …… de zhīchí: ~ sb.'s help 得到某人帮助 dédào mǒu rén bāngzhù

enliven v. 使……有生气 shǐ …… yǒu shēngqì

enormous a. 巨大的 jùdàde

enough a. & ad. 足够的 zúgòude

enrage v. 激怒 jīnù

enrich v. 使……丰富 shǐ …… fēngfù

enrol v. 登记 dēngjì; 招收 zhāoshōu: He was ~led in the college. 他被大学录取了。 Tā bèi dàxué lùqǔ le.

enslave v. 奴役 núyì

ensure v. 保证 bǎozhèng

entail v. 1. 需要 xūyào: ~ great expense 需要大量经费 xūyào dàliàng jīngfèi 2. 法定为继承人 fǎdìng wéi jìchéngrén: ~ an estate on sb. 法定某人继承地产 fǎdìng mǒu rén jìchéng dìchǎn

enter *v.* 1. 进入 jìnrù: ～ a room 进房间 jìn fángjiān 2. 登记 dēngjì; 参加 cānjiā: ～ for a competition 参加比赛 cānjiā bǐsài

enterprise *n.* 1. 事业 shìyè; 企业 qìyè: a state ～ 国营企业 guóyíng qìyè 2. 事业心 shìyèxīn; 进取心 jìnqǔxīn: He has no ～. 他没有进取心。 Tā méiyǒu jìnqǔxīn.

entertain *v.* 1. 招待 zhāodài: ～ one's friend 招待朋友 zhāodài péngyou 2. 娱乐 yúlè; 使……高兴 shǐ …… gāoxìng: A circus ～s children. 马戏使孩子们看得很高兴。 Mǎxì shǐ háizhimen kànde hěn gāoxìng. 3. 抱（希望） bào (xīwàng): ～ hopes 抱有希望 bàoyǒu xīwàng

entertainment *n.* 1. 招待 zhāodài *of guests 2. 娱乐活动 yúlè huódòng *amusements

enthusiasm *n.* 热情 rèqíng

entice *v.* 引诱 yǐnyòu; 怂恿 sǒngyǒng: ～ a person to do something wrong 怂恿某人去做坏事 sǒngyǒng mǒu rén qù zuò huàishì

entire *a.* 完全的 wánquánde; 整个的 zhěnggède: the ～ surface of the lake 整个湖面 zhěnggè húmiàn

entitle *v.* 1. 给予权利 jǐyú quánlì: be ～d to do something 有权做某事 yǒu quán zuò mǒu shì 2. 给…… 题名 gěi …… tímíng; 叫做 jiàozuò: This book is ～d "An English-Chinese Dictionary for Students". 这本书叫做"学生英汉词典"。 Zhè běn shū jiàozuò "Xuésheng Yīnghàn Cídiǎn".

entity *n.* 实体 shítǐ

entrance *n.* 1. 入口 rùkǒu: the ～ to the hall 大厅的入口 dàtīng de rùkǒu 2. 进入 jìnrù: No ～. 闲人免进。 Xiánrén miǎn jìn. 3. 入学 rùxué: ～ examination 入学考试 rùxué kǎoshì *to a college

entreat v. 恳求 kěnqiú

entrust v. 委托 wěituō; 托管 tuōguǎn: ~ a sum of money to a person 把一笔款子托人保管 bǎ yì bǐ kuǎnzi tuō rén bǎoguǎn

entry n. 1. 进入 jìnrù; 参与 cānyù: ~ into a city 进入城市 jìnrù chéngshì, ~ into politics 参与政治 cānyù zhèngzhì 2. 项目 xiàngmù *item in a list

enumerate v. 列举 lièjǔ: He ~d all his reason. 他列举了他的所有理由。 Tā lièjǔle tāde suǒyǒu lǐyóu.

envelop v. 包围 bāowéi

envelope n. 信封 xìnfēng

envious a. 1. 羡慕的 xiànmùde *in a good sense 2. 妒忌的 dùjìde *in a bad sense (jealous)

environment n. 环境 huánjìng

envisage v. 1. 正视 zhèngshì: ~ facts 正视事实 zhèngshì shìshí 2. 展望 zhǎnwàng: ~ the future 展望未来 zhǎnwàng wèilái

envoy n. 1. 使节 shǐjié: diplomatic ~s 外交使节 wàijiāo shǐjié, a special ~ 特使 tèshǐ 2. 公使 gōngshǐ *second in rank to an ambassador

envy[1] n. 1. 妒忌 dùjì: out of ~ 出于妒忌 chūyú dùjì *in a bad sense 2. 羡慕 xiànmù: *in a good sense

envy[2] v. 1. 羡慕 xiànmù: How I envy you! 我真羡慕你! Wǒ zhēn xiànmù nǐ! *in a good sense 2. 妒忌 dùjì *in a bad sense

epic n. 叙事诗 xùshìshī; 史诗 shǐshī a. 1. 史诗的 shǐshīde *of epic 2. = heroic 英雄的 yīngxióngde

epidemic n. 流行病 liúxíngbìng a. 流行性的 liúxíngxìngde

episode n. 一段情节 yí duàn qíngjié

epoch n. 时代 shídài; 纪元 jìyuán: ~-making 划时代的

huàshídàide

equal *a.* 平等的 píngděngde; 同等的 tóngděngde: ～ pay for ～ work 同工同酬 tónggōng-tóngchóu *v.* 等于 děngyú

equality *n.* 平等 píngděng: ～ between the sexes 男女平等 nán-nǚ píngděng

equation *n.* 方程式 fāngchéngshì; 等式 děngshì

equator *n.* 赤道 chìdào

equip *v.* 装备 zhuāngbèi

equipment *n.* 装备 zhuāngbèi: military ～ 军事装备 jūnshì zhuāngbèi

equivalent *n. & a.* 相等的 xiāngděngde; 相当的 xiāng-dāngde: be ～ to 等于 děngyú

era *n.* 1. 时代 shídài: the ～ of space travel 太空旅行的时代 tàikōng lǚxíng de shídài 2. 纪元 jìyuán: before the Christian ～ 公元前 gōngyuán qián

eradicate *v.* 根除 gēnchú: ～ weeds 除去杂草 chúqù zácǎo, ～ disease 消灭疾病 xiāomiè jíbìng

erase *v.* 擦掉 cādiào; 除去 chúqù: ～ a name from a list 从名单上除去某个名字 cóng míngdān shang chúqù mǒu gè míngzi ～r *n.* 1. = rubber 橡皮 xiàngpí 2. a blackboard ～ 黑板擦儿 hēibǎncār

erect *a.* 直立的 zhílìde: stand ～ 直立 zhílì *v.* 1. 竖立 shùlì: ～ a tent 竖起帐篷 shùqǐ zhàngpeng 2. 建立 jiànlì: ～ a monument 树立纪念碑 shùlì jìniànbēi

erode *v.* 腐蚀 fǔshí

erotic *a.* 色情的 sèqíngde

err *v.* 犯错误 fàn cuòwù

errand *n.* 差事 chāishi: go on ～s for sb. 为某人办事 wèi mǒu rén bànshì

erratum *n.* 1. 印刷错误 yìnshuā cuòwù 2. (*pl.*) 勘误表 kānwùbiǎo

erroneous *a.* 错误的 cuòwùde

error *n.* 错误 cuòwù: fall into ~: 入歧途 rù qítú

erupt *v.* 喷发 pēnfā; 爆发 bàofā

escalate *v.* 1. 逐步升级 zhúbù shēngjí 2. 上涨 shàngzhǎng *of prices and wages

escalator *n.* 自动(楼)梯 zìdòng (lóu)tī

escape *v.* 1. 逃脱 táotuō; 漏出 lòuchū: Gas is escaping from the pipes. 煤气管漏气。 Méiqìguǎn lòu qì. 2. 避免 bìmiǎn: ~ death 死里逃生 sǐlitáoshēng *n.* 逃脱 táotuō: ~ velocity 第二宇宙速度 dì-èr yǔzhòu sùdù

escort *n. & v.* 护送 hùsòng

especial *a.* 特别的 tèbiéde; 特殊的 tèshūde

Esperanto *n.* 世界语 Shìjièyǔ

espionage *n.* 间谍活动 jiàndié huódòng

Esq. = Esquire *n.* ......先生 ...... xiānsheng

essay *n.* 散文 sǎnwén; 论文 lùnwén

essence *n.* 1. 本质 běnzhì; 要素 yàosù: The two things are the same in ~. 这两件事本质上是相同的。 Zhè liǎng jiàn shì běnzhìshang shì xiāngtóngde. 2. 精 jīng: meat ~ 肉汁 ròuzhī; 肉精 ròujīng

essential *a.* 1. 本质的 běnzhìde; 基本的 jīběnde: an ~ part 基本部分 jīběn bùfen 2. 必不可缺的 bì bù kě quē de: Air, exercise and food are ~ to good health. 空气、运动和食物对于健康是必不可缺的。 Kōngqì, yùndòng hé shíwù duìyú jiànkāng shì bì bù kě quē de.

establish *v.* 1. 建立 jiànlì; 创办 chuàngbàn: ~ a school 创办学校 chuàngbàn xuéxiào 2. 定居 dìngjū: ~ oneself in the country 在乡村定居 zài xiāngcūn dìngjū

estate *n.* 1. 地产 dìchǎn: He owns large ~s in

this country. 他在这个国家有大批地产。 Tā zài zhège guójiā yǒu dàpī dìchǎn. 2. 财产 cáichǎn: personal ~ 动产 dòngchǎn, real ~ 不动产 búdòng-chǎn

esteem v. 1. 尊重 zūnzhòng; 尊敬 zūnjìng: I ~ your advice highly. 我非常尊重您的忠告。 Wǒ fēicháng zūnzhòng nínde zhōnggào. 2. 认为 rèn-wéi: I ~ him to be worthy of trust. 我认为他值得信任。 Wǒ rènwéi tā zhíde xìnrèn.

estimate v. & n. 估计 gūjì

eternal a. 永久的 yǒngjiǔde; 永恒的 yǒnghéngde

eternity n. 永远 yǒngyuǎn

ethical a. 伦理的 lúnlide; 道德的 dàodéde

ethics n. 伦理学 lúnlixué

ethnic a. 种族的 zhǒngzúde

ethnology n. 人种学 rénzhǒngxué

etymology n. 词源(学) cíyuán(xué)

etiquette n. 礼节 lǐjié

eugenics n. 优生学 yōushēngxué

European a. 1. 欧洲的 Ōuzhōude *of Europe 2. 欧洲人的 Ōuzhōurénde *of its people n. 欧洲人 Ōuzhōu-rén *people

evacuate v. 撤退 chètuì

evade v. 逃避 táobì; 躲避 duǒbì: ~ (paying) taxes 逃税 táoshuì, ~ one's enemies 躲避敌人 táobì dírén

evaluate v. 估价 gūjià

evaporate v. 蒸发 zhēngfā

evasive a. 逃避的 táobìde; 难以捉摸的 nányǐ zhuōmō de: an ~ answer 难以捉摸的回答 nányǐ zhuōmō de huídá

eve n. 前夕 qiánxī: New Year's E~ 除夕 chúxī,

Christmas E~ 圣诞节前夕 Shèngdànjié qiánxī, on the ~ of victory 在胜利的前夕 zài shènglì de qiánxi

even[1] *a.* 1. 平坦的 píngtǎnde: ~ ground 平地 píngdì 2. 不变的 búbiànde: an ~ temperature 常温 chángwēn 3. 同等的 tóngděngde: We are ~. 我们打成平手。 Wǒmen dǎchéng píngshǒu 4. 双数的 shuāngshùde; 偶数的 ǒushùde: an ~ number 偶数 ǒushù; 双数 shuāngshù

even[2] *ad.* 甚至 shènzhì: ~ so 虽然如此 suīrán rúcǐ, ~ if 即使 jíshǐ

evening *n.* 1. 晚上 wǎnshang: on Sunday ~ 在星期天晚上 zài Xīngqītiān wǎnshang, Good ~! 晚上好! Wǎnshang hǎo! 2. 晚会 wǎnhuì: a musical ~ 音乐晚会 yīnyuè wǎnhuì

event *n.* 1. 事件 shìjiàn 2. 比赛项目 bǐsài xiàngmù: a team ~ 团体赛 tuántǐsài, at all ~s 无论如何 wúlùnrúhé, in the ~ of 如果 rúguǒ

eventual *a.* 最后的 zuìhòude

ever *ad.* 1. 任何时候 rènhé shíhou; 曾 céng: Have you ~ visited this country before? 你过去曾访问过这个国家吗? Nǐ guòqù céng fǎngwènguo zhège guójiā ma? 2. 究竟 jiūjìng: What ~ do you mean? 你究竟是什么意思? Nǐ jiūjìng shì shénme yìsi? ~ since 自……以来 zì …… yǐlái, for ~ 永远 yǒngyuǎn

evergreen *a.* 常绿的 chánglǜde; 常青的 chángqīngde *n.* 常绿植物 chánglǜ zhíwù; *of plants, 常绿树 chánglǜshù *of trees

everlasting *a.* 永久的 yǒngjiǔde; 持久的 chíjiǔde

every *a.* 1. 每 měi; 每一 měi yī: every man 每人 měi rén: I wish you ~ success. 我祝你事事如意。 Wǒ

zhù nǐ shìshì rúyì.　～ now and then 常常 cháng-
cháng,　～ other day 每隔一天 měi gé yì tiān

everybody *pron.* 每人 měi rén; 人人 rénrén:　E～ is
here. 大家都在这儿。 Dàjiā dōu zài zhèr.

everyday *a.* 每日的 měi rì de; 日常的 rìchángde:　～
life 日常生活 rìcháng shēnghuó

everyone *pron.* 每人 měi rén; 人人 rénrén

everything *pron.* 每件事 měi jiàn shì; 事事 shìshì

everywhere *ad.* 到处 dàochù

evidence *n.* 证据 zhèngjù

evident *a.* 明显的 míngxiǎngde

evil *a.* 邪恶的 xié'ède; 有害的 yǒuhàide:　～ thoughts
邪念 xiéniàn *n.* 罪恶 zuì'è

evoke *v.* 唤起 huànqǐ; 引起 yǐnqi　～

evolution *n.* 1. 发展 fāzhǎn: the　～ of the rocket 火箭
的发展 huǒjiàn de fāzhǎn 2. 进化 jìnhuà: the Theory
of E～ 进化论 Jìnhuàlùn

evolve *v.* 1. 发展 fāzhǎn:　～ a new theory 发展一个
新理论 fāzhǎn yí gè xīn lǐlùn 2. 进化 jìnhuà

exact *a.* 精确的 jīngquède: an　～ amount 精确的数量
jīngquède shùliàng, to be　～ 确切地说 quèqiède
shuō

exaggerate *v.* 夸张 kuāzhāng

examination *n.* 1. 检查 jiǎnchá: a medical　～ 体格检
查 tǐgé jiǎnchá 2. 考试 kǎoshì: pass (fail) an　～
考试及格(不及格) kǎoshì jígé (bù jígé)

examine *v.* 检查 jiǎnchá

example *n.* 1. 例子 lìzi: Give me some ～s. 给我
举些例子。 gěi wǒ jǔxiē lìzi. for　～ 例如 lìrú
2. 榜样 bǎngyàng: set a good　～ to others 给别
人做出好榜样 gěi biérén zuòchū hǎo bǎngyàng

excavate *v.* 挖掘 wājué

exceed v. 1. 大于 dàyú: Shanghai ~s Nanjing in area. 上海的面积大于南京。 Shànghǎi de miànjī dàyú Nánjīng. 2. 超越 chāoyuè: ~ the speed limit 超越限制速度 chāoyuè xiànzhì sùdù

excel v. 优于 yōuyú; 胜过 shèngguò

excellency n. Your (His, Her) E~ 阁下 géxià

excellent a. 优秀的 yōuxiùde

except prep. 除……外 chú …… wài, ~ for 除……外 chú …… wài

exception n. 例外 lìwài: without ~ 无例外地 wú lìwài de

excerpt n. 摘录 zhāilù

excess n. 超过 chāoguò: drink to ~ 饮酒过度 yǐnjiǔ guòdù a. 过量的 guòliàngde: ~ luggage 超重行李 chāozhòng xíngli

exchange v. 1. 交换 jiāohuàn: ~ gifts 交换礼品 jiāohuàn lǐpǐn 2. 兑换 duìhuàn: ~ foreign money for Chinese currency 把外币换成人民币 bǎ wàibì huànchéng rénmínbì

excite v. 1. 激动 jīdòng; 兴奋 xīngfèn: Don't ~ yourself! 不要激动! Búyào jīdòng! We were ~d by the news. 这消息使我们兴奋。 Zhè xiāoxi shǐ wǒmen xīngfèn. 2. 引起 yǐnqǐ: ~ interest 引起兴趣 yǐnqǐ xìngqù

exclaim v. 呼喊 hūhǎn

exclude v. 拒绝 jùjué; 排除 páichú: ~ sb. from the school 拒绝某人入校 jùjué mǒ rén rù xiào

exclusive a. 1. 孤傲的 gū'àode: He is ~ in manner. 他态度傲慢。 Tā tàidu àomàn. 2. 除外的 chúwài-de: ~ of Sunday 星期日除外 Xīngqīrì chúwài 3. 唯一的 wéiyīde; 独有的 dúyǒude: an ~ privilege 独有的特权 dúyǒude tèquán

excursion *n.* 短途旅行 duǎntú lǚxíng; 游览 yóulǎn

excuse *v.* 1. 原谅 yuánliàng: E~ me 对不起，请原谅。Duìbuqǐ, qǐng yuánliàng. 2. 免除 miǎnchú: ~ a person the fee. 给某人免费 gěi mǒu rén miǎnfèi *n.* 借口 jièkǒu: in ~ of 作为……的借口 zuòwéi …… de jièkǒu, without ~ 无故 wúgù

execute *v.* 1. 执行 zhíxíng: ~ a plan 执行计划 zhíxíng jìhuà 2. 处决 chǔjué: ~ a murderer 处决一个凶手 chǔjué yí gè xiōngshǒu

exercise¹ *n.* 1. 运动 yùndòng: Walking is good ~. 散步是很好的运动。Sànbù shì hén hǎo de yùndòng. 2. 习题 xítí; 练习 liànxí: an ~ in grammar 语法练习 yǔfǎ liànxí

exercise² *v.* 1. 行使 xíngshǐ: ~ one's power 行使职权 xíngshǐ zhíquán 2. 锻练 duànliàn: ~ oneself 练习 liànxí

exert *v.* 尽力 jìnlì: ~ all one's strength 尽全力 jìn quánlì

exhale *v.* 呼出 hūchū

exhaust *v.* 1. 用完 yòngwán: ~ strength 用尽力气 yòngjìn lìqi 2. 筋疲力尽 jīnpí-lìjìn: I'm completely ~ed. 我筋疲力尽了。Wǒ jīnpí-lìjìnle.

exhibit *v.* 1. 展览 zhǎnlǎn: ~ flowers 展出花卉 zhǎnchū huāhuì 2. 显示 xiǎnshì; 表现 biǎoxiàn: ~ great courage in a battle 在战斗中表现很英勇 zài zhàndòu zhōng biǎoxiàn hěn yīngyǒng *n.* 展览品 zhǎnlǎnpǐn: Please don't touch the ~s. 请勿抚摸展品。Qǐng wù fǔmō zhǎnpǐn.

exhibition *n.* 展览会 zhǎnlǎnhuì: a trade ~ 贸易展览会 màoyì zhǎnlǎnhuì

exile *n.* 1. 流放 liúfàng: Napoleon was sent into ~. 拿破仑曾被流放。Nápòlún (Napoleon) céng bèi

liúfàng.   2.   被流放者 bèi liúfàngzhě *a person
v. 流放 liúfàng

exist *v.* 1.   存在 cúnzài: Does life   ~ on Mars?
火星上有生命吗?   Huǒxīng shang yǒu shēngmìng
ma? 2.   生存 shēngcún: One cannot   ~ without
air. 没有空气人就不能生存。   Méiyǒu kōngqì rén
jiù bùnéng shēngcún.

existence *n.* 1.   存在 cúnzài: Do you believe in the
~ of God? 你相信有上帝吗?   Nǐ xiāngxìn yǒu
shàngdì ma? 2.   生活 shēnghuó: lead a happy ~
过快乐的生活 guò kuàilède shēnghuó

exit *n.* 出口 chūkǒu; 太平门 tàipíngmén: The theatre
has six ~s. 这个剧场有六个出口。   Zhège jùchǎng
yǒu liù gè chūkǒu.

exotic *a.* 异国的 yìguóde; 奇特的 qítède

expand *v.* 1.   膨胀 péngzhàng: Metals   ~ when they
are heated. 金属遇热膨胀。   Jīnshǔ yù rè péngzhàng.
2.   扩展 kuòzhǎn: ~ one's view 阐述观点 chǎn-
shù guāndiǎn

expect *v.* 1.   期待 qīdài; 盼望 pànwàng: I   ~ him to
come. 我盼望他来。   Wǒ pànwàng tā lái. 2.
料想 liàoxiǎng; 认为 rènwéi: I   ~ he will come
我想他会来的。   Wǒ xiǎng tā huì lái de.

expedition *n.* 远征 yuǎnzhēng; 探险 tànxiǎn

expel *v.* 1.   驱逐 qūzhú: ~ sb. from a country 把某
人驱逐出境 bǎ mǒu rén qūzhú chūjìng 2.   开除
kāichú: be   ~led from school 被学校开除 bèi
xuéxiào kāichú

expend *v.* 花费 huāfèi

expenditure *n.* 1.   支出 zhīchū: revenue and   ~ 收支
shōuzhī 2.   支出额 zhīchū'é: an   ~ of £500 on
new furniture 花五百英磅购新家具 huā wǔbǎi yīng-

'bàng gòu xīn jiājù

expense *n.* 1. 花费 huāfèi; 代价 dàijià: spare no ~ 不惜代价 bùxī dàijià 2. 开支 kāizhī; 费用 ſeiyòng: travelling ~s 旅费 lǚfèi

expensive 昂贵的 ánguìde

experience *n.* 1. 经验 jīngyàn: He has a lot of ~ in teaching. 他教学很有经验。 Tā jiàoxué hěn yǒu jīngyàn. 2. 经历 jīnglì: I had an amusing ~ last year. 去年我有一段有趣的经历。 Qùnián wǒ yǒu yí duàn yǒuqùde jīnglì.

experiment *n.* 实验 shíyàn; 试验 shìyàn

expert *n.* 专家 zhuānjiā; 能手 néngshǒu *a.* 熟练的 shúliànde: be ~ at 专长于 zhuānchángyú

explain *v.* 解释 jiěshì; 讲解 jiǎngjiě

explicit *a.* 明确的 míngquède

explode *v.* 爆炸 bàozhà; 爆发 bàofā

explosion *n.* 爆炸 bàozhà

exploit[1] *n.* 丰功伟绩 fēnggōng-wěijì

exploit[2] *v.* 1. 剥削 bōxuē: ~ the poor 剥削穷人 bōxuē qióngrén 2. 开发 kāifā: ~ a mine 开矿 kāikuàng

explore *v.* 1. 勘探 kāntàn; 探险 tànxiǎn: an exploration team 勘探队 kāntànduì 2. 探索 tànsuǒ: ~ a problem 探索一个问题 tànsuǒ yí gè wèntí

export *v.* 输出 shūchū *n.* 1. 出口 chūkǒu: the ~ trade 出口贸易 chūkǒu màoyì 2. 出口商品 chūkǒu shāngpǐn *something that is exported

expose *v.* 1. 暴露 bàolù: ~ one's body to the sunlight 使身体暴露在阳光下 shǐ shēntǐ bàolù zài yángguāng xià 2 揭露 jiēlù: ~ a plot 揭露阴谋 jiēlù yīnmóu 3. 曝光 bàoguāng *uncover a film to the light

exposure *n.* 揭露 jiēlù; 暴露 bàolù

expound *v.* 阐述 chǎnshù

express *a.* 1. 明确的 míngquède: an ～ order 明确的命令 míngquède mìnglìng 2. 快速的 kuàisùde: an ～ train 快车 kuàichē

express *v.* 表示 biǎoshì; 表达 biǎodá

expression *n.* 1. 表情 biǎoqíng: sing with ～ **富有**表情地唱歌 fùyǒu biǎoqíng de chànggē 2. 表达法 biǎodáfǎ: an idiomatic ～ in English 英语的习惯表达法 Yīngyǔ de xíguàn biǎodáfǎ

exquisite *a.* 1. 精巧的 jīngqiǎode: ～ designs 精致的图案 jīngzhìde tú'àn 2. 剧烈的 jùliède: ～ pain 剧痛 jùtòng 3. 敏锐的 mǐnruìde: an ～ observer 敏锐的观察者 mǐnruìde guāncházhě

extend *v.* 1. 延长 yáncháng: ～ one's visit 延长访问时间 yáncháng fǎngwèn híjiān 2. 伸展 shēnzhǎn: ～ one's body 伸展身子 shēnzhǎn shēnzi 3. 给予 jǐyǔ: ～ help to sb. 给予某人帮助 jǐyǔ mǒu rén bāngzhù

extension *n.* 延伸 yánshēn

extensive *a.* 广泛的 guǎngfànde

extent *n.* 1. 范围 fànwéi *range 2. 程度 chéngdù: to a certain ～ 在一定程度上 zài yídìng chéngdù-shang

exterior *n. & a.* 外表的 wàibiǎode; 外部的 wàibùde: the ～ features of a building 一座建筑物的外形 yí zuò jiànzhùwù de wàixíng

exterminate *v.* 灭绝 mièjué

external *a.* 1. 外部的 wàibùde: an ～ wound 外伤 wàishāng 2. 对外的 duìwàide: ～ trade 对外贸易 duìwài màoyì 3. 外用的 wàiyòngde: ～ remedies 外用药 wàiyòngyào

extinct *a.* 1. 熄灭的 xīmiède: an ～ volcano 死火山

sǐhuǒshān 2. 灭绝的 mièjuéde; 绝迹的 juéjìde: an ～ animal 绝迹的动物 juéjìde dòngwù

extort *v.* 敲诈 qiāozhà; 勒索 lèsuǒ

extra *a.* 额外的 éwàide: without ～ charge 不额外收费 bù éwài shōu fèi

extract *v.* 1. 拔出 báchū: ～ a tooth 拔牙 bá yá 2. 榨取 zhàqǔ: ～ oil 榨油 zhà yóu 3. 摘录 zhāilù: ～ examples from a book 从书中摘录例句 cóng shū zhōng zhāilù lìjù

extracurricular *a.* 课外的 kèwàidie: ～ activities 课外活动 kèwài huódòng

extraordinary *a.* 1. 非凡的 fēifánde: ～ talent 非凡的才华 fēifánde cáihuá 2. 特派的 tèpàide: ～ envoy 特使 tèshǐ

extravagance *n.* 奢侈 shēchì; 浪费 làngfèi

extreme *a.* 1. 尽头的 jìntóude; 最远的 zuì yuǎn de: the ～ end of the road 路的尽头 lù de jìntóu 2. 极度的 jídùde: in ～ pain 在极度痛苦中 zài jídù tòngkǔ zhōng

extreme *n.* 极端 jíduān: go to ～s 走极端 zǒu jíduān in the ～ 极为 jíwéi

eye *n.* 1. 眼 yǎn: the naked ～ 肉眼 ròuyǎn 2. 眼力 yǎnlì; 眼光 yǎnguāng: have an ～ for beauty 具有审美的眼光 jùyǒu shěnměi de yǎnguāng

eyebrow *n.* 眉 méi

eyelash *n.* 睫毛 jiémáo

eyelid *n.* 眼睑 yǎnjiǎn

eyesight *n.* 视力 shìlì

eyewitness *n.* 见证人 jiànzhèngrén; 目击者 mùjīzhě

F

fable *n.* 1. 寓言 yùyán: Aesop's ～s 伊索寓言 Yīsuǒ (Aesop) yùyán 2. 传说 chuánshuō *legend

fabric *n.* 1. 织品 zhīpǐn: silk fabrics 丝织品 sīzhīpǐn 2. 结构 jiégòu, the ～ of society 社会结构 shèhuì jiégòu

fabricate *v.* 1. 捏造 niēzào: The story is ～d. 这个故事是捏造出来的。 Zhège gùshi shì niēzào chūlái de. 2. 建造 jiànzào *put parts together

face *n.* 1. 脸 liǎn: a round ～ 圆脸 yuánliǎn 2. 面子 miànzi: lose ～ 丢面子 diū miànzi 3. 面前 miànqián: in the ～ of danger 在危险面前 zài wēixiǎn miànqián 4. 表面 biǎomiàn: the ～ of the earth 地球表面 dìqiú biǎomiàn / ～ to ～ 面对面 miàn duì miàn *v.* 面对 miànduì

facial *a.* 面部的 miànbùde

facilitate *v.* 使……容易 shǐ …… róngyì

facility *n.* 1. 才能 cáinéng: a ～ in languages 学语言的才能 xué yǔyán de cáinéng 2. 设备 shèbèi *aids

fact *n.* 事实 shìshí: in ～ 事实上 shìshíshang

faction *n.* 宗派 zōngpài

factor *n.* 1. 因素 yīnsù 2. 因子 yīnzǐ *in maths

factory *n.* 工厂 gōngchǎng

factual *a.* 事实的 shìshíde

faculty *n.* 1. 才能 cáinéng: He has the ～ to learn languages easily. 他有学语言的才能。 Tā yǒu xué yǔyán de cáinéng. 2. 全体教师 quántǐ jiàoshī: the ～ of the Chinese Department 中文系全体教师 Zhōngwénxì quántǐ jiàoshī 3. 系 xì; 学院 xuéyuàn:

law ～ 法律系 fǎlǜxì

fade v. 1. 枯萎 kūwěi *of flowers 2. 褪色 tuìsè *of color 3. 逐渐消失 zhújiàn xiāoshī *of sound

Fahrenheit n. 华氏（温度表） huáshì (wēndùbiǎo)

fail v. 1. 失败 shībài: Why did he fail? 他为什么失败了？ Tā wèishénme shībài le? 2. 不能 bùnéng; 没有 méiyǒu: He ～ed to turn up. 他没能出席。 Tā méinéng chūxí.

failure n. 失败 shībài

faint a. 1. 微弱的 wēiruòde: a ～ sound 微弱的声音 wēiruòde shēngyīn 2. 软弱的 ruǎnruòde: He felt ～ for lack of food. 因为没有吃饭，他感到软弱无力。 Yīnwei méiyǒu chīfàn, tā gǎndào ruǎnruò wúlì. v. 昏 hūn; 晕 yūn

fair¹ n. 1. 集市 jíshì 2. 展览会 zhǎnlǎnhuì: book ～ 书展 shūzhǎn

fair² a. 1. 公平的 gōngpíngde: That's not fair! 这不公平！ Zhè bù gōngpíng! 2. 相当好的 xiāngdāng hǎo de: a fair knowledge of English 相当好的英语 xiāngdāng hǎo de Yīngyǔ 3. 淡色的 dànsède: ～ hair 淡色的头发 dànsède tóufa

fairy n. 仙女 xiānnǚ; 妖精 yāojing: ～ talc 神话 shénhuà; 童话 tónghuà

faith n. 1. 信任 xìnrèn: have ～ in 信任…… xìnrèn …… 2. 宗教信仰 zōngjiào xìnyǎng *in a religious sense

fake v. 捏造 niēzào n. 假货 jiǎhuò

fall v. 1. 落下 luòxià: 降落 jiàngluò: The apple fell. 苹果落下来了。 Píngguǒ luò xiàlái le. 2. 失守 shīshǒu: The city fell. 这个城市失守了。 Zhège chéngshì shīshǒu le. 3. 来临 láilín: Night fell. 夜幕降临了。 Yèmù jiànglín le. 4. 降低 jiàngdī:

Prices fell. 降价了。Jiàngjià le. ～ away 消失 xiāoshī, ～ ill 病倒 bìngdǎo *n*. 1. 降落 jiàngluò 2. 瀑布 pùbù: Niagara Falls 尼亚加拉瀑布 Níyājiā-lā (Niagara) pùbù 3. =autumn 秋天 qiūtiān

fallacy *n*. 谬误 miùwù; 谬论 miùlùn

false *a*. 1. 错误的 cuòwùde: ～ ideas 错误的思想 cuòwùde sīxiǎng 2. 假的 jiǎde; 人造的 rénzàode: ～ teeth 假牙 jiǎyá

fame *n*. 名声 míngshēng; 声望 shēngwàng

familiar *a*. 1. 熟悉的 shúxīde: The facts are ～ to you all. 你们对这些事实都很熟悉。Nǐmen duì zhèxiē shìshí dōu hěn shúxī. 2. 亲近的 qīnjìnde: a ～ friend 亲密的朋友 qīnmìde péngyou 3. 随便的 suíbiànde: He spoke in a ～ way. 他讲话很随便。Tā jiǎnghuà hěn suíbiàn.

familiarity *n*. 熟悉 shúxī

family *n*. 1. 家庭 jiātíng; 家族 jiāzú 2. 子女 zǐnǚ: He has a large ～ with six children. 他家子女很多，有六个。Tā-jiā zǐnǚ hěn duō, yǒu liù gè. 3. 系 xì *language 4. 族 zú; 科 kē *esp. groups of animals, plants. / ～ planning 计划生育 jìhuà shēngyù

famine *n*. 饥荒 jīhuāng

famous *a*. 著名的 zhùmíngde

fan[1] *n*. 扇子 shànzi; 风扇 fēngshàn

fan[2] *n*. 爱好者 àihàozhě; 迷 mí: baseball fans 棒球迷 bàngqiúmí

fanatic *n*. 狂热者 kuángrèzhě

fancy[1] *n*. 1. 想象力 xiǎngxiànglì

fancy[2] *v*. 1. 想象 xiǎngxiàng 2. 相信 xiāngxìn; 以为 yǐwéi: He fancies himself to be an authority. 他自以为是个权威。Tā zì yǐwéi shì ge quánwēi.

fancy³ *a.* 有花样的 yǒu huāyàng de: ～ cakes 花式蛋糕 huāshì dàngāo

far *ad.* 遥远 yáoyuǎn; 远 yuǎn / ～ from (fig) 决不是 juébúshì / go too ～ 过分 guòfèn / so ～ 到目前为止 dào mùqián wéi zhǐ *n.* 远方 yuǎnfāng *a.* 远的 yuǎnde: the Far East 远东 yuǎndōng / at the ～ end of the street 在街的那头 zài jiē de nàtóu

fare *n.* 车费 chēfèi *bus fare 船费 chuánfèi *boat fare

farewell *int.* 再见 zàijiàn; 告别 gàobié

farm *n.* 农场 nóngchǎng; 农庄 nóngzhuāng *v.* 耕田 gēngtián; 耕作 gēngzuò

farmer *n.* 农场主 nóngchǎngzhǔ; 农民 nóngmín

farther *ad. & a.* 较远地 jiào yuǎn de

fascinate *v.* 使……着迷 shǐ …… zháomí

fascism *n.* 法西斯主义 fǎxīsīzhǔyì

fashion *n.* 1. 流行 liúxíng; 时髦 shímáo: come into ～ 开始流行 kāishǐ liúxíng 2. 方法 fāngfǎ: act after the ～ of … 按……方式去做 àn …… fāngshì qù zuò

fast *a.* 1. 牢固的 láogùde: make the boat ～ 把船拴牢 bǎ chuán shuānláo / hold ～ 牢牢抓住 láoláo zhuāzhù 2. 快的 kuàide; 迅速的 xùnsùde: a ～ train 快车 kuàichē *ad.* 快地 kuàide: run ～ 跑得快 pǎode kuài

fasten *v.* 1. 使……牢固 shǐ …… láogù; 捆在一起 kǔn zài yìqǐ 2. 扣 kòu: ～ buttons 扣扣子 kòu kòuzi

fat *n.* 脂肪 zhīfáng *body fat 肥肉 féiròu *meat *a.* 1. 肥胖的 féipàngde: a ～ man 胖人 pàngrén ～ meat 肥肉 féiròu 2. 厚厚的 hòuhòude: a ～ book 一本厚书 yì běn hòushū 3. 肥沃的 féiwòde: ～ lands 肥沃的土地 féiwòde tǔdì

fatal *a.* 致命的 zhìmìngde

fate *n.* 命运 mìngyùn: to meet one's ～ 死 sǐ

father *n.* 1. 父亲 fùqin 2. 神父 shénfù *in Catholic church

fatigue *n.* 疲劳 píláo

fault *n.* 1. 缺点 quēdiǎn 2. 错误 cuòwù: a ～ in grammar 语法上的错误 yǔfǎ shang de cuòwù 3. 过失 guòshī: The ～ lies with me. 责任应由我负。 Zérèn yīng yóu wǒ fù.

favour[1] *n.* 1. 好意 hǎoyì: win a person's ～ 得人欢心 dé rén huānxīn 2. 赞成 zànchéng: in ～ of 赞成 zànchéng 3. 帮助某人 bāngzhù mǒu rén: Can you do me a ～? 你能帮我的忙吗？ Nǐ néng bāng wǒde máng ma? 4. 偏爱 piān'ài: A mother shouldn't show too much ～ to one of her children 母亲不应对小孩儿中的某一个表示过分偏爱。 Mǔqin bùyīng duì xiǎohair zhōng de mǒu yí gè biǎoshì guòfèn piān'ài.

favour[2] *v.* 1. 宠爱 chǒng'ài 2. 赞同 zàntóng: He ～ a moderate policy. 他赞同温和政策。 Tā zàntóng wénhé zhèngcè. 3. 有利 yǒulì: The weather ～ed our work. 天气对我们的工作有利。 Tiānqi duì wǒmende gōngzuò yǒulì.

favourable *a.* 1. 好意的 hǎoyìde; 赞成的 zànchéngde: a ～ report on his work 赞许他的工作报告 zànxǔ tāde gōngzuò bàogào 2. 顺利的 shùnlìde; 有利的 yǒulìde: ～ winds 顺风 shùnfēng

favourite *n. & a.* 最喜爱的 zuì xǐ'ài de: He is a ～ with his uncle. 他是他伯父最喜欢的人。 Tā shì tā bófù zuì xǐhuan de rén. / What's your ～ dish? 你最喜欢吃什么菜？ Nǐ zuì xǐhuan chī shénme cài?

fear *n.* 恐惧 kǒngjù; 害怕 hàipà: He was overcome with (by) ~. 他吓坏了。Tā xiàhuài le. *v.* 害怕 hàipà; 惧怕 jùpà: ~ death 怕死 pàsǐ

feasible *a.* 可行的 kěxíngde; 办得通的 bànde tōng de

feast *n.* 1. 宴会 yànhuì 2. 节日 jiérì *in a religious sense v.* 设宴 shèyàn: ~ his friend 设宴招待他的朋友 shèyàn zhāodài tāde péngyou

feat *n.* 伟绩 wěijī

feather *n.* 羽毛 yǔmáo

feature *n.* 1. 相貌 xiàngmào; 容貌 róngmào; 2. 特色 tèsè; 特征 tèzhēng: the geographical ~s of the district 这个地区的地理特征 zhège dìqū de dìlǐ tèzhēng 3. 特写 tèxiě: a ~ film 故事影片 gùshi yǐngpiàn

February *n.* 二月 èryuè

federal *a.* 联邦制的 liánbāngzhìde; 联盟的 liánméng-de

federation *n.* 联邦 liánbāng; 联盟 liánméng; 联合会 liánhéhuì

fee *n.* 费用 fèiyòng

feeble *a.* 虚弱的 xūruòde; 无力的 wúlìde

feed *v.* 1. 喂 wèi; 饲养 sìyǎng: ~ chicken 喂鸡 wèi jī 2. 吃 chī: ~ at a restaurant 在饭馆吃饭 zài fànguǎn chīfàn *n.* 饲料 sìliào *fodder

feel *v.* 1. 摸 mō; 触 chù: ~ the pulse 摸脉 mōmài 2. 觉得 juéde; 意识到 yìshì dào; 感到 gǎndào: ~ cold 感到冷 gǎndào lěng *n.* 触觉 chùjué; 感觉 gǎnjué / ~ about 摸索 mōsuo / ~ like 想要 xiǎngyào

feeling *n.* 1. 知觉 zhījué: I have no feeling in my fingers. 我的手指没知觉了。Wǒde shǒuzhǐ méi zhījué le. 2. 情感 qínggǎn: 心情 xīnqíng: feeling of pleasure 愉快的心情 yúkuàide xīnqíng 3. 感情

gǎnqíng: You've hurt her ～s. 你伤了她的感情。
Nǐ shāngle tāde gǎnqíng. 4. 同情 tóngqíng: show
～ for … 对……表同情 duì …… biǎo tóngqíng

fellow *n.* 1. 人 rén; 家伙 jiāhuo: a good ～ 一个好人
yí gè hǎorén 2. 同事 tóngshì; 伙伴 huǒbàn: ～
workers 同事 tóngshì/ ～ men 同胞 tóngbāo 3. 学
会特别会员 xuéhuì tèbié huìyuán *of a learned
society

fellowship *n.* 1. 友谊 yǒuyì; 2. =membership 会员
资格 huìyuán zīgé

female *a.* 女性的 nǚxìngde *of human beings; 雌性的
cíxìngde *of plants & animals *n.* 1. 女人 nǚrén
*human beings 2. 雌性动物 cíxìng dòngwù *animals
雌性植物 cíxìng zhíwù *plants

fence *n.* 栅栏 zhàlan; 篱笆 líba; 围墙 wéiqiáng

fencing *n.* 击剑 jījiàn *the sport

ferment *v.* 1. 发酵 fājiào: The wine is beginning to ～.
酒开始发酵。 Jiǔ kāishǐ fājiào. 2. 激动 jīdòng;
骚扰 sāorǎo *trouble, etc.

ferocious *a.* 凶猛的 xiōngměngde; 残忍的 cánrěnde

ferry *n.* 1. 渡口 dùkǒu 2. =ferry-boat 渡船 dùchuán
v. 摆渡 bǎidù

fertile *a.* 1. 肥沃的 féiwòde; 富饶的 fùráode

fertilize *v.* 使……肥沃 shǐ …… féiwò; 使……丰富
shǐ …… fēngfù

fertilizer *n.* 肥料 féiliào

fervent *a.* 热情的 rèqíngde

fervour *n.* 热心 rèxīn; 热情 rèqíng

festival *n.* 节日 jiérì

fetch *v.* 1. 拿来 nálai; 取来 qǔlai

feudal *a.* 封建的 fēngjiànde

fever *n.* 1. 发热 fārè; 发烧 fāshāo 2. 热 rè; 极度兴奋

jídù xìngfèn *of extreme feelings

few *a.* 几乎没有的 jīhū méiyǒu de; 很少 hěn shǎo
    n. 少数 shǎoshù; 没有几个 méiyǒu jǐ gè

fiancé *n.* 未婚夫 wèihūnfū

fiancée *n.* 未婚妻 wèihūnqī

fibre *n.* 纤维 xiānwēi

fickle *a.* 易变的 yìbiànde; 轻浮的 qīngfúde

fiction *n.* 1. 小说 xiǎoshuō *a novel 2. 虚构的事物
    xūgòude shìwù *fabricated thing

fiddle *n.* 提琴 tíqín

fidelity *n.* 忠诚 zhōngchéng

fidget *v.* 坐立不安 zuò-lì bù'ān

field *n.* 1. 田野 tiányě: a corn ～ 一片玉米地 yí piàn
    yùmǐdì 2. 场地 chǎngdì: football ～ 足球场
    zúqiúchǎng 3. 战场 zhànchǎng: battle ～ 战场
    zhànchǎng 4. 领域 lǐngyù; 范围 fànwéi: the ～ of
    science 科学领域 kēxué lǐngyù

fierce *a.* 凶猛的 xiōngměngde

fiery *a.* 1. 燃烧的 ránshāode 2. 暴躁的 bàozàode:
    a ～ temper 暴躁的脾气 bàozàode píqi

fifteen *num.* 十五 shíwǔ

fifteenth *num.* 第十五 dì-shíwǔ

fifty *num.* 五十 wǔshí

fig *n.* 无花果 wúhuāguǒ

fight *v.* 战斗 zhàndòu; 斗争 dòuzhēng ～er *n.* 战士
    zhànshì *a person; 战斗机 zhàndòujī * a plane

figurative *a.* 比喻的 bǐyùde; 象征的 xiàngzhēngde

figure *n.* 1. 形状 xíngzhuàng 2. 图形 túxíng; 图象
    túxiàng: see F～ on page 5. 请看第五页上的图
    示。 Qǐng kàn dì-wǔ yè shang de túshì. 3. 身段
    shēnduàn: She has a good ～. 她的身段很好。
    Tāde shēnduàn hěn hǎo. 4. 人物 rénwù: a great

~ of this age 当代的杰出人物 dāngdài de jiéchū rénwù 5. 人像 rénxiàng: a ~ in marble 大理石雕象 dàlǐshí diāoxiàng 6. 数字 shùzì * a number 价格 jiàgé: buy it at a low ~ 低价购买 dījià gòumǎi *v.* 计算 jìsuàn

filament *n.* 细丝 xìsī

file[1] *n.* 纸夹 zhǐjiā; 档案 dàng'àn

file[2] *n.* 锉刀 cuòdāo *a tool

filial *a.* 子女的 zǐnǚde; 孝顺的 xiàoshùnde

fill *v.* 充满 chōngmǎn; 装满 zhuāngmǎn

film *n.* 1. 薄膜 bómó; 薄层 bócéng: a ~ of oil on the water 水面上一层油 shuǐmiàn shang yì céng yóu 2. 胶卷 jiāojuǎn *for a camera 3. 影片 yǐngpiàn *in the cinema

filter *n.* 滤器 lùqì *v.* 过滤 guòlù: filter-tip 过滤咀 guòlùzuǐ

filthy *a.* 肮脏的 āngzāngde

final *a.* 1. 最后的 zuìhòude: a ~ decision 最后的决定 zuìhòude juédìng 2. 决定性的 juédìngxìngde: a ~ game 决赛 juésài *n.* 1. 决赛 juésài *in sport 2. 期末考试 qīmò kǎoshì *examination

finance *n.* 财政 cáizhèng

financial *a.* 财政的 cáizhèngde

find *v.* 1. 找到 zhǎodào: I've found the pen you lost. 我找到了你丢的笔。 Wǒ zhǎodàole ni diū de bǐ. · 2. 发现 fāxiàn: I found him in when I called. 我去看他时发现他在家。 Wǒ qù kàn tā shí fāxiàn tā zài jiā. 3. 觉得 juéde: I ~ it impossible 我觉得这是不可能的。 Wǒ juéde zhè shì bù kěnéng de. ~ out 查明 chámíng: Please ~ out when the train leaves. 请查一下火车什么时候开。 Qǐng chá yīxià huǒchē shénme shíhou kāi.

fine¹ *n. & v.* 罚款 fákuǎn *money

fine² *a.* 1. 美好的 měihǎode: ～ wine 美酒 měijiǔ 2. 晴朗 qínglǎng: ～ weather 晴天 qíngtiān 3. 细 xì: a ～ thread 细线 xìxiàn

finger *n.* 手指 shǒuzhǐ

fingernail *n.* 手指甲 shǒuzhǐjia

fingerprint *n.* 指纹 zhǐwén

finish *v.* 结束 jiéshù: ～ the work 结束工作 jiéshù gōngzuò

finite *a.* 有限的 yǒuxiànde

fire *n.* 1. 火 huǒ: put out a ～ 灭火 mièhuǒ, a ～ in the street 街上的一起火灾 jiē shang de yì qǐ huǒzāi 2. 炉火 lúhuǒ: sit by the ～ 坐在火炉 边 zuò zài huǒlú biān, on ～ 着火 zháohuǒ, set ～ on ～ 放火 fànghuǒ *v.* 1. 射击 shèjī: ～ at sb. 向某人射击 xiàng mǒu rén shèjī 2. 解雇 jiěgù: you're ～d! 你被解雇了! Nǐ bèi jiěgù le!

fire-brigade *n.* 消防队 xiāofángduì

fire-engine *n.* 救火车 jiùhuǒchē

firefly *n.* 萤火虫 yínghuǒchóng

firewood *n.* 柴 chái

firework *n.* 烟火 yānhuo

firm *a.* 1. 坚固的 jiāngùde 2. 坚定的 jiāndìngde: He is ～. 他很坚决. Tā hěn jiānjué. 3. 稳固的 wěngùde: a ～ foundation 稳固的基础 wěngùde jīchǔ *n.* 商号 shānghào *in business

first *a.* 1. 第一 dì-yī: ～ class 第一等 dìyīděng / ～ hand 第一手 dìyīshǒu / ～ rate 第一流 dìyīliú 2. 最初的 zuìchūde: the ～ snow 初雪 chūxuě *n.* 第一日 dì-yīrì: the ～ of August 八月一日 bāyuè yī rì, at ～ 最初 zuìchū, ～ of all 首先 shǒuxiān

fish *n.* 鱼 yú *v.* 捕鱼 bǔ yú

fishery *n.* 1. 渔业 yúyè *the industry 2. 渔场 yúchǎng *a fish-farm

fission *n.* 分裂 fēnliè

fissure *n.* 裂缝 lièfèng

fist *n.* 拳头 quántou

fit¹ *a.* 1. 合适的 héshìde: a ～ person 合适的人 héshìde rén 2. 健康的 jiànkāngde: keep ～ 保持健康的身体 bǎochí jiànkāngde shēntǐ

fit² *v.* 1. 合适 héshì: This hat ～ me well. 这顶帽子我戴正合适。 Zhè dǐng màozi wǒ dài zhèng héshì. 2. 安装 ānzhuāng: ～ the handle on 装上手把 zhuāngshàng shǒubá

fit³ *n.* 一阵 yízhèn: a ～ of coughing 一阵咳嗽 yízhèn késou

five *num.* 五 wǔ

fix *v.* 1. 使……固定 shǐ …… gùdìng: He ～ed a picture on the wall. 他把一幅画贴在墙上。 Tā bǎ yì fú huà tiē zài qiáng shang. 2. 牢记 láojì: ～ dates in one's mind 把日期牢记在心 bǎ rìqī láojì zài xīn 3. 确定 quèdìng: ～ the price 定价 dìngjià

flag *n.* 旗子 qízi

flake *n.* 薄片 bópiàn: snow ～ 雪花 xuěhuā

flame *n.* 火焰 huǒyàn: a ～ of anger 怒火 nùhuǒ

flank *n.* 1. 腰窝 yāowō *the side of an animal 2. 侧面 cèmiàn: the ～ of a hill 山的侧面 shān de cèmiàn

flannel *n.* 法兰绒 fǎlánróng

flare *v.* 火焰闪耀 huǒyàn shǎnyào

flap *v.* 摆动 bǎidòng

flash *n.* 1. 闪光 shǎnguāng: a ～ of lightning 闪电

shǎndiàn 2. 刹那 chà'nà: in a ~ 一刹那 yíchànà
3. 闪光灯 shǎnguāngdēng *in photography

flat¹ *a.* 1. 平的 píngde: ~ land 平地 píngdì *n.* 平面 píngmiàn

flat² *n.* 一套房间 yí tào fángjiān

flatter *v.* 奉承 fèngcheng: Oh, you ~ me. 啊」您夸奖我了。A, nín kuājiǎng wǒ le.

flavour *n.* 味 wèi; 滋味 zīwèi *v.* 调味 tiáowèi ~ soup with onions 汤里加洋葱调味 tāng li jiā yángcōng tiáowèi

flaw *n.* 1. 裂缝 lièfèng *a crack 2. 缺陷 quēxiàn: a ~ in his character 人品上的缺陷 rénpǐn shang de quēxiàn

flawless *a.* 没缺点的 méi quēdiǎn de

flea *n.* 跳蚤 tiàozǎo

flee *v.* 逃走 táozǒu

fleece *n.* 羊毛 yángmáo

fleet *n.* 1. 舰队 jiànduì 2. 一队 yíduì *a group of buses, planes

flesh *n.* 1. 肉 ròu: one's own ~ and blood 亲骨肉 qīngǔròu 2. 果肉 guǒròu *of a fruit

flexible *a.* 1. 易弯曲的 yì wānqū de *of material 2. 灵活的 línghuóde: ~ methods 灵活的方法 línghuóde fāngfǎ

flick *n.* & *v.* 轻打 qīngdǎ; 轻弹 qīngtán

flight *n.* 1. 飞行 fēixíng 2. a ~ of stairs 一段楼梯 yí duàn lóutī

fling *v.* 用力扔 yònglì rēng

flint *n.* 打火石 dǎhuǒshí

float *v.* 浮 fú; 漂 piāo: A boat ~ed down the river. 一只船漂流而下。Yì zhī chuán piāoliú ér xià.

flock *n.* 1. 羊群 yángqún *a group of sheep 2. 人群

rénqún: a ～ of young girls 一群姑娘 yì qún gūniang

flood *n.* 1. 洪水 hóngshuǐ; 涨潮 zhǎngcháo: The river was in ～. 河水泛滥。 Héshuǐ fànlàn. *v.* 淹没 yānmò; 泛滥 fànlàn The villages were ～ed. 村庄被水淹了。 Cūnzhuāng bèi shuǐ yān le.

floor *n.* 1. 地板 dìbǎn 2. 层 céng *in a building the ground ～ 第一层楼 dì yī céng lóu 3. 发言权 fāyánquán: You may have the ～. 你可以发言了。 Nǐ kěyǐ fāyán le.

flop *v.* 扑咚掉下 pūtōng diàoxià

floss *n.* 丝棉 sīmián

flour *n.* 面粉 miànfěn

flourish *v.* 1. 茂盛 màoshèng *of a plant; 兴隆 xīng-lóng *be successful in business 2. 挥舞 huīwǔ: ～ a sword 舞剑 wǔ jiàn

flow *v. & n.* 流 liú: Rivers ～ into the sea. 江河流入海洋。 Jiānghé liúrù hǎiyáng.

flower *n.* 1. 花 huā: The flowers are out. 花开了。 Huā kāi le. 2. 精华 jīnghuá: the flower of youth 青年中的佼佼者 qīngnián zhōng de jiāojiāozhě

fluent *a.* 流利的 liúlìde; 流畅的 liúchàngde

fluid *a.* 流动的 liúdòngde

fluorescent *a.* 萤光的 yíngguāngde: a ～ lamp 日光灯 rìguāngdēng

flush¹ *v.* 脸红 liǎnhóng * become red in the face

flush² *v.* 冲洗 chōngxǐ: ～ the toilet 冲洗厕所 chōngxǐ cèsuǒ

flute *n.* 长笛 chángdí

flutter *v.* 1. 拍翅 pāichì *of a bird 2. 飘扬 piāoyáng *of a flag

fly¹ *n.* 苍蝇 cāngying

fly² *v.* 1. 飞 fēi: Birds fly in the air. 鸟在空中飞。 Niǎo zài kōngzhōng fēi. / We flew from Guangzhou to Beijing. 我们从广州飞到北京。 Wǒmen cóng Guǎngzhōu fēidào Běijīng. 2. 驾驶 jiàshǐ *to guide an aircraft 3. 飘扬 piāoyáng: A flag flies in the wind. 一面旗子在空中飘扬。 Yí miàn qízi zài kōngzhōng piāoyáng. ～leaf 扉页 fēiyè, ～over 立体桥 lìtǐqiáo

foam *n.* 泡沫 pàomò

focus *n.* 1. 焦点 jiāodiǎn *of light 2. 中心 zhōngxīn the ～ of attention 注意的中心 zhùyìde zhōngxīn

fodder *n.* 饲料 sìliào

foe *n.* 仇敌 chóudí

fog *n.* 雾 wù

foil¹ *v.* 打乱 dǎluàn

foil² *n.* 1. 金属薄片 jīnshǔ báopiàn: aluminium foil 铝箔 lǚbó

fold *v.* 1. 折叠 zhédié; ～ a letter 折信 zhé xìn 2. 包 bāo: ～ it in paper 用纸把它包起来 yòng zhǐ bǎ tā bāo qǐlái *=wrap

folk *n.* 1. = people 人们 rénmen 2. 亲属 qīnshǔ; 家人 jiārén: the old ～s at home 家里的老人 jiā li de lǎorén 3. 民间的 mínjiānde: ～ songs 民歌 míngē

follow *v.* 1. 跟随 gēnsuí: F me, please. 请跟我来。 Qǐng gēn wǒ lái. 2. 沿……而行 yán …… ér xíng: F～ this road to the bridge. 沿着这条路到桥头去。 Yánzhe zhè tiáo lù dào qiáotóu qù. 3. 理解 lǐjiě; 听得懂 tīngde dǒng: Do you ～ me? 你听得懂我的话吗? Ní tīngde dǒng wǒde huà ma? 4. 遵循 zūnxún: ～ a person's advice 听从人家的劝告 tīngcóng rénjia de quàngào

following *a.* 下列的 xiàliède

fond *a.* 1. 喜欢 xǐhuan; 爱好 àihào: be ∼ of music 爱好音乐 àihào yīnyuè 2. 慈爱的 cí'aide: a ∼ mother 慈母 címǔ

food *n.* 食物 shíwù; 食品 shípǐn

foodstuff *n.* 粮食 liángshi

fool *n.* 愚人 yúrén *v.* 愚弄 yúnòng; 欺骗 qīpiàn make a ∼ of someone 愚弄别人 yúnòng biérén

foolish *a.* 笨 bèn; 愚蠢 yúchǔn

foot 1. 脚 jiǎo; 足 zú 2. 最下部 zùi xiàbù; 底部 díbù: at the ∼ of a mountain 在山脚下 zài shānjiǎo xia 3. 英呎 yīngchǐ; 呎 chǐ *measure of length

football *n.* 1. 足球 zúqiú *a ball 2. 足球运动 zúqiú yùndòng *a game

for *prep.* 1. 为了 wèile; What ∼? 为什么? Wèishénme? 2. 到……去 dào …… qù: set out ∼ home 动身回家 dòngshēn huíjiā 3. 因为 yīnwèi; 由于 yóuyú: I went ∼ her sake. 我是为了她而去的。 Wǒ shì wèile tā ér qù de. 4. 对于 duìyú: The book is good ∼ beginners. 这本书对初学者来说很好。 Zhè běn shū duì chūxuézhě láishuō hěn hǎo. 5. 有 yǒu: go away ∼ a week 离开一个星期 líkāi yí gè xīngqī 6. 赞成 zànchéng; 拥护 yōnghù: Are you ∼ or against the proposal? 你赞成还是反对这个建议? Nǐ zànchéng háishì fǎnduì zhège jiànyì?

forbear *v.* 克制 kèzhì; 忍耐 rěnnài

forbid *v.* 禁止 jìnzhǐ; 不许 bùxǔ: the Forbidden City 紫禁城 zǐjìnchéng

force *n.* 1. 力量 lìliang 2. 武力 wǔlì; 暴力 bàolì: use ∼ on a person 对人使用武力 duì rén shǐyòng wǔlì 3. 力 lì: the ∼ of nature 自然力量 zìrán lìliang 4. 军队 jūnduì; 部队 bùduì: the air ～ 空军 kōngjūn v. 强迫 qiǎngpò

forcible *a.* 1. 强制的 qiángzhìde: a ～ entry 闯入 chuǎngrù 2. 有说服力的 yǒu shuōfúlì de: a ～ speech 有说服力的讲话 yǒu shuōfúlì de jiǎnghuà

fore *ad., a. & n.* 前面 qiánmian; 前部 qiánbù

forearm *n.* 前臂 qiánbì; 下臂 xiàbì

forecast *v. & n.* 预报 yùbào；预测 yùcè: a weather ～ 天气预报 tiānqì yùbào

forefather *n.* 祖先 zǔxiān

forefinger *n.* 食指 shízhǐ

forefront *n.* 最前部 zuì qiánbù; 最前线 zuì qiánxiàn

foregoing *a.* 上述的 shàngshùde

forehead *n.* 前额 qián'é

foreign 1. 外国的 wàiguóde; 对外的 duìwàide: ～ languages 外语 wàiyǔ / ～ trade 对外贸易 duìwài màoyì 2. 外来的 wàiláide: ～ goods 外国货 wàiguóhuò

foreman *n.* 1. 工头 gōngtóu; 领班 lǐngbān 2. 陪审长 péishěnzhǎng *of a jury

foremost *a.* 1. 最初的 zuìchūde; 最先的 zuìxiānde 2. 第一流的 dìyīliúde: a ～ writer 第一流的作家 dìyīliúde zuòjiā

forerunner *n.* 1. 预兆 yùzhào; 先兆 xiānzhào: Swallows are the ～s of spring. 燕子是春天的前兆。 Yànzi shì chūntiān de qiánzhào. 2. 先驱者 xiānqūzhě *a person

foresee *v.* 预见 yùjiàn; 预知 yùzhī

foresight *n.* 预见 jùjiàn

forest *n.* 森林 sēnlín

forestry *n.* 林学 línxué

foretell *v.* 预言 yùyán

forever *ad.* 永远 yǒngyuǎn

foreword *n.* 前言 qiányán; 序 xù

forfeit *n.* 罚款 fákuǎn; 没收物 mòshōuwù *v.* 丧失 sàngshī; 被没收 bèi mòshōu: ~ one's health 丧失健康 sàngshī jiànkāng

forge¹ *v.* 徐徐前进 xúxú qiánjìn

forge² *v.* 1. 锻造 duànzào *metals 2. 伪造 wěizào: ~ a cheque 伪造支票 wěizào zhīpiào

forgery *n.* 1. 伪造 wěizào 2. 伪造品 wěizàopǐn

forget *v.* 忘记 wàngjì

forgetful *a.* 健忘的 jiànwàngde

forgive *v.* 饶恕 ráoshù; 原谅 yuánliàng: Please ~ me for coming so late. 请原谅我来晚了。 Qǐng yuánliàng wǒ lái wǎn le.

fork *n.* 1. 叉子 chāzi *knives and forks 2. 岔口 chàkǒu; 树杈 shùchà: the ~ in a road 路的岔口 lù de chàkǒu

form *n.* 1. 形状 xíngzhuàng; 外形 wàixíng *shape 2. 礼貌 lǐmào; 礼仪 lǐyí *ceremony 3. 表格 biǎogé; 格式纸 géshìzhǐ: fill in a ~ 填表格 tián biǎogé *v.* 形成 xíngchéng

formal *a.* 1. 正式的 zhèngshìde: a ~ visit 正式访问 zhèngshì fǎngwèn 2. 外表的 wàibiǎode: a ~ resemblance 外表上的相似 wàibiǎo shang de xiāngsì

formality *n.* 1. 形式 xíngshì; 礼仪 lǐyí: without ~ 不拘形式 bùjū xíngshì 2. 手续 shǒuxù: customs formalities 海关手续 hǎiguān shǒuxù

former *a.* 1. 以前的 yǐqiánde; 从前的 cóngqiánde: my ~ students 我从前的学生 wǒ cóngqián de xuésheng 2. 前者 qiánzhě *contrasted with the latter

formidable *a.* 难以克服的 nányǐ kèfú de

formula *n.* 1. 公式 gōngshì: mathematics ～ 数学公式 shùxué gōngshì 2. 惯用语 guànyòngyǔ *a set form of words 3. 配方 pèifāng: a ～ for the medicine 药的配方 yàode pèifāng

fort *n.* 堡垒 bǎolěi; 碉堡 diāobǎo

forth *a.* 1. = out 向外 xiàng wài 2. = forwards 向前 xiàng qián

forthright *a.* 坦率的 tǎnshuàide

forthcoming *a.* 1. 即将到来的 jíjiāng dàolái de; 即将 出现的 jíjiāng chūxiàn de: ～ books 即将出版的书 jíjiāng chūbǎn de shū

fortieth *num.* 1. 第四十 dì-sìshí

fortification *n.* 1. 加强防卫 jiāqiáng fángwèi 2. 防御 工事 fángyù gōngshì *of a means of defence

fortify *v.* 1. 设防于 shèfángyú: a fortified city 设防的 城市 shèfángde chéngshì 2. 加强 jiāqiáng: ～ one's confidence 增强信心 zēngqiáng xìnxīn

fortnight *n.* 两星期 liǎng xīngqī

fortress *n.* 要塞 yàosài; 堡垒 bǎolěi

fortunate *a.* 幸运的 xìngyùnde

fortune *n.* 1. 命运 mìngyùn; 运气 yùnqi: ～ teller 算命的人 suànmìngde rén 2. 财富 cáifù: a man of ～ 富翁 fùwēng *riches

forty *num.* 四十 sìshí

forum *n.* 论坛 lùntán; 讨论会 tǎolùnhuì

forward[1] *a.* 1. 向前的 xiàng qián de; 前部的 qiánbùde: a ～ march 前进 qiánjìn

forward[2] *v.* 1. 促进 cùjìn; 助长 zhùzhǎng: ～ sb's plan 协助某人的计划 xiézhù mǒu rén de jìhuà 2. 传递 chuándì: Please ～ my letter to this address. 请将我的信转到这个地址。 Qíng jiāng wǒde xìn zhuǎndào zhège dìzhǐ.

forward[3] *n.* 前锋 qiánfēng *of a player

fossil *n.* 化石 huàshí

foster *v.* 1. 养育 yǎngyù; 照顾 zhàogù: ~ the sick 照顾病人 zhàogù bìngrén 2. 培养 péiyǎng; 鼓励 gǔlì: ~ one's interest in music 培养音乐兴趣 péiyǎng yīnyuè xìngqù

foul *a.* 肮脏的 āngzāngde: ~ play 犯规 fànguī

found *v.* 1. 建立 jiànlì: ~ a new city 建立一个新城市 jiànlì yí gè xīn chéngshì, ~er 创始人 chuàngshǐrén; 奠基者 diànjīzhě

foundation *n.* 1. 建立 jiànlì 2. 基金 jījīn *fund of money 3. 地基 dìjī; 基础 jīchǔ: the ~ of a house 房子的地基 fángzide dìjī

fountain *n.* 喷泉 pēnquán; 喷水池 pēnshuǐchí

four *num.* 四 sì

fourfold *a. & ad.* 四倍 sì bèi; 四重 sì chóng

fourteen *num.* 十四 shísì

fowl *n.* 家禽 jiāqín

fox *n.* 狐狸 húli

fraction *n.* 1. 小部分 xiǎobùfen; 碎片 suìpiàn 2. 分数 fēnshù *in maths

fracture *n.* 1. 破裂 pòliè 2. 骨折 gǔzhé *of a bone

fragile *a.* 脆的 cuìde; 易碎的 yì suì de: ~ china 易碎的瓷器 yì suì de cíqì

fragment *n.* 碎片 suìpiàn

fragrant *a.* 芬芳的 fēnfāngde: ~ flowers 香花 xiānghuā

frail *a.* 虚弱的 xūruòde; 脆弱的 cuìruòde: a ~ child 体质虚弱的孩子 tǐzhì xūruò de háizi

frame *n.* 1. 框子 kuàngzi: a door ~ 门框 ménkuàng 2. 体格 tǐgé: a man of strong ~ 体格强壮的人 tǐgé qiángzhuàng de rén 3. 体制 tǐzhì; 机构 jīgòu:

the ～ of government 政府机构 zhèngfǔ jīgòu
v. 1. 装框子 zhuāng kuàngzi *photographs etc.
2. to be ～d(fig) 遭到陷害 zāodào xiànhài

franchise *n.* 公民权 gōngmínquán

frank *a.* 坦白的 tǎnbáide; 直率的 zhíshuài de

frantic *a.* 狂暴的 kuángbàode; 疯狂的 fēngkuángde

fraternal *a.* 兄弟般的 xiōngdìbānde

fraternity *n.* 博爱 bó'ài

fraud *n.* 1. 欺诈 qīzhà 2. 骗子 piànzi; 假货 jiǎhuò:
This hair-restorer is a ～. 这生发药是假货。Zhè
shēngfàyào shì jiǎhuò.

fray *v.* 磨损 mósǔn

freak *n.* 怪人 guàirén *of people; 怪事 guàishì *of events

freckle *n.* 雀斑 quèbān

free *a.* 1. 自由的 zìyóude: a ～ country 自由的国家
zìyóude guójiā / ～ market 自由市场 zìyóu shì-
chǎng 2. 不受拘束的 bú shòu jūshù de; 随意的
suíyìde: be too free in one's behaviour 行动太随便的
xíngdòng tài suíbiàn de 3. 空闲的 kòngxiánde;
空的 kòngde: Have you any room free? 你们
有空闲的房间吗？Nǐmen yǒu kòngxián de fángjiān
ma? 4. 免费的 miǎnfèide; tax ～免税的 miǎnshuìde:
～ hand 随手画的 suíshǒu huà de *drawing

freedom *n.* 1. 自由 zìyóu; 自主 zìzhǔ: ～ of speech
言论自由 yánlùn zìyóu 2. 自由行动 zìyóu xíngdòng;
放肆 fàngsì: take ～ with a person 对人放肆 duì
rén fàngsì 3. 免除 miǎnchú: ～ from taxation 免税
miǎnshuì

freeze *v.* 1. 冻结 dòngjié; 结冰 jiébīng: The river
froze over. 河水全都结冰了。Héshuǐ quándōu
jiébīngle. 2. 感到很冷 gǎndào hěn lěng: I am freez-
ing. 我简直冷得发抖。Wǒ jiǎnzhí lěngde fādǒu.

*feel very cold 3. 冻死 dòngsǐ *freeze to death 4. 冻结 dòngjié: ～ prices 冻结物价 dòngjié wùjià

freight *n.* 货物 huòwù *the goods; 运费 yùnfèi *the cost ～**er** *n.* 货船 huòchuán

French *a.* 法国的 Fǎguóde *of the country 法语的 fǎyǔde *of the language *n.* 法国人 Fǎguórén *the people 法语 Fǎyǔ *the language

frenzy *n.* 狂乱 kuángluàn: in a ～ of rage 暴跳如雷 bàotiàorúléi / a ～ of delight 狂喜 kuángxi

frequency *n.* 1. 频繁 pínfán *multiple 2. 频率 pínlǜ *in physics a high ～ 高频率 gāopínlǜ

frequent *a.* 频繁的 pínfánde; 经常的 jīngchángde: a ～ visitor 常客 chángkè

fresco *n.* 壁画 bìhuà

fresh *a.* 1. 新鲜的 xīnxiānde: ～ milk 鲜奶 xiānnǎi 2. 精神饱满的 jīngshén bǎomǎn de: She always seems ～. 她看上去总是精神饱满。Tā kàn shàngqù zǒngshì jīngshén bǎomǎn. 3. 鲜艳的 xiānyànde: ～ colours 鲜艳的色彩 xiānyàn de sècǎi 4. 凉爽的 liángshuǎngde: a ～ wind 凉爽的风 liángshuǎngde fēng; 清风 qīngfēng 5. 淡的 dànde: ～ water 淡水 dànshuǐ 6. 无经验的 wú jīngyàn de: ～ hand 新手 xīnshǒu

fret *v.* 烦恼 fánnǎo

friction *n.* 摩擦 mócā; 摩擦力 mócālì

Friday *n:* 星期五 Xīngqīwǔ

friend *n.* 朋友 péngyou: make ～s with 与……交朋友 yǔ …… jiāo péngyou

friendship *n.* 友好 yǒuhǎo; 友谊 yǒuyì

fright *n.* 1. 惊悸 jīngjì; 惊吓 jīngxià: give him a ～ 吓他一下 xià tā yíxià 2. 丑家伙 chǒujiāhuo; 怪物 guàiwu *grotesque person

frigid *a.* 1. 寒冷的 hánlěngde 2. 冷淡的 lěngdànde:
a ~ welcome 冷淡地欢迎 lěngdànde huānyíng

fringe *n.* 1. 穗 suì; 须边 xūbiān *on a rug or shawl
2. 边缘 biānyuán *of a forest 3. 刘海儿 liúhǎir
*a woman's hair

frock *n.* 外衣 wàiyī

frog *n.* 蛙 wā

from *prep.* 1. 从 cóng; 从……起 cóng …… qǐ: ~
May 1 to June 3 从五月一日到六月三日 cóng
wǔyuè yī rì dào liùyuè sān rì 2. 离 lí; 从 cóng: one
mile ~ here 离这儿一英里 lí zhèr yì yīnglǐ 3. 从…
…来 cóng …… lái: a letter ~ Li Ming 李明来的信
Lǐ Míng lái de xìn / She is ~ Shanghai. 她是上
海人。 Tā shì Shànghǎi rén. / tell right ~ wrong
分清是非 fēnqīng shìfēi 4. 由 yóu: Steel is made
~ iron. 钢是由铁炼成的。Gāng shì yóu tiě liànchéng
de.

front *n.* 1. 正面 zhèngmiàn; 前面 qiánmiàn; 前部 qián-
bù: the ~ of a building 建筑物的正面 jiànzhùwùde
zhèngmiàn 2. 前线 qiánxiàn; 战线 zhànxiàn *bat-
tlefront

frontier *n.* 国境 guójìng; 边疆 biānjiāng

frost *n.* 1. 严寒 yánhán *extreme cold 2. 霜 shuāng:
a heavy frost 厚霜 hòushuāng

frown *v.* 皱眉 zhòuméi *n.* 颦眉 pínméi; 蹙额 cù'é

frugal *a.* 节俭的 jiéjiǎnde; 节省的 jiéshěngde; 节约的
jiéyuēde

fruit *n.* 1. 水果 shuǐguǒ *of edible ~ 2. 果实 guǒshí
*ripened or a ~ of plant; also fig. bear ~ 结果实
jié guǒshí 3. = achievements 成果 chéngguǒ;
结果 jiéguǒ: the ~ of one's labour 某人劳动的成
果 mǒu rén láodòng de chéngguǒ

fruitful *a.* 多产的 duōchǎnde: ～ soil 肥沃的土壤 féiwòde tǔrǎng

frustrate *v.* 挫败 cuòbài; 破坏 pòhuài

fry *v.* 油煎 yóujiān

fuel *n.* 燃料 ránliào

fulfil *v.* 履行 lǚxíng; 完成 wánchéng; 满足 mǎnzú

full *a.* 1. 满的 mǎnde: I am ～. 我饱了。Wǒ bǎole. 2. 充足的 chōngzúde; 完全的 wánquánde: a ～ supply 充足的供应 chōngzúde gōngyìng *complete 3. 圆的 yuánde; 丰满的 fēngmǎnde: a ～ figure 又胖又圆的身材 yòu pàng yòu yuán de shēncái

fumble *v.* 乱摸 luàn mō; 摸索 mōsuo

fume *n.* 气 qì; 汽 qì *gas; 烟 yān *smoke

fun *n.* 1. 娱乐 yúlè; 玩笑 wánxiào: full of ～ 很好玩儿 hěn hǎo wánr 2. 有趣的事 yǒuqùde shì

function *n.* 1. 功能 gōngnéng; 作用 zuòyòng: the ～ of the heart 心脏的功能 xīnzàng de gōngnéng 2. 典礼 diǎnlǐ; 集会 jíhuì *public ceremony or social gathering *v.* 起……作用 qǐ …… zuòyòng

fund *n.* 资金 zījīn

fundamental *a.* 基本的 jīběnde; 主要的 zhǔyàode

funeral *n.* 葬礼 zànglǐ; 殡葬 bìnzàng *a.* 葬礼的 zànglǐde

fungus *n.* 菌 jùn: black ～ 木耳 mù'ěr *food

funnel *n.* 1. 漏斗 lòudǒu 2. 烟囱 yāncōng *metal chimney in a train or ship

funny *a.* 1. 有趣的 yǒuqùde; 好笑的 hǎoxiàode: a ～ story 好笑的故事 hǎoxiàode gùshi 2. 奇怪的 qíguàide: There's something ～ about the affair. 此事有些奇怪。Cǐ shì yǒuxiē qíguài.

fur *n.* 1. 软毛 ruǎnmáo *of cats and rabbits etc. 2. 皮 pí; 毛皮 máopí: a fine fox ～ 一块好狐狸皮 yí kuài hǎo húlípí

furious *a.* 1. 暴怒的 bàonùde *of a person 2. 猛烈的 měngliède: a ～ storm 猛烈的暴雨 měngliède bàoyǔ

furnace *n.* 1. 炉子 lúzi 2. 熔炉 rónglú *for heating metals

furnish *v.* 1. 供给 gōngjǐ *with supplies 2. 布置 bùzhì; 陈设 chénshè: ～ a room with furniture 在房间内陈设家具 zài fángjiān nèi chénshè jiāju

furniture *n.* 家具 jiāju

furrow *n.* 沟 gōu; 犁沟 lí gōu *in farming land

further *ad. & a.* 1. 较远的 jiǎo yuǎn de; 更远的 gèng yuǎn de; 更往前的 gèng wàngqián de: Don't go any ～. 别再往前走了。Bié zài wàngqián zǒu le. 2. 更进一步的 gèng jìnyíbù de: go ～ into a question 更进一步研究问题 gèng jìnyíbù yánjiū wèntí *v.* 促进 cùjìn; 增进 zēngjìn

furthermore *ad.* 而且 érqiě; 此外 cǐwài

fury *n.* 狂怒 kuángnù

fuse *n.* 1. 保险丝 bǎoxiǎnsī *of an electric circuit 2. 导火线 dǎohuǒxiàn *to an explosive *v.* 熔化 rónghuà

fuss *n.* 大惊小怪 dàjīng-xiǎoguài

fussy *a.* 大惊小怪的 dàjīng-xiǎoguàide; 瞎忙的 xiāmángde

futile *a.* 无用的 wúyòngde

future *n.* 1. 将来 jiānglái; 未来 wèilái 2. 前途 qiántú: have a bright ～ 前途光明 qiántú guāngmíng *a.* 将来的 jiānglái de; 未来的 wèiláide: ～ generations 后代 hòudài

G

gadget *n.* 小器具 xiǎoqìjù

gaiety *n.* 欢乐 huānlè

gain *v.* 1. 获得 huòdé: ～ a victory 获得胜利 huòdé shènglì 2. 挣 zhèng: ～ money 挣钱 zhèngqián 3. 快 kuài: My watch ～s five seconds a day. 我的表每天快5秒。 Wǒde biǎo měi tiān kuài wǔ miǎo. 4. 到达 dàodá: ～ the top of the hill 到达山顶 dàodá shāndǐng *n.* 利益 lìyì: ～ or loss 得失 déshī

galaxy *n.* 银河系 yínhéxì

gale *n.* 大风 dàfēng

gall[1] *n.* 胆汁 dǎnzhī, ～ bladder 胆囊 dǎnnáng, ～ stone 胆结石 dǎnjiéshí

gallant *a.* 英勇的 yīngyǒngde

gallery *n.* 1. 美术陈列室（馆）měishù chénlièshì (guǎn): art ～美术馆 měishùguǎn 2. 顶层楼座 dǐngcéng lóuzuò * in a theatre 3. 长廊 chángláng *a covered passage

gallon *n.* 加仑 jiālún

gallop *n.* 奔驰 bēnchí

gallows *n.* 绞架 jiǎojià

game *n.* 1. 比赛 bǐsài: a ～ of tennis 网球比赛 wǎng-qiú bǐsài 2. 运动会 yùndònghuì: the Olympic G～s 奥林匹克运动会 Àolínpǐkè (Olympic) yùn-dònghuì 3. 局 jú: win three ～s 赢了三局 yíngle sān jú 4. 诡计 guǐjì *a trick 5. 猎物 lièwù; 野味 yěwèi *of wild animals

gamble *v.* 1. 赌博 dǔbó 2. 投机 tóujī *in business, ～er *n.* 赌徒 dǔtú

gang *n.* （一）群 (yì) qún; （一）帮 (yì) bāng

gangster *n.* 歹徒 dǎitú; 暴徒 bàotú

gap *n.* 1. 缺口 quēkǒu; 裂缝 lièfèng: go through a ~ 穿过缺口 chuānguo quēkǒu 2. 空白 kòngbái: fill a ~ 填补空白 tiánbǔ kòngbái

garage *n.* 1. 汽车间 qìchējiān; 车库 chēkù: ~ sale 旧货出售 jiùhuò chūshòu 2. 汽车修理厂 qìchē xiūlǐchǎng *for vehicle repairs

garbage *n.* 垃圾 lājī

garlic *n.* 大蒜 dàsuàn

garden *n.* 花园 huāyuán; 园子 yuánzi, ~er 花匠 huā-jiàng, ~ing 园艺 yuányì

garment *n.* 外衣 wàiyī

garret *n.* 阁楼 gélóu

garrison *n.* 卫戍部队 wèishù bùduì: the Beijing Garrison 北京卫戍区 Běijīng wèishùqū; *v.* 守卫 shǒuwèi

gas *n.* 1. 气体 qìtǐ: Oxygen is a ~. 氧是一种气体。Yǎng shì yì zhǒng qìtǐ. 2. 煤气 méiqì: ~-cooker 煤气炉 méiqìlú: light the ~ 点煤气 diǎn méiqì 3. 毒气 dúqì: ~ bomb 毒气弹 dúqìdàn 4. 汽油 qìyóu: ~ station 加油站 jiāyóuzhàn

gasoline, gasolene *n.* 汽油 qìyóu

gasp *v. & n.* 喘气 chuǎnqì

gate *n.* 大门 dàmén

gather *v.* 1. 聚集 jùjí: People ~ together. 人们聚集在一起。Rénmen jùjí zài yìqǐ. 2. 采集 cǎijí: ~ flowers 采花 cǎi huā 3. 推测 tuīcè: I ~ that 我推测…… wǒ tuīcè ……, a ~ing 集会 jíhuì

gauge *n.* 1. 标准 biāozhǔn 2. 计量器 jiliàngqì *a measuring instrument *v.* 测量 cèliáng

gaunt *a.* 消瘦的 xiāoshòude

gauze *n.* 纱布 shābù *of cotton 铁纱 tiěshā *of wire

gay *a.* 1. 快活的 kuàihuode 2. = homosexual 同性恋的 tóngxìngliànde; *n.* 同性恋者 tóngxìngliànzhě

gaze *v. & n.* 凝视 níngshì

gear *n.* 1. 齿轮 chǐlún: high (low) ~ 高（低）速档 gāo(dī)sù dǎng 2. 装置 zhuāngzhì *mechanism

gem *n.* 宝石 bǎoshí

gendarme *n.* 宪兵 xiànbīng

gene *n.* 基因 jīyīn; 遗传因子 íchu n yīnzǐ

general *a.* 1. 一般的 yìbār de; 普通的 pǔtōngde: ~ knowledge 一般知识 yìbān zhīshi 2. 总的 zǒngde: ~ secretary 总书记 zǒngshūjì 3. 普遍的 pǔbiànde: ~ election 普选 pǔxuǎn *n.* 将军 jiāngjūn *military title, in ~ 一般地说 yībānde shuō

generalize *v.* 1. 概述 gàishù *make a general statement 2. 推广 tuīguǎng: ~ the use of a new invention 推广使用新发明 tuīguǎng shǐyòng xīn fāmíng

generally *ad.* 1. 一般 yìbān: ~ speaking 一般来说 yìbān láishuō 2. 普遍地 pǔbiànde

generate *v.* 产生 chǎnshēng: ~ electricity (heat) 产生电(热) chǎnshēng diàn (rè)

generation *n.* 1. 产生 chǎnshēng *of electricity etc. 2. 一代 yídài: young ~ 年青的一代 niánqīngde yídài, ~ gap 几代人之间的鸿沟 jǐ dài rén chījiān de hónggōu

generator *n.* 发电机 fādiànjī

generosity *n.* 慷慨 kāngkǎi

generous *a.* 慷慨的 kāngkǎide

genesis *n.* 起源 qǐyuán

genetic *a.* 遗传学的 yíchuánxuéde: ~ code 遗传密码 yíchuán mìmǎ

genial *a.* 1. 和蔼的 hé'ǎide *of a person 2. 温和的 wēnhéde *of weather

genital *a.* 生殖的 shēngzhíde: the ～ organs 生殖器 shēngzhíqì

genius *n.* 天才 tiāncái

gentle *a.* 1. 善良的 shànliángde *of a person 2. 温和的 wēnhéde: ～ wind 微风 wēifēng

genocide *n.* 种族灭绝 zhǒngzú mièjué

gentleman *n.* 绅士 shēnshì: ～'s agreement 君子协定 jūnzǐ xiédìng

Gents, Gents' *n.* 男厕所 náncèsuǒ *men's room

genuine *a.* 真正的 zhēnzhèngde

geography *n.* 地理学 dìlǐxué

geology *n.* 地质学 dìzhìxué

geometry *n.* 几何学 jǐhéxué

germ *n.* 1. 细菌 xìjūn: ～warfare 细菌战 xìjūnzhàn 2. 幼芽 yòuyá *of a new plant 3. 根源 gēnyuán *of an idea

German *a.* 1. 德国的 déguóde *of Germany 2. 德国人的 déguórénde *of its people 3. 德语的 déyǔde *of its language *n.* 1. 德国人 déguórén 2. 德语 déyǔ *language

gesticulate *v.* 做手势 zhò shǒushì

gesture *n.* 手势 shǒushì *v.* 做手势 zuò shǒushì

get *v.* 1. 得到 dédào; 获得 huòdé: ～ money 得到钱 dédào qián 2. 患 huàn: ～ a cold 患（得）感冒 huàn(dé) gǎnmào 3. 变为 biànwéi: It's ～ting cold. 天气变冷了。 Tiānqì biàn lěng le. 4. 到达 dàodá: When shall we get there? 我们什么时候到那儿? Wǒmen shénme shíhou dào nàr? 5. 明白 míngbai: I don't ～ your idea. 我不明白你的意思。 Wǒ bù míngbai nǐde yìsi. ～ away 跑掉 pǎodiào, ～ back 回来 huílái, ～ down (to work) 认真着手（工作） rènzhēn zhuóshǒu (gōngzuò), ~ home 回家 huíjiā, ~ in 进入 jìnrù; 收进 shōujìn *crops, ~ off, 下车 xià chē, ~ on 上车 shàng chē, ~ out 出去 chūqù, ~ over 克服 kèfú *difficulties, 恢复 huīfù *an illness, ~ through 通过 tōngguò, ~ up 起床 qǐchuáng

ghastly *a.* 1. 苍白的 cāngbáide *of a person 2. 可怕的 kěpàde: ~ news 可怕的消息 kěpàde xiāoxi

ghost *n.* 1. 鬼 guǐ: believe in ~s 信鬼 xìn guǐ 2. 灵 líng: the Holy ~ 圣灵 shènglíng

G.I. 美国兵 Měiguóbīng

giant *n.* 巨人 jùrén; 巨物 jùwù *a.* 巨大的 jùdàde

giddy *a.* 头晕的 tóuyūnde

gift *n.* 1. = present 礼物 lǐwù 2. 才能 cáinéng: He has a ~ for music. 他有音乐才能。 Tā yǒu yīnyuè cáinéng. ~ed *a.* 有才能的 yǒu cáinéng de

gigantic *a.* 巨大的 jùdàde

giggle *v.* 咯咯地笑 gēgēde xiào

gild *v.* 镀金 dù jīn

gill *n.* 鳃 sāi *of fish

gin *n.* 杜松子酒 dùsōngzǐjiǔ

ginger *n.* 1. 姜 jiāng 2. 活力 huólì: full of ~ 充满活力 chōngmǎn huólì *vitality

ginseng *n.* 人参 rénshēn

gipsy *n.* = gypsy 吉普赛人 jípǔsàirén

giraffe *n.* 长颈鹿 chángjǐnglù

girl *n.* 女孩子 nǚháizi; 姑娘 gūniang

girlfriend *n.* 女朋友 nǚpéngyou; 女伴 nǚbàn

girlish *a.* 女孩子的 nǚháizide

gist *n.* 要点 yàodiǎn

give *v.* 1. 给 gěi: I gave him a book. 我给他一本书。 Wǒ gěi tā yì běn shū. 2. 产生 chǎnshēng;

供给 gōngjǐ: Cows ~ milk. 母牛产奶。Mǔniú chǎn nǎi. 3. 发出 fāchū: ~ a cry 大叫一声 dà jiào yì shēng, ~ away 泄漏 xièlòu *a secret, ~ back 归还 guīhuán, ~ in 让步 ràngbù; 投降 tóuxiáng, ~ off 发出 fāchū, ~ out 发表 fābiǎo *information etc., ~ sth. over to 移交 yíjiāo, ~ up 放弃 fàngqì

glacial *a.* 1. 冰的 bīngde *of ice 2. 冰河时代的 bīnghé shídài de *of an ice age

glacier *n.* 冰河 bīnghé

glad *a.* 高兴的 gāoxìngde: I'm ~ to see you. 我见 到您很高兴。Wǒ jiàndào nín hěn gāoxìng.

glamour *n.* 魅力 mèilì

glance *v. & n.* 一看 yíkàn; 一瞥 yìpiē

glare *v. & n.* 1. 闪耀 shǎnyào *of a strong light 2. 瞪眼 dèngyǎn: She ~d at him. 她瞪着他。 Tā dèngzhe tā.

glaring *a.* 1. 耀眼的 yàoyǎnde *of bright light 2. 显 著的 xiǎnzhùde: ~ errors 大错 dàcuò *obvious

glass *n.* 1. 玻璃 bōli: It is made of ~. 这是玻璃 做的。Zhè shì bōli zuò de. 2. 玻璃器皿 bōli qìmǐn *~ ware 3. 玻璃杯 bōlibēi: a ~ of beer 一杯啤酒 yì bēi píjiǔ 4. = mirror 镜子 jìngzi 5. 眼镜 yǎnjìng *spectacles

glassy *a.* 1. 平静如镜的 píngjìng rú jìng de *of water 2. 无神的 wúshénde *of eyes

glaze *v.* 装玻璃 zhuāng bōli; 上釉子 shàng yòuzi

gleam *n. & v.* 闪光 shǎnguāng

glib *a.* 能说会道的 néngshuō-huìdàode

glide *v. & n.* 1. 滑动 huádòng 2. 滑翔 huáxiáng *of a plane without an engine: ~r 滑翔机 huāxiáng-jī

gliding *a.* 滑翔的 huáxiángde *n.* 滑翔运动 huáxiáng

yùndòng *of a sport

glimmer *n.* 微光 wēiguāng *v.* 发出微光 fāchū wēiguāng

glimpse *n.* 一瞥 yìpiē: catch (get) a ～ of 瞥见 piējiàn

glint *v.* 闪光 shǎnguāng

glisten *v.* 闪耀 shǎnyào

glitter *v.* 闪闪发光 shǎnshǎn fāguāng: All that ～s is not gold. 发光的未必都是金子。 Fāguāngde wèibì dōu shì jīnzi.

globe *n.* 1. 球体 qiútǐ *of an object shaped like a ball 2. = the earth 地球 dìqiú 3. 地球仪 dìqiúyí *an object on which a map of earth is painted

gloom *n.* 1. = darkness 昏暗 hūn'àn 2. 忧郁 yōuyù *of one's feeling

glorify *v.* 赞美 zànměi

glorious *a.* 光荣的 guāngróngde

glory *n.* 光荣 guāngróng

gloss *n.* 光泽 guāngzé *a.* 有光泽的 yǒu guāngzé de

glossary *n.* 词汇表 cíhuìbiǎo

glove *n.* 手套 shǒutào

glow *v.* 1. 发光 fāguāng 2. 发红 fāhóng *of cheeks *n.* 1. 光辉 guānghuī *of a light 2. 激情 jīqíng *of feeling

glucose *n.* 葡萄糖 pútaotáng

glue *n.* 胶 jiāo; 胶水 jiāoshuǐ

glum *a.* 闷闷不乐的 mènmèn-búlède

gnash *v.* 咬 yǎo: ～ one's teeth 咬牙切齿 yǎoyá qièchǐ

gnaw *n.* 1. 咬 yǎo 2. 折磨 zhémó: Grief ～s at my heart. 悲哀折磨着我。 Bēi'āi zhémozhe wǒ.

go *v.* 1. 离去 líqù 2. 通向 tōngxiàng: This road ～es to Beijing. 此路通北京。 Cǐ lù tōng Běijīng. 3. 进行 jìnxíng: How are things ～ing? 情况如何? Qíngkuàng rúhé? ～ after 寻找 xúnzhǎo *a job, ~ against 违反 wéifǎn, ~ ahead 继续 jìxù, ~ back 回去 huíqù, ~ back on 违背 wéibèi, ~ by 过去 guòqù, ~ in for 从事 cóngshì, ~ on 继续 jìxù, ~ out 1. 出去 chūqù 2. 熄灭 xīmiè *of a fire, ~ over 检查 jiǎnchá, ~ through 1. 经过 jīngguò *experience 2. 查看 chákàn *examine, ~ up 上升 shàngshēng *temperature, production etc. n. 尝试 chángshì *an attempt; 精力 jīnglì *full of ~

goal *n.* 1. 球门 qiúmén *of football 2. 得分 défēn: score a ~ 得一分 dé yì fēn 3. 目标 mùbiāo: one's ~ in life 生活的目标 shēnghuóde mùbiāo, ~ keeper *n.* 守门员 shǒuményuán

goat *n.* 山羊 shānyáng

god *n.* 1. 神 shén: the ~ of love = Cupid 爱神 àishén 2. 上帝 shàngdì: God bless you. 愿上帝保佑你。Yuàn shàngdì bǎoyòu nǐ.

goggles *n.* 风镜 fēngjìng

gold *n.* 黄金 huángjīn: ~ fish 金鱼 jīnyú; ~ smith 金匠 jīnjiàng

golden *a.* 1. 金黄色的 jīnhuángsède: ~ hair 金黄色的头发 jīnhuángsède tóufa 2. 极好的 jí hǎo de: a ~ opportunity 极好机会 jí hǎo jīhuì, the ~ age 黄金时代 huángjīn shídài, ~ wedding 金婚 jīnhūn

golf *n.* 高尔夫球 gāoěrfūqiú

gong *n.* 锣 luó

good *a.* 1. 好的 hǎode: a ~ friend 好朋友 hǎo péngyou: G~ morning (afternoon, evening,)! 早上好｜（下午好｜晚上好｜）Zǎoshang hǎo! (Xiàwǔ hǎo! Wǎnshang hǎo!) That's a ~ idea! 好主意｜ Hǎo zhǔyì! 2. 有益的 yǒuyìde: Exercise is ~ for the health. 运动对健康有益。Yùndòng duì jiànkāng yǒuyì. ~ at 善于 shànyú: She's ~ at dancing. 她善于跳舞。

Tā shànyú tiàowŭ. G~ for you! 干得好! Gànde hǎo! *n*. 1. 好 hǎo; 好事 hǎoshì: He did a lot of ~. 他做了许多好事。Tā zuòle xǔduō hǎoshì. 2. 用处 yòngchu: It is no ~. 这没有用处。Zhè méiyǒu yòngchu. for ~ (and all) 永远 yǒngyuǎn

goods *n*. 货物 huòwù

good-bye *int*. 再见 zàijiàn

goose *n*. 1. 鹅 é 2. 鹅肉 éròu *the meat

gooseberry *n*. 醋栗 cùlì: Chinese ~ 弥猴桃 míhóutáo

gorge *n*. 峡谷 xiágŭ *a valley

gorgeous *a*. 极好的 jí hǎo de

gorilla *n*. 大猩猩 dàxīngxing

gospel *n*. 福音 fúyīn

gossip *n*. 1. 闲话 xiánhuà; 流言 liúyán 2. 饶舌者 ráoshézhě *of a person

gourd *n*. 葫芦 húlu

govern *v*. 1. 统治 tǒngzhì; 管理 guǎnlǐ: ~ the country 管理国家 guǎnlǐ guójiā 2. 控制 kòngzhì: ~ oneself 克制自己 kèzhì zìjǐ

governess *n*. 家庭女教师 jiātíng nǚjiàoshī

government *n*. 1. 政治 zhèngzhì; 政体 zhèngtǐ: a system of ~ 政体 zhèngtǐ 2. 政府 zhēngfŭ: the People's G~ 人民政府 rénmín zhèngfŭ

governor *n*. 1. 统治者 tǒngzhìzhě 2. 地方长官 dìfāng zhǎngguān *official appointed to govern a province, town, etc. 3. 州长 zhōuzhǎng *head of each state of U.S. 4. 总督 zǒngdū *representative of the Crown in the British Commonwealth 5. 主管人员 zhŭguǎng rényuán *at a school, hospital, etc.

gown *n*. 长袍 chángpáo 2. 大学礼服 dàxué lǐfú *worn by members of universities 3. 法衣 fǎyī *worn by judges

grab *v.* 强夺 qiángduó; 抢 qiǎng

grace *n.* 1. 优美 yōuměi: She danced with ~. 她的舞姿优美。Tāde wǔzī yōuměi. 2. 恩惠 ēnhuì: an act of ~ 恩赐 ēncì, ~ful *a.* 优美的 yōuměide

gracious *a.* 1. 和善的 héshànde 2. Good ~! 天哪! Tiānna!

gradation *n.* 等级 děngjí

grade *n.* 1. 等级 děngjí 2. 年级 niánjí: a student in the fifth ~ 五年级学生 wǔ niánjí xuésheng 3. 分数 fēnshù *of a mark of schoolwork

gradual *a.* 逐渐的 zhújiànde

graduate *v.* 毕业 bìyè *n.* 毕业生 bìyèshēng

graduation *n.* 1. 毕业 bìyè 2. 毕业典礼 bìyè diǎnlǐ *a ceremony for graduates

graft *n.* 1. 嫁接 jiàjiē *of a plant 2. 移植 yízhí *of surgery

grain *n.* 1. 谷类 gǔlèi; 粮食 liángshi 2. 颗粒 kēlì: a ~ of sand 一粒沙 yì lì shā

gram, gramme *n.* 克 kè

grammar *n.* 语法 yǔfǎ

grammarian *n.* 语法学家 yǔfǎxuéjiā

grammatical *a.* 语法的 yǔfǎde

gramophone *n.* 留声机 liúshēngjī; 唱机 chàngjī

granary *n.* 谷仓 gǔcāng

grand *a.* 1. 雄伟的 xióngwěide: a ~ mountain 雄伟的高山 xióngwěide gāoshān 2. 豪华的 háohuáde: live in ~ style 过豪华生活 guò háohuá shēnghuó 3. 重要的 zhòngyàode *of people 4. 大的 dàde: the G~ Canal 大运河 Dà Yùnhé 5. 极好的 jí hǎo de: What ~ weather! 多么好的天气! Duōme hǎo de tiānqì!

granddaughter *n.* 1. 孙女 sūnnǚ *son's daughter 2. 外孙女 wàisūnnǚ *daughter's daughter

grandfather *n.* 1. 祖父 zǔfù; 爷爷 yéye *father's father 2. 外祖父 wàizǔfù; 外公 wàigōng *mother's father

grandmother *n.* 1. 祖母 zǔmǔ; 奶奶 nǎinai *father's mother 2. 外祖母 wàizǔmǔ; 外婆 wàipó *mother's mother

grandson *n.* 1. 孙子 sūnzi *son's son 2. 外孙 wàisūn *daughter's son

granite *n.* 花岗石 huāgāngshí

grant *v.* 1. 同意 tóngyì: ～ a request 同意请求 tóngyì qǐngqiú 2. 承认 chéngrèn: I ～ his honesty. 我承认他是诚实的。 Wǒ chéngrèn tā shì chéngshíde. ～ed (～ing) that 假定 jiǎdìng, take (sth.) for ～ed 认为当然 rènwéi dāngrán: I took it for ～ed that he would fulfil his promise. 我认为他一定会履行诺言的。 Wǒ rènwéi tā yídìng huì lǚxíng nuòyán de. *n.* 1. 拨款 bōkuǎn *appropriation 2. 助学金 zhùxuéjīn *money given to support a student

grape *n.* 葡萄 pútao

graph *n.* 曲线图 qūxiàntú

graphic *a.* 1. 书写的 shūxiěde *of writing 2. 绘图的 huìtúde *of drawing 3. 图解的 tújiěde *of diagrams or graphs

graphite *n.* 石墨 shímò

grasp *v.* 1. 抓住 zhuāzhù 2. 领会 lǐnghuì: ～ a person's meaning 领会某人的意思 lǐnghuì mǒu rén de yìsi *n.* 1. 抓 zhuā 2. 理解力 lǐjiělì: have a thorough ～ of a problem 透彻地理解问题 tòuchède lǐjiě wèntí

grass *n.* 1. 草 cǎo 2. 草地 cǎodì *of land: Keep off

the ～. 勿踏草地。wù tà cǎodì. 3. = marijuana 大麻 dàmá, ～ skiing 滑草运动 huácǎo yùndòng

grasshopper *n.* 蚱蜢 zhàměng; 蚂蚱 màzha

grate *v.* 磨擦 mócā: ～ the teeth 磨牙 móyá

grateful *a.* 感谢的 gǎnxiède: We are ～ to you for your help. 感谢你对我们的帮助。 Gǎnxiè nǐ duì wǒmende bāngzhù.

gratify *v.* 满意 mǎnyì: be ～ied with the result 对结果感到满意 duì jiéguǒ gǎndào mǎnyì

gratitude *n.* 感谢 gǎnxiè

grave[1] *n.* 坟墓 fénmù

grave[2] *a.* 1. 严肃的 yánsùde: look ～ 态度严肃 tàidu yánsù 2. 严重的 yánzhòngde: ～ consequences 严重的后果 yánzhòngde hòuguǒ

gravestone *n.* 墓碑 mùbēi

graveyard *n.* 墓地 mùdì

gravel *n.* 砾石 lìshí

gravitation *n.* 万有引力 wànyǒu yǐnlì; 地心引力 dìxīn yǐnlì

gravity *n.* 1. 引力 yǐnlì; 重力 zhònglì: specific ～ 比重 bǐzhòng 2. 严肃 yánsù: keep one's ～ 保持严肃态度 bǎochí yánsù tàidu

gravy *n.* 肉汁 ròuzhī

graze *v.* 1. 吃草 chī cǎo *of animals 2. 放牧 fàngmù: ～ cattle 放牛 fàng niú

grease *n.* 油脂 yóuzhī *v.* 涂油 túyóu: ～ the wheels of a cart 给车轮上油 gěi chēlún shàngyóu

greasy *a.* 多油脂的 duō yóuzhī de: ～ food 多油食品 duō yóu shípǐn

great *a.* 1. 巨大的 jùdàde *volume, quantity, degree, etc. 2. 伟大的 wěidàde: a ～ musician 伟大的音乐家 wěidàde yīnyuèjiā 3. 极妙的 jí miào de: What

a ~ idea! 极妙的主意! Jí miào de zhǔyì! The
G~ Wall 长城 Chángchéng

greed *n.* 贪婪 tānlán

greedy *a.* 贪婪的 tānlánde

Greek *a.* 1. 希腊的 xīlàde *of Greece 2. 希腊人的
xīlàrénde *of its people 3. 希腊语的 xīlàyǔde
*of its language *n.* 1. 希腊人 xīlàrén *people
2. 希腊语 xīlàyǔ *language

green *a.* 1. 绿 lǜ: ~ tea 绿茶 lǜchá; 青 qīng: ~
hills 青山 qīngshān 2. = unripe 生的 shēngde:
~ apples 生苹果 shēngpíngguǒ 3. = inexperienced
没经验的 méi jīngyàn de: ~ hand 生手 shēngshǒu

greenhouse *n.* 温室 wēnshì

greet *v.* 1. 向……致意 xiàng …… zhìyì; 向……问好
xiàng …… wènhǎo 2. 迎接 yíngjiē: ~ the New
Year 迎接新年 yíngjiē xīnnián

greeting *n.* 1. 问候 wènhòu 2. 祝贺 zhùhè: a New
Year ~s 新年的祝贺 xīnniánde zhùhè

grenade *n.* 手榴弹 shǒuliúdàn

grey, gray *a.* 1. 灰色的 huīsède *of colour 2. 阴沉的
yīnchénde: a ~ day 阴天 yīntiān *n.* 灰色 huīsè

greyhound *n.* 长腿猎狗 chángtuǐ liè(gǒu

grief *n.* 悲痛 bēitòng

grievance *n.* 不满 bùmǎn

grieve *v.* 悲痛 bēitòng: be deeply ~d 感到很悲痛
gǎndào hěn bēitòng

grievous *a.* 1. 悲痛的 bēitòngde: ~ news 悲痛的消
息 bēitòngde xiāoxi 2. 严重的 yánzhòngde: a ~
fault 严重的错误 yánzhòngde cuòwù

grill *n.* 1. = grating 铁丝格子 tiěsī gézi 2. 烤的食物
kǎode shíwù *grilled food *v.* 烤 kǎo

grim *a.* 冷酷的 lěngkùde

grimace *n.* 鬼脸 guǐliǎn *v.* 做鬼脸儿 zuò guǐliǎnr

grin *v.* 露着牙齿笑 lòuzhe yáchǐ xiào

grind *v.* 1. 磨碎 mòsuì: ～ corn into flour 把玉米磨成粉 bǎ yùmǐ mòchéng fěn 2. 折磨 zhémo: be ground by poverty 受贫困折磨 shòu pínkùn zhémo 3. 磨 mó: ～ a knife 磨刀 módāo

grip *v.* 紧握 jǐnwò *n.* 1. 紧握 jǐnwò 2. 掌握 zhǎngwò: have a good ～ of several languages 掌握几种语言 zhǎngwò jǐ zhǒng yǔyán 3. 吸引 xīyǐn: to have a ～ on an audience 吸引观众 xīyǐn guānzhòng

groan *v. & n.* 呻吟 shēnyín

grocer *n.* 食品杂货商 shípǐn záhuòshāng

grocery *n.* 食品杂货店 shípǐn záhuòdiàn

groom *n.* 1. 马夫 mǎfū *man in charge of horses 2. = bridegroom 新郎 xīnláng *v.* 1. 养马 yǎngmǎ *take care of horses 2. 修饰 xiūshì *take care of one's appearance

groove *n.* 1. 槽沟 cáogōu 2. 生活习惯 shēnghuó xíguàn: get into a ～ 成习惯 chéng xíguàn *v.* 开槽 kāicáo

grope *v.* 摸索 mōsuǒ *feel about 探索 tànsuǒ *for information

gross *a.* 1. 粗鲁的 cūlǔde: *of people's speech and habits 2. 显著的 xiǎnzhùde: a ～ error 明显的错误 míngxiǎnde cuòwù 3. 粗劣的 cūliède *of food 4. 总的 zǒngde: ～ weight 毛重 máozhòng *n.* 总额 zǒng'é

grotesque *a.* 奇形怪状的 qíxíng-guàizhuàngde

ground *n.* 1. 地面 dìmiàn *the surface of the earth 2. 土地 tǔdì: a piece of ～ 一块地 yí kuài dì 3. 场所 chǎngsuǒ *a football ～ 足球场 zúqiúchǎng 4. 立场 lìchǎng: hold one's ～ 坚持……立场 jiānchí

...... lìchǎng 5. 理由 lǐyóu: on the ～ of 因为 yīnwèi v. 1. = to base 以……为依据 yǐ ...... wéi yījù 2. 搁浅 gēqiǎn *of a boat 3. 停飞 tíngfēi *of a plane

groundless a. 没理由的 méi lǐyóu de

group n. 群 qún; 组 zǔ: a ～ of children 一群孩子 yì qún háizi v. 分组 fēnzǔ: We can ～ animals into several types. 我们能把动物分成几类。Wǒmen néng bǎ dòngwù fēnchéng jí lèi.

grove n. 小树林 xiǎoshùlín

grow v. 1. 生长 shēngzhǎng: How tall the boy has ～n! 这男孩长得好高啊! Zhè nánháir zhǎngde hǎo gāo a! 2. 种植 zhòngzhí: He ～s vegetables. 他种蔬菜。Tā zhòng shūcài. 3. 变成 biànchéng: He's ～n old. 他变老了。Tā biàn lǎo le. ～n-up 成年人 chéngniánrén

growl v. 1. 嗥叫 háojiào *of animals 2. 咆哮 páoxiāo *of people 3. 轰鸣 hōngmíng *of thunder

growth n. 1. 生长 shēngzhǎng 2. 增加 zēngjiā: the ～ of population 人口的增长 rénkǒude zēngzhǎng

grudge v. 1. 妒忌 dùjì: ～ sb. his success 妒忌某人的成功 dùjì mǒu rén de chénggōng 2. 舍不得 shě bu de: He ～d paying so much for it. 他舍不得为它花那么多钱。Tā shě bu de wèi tā huā nàme duō qián. n. 妒忌 dùjì

grudging a. 吝惜的 lìnxīde; 勉强的 miǎnqiǎngde

gruel n. 粥 zhōu

grumble v. 抱怨 bàoyuàn; 发牢骚 fā láosāo: ～ at (about, over) one's food 抱怨食物不好 bàoyuàn shíwù bù hǎo n. 1. 牢骚 láosāo 2. 闷雷声 mènléishēng *of thunder

grunt *v.* 1. 呼噜声 hūlushēng *of a pig 2. 嘀咕声 dígushēng *of a person *n.* 咕哝声 gūnongshēng

guarantee *n.* 1. 保证 bǎozhèng 2. 保证书 bǎozhèngshū *a formal written declaration 3. = guarantor 保证人 bǎozhèngrén *v.* 保证 bǎozhèng: My watch is ～d for one year. 我的表保用一年。Wǒde biǎo bǎoyòng yì nián.

guard *n.* 1. 警戒 jǐngjiè; 提防 dīfang: off one's ～ 不提防 bù dīfang, on one's ～ 警戒着 jǐngjièzhe 2. 卫兵 wèibīng *the soldier etc. *v.* 1. 保卫 bǎowèi * ～ a place 2. 提防 dīfang ～ against disease 预防疾病 yùfáng jíbìng

guardian *n.* 保护人 bǎohùrén; 监护人 jiānhùrén

gue(r)rilla *n.* 游击队员 yóujī duìyuán

guess *v.* 1. 猜 cāi; 推测 tuīcè: ～ the reason 推测原因 tuīcè yuányīn 2. = suppose (American usage) 想 xiǎng *n.* 猜 cāi; 推测 tuīcè

guest *n.* 1. 客人 kèren: a state ～ 国宾 guóbīn 2. 旅客 lǚkè *in a hotel

guidance *n.* 指导 zhǐdǎo

guide *n.* 1. 向导 xiàngdǎo: a tour ～ 旅游向导 lǚyóu xiàngdǎo 2. 指导原则 zhǐdǎo yuánzé: Don't take his experience as a ～. 不要把他的经验作为指导原则。Búyào bǎ tāde jīngyàn zuòwéi zhǐdǎo yuánzé. *v.* 指导 zhǐdǎo: ～ book 旅行指南 lǚxíng zhǐnán

guillotine *n.* 1. 断头台 duàntóutái 2. 切割机 qiēgējī *a machine used for cutting

guilt *n.* 罪 zuì; 犯罪 fànzuì: ～less 无罪的 wú zuì de

guilty *a.* 有罪的 yǒu zuì de

guise *n.* 1. = dress attire 装束 zhuāngshù 2. 借口 jièkǒu: in (under) the ～ of 在……的借口下 zài……

de jièkǒuxià

guitar *n.* 吉他 jítā; 六弦琴 liùxiánqín

gulf *n.* 1. 海湾 hǎiwān: the Persian ～ 波斯湾 Bō-sīwān 2. 深渊 shēnyuān *a deep hollow place in the earth's surface·

gull *n.* 鸥 ōu

gully *n.* 沟渠 gōuqú

gulp *v.* 吞 tūn *n.* 吞咽 tūnyàn: a ～ of milk 一大口牛奶 yī dà kǒu niúnǎi

gum¹ *n.* 1. 树胶 shùjiāo *on a tree 2. = chewing ～ 口香糖 kǒuxiāntáng *v.* 粘合 zhānhé

gum² *n.* 齿龈 chǐyín; 牙床 yáchuáng *in mouth

gun *n.* 枪 qiāng; 炮 pào: an air ～ 气枪 qìqiāng, ～ boat 炮舰 pàojiàn, ～ man 带枪强盗 dài qiāng qiángdào, ～ner 炮手 pàoshǒu; 枪手 qiāngshǒu, ～ powder 黑色火药 hēisè huǒyào

gush *v. & n.* 涌出 yǒngchū *of liquids

gust *n.* 1. 阵风 zhènfēng *wind 2. 一阵 yízhèn: a ～ of rain 一阵暴雨 yí zhèn bàoyǔ

gut *n.* 1. 肚子 dùzi; 肠子 chángzi 2. 勇气 yǒngqì: a man with plenty of ～s 勇气十足的人 yǒngqì shízú de rén

guy *n.* 1. = fellow 家伙 jiāhuo

gymnasium *n.* 体育馆 tǐyùguǎn

gymnastic *a.* 体操的 tǐcāode: * ～ apparatus 体操用具 tǐcāo yòngjù: ～s 体操 tǐcāo

gypsy *n.* 吉普赛人 jípǔsàirén

H

habit *n.* 1. 习惯 xíguàn: H～ is second nature. 习惯成自然。Xíguàn chéng zìrán. 2. 习性 xíxìng:

the ～s of animals 动物的习性 dòngwù de xíxìng

habitable *a.* 可居住的 kě jūzhù de

habitat *n.* 产地 chǎndì *of plants 栖息地 qīxīdì *of animals

habitation *n.* 1. 居住 jūzhù: houses fit for ～ 适合居住的房屋 shìhé jūzhù de fángwū 2. 住所 zhùsuǒ: human ～s 住人的地方 zhùrén de dìfang

habitual *a.* 1. 通常的 tōngchángde: ～ greeting 通常的问候 tōngchángde wènhòu 2. 习惯的 xíguànde: a ～ thief 一个惯偷 yí gè guàntōu

hack *v.* 劈 pī; 砍 kǎn: He ～ed the tree down. 他砍倒了这棵树。 Tā kǎndǎole zhè kē shù. *n.* 劈 pī; 砍 kǎn

haggard *a.* 憔悴的 qiáocuìde

hail¹ *n.* 雹子 báozi *frozen rain drops *v.* 下雹子 xià báozi

hail² *v.* 1. 欢呼 huānhū: They ～ed us as we entered the hall. 我们进入大厅时他们向我们欢呼。 Wǒmen jìnrù dàtīng shí tāmen xiàng wǒmen huānhū. 2. 招呼 zhāohu: An old friend ～ed me from the other side of the street. 一位老朋友在街对面跟我打招呼。 Yí wèi lǎopéngyou zài jiē duìmiàn gēn wǒ dǎ zhāohu. 3. 叫 jiào: ～ a taxi 叫一辆出租汽车 jiào yí liàng chūzū qìchē

hair *n.* 1. 毛 máo *of animals 2. 头发 tóufa: I'll have my ～ cut. 我要理发。 Wǒ yào lǐfà. ～dresser *n.* 理发师 lǐfàshī

haircut *n.* 理发 lǐfà

hairpin *n.* 发夹 fàjiā

hairy *a.* 多毛的 duōmáode

half *n.* 半 bàn; 一半 yíbàn: It's ～ past ten. 现在十点半。 Xiànzài shí diǎn bàn. / H～ of our work is done. 我们的工作已完成了一半。 Wǒmende gōngzuò yǐ wánchéngle yíbàn.

half-mast *n.* 半旗 bànqí: at ～ 下半旗 xiàn bànqí

half-way *a.* 半路的 bànlùde; 中途的 zhōngtúde; *ad.* 中途 zhōngtú; 半路上 bànlùshang

hall *n.* 1. 大厅 dàtīng; 会堂 huìtáng: a banquet ～ 宴会厅 yànhuìtīng 2. 门厅 méntīng: leave your coat in the ～ 把你的大衣放在门厅里 bǎ nǐde dàyī fàng zài méntīng li

halt *n.* 停止 tíngzhǐ; 停住 tíngzhù: The bus came to a sudden ～ 汽车突然停住了。 Qìchē tūrán tíngzhùle. *v.* 使……止步 shǐ …… zhǐbù; 使……停住 shǐ…… tíngzhù

halve *v.* 平分 píngfēn

ham *n.* 火腿 huǒtuǐ

hammer *n.* 铁锤 tiěchuí; 榔头 lángtou *v.* 锤打 chuídǎ

hammock *n.* 吊床 diàochuáng

hamper *v.* 妨碍 fáng'ài

hand *n.* 1. 手 shǒu 2. 指针 zhǐzhēn: the hour (minute, second) ～ 时（分、秒）针 shí (fēn, miǎo) zhēn 3. 人手 rénshǒu: short of ～s 缺少人手 quēshǎo rénshǒu 4. 方面 fāngmiàn: on the one (other) ～一(另一) 方面 yì (lìng yì) fāngmiàn, at ～ 1. 在手边 zài shǒubiān: I haven't my pen at ～. 我的钢笔不在手边。 Wǒde gāngbǐ bú zài shǒubiān. 2. 在附近 zài fùjìn: He lives close at ～. 他住在附近。 Tā zhù zài fùjìn. at first (second) ～ 直（间）接 zhí (jiàn) jiē: I heard the news at first ～ from my brother. 我是从我哥哥那儿直接听到这个消息的。 Wǒ shì cóng wǒ gēge nàr zhíjiē tīngdào zhège xiāoxi de. ～ in ～ 手拉手 shǒu lā shǒu; 联合 liánhé: act ～ in ～ 联合行动 liánhé xíngdòng,

H~s off! 请勿动手! Qǐng wù dòngshǒu! (polite); 不许碰! Bùxǔ pèng! ～ to ～ 逼近地 bījìnde: fight ～ to ～ 短兵相接 duǎnbīng-xiāngjiē, have (take) a～ in ……插手某事 chā shǒu mǒu shì, have one's ～s free 没事干 méi shì gàn, have one's ～s full 忙得很 mángde hěng, in ～ 1. 在手头 zài shǒutóu, have enough data in ～ 手头有足够的资料 shǒutóu yǒu zúgòude zīliào 2. 掌握 zhǎngwò; 控制 kòngzhì: have the situation well in ～ 完全控制着局势 wánquán kòngzhìzhe júshì, out of ～ 1. 无法控制 wúfǎ kòngzhì, 不受约束 bú shòu yuēshù: The boys have got quite out of ～. 这些孩子管不住了。Zhèxiē háizi guǎn bu zhù le. 2. 立刻 lìkè: I refused it out of ～. 我立刻拒绝了。Wǒ lìkè jùjué le. *v.* 交给 jiāogěi; 递给 dìgěi; 传给 chuángěi: H~ me the glass, please. 请把杯子递给我。Qǐng bǎ bēizi dìgěi wǒ. ～ down 传下来 chuán xiàlái, ～ in 交进 jiāojìn, 上交 shàngjiāo, ～ over 移交 yíjiāo, 交出 jiāochū

handbag *n.* 手提包 shǒutíbāo

handbook *n.* 手册 shǒucè

handcuff *n.* 手铐 shǒukào

handful *n.* 1. 一把 yì bǎ: a ～ of rice 一把米 yì bǎ mǐ 2. 一小撮 yì xiǎo cuō; 少数 shǎoshù: We invited twelve, but only a ～ of them came. 我们邀请了十二个人，但只有少数人来了。Wǒmen yāoqingle shí'èr gè rén, dàn zhíyǒu shǎoshù rén lái le.

handicapped *a.* 残疾人的 cánjírénde

handicraft *n.* 手工艺 shǒugōngyì; 手工业 shǒugōngyè

handiwork *n.* 手工 shǒugōng; 手工制品 shǒugōng zhìpín

handkerchief *n.* 手帕 shǒupà; 手绢 shǒujuàn

handle *n.* 柄 bǐng; 把手 bǎshǒu *v.* 1. 摸 mō; 拿 ná: Wash your hands before you ~ the book, please. 拿书之前请先洗手。Ná shū zhīqián qǐng xiān xǐ shǒu. 2. 处理 chǔlǐ: ~ a business 处理一件事 chǔlǐ yí jiàn shì H~ with care! 小心轻放！Xiǎoxīn qīngfàng！

handmade *a.* 手工制的 shǒugōngzhìde

handsome *a.* 1. 漂亮的 piàoliangde: a ~ young man 一个英俊的年青人 yí gè yīngjùnde niánqīngrén 2. 慷慨的 kāngkǎide; 可观的 kěguānde: a ~ sum 一笔可观的钱 yì bǐ kěguānde qián

handwriting *n.* 笔迹 bǐjì; 书法 shūfǎ

handy *a.* 1. 方便的 fāngbiànde 2. 手巧的 shǒuqiǎode: He is a good ~ man. 他手很巧。Tā shǒu hěn qiǎo.

hang[1] *v.* 悬 xuán; 挂 guà: H~ your coat on the hook. 把你的外衣挂在钩子上。Bǎ nǐde wàiyī guà zài gōuzishang. ~ back 退缩 tuìsuō, ~ on 别放下 bié fàngxià; 坚持 jiānchí, ~ up 挂断电话 guàduàn diànhuà

hang[2] 1. 上吊 shàngdiào: He ~ed himself. 他上吊了。Tā shàngdiào le. 2. 绞死 jiǎosǐ: The criminal was ~ed. 罪犯被绞死了。Zuìfàn bèi jiǎosǐ le.

hanger *n.* 挂钩 guàgōu: a coat ~ 衣架 yījià

happen *v.* 1. 发生 fāshēng: no matter what ~s 不管发生什么事 bùguǎn fāshēng shénme shì 2. 碰巧 pèngqiǎo: I ~ed to see him yesterday. 昨天我碰巧遇到了他。Zuótiān wǒ pèngqiǎo yùdàole tā.

happening *n.* 事件 shìjiàn; 事情 shìqing

happy *a.* 1. 快乐 kuàilè: H~ New Year! 祝新

年快乐! Zhù xīnnián kuàilè! 2. 幸福 xìngfú: a ~ life 幸福的生活 xìngfúde shēnghuó 3. 愉快 yúkuài; 高兴 gāoxìng: I'll be ~ to meet him. 我很乐意和他见面。 Wǒ hěn lèyì hé tā jiànmiàn.

harbo(u)r *n.* 1. 港口 gǎngkǒu; 海港 hǎigǎng 2. = haven 安全地 ānquánde *v.* 1. 庇护 bìhù; 窝藏 wōcáng: ~ criminals 窝藏罪犯 wōcáng zuìfàn 2. 停泊 tíngbó *ships

hard *a.* 1. 硬 yìng: ~ rock 坚硬的岩石 jiānyìngde yánshí 2. 困难的 kùnnande; 艰难的 jiānnánde: ~ to believe 很难相信 hěn nán xiāngxìn / ~ work 艰苦的工作 jiānkǔde gōngzuò 3. 猛烈的 měngliède: a ~ blow 重击 zhòngjī *ad.* 艰苦地 jiānkǔde; 努力地 nǔlìde: work ~ 努力工作 nǔlì gōngzuò

harden *v.* 1. 变硬 biànyìng: the earth ~ed. 土变硬了。 Tǔ biànyìng le. 2. 变坚强 biàn jiānqiáng: His mind has ~ed. 他更坚定了。 Tā gèng jiāndìng le.

hardly *ad.* 几乎不 jīhū bù: You can ~ imagine what he said. 你简直不能想象他说了些什么。 Nǐ jiǎnzhí bùnéng xiǎngxiàng tā shuōle xiē shénme.

hardship *n.* 艰难 jiānnán

hardware *n.* 五金器具 wǔjīn qìjù

hardwood *n.* 硬木 yìngmù

hardy *a.* 强壮的 qiángzhuàngde; 能吃苦的 néng chīkǔ de

hare *n.* 野兔 yětù

harm *n.* 伤害 shānghài; 损害 sǔnhài: I meant no ~ 我并没有恶意。 Wǒ bìng méiyǒu èyì. / do sb. ~ 损害（伤害）某人 sǔnhài (shānghài) mǒu rén *v.* 伤害 shānghài

harmful *a.* 有害的 yǒuhàide

harmless *a.* 无害的 wúhàide

harmonica *n.* 口琴 kǒuqín

harmonious *a.* 1. 协调的 xiétiáode 2. 和谐的 héxiéde

harmonize *v.* 1. 协调 xiétiáo; 调和 tiáohé: These two plans must be ~d. 这两项计划一定要协调。 Zhè liǎng xiàng jìhuà yídìng yào xiétiáo.

harmony *n.* 1. 调和 tiáohé 2. 和声 héshēng *music, in ~ with 和……一致 hé …… yízhì

harness *n.* 马具 mǎjù *v.* 1. 上马具 shàng mǎjù 2. 治理 zhìlǐ: ~ a river 治河 zhì hé

harp *n.* 竖琴 shùqín *v.* 弹竖琴 tán shùqín *to play a harp.

harrow *n.* 耙 pá *v.* 1. 耙 bà: ~ a field 耙地松土 bà dì sōng tǔ

harsh *a.* 1. 粗糙的 cūcāode: ~ cloth 粗布 cūbù 2. 严酷的 yánkùde: ~ punishment 严酷的惩罚 yánkùde chéngfá 3. 苛刻的 kēkède: ~ terms 苛刻的条件 kēkède tiáojiàn

harvest *n.* 收获 shōuhuò; 收成 shōucheng: a good ~ 好收成 hǎo shōucheng *v.* 收获 shōuhuò; 收割 shōugē

hash *v.* 切碎 qiēsuì *n.* 肉丁烤菜 ròudīng kǎo cài: make a ~ of sth. 把某事弄糟 bǎ mǒu shì nòngzāo

haste *n.* 急速 jísù; 匆忙 cōngmáng: make ~ 赶快 gǎnkuài / More ~, less speed. 欲速不达。 Yùsù bùdá. in ~ 急迫地 jípòde

hasten *v.* 1. 赶快 gǎnkuài; 急忙 jímáng: ~ home 急忙回家 jímáng huíjiā 2. 促进 cùjìn: It ~s the growth of the plants. 这促进了作物的生长。 Zhè cùjìn le zuòwù de shēngzhǎng.

hasty *a.* 1. 急迫的 jípòde; 急速的 jísùde 2. 性急的 xìngjíde: a ~ temper 急脾气 jípíqi 3. 草率的 cǎoshuàide: a ~ conclusion 草率的结论 cǎoshuàide jiélùn

hat *n.* 帽子 màozi

hatch¹ *n.* 舱口 cāngkǒu

hatch² *v.* 孵 fū: ～ eggs 孵蛋 fū dàn

hatchet *n.* 斧子 fǔzi

hate *v.* 1. 恨 hèn 2. 不愿 búyuàn; 不喜欢 bù xǐhuan:
I ～ troubling him. 我不愿去麻烦他。 Wǒ búyuàn
qù máfan tā.

hateful *a.* 可恨的 kěhènde; 讨厌的 tǎoyànde

hatred *n.* 恨 hèn

haughty *a.* 傲慢的 àomànde

haul *v.* 拖 tuō; 拉 lā: ～ logs 拖木材 tuō mùcái / ～
up the fishing nets 拉鱼网 lā yúwǎng

haunt *v.* 1. 经常出没 jīngcháng chūmò: ～ about
a place 常去某地 cháng qù mǒu dì *frequent 2.
（鬼魂）作祟 (guǐhún) zuòsuì: a ～ed house 鬼魂
作祟的屋子 guǐhún zuòsuì de wūzi *of ghosts etc.

have *v.* 1. 有 yǒu: He has a new car. 他有一辆
新车。 Tā yǒu yí liàng xīnchē 2. 得到 dédào: She
has had two letters since last week. 她上周已收到
了两封信。 Tā shàngzhōu yǐ shōudào le liǎng fēng
xìn. ～ breakfast 吃早饭 chī zǎofàn, ～ a cup of
tea 喝杯茶 hē bēi chá, ～ an English class 上英语课
shàng yīngyǔkè, ～ a good time 玩儿得好 wánrde
hǎo, ～ a meeting 开会 kāihuì, ～ a rest 休息一下
xiūxi yīxià, ～ a talk 谈一谈 tán yītán, ～ a try 试一试
shì yīshì, ～ to 必须 bìxū

haven *n.* 港口 gǎngkǒu; 避风港 bìfēnggǎng

havoc *n.* 1. 大破坏 dàpòhuài; 浩劫 hàojié 2. 混乱
hùnluàn: His ideas caused ～. 他的想法引起
了混乱。 Tāde xiǎngfǎ yǐnqǐle hùnluàn.

haw *n.* 山楂 shānzhā

hawk *n.* 鹰 yīng

hay *n.* 干草 gāncǎo: Make ~ while the sun shines. 晒草要趁太阳好。 Shài cǎo yào chèn tàiyáng hǎo. 抓紧时机 zhuājǐn shíjī

hazard *n.* 冒险 màoxiǎn; 危险 wēixiǎn: at all ~s 冒一切危险 mào yíqiè wēixiǎn *v.* 冒……险 mào …… xiǎn, ~ a guess 妄猜一下 wàng cāi yīxià

haze *n.* 薄雾 bówù

hazy *a.* 1. 烟雾弥漫 yānwù mímàn: The mountains were ~ in the distance. 远处群山雾气弥漫。 Yuǎnchù qúnshān wùqì mímàn. 2. 不清楚 bù qīngchu: be ~ about sth. 对某事不清楚 duì mǒu shì bù qīngchu

H-bomb = hydrogen bomb 氢弹 qīngdàn

he *pron.* 他 tā

head *n.* 1. 头 tóu; 头部 tóubù: My ~ aches 我头疼。 Wǒ tóuténg. 2. 头脑 tóunǎo; 智力 zhìlì: keep one's ~ 保持镇静 bǎochí zhènjìng, lose one's ~ 慌乱 huāngluàn, 失去理智 shīqù lǐzhì 3. 首脑 shǒunǎo; 领导 lǐngdǎo: the ~ of the state 国家元首 guójiā yuánshǒu *v.* 1. 在……的前头 zài …… de qiántou; 率领 shuàilǐng: ~ a delegation 率领一个代表团 shuàilǐng yí gè dàibiǎotuán 2. 朝某方向前进 cháo mǒu fāngxiàng qiánjìn: ~ straight for home 径直向家里走去 jìngzhí xiàng jiālǐ zǒuqù

headache *n.* 1. 头疼 tóuténg 2. 头疼的事 tóuténg de shì: Examination is a big ~ for some students. 对有些学生来说考试是件头疼的事。 Duì yǒuxiē xuésheng lái shuō kǎoshì shì jiàn tóuténg de shì.

heading *n.* 标题 biāotí

headlight *n.* 前灯 qiándēng

headline *n.* 标题 biāotí

headmaster *n.* 校长 xiàozhǎng

headquarters *n.* 总部 zǒngbù; 司令部 sīlìngbù

headstrong *a.* 倔强的 juéjiàngde; 任性的 rènxìngde

headway *n.* 前进 qiánjìn; 进展 jìnzhǎn

heal *v.* 1. 治愈 zhìyù; 愈合 yùhé: His wounds are ~ing. 他的伤口正在愈合。Tāde shāngkǒu zhèngzài yùhé. 2. 和解 héjiě; 平息 píngxī: ~ a quarrel 平息一场争吵 píngxī yì chǎng zhēngchǎo

health *n.* 1. 健康 jiànkāng: in good ~ 很健康 hěn jiànkāng 2. 卫生 wèishēng: public ~ 公共卫生 gōnggòng wèishēng

healthy *a.* 健康的 jiànkāngde

heap *n.* 1. 堆 duī: a ~ of books 一堆书 yì duī shū 2. 很多 hěn duō: We have ~s of time. 我们有很多时间。Wǒmen yǒu hěn duō shíjiān. *v.* 堆积 duījī

hear *v.* 1. 听 tīng; 听见 tīngjiàn: I can ~ someone knocking. 我听见有人敲门。Wǒ tīngjiàn yǒu rén qiāo mén. 2. 听说 tīngshuō: I ~d that she was ill. 我听说她病了。Wǒ tīngshuō tā bìng le. ~ from sb. (i.e. receive a letter) 收到某人来信 shōudào mǒu rén lái xìn: I haven't ~d from my parents for nearly a month. 我几乎有一个月没收到父母的来信了。Wǒ jīhū yǒu yí gè yuè méi shōudào fù-mǔde lái xìn le. ~ of 听说 tīngshuō: I never ~d of her. 我从来没听说过她。Wǒ cónglái méi tīngshuōguo tā.

hearing *n.* 听力 tīnglì; 听觉 tīngjué: Her ~ is very sharp. 她听觉灵敏。Tā tīngjué língmǐn. / His voice is beyond ~. 听不到他的声音。Tīng bu dào tāde shēngyīn.

hearsay *n.* 道听途说 dàotīng-túshuō; 谣言 yáoyán

hearse *n.* 灵车 língchē

heart *n.* 1. 心 xīn; 心脏 xīnzàng 2. 内心 nèixīn: Thank you from the bottom of my ~. 衷心感谢你。Zhōngxīn gǎnxiè nǐ. learn by ~ 熟记 shújì; 能背出 néng bèichū; lose ~ 灰心 huīxīn, put one's ~ into sth. 用全部精力去做某事 yòng quánbù jīnglì qù zuò mǒu shì, set one's ~ on (upon) doing sth. 决心要做某事 juéxīn yào zuò mǒu shì, with all one's ~ 衷心地 zhōngxīnde 3. 中心 zhōngxīn; 核心 héxīn: in the ~ of town 在市中心 zài shì zhōngxīn 4. 红心 hóngxīn *in cards

heartache *n.* 伤心 shāngxīn; 悲痛 bēitòng

heartbeat *n.* 心跳 xīntiào

heartbroken *a.* 非常伤心 fēicháng shāngxīn

hearten *v.* 使……振奋 shǐ …… zhènfèn; 鼓励 gǔlì

heartfelt *a.* 真心诚意的 zhēnxīn-chéngyìde

heartily *ad.* 1. 诚恳地 chéngkěnde; 衷心地 zhōngxīnde 2. 大量 dàliàng: eat ~ 吃得很多 chīde hěn duō

heartless *a.* 无情的 wúqíngde; 残酷的 cánkùde

hearty *a.* 1. 诚恳的 chéngkěnde; 衷心的 zhōngxīnde *sincere 2. 强健的 qiángjiànde; 精神饱满的 jīngshén bǎomǎn de *vigorous

heat *n.* 1. 热 rè; 热度 rèdù: This will relieve the ~ of the fever 这会退烧。Zhè huì tuìshāo. 2. 激烈 jīliè: in the ~ of the debate 在激烈的辩论中 zài jīliède biànlùn zhōng *v.* 加热 jiārè

heater *n.* 加热器 jiārèqì: a gas ~ 煤气炉 méiqìlú

heathen *n.* 异教徒 yìjiàotú

heave *v.* 1. 举起 jǔqǐ: We ~d him to his feet. 我们把他举起来。Wǒmen bǎ tā jǔqǐlái. 2. 发出 fāchū: ~ a sigh 发出一声叹息 fāchū yì shēng tànxī 3. 起伏 qǐfú: the ~ing waves 起伏的波涛 qǐfúde bōtāo 4. 扔 rēng: Don't ~ your things around. 不要把你的东西乱扔。 Búyào bǎ nǐde dōngxi luàn rēng.

heaven *n.* 1. = the sky 天空 tiānkōng 2. 天堂 tiāntáng *the place; 上帝 shàngdì *God: the will of H~ 天意 tiānyì

heavy *a.* 1. 重的 zhòngde; 沉的 chénde: The bag is too ~ for me. 这书包太沉了, 我拿不动。 Zhè shūbāo tài chén le, wǒ ná bu dòng. 2. 大量的 dàliàngde; 大的 dàde: ~ rain 大雨 dàyǔ / ~ traffic 交通拥挤 jiāotōng yōngjǐ 3. 繁重的 fánzhòngde: ~ work 繁重的工作 fánzhòngde gōngzuò 4. 沉重的 chénzhòng de; 沉痛的 chéntòng de: ~ heart 沉重的心情 chénzhòngde xīnqíng

hectare *n.* 公顷 gōngqǐng

hedge *n.* 篱笆 líba *v.* 用篱笆围住 yòng líba wéizhù

hedgehog *n.* 刺猬 cìwei

heed *v.* 注意 zhùyì; 留心 liúxīn: She didn't ~ my warning. 她毫不注意我的警告。 Tā háobú zhùyì wǒde jǐnggào.

heel¹ *n.* 1. 脚后跟 jiǎohòugēn *of foot 2. 鞋(袜)后跟 xié (wà) hòugēn *of shoes, socks; at / on sb.'s ~s 紧跟某人 jǐngēn mǒu rén, 紧追某人 jǐnzhuī mǒu rén: He followed close on my ~s. 他紧追着我。 Tā jǐnzhuīzhe wǒ.

heel² *v.* (船)倾斜 (chuán) qīngxié; 使(船)倾斜 shǐ (chuán) qīngxié *ships

hegemony *n.* 霸权 bàquán

hegemonism *n.* 霸权主义 bàquánzhǔyì

height *n.* 1. 高 gāo; 高度 gāodù: My brother is six feet in ~. 我兄弟身高六呎。 Wǒ xiōngdi shēngāo liù yīngchǐ. 2. 顶点 dǐngdiǎn: in the ~ of summer

盛夏 shèngxià

heighten *v.* 1. 增高 zēnggāo; 提高 tígāo: ～ a house 加高房屋 jiāgāo fángwū 2. 增加 zēngjiā: ～ one's confidence 增强信心 zēngqiáng xìnxīn

heir *n.* 继承人 jìchéngrén

helicopter *n.* 直升飞机 zhíshēng fēijī

heliport *n.* 直升飞机场 zhíshēng fēijīchǎng

hell *n.* 1. 地狱 dìyù 2. 该死 gāisi *an exclamation Go to ～! 滚蛋！ Gǔndàn!

hello *int.* 喂 wèi, 你好 nǐ hǎo

helm *n.* 舵 duò

helmet *n.* 钢盔 gāngkuī; 头盔 tóukuī

help *v.* 1. 帮助 bāngzhù; 援助 yuánzhù: please ～ yourself. 请随意用。 Qǐng suíyì yòng. / May I ～ you to some meat? 请吃点肉。 Qǐng chī diǎnr ròu. cannot ～ 不得不 bùde bù; 忍不住 rěnbù zhù

helping *n.* 一份 yí fèn: Give me another ～ please. 请再给我一份。Qǐng zài gěi wǒ yí fèn.

hem *n.* 折边 zhébiān; 卷边 juǎnbiān *v.* 缝边 féng biān

hemisphere *n.* 半球 bànqiú

hemp *n.* 大麻 dàmá

hen *n.* 母鸡 mǔjī

hence *ad.* 1. 今后 jīnhòu: 6 years ～ 今后六年 jīnghòu liù nián 2. = therefore 因此 yīncǐ

hen-pecked *a.* 怕老婆的 pà lǎopo de

her *pron.* 1. 她 tā 2. 她的 tāde: It's ～ pen, not yours. 那是她的笔，不是你的。Nà shì tāde bǐ, búshì nǐde.

herald *n.* 1. 通报者 tōngbàozhě *messenger *v.* 预示 yùshì

herb *n.* 草药 cǎoyào: Chinese medicinal ～s 中草药 zhōngcǎoyào

herd *n.* 牧群 mùqún; 兽群 shòuqún: ～sman 牧民 mùmín

here *ad.* 1. 这里 zhèlǐ: Come ~. 到这儿来。Dào zhèr lái. / H~ we are (i.e. we have arrived) 我们到了。Wǒmen dào le. here and there 四处 sìchù, H~ you are. (i.e. Here is what you wanted) 这就是。Zhè jiù shì.

hereditary *a.* 1. 遗传的 yíchuánde: a ~ disease 遗传病 yíchuánbìng 2. 世袭的 shìxíde ~ property 世袭财产 shìxí cáichǎn

heredity *n.* 遗传 yíchán; 遗传性 yíchuánxìng

heretic *n.* 异教徒 yìjiàotú *religious 持异端者 chí yìduānzhě

heritage *n.* 遗产 yíchǎn

hero *n.* 1. 英雄 yīngxióng 2. 男主人公 nán zhǔrén-gōng *in a novel, play, etc.

heroic *a.* 英雄的 yīngxióngde: ~ deeds 英雄的事迹 yīngxióngde shìjī

heroine *n.* 1. 女英雄 nǚyīngxióng 2. 女主人公 nǚ-zhǔréngōng *in a novel, play, etc.

herring *n.* 青鱼 qīngyú

hers *pron.* 她的 tāde: I've borrowed a book of ~. 我向她借了一本书。Wǒ xiàng tā jièle yì běn shū.

herself *pron.* 1. 她自己 tā zìjǐ: She hurt ~. 她伤了自己。Tā shāngle zìjǐ. 2. 她亲自 tā qīnzì: She told me the news ~. 她亲自告诉我这个消息的。Tā qīnzì gàosu wǒ zhège xiāoxi de.

hesitate *v.* 犹豫 yóuyù

hesitant *a.* 犹豫的 yóuyùde

hesitation *n.* 犹豫 yóuyù

heterodox *a.* 异端的 yìduānde; 异教的 yìjiàode

hew *v.* 1. 劈 pī; 砍 kǎn: ~ down a branch 砍掉一根树枝 kǎndiào yì gēn shùzhī 2. 开辟 kāipì: ~ one's way 开出一条路 kāichū yì tiáo lù

heyday *n.* 全盛期 quánshèngqī

hide¹ *v.* 1. 藏 cáng: ～ behind the door 藏在门后 cáng zài mén hòu 2. 掩盖 yǎngài; 遮住 zhēzhù: ～ some important facts 掩盖了某些重要事实 yǎngài le mǒuxiē zhòngyào shìshí. / The sun was hidden by the clouds. 乌云遮住了太阳。 Wūyún zhēzhùle tàiyáng.

hide² *n.* 兽皮 shòupí

hideous *a.* 1. 丑陋的 chǒulòude: a ～ face 丑陋的面孔 chǒulòude miànkǒng 2. 可怕的 kěpàde: a ～ crime 可怕的罪行 kěpàde zuìxíng

hierarchy *n.* 等级制度 děngjí zhìdù; 阶层 jiēcéng

hieroglyphics *n.* 象形文字 xiàngxíng wénzì

hi-fi *n.* 高度传真的收音、录音设备 gāodù chuánzhēn de shōuyīn, lùyīn shèbèi

high *a.* 1. 高的 gāode: a ～ mountain 高山 gāoshān 2. 高级的 gāojíde; 高等的 gāoděngde: a ～ official 高级官员 gāojí guānyuán / ～er education 高等教育 gāoděng jiàoyù

highland *n.* 高地 gāodì

highlight *n.* 1. 明亮部分 míngliàng bùfen *in a picture, photo, etc. 2. 显著部分 xiǎnzhù bùfen

highly *ad.* 1. 高度 gāodù: ～ skilled 高度熟练的 gāodù shúliàn de 2. 非常 fēicháng: ～ pleased 非常高兴的 fēicháng gāoxìng de

highway *n.* 公路 gōnglù; 大道 dàdào

hijack *v.* 劫持 jiéchí: ～ an aeroplane 劫持飞机 jiéchí fēijī

hike *n. & v.* 徒步旅行 túbù lǚxíng

hill *n.* 小山 xiǎoshān; 丘陵 qiūlíng

hillside *n.* 山坡 shānpō

hilly *a.* 多山的 duō shān de; 多丘陵的 duō qiūlíng de:

a ～ area 丘陵地区 qiūlíng dìqū

him *pron.* 他 tā: That's ～. 正是他。Zhèng shì tā.

himself *pron.* 1. 他自己 tā zìjǐ: He bought it for ～. 这是他给自己买的。Zhè shì tā gěi zìjǐ mǎi de. 2. 他亲自 tā qīnzì: He did the work himself. 他亲自干那项工作。Tā qīnzì gàn nà xiàng gōngzuò.

hind *a.* 后面的 hòumiànde; 后部的 hòubùde: the ～ legs of a horse 马后腿 mǎhòutuǐ

hinder *v.* 妨碍 fáng'ài; 阻碍 zǔ'ài: Don't ～ him in his work. 不要妨碍他的工作。Bùyào fáng'ài tāde gōngzuò.

hinge *n. & v.* 金属折页 jīnshǔ zhéyè, ～ on (upon) 取决于 qǔjuéyú: Everything ～s on what we do next. 一切都取决于我们下面的行动。Yíqiè dōu qǔjuéyú wǒmen xiàmiàn de xíngdòng.

hint *n. & v.* 暗示 ànshì: give a ～ 给人暗示 gěi rén ànshì

hip *n.* 臀部 túnbù; 屁股 pìgu

hippopotamus *n.* 河马 hémǎ

hire *v.* 雇用 gùyòng *people 租用 zūyòng *things: ～ a gardener 雇用园丁 gùyòng yuándīng

his *pron.* 他的 tāde: a friend of ～ 他的一个朋友 tāde yí gè péngyou

historian *n.* 历史学家 lìshǐxuéjiā

historic *a.* 有历史意义的 yǒu lìshǐ yìyì de; 历史性的 lìshǐxìngde: an ～ city 历史名城 lìshǐ míngchéng

historical *a.* 历史上的 lìshǐshangde: 历史的 lìshǐde: an ～ play 历史剧 lìshǐjù

history *n.* 1. 历史 lìshǐ: Chinese ～ 中国历史 Zhōngguó lìshǐ 2. 记载 jìzǎi: a ～ of the last war 上次战争的记载 shàngcì zhànzhēng de jìzǎi

hit *v.* 1. 打 dǎ; 击中 jīzhòng: ～ the target 击中目标

jīzhòng mùbiāo 2. 碰撞 pèngzhuàng: The car ~ the wall. 汽车撞墙了。 Qìchē zhuàng qiáng le. *n.* 成功之作 chénggōng zhī zuò: make a ~ 成功 chénggōng

hitch¹ *v.* 拴 shuān; 套住 tàozhù: ~ a horse to a tree 把马拴在树上 bǎ mǎ shuān zài shù shang

hitch² *v.* 急拉 jí lā *to pull with a jerk

hitch-hike *n. & v.* 搭车 dāchē

hitherto *ad.* 至今 zhìjīn

hive *n.* 1. 蜂巢 fēngcháo; 蜂箱 fēngxiāng 2. 蜂群 fēngqún *a swarm of bees

hoard *n.* 贮藏物 zhùcángwù *v.* 贮存 zhùcún

hoarse *a.* 嘶哑的 sīyǎde: shout oneself ~ 把嗓子喊哑 bǎ sǎngzi hǎnyǎ

hoax *v.* 欺骗 qīpiàn *deceive, dupe *n.* 谎言 huǎngyán *lies; 骗局 piànjú *fraud

hobble *n. & v.* 蹒跚 pánshān; 跛行 bǒxíng

hobby *n.* 业余爱好 yèyú àihào; 嗜好 shìhào: Collecting stamps is my ~. 集邮是我的嗜好。 Jíyóu shì wǒde shìhào.

hockey *n.* 曲棍球 qǔgùnqiú: ice ~ 冰球 bīngqiú

hoe *n.* 锄头 chútou *v.* 锄草 chúcǎo

hog *n.* 肥猪 féizhū

hoist *v.* 扯起 chěqi; 升起 shēngqi: ~ a flag 升旗 shēngqí *n.* 起重机 qǐzhòngjī

hold *v.* 1. 拿 ná; 握 wò; 抱 bào: I held his hand. 我握住他的手。 Wǒ wòzhù tāde shǒu. / She's ~ing the baby. 她抱着孩子。 Tā bàozhe háizi. 2. 容纳 róngnà; 装 zhuāng: This bag will ~ all these things. 这只袋子能装下所有这些东西。 Zhè zhī dàizi néng zhuāngxia suǒyǒu zhèxiē dōngxi. 3. 举行 jǔxíng: ~ a meeting 举行会议 jǔxíng huìyì, ～ on = hang on 别放下（电话）bié fàngxia (diànhuà), ～ out 坚持下去 jiānchí xiàqù, ～ up 耽搁 dānge *delay *n.* 拿 ná；抓 zhuā: take ～ of 抓住 zhuāzhù

holder *n.* 1. 持有人 chíyǒurén；保持者 bǎochízhě: a record ～ 记录保持者 jìlù bǎochízhě 2. 支持物 zhīchíwù: a cigarette ～ 烟嘴 yānzuǐr

hole *n.* 1. 洞 dòng；孔 kǒng: dig a ～ 挖洞 wādòng / a bullet ～ 弹孔 dànkǒng 2. 巢穴 cháoxué；窝 wō: the ～ of a fox 狐狸窝 húliwō

holiday *n.* 假日 jiàrì: on ～ 在度假 zài dùjià / take a ～ 休假 xiūjià

hollow *a.* 1. 空的 kōngde；空心的 kōngxīnde: a ～ pipe 空心管子 kōngxīn guǎnzi 2. 凹陷的 āoxiànde: ～ cheeks 深陷的双颊 shēnxiànde shuāngjiá

holy *a.* 神圣的 shénshèngde

homage *n.* 敬意 jìngyì；尊敬 zūnjìng

home *n.* 1. 家 jiā: My ～ is in Beijing. 我的家在北京。 Wǒde jiā zài Běijīng. 2. 故乡 gùxiāng: ～ town 家乡 jiāxiāng, at ～ 在家 zài jiā, at ～ in (with) 熟悉 shúxī, *ad.* 去家里 qù jiā li, go ～ 回家 huíjiā

homely *a.* 1. 家常的 jiāchángde: a ～ meal 家常便饭 jiācháng biànfàn

homemade *a.* 家庭制的 jiātíngzhìde；国产的 guóchǎnde；自制的 zìzhìde

homesick *a.* 想家的 xiǎngjiā de；思乡的 sī xiāng de

homestead *n.* 1. 家园 jiāyuán 2. 自耕农场 zìgēng nóngchǎng *USA

homework *n.* 家庭作业 jiātíng zuòyè

homicide *n.* 杀人 shā rén

homosexual *n.* 同性恋者 tóngxìngliànzhě *a.* 同性恋的

tóngxìngliànde

honest *a.* 诚实的 chéngshíde；老实的 lǎoshide: an ~ man 诚实的人 chéngshíde rén

honey *n.* 蜂蜜 fēngmì

honeymoon *n.* 蜜月 mìyuè

honorary *a.* 名誉的 míngyùde: an ~ chairman 名誉主席 míngyù zhǔxí

hono(u)r *n.* 1. 尊敬 zūnjìng；敬意 jìngyì: show ~ to sb. 尊敬某人 zūnjìng mǒu rén 2. 人格 réngé；名誉 míngyù: on one's ~ 用名誉担保 yòng míngyù dānbǎo, guard of ~ 仪仗队 yízhàngduì

honourable *a.* 可敬的 kějìngde；光荣的 guāngróngde

hood *n.* 1. 头巾 tóujīn；兜帽 tōumào 2. 车篷 chēpéng

hoof *n.* 蹄 tí

hook *n.* 钩子 gōuzi: a fish ~ 鱼钩 yúgōu / Hang your coat on the ~. 把外衣挂在衣钩上。 Bǎ wàiyī guà zài yīgōu shang. by ~ or by crook 不择手段地 bù zé shǒuduàn de；用种种方法 yòng zhǒngzhǒng fāngfǎ *v.* 钩住 gōuzhù

hooligan *n.* 流氓 liúmáng；阿飞 āfēi

hop *v.* 1. 单脚跳 dānjiǎo tiào *of people 跳跃 tiàoyuè *of small creatures 2. 越过 yuèguò: He ~ped the stream. 他越过小溪。 Tā yuèguò xiǎoxī.

hope *n.* 希望 xīwàng；期望 qīwàng: full of ~ 充满希望 chōngmǎn xīwàng *v.* 希望 xīwàng: I ~ so. 希望如此。 Xīwàng rúcǐ.

horde *n.* 大群 dàqún: a ~ of people 一大群人 yī dàqún rén

horizon *n.* 1. 地平线 dìpíngxiàn 2. (fig.) 眼界 yǎnjiè；见识 jiànshi: widen one's ~s 开阔眼界 kāikuò yǎnjiè

horizontal *a.* 1. 地平的 dìpíngde 2. 水平的 shuipíngde; 卧式的 wòshìde: a ～ plane 水平面 shuǐpíngmiàn / a ～ engine 卧式发动机 wòshì fādòngjī

horn *n.* 1. 角 jiǎo *on an animal 2. 号角 hàojiǎo *bugle; 喇叭 lǎba *instrument: motor ～ 汽车喇叭 qìchē lǎba

horrible *a.* 1. 可怕的 kěpàde: a ～ story 可怕的故事 kěpàde gùshi 2. 讨厌的 tǎoyànde: ～ weather 讨厌的天气 tǎoyànde tiānqì

horrid *a.* 1. 可怕的 kěpàde 2. 讨厌的 tǎoyànde: a ～ bore 讨厌的人 tǎoyànde rén

horrify *v.* 使……恐怖 shǐ……kǒngbù; 使……惊吓 shǐ……jīngxià: I was horrified by the news. 这消息把我吓坏了。 Zhè xiāoxi bǎ wǒ xiàhuài le.

horror *n.* 恐怖 kǒngbù: cry out in ～ 吓得叫出声来 xià de jiàochu shēng lai / ～ films 恐怖电影 kǒngbù diànyǐng

horse *n.* 马 mǎ: put the cart before the ～ 本末倒置 běnmòdàozhì

horseback *n.* 马背 mǎbèi: on ～ 骑着马 qízhe mǎ

horseman *n.* 骑手 qíshǒu

horseshoe *n.* 马掌 mǎzhǎng

horticulture *n.* 园艺 yuányì; 园艺学 yuányìxué

hose *n.* 1. 软管 ruǎnguǎn; 皮带管 pídàiguǎn 2. 长统袜 chángtǒngwà *stockings *v.* 用软管冲洗 yòng ruǎnguǎn chōngxǐ

hospitable *a.* 好客的 hàokède; 殷勤的 yīnqínde: a ～ reception 热情的接待 rèqíngde jiēdài

hospital *n.* 医院 yīyuàn

hospitality *n.* 殷勤款待 yīnqín kuǎndài; 好客 hàokè

host[1] *n.* 主人 zhǔrén: a ～ country 东道国 dōngdàoguó

host[2] *n.* 许多 xǔduō; 大量 dàliàng: a ～ of lies 大量谎言 dàliàng huǎngyán

hostage *n.* 人质 rénzhì

hostel *n.* 宿舍 sùshè; 招待所 zhāodàisuǒ

hostess *n.* 1. 女主人 nǚzhǔrén 2. 女乘务员 nǚchéng-wùyuán *on an airplane

hostile *a.* 敌对的 díduìde; 有敌意的 yǒu díyì de: a ～ country 敌对国 díduìguó

hostility *n.* 敌对 díduì; 敌意 díyì: feel no ～ towards anyone 对任何人都无恶意 duì rènhérén dōu wú èyì

hot *a.* 1. 热的 rède: a ～ day 热天 rètiān / Strike the iron while it is ～. 趁热打铁。 chènrè dǎtiě. 2. 辣的 làde: This curry is too ～. 这咖喱太辣了。 Zhè gālí tài là le. 3. 热烈的 rèliède; 激烈的 jīliède: a ～ debate 激烈的辩论 jīliède biànlùn 4. 急燥的 jízàode: a ～ temper 急燥的脾气 jízàode píqì

hotel *n.* 旅馆 lǚguǎn

hound *n.* 猎狗 liègǒu *v.* 追逐 zhuīzhú

hour *n.* 1. 小时 xiǎoshí; 钟头 zhōngtóu 2. 时刻 shíkè; 钟点 zhōngdiǎn: At what hour do you go to bed? 你在什么时候睡觉? Ní zài shénme shíhou shuìjiào? 3. 规定的时间 guīdìngde shíjiān: school ～s 上课时间 shàngkè shíjiān: Keep good ～s. 按时作息。 Ànshí zuòxī.

hourly *a. & ad.* 每小时 měi xiǎoshí

house *n.* 1. 房子 fángzi; 住宅 zhùzhái: I have bought a ～. 我买了一幢房子。 Wǒ mǎile yí zhuàng fángzi. 2. 议院 yìyuàn: the H～ of Commons 下议院 Xiàyìyuàn

household *n.* 一家 yì jiā; 一户 yí hù; 一家人 yìjiārén

housekeeper *n.* 管家 guǎnjiā

housekeeping *n.* 家务 jiāwù

housemaid *n.* 女仆 nǚpú; 女佣 nǚyōng

housewife *n.* 主妇 zhǔfù; 家庭妇女 jiātíng fùnǚ

hover *v.* 1. 翱翔 áoxiáng 2. 徘徊 páihuái; 徬徨 pánghuáng *fig.

how *ad.* 1. 如何 rúhé; 怎样 zěnyàng: H~ is it done? 这是怎么做的? Zhè shì zěnme zuò de? 2. 多么 duōme: H~ well she sings! 她唱得多好! Tā chàngde duō hǎo! 3. 多少 duōshao: H~ many books do you have? 你有多少书? Nǐ yǒu duōshao shū? / H~ old is he? 他多大了? Tā duō dà le?

huddle *v.* 1. 乱挤 luàn jǐ; 乱堆 luàn duī 2. 缩 suō: ~ up 缩成一团 suōchéng yìtuán

hug *v.* 紧抱 jǐn bǎo; 搂 lǒu

huge *a.* 巨大的 jùdà de; 庞大的 pángdàde: ~ success 巨大的成功 jūdàde chénggōng

hulk *n.* 1. 废船 fèichuán *ship 2. 大个子 dàgèzi: He was a great ~ of a fellow. 他是个彪形大汉。 Tā shì gè biāoxíng dàhàn.

hull *n.* 1. 壳 ké *of fruit etc. 2. 船身 chuánshēn; 机身 jīshēn *of a ship or a plane *v.* 去壳 qù ké

hum *v.* 1. 嗡嗡声 wēngwēngshēng *of bees, etc. 2. 哼唱 hēngchàng: ~ a song 哼曲子 hēng qǔzi

human *a.* 人的 rénde; 人类的 rénlèide: ~ nature 人性 rénxìng *n.* 人 rén

humane *a.* 人道的 réndàode

humanism *n.* 人道主义 réndàozhǔyì; 人文主义 rénwénzhǔyì

humanist *n.* 人道主义者 réndàozhǔyìzhě; 人文主义者 rénwénzhǔyìzhě

humanity *n.* 1. 人类 rénlèi 2. 人性 rénxìng 3. (*pl.*) 人文学科 rénwén xuékē

humble *a.* 卑贱的 bēijiànde; 无足轻重的 wúzúqīngzhōng

de

humbug *n.* 1. 欺诈 qīzhà; 欺骗 qīpiàn: It was all ~. 这完全是欺骗。 Zhè wánquán shì qīpiàn 2. 骗子 piànzi *a person

humid *a.* 潮湿的 cháoshī de: ~ air 潮湿的空气 cháoshīde kōngqì

humiliate *v.* 羞辱 xiūrǔ; 丢脸 diūliǎn: ~ oneself 丢脸 diūliǎn

humility *n.* 谦逊 qiānxùn; 谦让 qiānràng

humorist *n.* 幽默作家 yōumò zuòjiā; 诙谐的人 huīxié de rén

humorous *a.* 幽默的 yōumò de; 诙谐的 huīxié de

humo(u)r *n.* 幽默 yōumò; 诙谐 huīxié: have a sense of ~ 有幽默感 yǒu yōumògǎn

hump *n.* 驼峰 tuófēng

hundred *num. & n.* 一百 yìbǎi

hundredth *num.* 第一百 dì-yìbǎi

hunger *n.* 1. 饥饿 jī'è: die of ~ 饿死 èsǐ 2. 渴望 kěwàng: ~ for power 渴求权力 kěqiú quánlì

hungry *a.* 1. 饥饿的 jī'è de: I am ~. 我饿了。 Wǒ è le. 2. 渴望的 kěwàngde: be ~ for knowledge 渴求知识 kěqiú zhīshi

hunt *v.* 1. 打猎 dǎliè 2. 追赶 zhuīgǎn; 搜索 sōusuǒ: ~ down a criminal 追捕犯人 zhuībǔ fànrén

hunter *n.* 猎人 lièrén *man; 猎狗 lièqǒu *dog

hunting *n.* 打猎 dǎliè

hurdle *n.* 1. 篱笆 líba 2. 栏 lán: the high (low) ~s 高(低)栏赛跑 gāo(dī) lán sàipǎo

hurl *v.* 投掷 tóuzhì

hurricane *n.* 飓风 jùfēng

hurry *n. & v.* 仓促 cāngcù; 慌忙 huāngmáng; 急迫 jípò: Why all this ~? 为什么这样急? Wèishénme

zhèyàng jí? in a ~ 急忙的 jímángde, 仓促的 cāng-
cùde, H~ up! 快点儿! Kuàidiǎnr!

hurt *v.* 1. 伤害 shānghài; 损伤 sǔnshāng: I stumbled
and ~ my foot. 我跌倒了,伤了脚。Wǒ diēdǎo le,
shāngle jiǎo. 2. 使……伤心 shǐ …… shāngxīn;
伤害（感情）shānghài (gǎnqíng): That'll ~ her
feelings. 那会伤了她的感情。Nà huì shāngle tāde
gǎnqíng. 3. 疼痛 téngtòng: My leg ~s. 我腿
疼。Wǒ tuǐténg.

husband *n.* 丈夫 zhàngfu

husbandry *n.* 1. 农业 nóngyè; 耕作 gēngzuò: animal ~
畜牧业 xùmùyè

hush *v. & n.* 肃静 sùjìng: H~! 肃静! Sùjìng! 别响!
Biéxiǎng! ~ up 掩盖 yǎngài

husk *n.* 壳 ké *v.* 剥去……壳 bōqù …… ké: ~ rice
辗米 niǎnmǐ

hustle *v.* 1. 猛推 měng tuī; 硬挤 yìng jǐ 2. 匆忙 cōng-
máng: He ~ the work. 他匆匆赶完了工作。Tā
cōngcōng gǎnwánle gōngzuò.

hut *n.* 茅舍 máoshè; 小屋 xiǎowū

hydraulic *a.* 水力的 shuǐlì de; 水（液）压的 shuǐ (yè)
yāde: a ~ press 水（液）压机 shuǐ (yè) yājī

hydroelectric *a.* 水力发电的 shuǐlì fādiàn de: a ~ sta-
tion 水电站 shuǐdiànzhàn

hydrogen *n.* 氢 qīng: ~ bomb 氢弹 qīngdàn

hygiene *n.* 1. 卫生 wèishēng 2. 卫生学 wèishēngxué
public and private ~s 公共卫生和个人卫生 gōng-
gòng wèishēng hé gèrén wèishēng

hymn *n.* 赞美诗 zànměishī; 圣歌 shènggē

hyphen *n.* 连字号 liánzìhào

hypnotic *a.* 催眠的 cuīmiánde

hypocrisy *n.* 伪善 wěishàn; 虚伪 xūwěi

hypocrite *n.* 伪君子 wěijūnzi

hypocritical *a.* 伪善的 wěishàn de; 虚伪的 xūwěi de

hypothesis *n.* 假设 jiǎshè; 假说 jiǎshuō

hysterical *a.* 歇斯底里的 xiēsīdǐlǐ de; 无法控制的 wúfǎ kòngzhì de

hysterics *n.* 歇斯底里 xiēsīdǐlǐ

I

ICBM *n.* 洲际导弹 zhōujì dǎodàn

ice *n.* 冰 bīng: break the ～ 打破僵局 dǎpò jiāngjú, be on thin ～ 处境危险 chǔjìng wēixiǎn *v.* 冰镇 bīngzhèn: ～d drinks 冰镇饮料 bīngzhèn yǐnliào

iceberg *n.* 冰山 bīngshān

icebox *n.* 冰箱 bīngxiāng

ice-breaker *n.* 破冰船 pòbīngchuán

icecream *n.* 冰淇淋 bīngqílín

icy *a.* 1. 冰冷的 bīnglěng de: ～ winds 寒风 hánfēng 2. 盖着冰的 gàizhe bīng de: ～ roads 覆盖着冰的道路 fùgàizhe bīng de dàolù

idea *n.* 1. 主意 zhǔyi: A good ～! 好主意! hǎo zhǔyi! 2. 想法 xiǎngfǎ: What are your ～s about it? 你对这怎么想? Nǐ duì zhè zěnme xiǎng? / I have no idea what he is doing. 我不知道他在干什么。Wǒ bù zhīdào tā zài gàn shénme.

ideal *a.* 理想的 lǐxiǎngde *n.* 理想 lǐxiǎng

idealism *n.* 1. 理想主义 lǐxiǎngzhǔyì 2. 唯心主义 wéixīnzhǔyì *in philosophy

identical *a.* 相同的 xiāngtóngde

identification *n.* 辨认 biànrèn; 鉴定 jiàndìng: ～ card 身份证 shēnfènzhèng

identify *v.* 1. 辨认 biànrèn: I identified the coat at

once. 我马上认出了这件大衣。 Wǒ mǎshàng rèn-chule zhè jiàn dàyī. 2. 等同 děngtóng *to consider as the same or equivalent

identity *n*. 1. 一致 yízhì: They reached an ～ of views. 他们取得一致看法。Tāmen qǔdé yízhì kànfǎ. 2. 身份 shēnfèn: an ～ card 身份证 shēnfènzhèng

ideological *a*. 思想上的 sīxiǎngshang de

ideology *n*. 思想意识 sīxiǎng yìshi

idiom *n*. 惯用语 guànyòngyǔ; 成语 chéngyǔ

idiomatic *a*. 合乎习惯用法的 héhū xíguàn yòngfǎ de

idiot *n*. 白痴 báichī; 傻瓜 shǎguā

idle *a*. 1. = indolent 懒散的 lǎnsànde: an ～ fellow 游手好闲的家伙 yóushǒu hàoxián de jiāhuo 2. 无用的 wúyòngde; 无效的 wúxiàode; 无根据的 wú gēnjùde: an idle rumour 毫无根据的谣传 háowú gēnjù de yáochuán *v*. 1. 虚度 xūdù: Don't ～ away your precious time. 不要虚度大好时光。Búyào xūdù dàhǎo shíguāng. 2. 懒散 lǎnsàn; 闲逛 xiánguàng

idol *n*. 偶像 ǒuxiàng

if *conj*. 1. 如果 rúguǒ: ～ only 但愿 dànyuàn, ～ possible 如果可能的话 rúguǒ kěnéng de huà 2. 是否 shìfǒu: I wonder if he will like it. 我不知道他是否喜欢它。Wǒ bù zhīdào tā shìfǒu xǐhuan tā.

ignite *v*. 点火 diǎnhuǒ

ignoble *a*. 卑鄙的 bēibìde

ignorant *a*. 1. 无知的 wúzhīde: an ～ person 无知的人 wúzhī de rén 2. 不知道 bù zhīdào: He is ～ of even the simplest things. 他连最简单的事情都不知道。Tā lián zuì jiǎndān de shìqing dōu bù zhīdào.

ignorance *n*. 无知 wúzhī

ignore *v*. 忽视 hūshì; 不理 bùlǐ: She saw him coming but ～ed him. 她看他过来了，但没理他。Tā kàn tā guòláile, dàn méi lǐ tā.

ill *a.* 1. 有病的 yǒu bìng de: fall ～ 得病 débìng 2. 坏的 huàide: ～ temper 坏脾气 huài píqi / ～ luck 不幸 búxìng *ad.* 1. 坏 huài: speak ～ of sb. 把某人说得很坏 bǎ mǒu rén shuōde hěn huài 2. 几乎不 jīhū bù: I am ～ prepared for it. 对此我没有准备。Duì cǐ wǒ méiyǒu zhǔnbèi. *n.* 不幸 búxìng: the ～s of life 生活中的不幸 shēnghuó zhōng de búxìng

illegal *a.* 非法的 fēifǎde

illegitimate *a.* 1. 违法的 wéifǎde 2. 私生的 sīshēngde: an ～ child 私生子 sīshēngzǐ

illicit *a.* 违法的 wéifǎde

illiteracy *n.* 文盲 wénmáng

illiterate *a.* 文盲的 wénmángde

illness *n.* 疾病 jíbìng

illtreat *v.* 虐待 nüèdài

illuminate *v.* 1. 照明 zhàomíng: poorly ～d streets 照明不好的街道 zhàomíng bù hǎo de jiēdào 2. 阐明 chǎnmíng: ～ a statement with many examples 用许多实例阐明一个论点 yòng xǔduō shílì chǎnmíng yí gè lùndiǎn

illusion *n.* 幻想 huànxiǎng; 错觉 cuòjué

illustrate *v.* 1. 说明 shuōmíng: ～ a lesson with pictures 用图画来说明一篇课文 yòng túhuà lái shuōmíng yì piān kèwén 2. 图解 tújiě: a well-～d textbook 插图精美的教科书 chātú jīngměi de jiàokēshū

illustration *n.* 插图 chātú

illustrative *a.* 说明性的 shuōmíngxìng de

image *n.* 像 xiàng; 形象 xíngxiàng

imaginable *a.* 可想象的 kě xiǎngxiàng de

imaginary *a.* 想象的 xiǎngxiàngde; 虚构的 xūgòude

imagination *n.* 1. 想像 xiǎngxiàng: His pains are all ～. 他的疼痛感觉都是想像的。 Tāde téngtòng gǎnjué dōushì xiǎngxiàng de. 2. 想像力 xiǎngxiàng lì: He has a good ～. 他的想像力很好。 Tāde xiǎngxiànglì hěn hǎo.

imaginative *a.* 富于想像力的 fùyú xiǎngxiànglì de

imagine *v.* 想像 xiǎngxiàng; 设想 shèxiǎng

imbecile *a.* 低能的 dīnéngde *n.* 低能者 dīnéngzhě

imitate *v.* 模仿 mófǎng

imitation *n.* 模仿 mófǎng; 仿造 fǎngzào: ～ leather 人造革 rénzàogé

immaculate *a.* 纯洁的 chúnjiéde *pure; 没有缺点的 méiyǒu quēdiǎn de *without fault

immature *a.* 未成熟的 wèi chéngshú de

immeasurable *a.* 不能测量的 bùnéng cèliáng de; 不可估量的 bùkě gūliáng de

immediate *a.* 1. 立即的 lìjíde: an ～ answer 立即答复 lìjí dáfù 2. 直接的 zhíjiēde: in ～ contact 直接的联系 zhíjiēde liánxì

immense *a.* 巨大的 jùdàde

immerse *v.* 1. 浸入 jìnrù: lay ～d in a bath 全部浸在澡盆里 quánbù jìn zài zǎopén li 2. 陷入 xiànrù; 专心于 zhuānxīnyú: He ～d himself in work. 他全神贯注地工作。 Tā quánshén guànzhùde gōngzuò.

immigrant *n.* 入境移民 rùjìng yímín

immigrate *v.* 移入 yírù

immigration *n.* 移民入境 yímín rùjìng

imminent *a.* 邻近的 línjìnde

immoral *a.* 不道德的 bú dàodé de

immortal *a.* 不死的 bùsǐde; 不朽的 bùxiǔde *n.* 1. 不朽的人物 bùxiǔde rénwù: an immortal hero 不朽的

英雄 bùxiǔde yīngxióng 2. 神 shén; 神仙 shénxian
*in mythology

immovable *a.* 不可移动的 bùkě yídòng de; 坚定的 jiān-
dìngde

immune *a.* 免疫的 miǎnyìde: be ~ to diphtheria 对
白喉有免疫力 duì báihóu yǒu miǎnyìlì

impact *n.* 1. 冲击 chōngjī: the ~ of the swift current
against the shore 激流对海岸的冲击 jīliú duì hǎi'àn
de chōngjī 2. 影响 yǐngxiǎng *the force of an idea,
invention, etc.

impair *v.* 削弱 xuēruò

impartial *a.* 公平的 gōngpíngde

impassioned *a.* 热烈的 rèliède

impassive *a.* 冷淡的 lěngdànde

impatient *a.* 不耐烦的 bú nàifán de

impeccable *a.* 没有差错的 méiyǒu chācuò de

impede *v.* 阻碍 zǔ'ài

impel *v.* 推进 tuījìn

impend *v.* 逼在眼前 bī zài yǎnqián

impenetrable *a.* 1. 进不去的 jìn bu qù de: an ~ forest
难以通过的森林 nányǐ tōngguò de sēnlín 2. 不可
理解的 bùkě lǐjiě de: an ~ secret 难解的秘密 nán-
jiěde mìmì 3. 不接受的 bù jiēshòu de: ~ to all
requests 不接受任何请求 bù jiēshòu rènhé qǐngqiú

imperative *a.* 1. 必要的 bìyàode: It is ~ that you
do it yourself. 你必须自己做这件事。 Nǐ bìxū
zìjǐ zuò zhè jiàn shì. 2. 专横的 zhuānhèngde: an ~
manner 专横的态度 zhuānhèngde tàidu

imperceptible *a.* 觉察不到的 juéchá bú dào de

imperfect *a.* 不完全的 bù wánquán de

imperial *a.* 帝国的 dìguóde *of the empire; 皇家的
huángjiá de *of the emperor

imperialism *n.* 帝国主义 dìguózhǔyì

imperil *v.* 危害 wēihài

imperious *a.* 1. 傲慢的 àomànde: an ~ gesture 傲慢的态度 àomànde tàidu 2. = urgent 紧急的 jǐnjíde: an ~ command 一个紧急命令 yí gè jǐnjí mìnglìng

impersonal *a.* 非个人的 fēi gèrén de

impersonate *v.* 模仿 mófǎng

impertinent *a.* 无礼的 wúlǐde

impervious *a.* 1. 透不过去的 tòu bu guòqù de: ~ to water 不透水的 bú tòu shuǐ de 2. 不受影响的 bú shòu yǐngxiǎng de: ~ to reason 不通情达理 bù tōngqíng dálǐ

impetuous *a.* 鲁莽的 lǔmǎngde

impetus *n.* 1. 动力 dònglì: The car ran down the hill under its own ~. 车靠它的动力冲下了山。Chē kào tāde dònglì chōngxiàle shān. 2. 促进 cùjìn: an ~ to trade 对贸易的促进 duì màoyì de cùjìn

implacable *a.* 不宽恕的 bù kuānshù de

implant *v.* 灌输 guànshū

implement *n.* 工具 gōngjù *v.* 执行 zhíxíng

implementation *n.* 执行 zhíxíng

implication *n.* 含意 hányì

implicit *a.* 1. 含蓄的 hánxùde: ~ answer 含蓄的答复 hánxùde dáfù 2. 绝对的 juéduì de: ~ trust 绝对信任 juéduì xìnrèn

implore *v.* 恳求 kěnqiú

import *v.* 输入 shūrù; 进口 jìnkǒu *n.* 进口货 jìnkǒuhuò

important *a.* 重要的 zhòngyàode

importation *n.* 进口 jìnkǒu *act of importing; 进口货 jìnkǒuhuò *the goods

impose *v.* 1. 征税 zhēngshuì: ~ duties on wines 征收酒税 zhēngshōu jiǔshuì 2. 强加 qiángjiā: ~ a

war on a country 把战争强加于一个国家 bǎ zhàn-
zhēng qiángjiāyú yí gè guójiā 3. 利用 lìyòng: ~
on sb.'s kindnees 利用某人的善意 lìyòng mǒu rén
de shànyì

imposing *a.* 庄严的 zhuāngyánde

impossible *a.* 1. 不可能的 bùkěnéngde: It is ~ for
us to do it.   我们不可能做这件事。   Wǒmen
bùkěnéng zuò zhè jiàn shì. 2. 难以忍受的 nányǐ
rěnshòu de: an ~ person 使人受不了的人 shǐ rén
shòu bu liǎo de rén

impotent *a.* 无力的 wúlìde; 虚弱的 xūruòde

impoverish *v.* 使……贫困 shǐ …… pínkùn

impractical *a.* 不切实际的 búqiè shíjì de

impress *v.* 1. 印 yìn: ~ the words on a metal plate
在一块金属板上印字 zài yí kuài jīnshǔbǎn shang
yìn zì 2. 给……以深刻的印象 gěi …… yǐ shēnkè
de yìnxiàng: I was very ~ed by his performance.
他的演出给了我深刻的印象。   Tāde yǎnchū gěile
wǒ shēnkè de yìnxiàng. *n.* 印记 yìnjì

impression *n.* 1.   印记 yìnjì: the ~ of a heel in the mud
泥土里的脚印 nítǔ li de jiǎoyìn 2. 印象 yìnxiàng:
First ~s are often wrong. 最初的印象往往是错误
的。 Zuìchū de yìnxiàng wǎngwǎng shì cuòwù de.

impressive *a.* 给人深刻印象的 gěi rén shēnkè yìnxiàng
de

imprint *v.* 1.. 盖印 gàiyìn: ~ a paper with a seal 在文
件上盖印 zài wénjiàn shang gàiyìn 2.   铭记 míngjì
~ed in one's mind 铭记在头脑中 míngjì zài tóunǎo
zhong *n.* 1.   印 yìn 2. 痕迹 hénjì: the ~ of the time
时代的痕迹 shídài de hénjì

imprison *v.* 监禁 jiānjìn

improbable *a.* 不大可能的 bú dà kěnéng de

impromptu *a. & ad.* 即席 jíxí: ~ speech 临时讲话 línshí jiǎnghuà *n.* 即席之作 jíxí zhī zuò

improper *a.* 1. 不合适的 bù héshì de: an ~ remark 不合适的话 bù héshì de huà 2. 不正确的 bú zhèngquè de: ~ use of a verb 动词的不正确用法 dòngcí de bú zhèngquè yòngfǎ 3. 不正派的 bú zhèngpài de: ~ language 无礼的话 wúlǐde huà

improve *v.* 改善 gǎishàn; 提高 tígāo

improvement *n.* 改进 gǎijìn

improvise *v.* 即席创作 jíxí chuàngzuò

imprudent *a.* 轻率的 qīngshuàide

impudent *a.* 无礼的 wúlǐde

impulse *n.* 1. 推动 tuīdòng: give an ~ to the development of industry 推动工业的发展 tuīdòng gōngyè de fāzhǎn 2. 冲动 chōngdòng: a man of ~ 易冲动的人 yì chōngdòng de rén

impure *a.* 1. 不纯的 bù chún de: an ~ chemical 不纯的化学品 bù chún de huàxuépǐn 2. 下流的 xiàliúde: ~ thoughts 下流的想法 xiàliúde xiǎngfǎ

impurity *n.* 不纯 bù chún

impute *v.* 把……归咎于 bǎ …… guījiùyú

in *prep.* 1. 在……里 zài …… lǐ: ~ a room 在房间里 zài fángjiān lǐ 2. 在……期间 zài …… qījiān: ~ the next month 在下个月(期间) zài xiàgeyuè qījiān 3. 在……方面 zài …… fāngmiàn: ~ physics 在物理方面 zài wùlǐ fāngmiàn *ad.* 1. 在里面 zài lǐmian: Is he ~? 他在家吗? Tā zài jiā ma? 2. 到达 dàodá: The train is ~. 火车到站了。 Huǒchē dào zhàn le.

inability *n.* 无能 wúnéng

inaccessible *a.* 难接近的 nán jiējìn de

inactive *a.* 不活动的 bù huódòng de; 不活跃的 bù

huóyuè de

inadaptable *a.* 不能适应的 bùnéng shìyìng de

inadequate *a.* 不充足的 bù chōngzú de

inanimate *a.* 无生命的 wú shēngmìng de

inarticulate *a.* 发音不清的 fāyīn bù qīng de

inaudible *a.* 听不见的 tīng bu jiàn de

inaugurate *v.* 1. 为……举行就职典礼 wèi …… jǔxíng jiùzhí diǎnlǐ: ～ a president 举行总统就职典礼 jǔxíng zǒngtǒng jiùzhí diǎnlǐ 2. 开始 kāishǐ: ～ a new period 开始一个新时代 kāishǐ yí gè xīn shídài 3. 为……举行开幕式 wèi …… jǔxíng kāimùshì: The exhibition was ～d yesterday. 展览昨天开幕了。 Zhǎnlǎn zuótiān kāimù le.

inborn *a.* 天生的 tiānshēngde

incalculable *a.* 数不清的 shǔ bu qīng de

incapable *a.* 没有能力的 méiyǒu nénglì de; 不会 búhuì

incapacity *n.* 无能力 wú nénglì

incarnation *n.* 化身 huàshēn

incendiary *a.* 燃烧的 ránshāode: ～ bomb 燃烧弹 ránshāodàn

incense[1] *n.* 香 xiāng

incense[2] *v.* 激怒 jīnù

incentive *n.* & *v.* 刺激 cìjī: material ～ 物质刺激 wùzhì cìjī

incessant *a.* 不断的 búduànde

inch *n.* 1. 英寸 yīngcùn: three ～es 三英寸 sān yīngcùn 2. 一点儿 yìdiǎnr: ～ by ～ 一点一点地 yìdiǎn-yìdiǎnde *v.* 渐进 jiànjìn

incident *n.* 事件 shìjiàn

incidental *a.* 偶然的 ǒuránde

incidentally *ad.* 偶然地 ǒuránde

incision *n.* 切开 qiēkāi

incite *v.* 煽动 shāndòng

inclination *n.* 1. 倾斜 qīngxié: an ～ of the head 点头 diǎntóu 2. 斜坡 xiépō *slope 3. 倾向 qīngxiàng: She shows no ～ to leave. 看来她不大想走。Kànlái tā bú dà xiǎng zǒu.

incline *v.* 1. 倾斜 qīngxié: ～ one's head 点头 diǎntóu 2. 倾向 qīngxiàng: I ～ to this view. 我倾向于这个意见。Wǒ qīngxiàngyú zhège yìjiàn. *n.* 斜坡 xiépō

include *v.* 包括 bāokuò

income *n.* 收入 shōurù: ～ tax 所得税 suǒdésbuì, net ～ 纯收益 chúnshōuyì

incomparable *a.* 无与伦比的 wúyǔlúnbǐ de

incompatible *a.* 不相容的 bù xiāngróng de

incompetent *a.* 不胜任的 bú shèngrèn de

incomplete *a.* 不完善的 bù wánshàn de

incomprehensible *a.* 不能理解的 bùnéng lǐjiě de

inconceivable *a.* 不可想象的 bùkě xiǎngxiàng de

incongruous *a.* 不调和的 bù tiáohé de

inconsistent *a.* 不一致的 bù yízhì de

inconspicuous *a.* 不显眼的 bù xiǎnyǎn de

inconvenient *a.* 不方便的 bù fāngbiàn de

incorporate *v.* 合并 hébìng

incorrect *a.* 错误的 cuòwùde

increase *v.* 增加 zēngjiā

incredible *a.* 难以置信的 nányǐ zhìxìn de

incredulous *a.* 表示怀疑的 biǎoshì huáiyí de; 不可信的 bù kěxìn de

incubator *n.* 孵卵器 fūluǎnqì

incur *v.* 招致 zhāozhì

incurable *a.* 不治的 búzhìde

incursion *n.* 袭击 xíjī

indebted *a.* 感谢的 gǎnxiède: I am greatly ~ to you for your help. 我非常感激你的帮助 Wǒ fēicháng gǎnjī nǐ de bāngzhù.

indecent *a.* 1. 不体面的 bù tǐmiàn de: an ~ remark 不体面的话 bù tǐmiàn de huà 2. 不合适的 bù héshì de: leave with ~ haste 失礼地急匆匆离去 shī lǐde jícōngcōng líqù

indecisive *a.* 1. 犹豫不决的 yóuyù bùjué de: He is ~. 他老犹豫不决。 Tā lǎo yóuyùbùjué. 2. 非决定性的 fēijuédìngxing de: an ~ victory 非决定性胜利 fēijuédìngxing shènglì

indeed *ad.* 的确 díquè

indefatigable *a.* 不知疲倦的 bù zhī píjuàn de

indefinite *a.* 1. 不明确的 bù míngquè de: ~ opinions 不明确的意见 bù míngquè de yìjiàn 2. 不肯定的 bù kěndìng de: at an ~ date 不定期 bú dìngqī

indefinitely *ad.* 1. 无限期地 wú xiànqī de: borrow a book ~ 长期借书 chángqī jiè shū 2. 不明确地 bù míngquè de: express oneself ~ 表达不清楚 biǎodá bù qīngchu

indent *v.* 1. 成锯齿形 chéng jùchǐxíng: an ~ed coastline 锯齿形的海岸线 jùchǐxíng de hǎi'ànxiàn 2. 缩进排写 suōjìn páixiě: ~ the first line of each paragraph 把每段第一行缩进几格排印 bǎ měi duàn dì-yī háng suōjìn jǐ gé páiyìn

independent *a.* 独立的 dúlìde

indescribable *a.* 难以形容的 nányǐ xíngróng de

indeterminate *a.* 不确定的 bú quèdìng de; 模糊的 móhude

index *n.* 1. 指标 zhǐbiāo: the quality ~ 质量指标 zhìliàng zhǐbiāo / the ~ finger 食指（第二手指）shízhǐ (dì-èr shǒuzhǐ) 2. 索引 suǒyǐn: card ~es in a library 图书馆的卡片索引 túshūguǎn de kǎpiàn suǒyǐn

Indian *a.* 1. 印度的 Yìndùde *of India; 印度人的 Yìndùrén de *of its people 2. 印第安人的 Yìndì'ānrénde: (American) ~ corn 玉米 yùmǐ

Indian *n.* 1. 印度人 Yìndùrén *person from India 2. 印第安人 Yìndì'ānrén *an American Indian

indicate *v.* 表示 biǎoshì; 显示 xiǎnshì

indict *v.* 控诉 kòngsù

indifference 冷淡 lěngdàn

indifferent *a.* 1. 对……不感兴趣 duì …… bù gǎn xìngqù; 不在乎 búzàihu 2. 平平常常的 píngpíng-chángcháng de: an ~ cook 很一般的厨师 hěn yìbān de chúshī

indigenous *a.* 土产的 tǔchǎnde; 本地的 běndìde

indigent *a.* 贫困的 pínkùnde

indigestible *a.* 1. 难消化的 nán xiāohuà de *of food 2. 难理解的 nán lǐjiě de *of facts

indignant *a.* 愤慨的 fènkǎide

indignity *n.* 失去尊严 shīqù zūnyán

indigo *n.* 靛青 diànqīng; 靛蓝 diànlán

indirect *a.* 间接的 jiànjiēde

indiscreet *a.* 轻率的 qīngshuàide

indiscriminate *a.* 不加选择的 bù jiā xuǎnzé de

indispensable *a.* 不可缺少的 bùkě quēshǎo de

indisposed *a.* 1. 不舒服的 bù shūfu de *of health 2. 不愿意的 bú yuànyì de: He is ~ to come. 他不愿意来。Tā búyuànyìlái.

indisputable *a.* 无可争辩的 wúkě zhēngbiàn de

indistinct *a.* 不清楚的 bù qīngchu de

individual *a.* 1. 单个的 dānggè de: each ~ leaf 每片树叶 měi piàn shùyè 2. 个人的 gèrénde: ~ interest

个人兴趣 gèrén xìngqù *n.* 个人 gèrén

indivisible *a.* 不可分割的 bùkě fēngē de

indoctrinate *v.* 灌输 guànshū

indolent *a.* 懒散的 lǎnsǎnde

indomitable *a.* 不可征服的 bùkě zhēngfú de

indoor *a.* 室内的 shìnèi de: ～ sport 室内运动 shìnèi yùndòng, ～ swimming pool 室内游泳池 shìnèi yóuyǒngchí

indoors *ad.* 在屋里 zài wū li

induce *v.* 1. 引诱 yǐnyòu: ～ sb. to do sth. 引诱某人做某事 yǐnyòu mǒu rén zuò mǒu shì 2. 引起 yǐnqǐ Too much food ～d sleepiness. 吃得太多会引起困倦。Chīde tài duō huì yǐnqǐ kùnjuàn.

induction *n.* 1. 正式就职 zhèngshì jiùzhí *a ceremony 2. 归纳法 guīnàfǎ: ～ principle 归纳法原则 guīnàfǎ yuánzé 3. 感应 gǎnyìng *of an electrified or magnetized body

inductive *a.* 1. 感应的 gǎnyìng de: ～ apparatus 感应器 gǎnyìngqì 2. 归纳的 guīnàde: an ～ method 归纳法 guīnàfǎ

indulge *v.* 放任 fàngrèn; 沉溺于 chénnìyú

industrial *a.* 工业的 gōngyède

industrialize *v.* 工业化 gōngyèhuà

industrious *a.* 勤勉的 qínmiǎnde

industry 1. 工业 gōngyè 2. 勤勉 qínmiǎn *continual hard work

ineffective *a.* 无效的 wúxiàode

ineffectual *a.* 无效的 wúxiàode

inefficient *a.* 效率低的 xiàolù dī de

inequality *n.* 不平等 bù píngděng

inert *a.* 1. 无活动的 wú huódòng de 2. 迟钝的 chídùnde *of people 3. 惰性的 duòxìngde: ～ gases

惰性气体 duòxìng qìtǐ

inertia *n.* 1. 惯性 guànxìng: law of ～ 惯性定律 guàn-xìng dìnglù 2. 惰性 duòxìng: feeling of ～ 懒洋洋的感觉 lǎnyāngyāngde gǎnjué

inestimable *a.* 难估量的 nán gūliáng de

inevitable *a.* 不可避免的 bùkě bìmiǎn de

inexhaustible *a.* 用不完的 yòng bù wán de

inexpensive *a.* 价廉的 jiàliánde

inexperienced *a.* 缺乏经验的 quēfá jīngyàn de

inexplicable *a.* 无法解释的 wúfǎ jiěshì de

infallible *a.* 不会犯错误的 búhuì fàn cuòwù de

infamous *a.* 1. 臭名昭著的 chòumíng zhāozhù de: an ～ criminal 臭名昭著的罪犯 chòumíng zhāozhù de zuìfàn 2. 恶劣的 èliède: ～ behavio(u)r 恶劣的行为 èliède xíngwéi

infancy *n.* 1. 婴儿期 yīng'érqī 2. 初期 chūqī: Our new plan is still only in its ～. 我们新订的计划只是一个雏形。Wǒmen xīn dìng de jìhuà zhǐshì yí gè chúxíng.

infant *n.* 婴儿 yīng'ér

infantile *a.* 婴儿的 yīng'ér de

infantry *n.* 步兵 bùbīng

infectious *a.* 传染性的 chuánrǎnxìng de

infer *v.* 推论 tuīlùn

inference *n.* 推论 tuīlùn

inferior *a.* 1. 差的 chàde; 较次的 jiàocìde: feel ～ 感到不如别人 gǎndào bùrú biérén 2. 下级的 xiàjí de: an ～ court of law 低级法庭 dījí fǎtíng *n.* 能力低下的人 nénglì dīxià de rén

inferiority *n.* 下等 xiàděng: a sense of ～ 自卑感 zìbēigǎn

infest *v,* 侵扰 qīnrǎo

infidelity *n.* 不忠诚 bù zhōngchéng

infiltrate *v.* 渗透 shèntòu

infinite *a.* 无限的 wúxiànde

infinity *n.* 无限 wúxiàn

infirm *a.* 软弱的 ruǎnruòde

infirmary *n.* 医务室 yīwùshì; 诊所 zhěnsuǒ

infirmity *n.* 虚弱 xūruò

inflame *v.* 1. 发炎 fāyán: an ~d eye 眼发炎 yǎn fāyán 2. 激怒 jīnù *make angry

inflammable *a.* 易燃烧的 yì ránshāo de

inflammation *n.* 发炎 fāyán

inflate *v.* 充气 chōngqì: ~ a tyre 给轮胎打气 gěi lúntāi dǎqì

inflation *n.* 1. 充气 chōngqì 2. 通货膨胀 tōnghuò péngzhàng *rise in prices

inflexible *a.* 1. 不可弯曲的 bùkě wānqū de: ~ material 不可弯曲的材料 bùkě wānqū de cáiliào 2. 固执的 gùzhíde: an ~ person 固执的人 gùzhíde rén 3. 不可改变的 bùkě gǎibiàn de: ~ ideas 不可改变的想法 bùkě gǎibiàn de xiǎngfǎ

inflict *v.* 1. 使……遭受 shǐ …… zāoshòu: ~ heavy casualties upon the army 使军队遭受重大伤亡 shǐ jūnduì zāoshòu zhòngdà shāngwáng 2. 加刑 jiāxíng: ~ the death penalty upon the murderer 处杀人犯以死刑 chǔ shārénfàn yǐ sǐxíng

inflow *n.* 流入 liúrù

influence *n.* 1. 影响 yǐngxiǎng: under the ~ of 在……影响下 zài …… yǐngxiǎngxià 2. 权势 quánshì: a man of ~ 有权势的人 yǒu quánshì de rén *v.* 影响 yǐngxiǎng

influential *a.* 有影响的 yǒu yǐngxiǎng de

influenza *n.* 流行性感冒 liúxíngxìng gǎnmào

influx *v.* 流入 liúrù

inform v. 通知 tōngzhī

informal a. 非正式的 fēizhèngshì de

information n. 1. 消息 xiāoxi: ask for ～ 打听消息 dǎtīng xiāoxi / ～ desk 问讯处 wènxùnchù 2. 资料 zīliào: firsthand ～ 第一手资料 dìyīshǒu zīliào, ～ service 询问处 xúnwènchù

informative a. 增进知识的 zēngjìn zhīshi de

infrared a. 红外线的 hóngwàixiàn de

infringe v. 1. 违背 wéibèi: ～ a rule 犯规 fànguī 2. 侵犯 qīnfàn: ～ on a nation's sovereignty 侵犯国家主权 qīnfàn guójiā zhǔquán

infuriate v. 激怒 jīnù

infuse v. 1. 灌输 guànshū: ～ new life into sb. 赋于某人以新的生命 fùyú mǒu rén yǐ xīnde shēngmìng 2. 泡 pào: ～ tea 泡茶 pàochá

ingenious a. 机灵的 jīlingde; 有创造才能的 yǒu chuàngzào cáinéng de

ingenuity n. 机敏 jīmǐn; 创造才能 chuàngzào cáinéng

ingenuous a. 直率的 zhíshuàide

ingratiate v. 讨好 tǎohǎo

ingratitude n. 忘恩负义 wàng'ēn-fùyì

ingredient n. 成分 chéngfèn

inhabit v. 居住 jūzhù

inhabitant n. 居民 jūmín

inhale v. 吸入 xīrù

inherent a. 固有的 gùyǒude

inherit v. 1. 继承 jìchéng: He ～ed a large fortune from his father. 他从他父亲那儿继承了一大笔财产。Tā cóng tā fùqin nàr jìchéngle yí dà bǐ cáichán. 2. 由遗传而得 yóu yíchuán ér dé *qualities of mind or body

inheritance n. 1. 继承 jìchéng: receive sth. by ～ 继承

某物 jìchéng mǒu wù 2. 遗产 yíchǎn *property 3. 遗传 yíchuán *qualities of mind or body

inhibit *v.* 禁止 jìnzhǐ

inhuman *a.* 无人性的 wú rénxìng de

initial *a.* 最初的 zuì chū de *n.* 开首字母 kāishǒu zìmǔ

initiate *v.* 1. 开始 kāishǐ: ～ a plan 着手一计划 zhuóshǒu yí jìhuà 2. 正式介绍 zhèngshì jièshào: ～ sb. into a club 介绍某人加入俱乐部 jièshào mǒu rén jiārù jùlèbù

initiative *n.* 主动 zhǔdòng: take the ～ 主动去做 zhǔdòng qù zuò

inject *v.* 注入 zhùrù; 注射 zhùshè

injection *n.* 1. 打针 dǎzhēn: give sb. an ～ 给某人打一针 gěi mǒu rén dǎ yì zhēn 2. 针剂 zhēnjì *the liquid

injunction *n.* 指令 zhǐlìng

injure *v.* 伤害 shānghài

injurious *a.* 有害的 yǒuhàide

injury *n.* 1. 伤害 shānghài: ～ to one's pride 对某人自豪感的伤害 duì mǒu rén zìháogǎn de shānghài 2. 伤处 shāngchù: He suffered severe ～. 他受了重伤。 Tā shòule zhòngshāng.

injustice *n.* 不公正 bù gōngzhèng: do sb. ～ 冤枉某人 yuānwang mǒu rén

ink *n.* 1. 墨水 mòshuǐ *for writing 2. 油墨 yóumò *for printing

inland *a.* 内地的 nèidìde

inlay *v. & n.* 镶嵌 xiāngqiàn

inlet *n.* 1. 海湾 hǎiwān 2. 入口 rùkǒu: ～ and outlet channels 流入和流出的水道 liúrù hé liúchū de shuǐdào

inmate *n.* 同住的人 tóngzhùde rén

inmost *a.* 最深处的 zuì shēnchù de; 最内部的 zuì nèibù de

inn *n.* 小旅馆 xiǎo lǚguǎn

inn-keeper *n.* 小旅馆老板 xiǎo lǚguǎn lǎobǎn

innate *a.* 天生的 tiānshēngde

inner *a.* 内部的 nèibùde

innermost *a.* 最内部的 zuì nèibù de

innocent *a.* 1. 无罪的 wúzuìde: He is ~ of crime. 他是无罪的。Tā shì wúzuì de. 2. 天真的 tiānzhēnde: an ~ child 天真的孩子 tiānzhēnde háizi

innovation *n.* 改革 gǎigé

innuendo *n.* 影射 yǐngshè

innumerable *a.* 数不清的 shǔ bu qīng de

innutritious *a.* 营养不良的 yíngyǎng bùliáng de

inoculate *v.* 接种 jiēzhòng

inorganic *a.* 1. 无生命的 wú shēngmìng de 2. 无机的 wújīde: ~ chemistry 无机化学 wújī huàxué

inpatient *n.* 住院病人 zhù yuàn bìngrén

input *n.* 输入 shūrù

inquest *n.* 审查死因 shěnchá sǐyīn

inquire *v.* 询问 xúnwèn

inquiry *n.* 询问 xúnwèn

inquisition *n.* 调查 diàochá

inquisitive *a.* 喜欢打听的 xǐhuan dǎtīng de

insane *a.* 精神错乱的 jīngshén cuòluàn de

inscribe *v.* 1. 写 xiě; 题写 tíxiě: ~ one's name in a book 把名字写在书里面 bǎ míngzi xiě zài shū lǐmian 2. 刻 kè; 铭刻 míngkè: The pages of history are ~d with their names. 他们的名字载入了历史史册。Tāmende míngzi zǎirùle lìshǐ shǐcè.

inscription *n.* 题字 tízì

inscrutable *a.* 费解的 fèijiěde

insect *n.* 昆虫 kūnchóng

insecticide *n.* 杀虫剂 shāchóngjì

insecure *a.* 不安全的 bù ānquán de

inseminate *v.* 授精 shòujīng

insensible *a.* 1. 失去知觉的 shīqù zhījué de *from injury, illness, etc. 2. 不知道的 bù zhīdào de: He is ～ of his danger. 他不知道自己面临的危险。Tā bù zhīdào zìjǐ miànlín de wēixiǎn.

insensitive *a.* 感觉迟钝的 gǎnjué chídùn de; 不敏感的 bù mǐngǎn de

inseparable *a.* 分不开的 fēn bu kāi de

insert *v.* 插入 chārù

inside *n.*, *a.*, *prep. & ad.* 里面 lǐmiàn; 内部 nèibù

insidious *a.* 隐伏的 yǐnfúde

insight *n.* 1. 见识 jiànshi: a man of deep ～ 见识很广的人 jiànshi hěn guǎng de rén 2. 洞察力 dòngchálì: gain an ～ into sb.'s mind 看透某人的心思 kàntòu mǒu rén de xīnsi

insignificant *a.* 无意义的 wú yìyì de; 无足轻重的 wú zú qīngzhòng de

insinuate *v.* 1. 巧妙地钻营 qiǎomiàode zuānyíng: ～ oneself into a person's favour 巧妙地巴结某人 qiǎomiàode bājie mǒu rén 2. 暗指 ànzhǐ: Are you insinuating that I can't do the work? 你是在暗指我不能做这项工作吗? Nǐ shì zài ànzhǐ wǒ bùnéng zuò zhè xiàng gōngzuò ma?

insist *v.* 坚持 jiānchí

insolent *a.* 侮辱性的 wūrǔxìngde

insoluble *a.* 1. 不可溶解的 bùkě róngjiě de 2. 不能解决的 bùnéng jiějué de: an ～ problem 不能解决的问题 bùnéng jiějué de wèntí

insomnia *n.* 失眠 shīmián

insomuch *ad.* 到如此程度 dào rúcǐ chéngdù

inspect *v.* 检查 jiǎnchá; 视察 shìchá

inspector *n.* 1. 检查员 jiǎncháyuán 2. 警官 jíngguān *a police officer

inspiration *n.* 1. 灵感 línggǎn: Many artists have drawn their ~ from nature. 许多艺术家从大自然中得到灵感。 Xǔduō yìshùjiā cóng dàzìrán zhōng dédào línggǎn. 2. 激励 jīlì: an ~ for sb. 对某人是一种激励 duì mǒu rén shì yì zhǒng jīlì 3. 好主意 hǎo zhǔyi *a good idea

inspire *v.* 鼓舞 gǔwǔ

instability *n.* 不稳定性 bùwěndìngxìng

install *v.* 1. 任命 rènmìng: be ~ed in one's office 就任 jiùrèn 2. 安装 ānzhuāng: ~ a heating apparatus 安装暖气设备 ānzhuāng nuǎnqì shèbèi

instalment *n.* 1. 一部分 yí bùfèn: The novel will appear in ~s. 小说将分期发表。Xiǎoshuō jiāng fēnqī fābiǎo. 2. 分期付款 fēnqī fùkuǎn: pay by monthly ~ 按月分期付款 àn yuè fēnqī fùkuǎn

instance *n.* 实例 shílì: for ~ 例如 lìrú

instant *n.* 1. 瞬间 shùnjiān: I'll be back in an ~. 我一会儿就回来。 Wǒ yīhuìr jiù huílái. 2. 即刻 jíkè: The ~ I saw him, I knew he was my brother. 我一看到他，就知道他是我兄弟。Wǒ yí kàndào tā, jiù zhīdào tā shì wǒ xiōngdi. *a.* 立即的 lìjíde: ~ coffee 速溶咖啡 sùróng kāfēi

instead *prep.* 代替 dàitì

instep *n.* 1. 脚背 jiǎobèi *of the foot 2. 鞋面 xiémiàn *of shoes

instigate *v.* 教唆 jiàosuō; 怂恿 sǒngyǒng

instil *v.* 1. 滴入 dīrù 2. 逐渐灌输 zhújiàn guànshū *of ideas

instinct *n.* 本能 běnnéng; 本性 běnxìng

institute *n.* 协会 xiéhuì; 学院 xuéyuàn *v.* 设立 shèlì: ～ a society 设立学会 shèlì xuéhuì

institution *n.* 1. 设立 shèlì: the ～ of a new law 新法的设立 xīnfǎde shèlì 2. 机构 jīgòu: public ～s 公共机构 gōnggòng jīgòu

instruct *v.* 教 jiāo: She ～ed him how to do it. 她教他怎么做。Tā jiāo tā zěnme zuò. 2. 指示 zhǐshì; 通知 tōngzhī: He ～ed the children to come back early. 他要孩子们早回来。Tā yào háizimen zǎo huílái. / They have been ～ed when to start. 他们已得到出发时间的通知。Tāmen yǐ dédào chūfā shíjiān de tōngzhī.

instruction *n.* 1. 讲授 jiǎngshòu: give ～ in English 讲授英语 jiǎngshòu Yīngyǔ 2. 命令 mìnglìng; 指导 zhǐdǎo: give sb. ～s to arrive early 命令某人早到达 mìnglìng mǒu rén zǎo dàodá / an ～ book 使用说明书 shǐyòng shuōmíngshū

instructive *a.* 有教育意义的 yǒu jiàoyù yìyì de

instrument *n.* 1. 仪器 yíqì; 工具 gōngjù: optical ～s 光学仪器 guāngxué yíqì 2. 乐器 yuèqì: musical ～ 乐器 yuèqì

insufficient *a.* 不足的 bùzúde

insulate *v.* 1. 隔离 gélí: ～ sb. from the outside 把某人与外界隔离开来 bǎ mǒu rén yǔ wàijiè gélí kāilái 2. 使……绝缘 shǐ …… juéyuán: ～d wall 绝缘的墙 juéyuánde qiáng

insult *v. & n.* 侮辱 wūrǔ

insurance *n.* 1. 保险 bǎoxiǎn: life ～ 人身保险 rénshēn bǎoxiǎn 2. = premium 保险费 bǎoxiǎnfèi

insure *v.* 保险 bǎoxiǎn

insurrection *n.* 起义 qǐyì

intact *a.* 未触动的 wèi chùdòng de; 完整的 wánzhěngde

intake *n.* 1. 入口 rùkǒu; 进口 jìnkǒu *of a pipe 2. 引入的量 yǐnrùde liàng: the ～ of students 每年招收的学生 měinián zhāoshōu de xuésheng

intangible *a.* 捉摸不住的 zhuōmō bú zhù de

integral *a.* 不可缺少的 bùkě quēshǎo de

integrate *v.* 结合成一整体 jiéhéchéng yī zhěngtǐ

integrity *n.* 1. 正直 zhèngzhí: a man of ～ 正直的人 zhèngzhíde rén 2. 完整 wánzhěng: Their ～ as a nation is threatened. 他们国家的完整受到了威胁。 Tāmen guójiā de wánzhěng shòudàole wēixié.

intellect *n.* 智力 zhìlì; 才智 cáizhì

intellectual *a.* 1. 智力的 zhìlìde: the ～ faculties 智能 zhìnéng 2. 聪明的 cōngmingde: an ～ person 聪明的人 cōngmingde rén *n.* 知识分子 zhīshi fènzǐ

intelligence *n.* 1. = intellect 智力 zhìlì: an ～ test 智力测验 zhìlì cèyàn 2. = information 情报 qíngbào: the ～ department 情报部门 qíngbào bùmén

intelligent *a.* 聪明的 cōngmingde

intelligible *a.* 清楚明白的 qīngchu míngbai de

intend *v.* 打算 dǎsuàn

intense *a.* 强烈的 qiángliède: ～ pain 剧痛 jùtòng / ～ sorrow 深深的忧愁 shēnshēnde yōuchóu

intensify *v.* 加强 jiāqiáng; 加剧 jiājù

intensity *n.* 强烈 qiángliè; 强度 qiángdù

intensive *a.* 深入细致的 shēnrù xìzhì de: an ～ study 深入细致的研究 shēnrù xìzhì de yánjiū: ～ farming 细耕 xìgēng

intent *n.* 意图 yìtú

intent[2] *a.* 专心的 zhuānxīnde

intention *n.* 意图 yìtú

intentional *a.* 故意的 gùyìde

interact *v.* 相互作用 xiānghù zuòyòng

intercede *v.* 求情 qiúqíng

intercept *v.* 拦截 lánjié

interchange *v.* 交换 jiāohuàn

interchangeable *a.* 可互换的 kě hùhuàn de

intercontinental *a.* 洲际的 zhōujìde

intercourse *n.* 1. 交流 jiāoliú 2. 性交 xìngjiāo: sexual ~ 性交 xìngjiāo

interdependent *a.* 互相依存的 hùxiāng yīcún de

interest *n.* 1. 兴趣 xìngqù: I have no ~ in maths. 我对数学不感兴趣。Wǒ duì shùxué bù gǎn xìngqù. 2. 重要性 zhòngyàoxìng: a matter of great ~ 重要的事情 zhòngyàode shìqing 3. 利益 lìyì: look after other people's ~s 照顾他人利益 zhàogu tārén lìyì 4. 利息 lìxī: annual ~ 年利 niánlì 5. = share 股份 gǔfèn *v.* 使……感兴趣 shǐ …… gǎn xìngqù

interested *a.* 1. 感兴趣的 gǎn xìngqù de: I am ~ in painting. 我对绘画很感兴趣。Wǒ duì huìhuà hěn gǎn xìngqù. 2. 有关系的 yǒu guānxi de: the ~ party 有关的当事人 yǒuguānde dāngshìrén

interesting *a.* 有趣的 yǒuqùde

interfere *v.* 1. 干涉 gānshè: Don't ~ in my business. 不要干涉我的事。Búyào gānshè wǒde shì. 2. 妨碍 fáng'ài: The noise ~s with my work. 噪声妨碍了我的工作。Zàoshēng fáng'àile wǒ de gōngzuò.

interior *a. & n.* 内部（的）nèibù(de)

interject *v.* 突然插入 tūrán chārù

interlace *v.* 交织 jiāozhī

interlock *v.* 联结 liánjié

interlude *n.* 1. 幕间休息 mùjiān xiūxi *the time between

parts of a play, etc. 2. 插曲 chāqǔ *in music

intermediary *a.* 中间人的 zhōngjiānrén de *n.* 调解人 tiáojiěrén

intermediate *a.* 中间的 zhōngjiānde

interminable *a.* 无终止的 wú zhōngzhǐ de

intermingle *v.* 混合 hùnhé

intermission *n.* 间歇 jiànxiē

intern *n.* 实习医生 shíxí yīshēng

Internal *a.* 1. 内部的 nèibùde: ~ damage 内伤 nèishāng 2. 国内的 guónèide: ~ affairs 国家内政 guójiā nèizhèng *n.* (*pl.*) 内脏 nèizàng

international *a.* 国际的 guójìde

Internationale *n.* 国际歌 Guójìgē

interpose *v.* 插入 chārù

interpret *v.* 1. 解释 jiěshì: How can I ~ this behaviour? 我怎么解释这种行为呢？ Wǒ zěnme jiěshì zhèzhǒng xíngwéine? 2. 翻译 fānyì: ~ for foreign visitors 为外宾当翻译 wèi wàibīn dāng fānyì

interpretation *n.* 1. 解释 jiěshì 2. 翻译 fānyì: signal ~ 信号译释 xìnhào yìshì

interpreter *n.* 翻译 fānyì

interrelate *v.* 相互联系 xiānghù liánxì

interrogate *v.* 审问 shěnwèn

interrupt *v.* 1. 中断 zhōngduàn: Traffic was ~ed by a snowstorm. 交通被暴风雪所阻断。 Jiāotōng bèi bàofēngxuě suǒ zǔduàn. 2. 打断 dǎduàn: Don't ~ me. 别打断我。Bié dǎduàn wǒ.

intersect *v.* 相交 xiāngjiāo

intersperse *v.* 散布 sànbù

interval *n.* 1. 休息时间 xiūxì shíjiān: at ~s 时时 shíshí; 处处 chùchù 2. 间隔 jiàngé: There was a long ~ before he replied. 间隔了很久他才回答。

Jiàngéle hěn jiǔ tā cái huídá.

intervene v. 1. 干涉 gānshè *of events 2. = mediate 调停 tiáoting *of people

interview n. & v. 接见 jiējiàn; 会见 huìjiàn

interweave v. 交织 jiāozhī

intestine n. 肠 cháng

intimate a. 亲密的 qīnmì de n. 熟友 shúyǒu

intimidate v. 威吓 wēihè

into prep. 进入到……里 jìnrù dào ……   lǐ

intolerable a. 无法忍受的 wúfǎ rěnshòu de

intolerant a. 不能容纳别人的 bùnéng róngnà biérén de

intonation n. 语调 yǔdiào

intoxicate v. 1. 使……喝醉 shǐ …… hēzuì: become ~d from wine 喝醉了酒 hēzuìle jiǔ 2. 使……陶醉 shǐ …… táozuì: Success ~d him 成功使他陶醉 chénggōng shǐ tā táozuì

intricate a. 复杂的 fùzáde

intrigue n. 阴谋 yīnmóu v. 1. 策划阴谋 cèhuà yīnmóu 2. 使……感兴趣 shǐ …… gǎn xìngqù: The news ~d us. 这消息引起我们的兴趣。Zhè xiāoxi yǐnqǐ wǒmen de xìngqù.

intrinsic a. 内在的 nèizàide

introduce v. 1. 提出 tíchū: They ~d the idea. 他们提出了这个意见。Tāmen tíchū le zhège yìjiàn. 2. 采用 cǎiyòng; 传入 chuánrù: The method was ~d to the country. 这个方法传入了这个国家。Zhège fāngfǎ chuánrùle zhège guójiā. 3. 介绍 jièshào: Let me ~ myself. 让我自我介绍一下。Ràng wǒ zìwǒ jièshào yíxià.

introduction n. 1. 传入 chuánrù; 使用 shǐyòng: ~ of a new method 使用新方法 shǐyòng xīn fāngfǎ

    2. 介绍 jièshào: a letter of ~ 介绍信 jièshàoxìn

    3. 序言 xùyán: an ~ to a book 书的序言 shūde xùyán

introspection *n.* 反省 fǎnxǐng

intrude *v.* 侵入 qīnrù

intuition *n.* 直觉 zhíjué

invade *v.* 侵入 qīnrù

invalid[1] *a.* = not valid 无效的 wúxiàode

invalid[2] *n.* 病人 bìngrén *a.* = disabled by illness 有病的 yǒubìngde; 伤残的 shāngcánde

invaluable *a.* 无法估价的 wúfǎ gūjià de; 非常贵重的 fēicháng guìzhòng de

invariable *a.* 不变的 búbiànde

invasion *n.* 侵略 qīnlüè

invent *v.* 1. 发明 fāmíng: The machine was ~ed by a young man. 这个机器是由一位年青人发明的。 Zhège jīqì shì yóu yí wèi qīngniánrén fāmíng de. 2. 捏造 niēzào: The whole story was ~ed. 整个故事都是捏造的。Zhěnggè gùshi dōushì niēzào de.

invention *n.* 创造 chuàngzào; 发明 fāmíng

inventive *a.* 有创造力的 yǒu chuàngzàolì de

inventory *n.* 清单 qīngdān

inverse *a.* 相反的 xiāngfǎnde

inversion *n.* 倒装 dàozhuāng

invert *v.* 倒装 dàozhuāng

invertebrate *a.* 无脊椎的 wú jīzhuī de *n.* 无脊椎动物 wú jīzhuī dòngwù

invest *v.* 投资 tóuzī

investigate *v.* 调查 diàochá

inveterate *a.* 根深蒂固的 gēnshēn-dìgù de: ~ smoker 烟瘾很大的人 yānyǐn hěn dà de rén

invincible *a.* 无敌的 wúdíde; 不可战胜的 bùkě zhànshèng de

invisible *a.* 看不见的 kàn bú jiàn de

invitation *n.* 邀请 yāoqǐng

invite *v.* 邀请 yāoqǐng

inviting *a.* 诱惑人的 yòuhuò rén de

invoice *n.* 发票 fāpiào *v.* 开发票 kāifāpiào

invoke *v.* 1. 恳求 kěnqiú: ~ sb.'s help 恳求某人帮助 kěnqiú mǒu rén bāngzhù 2. 引起 yǐnqǐ: ~ new problems 引起一些新问题 yǐnqǐ yìxiē xīn wèntí 3. 实行 shíxíng: ~ economic sanctions 实行经济制裁 shíxíng jīngjì zhì cái

involuntary *a.* 无意的 wúyìde; 不自觉的 bú zìjué de

involve *v.* 1. 使……卷入 shǐ …… juǎnrù; be ~d in the trouble 卷入纠纷 juǎnrù jiūfēn 2. 包含 bāohán: Taking the job ~s living abroad. 做这个工作意味着去国外生活。 Zuò zhège gōngzuò yìwèizhe qù guówài shēnghuó.

inward *a.* 里面的 lǐmiànde

IQ *n.* 智商 zhìshāng

irksome *a.* 令人厌烦的 lìng rén yànfán de

iron *n.* 1. 铁 tiě: Strike while the ~ is hot. 趁热打铁。 chènrè-dǎtiě. 2. 熨斗 yùndǒu: an electric ~ 电熨斗 diàn yùndǒu *v.* 熨平 yùnpíng

ironic(al) *a.* 含有讽刺意味的 hányǒu fěngcì yìwèi de; 含有反意的 hányǒu fǎnyì de

irony *n.* 讽刺 fěngcì; 反语 fǎnyǔ

irradiate *v.* 1. 照射 zhàoshè: The sun ~s the earth. 太阳普照大地。 Tàiyáng pǔzhào dàdì. 2. 发光 fāguāng: His face was ~d by happiness. 他高兴得容光焕发。 Tā gāoxìngde róngguāng huànfā.

irrational *a.* 荒谬的 huāngmiùde

irreconcilable *a.* 不可调和的 bùkě tiáohé de

irregular *a.* 1. 不规则的 bù guīzé de: an ～ shape 不规则形状 bù guīzé xíngzhuàng 2. 非正规的 fēizhènggui de: an ～ army 非正规军 fēizhèngguījūn

irrelevant *a.* 不相干的 bù xiānggān de

irresistible *a.* 不可抗拒的 bùkě kàngjù de

irrespective *a.* 不顾的 búgùde: ～ of the consequences 不顾后果 búgù hòuguǒ

irrigate *v.* 灌溉 guàngài

irritable *a.* 急燥的 jízàode

irritate *v.* 1. 激怒 jīnù: be ～d by sb.'s insolence 被某人的蛮横态度弄得发火 bèi mǒu rén de mánhèng tàidu nòngde fāhuǒ 2. 使……感到不适 shǐ …… gǎndào búshì: Rough material ～s the skin. 粗料子蹭得皮肤难受。Cūliàozi cèngde pífū nánshòu.

irritating *a.* 气人的 qìrénde

island *n.* 岛 dǎo

islet *n.* 小岛 xiǎodǎo

isolate *v.* 隔离 gélí; 孤立 gūlì

issue *n.* 1. 流出 liúchū: ～ of blood; 流血 liúxuè 2. 发行 fāxíng: the latest ～ of the magazine 最近一期杂志 zuìjìn yì qī zázhì 3. 问题 wèntí: The ～ is being discussed. 这个问题正在讨论。Zhège wèntí zhèngzài tǎolùn. *v.* 1. 流出 liúchū: Blood ～d from the cut. 血从伤口流出。Xiě cóng shāngkǒu liúchū. 2. 发行 fāxíng: ～ newspapers 发行报纸 fāxíng bàozhǐ

it *pron.* 它 tā; 这 zhè

itch *v. & n.* 痒 yǎng

item *n.* 条 tiáo; 项目 xiàngmù

itinerary *n.* 旅行路线 lǚxíng lùxiàn

its *pron.* 它的 tāde

itself *pron.* 它自己 tā-zìjǐ

ivory *n.* 象牙 xiàngyá

J

jab *v. & n.* 1. 刺 cì; 戳 chuō *with pointed object (needle, finger, knife) 2. 捅 tǒng *with stick, knife or gun

jack *n.* 起重器 qǐzhòngqì; 千斤顶 qiānjīndǐng *v.* 顶起 dǐngqǐ: ～ up a car 把汽车顶起来 bǎ qìchē dǐng qǐlái

jacket *n.* 短上衣 duǎnshàngyī; 茄克 jiākè

jagged *a.* 参差不齐的 cēncībùqíde; 锯齿状的 jùchǐzhuàngde

jail *n.* 监狱 jiānyù *v.* 使……坐牢 shǐ …… zuòláo

jam[1] *v.* 1. 卡住 kǎzhù; 夹住 jiāzhù: a ship ～med in the ice 夹在冰中的船 jiā zài bīng zhōng de chuán 2. 塞进 sāijìn; 挤进 jǐjìn: He ～med his clothes into a small suitcase. 他把衣服塞进一只小箱子里。 Tā bǎ yīfu sāijìn yì zhī xiǎo xiāngzi li. 3. 挤满 jǐmǎn: The bus was ～med full 公共汽车挤得满满的 gōnggòng qìchē jǐde mǎnmǎnde 4. 轧住 yàzhù; 刹住 shāzhù: ～ the brakes on 刹住车 shāzhù chē *n.* 堵塞 dǔsè: a traffic ～ 交通堵塞 jiāotōng dǔsè

jam[2] *n.* 果酱 guǒjiàng: strawberry ～ 草莓酱 cǎoméijiàng

January *n.* 一月 Yíyuè

Japanese *n.* 日本人 Rìběnrén *of people; 日语 Rìyǔ *the language *a.* 日语的 Rìyǔde *of the language; 日本的 Rìběnde *of the country

jar *n.* 坛 tán; 罐 guàn; 大口瓶 dàkǒupíng

jasmine *n.* 茉莉 mòlì: ～ tea 茉莉花茶 mòlì-huāchá

jargon *n.* 行话 hánghuà

javelin *n.* 标枪 biāoqiāng

jaw *n.* 1. 颚 è 2. 下巴 xiàba; 嘴巴 zuǐba

jazz *n.* 爵士乐 juéshìyuè

jealous *a.* 1. 嫉妒的 jídùde; 妒忌的 dùjìde: be ～ of nobody 不妒忌任何人 bú dùjì rènhé rén 2. 注意的 zhùyìde; 小心翼翼的 xiǎoxīnyìyìde: be ～ of one's rights 小心翼翼地保护自己的权力 xiǎoxīnyìyìde bǎohù zìjǐde quánlì

jeans *n.* 牛仔裤 niúzǎikù

jeep *n.* 吉普车 jípǔchē

jeer *v.* 嘲弄 cháonòng; 取笑 qǔxiào: ～ at a person 嘲笑某人 cháoxiào mǒu rén

jelly *n.* 果子冻 guǒzidòng *fruit jelly; 肉冻 ròudòng *meat jelly *v.* 结冻 jiédòng; 凝结 níngjié: ～fish *n.* 海蜇 hǎizhé

jerk *v.* 1. 猛拉（推、扭、扔）měnglā (tuī, niǔ, rēng): ～ a rope 把绳子猛地一拉 bǎ shéngzi měngde yì lā 2. 急促 jícù; 断续地说 duànxùde shuō: Don't ～ out your words. 别这么断断续续地说话。Bié zhème duànduàn-xùxùde shuōhuà. 3. 颠簸地行进 diānbǒde xíngjìn: The bus ～ed along. 汽车在颠簸中行进。Qìchē zài diānbǒ zhōng xíngjìn.

jerky *a.* 颠簸的 diānbǒde

jest *n.* 1. 笑话 xiàohua *a joke 2. 笑柄 xiàobǐng *the object of a joke *v.* 嘲弄 cháonòng *to ridicule 开玩笑 kāiwánxiào *to make a joke

Jesus *n.* 耶稣 Yēsū

jet *n.* 1. 喷射 pēnshè *stream of water, gas etc. 2. 喷口 pēnkǒu; 喷射器 pēnshèqì *spout, nozzle 3. 喷气 pēnqì *jet (propelled) 发动机 fādòngjī; 喷气式飞机 pēnqìshì fēijī *jet plane *v.* 喷出 pēnchū; 喷射 pēnshè

Jew *n.* 犹太人 Yóutàirén

jewel *n.* 1. = precious stone 宝石 bǎoshí 2. = jewelled adornments 宝石饰品 bǎoshí shìpin

jewellery *n.* 珠宝 zhūbǎo; 珠宝饰物 zhūbǎo shìwù

jingle *n.* 1. 丁当声 dīngdāngshēng: ~ bell 铃铛 língdang

job *n.* 1. 工作 gōngzuò: make a good ~ of it 把工作做好 bǎ gōngzuò zuòhǎo 2. 职业 zhíyè; 职务 zhíwù: John is out of a ~. 约翰失业了。 Yuēhàn shīyè le. / He has a ~ as a teacher. 他的职务是教师。 Tāde zhíwù shì jiàoshī. 3. 零活 línghuór: odd ~s 零活 línghuǒr; 打杂儿 dǎzár

jog *v.* 1. 轻推 qīng tuī: 轻撞 qīng zhuàng: ~ sb. with one's elbow 用肘轻撞某人 yòng zhǒu qīngzhuàng mǒu rén 2. 唤起 huànqǐ; 提醒 tíxǐng: ~ sb.'s memory 唤起某人记忆 huànqǐ mǒu rén jìyì 3. 颠簸地行进 diānbǒde xíngjìn: The old bus ~ged up and down. 那辆旧汽车上下颠簸着行驶。 Nà liàng jiù qìchē shàngxià diānbǒzhe xíngshǐ. 4. 慢跑 màn pǎo: ~ along the road 沿着马路慢跑 yánzhe mǎlù màn pǎo

join *v.* 1. 接合 jiēhé; 结合 jiéhé; 连接 liánjiē: ~ the 2 ends of the rope together. 把绳子两端连接起来。 Bǎ shéngzi liǎng duān liánjiē qǐlái. 2. 加入 jiārù; 参加 cānjiā: ~ a club 参加俱乐部 cānjiā jùlèbù

joint *n.* 1. 接缝 jiēfèng; 接合处 jiēhéchù; 接合点 jiēhédiǎn *place where two things join 2. 关节 guānjié: finger ~s 手指关节 shǒuzhǐ guānjié, out of ~ 脱节 tuōjié; 脱臼 tuōjiù *of the body

joke *n.* 1. 笑话 xiàohua; 玩笑 wánxiào: It is no ~. 这可不是开玩笑的事。 Zhè kěbúshì kāiwánxiào de shì. 2. 笑柄 xiàobǐng; 笑料 xiàoliào: He became

the ～ of the town. 他成了全镇的笑柄。 **Tā chéng-**
le quán zhèn de xiàobǐng. *v.* 开玩笑 **kāiwánxiào**

joker *n.* 1. 爱开玩笑的人 **ài kāiwánxiào de rén;** 诙谐
的人 **huīxiéde rén** 2. 百搭 **bái dā** *in cards

jolly *a.* 1. 快活的 **kuàihuode:** a ～ young man 快活
的年轻人 **kuàihuode niánqīngrén** 2. 愉快的 **yú-**
kuàide; 好的 **hǎode:** ～ weather 好天气 **hǎo tiānqì**
ad. 很 **hěn;** 非常 **fēicháng:** I'll be ～ glad to help
you. 我很高兴帮助你。 **Wǒ hěn gāoxìng bāngzhù**
nǐ.

jolt *v. & n.* 1. 颠簸 **diānbǒ:** The cart ～ed along.
车子在路上颠簸着行进。 **Chēzi zài lù shang diānbǒ-**
zhe xíngjìn. 2. 震惊 **zhènjīng:** The unexpected
news gave them a ～. 这个意外的消息使他们震惊。
Zhège yìwàide xiāoxi shǐ tāmen zhènjīng.

jostle *v.* 推 **tuī;** 碰撞 **pèngzhuàng;** 挤 **jǐ:** Don't ～
me. 不要挤我。 **Búyào jǐ wǒ.**

jot *v.* 1. 记下 **jìxià:** ～ down sb.'s address 草草地记下某
人地址 **cǎocǎode jìxià mǒu rén dìzhǐ** *n.* 2. 一点儿
yìdiǎnr; 少量 **shǎoliàng:** not a ～ of truth in it
没有一点真的 **méiyǒu yìdiǎnr zhēnde**

journal *n.* 1. 日报 **rìbào** *daily newspaper; 杂志 **zázhì**
*magazine 2. 日志 **rìzhì;** 日记 **rìjì:** keep a ～
记日记 **jì rìjì**

journalist *n.* 新闻记者 **xīnwén jìzhě**

journey *n.* 旅行 **lǚxíng;** 旅程 **lǚchéng:** go on a ～
去旅行 **qù lǚxíng**

joy *n.* 1. 欢乐 **huānlè;** 高兴 **gāoxìng;** 喜悦 **xǐyuè:**
He was filled with ～. 他充满了喜悦。 **Tā chōngmǎnle**
xǐyuè. 2. 乐事 **lèshì;** 乐趣 **lèqù:** Reading is my
greatest ～. 读书是我最大的乐趣。 **Dúshū shì wǒ**
zuì dà de lèqù.

jubilant *a.* 兴高采烈的 xìnggāo-cǎilìede; 喜洋洋的 xǐyángyángde

judge *n.* 1. 法官 fǎguān; 审判员 shěnpànyuán: as grave as a ～ 象法官一样庄重 xiàng fǎguān yíyàng zhuāngzhòng 2. 评判员 píngpànyuán; 裁判员 cáipànyuán: the ～s at a sports meet 运动会的裁判员 yùndònghuìde cáipànyuán 3. 鉴赏家 jiànshǎngjiā; 鉴定人 jiàndìngrén: I am no ～ of music. 我不会鉴赏音乐。Wǒ búhuì jiànshǎng yīnyuè. *v.* 1. 判断 pànduàn 2. 审判 shěnpàn *in a law court

judgment *n.* 1. 审判 shěnpàn; 裁判 cáipàn *in court 2. 判断 pànduàn *opinion: in my ～ 照我看来 zhào wǒ kànlái

juggle *v.* 1. 变戏法 biàn xìfǎ 2. 玩弄 wánnòng *misrepresent, cheat

juice *n.* 1. 果汁 guǒzhī: orange ～ 桔子汁 júzizhī 2. 菜汁 càizhī *of vegetables 3. 肉汁 ròuzhī *of meat 4. 体液 tǐyè: gastric ～s 胃液 wèiyè

July *n.* 七月 qíyuè

jumble *v. & n.* 混杂 hùnzá

jump *v.* 1. 跳跃 tiàoyuè; 跳 tiào: ～ to one's feet 一跃而起 yí yuè ér qǐ 2. 跃起 yuèqǐ: ～ for joy 欢跃 huānyuè 3. 跳动 tiàodòng: His heart ～ed with excitement. 他的心因兴奋而剧烈跳动。Tāde xīn yīn xīngfèng ér jùluè tiàodòng. 4. 猛增 měngzēng: Oil output is ～ing. 石油产量正在猛增。Shíyóu chǎnliàng zhèngzài měngzēng.

junction *n.* 1. 接合 jiēhé; 连接 liángjiē *joining 2. 连接处 liánjiēchù *place of joining

juncture *n.* 1. 连接处 liánjiēchù *in space 2. 时机 shíjī *in time: at this ～ 在这个时候 zài zhège shíhou

June *n.* 六月 liùyuè

jungle *n.* 热带丛林 rèdài cónglín

junior *a.* 1. 较年轻的 jiào niánqīng de *in age: my ~ brother 我的弟弟 wǒde dìdì 2. 地位较低的 dìwèi jiào dī de *in position: a ~ officer 低级军官 dījí jūnguān 3. 初级的 chūjíde: ~ high school 初中 chūzhōng *n.* 较年轻者 jiào nián qīng zhě

junk¹ *n.* 废品 fèipǐn *rubbish

junk² *n.* 帆船 fānchuán *a Chinese ship

Jupiter *n.* 木星 mùxīng

jurist *n.* 法学家 fǎxuéjiā

juror *n.* 陪审员 péishěnyuán

jury *n.* 陪审团 péishěntuán

just¹ *a.* 1. 公正的 gōngzhèngde; 正直的 zhèngzhíde: a ~ man 一个正直的人 yí gè zhèngzhíde rén 2. 合理的 hélǐde: a ~ opinion 合理的意见 hélǐde yìjiàn 3. 应得的 yīng dé de: a ~ punishment 应得的惩罚 yīng dé de chéngfá

just² *ad.* 1. 恰恰 qiàqià; 正好 zhènghǎo: ~ so 正是这样 zhèngshì zhèyàng 2. 仅仅 jǐnjǐn; 只是 zhǐshì: He is ~ a child. 他仅仅是个孩子。Tā jǐnjǐn shì ge háizi. 3. 方才 fāngcái; 刚才 gāngcái: I've ~ come back. 我刚刚回来。Wǒ gānggāng huílái. ~ now 刚才 gāngcái, ~ then 正在那时候 zhèngzài nà shíhou

justice *n.* 1. 公正 gōngzhèng; 正直 zhèngzhí: 正义 zhèngyì: social ~ 社会正义 shèhuì zhèngyì *just conduct 2. 司法 sīfǎ; 审判 shěnpàn: a court of ~ 法院 fǎyuàn 3. 审判员 shěnpànyuán; 法官 fǎguān *in USA (a judge, magistrate): do ~ to 公正对待 gōngzhèng duìdài

justify *v.* 证明……是正确的 zhèngmíng …… shì

zhèngquè de; 为……辩护 wèi …… biànhù: ～ one's conduct 为自己的行为辩护 wèi zìjǐde xíngwéi biànhù

jute *n.* 黄麻 huángmá *plant

juvenile *a.* 青少年的 qīng-shàonián de; 适于少年的 shìyú shàonián de: ～ books 少年读物 shàonián dúwù, ～ delinquency 少年犯罪 shàonián fànzuì

K

kaleidoscope *n.* 万花筒 wànhuātǒng

kangaroo *n.* 袋鼠 dàishǔ

keen *a.* 1. 锋利的 fēnglìde: a ～ knife 锋利的刀 fēnglìde dāo 2. 敏锐的 mǐnruìde: a ～ mind 敏锐的思路 mǐnruìde sīlù 3. 热心的 rèxīnde: a ～ student of politics 热心政治的学生 rèxīn zhèngzhì de xuésheng; be ～ on volleyball 爱好排球 àihào páiqiú

keep *v.* 1. 保存 bǎocún: Please ～ this for me. 请替我保存这个。Qǐng tì wǒ bǎocún zhège. 2. 保持 bǎochí: Please ～ quiet! 请保持安静! Qǐng bǎochí ānjìng! 3. 留住 liúzhù: I won't ～ you long. 我不会久留你的。Wǒ búhuì jiǔliú nǐ de. 4. 保守 bǎoshǒu: ～ a secret 保守秘密 bǎoshǒu mìmì 5. 防守 fángshǒu: ～ goal 守球门 shǒu qiúmén 6. 饲养 sìyǎng: ～ hens 养鸡 yǎng jī 7. 经营 jīngyíng: ～ a shop 经营一家商店 jīngyíng yì jiā shāngdiàn 8. 记载 jìzǎi: He ～s a diary. 他记日记。Tā jì rìjì. ～ at 坚持 jiānchí: K～ at it! 坚持到底! Jiānchí dàodǐ! ～ from 避免 bìmiǎn: ～ from doing anything rash 避免做任何鲁莽事 bìmiǎn zuò rènhé lǔmǎng shì, ～ off 避开 bìkāi: K～ off the grass! 勿踏草地! Wù tà cǎodì! ～ on 继续进行 jìxù jìnxíng: ~ on working 继续工作 jìxù gōngzuò; ~ up 继续 jìxù: K~ it up! 接着干﹗ Jiēzhe gàn! ~ up with 跟上 gēnshàng: He has kept up with the class. 他跟上班了。 Tā gēnshàng bān le.

keeper *n.* 看守人 kānshǒurén; 保管员 bǎoguǎnyuán

keeping *n.* 1. 保管 bǎoguǎn: in one's ~ 由某人保管 yóu mǒu rén bǎoguǎn 2. 饲养 sìyǎng: the ~ of bees 养蜂 yǎngfēng 3. 一致 yízhì: in (out of) ~ with 和……一致（不一致） hé …… yízhì (bùyízhì)

keepsake *n.* 纪念品 jìniànpǐn

keg *n.* 小桶 xiǎotǒng

kennel *n.* 狗窝 gǒuwō

kerchief *n.* 头巾 tóujīn

kernel *n.* 核心 héxīn

kerosene *n.* 煤油 méiyóu

kettle *n.* 水壶 shuǐhú

key *n.* 1. 钥匙 yàoshi: the ~ to the classroom 教室钥匙 jiàoshì yàoshi 2. 关键 guānjiàn: He is a ~ man. 他是关键人物。 Tā shì guānjiàn rénwù. 3. 答案 dá'àn: the ~ to the exercises 练习答案 liànxí dá'àn 4. 键 jiàn *of a piano or typewriter

keyboard *n.* 键盘 jiànpán

keyhole *n.* 锁眼 suǒyǎn

keynote *n.* 1. 主音 zhǔyīn 2. 基调 jīdiào: the ~ of one's speech 演讲的基调 yǎnjiǎngde jīdiào

khaki *a. & n.* 1. 黄褐色 huánghèsè *of colour 2. 卡其布 kǎqíbù *cloth of this colour

kick *v.* 踢 tī: ~ off 开球 kāiqiú, ~ out of bounds 踢球出界 tī qiú chū jiè

kid *n.* 1. 小山羊 xiǎoshānyáng *a young goat 2. 小

山羊皮 xiǎoshānyángpí *its leather 3. 小孩 xiǎoháir *a child v. 开玩笑 kāiwánxiào

kidnap v. 绑架 bǎngjià

kidney n. 肾 shèn; 腰子 yāozi

kill v. 1. 杀死 shāsǐ: ～ one's enemies 杀死敌人 shāsǐ dírén, ～ two birds with one stone 一箭双雕 yíjiàn-shuāngdiāo 2. 消磨 xiāomó: ～ time 消磨时间 xiāomó shíjiān

kilogram n. 公斤 gōngjīn; 千克 qiānkè

kilometre n. 公里 gōnglǐ; 千米 qiānmǐ

kilowatt n. 千瓦 qiānwǎ

kin n. 亲戚 qīnqī

kind[1] n. 种 zhǒng; 类 lèi: that ～ of book 那种书 nà zhǒng shū

kind[2] a. 仁慈的 réncíde; 好意的 hǎoyìde: Would you be ～ enough to help me? 请帮一下忙。Qǐng bāng yíxià máng. It's very ～ of you to help me. 多谢你帮忙。Duōxiè nǐ bāngmáng.

kindergarten n. 幼儿园 yòu'éryuán

kindle v. 1. 点燃 diǎnrán: ～ wood 点燃木头 diǎnrán mùtou 2. 激起 jīqǐ: ～ the interest of an audience 引起听众的兴趣 yǐnqǐ tīngzhòng de xìngqù

kindly a. 友好的 yǒuhǎode; 和善的 héshànde: a ～ old man 一位和善的老人 yí wèi héshànde lǎorén ad. 好意地 hǎoyìde

kindness n. 好意 hǎoyì

king n. 国王 guówáng

kingdom n. 王国 wángguó

kinsfolk n. 家属 jiāshǔ

kinship n. 亲戚关系 qīnqī guānxi; 血族关系 xuèzú guānxi: ～ term 亲属称呼 qīnshǔ chēnghu

kiss v. 接吻 jiēwěn; 吻 wěn

kit *n.* 一套工具 yí tào gōngjù: a travel ～ 一套旅行用物件 yí tào lǔxíng yòng wùjiàn; a first-aid ～ 急救箱 jíjiùxiāng

kitchen *n.* 厨房 chúfáng

kite *n.* 1. 鸢 yuān *a bird 2. 风筝 fēngzheng

kitten *n.* 小猫 xiǎomāo

knack *n.* 决窍 juéqiào

knapsack *n.* 背包 bēibāo

knead *v.* 1. 揉 róu; 捏制 niēzhì: ～ dough 揉面 róumiàn 2. 按摩 ànmó *massage

knee *n.* 膝 xī; 膝盖 xīgài: bring sb. to his ～s 使人屈服 shǐ rén qūfú, fall on one's ～s 跪下 guìxià

kneel *v.* 跪 guì

knife *n.* 刀 dāo

knight *n.* 1. 骑士 qíshì *a noble soldier on horseback 2. 爵士 juéshì *a man with a title of honour

knit *v.* 1. 编织 biānzhī: ～ a pair of socks 织一双袜子 zhī yì shuāng wàzi 2. 皱起 zhòuqǐ: ～ one's brows 皱起眉头 zhòuqǐ méitóu

knob *n.* 门的圆把手 ménde yuán bǎshou

knock *v.* 1. 敲 qiāo: ～ at a door 敲门 qiāo mén 2. 碰撞 pèngzhuàng: ～ into sb. 撞在某人身上 zhuàng zài mǒu rén shēn shang, ～ about 1. 虐待 nüèdài: ～ one's wife 虐待妻子 nüèdài qīzi 2. = wander / travel about 游逛 yóuguàng: ～ here 在这里游逛 zài zhèli yóuguàng, ～ down 撞倒 zhuàngdǎo: He was ～ed down by a car. 他被汽车撞倒。 Tā bèi qìchē zhuàngdǎo. ～ off 下班 xiàbān: He ～ed off early today. 今天他收工很早。 Jīntiān tā shōugōng hěn zǎo. ～ out 打昏（某人）dǎhūn (mǒu rén) *n.* 敲打 qiāodǎ: There is a ～ at the door. 有敲门声；有人敲门。 Yǒu qiāoménshēng;

yǒu rén qiāo mén.

knot *n.* 结 jié: tie a ～ in a rope 绳上打结 shéng shang dǎjié *v.* 打结 dǎjié

know *v.* 1. 知道 zhīdao; 懂得 dǒngdé: I don't ～ Chinese. 我不懂中文。Wǒ bù dǒng zhōngwén. 2. 认识 rènshi: Do you know Mr.Green？ 你认识格林先生吗？Nǐ rènshi Gélín xiānsheng mā？ ～ of sb. (sth.) 听说过某人(某事) tīngshuōguo mǒu rén (mǒu shì)

knowledge *n.* 1. 知识 zhīshi; 学识 xuéshí: K～ is power. 知识就是力量。Zhīshi jiùshì lìliàng. 2. 知道 zhīdao: have a ～ of the truth 知道事实真相 zhīdao shìshí zhēngxiàng, to (the best of) my ～ 据我所知 jù wǒ suǒ zhī

knuckle *n.* 指关节 zhǐguānjié

Korean *a.* 1. 朝鲜的 Cháoxiānde *of Korea 2. 朝鲜人的 Cháoxiānrénde *of its people 3. 朝鲜语的 Cháoxiānyǔde *of its language *n.* 1. 朝鲜人 Cháoxiānrén *people 2. 朝鲜语 Cháoxiānyǔ *language

Ku Klux Klan *n.* 三K党 sānkèidǎng

Kuomintang *n.* the ～ (中国)国民党 (Zhōngguó) guómíndǎng

L

lab *n.* 实验室 shíyànshì

laboratory *n.* 实验室 shíyànshì

label *n.* 标签 biāoqiān; 标记 biāojì

laborious *a.* 1. 艰苦的 jiānkǔde; 费力的 fèilìde: a ～ task 艰苦的工作 jiānkǔde gōngzuò 2. 勤劳的 qínláode *of persons

labo(u)r *n.* 劳动 láodòng: productive ～ 生产劳动

shēngchǎn láodòng 2. 工作 gōngzuò; 一件工作 yí jiàn gōngzuò: the ~s of Hercules 极费力的工作 jí fèilìde gōngzuò 2. 劳动力 láodònglì; 工人 gōngrén: skilled ~ 熟练工人 shúliàn gōngrén, cheap ~ 廉价 劳动力 liánjià láodònglì, International L~ Day 国际劳动节 guójì láodòngjié

labyrinth *n.* 迷宫 mígōng

lace *n.* 1. 花边 huābiān: a ~ collar 带花边的衣领 dài huābiān de yīlǐng 2. 带子 dàizi: a pair of shoe ~s 一双鞋带 yì shuāng xiédài

lack *n.* 缺少 quēshǎo; 不足 bùzú: the ~ of technical data 技术资料不足 jìshù zīliào bùzú *v.* 缺少 quēshǎo: We ~ed food. 我们缺少食品。 Wǒmen quēshǎo shípǐn.

laconic *a.* 简明的 jiǎnmíngde

lacquer *n.* 漆 qī; 漆器 qīqì

lad *n.* 少年 shàonián; 小伙子 xiǎohuǒzi

ladder *n.* 1. 梯子 tīzi 2. 阶梯 jiētī: the ~ of success 成功的阶梯 chénggōngde jiētī

laden *a.* 装满的 zhuāngmǎnde: a tree ~ with fruit 结满果子的树 jiēmǎn guǒzi de shù

lading *n.* 船货 chuánhuò: a bill of ~ 提货单 tíhuòdān

ladle *n.* 勺子 sháozi: a soup ~ 汤勺 tāngsháo

lady *n.* 1. 女士 nǚshì: L~ies and gentlemen! 女士们，先生们! Nǚshìmen, xiānshengmen! 2. 夫人 fūren *a married woman 小姐 xiǎojiě *a young unmarried woman, L~ Ann 安夫人 Ān fūren 3. = female 女性的 nǚxìngde: ~ doctor 女医生 nǚ yīshēng 4. L~ies 女厕所 nǚcèsuǒ *women's room

lag *n.* 停滞 tíngzhì *v.* 落后 luòhòu

lair *n.* 兽窝 shòuwō

lake *n.* 湖 hú

lama *n.* 喇嘛 lǎma

lamb *n.* 1. 羔羊 gāoyáng; 小羊 xiǎoyáng *the animal
2. 羔羊肉 gāoyángròu *the meat

lame *a.* 1. 瘸 qué *crippled 2. 无说服力的 wúshuōfúlìde, 站不住脚的 zhàn bu zhù jiǎo de *unconvincing:
a ～ excuse 站不住脚的借口 zhàn bu zhù jiǎo de
jièkǒu

lament *v.* 悲伤 bēishāng; 哀悼 āidào: ～ for a
friend 为朋友哀伤 wèi péngyou āishāng

lamentable *a.* 令人惋惜的 lìng rén wǎnxī de

lamp *n.* 灯 dēng: an electric ～ 电灯 diàndēng

lance *n.* 长矛 chángmáo

land *n.* 1. 陆地 lùdì: go by ～ 从陆路去 cóng lùlù
qù 2. 土地 tǔdì; 田地 tiándì: L～ prices have
risen quickly. 土地价格飞涨。Tǔdì jiàgé fēizhǎng.
3. 国家 guójiā; 国土 guótǔ: come from a foreign
～ 从外国来 cóng wàiguó lái *v.* 着陆 zhuólù *of
a plane

landlady *n.* 女房东 nǚfángdōng

landlord *n.* 1. 房东 fángdōng *one who leases rooms
to tenants 2. 店主 diànzhǔ *owner of an inn 3.
地主 dìzhǔ *owner of land

landing *n.* 登陆 dēnglù; 着陆 zhuólù: The aeroplane
made a safe landing. 飞机安全降落了。 Fēijī
ānquán jiàngluò le.

landscape *n.* 1. 风景 fēngjǐng; 景色 jǐngsè 2. 风景画
fēngjǐnghuà *painting

lane *n.* 小道 xiǎodào; 小巷 xiǎoxiàng; 胡同 hútòngr
2. 车道 chēdào: the inside ～ 内车道 nèi chēdào

language *n.* 语言 yǔyán: foreign ～s 外国语 wàiguóyǔ

languid *a.* 迟钝的 chídùnde

languish *v.* 无生气 wú shēngqì

lantern *n.* 灯笼 dēnglong; 提灯 tídēng

lap *n.* 膝部 xībù: hold a child on one's ～ 把孩子抱在膝上 bǎ háizi bào zài xī shang

lap *v.* 1. 舔 tiǎn: The cat lapped up milk. 猫把牛奶舔光了。Māo bǎ niúnǎi tiǎnguāng le. 2. 拍打 pāidǎ: The sea ～s the shore. 波浪拍打海岸。Bōlàng pāidǎ hǎi'àn.

lapse *n.* 1. 小错误 xiǎocuòwù: a ～ of the pen 笔误 bǐwù 2. 堕落 duòluò: a ～ from virtue 道德败坏 dàodé bàihuài 3. 流逝 liúshì: with the ～ of time. 随着时间的流逝 suízhe shíjiānde liúshì

large *a.* 大的 dàde; 巨大的 jùdàde: a ～ room 大房间 dà fángjiān / a ～ population 人口众多 rénkǒu zhòngduō, at ～ 1. 自由的 zìyóude; 逍遥 xiāoyáo 2. 详尽的 xiángjìnde: talk at ～ 详细谈 xiángxì tán, by and ～ 大体上 dàtǐshang, ～ly 大部分 dàbùfen 基本上 jīběnshang: It is ～ a matter of taste. 这主要是趣味问题。Zhè zhǔyào shì qùwèi wèntí.

lark[1] *n.* 云雀 yúnquè

lark[2] *v.* 嬉戏 xīxì; 闹着玩 nàozhewánr: Stop ～ing about! 别闹着玩了！Bié nàozhewánr le! *n.* 欢乐 huānlè

larva *n.* 幼虫 yòuchóng

larynx *n.* 喉 hóu

laser *n.* 激光 jīguāng

lash *v. & n.* 鞭打 biāndǎ

lass *n.* 少女 shàonǚ

last[1] *a.* 1. 最后的 zuìhòude: the ～ Sunday in June 六月最后的一个星期日 liùyuè zuìhòu de yí gè Xīngqīrì / He's the ～ one to arrive. 他是最后一个到的。Tā shì zuìhòu yí gè dào de. 2. 最近的 zuìjìnde: ～ night 昨晚 zuówǎn / ～ week 上星期 shàngxīngqī

/ in the ~ few months 在最近几个月里 zài zuìjìn jǐ gè yuèli / the ~ time I saw him 我上次看到他的时候 wǒ shàngcì kàndào tā de shíhou *ad.* 1. 最后 zuìhòu: speak ~ at a meeting 在会上最后发言 zài huì shang zuìhòu fāyán 2. 上一次 shàngyīcì: When did you see him ~? 你上一次见到他是什么时候? Nǐ shàngyīcì jiàndào tā shì shénme shíhou? *n.* 最后 zuìhòu; 末尾 mòwěi: hold on to the ~ 坚持到最后 jiānchídào zuìhòu

last² *v.* 持续 chíxù; 坚持 jiānchí: How long will the fine weather ~? 好天气能持续多久? Hǎo tiānqì néng chíxù duō jiǔ?

lastly *ad.* 最后一点 zuìhòu yìdiǎn

latch *n.* 门闩 ménshuān

late *a. & ad.* 1. 迟 chí; 晚 wǎn: be ~ for school 上课迟到 shàngkè chídào / The train arrived 10 minutes ~. 火车晚到了十分钟。 Huǒchē wǎn dàole shí fēnzhōng. 2. 晚期的 wǎnqīde: in ~ spring 暮春 mùchūn, in the ~ sixties 六十年代后期 liùshí niándài hòuqī 3. 近来的 jìnláide; 最近的 zuìjìnde: the ~st news 最新消息 zuì xīn xiāoxi, of ~ 近来 jìnlái: He has made great progress of ~. 近来他进步很大。 Jìnlái tā jìnbù hěn dà. at (the) latest 最迟 zuì chí, later on 以后 yǐhòu, 后来 hòulái, sooner or ~r 迟早 chízǎo, better ~ than never 迟做总比不做好 chí zuò zǒng bǐ bú zuò hǎo

lately *ad.* 近来 jìnlái; 最近 zuìjìn: Have you seen them ~? 你最近见到过他们吗? Nǐ zuìjìn jiàndàoguo tāmen ma?.

latent *a.* 潜在的 qiánzàide; 潜伏的 qiánfúde

lathe *n.* 车床 chēchuáng; 镟床 xuànchuáng

Latin *n.* 拉丁文 Lādīngwén: ～ America 拉丁美洲 Lādīng Měizhōu

latitude *n.* 1. 纬度 wěidù: forty degrees north ～ 北纬四十度 běiwěi sìshí dù 2. 地区 dìqū: warm ～ 热带地区 rèdài dìqū

latter *a.* 1. 后面的 hòumiànde: the ～ half of the month 后半月 hòubànyuè 2. 后者的 hòuzhěde: Of the two the ～ is far better than the former. 两者中后者比前者好得多。 Liǎngzhě zhōng hòuzhě bǐ qiánzhě hǎode duō.

laugh *v. & n.* 笑 xiào: jumping and ～ing 又跳又笑 yòu tiào yòu xiào 1. ～ at 因……而发笑 yīn …… ér fāxiào, ～ at a joke 听了笑话发笑 tīngle xiàohua fāxiào 2. 嘲笑 cháoxiào: Don't ～ at him. 别嘲笑他。 Bié cháoxiào tā. *n.* 笑 xiào; 笑声 xiàoshēng: break into a ～ 突然笑起来 tūrán xiào qilai

laughing *a.* 笑的 xiàode; 可笑的 kěxiàode: a ～ face 笑脸 xiàoliǎn / It's no ～ matter. 这可不是闹着玩的事。 Zhè kěbúshì nàozhewánr de shì.

laughter *n.* 笑 xiào: roar with ～ 大笑 dàxiào / burst into ～ 哈哈大笑起来 hāhā dàxiào qilai

launch *v.* 1. 船下水 chuán xià shuǐ *of a ship 2. 发射 fāshè: ～ an artificial satellite 发射人造卫星 fāshè rénzào wèixīng 3. 开办 kāibàn: ～ a new enterprise 开办新企业 kāibàn xīn qǐyè

laundry *n.* 1. 洗衣店 xǐyīdiàn *establishment for washing linen 2. 要洗的东西 yào xǐ de dōngxi *clothes to be washed

laureate *a.* 戴桂冠的 dài guìguān de *n.* 戴桂冠的人 dài guìguān de rén

laurel *n.* 1. 月桂树 yuèguìshù *a kind of small tree 2. 荣誉 róngyù: win ～s 获得荣誉 huòdé róngyù, rest on one's ~s 满足于已有的成就 mǎnzúyú yǐyǒude chéngjiù

lavatory *n.* 1. 盥洗室 guànxǐshì 2. = toilet 厕所 cèsuǒ

lavish *a.* 1. 慷慨的 kāngkǎide: ~ with help 慷慨相助 kāngkǎi xiāngzhù 2. = wasteful 浪费的 làngfèide: ~ of time 浪费时间 làngfèi shíjiān 3. = over abundant 过多的 guòduōde; 过度的 guòdùde: ~ praise 过度的称赞 guòdùde chēngzàn

law *n.* 1. 法律 fǎlù: break the ~ 犯法 fànfǎ / keep the ~. 遵守法律。zūnshǒu fǎlù. 2. 定律 dìnglù; 规律 guīlù: the ~s of nature 自然规律 zìrán guīlù

lawcourt *n.* 法院 fǎyuàn

lawful *a.* 合法的 héfǎde; 法定的 fǎdìngde: a ~ act 合法行为 héfǎ xíngwéi / ~ age 法定年令 fǎdìng nián-líng

lawless *a.* 无法的 wúfǎde; 不法的 bùfǎde: a ~ man 不法之徒 bùfǎ zhī tú

lawn *n.* 草地 cǎodì; 草坪 cǎopíng

lawn-mower *n.* 割草机 gēcǎojī

lawsuit *n.* 诉讼 sùsòng

lawyer *n.* 律师 lùshī

lax *a.* 1. 不严格的 bù yángé de; 松懈的 sōngxiède: ~ discipline 松懈的纪律 sōngxiède jìlù 2. 泻肚的 xièdùde *of the bowels

lay[1] *v.* 1. 放 fàng: L~ it on the table. 把它放在桌上。Bǎ tā fàng zài zhuō shang. 2. 砌 qì; 铺设 pūshè: ~ a railroad track 铺设铁轨 pūshè tiěguǐ / ~ bricks 砌砖 qìzhuān 3. 产卵 chǎnluǎn; 下蛋 xiàdàn: Hens ~ eggs. 母鸡下蛋。Mǔjī xiàdàn. ~ aside 放一边 fàng yìbiān, ~ aside old prejudices 撇开陈旧的偏见 piēkāi chénjiùde piānjiàn

lay² *n.* 小诗 xiǎoshī *a short poem

lay³ *a.* 1. 俗人的 súrénde; 凡俗的 fánsúde *non-clerical 2. 外行的 wàihángde *non-professional

layman *n.* 1. 俗人 súrén *non-cleric 2. 门外汉 ménwàihàn; 外行 wàiháng *non-expert

layout *n.* 设计 shèjì; 布局 bùjú: ～ of a city 城市的布局 chéngshì de bùjú

layer *n.* 1. 层 céng: a ～ of clay. 一层泥土 yì céng nítǔ 2. 放置者 fàngzhìzhě: a mine ～ 布雷艇 bùléitǐng

lazy *a.* 懒惰的 lǎnduòde

lead *v.* 1. 引导 yǐndǎo; 带领 dàilǐng: ～ the way 引路 yǐnlù; 带路 dàilù 2. 领导 lǐngdǎo; 率领 shuàilǐng: a delegation led by the foreign minister 由外交部长率领的代表团 yóu wàijiāo-bùzhǎng shuàilǐng de dàibiǎotuán 3. 领先 lǐngxiān *in a game 4. 通向 tōng xiàng: a road ～ing to the square 通向广场的路 tōng xiàng guǎngchǎng de lù 5. 影响 yǐngxiǎng: What led you to believe I was ill? 什么使你相信我病了? Shénme shǐ nǐ xiāngxìn wǒ bìng le? 6. 过（某种生活）guò (mǒu zhǒng shēnghuó): ～ a happy life 过幸福生活 guò xìngfú shēnghuó

lead *n.* 铅 qiān

leader *n.* 领袖 lǐngxiù; 领导人 lǐngdǎorén

leadership *n.* 领导 lǐngdǎo

leading *a.* 主要的 zhǔyàode; 第一流的 dìyīliúde: a ～ role 主要角色 zhǔyào juésè / a ～ing writer 第一流作家 dìyīliú zuòjiā

leaf *n.* 1. 叶 yè: green leaves 绿叶 lǜyè 2. 一张 yì zhāng *two pages of a book, turn over a new ～ 翻开新的一页 fānkāi xīnde yí yè

leaflet *n.* 1. 小叶 xiǎoyè; 嫩叶 nènyè *young leaf 2. 散页的印刷品 sǎnyè de yìnshuāpǐn *folded unbound printed sheets 3. 传单 chuándān *handbill

league *n.* 1. 同盟 tóngméng; 联盟 liánméng 2. 社团 shètuán: the Youth L~ 青年团 Qīngniántuán

leak *v.* 1. 漏 lòu: The ship ~s. 船漏了。Chuán lòu le. 2. 泄漏 xièlòu: The news has ~ed out. 这消息已泄漏出去了。Zhè xiāoxi yǐ xièlòu chūqù le. *n.* 漏洞 lòudòng 2. 泄漏 xièlòu *of news etc.

lean[1] *v.* 1. 倾斜 qīngxié: The column ~s to the north. 柱子向北倾斜。Zhùzi xiàng běi qīngxié. 2. 倚 yǐ; 靠 kào: ~ on the desk 靠在桌子上 kào zài zhuōzi shang 3. 倾向 qīngxiàng; 偏向 piānxiàng: ~ to a view 倾向一种观点 qīngxiàng yì zhǒng guāndiǎn, ~ (up) on 依赖 yīlài; 依靠 yīkào: ~ on others for help 依赖别人的帮助 yīlài biérén de bāngzhù

lean[2] = thin *a.* 1. 瘦的 shòude *of people and animals 2. 贫乏的 pínfáde; 歉收的 qiànshōude: a ~ year 歉收年 qiànshōunián

leap *v.* 跳 tiào; 跃 yuè: The fish ~t out of the water. 鱼跳出水面。Yú tiàochū shuǐmiàn.

learn *v.* 1. 学习 xuéxí; 学会 xuéhuì: ~ music 学习音乐 xuéxí yīnyuè 2. 听到 tīngdào; 获悉 huòxī: I ~ed it from him. 我是从他那里听来的。Wǒ shì cóng tā nàli tīnglái de.

learned *a.* 有学问的 yǒu xuéwen de; 博学的 bóxuéde: a ~ man 学者 xuézhě; 有学问的人 yǒu xuéwen de rén

learning *n.* 学问 xuéwen: a man of ~ 有学问的人 yǒu xuéwen de rén

lease *n.* 1. 租约 zūyuē; 租契 zūqì: We took the land on ~. 我们租用这块地。Wǒmen zūyòng zhè kuài dì. 2. 租借期限 zūjiè qīxiàn *length of time

least *a., n., & ad.* 最少 zuì shǎo; 最小 zuì xiǎo: John got (the) ～. 约翰得到的最少。 Yuēhàn dédào de zuì shǎo. There isn't the ～ wind today. 今天一点风也没有。 Jīntiān yìdiǎnr fēng yě méiyǒu. at ～ 至少 zhìshǎo, not in the ～ 一点也不 yìdiǎnr yě bù

leave *v.* 1. 离开 líkāi: ～ Beijing for Shanghai 离开北京去上海 líkāi Běijīng qù Shànghǎi 2. 留下 liúxia; 剩下 shèngxia: ～ the children at home 把孩子留在家里 bǎ háizi liú zài jiāili There is nothing left. 什么都没剩下。 Shénme dōu méi shèngxia. 3. 忘带 wàng dài; 丢下 diūxia: ～ the hat in the car 把帽子丢在车上了 bǎ màozi diū zài chē shang le 4. 交给 jiāogěi; 让 ràng: L～ it to me. 让我来办吧。 Ràng wǒ lái bàn ba. ～ (sb. or sth.) alone 不管 bùguǎn, ～ behind 忘带 wàng dài, ～ out 省去 shěngqù *deliberate; 遗漏 yílòu *unintentional, ～ over 剩下 shèngxia *n.* 1. 准许 zhǔnxǔ: by (with) your ～ 如果你允许的话 rúguǒ nǐ yǔnxǔ de huà 2. 假期 jiàqī: three months' ～ 三个月的假期 sān gè yuè de jiàqī 3. 离开 líkāi; 告别 gàobié: take ～ of one's friends 向朋友告别 xiàng péngyou gàobié

lecture *n. & v.* 1. 演讲 yǎnjiǎng; 讲课 jiǎngkè 2. 教训 jiàoxun: give sb. a ～ 教训人一顿 jiàoxun rén yí dùn *as an admonition

lecturer *n.* 1. 演讲者 yǎnjiǎngzhě 2. 大学讲师 dàxué jiǎngshī *in a university

leech *n.* 水蛭 shuǐzhì

leek *n.* 韭葱 jiǔcōng

left *a.* 1. 左的 zuǒde; 左边的 zuǒbiānde: the ～ bank

of a river 河的左岸 hé de zuǒ'àn 2. 左派的 zuǒ-
pàide; 左翼的 zuǒyìde: ～ forces 左派势力 zuǒpài
shìli *n.* 左 zuǒ; 左边 zuǒbiān: turn to the ～ 向左转
xiàng zuǒ zhuǎn

leg *n.* 1. 腿 tuǐ; 腿部 tuǐbù: Her ～ was broken.
她的腿断了。 Tāde tuǐ duàn le. / the ～s of a
table 桌子腿 zuōzituǐ

legacy *n.* 遗产 yíchǎn; 遗赠物 yízèngwù

legal *a.* 1. 法律的 fǎlùde: ～ advisor 法律顾问 fǎlù
gùwèn 2. 合法的 héfǎde; 法定的 fǎdìngde ～ ac-
tion 合法行动 héfǎ xíngdòng / a ～ holiday 法定假日
fǎdìng jiàrì

legality *n.* 合法性 héfǎxìng

legalize *v.* 合法化 héfǎhuà

legend *n.* 传奇 chuánqí; 传说 chuánshuō

legible *a.* 字迹清楚的 zìjì qīngchu de; 易读的 yì dú de

legislate *v.* 立法 lìfǎ

legislative *a.* 立法的 lìfǎde

legislator *n.* 立法委员 lìfǎ wěiyuán

legislature *n.* 立法机关 lìfǎ jīguān

legitimate *a.* 合法的 héfǎde: a ～ claim 合法的要求
héfǎde yāoqiú

leisure *n.* 空闲 kòngxián: at ～ 空闲 kòngxián

lemon *n.* 1. 柠檬 níngméng 2. 柠檬色 níngméngsè;
淡黄色 dànhuángsè *the color

lemonade *n.* 柠檬水 níngméngshuǐ

lend *v.* 借出 jièchū; 借给 jiègěi: Please ～ me your pen.
请把你的钢笔借给我。 Qǐng bǎ nǐde gāngbǐ jiègěi
wǒ.

length *n.* 长 cháng; 长度 chángdù: at ～ 1. = at last
终于 zhōngyú; 最后 zuìhòu 2. 详细地 xiángxìde;
充分的 chōngfènde: debate a subject at ～ 对一个题

目进行充分辩论 duì yí gè tímù jìnxíng chōngfèn
biànlùn, at full ～ 全身伸展地 quánshēn shēnzhǎn
de, lie at full ～ on the grass 平躺在草地上 píng
tǎng zài cǎodì shang, keep sb. at arm's ～ 和人疏远
hé rén shūyuǎn

lengthen v. 1. 加长 jiācháng: ～ a skirt 把裙子加长
bǎ qúnzi jiācháng 2. 变长 biàn cháng: The days
are ～ing. 白天变长了。 Báitiān biàn cháng le.

lengthy a. 冗长的 rǒngcháng de; 过长的 guòcháng de

lenient a. 宽大的 kuāndàde; 宽厚的 kuānhòude: a ～
punishment 轻罚 qīng fá

lens n. 透镜 tòujìng; 镜头 jìngtóu

leopard n. 豹 bào

leper n. 麻疯病人 máfēngbìngrén

leprosy n. 麻疯病 máfēngbìng

less a., n. & ad. 较少的 jiào shǎo de *in quantity;较小的
jiào xiǎo de *in size:～food 较少的食物 jiào shǎo
de shíwù, still / even ～ 更不用说 gèng búyòng
shuō

lessen v. 1. 减少 jiǎnshǎo; 变少 biàn shǎo: ～ the costs
减少费用 jiǎnshǎo fèiyòng 2. 缩小 suōxiǎo: ～
the differences between the two 缩小两者的差别
suōxiǎo liǎngzhě de chābié

lesson n. 1. 课 kè; 课程 kèchéng: The textbook has
20 ～s. 这个课本有二十课。Zhège kèběn yǒu èrshí
kè. 2. 教训 jiàoxun: It is a ～ to me. 这对我是个教
训。Zhè duì wǒ shì gè jiàoxun.

lest conj. 1. 以免 yǐmiǎn: We kept watch ～ he
should run away. 我们看守着他，防备他逃走。
Wǒmen kānshǒuzhe tā, fángbèi tā táozǒu. 2. 唯恐
wéikǒng; 怕 pà: I was afraid ～ the child fall
down the staircase. 我怕这孩子从楼梯上跌下来。

Wǒ pà zhè háizi cóng lóutī shang diē xiàlái.

let *v.* 1. 让 ràng; 允许 yǔnxǔ: L~ me try. 让我试一下。Ràng wǒ shì yīxià. 2. 出租 chūzū: ~ one's house 出租房屋 chūzū fángwū, ~ alone 更不用说 gèng búyòng shuō: He cannot speak French ~ alone write it. 他不会讲法语，更不用说写了。Tā búhuì jiǎng fǎyǔ, gèng búyòng shuō xiě le. ~ down 1. 放下 fàngxià: ~ the curtain down 放下幕布 fàngxià mùbù 2. 失望 shīwàng; 拆台 chāitái: Don't ~ me down. 别让我失望。Bié ràng wǒ shīwàng; 别拆我的台。Bié chāi wǒde tái. ~ go 放手；fàngshǒu; 松开 sōngkāi

letter *n.* 1. 字母 zìmǔ: a capital ~ 大写字母 dàxiě zìmǔ 2. 信 xìn: Is there a ~ for me? 有我的信吗? Yǒu wǒde xìn ma?

lettuce *n.* 生菜 shēngcài

level *n.* 1. = horizontal 水平面 shuǐpíngmiàn: 4,000 metres above sea ~ 海拔四千米 hǎibá sìqiān mǐ 2. = standard 水平 shuǐpíng; 标准 biāozhǔn: advanced ~s 先进水平 xiānjìn shuǐpíng 3. 级 jí; 地位 dìwèi: top ~ talks 最高级会谈 zuìgāojí huìtán / social ~s 社会地位 shèhuì dìwèi *v.* 弄平 nòng píng: ~ the fields 平整土地 píngzhěng tǔdì

lever *n.* 杠杆 gànggǎn

levy *v.* & *n.* 征税 zhēngshuì

lexicology *n.* 词汇学 cíhuìxué

liability *n.* 1. 义务 yìwù; 责任 zérèn: hold no ~ for damages 不负赔偿的责任 bú fù péichángde zérèn 2. = debts 负债 fùzhài; 债务 zhàiwù

liable *a.* 1. 有义务的 yǒu yìwù de; 有责任的 yǒu zérèn de: He declared that he was not ~ for the accident. 他宣称对这个事故没有责任。Tā xuānchēng duì zhège shìgù méiyǒu zérèn. 2. 易……的 yì ……de; 易遭……的 yì zāo …… de; be ~ to catch coid 易感冒 yì gǎnmào

liaison *n.* 联络 liánluò: a ~ officer 联络官 liánluòguān

lair *n.* 说谎的人 shuōhuǎngde rén

liberal *a.* 1. = generous 慷慨的 kāngkǎide; 大方的 dàfangde: a ~ donation 慷慨的捐赠 kāngkǎide juānzèng 2. = abundant 丰富的 fēngfùde; 充足的 chōngzúde: in ~ supply 供应充足 gōngyìng chōngzú 3. 自由主义的 zìyóuzhǔyìde *in politics: ~ arts 大学文科 dàxué wénkē

liberate *v.* 解放 jiěfàng; 释放 shìfàng: ~ slaves 解放奴隶 jiěfàng núlì

liberty *n.* 1. 自由 zìyóu; 自由权 zìyóuquán; at ~ 自由的 zìyóude; 随意的 suíyìde: Each member is at ~ to air his views. 每个成员都可自由发表意见。Měi gè chéngyuán dōu kě zìyóu fābiǎo yìjian. 2. 冒昧 màomèi; 失礼 shīlǐ: take the ~ to do sth. 冒昧行事 màomèi xíngshì

librarian *n.* 图书馆管理员 túshūguǎn guǎnlǐyuán

library *n.* 图书馆 túshūguǎn

licence *n.* 1. 许可 xǔkě: under ~ 获得许可 huòdé xǔkě 2. 执照 zhízhào: driving ~ 驾驶执照 jiàshǐ zhízhào

license *v.* 1. 批准 pīzhǔn；许可 xǔkě; 给予执照 jǐyǔ zhízhào: ~ a person to practise as a doctor. 准许医师开业 zhǔnxǔ yīshī kāiyè

lick *v.* 1. 舔 tiǎn: The cat ~ed its paws. 猫舔舔它的爪子。Māo tiǎntiān tāde zhuǎzi. 2. 揍 zòu: be well ~ed 被狠狠揍了一顿 bèi hěnhěn zòu le yí dùn 3. 战胜 zhànshèng; 打败 dǎbài: The opponents were ~ed. 对手被打败了。Duìshǒu bèi dǎbài le.

lid *n.* 1. 盖子 gàizi: the teapot ～ 茶壶盖 cháhúgàir
2. = eyelid 眼睑 yǎnjiǎn

lie¹ *v.* 1. 躺 tǎng; 卧 wò: ～ on a bed 躺在床上 tǎng zài chúangshang 2. 平放 píngfàng; 摊 tān: ～ on one's back 仰卧 yǎngwò, the book that is lying on the table. 摊在桌子上的书 tān zài zhuōzi shang de shū 3. 位于 wèiyú: Ireland ～s west of England. 爱尔兰位于英格兰西部。 Ài'ěrlán (Ireland) wèiyú Yīnggélán (England) xībù. 4. 展现 zhǎnxiàn; 展开 zhǎnkāi: A bright future ～s ahead 前途光明 qiántú guāngmíng

lie² *v.* 说谎 shuōhuǎng: You're lying. 你撒谎。 Nǐ sāhuǎng. *n.* 谎话 huǎnghuà; 谎言 huǎngyán

lieutenant *n.* 尉官 wèiguān

life *n.* 1. 生命 shēngmìng: There is no ～ on the moon. 月球上没有生命。 Yuèqiú shang méiyǒu shēngmìng. 2. 寿命 shòumìng: the average ～-span 平均寿命 píngjūn shòumìng 3. 生活 shēnghuó: a happy ～ 幸福生活 xìngfú shēnghuó

life-boat *n.* 救生船 jiùshēngchúan

life-buoy *n.* 救生圈 jiùshēngquān

lifeless *a.* 无生命的 wú shēngmìng de

lifelike *a.* 逼真的 bīzhēnde

lifeline *n.* 生命线 shēngmìngxiàn

lifelong *a.* 终身的 zhōngshēnde: ～ friends 终身的朋友 zhōngshēnde péngyou

life-time *n.* 一生 yìshēng; 终生 zhōngshēng: work of a ～ 毕生的工作 bìshēng de gōngzuò

lift *v.* 1. 举起 *raise above the head jǔqǐ; 提起 *things with some form of handle tíqǐ; 抬起 *with 2 hands or between 2 or more people táiqǐ; ～ the stone. 抬起

石头 táiqǐ shítou / ～ a pail of water 提起一桶水 tíqǐ yì tǒng shuǐ 2. 提高 tígāo: ～ prices 提高价格 tígāo jiàgé 3. 挖出 wāchū *digout; 拔起 báqǐ pull out: ～ potatoes 挖马铃薯 wā mǎlíngshǔ / ～ the top of the box 把盒盖拔起来 bǎ hégàir bá qǐlái *n.* 1. 电梯 diàntī: take a ～ 乘电梯 chéngdiàntī 2. 搭车 dāchē: give sb. a ～ 让人搭车 ràng rén dāchē

light¹ *n.* 1. 光 guāng; 光线 guāngxiàn: sun ～ 太阳光 tàiyángguāng, The room has poor ～. 这房间光线不好。 Zhè fángjiān guāngxiàn bù hǎo. 2. 灯 dēng: turn on (off) the ～ 开（关）灯 kāi (guān) dēng 3. 火花 huǒhuā: Could you give me a ～? 借个火。 Jiè gè huǒ. strike a ～ 划火柴 huá huǒchái *v.* 1. 点着 diǎnzháo; 点燃 diǎnrán: ～ a lamp 点灯 diǎn dēng 2. 变亮 biàn liàng: His face lit up with a smile. 脸上闪出微笑 liǎn shang shǎnchū wēixiào

light² *a.* 1. 轻的 qīngde: ～ industry 轻工业 qīnggōngyè 2. 轻微的 qīngwēide: ～ applause 轻微的掌声 qīngwēide zhǎngshēng 3. 轻松的 qīngsōngde: a ～ heart 轻松愉快 qīngsōng yúkuài; ～ music 轻音乐 qīngyīnyuè 4. 轻快的 qīngkuàide; 灵巧的 língqiǎode: be ～ on one's feet 脚步轻快 jiǎobù qīngkuài, have a ～ hand for knitting 巧于编织 qiǎoyú biānzhī 5. 轻便的 qīngbiànde: a ～ car 轻便车 qīngbiànchē 6. 轻浮 qīngfú; 轻率 qīngshuài: ～ opinions 轻率的意见 qīngshuàide yìjian, ～ conduct 轻浮的行为 qīngfúde xíngwéi

lighthouse *n.* 灯塔 dēngtǎ

lighten¹ *v.* 1. 照亮 zhàoliàng: A full moon ～ed our path to the camp. 一轮明月照亮了我们去营地的路。Yì lún míngyuè zhàoliàng le wǒmen qù yíngdì de lù. 2. 发亮 fāliàng: The eastern sky ~ed. 东方亮起来了。 Dōngfāng liàng qǐlái le.

lighten² v. 1. 减轻 jiǎnqīng: ~sb.'s sorrow 减轻某人的悲伤 jiǎnqīng mǒu rén de bēishāng 2. 变轻松 biàn qīngsōng: His mood ~ed. 他的心情愉快起来。 Tāde xīnqíng yúkuài qǐlái.

lighter¹ n. 打火机 dǎhuǒjī

lighter² n. 驳船 bóchuán *a kind of ship

lighting n. 照明 zhàomíng; 舞台灯光 wǔtái dēngguāng *on stage

lightning n. 闪电 shǎndiàn: ~ rod 避雷针 bìléizhēn

like¹ v. 1. 喜欢 xǐhuan; 爱好 àihào: I ~ swimming 我喜欢游泳。 Wǒ xǐhuan yóuyǒng. 2. 希望 xīwàng: I'd ~ to go to the concert. 我想去听音乐。 Wǒ xiǎng qù tīng yīnyuè.

like² a. 相象的 xiāngxiàngde: as ~ as two peas 一模一样 yìmú-yíyàng. prep. 1. 象 xiàng: He looks ~ an athlete. 他看上去象个运动员。 Tā kànshang-qu xiàng gè yùndòngyuán. 2. 象（要） xiàng (yào); 想要 xiǎng yào: It looks ~ rain. 好象要下雨了。 Hǎoxiàng yào xiàyǔ le. / Do you feel ~ a walk? 想去散散步吗? Xiǎng qù sànsànbù ma?

likelihood n. 可能 kěnéng

likely a. & ad. 1. 很可能的 hěn kěnéng de: He's not ~ to come. 他可能不会来。 Tā kěnéng búhuì lái. / It's ~ they'll win. 很可能他们赢。 Hěn kěnéng tāmen yíng. 2. 恰当的 qiàdàngde: a ~ plan 恰当的计划 qiàdàngde jìhuà

liken v. 比做 bǐzuò

likeness n. 相似 xiāngsì

likewise ad. 同样地 tóngyàngde; 照样地 zhàoyàngde: They went on foot and I did ~. 他们步行去，我也

步行去了。Tāmen bùxíng qù, wǒ yě bùxíng qù le.

liking *n.* 爱好 àihào; 喜欢 xǐhuan

lilac *n.* 1. 紫丁香 zǐdīngxiāng 2. 淡紫色 dànzǐsè *color

lily *n.* 百合 bǎihé; 百合花 bǎihéhua: water ～ 睡莲 shuìlián

limb *n.* 1. 肢 zhī; 翼 yì: rest one's tired ～s 让疲倦的四肢休息 ràng píjuàn de sìzhī xiūxi 2. 大树枝 dà shùzhī *of a tree

lime *n.* 石灰 shíhuī

limit *n.* 界线 jièxiàn 2. 限度 xiàndù; 限制 xiànzhì: the ～ of one's patience 忍耐的限度 rěnnàide xiàndù/ set a ～ to the number of passengers 对乘客人数加以限制 duì chéngkè rénshù jiāyǐ xiànzhì 3. 极限 jíxiàn: That's the ～! 忍无可忍了! Rěnwú-kěrěn le!

limitation *n.* 限制 xiànzhì

limited *a.* 有限的 yǒuxiànde; 限定的 xiàndìngde

limousine *n.* 轿车 jiàochē

limp[1] *v.* 跛行 bǒxíng

limp[2] *a.* 柔软的 róuruǎnde

line[1] *n.* 1. 绳 shéng; 线 xiàn: telephone ～s 电话线 diànhuàxiàn, hang the clothes on the ～ 把衣服挂在绳子上 bǎ yīfu guà zài shéngzi shang 2. 路线 lùxiàn: a shipping ～ 航线 hángxiàn 3. 界线 jièxiàn: The ball crossed the line. 球出界了。 Qiú chū jiè le. 4. 排 pái; 列 liè: a ～ of trees 一排树 yì pái shù, in ～ with … 同……成一直线 tóng …… chéng yì zhíxiàn; 和……一致 hé …… yízhì, bring into ～ 使……采取一致行动 shǐ …… cǎiqǔ yízhì xíngdòng 5. 行 háng: page 2 ～ 4 第二页第四行 dì-èr yè dì-sì háng

line² *v.* 做衬里 zuò chènlí: ~ a coat with silk 用绸做外衣的衬里   yòng chóu zuò wàiyī de chènlí

lineage *n.* 血统 xuètǒng; 世系 shìxì

linen *n.* 1.   亚麻布 yàmábù *the cloth 2.   亚麻布制品 yàmábù zhìpǐn *articles made from linen

liner¹ *n.* 1.   班机 bānjī *plane 定期船 dìngqīchuán *ship

liner² *n.* = lining 衬里 chènlí

linger *v.* 1.   逗留 dòuliú; 徘徊 páihuái: Winter ~ed. 冬天迟迟不去。Dōngtīng chíchí bú qù. 2. 苟延 gǒuyán; 拖延 tuōyán: ~ out one's life 苟延残喘 gǒuyán-cánchuǎn

linguistics *n.* 语言学 yǔyánxué

lining *n.* 里子 lízi; 衬里 chènlí: Every cloud has a silver ~ 祸中有福 huò zhōng yǒu fú

link *n.* 1.   环 huán; 环节 huánjié: the ~s in a chain of development   发展过程中的各个环节 fāzhǎn guòchéng zhōng de gège huánjié 2. 联系 liánxì: Is there a   ~ between smoking and lung disease? 肺病和抽烟之间有联系吗？   Fèibìng hé chōuyān zhījiān yǒu liánxì ma?   *v.* 连结 liánjié; 联系 liánxì: ~ theory with practice 理论联系实际 lǐlùn liánxì shíjì

lion *n.* 狮子 shīzi

lip *n.* 唇 chún; 嘴唇 zuǐchún: bite one's ~s 咬住嘴唇 yǎozhù zuǐchún

lipstick *n.* 唇膏 chúngāo; 口红 kǒuhóng

liquid *n.* 液体 yètǐ

liquidate *v.* 1.   偿付 chángfù *of a debt 2.   清除 qīngchú *of people

liquor *n.* 酒类 jiǔlèi: be fond of the   ~ 喜欢喝酒 xǐhuan hē jiǔ

list *n.* 名单 míngdān; 目录 mùlù: make a ～ 列表 lièbiǎo / an export ～ 出口商品目录 chūkǒu shāngpǐn mùlù / take his name off the ～ 把他的名字从名单上去掉 bǎ tāde míngzi cóng míngdān shang qùdiào *v.* 编列成表 biānlièchéng biǎo; 列举 lièjǔ: ～ a few reasons 列举几条理由 lièjǔ jǐ tiáo lǐyóu

listen *v.* 1. 听 tīng: We ～ed but heard nothing. 我们听了，但什么也没听见。 Wǒmen tīngle, dàn shénme yě méi tīngjiàn. 2. 听信 tīngxìn: Don't ～ to him. 别听他的说。 Bié tīng tā shuō de.

listener *n.* 收听者 shōutīngzhě

listless *a.* 懒洋洋的 lǎnyāngyāngde

literacy *n.* 识字 shízì; 有文化 yǒu wénhùa

literal *a.* 1. 文字的 wénzìde: a ～ error 文字上的错误 wénzì shang de cuòwù 2. 字面上的 zìmiàn shang de; 逐字的 zhúzìde: a ～ interpretation 字面解释 zìmiàn jiěshì / a ～ translation 直译 zhíyì

literary *a.* 文学（上）的 wénxué(shang) de: ～ works 文学作品 wénxué zuòpǐn

literate *a.* 识字的 shízìde; 有文化的 yǒu wénhùa de *n.* 识字的人 shízìde rén; 有文化的人 yǒu wénhùa de rén

literature *n.* 1. 文学 wénxué 2. 文献 wénxiàn: the ～ of history 历史文献 lìshǐ wénxiàn

litre *n.* 公升 gōngshēng

litter *n.* 1. 杂乱 záluàn: The room is in a ～ 这房间凌乱得很。 Zhè fángjiān língluànde hěn. 2. （一）窝（仔）wō: a ～ of pigs 一窝小猪 yì wō xiǎozhū *v.* 弄乱 nòngluàn

little *a.* 1. 小 xiǎo; 幼小 yòuxiǎo: a ～ trick 小花招 xiǎohuāzhāo / a ～ girl 小姑娘 xiǎo gūniang 2. 不多 bùduō; 一点 yìdiǎnr: There is ～ time left.

没剩下多少时间了。 Méi shèngxia duōshao shíjiān le. / know a ～ Chinese 懂一点中文 dǒng yìdiǎnr zhōngwén *ad.* 一点 yìdiǎnr; 少 shǎo: sleep ～ 睡得少 shuìde shǎo / feel a ～ cold 觉得有点冷 juéde yǒudiǎnr lěng *n.* 一点 yìdiǎnr; 很少 hěn shǎo: I see very ～ of him 我很少见到他 Wǒ hěn shǎo jiàndào tā. / Please give me a ～. 请给我一点。 Qǐng gěi wǒ yìdiǎnr. ～ by ～ 一点一点地 yìdían-yìdǐande; 逐渐地 zhújiànde

live² *v.* 1. 住 zhù; 居住 jūzhù: Where do you ～? 你住在哪里? Nǐ zhù zài nǎli? 2. 生存 shēngcún; 活着 huózhe: He is still living. 他还活着。 Tā hái huózhe. 3. 生活 shēnghuó: ～ happily 生活幸福 shēnghuó xìngfú, ～ on sth. 以……为食 yǐ …… wéi shí *food 靠……生活 kào …… shēnghuó *source of income, ～ on rice 以大米为主食 yǐ dàmǐ wéi zhǔshí, ～ up to 信守 xìnshǒu; 符合 fúhé

live² *a.* 1. 活的 huóde: ～ fish 活鱼 huóyú 2. 有生气的 yǒu shēngqì de; 活跃的 huóyuède: a ～ person 生气勃勃的人 shēngqì-bóbóde rén

livelihood *n.* 生计 shēngjì

lively *a.* 1. 活泼的 huópode: She is very ～. 她很活泼。 Tā hěn huópo. 2. 生动的 shēngdòngde: a ～ description 生动的描述 shēngdòngde miáoshù

liver *n.* 肝 gān; 肝脏 gānzàng

livestock *n.* 牲畜 shēngchù

living *a.* 1. 活着的 huózhede; 现存的 xiàncúnde 2. 逼真的 bīzhēnde; 一模一样的 yìmú-yíyàngde: He is the ～ image of his father. 他跟他父亲一模一样。 Tā gēn tā fùqīn yìmú-yíyàng. 3. 生活的 shēnghuóde: raise the ～ standards 提高生活水平 tígāo shēnghuó shuǐpíng *n.* 生活 shēnghuó; 生计 shēngjì: earn a ～ 谋生 móushēng

living-room *n.* 起居室 qǐjūshì

load *n.* 1. 负担 fùdān: a heavy ～ on one's shoulders 肩上的重担 jiānshang de zhòngdàn *v.* 装载 zhuāngzài; 装货 zhuānghuò: ～ cargoes 装货物 zhuāng huòwù

loaf[1] *n.* 长面包 chángmiànbāo

loaf[2] *v.* 游荡 yóudàng: ～ about 游手好闲 yóushǒu-hàoxián

loan *n.* 1. 贷款 dàikuǎn: a long-term interest-free ～ 长期无息贷款 chángqī wúxī dàikuǎn 2. 借出 jièchū: May I have the ～ of your typewriter? 我可以借你的打字机用一下吗？ Wǒ kějǐ jiè nǐde dǎzìjī yòng yīxià ma?

loath *a.* 不愿意的 búyuànyì de: He is ～ to travel by air 他不愿坐飞机旅行。 Tā búyuàn zuò fēijī lǚxíng.

loathe *v.* 1. = detest 嫌恶 xiánwù; 厌恶 yànwù 2. 不喜欢 bù xǐhuan: I ～ going. 我不想去。 Wǒ bùxiǎng qù.

lobby *n.* 前厅 qiántīng

lobster *n.* 龙虾 lóngxiā

local *a.* 1. 地方的 dìfāngde; 本地的 běndìde: ～ time 当地时间 dāngdì shíjiān / ～ news 本地新闻 běndì xīnwén 2. 局部的 júbùde: a ～ war 局部战争 júbù zhànzhēng

locality *n.* 位置 wèizhi; 地区 dìqū

locate *v.* 1. 找出……的位置 zhǎochū …… de wèizhi: ～ a town on the map 在地图上找出一个城市的位置 zài dìtú shang zhǎochū yí gè chéngshì de wèizhi 2. 设置 shèzhì; 坐落 zuòluò: The factory is ～d near the river. 工厂座落在河的附近。 Gōngchǎng zuòluò zài hé de fùjìn.

location *n.* 位置 wèizhi

lock¹ *n. & v.* 锁 suǒ; 关 guān

lock² *n.* 一绺头发 yì liǔ tóufa *of hair

locker *n.* 小柜 xiǎoguìr

locomotive *n.* 机车 jīchē; 火车头 huǒchētóu

locust *n.* 蝗虫 huángchóng

lodge *n.* 门房 ménfáng; 传达室 chuándáshì *v.* 寄宿 jìsù: ～ at a friend's house 寄宿在朋友家里 jìsù zài péngyou jiāli

lodging *n.* 1. 寄宿 jìsù; 住宿 zhùsù: provide board and ～ 供膳宿 gōng shànsù 2. 出租的房间 chūzūde fángjiān: look for ～ 找房子 zhǎo fángzi

lofty *a.* 1. 极高的 jí gāo de: a ～ tower 高塔 gāotǎ 2. 高尚的 gāoshàngde; 崇高的 chónggāode: ～ sentiments 高尚的情操 gāoshàngde qíngcāo 3. = haughty 高傲的 gāo'àode: a ～ appearance 高傲的样子 gāo'àode yàngzi

log¹ *n.* 圆木 yuánmù; 木料 mùliào *v.* 砍伐 kǎnfá

log² *n.* 1. 测程仪 cèchéngyí *an apparatus 2. = log-book 航海日志 hánghǎi rìzhì; 飞行日志 fēixíng rìzhì

logic *n.* 1. 逻辑 luóji 2. 逻辑性 luójixìng

logical *a.* 逻辑的 luójide: a ～ .conclusion 符合逻辑的结论 fúhé luójide jiélùn

loin *n.* 腰 yāo

lonely *a.* 1. 孤单的 gūdānde; 寂寞的 jìmòde: feel ～ 感到寂寞 gǎndào jìmò 2. 偏僻的 piānpìde: a ～ mountain village 偏僻的山村 piānpìde shāncūn

long¹ *a.* 1. 长的 chángde: a ～ winter 漫长的冬天 mànchángde dōngtiān 2. 长久 chángjiǔ: two years ～ 两年之久 liǎng nián zhī jiǔ

long² *v.* 渴望 kěwàng

longevity *n.* 长命 chángmìng; 长寿 chángshòu

longing *n.* 渴望 kěwàng; 想念 xiǎngniàn: a ～ for home 想家 xiǎngjiā

longitude *n.* 经度 jīngdù

look *v.* 1. 看 kàn; 瞧 qiáo: L～, here he comes. 瞧，他来了。Qiáo, tá láile. 2. 看起来 kàn qǐlái; 显得 xiǎnde: He ～s very strong. 他看上去很强壮。Tā kànshangqu hěn qiángzhuàng. 3. 面向 miànxiàng: The house ～s south. 这房子朝南。Zhè fángzi cháo nán. ～ after 照顾 zhàogù; 照料 zhàoliào, ～ down on (upon) 轻视 qīngshì, ～ for …… 寻找 xúnzhǎo, ～ forward to …… 期待 qīdài, 盼望 pàn-wàng, L～ out! 当心！Dāngxīn! ～ over 检查 jiǎnchá, ～ up 查 chá *in a dictionary, etc. *n.* 1.看 kàn: have a ～ 看一下 kàn yixià; 2. 容貌 róngmào: good ～s 容貌佼好 róngmào jiǎohǎo

looker-on *n.* 旁观者 pángguānzhě

lookout *n.* 提防 dīfang; 警戒 jǐngjiè: to keep a ～ 小心提防 xiǎoxīn dīfang

loom¹ *n.* 织布机 zhībùjī

loom² *v.* 隐隐出现 yǐnyǐn chūxiàn: A ship ～ed through the fog. 一艘船在大雾中隐隐出现。Yì sōu chuán zài dàwù zhōng yǐnyǐn chūxiàn.

loop *n.* 环 huán; 线圈 xiànquān *v.* 打圈 dǎquān; 打环 dǎhuán

loophole *n.* 1. 枪眼 qiāngyǎn; 窗孔 chuāngkǒng *slit for shooting through 2. 漏洞 lòudòng *means of evading a rule: close a ～ 堵塞漏洞 dǔsè lòudòng

loose *a.* 1. 松的 sōngde; 宽的 kuānde: ～ soil 松土 sōngtǔ / ～ clothing 宽大的衣服 kuāndàde yīfu

2. 松开的 sōngkāide: the ～ end of a string 绳子松着的一端 shéngzi sōngzhe de yìduān 3. 放荡的 fàngdàngde: lead a ～ life 过着放荡的生活 guòzhe fàngdàngde shēnghuó 4. 不严密 bù yánmì; 不明确的 bù míngquè de: a ～ argument 站不住脚的说法 zhàn bu zhù jiǎo de shuōfǎ

loosen v. 放松 fàngsōng; 松开 sōngkāi ～ a screw 松开螺丝 sōngkāi luósī

loot n. 掠夺物 lüèduówù v. 抢劫 qiǎngjié; 掠夺 lüèduó

lop[1] v. = cutoff 修剪 xiūjiǎn; 砍掉 kǎndiào: ～ off branches from a tree 砍掉树枝 kǎndiào shùzhī

lop[2] v. = hang limply 松驰地垂下 sōngchíde chuíxia

lord n. 1. 勋爵 xūnjué; 大臣 dàchén 2. L～ 上帝 Shàngdì

lordly a. 豪华的 háohuáde: a ～ mansion 豪华的住宅 háohuáde zhùzhái

lorry n. 卡车 kǎchē

lose v. 1. 丢失 diūshī; 失去 shīqù: ～ a key 丢了一把钥匙 diūle yì bǎ yàoshi / ～ patience 失去耐心 shīqù nàixīn 2. 没赶上 méi gǎnshàng; 错过 cuòguò: ～ one's train 没赶上火车 méi gǎnshàng huǒchē 3. 浪费 làngfèi: There is not a moment to ～. 一分钟也不能浪费。 Yì fēnzhōng yě bùnéng làngfèi. 4. 迷失 míshī: ～ one's way 迷路 mílù 5. 输 shū; 失败 shībài: ～ a game 输一局 shū yì jú

loser n. 1. 失主 shīzhǔ *owner of lost property 2. 失败者 shībàizhě *in a game, war etc.: a good ～ 输得起的人 shūdeqǐde rén

loss n. 1. 丢失 diūshī; 丧失 sàngshī: the ～ of the money 丢钱 diū qián 2. 损失 sǔnshī; 损耗 sǔnhào: suffer heavy ～es 遭受重大损失 zāoshòu zhòngdà sǔnshī 3. 错过 cuòguò; 浪费 làngfèi: the ～ of

opportunities 错过机会 cuòguò jīhuì 4. 失败 shībài;
失利 shīlì: the ～ of a war 战败 zhànbài, at a ～
不知所措的 bùzhī-suǒcuòde

lot[1] *n.* 1. 许多 xǔduō: He has a ～ of friends. 他
有许多朋友。 Tā yǒu xǔduō péngyou. / I feel
a ～ better now. 我现在感觉好多了。 Wǒ xiànzài
gǎnjué hǎo duō le. 2. 全部 quánbù: Take the
whole ～. 全部都拿去。 Quánbù dōu náqù.

lot[2] *n.* 1. 签 qiān; 抽签 chōuqiān: decide by ～ 抽签
决定 chōuqiān juédìng 2. 运气 yùnqì; 命运 mìng-
yùn *fortune

lotion *n.* 润肤液 rùnfūyè; 涂剂 tújì

lottery *n.* 彩票 cǎipiào

lotus *n.* 荷 hé; 莲 lián

loud *a.* 响亮的 xiǎngliàngde; 高声的 gāoshēngde: a ～
voice 高声 gāoshēng

loudspeaker *n.* 扩音器 kuòyīnqì

lounge *v.* 懒散地坐着 lǎnsǎnde zuòzhe *n.* 休息室 xiūxishì

louse *n.* 虱子 shīzi

lovable *a.* 可爱的 kě'àide; 讨人喜爱的 tǎo rén xǐ'ài de:
a ～ child 可爱的孩子 kě'àide háizi

love *n. & v.* 1. 爱 ài; 热爱 rè'ài 2. 爱好 àihào; 喜欢
xǐhuan: ～ for sports 对体育的爱好 duì tǐyùde àihào
/ He ～s to bike. 他喜欢骑自行车。 Tā xǐhuan
qí zìxíngchē. 3. 恋爱 liàn'ài: fall in ～ (with) 爱上
…… àishàng……

lovely *a.* 1. 美丽的 měilìde; 可爱的 kě'àide: a ～ girl
美丽的女孩 měilìde nǚháir 2. 令人愉快的 lìng rén
yúkuài de; 有趣的 yǒuqùde: We had a ～ holiday.
我们度过了一个愉快的假日。 Wǒmen dùguòle yí gè
yúkuàide jiàrì.

lover *n.* 1. 情人 qíngrén 2. 爱好者 àihàozhě: a

~ of art 艺术爱好者 yìshù àihàozhě

loving a. 亲爱的 qīn'àide

low a. 1. 低矮 dī'ǎi; 浅的 qiǎnde: a ~ house 低矮的房屋 dī'ǎi de fángwū / The river is very ~. 这条河很浅。Zhè tiáo hé hěn qiǎn. 2.低 dī: ~ cost 低成本 dīchéngběn / a ~ temperature 低温 dīwēn 3. 低沉的 dīchénde; 没精神的 méi jīngshen de: be in ~ spirits 没精打彩 méijīng-dǎcǎi 4. 粗俗的 cūsúde; 低级的 dījíde: ~ tastes 低级趣味 dījí qùwèi

lowland n. 低地 dīdì

lower a. 1. 较低的 jiào dī de 2. 较低级的 jiào dījí de; 下等的 xiàděngde: ~ classes 下层人民 xiàchéng rénmín 3. 低年级的 dīniánjí de: a ~ school 低年级学校 dīniánjí xuéxiào 4. 下游的 xiàyóude: the ~ river valley 河的下游 hé de xiàyóu

lowly a. 谦卑的 qiānbēide

loyal a. 忠实的 zhōngshíde; 忠诚的 zhōngchéngde

lubricant n. 润滑剂 rùnhuájì

lucid a. 1. 清楚的 qīngchude; 易懂的 yìdǒngde: a ~ explanation 清楚的解释 qīngchude jiěshì 2. = mentally sound 神智清醒的 shénzhì qīngxíng de

luck n. 1. 运气 yùnqi: Good ~! 祝你顺利! Zhù nǐ shùnlì! 2. 好运 hǎoyùn: I had the ~ to get a ticket. 我运气好弄到一张票。Wǒ yùnqi hǎo nòngdào yì zhāng piào.

lucky a. 1. 幸运的 xìngyùnde; 侥幸的 jiǎoxìngde: a ~ dog 幸运儿 xìngyùn'ér / a ~ guess 侥幸的猜中 jiǎoxìngde cāizhòng 2. 吉利的 jílìde: a ~ day 吉日 jírì

lucrative a. 有利的 yǒulìde *advantageous; 赚钱的 zhuànqiánde *financially profitable: a ~ investment 有利的投资 yǒulìde tóuzī

ludicrous *a.* 荒唐可笑的 huāngtang kěxiàode

lug *v.* 拖 tuō; 拉 lā

luggage *n.* 行李 xíngli

lukewarm *a.* 1. 微温的 wēiwēnde: ~ water 温水 wēnshuǐ 2. 冷淡的 lěngdànde; 不热心的 bú rèxīn de: a ~ attitude 冷淡的态度 lěngdànde tàidu

lull *v.* 1. 使……安静 shǐ …… ānjìng; 哄 hǒng: ~ a baby to sleep 哄孩子睡觉 hǒng háizi shuǐjiào 2. 平息 píngxī: The raging sea was ~ed. 翻腾的海浪平息了。 Fānténgde hǎilàng píngxī le.

lullaby *n.* 催眠曲 cuīmiánqǔ; 摇篮曲 yáolánqǔ

lumber[1] *n.* 木材 mùcái; 木料 mùliào

lumber[2] *v.* 行动迟缓 xíngdòng chíhuǎn

luminous *a.* 1. 发光的 fāguāngde; 明亮的 míngliàngde: a ~ watch 夜光表 yèguāngbiǎo 2. 易懂的 yì dǒng de: His prose is simple and ~. 他的散文简明易懂。 Tāde sǎnwén jiǎnmíng yìdǒng.

lump *n.* 1. 块 kuài; 堆 duī: a ~ of clay 一块泥土 yí kuài nítǔ 2. 肿块 zhǒngkuài *swelling

lunacy *n.* 精神错乱 jīngshén cuòluàn

lunar *a.* 月的 yuède: the ~ calendar 阴历 yīnlì

lunatic *a.* 精神错乱的 jīngshén cuòluàn de: ~ asylum 精神病院 jīngshén bìngyuàn *n.* 精神病患者 jīngshénbìng huànzhě; 疯子 fēngzi

lunch *n.* 午餐 wǔcān

luncheon *n.* 午餐 wǔcān; 午宴 wǔyàn

lung *n.* 肺 fèi

lunge *n.* 冲 chōng *rush; 刺 cì; 戳 chuō *with sword, etc.: make a ~ for the door 向门口冲去 xiàng ménkǒu chōngqù

lurch[1] *n. & v.* 突然倾斜 tūrán qīngxié: The boat gave a ~ towards the rocks. 船向着岩石突然倾斜。Chuán xiàngzhe yánshí tūrán qīngxié.

lurch² *n.* 困境 kùnjìng: leave sb. in the ～ 在某人危险时 舍弃不顾 zài mǒu rén wēixiǎn shi shěqì búqù

lure *n.* 1. 诱惑物 yòuhuòwù *sth. used to entice 2. 魅力 mèilì *enticing quality

lurk *v.* 潜伏 qiánfú; 埋伏 máifu

luscious *a.* 甘美的 gānměide; 芬芳的 fēnfāngde

lush *a.* 茂盛的 màoshèngde: ～ crops 茂盛的庄稼 màoshèngde zhuāngjia

lust *n.* 1. 欲望 yùwàng 2. 色欲 sèyù *sexual

lustre *n.* 1. 光泽 guāngzé: the ～ of pearls 珍珠的光泽 zhēnzhūde guāngzé 2. 光彩 guāngcǎi *splendour, glory

lustrous *a.* 有光泽的 yǒu guāngzé de; 光彩的 guāng-cǎide

lusty *a.* 健壮的 jiànzhuàngde; 精力充沛的 jīnglì chōng-pèi de

lute *n.* 琵琶 pípa

luxuriant *a.* 1. 繁茂的 fánmàode; 肥沃的 féiwòde: ～ soil 肥沃的土壤 féiwòde tǔrǎng 2. 丰富的 fēng-fùde: a ～ imagination 丰富的想象力 fēngfùde xiǎngxiànglì 3. 华丽的 huálìde; 豪华的 háohuáde: a piece of ～ prose 一篇词藻华丽的散文 yì piān cízǎo huálì de sǎnwén / a ～ restaurant 豪华 的饭店 háohuá de fàndiàn

luxurious *a.* 1. 奢侈的 shēchǐde: a ～ life 奢侈的生活 shēchǐde shēnghuó 2. = luxuriant 豪华的 háohuá-de

luxury *n.* 1. 奢侈 shēchǐ 2. 奢侈品 shēchǐpǐn

lynch *v.* 私刑 sīxíng

lyric *a.* 抒情的 shūqíngde *n.* 抒情诗 shūqíngshī

M

M.A. = Master of Arts 文学硕士 Wénxué shuòshì

macaroni *n.* 通心粉 tōngxīnfěn

machine *n.* 机器 jīqì; 机械 jīxiè: ~ gun 机枪 jīqiāng

machinery *n.* 机器 jīqì; 机械 jīxiè

mad *a.* 1. 发疯的 fāfēngde: She went ~ after the death of her son. 她儿子死后，精神失常了。 Tā érzi shǐhòu, jīngshén shīcháng le. 2. 着迷 zháomí: He is ~ about football. 他对足球着了迷。 Tā duì zúqiú zháole mí. ~man 疯子 fēngzi

madam *n.* 1. 女士 nǚshì *addressing a woman 2. 夫人 fūrén; 太太 tàitai *addressing a married woman

Madame *n.* 夫人 fūrén; 女士 nǚshì

madden *v.* 使……发狂 shǐ …… fākuáng

magazine *n.* 杂志 zázhì

magic *n.* 1. 魔术 móshù 2. 魔力 mólì *charm, fascination: by ~ 使用魔法 shǐyòng mófǎ

magistrate *n.* 行政长官 xíngzhèng zhǎngguān

magnate *n.* 要人 yàorén; 富豪 fùháo: a steel ~ 钢铁大王 gāngtiě dàwáng

magnet *n.* 磁石 císhí; 磁铁 cítiě

magnetic *a.* 1. 有磁性的 yǒu cíxìng de: ~ force 吸引力 xīyǐlì 2. 吸引人的 xīyǐn rén de: a ~ person 有吸引力的人 yǒu xīnyǐnlì de rén

magnetism *n.* 磁学 cíxué *the science

magnificence *n.* 壮丽 zhuànglì

magnify *v.* 放大 fàngdà: ~ing glass 放大镜 fàngdàjìng

magnitude *n.* 宏大 hóngdà

magpie *n.* 鹊 què

maid *n.* 1. 少女 shàonǚ; 姑娘 gūniang *a girl 2. 女仆

nǚpú: a house~　女佣人 nǚyongrén

maiden *n*. 少女 shàonǚ *a*. 第一次 dì-yī cì: ~ flight 首航 shǒuháng

mail *n*. 1. 邮件 yóujiàn: Is there any ~ for me today? 今天有我的信吗？ Jīntiān yǒu wǒde ·ìn ma? 2. 邮递 yóudì: by air ~ 航空邮递 hángkōng yóudì, ~ order 邮购 yóugòu *v*. 邮寄 yóujì: ~ a parcel 寄包裹 jì bāoguǒ

main *a*. 主要的 zhǔyàode: the ~ points of the speech 讲话的要点 jiǎnghuà de yàodiǎn *n*. 总管道 zǒngguǎndào *a principal pipe, in the ~ 大体上 dàtǐshang

mainland *n*. 大陆 dàlù

maintain *v*. 1. 保持 bǎochí: ~ friendly relations 保持友好关系 bǎochí yǒuhǎo guānxi 2. 坚持 jiānchí; 主张 zhǔzhāng: He ~ed that he was innocent. 他坚持他是无罪的。 Tā jiānchí tā shì wúzuì de. 3. 供养 gōngyǎng: ~ one's family 养家 yǎngjiā 4. 保养 bǎoyǎng: ~ a car 保养汽车 bǎoyǎng qìchē

maintenance *n*. 保养 bǎoyǎng; 维修 wéixiū

maize *n*. 玉米 yùmǐ

majestic *a*. 尊严的 zūnyánde

majesty *n*. 威严 wēiyán 2. 陛下 bìxià: Your (His, Her) M~ 陛下 bìxià

major *a*. 较大的 jiàodàde; 较重要的 jiàozhòngyào de: The car needs ~ repairs. 汽车需要大修。 Qìchē xūyào dàxiū. *n*. 1. 少校 shàoxiào *in the army 2. 主修课 zhǔxiūkè *one's chief subject at university *v*. 主修 zhǔxiū: He ~ed in history last year. 他去年主修历史。 Tā qùnián zhǔxiū lìshǐ.

majority *n*. 1. 多数 duōshù: the ~ of the people 大多数人 dàduōshù rén 2. 法定年令 fǎdìng niánlíng:

She hasn't reached her ~.　她还没有到法定年令。
Tā hái méiyǒu dào fǎdìng niánlíng.

make *v.* 1.　做 zuò；制造 zhìzào：　~ bread 做面包
zuò miànbāo，　~ coffee 煮咖啡 zhǔ kāfēi，Made in
China 中国制造 Zhōngguó zhìzào，　~ tea 沏茶
qī chá 2.　获得 huòdé；赚得 zhuàndé：~ money
赚钱 zhuànqián，　~ a living 谋生 móushēng 3.　使
shǐ；使……成为　shǐ …… chéngwéi：The news
made us happy. 这消息使我们高兴。Zhè xiāoxi
shǐ wǒmen gāoxìng. He made her his wife. 他娶
她为妻。Tā qǔ tā wéi qī. 4.　估计 gūjì：What time
do you ~ it? 你估计现在几点了? Nǐ gūjì xiànzài
jǐ diǎn le? 5.　合计 héjì；等于 děngyú：2 and
2 ~s 4.　二加二等于四。Èr jiā èr děngyú sì. ~ a
decision 作出一项决定 zuòchū yí xiàng juédìng,
~ a demand 提出要求 tíchū yāoqiú，~ haste 赶快
gǎnkuài，~ for 走向 zǒu xiàng：~ for the door
走向门口 zǒu xiàng ménkǒu，有利于　yǒulìyú：
~ for mutual understanding 有利于相互了解 yǒu-
lìyú xiānghù liǎojiě，~ from 由……制造 yóu ……
zhìzào：Steel is made from iron. 钢是铁炼成的。
Gāng shì tiě liànchéng de. ~ of 用……制造 yòng
…… zhìzào：The bridge is made of stone.
这座桥是石桥。Zhè zuò qiáo shì shíqiáo. ~ off
溜掉 liūdiào，~ out 1.　写出 xiěchū：~ out a
list of books 开书单 kāi shūdān 2.　辨认出 biànrèn-
chū：I can't ~ out your handwriting. 我认不出
你的字体。Wǒ rèn bù chū nǐde zìtǐ. ~ up 1.　编造
biānzào：~ up a story 编故事 biān gùshi 2.　弥补
míbǔ：~ up for lost time 弥补失去的时间 míbǔ
shīqù de shíjiān 3.　化妆 huàzhuāng：The actor
has made himself up. 演员化妆好了。Yǎnyuán

huàzhuāng hǎo le.

makeshift *a.* 临时代替的 línshí dàitì de *n.* 暂时的代用品 zànshíde dàiyòngpǐn

Malaysian *a.* 1. 马来西亚的 Mǎláixīyàde *of Malaysia 2. 马来西亚人的 Mǎláixīyàrénde *of its people *n.* 马来西亚人 Mǎláixīyàrén *people

male *a.* 1. 男的 nánde *of people 2. 雄的 xióngde; 公的 gōngde *of animals

malformation *n.* 畸形 jīxíng

malice *n.* 恶意 èyì

malicious *a.* 恶意的 èyìde

malign *v.* 诽谤 fěibàng

malignant *a.* 1. 有恶意的 yǒu èyì de: a ~ look 带恶意的眼光 dài èyì de yǎnguāng 2. 恶性的 èxìng de: a ~ tumour 恶性瘤 èxìngliú

malnutrition *n.* 营养不良 yíngyǎng bùliáng

malt *n.* 麦芽 màiyá; 麦芽糖 màiyátáng

maltreat *v.* 虐待 nüèdài

mamma *n.* 妈妈 māma

mammal *n.* 哺乳动物 bǔrǔ dòngwù

man *n.* 1. 男人 nánrén *the opposite of woman 2. 人 rén: ~ and superman 人与超人 rén yǔ chāorén 3. 人类 rénlèi: M~ must change in a changing world. 在变化的世界中，人类也必须变化。Zài biànhuà de shìjiè zhōng, rénlèi yě bìxū biànhuà.

manage *v.* 1. 管理 guǎnlǐ: ~ a hotel 管理一家旅馆 guǎnlǐ yì jiā lǚguǎn 2. 设法办到 shèfǎ bàndào: It's heavy, but I can ~. 这很重，但我提得动。Zhè hěn zhòng, dàn wǒ tíde dòng.

manager *n.* 经理 jīnglǐ

mandarin *n.* 1. 中国官话 Zhōngguó guānhuà *language

2. = ～ orange 中国柑橘 Zhōngguó gānjú 3. = ～ tree 柑橘树 gānjúshù

manhood *n.* 成年 chéngnián; 成人 chéngrén

mania *n.* 1. 癫狂 diānkuáng 2. 狂热 kuángrè: car ～ 爱汽车成癖 ài qìchē chéng pǐ

manicure *n. & v.* 修指甲 xiū zhǐjia

manifest *v.* 表明 biǎomíng *a.* 明白的 míngbai de

manifesto *n.* 宣言 xuānyán; 声明 shēngmíng

manifold *a.* 多种用途的 duōzhǒng yòngtú de; 多样的 duōyàngde

manipulate *v.* 1. 操作 cāozuò; 使用 shǐyòng: ～ a machine 操作机器 cāozuò jīqì 2. 操纵 cāozòng; 利用 lìyòng: He knows how to ～ his supporters. 他知道如何利用他的支持者。Tā zhīdao rúhé lìyòng tāde zhīchízhě.

mankind *n.* 人类 rénlèi

manly *a.* 男子气概的 nánzǐ qìgài de

man-made *a.* 人造的 rénzàode

manner *n.* 1. 方式 fāngshì; 方法 fāngfǎ: in this ～ 以这种方式 yǐ zhèzhǒng fāngshì 2. 举止 jǔzhǐ: He has a very rude ～. 他举止很粗鲁。Tā jǔzhǐ hěn cūlǔ 3. 礼貌 lǐmào: He has no ～s at all. 他毫无礼貌。Tā háowú lǐmào. 4. 风格 fēnggé: a building in the Chinese ～ 中国风格的建筑 Zhōngguó fēnggé de jiànzhù, all ～ of 各式各样的 gèshìgèyàngde, in a ～ 在某种意义上 zài mǒu zhǒng yìyìshang

manoeuvre *n.* 1. 演习 yǎnxí *of an army 2. 策略 cèlüè: the ～s of politicians 政客的策略 zhèngkè de cèlüè

mansion *n.* 1. 大厦 dàshà 2. 公寓 gōngyù *(pl.) building divided into flats.

mantelpiece *n.* 壁炉台 bìlútái

mantle *n.* 1. 披风 pīfēng; 斗篷 dǒupeng 2. 覆盖 fùgài: a ～ of snow 一层雪 yì céng xuě

manual *a.* 1. 手工做的 shǒugōng zuò de: ～ training 手工训练 shǒugōng xùnliàn 2. 体力的 tǐlìde: ～ labour 体力劳动 tǐlì láodòng *n.* 手册 shǒucè: a shorthand ～ 速记手册 sùjì shǒucè

manufactory *n.* 工厂 gōngchǎng; 制造厂 zhìzàochǎng

manufacture *v.* 1. 制造 zhìzào; 生产 shēngchǎn: ～ shoes 生产鞋子 shēngchǎn xiézi 2. 捏造 niēzào: ～ a story 捏造事实 niēzào shìshí

manure *n.* 肥料 féiliào

manuscript *n.* 手稿 shǒugǎo; 原稿 yuángǎo: in ～ 尚未付印的 shàng wèi fùyìn de

many *a.*, *pron.* & *n.* 许多 xǔduō: a good [great] ～ 很多 hěn duō, how ～ 多少 duōshǎo

map *n.* 地图 dìtú *v.* 1. 绘制……的地图 huìzhì …… de dìtú 2. 详细计划 xiángxì jìhuà: ～ out a plan 制订计划 zhìdìng jìhuà

maple *n.* 枫树 fēngshù

Marathon *n.* 马拉松 mǎlāsōng

marble *n.* 1. 大理石 dàlǐshí 2. 弹球 dànqiú: play ～s 打弹球 dǎ dànqiú

March[1] *n.* 三月 Sānyuè

march[2] *v.* 前进 qiánjìn; 行进 xíngjìn *n.* 1. 前进 qiánjìn *forge ahead 2. 行程 xíngchéng: a ～ of ten miles 十哩行程 shí lǐ xíngchéng 3. 进展 jìnzhǎn: the ～ of events 事件的进展 shìjiàn de jìnzhǎn 4. 进行曲 jìnxíngqǔ: military ～es 军队进行曲 jūnduì jìnxíngqǔ *music

mare *a.* 1. = female horse 母马 mǔmǎ 2. = female donkey 母驴 mǔlú

margarine *n.* 人造黄油 rénzào huángyóu

margin *n.* 1. 空白边 kòngbáibiān: leave a ～ 留空 白边 liú kòngbáibiān 2. 边缘 biānyuán: the ～ of a lake 湖边 húbiān 3. 差额 chā'é *in business

marine *a.* 1. 海的 hǎide: ～ products 海产 hǎichǎn 2. 海军的 hǎijūnde: the M～ Corps 美国海军陆战 队 Měiguó hǎijūn lùzhànduì

marital *a.* 婚姻的 hūnyīnde: ～ status 婚姻状况 hūnyīn zhuàngkuàn

mark *n.* 1. 痕迹 hénjī; 污点 wūdiǎn: dirty ～s on a book 书上的污点 shū shang de wūdiǎn 2. 记号 jìhào; 符号 fúhào: punctuation ～s 标点符号 biāo-diǎn fúhào 3. 标志 biāozhì: ～s of old age 老年 人的标志 lǎoniánrén de biāozhì 4. 分数 fēnshù: gain full ～s 得满分 dé mǎnfēn 5. = target 靶子 bǎzi; 目标 mùbiāo: hit (miss) the ～ 打中（没打中） 目标 dǎzhòng (méi dǎzhòng) mùbiāo *v.* 1. 作记号 zuò jìhào: ～ one's name on one's clothes 把名字写 在衣服上 bǎ míngzi xiě zài yīfu shang 2. 打分数 dǎ fēnshu; 评成绩 píng chéngjī: ～ examination papers 评阅考卷 píngyuè kǎojuàn 3. 注意 zhùyì: M～ my words! 注意我的话! Zhùyì wǒde huà!

marker *n.* 1. 记分员 jìfēnyuán *a person 2. = book-mark 书签 shūqiān

market *n.* 1. 市场 shìchǎng: the stock ～ 证券市场 zhèngquàn shìchǎng 2. 集市 jíshì: There's no ～ this week. 本星期没有集市。Běn xīnqī méiyǒu jíshì.

marksman *n.* 射手 shèshǒu; 神枪手 shénqiāngshǒu

marmalade *n.* 桔子酱 júzijiàng

marriage *n.* 结婚 jiéhūn; 婚姻 hūnyīn

married *a.* 已婚的 yǐhūnde

marrow *n*. 1. 骨髓 gǔsuǐ: be frozen to the ～ 寒冷彻骨 hánlěng chègǔ 2. 精髓 jīngsuǐ: the pith and ～ of his statement 他声明的要点 tā shēngmíng de yàodiǎn

marry *v*. 结婚 jiéhūn

Mars *n*. 火星 huǒxīng

marsh *n*. 沼泽 zhǎozé

marshal *n*. 1. 元帅 yuánshuài: *an officer of the highest rank in the army 2. 司仪 sīyí *an official in charge of arranging an important ceremony

martial *a*. 战争的 zhànzhēngde: ～ law 军管法 jūnguǎnfǎ

martyr *n*. 烈士 lièshì

marvel *n*. 奇迹 qíjī: the ～s of modern science 近代科学的奇迹 jìndài kēxué de qíjī *v*. 感到吃惊 gǎndào chījīng: I ～led at his skill. 我对他的技术感到吃惊。 Wǒ duì tāde jìshù gǎndào chījīng.

marvellous *a*. 奇迹般的 qíjībānde; 好极了的 hǎojílede

Marxism *n*. 马克思主义 Mǎkèsīzhǔyì

masculine *a*. 男性的 nánxìngde

mask *n*. 面具 miànjù: a gas ～ 防毒面具 fángdú miànjù

mason *n*. 石匠 shíjiang

masquerade *n*. 化装舞会 huàzhuāng wǔhuì

mass *n*. 1. 块 kuài; 堆 duī: ～es of ice 冰块 bīngkuài 2. 大量 dàliàng: Her garden is a ～ of flowers. 她的花园有大片的花。 Tāde huāyuán yǒu dàpiàn de huā. 3. 群众 qúnzhòng *pl*.

massacre *n*. & *v*. 大屠杀 dà túshā

massage *n*. & *v*. 按摩 ànmó

massive *a*. 1. 粗重的 cūzhòngde; 大块的 dàkuàide: a ～ pillar 粗大的柱子 cūdàde zhùzi 2. 巨大的 jùdàde: make ～ efforts 做出巨大的努力 zuòchū jùdàde nǔlì

mast *n.* 1. 桅 wéi; 船桅 chuánwéi *the ~ of a ship 2. 旗竿 qígān: half ~ 升半旗 shēng bànqí

master *n.* 1. 主人 zhǔrén; 雇主 gùzhǔ: ~ and man 主人和仆人 zhǔrén hé púrén 2. 大师 dàshī; 名家 míngjiā: The painting is the work of a ~. 这幅画是一位大师的作品。 Zhè fú huàr shì yí wèi dàshī de zuòpǐn.

masterpiece *n.* 杰作 jiézuò

mastery *n.* 1. 控制 kòngzhì: ~ of the air (seas) 制空（海）权 zhìkōng(hǎi)quán 2. 精通 jīngtōng: ~ of a foreign language 精通一门外语 jīngtōng yì mén wàiyǔ

mat *n.* 垫子 diànzi

match[1] *n.* 1. 比赛 bǐsài: play a tennis ~ 举行网球比赛 jǔxíng wǎngqiú bǐsài 2. 对手 duìshǒu: be no ~ for …… 不是……的对手 búshì …… de duìshǒu *v.* 相配 xiāngpèi: The shoes don't ~ the skirt. 这双鞋和裙子不配。 Zhè shuāng xié hé qúnzi bú pèi.

match[2] *n.* 火柴 huǒchái: a box of ~es 一盒火柴 yì hé huǒchái

matchmaker *n.* 媒人 méiren

mate *n.* 1. 伙伴 huǒbàn; 同事 tóngshì: Where are you going, ~? 老兄,上哪儿去? Lǎoxiōng, shàng nǎr qù? 2. 助手 zhùshǒu: a surgeon's ~ 外科医生的助手 wàikē yīshēng de zhùshǒu *v.* 交配 jiāopèi

material *n.* 1. 材料 cáiliào: building ~ 建筑材料 jiànzhù cáiliào / raw ~ 原（材）料 yuán (cái) liào 2. 素材 sùcái; 资料 zīliào: gather ~ for a novel 搜集小说素材 sōují xiǎoshuō sùcái

materialism *n.* 1. 唯物主义 wéiwùzhǔyì *in philosophy

2. 追求物质享受思想 zhuīqiú wùzhì xiǎngshòu sīxiǎng *desire to seek material enjoyment

materialize v. 实现 shíxiàn: His hopes have ~d. 他的希望实现了。 Tāde xīwàng shíxiàn le.

maternal a. 1. 母亲的 mǔqīnde; 母性的 mǔxìngde: ~ care 母亲的照顾 mǔqīnde zhàogu 2. 母系的 mǔxìde: ~ grandmother 外祖母 wàizǔmǔ

maternity n. 母性 mǔxìng: a ~ hospital 产科医院 chǎnkē yīyuàn, ~ leave 产假 chǎnjià

mathematician n. 数学家 shùxuéjiā

mathematics n. 数学 shùxué

matriculate v. 录取（大学生） lùqǔ (dàxuéshēng)

matrimony n. 婚姻 hūnyīn

matron n. = senior nursing officer 护士长 hùshìzhǎng

matter n. 1. 物质 wùzhì *opposed to mind, spirit, etc. 2. 物品 wùpǐn: printed ~ 印刷品 yìnshuāpǐn / postal ~ 邮件 yóujiàn 3. 事情 shìqing; 问题 wèntí: a ~ in dispute 争论的问题 zhēnglùnde wèntí, What's the ~? 出了什么事? Chūle shénme shì? a ~ of life and death 生死攸关的事 shēngsǐ-yōuguān de shì, as a ~ of fact 事实上 shìshí shang, for that ~ 就此而言 jiù cǐ ér yán, no matter how (what, when where, who) 不管怎样（什么，何时，哪里，谁） bùguǎn zěnyàng (shénme, héshí, nǎlǐ, shuí)

mattress n. 褥垫 rùdiàn

mature a. 1. 成熟的 chéngshúde: ~ grain 成熟的谷物 chéngshúde gǔwù 2. 考虑周到的 kǎolù zhōudào de: a ~ plan 周密的计划 zhōumìde jìhuà

maxim n. 格言 géyán

maximum n. & a. 最大量 zuì dà liàng; 最高程度 zuì gāo chéngdù: the ~ distance 最远距离 zuì yuǎn jùlí, the ~ load 最大载重量 zuì dà zàizhòngliàng, the ～ speed 最高速度 zuì gāo sùdù

May *n.* 五月 Wǔyuè: M～ Day = International Workers' Day 五一国际劳动节 Wǔ-yī guójì láodòngjié

may *v.* 1. 可以 kěyǐ: M～ I come in? 我可以进来吗？Wǒ kěyǐ jìnlái ma? 2. 可能 kěnéng: It ～ be true 这可能是真的 Zhè kěnéng shì zhēnde 3. 祝愿 zhùyuàn: M～ you succeed. 祝你成功。Zhù nǐ chénggōng.

maybe *ad.* 或许 huòxǔ; 可能 kěnéng

mayor *n.* 市长 shìzhǎng

me *pron.* 我 wǒ: Dear ～! 哎哟！āiyāo!

meadow *n.* 牧场 mùchǎng

meagre, meager *a.* 1. 瘦的 shòude: a ～ face 瘦脸 shòuliǎn 2. 不够的 bú gòu de: a ～ income 收入不够支出 shōurù bú gòu zhīchū

meal *n.* 一餐 yì cān; 一顿饭 yí dùn fàn: three ～s a day 一日三餐 yí rì sān cān

mean¹ *v.* 1. 意思是 yìsi shì: What does this word ～? 这个词是什么意思？Zhège cí shì shénme yìsi? 2. 打算 dǎsuan: What do you ～ to do? 你打算干什么？Nǐ dǎsuan gàn shénme? I ～ business. 我说话是当真的。Wǒ shuōhuà shì dàngzhēn de.

mean² *a.* 1. 卑鄙的 bēibǐde: a ～ motive 卑鄙的动机 bēibǐde dòngjī 2. 小气的 xiǎoqide: be ～ over money matters 在金钱方面很小气 zài jīnqián fāngmiàn hěn xiǎoqi

mean³ *n.* 中间 zhōngjiān: the golden mean 中庸之道 zhōngyōngzhīdào

meaning *n.* 意思 yìsi; 意义 yìyì: the ～ of a word 词义 cíyì/ Sorry, I didn't catch your ～. 对不起，我没听清你的意思。Duìbuqǐ, wǒ méi tīngqīng nǐde yìsi.

means *n.* 方法 fāngfǎ; 手段 shǒuduàn: by all ～ 务必

wùbì, by any ～ 无论如何 wúlùn rúhé, by no ～ 决不 juébù

meantime *n.* 同时 tóngshí: in the ～ 同时 tóngshí

meanwhile *ad.* 同时 tóngshí: He was cutting the grass, and she was ～ planting roses. 他割草的时候，她种玫瑰花。 Tā gē cǎo de shíhou, tā zhòng méiguī-huā.

measles *n.* 麻疹 mázhěn

measurable *a.* 可测量的 kě cèliáng de

measure *n.* 1. 尺寸 chǐcun (length); 分量 fènliang (weight): take sb.'s ～ (measurements) 给某人量尺寸 gěi mǒu rén liáng chǐcun 2. 计量单位 jìliàng dānwèi: A metre is a ～ of length. 米是长度单位。 Mǐ shì chángdù dānwèi. 3. 量具 liángjù: a tape ～ 卷尺 juǎnchǐ 4. 措施 cuòshī: take effective ～ 采取有效措施 cǎiqǔ yǒuxiào cuòshī, beyond ～ 无法估量 wúfǎ gūliáng *v.* 测量 cèliáng:～ the distance 测量距离 cèliáng jùlí

meat *n.* 肉 ròu

mechanic *n.* 技工 jìgōng

mechanical *a.* 机械的 jīxiède: ～ energy 机械能 jīxiè-néng

mechanics *n.* 1. 力学 lìxué *science of force 2. 机械学 jīxièxué *science of machinery 3. 技巧 jìqiǎo: the ～ of play-writing 编剧的技巧 biānjùde jìqiǎo

mechanism *n.* 机械结构 jīxiè jiégòu: the ～ of a clock 钟的结构 zhōng de jiégòu

mechanization *n.* 机械化 jīxièhuà

medal *n.* 奖章 jiǎngzhāng; 纪念章 jìniànzhāng

meddle *v.* 干预 gānyù; 插手 chāshǒu

mediate *v.* 调解 tiáojiě

medical *a.* 1. 医学的 yīxuéde; 医疗的 yīliáode: a ～

college 医学院 yīxuéyuàn / a ～ examination 体格
检查 tǐgé jiǎnchá 2. 内科 nèikē: a ～ ward 内科病
房 nèikē bìngfáng

medicinal *a.* 药的 yàode: Chinese ～ herbs 中草药
zhōngcǎoyào

medicine *n.* 1. 药 yào: take ～ 吃药 chī yào 2. 医学
yīxué: Doctor of M～ 医学博士 Yīxué Bóshì
3. 内科 nèikē: study ～ and surgery 研究内科
和外科 yánjiū nèikē hé wàikē

medieval *a.* 中世纪的 zhōngshìjìde

meditate *v.* 考虑 kǎolù; 沉思 chénsī: ～ upon one's
misfortunes 沉思不幸的遭遇 chénsī búxìngde zāoyù

Mediterranean *a.* 地中海的 Dìzhōnghǎide

medium *n.* 1. 媒介 méijiè: Air is the ～ of sound.
空气是传播声音的媒介。Kōngqì shì chuánbō shēng-
yīn de méijiè. 2. 工具 gōngjù; 手段 shǒuduàn:
an English ～ school 用英语进行教育的学校 yòng
yīngyǔ jìnxíng jiàoyù de xuéxiào/ mass media
宣传工具 xuānchuán gōngjù *a.* 中等的 zhōngděngde:
a man of ～ height 中等身材的人 zhōngděng shēncái
de rén

meek *a.* 温顺的 wēnshùnde

meet *v.* 1. 遇见 yùjiàn: I met him in the street.
我在街上遇见他。 Wǒ zài jiē shang yùjiàn tā.
2. 认识 rènshi: Pleased to ～ you. 认识你很
高兴。Rènshi nǐ hěn gāoxìng. 3. 迎接 yíngjiē:
Will you ～ her at the station? 你到车站去接她吗？
Ní dào chēzhàn qù jiē tā ma? 4. 满足 mǎnzú:
～ sb.'s expectations 满足某人的希望 mǎnzú mǒu
rén de xīwàng

meeting *n.* 1. 会 huì: have a ～ 开会 kāihuì 2. 会面
huìmiàn: at first ～ 在初次见面时 zài chūcì jiànmiàn

shí

megaphone *n.* 扩音器 kuòyīnqì

melancholy *n. & a.* 忧郁（的）yōuyù(de)

mellow *a.* 1. 醇香的 chúnxiāngde *of wine 2. 香甜多汁的 xiāngtián duōzhī de *of fruit 3. 圆润的 yuánrùnde *of voice 4. 老练的 lǎoliànde *of people 5. 柔和的 róuhéde *of colours and surfaces

melodious *a.* 悦耳的 yuè'ěrde

melody *n.* 1. 美妙的音调 měimiàode yīndiào 2. 歌曲 gēqǔ *a song

melon *n.* 瓜 guā

melt *v.* 1. 融化 rónghuà: The ice has all ~ed. 冰都化了。Bīng dōu huà le. 2. 溶解 róngjiě: Sugar ~s in water. 糖溶解在水里。Táng róngjiě zài shuǐ li. ~ away 消失 xiāoshī, ~ down 熔化 rónghuà

member *n.* 成员 chéngyuán; 会员 huìyuán: a ~ of the family 家庭成员 jiātíng chéngyuán/ a ~ of a political party 党员 dǎngyuán/ a ~ of a committee 委员会委员 wěiyuánhuì wěiyuán

membership *n.* 1. 会员资格 huìyuán zīgé 2. 全体会员 quántǐ huìyuán *all the members

memoir *n.* 1. 传记 zhuànjì *short life-history 2. 回忆录 huíyìlù: war ~s 战争回忆录 zhànzhēng huíyìlù

memorable *a.* 值得纪念的 zhíde jìniàn de

memorandum *n.* 备忘录 bèiwànglù

memorial *n.* 纪念碑 jìniànbēi; 纪念馆 jìniànguǎn: a war ~ 战争纪念碑 zhànzhēng jìniànbēi *a.* 纪念的 jìniànde: a ~ meeting 追悼会 zhuīdàohuì

memorize *v.* 记住 jìzhù

memory *n.* 1. 记忆力 jìyìlì; 记忆 jìyì: have a good (bad) ~ 记忆力好（不好）jìyìlì hǎo (bù hǎo),

/from ～ 凭记忆 píng jìyì,/ to the best of my ～ 就我
能想起来的 jiù wǒ néng xiǎng qǐlái de 2. 回忆
huíyì: memories of childhood 童年的回忆 tóngnián
de huíyì, in ～ of 纪念 jìniàn

menace *n. & v.* 威胁 wēixié

mend *v.* 1. 修理 xiūlǐ; 修补 xiūbǔ: ～ a road 修路
xiū lù 2. 改善 gǎishàn: ～ one's way 改过自新
gǎiguò-zìxīn

meningitis *n.* 脑膜炎 nǎomóyán

menstruation *n.* 月经 yuèjīng

mental *a.* 1. 智力的 zhìlìde: a ～ worker 脑力劳动者
nǎolì láodòngzhě 2. 精神病的 jīngshénbìngde: a
～ hospital 精神病医院 jīngshénbìng yīyuàn

mentality *n.* 1. 智力 zhìlì: a person of weak ～
一个智力弱的人 yí gè zhìlì ruò de rén 2. 心理状态
xīnlǐ zhuàngtài: a war ～ 战争心理 zhànzhēng
xīnlǐ

mention *v.* 提到 tídào: He ～ed a useful book. 他提
到一本有用的书。Tā tídào yì běn yǒuyòngde shū.
Don't ～ it. 不用客气。Búyòng kèqi.

menu *n.* 菜单 càidān

mercenary *n.* 外国雇佣兵 wàiguó gùyōngbīng

merchandise *n.* 货物 huòwù; 商品 shāngpǐn

merchant *n.* 商人 shāngrén

merciful *a.* 慈悲的 cíbēide

merciless *a.* 残忍的 cánrěnde

mercury *n.* 水银 shuǐyín: M～ 水星 shuǐxīng *planet

mercy *n.* 慈悲 cíbēi; 怜悯 liánmǐn: show ～ to sb.
怜悯某人 liánmǐn mǒu rén

mere *a.* 仅仅的 jǐnjìnde

merge *v.* 1. 合并 hébìng: ～ a company into another
把某一公司并入另一公司 bǎ mǒu yī gōngsī bìngrù

lìng yì gōngsī 2. 消失 xiāoshī: Twilight ~d into darkness. 薄暮消失在黑暗中。 Bómù xiāoshī zài hēi'àn zhōng.

meridian *n.* 子午线 zǐwǔxiàn

merit *n.* 优点 yōudiǎn: Everybody has ~s and demerits. 人人都有优缺点。 Rénrén dōu yǒu yōuquēdiǎn. *v.* 应得 yīngdé: ~ reward 应得的报酬 yīngdéde bàochóu

merry *a.* 欢乐的 huānlède

merry-go-round *n.* 旋转木马 xuánzhuǎn mùmǎ

mesh *n.* 1. 网眼 wǎngyǎnr 2. 网丝 wǎngsī; 网 wǎng: the ~ of a spider's web 蜘蛛网的丝 zhīzhūwǎng de sī *v.* 用网捕 yòng wǎng bǔ

mess *n.* 混乱 hùnluàn: The room's in a mess. 房间又脏又乱。 Fángjiān yòu zāng yòu luàn. / get into a ~ 陷入困境 xiànrù kùnjìng /in a ~ 乱七八糟 luànqībāzāo / make a ~ of sth. 弄得一团糟 nòngde yìtuánzāo

message *n.* 1. 消息 xiāoxi; 电文 diànwén: a ~ of greeting 贺电 hèdiàn; 贺信 hèxìn 2. 差使 chāishī: run ~ for sb. 为某人送信跑腿 wèi mǒu rén sòngxìn pǎotuǐ 3. 电报 diànbào: wireless ~s 无线电报 wúxiàn diànbào

messenger *n.* 通信员 tōngxìnyuán; 使者 shǐzhě

metabolism *n.* 新陈代谢 xīnchén dàixiè

metal *n.* 金属 jīnshǔ: a precious ~ 贵金属 guìjīnshǔ

metallic *a.* 金属的 jīnshǔde

metallurgy *n.* 冶金学 yějīnxué

metaphor *n.* 隐喻 yǐnyù

metaphysics *n.* 形而上学 xíng'érshàngxué

meteoric *a.* 流星的 liúxīngde: a ~ stream 流星群 liúxīngqún

meteorite *n.* 陨星 yǔnxīn: an iron ~ 陨铁 yǔntiě

meteorology *n.* 气象学 qìxiàngxué

meter *n.* 量表 liángbiǎo: a gas ~ 煤气表 méiqìbiǎo

method *n.* 方法 fāngfǎ: teaching ~s 教学法 jiàoxuéfǎ

methodical *a.* 有条理的 yǒu tiáolǐ de; 有系统的 yǒu xìtǒng de

meticulous *a.* 细致的 xìzhìde

metre *n.* 米 mǐ

metric *a.* 米制的 mǐzhìde

metropolis *n.* 大都市 dàdūshì

mettle *n.* 勇气 yǒngqì: a man of ~ 有勇气的人 yǒu yǒngqì de rén / be on one's ~ 鼓起勇气 gǔqǐ yǒngqì

Mexican *n.* 墨西哥人 Mòxīgērén *people *a.* 1. 墨西哥的 Mòxīgēde *of Mexico 2. 墨西哥人的 Mòxīgērénde *of its people

microbe *n.* 微生物 wēishēngwù; 细菌 xìjūn

microbiology *n.* 微生物学 wēishēngwùxué

microphone *n.* 话筒 huàtǒng

microscope *n.* 显微镜 xiǎnwēijìng

microscopic *a.* 1. 显微镜的 xiǎnwēijìngde 2. 微小的 wēixiǎode: ~ handwriting 很小的字迹 hěn xiǎo de zìjī

mid *a.* 中部的 zhōngbùde; 中间的 zhōngjiānde: in ~ June 六月中 liùyuè zhōng, in ~ air 在半空中 zài bànkōngzhōng

midday *n.* 正午 zhèngwǔ

middle *n.* 中间 zhōngjiān: in the ~ of a room 在房子中间 zài fángzi zhōngjiān *a.* 中间的 zhōngjiānde: ~ age 中年 zhōngnián, M~ East 中东 Zhōngdōng, a ~ school 中学 zhōngxué

middleman *n.* 经纪人 jīngjìrén; 中间人 zhōngjiānrén

midland *n.* 内地 nèidì; 中部 zhōngbù

midnight *n.* 午夜 wǔyè

midst *n.* 正中 zhèngzhōng; 中间 zhōngjiān

midsummer *n.* 仲夏 zhòngxià

midway *a. & ad.* 中途的 zhōngtúde

midwife *n.* 助产士 zhùchǎnshì

might¹ *v.* 可能 kěnéng

might² *n.* 力气 lìqì; 权力 quánlì: a man of ～ 大力士 dàlìshì, with ～ and main 竭尽全力 jiéjìn-quánlì

mighty *a.* 1. 强有力的 qiángyǒulìde: a ～ blow 强有力的一击 qiángyǒulìde yìjī 2. 巨大的 jùdàde: a ～ tempest 大暴风雨 dà bàofēngyǔ

migrant *n.* 1. 候鸟 hòuniǎo *a bird 2. 移居者 yíjūzhě *a person

migrate *v.* 1. 迁移 qiānyí *of people 2. 定期移栖 dìngqī yíqī *of migratory birds 3. 回游 huíyóu *of fish

mild *a.* 1. 温和的 wēnhéde: ～ in disposition 性情温和 xìngqíng wēnhé, ～ weather 温和的天气 wēnhéde tiānqì 2. 味淡的 wèidànde: ～ cigar 味淡的雪茄 wèidànde xuějiā

mildew *n.* 霉 méi

mile *n.* 英里 yīnglǐ

mileage *n.* 哩数 líshù

milestone *n.* 里程碑 lǐchéngbēi *a stone 2. 重大事件 zhòngdà shìjiàn *an important event

militant *a.* 战斗的 zhàndòude; 有战斗性的 yǒu zhàndòuxìng de

militarism *n.* 军国主义 jūnguózhǔyì

military *a.* 1. 军事的 jūnshìde: ～ training 军事训练 jūnshì xùnliàn 2. 军人的 jūnrénde; 军队的 jūnduìde: ～ service 兵役 bīngyì

militia *n.* 民兵 mínbīng

milk *n.* 牛奶 niúnǎi *v.* 挤奶 jǐ nǎi

milkmaid *n.* 挤奶女工 jǐ nǎi nǚgōng

milkman *n.* 送奶工人 sòngnǎi gōngrén

milky *a.* 1. 牛奶的 niúnǎide: ~ food 加了奶的食物 jiāle nǎi de shíwù 2. 乳白色的 rǔbáisède *of colour M~ Way 银河 Yínhé

mill *n.* 1. = flourmill 磨坊 mòfáng 2. 工厂 gōngchǎng: a paper ~ 造纸厂 zàozhǐchǎng 3. 磨粉机 mòfěnjī: a coffee ~ 磨咖啡机 mòkāfēijī

millet *n.* 小米 xiǎomǐ

millimetre, millimeter *n.* 毫米 háomǐ

million *num.* 百万 bǎiwàn

millionaire *n.* 百万富翁 bǎiwàn fùwēng

millstone *n.* 磨石 mòshí *a stone

mimeograph *n.* = duplicating machine 油印机 yóu yìnjī *v.* = duplicate 油印 yóuyìn

mimic *a.* 模仿的 mófǎngde *n.* 善于模仿的人 shànyú mófǎng de rén *v.* 摸拟 mónǐ

mince *v.* 剁碎 duòsuì: a mincing machine 绞肉机 jiǎoròujī *n.* = mincemeat 肉馅 ròuxiànr

mind *n.* 1. 头脑 tóunǎo; 精神 jīngshen: An idea raced through his ~. 他脑中闪过一个念头。Tā nǎo zhōng shǎnguo yí gè niàntou. ~ and body 精神和肉体 jīngshen hé ròutǐ 2. 记忆 jìyì: come to sb.'s ~ 被某人记起 bèi mǒu rén jìqǐ 3. 意见 yìjiàn; 想法 xiǎngfǎ: the public ~ 公众想法 gōngzhòng xiǎngfǎ, to my ~ 依我看 yī wǒ kàn, absence of ~ 心不在焉 xīnbúzàiyān, be of one ~ 一致 yízhì, change one's ~ 改变主意 gǎibiàn zhǔyì, keep sth. in ~ 记得某事 jìde mǒu shì, make up one's ~ 下决心 xià juéxīn *v.* 1. 注意 zhùyì: M~ you! 请注意! Qǐng zhùyì! 听着 tīngzhe 2. 介意 jièyì: Never ~!

没关系！Méiguānxi! Do you ~ if I open the window? 我可以开窗吗? Wǒ kěyǐ kāi chuāng ma?

mine¹ *pron.* 我的 wǒde

mine² *n.* 1. 矿山 kuàngshān: a coal ~ 煤矿 méikuàng 2. 宝库 bǎokù: a ~ of information 知识的宝库 zhīshi de bǎokù 3. 地雷 dìléi: lay ~s 布雷 bùléi *v.* 开采 kāicǎi: ~ for coal 采煤 cǎiméi

miner *n.* 1. 矿工 kuànggōng 2. 布雷扫雷工兵 bùléi sǎoléi gōngbīng *a soldier

mineral *n.* 矿物 kuàngwù *a.* 矿物的 kuàngwùde: ~ water 矿泉水 kuàngquánshuǐ

mingle *v.* 混合 hùnhé

miniature *n.* 1. 袖珍画 xiùzhēnhuà *a painting 2. 模型 móxíng: a ~ railway 玩具火车 wánjù huǒchē, in ~ 小型的 xiǎoxíngde

minibus *n.* 小型公共汽车 xiǎoxíng gōnggòng qìchē

minimize *v.* 减到最少 jiǎndào zuì shǎo

minimum *n.* 最小 zuì xiǎo; 最低 zuì dī: ~ temperature 最低温度 zuì dī wēndù

minister *n.* 1. 部长 bùzhǎng; 大臣 dàchén: the Prime M~ 总理 Zǒnglǐ; 首相 shǒuxiàng / the M~ of Foreign Affairs 外交部长 Wàijiāo Bùzhǎng 2. 公使 gōngshǐ *a person of lower rank than an ambassador 3. 牧师 mùshi *a Christian priest *v.* 照料 zhàoliào

ministry *n.* 部 bù: the M~ of Education 教育部 jiàoyùbù

mink *n.* 貂 diāo *animal 2. 貂皮 diāopí *its fur

minor *a.* 1. 较小的 jiào xiǎo de: a ~ matter 小事 xiǎoshì: a ~ operation 小手术 xiǎo shǒushù 2. 次要的 cìyàode: a ~ part in the play 剧中次要角色 jù zhōng cìyào juésè

minority *n.* 1. 少数 shǎoshù 2. = ~ peoples 少数

民族 shǎoshù mínzú

mint¹ *n.* 1. 造币厂 zàobìchǎng: *a place where coins are made 2. 大量 dàliàng: a ～ of money 大笔款子 dàbǐ kuǎnzi *v.* 铸造 zhùzào

mint² *n.* 薄荷 bòhe: ～ tea 薄荷茶 bòhechá

minus *prep.* 减去 jiǎnqù: 7 ～ 2 is 5. 七减去二等于五。Qī jiǎnqù èr děngyú wǔ. *a.* 减的 jiǎnde; 负的 fùde: the ～ sign 减号 jiǎnhào; 负号 fùhào *n.* 减号 jiǎnhào; 负号 fùhào

minute¹ *n.* 1. 分 fēn: be ten ～s late 迟到十分钟 chídào shí fēnzhōng 2. 一会儿 yíhuìr: Just a ～, please. 请等一下。Qǐng děng yixia. in a ～ 马上 mǎshàng, to the ～ 准时 zhǔnshí 4. 会议记录 huìyì jìlù: It's on the ～s. 这是记录在案的。Zhè shì jìlù zài'àn de.

minute² *a.* 1. 微小的 wēixiǎode: a ～ improvement 小小的改进 xiǎoxiǎode gǎijìn 2. 详细的 xiángxìde: ～ descriptions 细致的描写 xìzhìde miáoxiě

miracle *n.* 奇迹 qíjī

mirror *n.* 镜子 jìngzi *v.* 反映 fǎnyìng

mirth *n.* 欢笑 huānxiào

misadventure *n.* 灾难 zāinàn

misbehave *v.* 行为不当 xíngwéi búdàng

miscalculate *v.* 算错 suàncuò

miscarry *v.* 1. 流产 liúchǎn *of a woman 2. 失败 shībài *fail

miscellaneous *a.* 杂的 záde: ～ goods 杂货 záhuò 2. 各种各样的 gèzhǒng-gèyàngde: ～ items 多种项目 duōzhǒng xiàngmù

mischief *n.* 1. 伤害 shānghài: do sb. a ～ 伤害某人 shānghài mǒu rén 2. 胡闹 húnào: keep children out of ～ 不让孩子们胡闹 bú ràng háizimen húnào

3. 淘气的人 táoqìde rén: You little ~! 你这个小淘气! Nǐ zhège xiǎotáoqì! make ~ (between people) 挑拨离间 tiǎobó-líjiàn

misconduct *v.* 1. 行为不端 xíngwéi bùduān 2. 处理不当 chǔlǐ búdàng: ~ one's business affairs 经营不善 jīngyíng búshàn

misdeed *n.* 罪行 zuìxíng

misdirect *v.* 指错方向 zhǐcuò fāngxiàng

miser *n.* 守财奴 shǒucáinú

miserable *a.* 1. 悲惨的 bēicǎnde: be ~ from cold and hunger 饥寒交迫 jīhán-jiāopò 2. 糟糕的 zāogāode: ~ weather 糟糕的天气 zāogāode tiānqì 3. 简陋的 jiǎnlòude: a ~ house 简陋的房屋 jiǎnlòude fángwū

misery *n.* 不幸 búxìng; 痛苦 tòngkǔ: suffer ~ from toothache 牙痛 yátòng, live in ~ 生活穷困 shēnghuó qióngkùn

misfortune *n.* 不幸 búxìng: M~s never come singly. 祸不单行。 Huòbùdānxíng.

misgiving *n.* 疑惑 yíhuò

mishap *n.* 不幸的事 búxìngde shì

misjudge *v.* 错误判断 cuòwù pànduàn

mislead *v.* 领错 lǐngcuò; 引……入歧途 yǐng …… rù qítú: be misled by bad companions 被坏朋友引入歧途 bèi huài péngyou yǐnrù qítú

misprint *v.* 印错 yìncuò *n.* 印刷错误 yìnshuā cuòwù

miss¹ *n.* 小姐 xiǎojiě: M~ Mary Green 玛丽·格林小姐 Mǎlì (Mary) Gélíng (Green) xiǎojiě, Good morning, ~! 小姐，早上好! Xiǎojiě, zǎoshang hǎo!

miss² *v.* 1. 错过 cuòguò: ~ a ball 没接着球 méi jiēzháo qiú, ~ the target 没打中目标 méi dǎzhòng mùbiāo 2. 没赶上 méi gǎnshàng: ~ the train by three minutes 差三分钟没赶上火车 chà sān fēnzhōng méi gǎnshàng huǒchē 3. 想念 xiǎngniàn: She ~es her father very much. 她非常想念父亲。Tā fēicháng xiǎngniàn fùqin. 4. 缺席 quēxí: ~ one's classes 缺课 quēkè

missile n. 导弹 dǎodàn: an air-to-ground ~ 空对地导弹 kōng duì dì dǎodàn

missing a. 缺掉的 quēdiàode; 失踪的 shīzōngde: a book with four pages ~ 一本缺四页的书 yì běn quē sì yè de shū

mission n. 1. 代表团 dàibiǎotuán: a trade ~ to Japan 赴日贸易代表团 fù Rì màoyì dàibiǎotuán 2. 任务 rènwù: be sent on a ~ 去出差 qù chūchāi

missionary n. 传教士 chuánjiàoshì

mist n. 薄雾 bówù

mistake n. 错误 cuòwù; 误会 wùhuì: make a ~ 犯错误 fàn cuòwù, I took your umbrella by ~. 我把你的伞拿错了。Wǒ bǎ nǐde sǎn nácuò le. v. 1. 误解 wùjiě: He mistook my meaning. 他误解了我的意思。Tā wùjiěle wǒde yìsi. 2. 错认 cuòrèn: He mistook me for my brother. 他把我错认为我的弟弟了。Tā bǎ wǒ cuòrènwéi wǒde dìdi le.

Mister, Mr. n. 先生 xiānsheng

mistress n. 1. =a female master 女主人 nǚzhǔrén 2. 情妇 qíngfù

mistrust v. 不信任 bú xìnrèn

misty a. 1. 有雾的 yǒu wù de: ~ weather 雾天 wùtiān 2. 模糊的 móhude: a ~ idea 模糊思想 móhu sīxiǎng

misunderstand v. 误会 wùhuì; 误解 wùjiě

misuse v. & n. 错用 cuòyòng; 滥用 lànyòng

mitigate *v.* 减轻 jiǎnqīng; 缓和 huǎnhé: ～ suffering 减轻痛苦 jiǎnqīng tòngkǔ

mitten *n.* 连指手套 liánzhǐ shǒutào

mix *v.* 1. 混合 hùnhé; 搅拌 jiǎobàn: Oil and water don't ～. 油和水不相混合。 Yóu hé shuǐ bù xiáng hùnhé. ～ up flour and water 把面粉和水搅匀 bǎ miànfěn hé shuǐ jiǎoyún 2. 交往 jiāowǎng: He doesn't ～ well. 他跟人合不来。 Tā gēn rén hébulái.

moan *n.* 呻吟声 shēnyínshēng: a ～ from the sick man 病人的呻吟声 bìngrén de shēnyínshēng *v.* 呻吟 shēnyín: The sick child is ～ing. 病孩在呻吟。 Bìngháir zài shēnyín.

moat *n.* 护城河 hùchēnghé

mob *n.* 暴徒 bàotú *a noisy and violent crowd

mobile *a.* 1. 流动的 liúdòngde; 活动的 huódòngde: a ～ library 流动图书馆 liúdòng túshūguǎn, a ～ shop 流动商店 liúdòng shāngdiàn

mobilize *v.* 动员 dòngyuán

mock[1] *v.* 嘲弄 cháonòng

mock[2] *a.* 假的 jiǎde: ～ modesty 假谦虚 jiǎ qiānxū

mockery *n.* 1. 笑柄 xiàobǐng: make a ～ of 把…… 作为笑料 bǎ …… zuòwéi xiàoliào 2. 嘲笑 cháoxiào; 嘲弄 cháonòng: hold sb. (sth.) up to ～ 对某人（某事）加以嘲笑 duì mǒu rén (mǒu shì) jiāyǐ cháoxiào

modal *a.* 1. 形式上的 xíngshìshangde *relating to mode 2. 情态的 qíngtàide: a ～ verb 情态动词 qíngtài dòngcí

mode[1] *n.* 方式 fāngshì: English ～s of thought 英国人的思想方式 Yīngguórén de sīxiǎng fāngshì, a ～ of life 生活方式 shēnghuó fāngshì

mode² *n.* 时装 shízhuāng *the style of dressing

model *n.* 1. 模型 móxíng: a ～ of an aircraft 飞机模型 fēijī móxíng 2. 模范 mófàn; 典型 diǎnxíng: He's a ～ of industry. 他是勤劳的模范。Tā shì qínláode mófàn. 3. 模特儿 mótèr: a fashion ～ 时装模特儿 shízhuāng mótèr

moderate *a.* 1. 中等的 zhōngděngde: a room of ～ size 一间中等大小的屋子 yì jiān zhōngděng dà xiǎo de wūzi 2. 温和的 wēnhéde: be ～ in temper 性情温和 xìngqíng wēnhé

modern *a.* 1. 现代的 xiàndàide; 近代的 jìndàide: ～ history 近代史 jìndàishǐ 2. 新式的 xīnshìde: ～ ideas 新思想 xīn sīxiǎng

modernize *v.* 现代化 xiàndàihuà

modest *a.* 1. 谦虚的 qiānxūde: a ～ person 谦虚的人 qiānxūde rén 2. 适度的 shìdùde: a ～ request 合适的要求 héshìde yāoqiú 3. 朴素的 pǔsùde: a ～ dress 朴素的衣裙 pǔsùde yīqún

modify *v.* 1. 修改 xiūgǎi: ～ a plan 修改计划 xiūgǎi jìhuà 2. 降低 jiàngdī; 缓和 huǎnhé: ～ one's demands 降低要求 jiàngdī yāoqiú, ～ one's tone 缓和语气 huǎnhé yǔqì

moist *a.* 潮湿的 cháoshīde: the ～ season 雨季 yǔjì

moisten *v.* 弄湿 nòngshī: ～ one's throat 润一润嗓子 rùnyirùn sǎngzi

moisture *n.* 湿气 shīqì

mole¹ *n.* 黑痣 hēizhì *a mark on a person's skin

mole² *n.* 鼹鼠 yǎnshǔ *an animal

mole³ *n.* 防波堤 fángbōdī *stone wall built in the sea as a breakwater

molecule *n.* 分子 fēnzi

molest *v.* 骚扰 sāorǎo

moment *n.* 片刻 piànkè: Please wait a ～. 请等一下。 Qíng děng yīxià. at any ～ 随时 suíshí

momentary *a.* 一时的 yìshíde: ～ enthusiasm 一时的热情 yìshíde rèqíng

monarch *n.* 帝王 dìwáng; 君主 jūnzhǔ

monarchy *n.* 1. 君主制度 jūnzhǔ zhìdù: a constitutional ～ 君主立宪制度 jūnzhǔ lìxiàn zhìdù 2. 君主国 jūnzhǔguó *of a state

monastery *n.* 修道院 xiūdàoyuàn; 寺庙 sìmiào: a Buddhist ～ 佛庙 fómiào

Monday *n.* 星期一 Xīngqīyī

money *n.* 钱 qián: make ～ 赚钱 zhuànqián

Mongolian *a.* 1. 蒙古的 měnggǔde *of Mongolia 2. 蒙古人的 Měnggǔrénde * of its people 3. 蒙古语的 Měnggǔyǔde *of its language *n.* 1. 蒙古人 Měnggǔrén *people 2. 蒙古语 Měnggǔyǔ *language

monitor *n.* 1. 班长 bānzhǎng: He's been made monitor. 他被选为班长。 Tā bèi xuǎnwéi bānzhǎng. 2. 监听器 jiāntīngqì *apparatus for detecting radioactivity *v.* 监听 jiāntīng

monk *n.* 修道士 xiūdàoshì: a Buddhist ～ 和尚 héshang

monkey *n.* 猴 hóu; 猿 yuán

monopoly *n.* 垄断 lǒngduàn

monotonous *a.* 单调的 dāndiàode: a ～ voice 单调的声音 dāndiàode shēngyīn

monsoon *n.* 季风 jìfēng

monster *n.* 1. 怪物 guàiwù 2. 恶人 èrén *a person

monstrous *a.* 1. 巨大的 jùdàde: a ～ tiger 巨虎 jùhǔ 2. 恐怖的 kǒngbùde: ～ crimes 恐怖的罪行 kǒngbùde zuìxíng

month *n.* 月 yuè: this (last, next) ～ 本（上，下）月 děn (shàng, xià) yuè

monthly *a.* 每月的 měi yuè de: a ~ magazine 月刊 yuèkān *n.* 月刊 yuèkān

monument *n.* 1. 纪念碑 jìniànbēi *a stone preserving the memory of a person or event 2. 纪念像 jìniàn-xiàng *a statue of this kind 3. 纪念馆 jìniànguǎn *a building of this kind 4. 不朽著作 bùxiǔ zhùzuò: a ~ of learning 不朽的学术著作 bùxiǔde xuéshù zhùzuò

mood¹ *n.* 心情 xīnqíng: in a merry ~ 心情愉快 xīnqíng yúkuài

mood² *n.* 语气 yǔqì: the subjunctive ~ 虚拟语气 xūnǐ yǔqì

moon *n.* 1. 月球 yuèqiú; 月亮 yuèliang 2. 卫星 wèi-xīng: the ~s of the planet Jupiter 木星的卫星 mùxīng de wèixīng

moonlight *n.* 月光 yuèguāng

moonlit *a.* 被月光照亮的 bèi yuèguāng zhàoliàng de: a ~ night 月夜 yuèyè

moor¹ *n.* 沼泽 zhǎo: ~ coal 沼煤 zhǎoméi

moor² *v.* 使……停泊 shǐ …… tíngbó: ~ a boat to a buoy 将船系在浮筒上 jiāng chuán jì zài fútǒng shang

mop *n.* 拖把 tuōbǎ *v.* 拖 tuō; 擦 cā: ~ the floor 拖地板 tuō dìbǎn / ~ up a plate 擦干盘子 cāgān pánzi

moral *a.* 1. 道德（上）的 dàodé(shàng) de: ~ stand-ards 道德标准 dàodé biāozhǔn 2. 品行端正的 pǐnxíng duānzhèng de: a ~ man 品行端正的人 pǐnxíng duānzhèng de rén *n.* 教育意义 jiàoyù yìyì the ~ of the story 这个故事的教育意义 zhège gùshi de jiàoyù yìyì

morale *n.* 士气 shìqì: the waning ~ of the enemy 敌人衰落的士气 dírén shuāiluò de shìqì

morality *n.* 道德 dàodé

morass *n.* 沼泽 zhǎozé

morbid *a.* 1. 有疾病的 yǒu jíbìng de: a ～ state 病态 bìngtài 2. 不健康的 bú jiànkāng de: a ～ imagination 不健康的想象 bú jiànkāng de xiǎngxiàng

more *a.* 1. 较大的 jiào dà de; 较多的 jiào duō de: 5 is ～ than 4. 五比四大。Wǔ bǐ sì tà. 2. 另外的 lìngwàide: One ～ word. 还有一句话。Háiyǒu yí jù huà. *n.* 另外的一些 lìngwàide yìxie: Would you like some ～? 你要不要再吃点? Nǐ yào-buyào zài chī diǎnr? *ad.* 更 gèng: The first question is ～ difficult than the second. 第一个问题比第二个更困难。Dì-yī gè wèntí bǐ dì-èr gè gèng kùnnan. ～ and ～ 越来越多 yuè lái yuè duō, ～ or less 或多或少 huò duō huò shǎo, no ～ 也不 yě bù, the ～ ..., the ～ (comparative) 愈……愈…… yù …… yù ……, what is ～, 更重要的是 gèng zhòngyào de shì

moreover *ad.* 还有 háiyǒu; 此外 cǐwài

morning *n.* 早晨 zǎochén; 上午 shàngwǔ: Good ～! 早晨好! Zhǎochén hǎo! from ～ till night 从早到晚 cóng zǎo dào wǎn

morphine *n.* 吗啡 mǎfēi

mortal *a.* 1. 要死的 yào sǐ de: Man is ～. 人是要死的。Rén shì yào sǐ de. 2. 致命的 zhìmìngde: a ～ wound 致命伤 zhìmìngshāng

mortar[1] *n.* 灰浆 huījiāng *mixture of lime, sand and water

mortar[2] *n.* 1. 臼 jiù *a bowl 2. 迫击炮 pǎijīpào *a gun

mortgage *v.* 抵押 dǐyā: ～ a house to sb. 将房子抵押给某人 jiāng fángzi dǐyā gěi mǒu rén

Moslem *n.* & *a.* 穆斯林的 Mùsīlín(de)

mosquito *n.* 蚊子 wénzi: a ～ net 蚊帐 wénzhàng

mosque *n.* 清真寺 qīngzhēnsì

moss *n.* 苔藓 táixiǎn

most *a.* 1. 最大的 zuì dà de; 最多的 zuì duō de: You have made ～ mistakes. 你犯的错误最多。 Nǐ fànde cuòwù zuì duō. 2. 多数的 duōshùde: M～ people think so. 多数人都这样想。 Duōshùrén dōu zhèyàng xiǎng. *n.* 1. 最大量 zuì dàliàng; 最多数 zuì duōshù: Do the ～ you can. 尽你最大力量去做。 Jìn nǐ zuì dà lìliàng qù zuò. 2. 大多数 dàduōshù: ～ of us (you, them) 我们（你们，他们）中的大多数 wǒmen (nǐmen, tāmen) zhōng de dàduōshù *ad.* 1. 最 zuì: the ～ beautiful flower 最美丽的花 zuì měilì de huā 2. 非常 fēicháng: This is ～ interesting. 这是非常有趣的。 Zhè shì fēicháng yǒuqù de.

mostly *ad.* 主要地 zhǔyàode; 几乎都 jīhū dōu: We are ～ out on Sundays. 我们星期天几乎都出去。 Wǒmen xīngqītiān jīhū dōu chūqù.

motel *n.* 汽车游客旅馆 qìchē yóukè lǚguǎn

moth *n.* 蛾 é: ～ ball 卫生球 wèishēngqiú

mother *n.* 母亲 mǔqīn; 妈妈 māma: ～ tongue 母语 mǔyǔ, ～-in-law: *n.* 1. 岳母 yuèmǔ *wife's mother 2. 婆婆 pópo *husband's mother

motherland *n.* 祖国 zǔguó

motion *n.* 1. 运动 yùndòng: in ～ 运动中 yùndòng zhōng 2. 动作 dòngzuò: graceful ～ 优美的动作 yōuměide dòngzuò 3. 提议 tíyì: on the ～ of sb. 经某人的提议 jīng mǒu rén de tíyì

motive *n.* 动机 dòngjī *a.* 发动的 fādòngde: ～ power 动力 dònglì

motor *n.* 1. 发动机 fādòngjī: driven by ~s 由发动机转动的 yóu fādòngjī zhuàndòng de 2. 汽车 qìchē *a car *a.* 1. 原动的 yuándòngde: ~ power 原动力 yuándònglì 2. 汽车的 qìchēde: ~ industry 汽车工业 qìchē gōngyè, ~ cycle 摩托车 mótuóchē, ~ car 汽车 qìchē

motto *n.* 座右铭 zuòyòumíng

mo(u)ld¹ *n.* 模子 múzi; 模型 móxíng: a casting ~ 铸模 zhùmó

mo(u)ld² *n.* 霉 méi; 霉菌 méijūn: ~ rains 梅雨 méiyǔ

mo(u)ld³ *n.* 沃土 wòtǔ; leaf-~ 腐叶土 fǔyètǔ

mound *n.* 土墩 tǔdūn

mount *v.* 1. 爬上 páshang; 骑上 qíshang: ~ hill 爬山 páshān, ~ a horse 骑上马 qíshang mǎ 2. 上涨 shàngzhǎng: The water is ~ing. 水在上涨。 Shuǐ zài shàngzhǎng. 3. 安放 ānfàng: ~ pictures 裱画 biǎohuà / ~ gems in a gold ring 在金戒指上镶宝石 zài jīnjièzhi shàng xiāng bǎoshí 4. 设岗 shègǎng: ~ guard 站岗 zhàngǎng

mountain *n.* 1. 山 shān: a high ~ 高山 gāoshān 2. 山脉 shānmài: the Rocky M~s 落矶山脉 luòjī shānmài

mountaineer *n.* 登山运动员 dēngshān yùndòngyuán *v.* 登山 dēngshān; 爬山 páshān

mourn *v.* 哀悼 āidào: ~ for the dead 哀悼死者 āidào sǐzhě

mourning *n.* 1. 哀悼 āidào: express one's ~ for… 对……表示哀悼 duì …… biǎoshì āidào 2. 沮丧 jǔsàng: go into ~ for three days 举哀三天 jǔ'āi sān tiān, in ~ 戴孝 dàixiào

mouse *n.* 老鼠 lǎoshǔ; 耗子 hàozi

moustache *n.* 小胡子 xiǎohúzi

mouth *n.* 1. 口 kǒu; 嘴 zuǐ 2. （出）口 (chū) kǒu: the ~ of a bottle 瓶口 píngkǒu *the ~ of a volcano 火山口 huǒshānkǒu

mouthpiece *n.* 1. 烟咀 yānzuǐr *of a tobacco pipe 2. 代言人 dàiyánrén *a person

movable *a.* 可移动的 kě yídòng de; 活动的 huódòng-de: ~ properties 动产 dòngchǎn

move *v.* 1. 移动 yídòng; 搬动 bāndòng: ~ to a new place 搬到新地方 bān dào xīng dìfang 2. 感动 gǎndòng: be ~d to tears 感动得流出眼泪 gǎndòngde liúchū yǎnlèi 3. 提议 tíyì: I ~ that 我提议 …… wǒ tíyì …… *n.* 移动 yídòng; 搬家 bānjiā: get a ~ on 赶快 gǎnkuài: Shall we make a ~ now? 我们现在开始行动吗？ Wǒmen xiànzài kāishǐ xíngdòng ma? ~ about 走来走去 zǒulái-zǒuqù, ~ along 再往前走 zài wàng qián zǒu, ~ away 搬家 bānjiā, ~ in (out) 搬进 （出） bānjìn (chū), ~ on 继续前进 jìxù qiánjìn

movement *n.* 1. 运动 yùndòng; 行动 xíngdòng: the ~ of the planets 行星的运行 xíngxīng de yùnxíng, with-out ~ 安静地 ānjìngde 2. （政治）运动 (zhèng-zhì) yùndòng: the ~ for national liberation 民族解放运动 mínzú jiěfàng yùndòng 3. 乐章 yuèzhāng: the first ~ of the symphony 交响乐的第一乐章 jiāoxiǎngyuè de dì-yī yuèzhāng

movie *n.* 电影 diànyǐng: go to the ~s 去看电影 qù kàn diànyǐng

moving *a.* 1. 活动的 huódòngde: a ~ target 活动目标 huódòng mùbiāo 2. 动人的 dòngrénde: a ~ story 动人的故事 dòngrénde gùshi

mow *v.* 割草 gēcǎo: ~ the lawn 修剪草地 xiūjiǎn

cǎodì

mower *n.* 1. 割草机 gēcǎojī *a machine 2. 割草人 gēcǎorén *a person

much *a.* 很多 hěn duō; 大量的 dàliàngde: ~ difficulty 很多困难 hěn duō kùnnan *n.* 许多 xǔduō: There is ~ to be done. 还有许多工作要做。 Háiyǒu xǔduō gōngzuò yào zuò. *ad.* 非常 fēicháng; 更 gèng: Thank you very ~. 非常感谢。 Fēicháng gǎnxiè. I feel ~ better now. 我现在感觉好多了。 Wǒ xiànzài gǎnjué hǎoduōle. how ~ 多少 duōshao: How ~ is it? 这要多少钱？ Zhè yào duōshao qián? too ~ 太多 tài duō: You eat too ~. 你吃得太多。 Ní chīde tài duō.

mud *n.* 泥 ní

muddle *v.* 1. 弄乱 nòngluàn: Don't ~ things up. 不要把东西弄乱。 Búyào bǎ dōngxi nòngluàn. 2. 糊涂 hútu: get ~d 糊涂了 hútule

muddy *a.* 1. 泥泞的 nínìngde: ~ roads 泥泞的路 nínìngde lù 2. 混浊的 hùnzhuóde: a ~ stream 混浊的溪流 hùnzhuóde xīliú 3. 糊涂的 hútude: ~ ideas 糊涂思想 hútu sīxiǎng

muffle *v.* 1. 包裹 bāoguǒ: ~ one's throat with a scarf 用围巾围住脖子 yòng wéijīn wéizhù bózi 2. 蒙住 méngzhù: ~ one's face 蒙住某人的脸 méngzhù mǒu rén de liǎn

muffler *n.* 消声器 xiāoshēngqì *silencer

mug *n.* 杯 bēi: a beer ~ 啤酒杯 píjiǔbēi

mule *n.* 1. 骡子 luózi: as stubborn as a ~ 像骡子一样顽固 xiàng luózi yíyàng wángù 2. 顽固的人 wángùde rén *a stubborn person

multiple *a.* 多方面的 duō fāngmiàn de; 多样的 duōyàng-de: a man of ~ interests 有多方面兴趣的人 yǒu duō fāngmiàn xìngqù de rén

multiplication *n.* 乘法 chéngfǎ: ～ table 乘法表 chéng-fǎbiǎo

multiply *v.* 1. 乘 chéng: ～ 3 by 5 （以）五乘三 (yǐ) wǔ chéng sān 2. 增加 zēngjiā: ～ one's chances of success 增加某人成功的机会 zēngjiā mǒu rén chēnggōng de jīhuì 3. 繁殖 fánzhí: Rabbits ～ quickly. 兔子繁殖很快。 Tùzi fánzhí hěn kuài.

multitude *n.* 1. 众多 zhòngduō: like the stars in ～ 多如繁星 duō rú fánxīng 2. 民众 mínzhòng: appeal to the ～ 吸引群众 xīyǐn qúnzhòng

mumble *v.* 咕哝 gūnong: He ～d a few words. 他咕哝了几句。 Tā gūnongle jǐ jù.

mummy *n.* 木乃伊 mùnǎiyí

mumps *n.* 腮腺炎 sāixiànyán

munch *v.* 用力嚼 yònglì jiáo: cattle ～ their fodder. 牛群大声咀嚼草料。 Niúqún dà shēng jǔjiáo cǎoliào. / ～ an apple 大口大口地吃苹果 dàkǒu-dàkǒude chī píngguǒ

municipality *n.* 1. 自治市 zhìzhìshì; 自治区 zhìzìqū 2. 市政府 shìzhèngfǔ: the ～ of Beijing 北京市政府 Běijīng shìzhèngfǔ

mural *a.* 墙壁的 qiángbìde: a ～ painting 一幅壁画 yì fú bìhuà

murder *n.* 谋杀 móushā: commit ～ 犯杀人罪 fàn shārén zuì

murderer *n.* 杀人犯 shārénfàn

murmur *n.* 1. 嗡嗡声 wēngwēngshēng: the ～ of bees 蜜蜂的嗡嗡声 mìfēng de wēngwēngshēng 2. = complaint 怨言 yuànyán: without a ～ 毫无怨言 háowú yuànyán 3. 低语 dīyǔ: a ～ of conversation 一阵轻轻的谈话声 yí zhèn qīngqīngde tánhuàshēng *v.* 1. 发低沉的声音 fā dīchénde shēngyīn 2. = complain 低声抱怨 dīshēng bàoyuàn: ~ against sth. 抱怨 bàoyuàn

muscle *n.* 肌肉 jīròu: develop ~s 锻练肌肉 duànliàn jīròu

muscular *a.* 1. 肌肉的 jīròude: ~ tissue 肌肉组织 jīròu zǔzhī 2. 肌肉发达的 jīròu fādá de: He's ~. 他肌肉发达。 Tā jīròu fādá. a ~ man 大力士 dàlìshì

muse *v.* 沉思 chénsī: ~ over memories of the past 缅怀往事 miǎnhuái wǎngshì

museum *n.* 博物馆 bówùguǎn: the Palace M~ in Beijing 北京故宫博物院 Běijīng Gùgōng Bówùyuàn

mushroom *n.* 蘑菇 mógu

music *n.* 1. 音乐 yīnyuè: folk ~ 民间音乐 mínjiān yīnyuè 2. 乐谱 yuépǔ: a sheet of ~ 一页乐谱 yí yè yuèpǔ

musical *a.* 1. 音乐的 yīnyuède: ~ instruments 乐器 yuèqì 2. 爱好音乐的 àihào yīnyuè de *a music lover: a ~ child 爱好音乐的孩子 àihào yīnyuè de háizi

musician *n.* 1. 音乐家 yīnyuèjiā *person skilled in music 2. 作曲家 zuòqǔjiā *composer of music

musk *n.* 麝香 shèxiāng

must *v.* 1. 必须 bìxū: I ~ leave at 4. 我必须四点钟 走。Wǒ bìxū sì diǎnzhōng zǒu. 2. 一定 yídìng; 准是 zhǔnshì: This ~ be the book you want. 这一本一 定是你所要的书。 Zhè yì běn yídìng shì nǐ suǒ yào de shū.

mustard *n.* 芥末 jièmo

muster *v.* 集合 jíhé: The troops ~ed on the hill. 部队在山上集合。Bùduì zài shān shàng jíhé. / ~

one's courage 鼓起勇气 gǔqǐ yǒngqì *n.* 1. 集合 jíhé 2. 一群 yì qún: a ～ of amateurs 一群业余 爱好者 yì qún yèyú àihàozhě

mute *a.* 1. 沉默的 chénmòde *silent 2. 哑巴的 yǎbade *dumb 3. 不发音的 bù fāyīn de *of a letter in a word *n.* 哑巴 yǎba *a person

mutilate *v.* 断肢 duànzhī

mutiny *n.* 兵变 bīngbiàn

mutton *n.* 羊肉 yángròu

mutual *a.* 1. 相互的 xiānghùde: ～ support 相互支持 xiānghù zhīchí 2. 共同的 gòngtóngde: ～ interests 共同的爱好 gòngtóngde àihào

my *pron.* 我的 wǒde

myriad *n.* 极大数量的 jídà shùliàng de

myself *pron.* 1. 我自己 wǒ-zìjǐ: I hurt ～. 我伤了自己。 Wǒ shāngle zìjǐ. 2. 我亲自 wǒ qīnzì: I'll do it ～. 我要亲自做。 Wǒ yào qīnzì zuò. by ～ 我独自地 wǒ dúzìde: I live by ～. 我一个人生活。Wǒ yí gè rén shēnghuó.

mysterious *a.* 神秘的 shénmìde

mystery *n.* 神秘 shénmì

mystic *a.* 神秘的 shénmìde

myth *n.* 神话 shénhuà

mythical *a.* 1. 神话的 shénhuàde: ～ literature 神话 文学 shénhuà wénxué 2. 虚构的 xūgòude: ～ wealth 虚构的财富 xūgòude cáifù

mythology *n.* 1. 神话学 shénhuàxué *the study of myths 2. 神话 shénhuà: Greek ～ 希腊神话 Xīlà (Greek) shénhuà

N

nag *v. & n.* 唠叨 láodao

nail *n.* 1. 指甲 zhǐjia: finger-~ 手指甲 shǒuzhǐjia 2. 钉 dīng: hammer in a ~ 把钉子敲进去 bǎ dīngzi qiāo jìnqù, Hit the ~ (right) on the head 说得正对 shuōde zhèng duì

naive *a.* 天真的 tiānzhēnde

naked *a.* 1. 裸体的 luǒtǐde: *of a person's body* 2. 无遮盖的 wú zhēgài de: a ~ light 没有灯罩的灯 méiyǒu dēngzhào de dēng / the ~ eye 肉眼 ròuyǎn

name *n.* 1. 名字 míngzi: What's his ~? 他叫什么名字? Tā jiào shénme míngzi? in ~ 名义上 míngyìshang, in the ~ of ... 以……的名义 yǐ …… de míngyì, call sb. ~s 辱骂某人 rǔmà mǒu rén 2. 名声 míngshēng: a good ~ 好名声 hǎo míngshēng *v.* 1. 给……取名 gěi …… qǔmíng: They ~ed the baby after his grandfather. 他们以祖父的名字给孩子起名。Tāmen yǐ zǔfù de míngzi gěi háizi qǐmíng. 2. 叫出……的名字 jiàochū …… de míngzi. Can you ~ all the plants in the garden? 你能叫出花园里所有植物的名字吗? Nǐ néng jiàochū huāyuán li suǒyǒu zhíwù de míngzi ma? 3. 任命 rènmìng: ~ sb. manager 任命某人为经理 rènmìng mǒu rén wéi jīnglǐ 4. 指定 zhǐdìng: ~ a date 指定一个日子 zhǐdìng yí gè rìzi

nameless *a.* 1. 无名的 wúmíngde: a ~ flower 一朵无名的花 yì duǒ wúmíng de huā 2. 难以形容的 nányǐ xíngróng de: ~ terror 说不出的恐惧 shuō bu chū de kǒngjù

namely *ad.* 即 jí; 就是 jiùshì

namesake *n.* 同名者 tóngmíngzhě

nap *n.* 小睡 xiǎoshuì; 打盹 dǎdǔnr: have a ~ after lunch 午睡 wǔshuì

napkin *n.* 餐巾 cānjīn

narcissus *n.* 水仙花 shuǐxiānhuā

narrate *v.* 叙述 xùshù

narrative *a. & n.* 叙述（的）xùshù(de); 叙述体的 xùshùtǐde: ~ poems 叙事诗 xùshìshī

narrow *a.* 1. 狭窄的 xiázhǎide: a ~ bridge 一座窄桥 yí zuò zhǎiqiáo 2. 勉强的 miǎnqiǎngde: a ~ escape 死里逃生 sǐlǐ-táoshēng 3. = narrow-minded 度量小的 dùliàng xiǎo de

narrow-minded *a.* 心地狭窄的 xīndì xiázhǎi de

nasal *a.* 鼻的 bíde: ~ sounds 鼻音 bíyīn

nasty *a.* 1. 肮脏的 āngzāngde *filthy; 令人厌恶的 lìngrén yànwù de *repulsive: a ~ smell 难闻的气味 nánwénde qìwèi 2. 下流的 xiàliúde *obscene: a ~ story 下流故事 xiàliú gùshi 3. 险恶的 xiǎn'è-de *sinister, vicious: a ~ look 一付凶相 yí fù xiōngxiàng /a ~ job 令人厌恶的工作 lìngrén yànwù de gōngzuò

nation *n.* 国家 guójiā; 民族 mínzú: a member ~ of the UN 联合国会员国 Liánhéguó huìyuánguó / the Chinese ~ 中华民族 Zhōnghuá mínzú

national *a.* 1. 民族的 mínzúde: ~ independence 民族独立 mínzú dúlì 2. 国家的 guójiāde: a ~ flag 国旗 guóqí 3. 全国性的 quánguóxìngde: a ~ newspaper 全国性的报纸 quánguóxìng de bàozhǐ 4. 国有的 guóyǒude: a ~ university 国立大学 guólì dàxué

National Day 国庆节 Guóqìngjié

nationalism *n.* 1. 民族主义 mínzúzhǔyì 2. 民族独立

运动 mínzú dúlì yùndòng *a movement for national independence

nationalist *n.* 民族主义者 mínzúzhǔyìzhě

nationality *n.* 1. 国籍 guójí: What's your ～? 你是哪国人？ Nǐ shì nǎ guó rén? 2. 民族 mínzú: people of all nationalities 各族人民 gè zú rénmín

nationalize *v.* 把……收归国有 bǎ …… shōuguī guóyǒu

native *a.* 1. 本国的 běnguóde: ～ language 本国语 běnguóyǔ 2. 天赋的 tiānfùde: ～ ability 天赋才能 tiānfù cáinéng 3. 土生的 tǔshēngde: ～ plants 土生植物 tǔshēng zhíwù 4. 当地的 dāngdìde: ～ customs 当地的风俗 dāngdìde fēngsú *n.* 本地人 běndìrén

NATO *n.* 北大西洋公约组织 Běidàxīyáng Gōngyuē Zǔzhī

natural *a.* 1. 自然的 zìránde: ～ sciences 自然科学 zìrán kēxué 2. 天生的 tiānshēngde: ～ ability 天生才能 tiānshēng cáinéng 3. 正常 zhèngcháng: die a ～ death 正常死亡 zhèngcháng sǐwáng

naturalist *n.* 博物学家 bówùxuéjiā

naturalization *n.* 1. 归化 guīhuà *of plants, animals; 入国籍 rù guójí *people

naturalize *v.* 1. 入籍 rùjí: be ～d as a Chinese citizen 入中国籍 rù zhōngguójí; 2. 移植 yízhí: (plants) be ～d 移植 yízhí

naturally *ad.* 1. 自然地 zìránde: speak ～ 讲话自然 jiǎnghuà zìrán 2. 生来 shēnglái: Her cheeks are ～ red. 她的面颊生来就是红的。 Tāde miànjiá shēnglái jiùshì hóng de. 3. = of course 当然 dāngrán

nature *n.* 1. 自然 zìrán: conquer ～ 征服自然 zhēngfú zìrán, by ～ 生来 shēnglái, 本来 běnlái 2. 性质

xìngzhì: the ～ of gases 气体的性质 qìtǐ de xìngzhì
3. 本性 běnxìng: human ～ 人性 rénxìng, in ～
性质上 xìngzhìshang *essential qualities; 实际上
shíjìshang *in reality, in the course of ～ 自然而然
地 zìrán'érrán de

naught n. 1. 无 wú/ come to ～ 落空 lòukōng 2. 零 líng

naughty a. 顽皮的 wánpíde: a ～ child 顽皮的孩子
wánpíde háizi

nausea n. 恶心 ěxin

nautical a. 航海的 hánghǎide: ～ mile 海里（浬）
hǎilǐ (lǐ)

naval a. 海军的 hǎijūnde

navigable a. 可航行的 kě hángxíng de: a ～ river 可航行
的河流 kě hángxíng de héliú

navigate v. 1. 驾驶 jiàshǐ: ～ a ship 驾驶一艘船
jiàshǐ yì sōu chuán 2. 航行 hángxíng: ～ up a river
向上游航行 xiàng shàngyóu hángxíng

navy n. 海军 hǎijūn: ～ blue 海军蓝 hǎijūnlán

near a. & ad. 近 jìn v. 接近 jiējìn prep. 接近，靠近
jiējìn, kàojìn: He lives somewhere ～ Beijing.
他住在北京附近。 Tā zhù zài Běijīng fùjìn.

nearby a. 附近的 fùjìnde ad. 在附近 zài fùjìn prep. 在
……的附近 zài …… de fùjìn

nearly ad. 几乎 jīhū

neat a. 1. 整洁的 zhěngjiéde: a ～ room 整洁的房间
zhěngjiéde fángjiān 2. 雅致的 yǎzhìde: a ～ dress
雅致的衣服 yǎzhìde yīfu 3. 巧妙的 qiǎomiàode:
a ～ answer 巧妙的回答 qiǎomiàode huídá

necessary a. 必要的 bìyào de; 必然的 bìránde n. = neces-
sity 必需品 bìxūpǐn: the necessaries of life 生活必需品
shēnghuó bìxūpǐn

necessarily ad. 必定 bìdìng: It is not ～ so. 未必如此

wèibì rúcǐ

necessity *n.* 1. 必要 bìyào: in case of ～ 必要时 bìyào shí 2. 必需品 bìxūpǐn: daily necessities 日常必需品 rìcháng bìxūpǐn 3. 贫困 pínkùn: be in ～ 在贫困中 zài pínkùn zhōng

neck *n.* 颈 jǐng; 脖子 bózi

necklace *n.* 项链 xiàngliàn

necktie *n.* 领带 lǐngdài

need *n. & v.* 需要 xūyào

needless *a.* 不必要的 bú bìyào de

needle *n.* 针 zhēn *v.* 用针缝 yòng zhēn féng

needlework *n.* 针线活 zhēnxiànhuó

needy *a.* 贫困的 pínkùnde: a ～ family 贫困家庭 pínkùn jiātíng

negative *a.* 1. 否定的 fǒudìngde: a ～ answer 否定的回答 fǒudìng de huídá 2. 消极的 xiāojíde: ～ factors 消极因素 xiāojí yīnsù 3. 负的 fùde: the ～ pole 负极 fùjí

neglect *v. & n.* 忽略 hūlüè

negligence *n.* 疏忽 shūhu

negligible *a.* 微不足道的 wēibùzúdàode

negotiate *v.* 谈判 tánpàn; 磋商 cuōshāng

negotiation *n.* 谈判 tánpàn; 磋商 cuōshāng

Negro *n. & a.* 黑人(的) hēirén(de)

neighbo(u)r *n.* 邻居 línjū *person; 邻国 línguó *country *v.* 邻接 línjiē

neighbourhood *n.* 邻近地区 línjìn dìqū, in the ～ of 在……的附近 zài …… de fùjìn

neither *a., pron. & ad.* 两者都不 liǎngzhě dōu bù: N～ you nor I could do it. 你我都不能做此事。Nǐ wǒ dōu bùnéng zuò cǐ shì.

neon = neon light *n.* 霓红灯 níhóngdēng

neolithic *a.* 新石器时代的 xīnshíqì shídài de

nephew *n.* 侄子 zhízi *brother's son; 外甥 wàisheng *sister's son

nerve *n.* 1. 神经 shénjīng: ～ centre 神经中枢 shénjīng zhōngshū 2. 勇气 yǒngqì: have the ～ to do sth. 有勇气去做某事 yǒu yǒngqì qù zuò mǒu shì

nervous *a.* 1. 神经的 shénjīngde: the ～ system 神经系统 shénjīng xìtǒng 2. 神经紧张的 shénjīng jǐnzhāng de: feel ～ 感到神经紧张 gǎndào shénjīng jǐnzhāng

nest *n.* 窝 wō: a wasps' ～ 黄蜂窝 huángfēngwō *v.* 筑巢 zhùcháo

nestle *v.* 1. 舒适地安顿下来 shūshìde āndùn xiàlái: ～ down in bed 舒适地躺在床上 shūshìde tǎng zài chuáng shang 2. 依偎 yīwēi: ～ up to sb. 依偎在某人身旁 yīwēi zài mǒu rén shēn páng 3. 抱 bào: she ～d the child's head close against her. 她把孩子的头紧搂在怀里。Tā bǎ háizi de tóu jǐnlǒu zài huái li.

nestling *n.* 雏鸟 chúniǎo

net[1] *n.* 网 wǎng

net[2] *a.* 纯净的 chúnjìngde: ～ weight 净重 jìngzhòng, ～ profit 纯利润 chúnlìrùn

network *n.* 网形系统 wǎngxíng xìtǒng: a ～ of canals 运河网 yùnhéwǎng

nettle *n.* 荨麻 xúnmá: ～ rash 荨麻疹 xúnmázhěn

neurology *n.* 神经学 shénjīngxué

neurotic *a. & n.* 患神经病的（人） huàn shénjīngbìng de (rén); 神经质的（人） shénjīngzhìde(rén)

neutral *a.* 1. 中立的 zhōnglìde: a ～ nation 中立国 zhōnglìguó 2. 非彩色的 fēi cǎisè de: a ～ colour 没什么色的 méi shénme sè de 3. 空档 kōngdǎng *in a car

neutralize *v.* 1. 使……中立 shǐ …… zhōnglì: ~ a place 使一地方中立 shǐ yī dìfāng zhōnglì 2. 中和 zhōnghé: ~ a poison 中和一种毒物 zhōnghé yì zhǒng dúwù

neutron *n.* 中子 zhōngzǐ

never *ad.* 决不 juébù; 从来没有 cónglái méiyǒu: That will ~ do. 那决不行。 Nà jué bùxíng. / He has ~ been there. 他从来没有去过那里。 Tā cónglái méiyǒu qùguo nàli. / ~ mind! 不要紧! bú yàojǐn!

nevertheless *ad. & conj.* 虽然如此 suīrán rúcǐ; 尽管这样 jǐnguǎn zhèyàng

new *a.* 新的 xīnde: N~ Year's Day 元旦 Yuándàn, N~ Year's Eve 除夕 Chúxī

newborn *a.* 新生的 xīnshēngde: a ~ baby 新生婴孩 xīnshēng yīnghái

newcomer *n.* 新来的人 xīn lái de rén

newly *ad.* 新近 xīnjìn: ~-weds 新婚夫妇 xīnhūn fūfù

news *n.* 新闻 xīnwén; 消息 xiāoxi: Any ~? 有什么新闻呀? Yǒu shénme xīnwén ya? the latest ~ 最新消息 zuì xīn xiāoxi

news agency *n.* 通讯社 tōngxùnshè

newsboy *n.* 报童 bàotóng

newscast *n.* 新闻广播 xīnwén guǎngbō

newsletter *n.* 通讯稿 tōngxùngǎo; 时事报导 shíshì bàodǎo

newsman *n.* 新闻记者 xīnwén jìzhě

newspaper *n.* 报纸 bàozhǐ

newsreel *n.* 新闻影片 xīnwén yǐngpiàn

next *a.* 1. 紧接着的 jǐnjiēzhede: the ~ house to ours 我们隔壁的那所房子 wǒmen gébì de nà suǒ fángzi / ~ best 仅次于最好的 jǐn cìyú zuì hǎo de 2. 下 xià:

~ Friday 下个星期五 xiàge xīngqīwǔ / ~ year 明年 míngnián *ad.* 其次 qícì *prep.* 靠近 kàojìn

nib *n.* 钢笔尖 gāngbǐjiān

nibble *v.* 啃 kěn *n.* 1. 啃 kěn: Mice had a ~ at the cake. 老鼠在蛋糕上啃了一口。Lǎoshǔ zài dàngāo shang kěnle yì kǒu. 2. 一点点 yìdiǎndian *a very small amount

nice *a.* 1. 好的 hǎode: ~ weather 好天气 hǎo tiānqi / be ~ to sb. 对某人友好 duì mǒu rén yǒuhǎo 2. 细微的 xìwēide: a ~ difference between two meanings 两种意义之间的细微差别 liǎng zhǒng yìyì zhījiān de xìwēi chābié

nickname *n.* 绰号 chuòhào

nicotine *n.* 尼古丁 nígǔdīng

niece *n.* 侄女 zhínǚ *brother's daughter; 外甥女 wài-shengnǚ *sister's daughter

night *n.* 夜晚 yèwǎn: ~ and day 日日夜夜 rìrì-yèyè / Good ~! 晚安! Wǎn'ān!

nightgown *n.* 睡衣 shuìyī

nightingale *n.* 夜莺 yèyīng

nightly *a. & ad.* 夜里 yè lǐ; 每夜 měi yè: do something ~ 每天晚上做些事 měi tiān wǎnshang zuòxiē shì / ~ performances 每晚的演出 měi wǎn de yǎnchū

nightmare *n.* 恶梦 èmèng

night-watch *n.* 守夜 shǒuyè

nimble *a.* 1. 灵活的 línghuóde: ~ fingers 灵巧的手指 língqiǎode shǒuzhǐ 2. 机智的 jīzhìde: a ~ reply 机智的回答 jīzhìde huídá

nine *num. & n.* 九 jiǔ

nineteen *num. & n.* 十九 shíjiǔ

nineteenth *num. & n.* 第十九 dì-shíjiǔ

ninetieth *num. & n.* 第九十 dì-jiǔshí

ninety *num. & n.* 九十 jiǔshí

ninth *num.* 第九 dì-jiǔ

nip *v. & n.* 夹 jiā; 掐 qiā: A crab ~ped my toe. 一只螃蟹夹住了我的脚指头。 Yì zhī pángxiè jiāzhùle wǒde jiǎozhítou. / ~ sth. in the bud 在萌芽时掐去 zài méngyá shí qiāqù; 防患未然 fánghuàn-wèirán

nipple *n.* 乳头 rǔtóu

nitrogen *n.* 氮 dàn

no *a. & ad.* 1. 不 bù: Do you smoke? No, I don't. 你抽烟吗？不，我不抽。 Nǐ chōuyān ma? Bù, wǒ bù chōu. 2. 没有 méiyǒu: Do you have any brothers? No. I don't. 你有兄弟吗？没有。 Nǐ yǒu xiōngdi ma? Méiyǒu. 3. 不许 bùxǔ: No Parking. 禁止停车。 Jìnzhǐ Tíngchē.

nobility *n.* 1. 高贵 gāoguì: 2. = the ~ 贵族 guìzú: a member of the ~ 贵族阶级的人 guìzú jiējí de rén

noble *a.* 1. 高贵的 gāoguìde: a man of ~ rank 身份高贵的人 shēnfèn gāoguì de rén 2. 贵族的 guìzúde: a ~ family 贵族之家 guìzú zhī jiā 3. 壮丽的 zhuànglìde: a ~ view 壮丽的景色 zhuànglìde jǐngsè *n.* 贵族 guìzú

nobleman *n.* 贵族 guìzú

nobody *pron.* 没有人 méiyǒu rén *n.* 小人物 xiǎorénwù He's a ~. 他是个小人物。 Tā shì gè xiǎorénwù.

nocturnal *a.* 夜里的 yè lǐ de

nod *v. & n.* 点头 diǎntóu: ~ sb. in greeting 向某人点头打招呼 xiàng mǒu rén diǎntóu dǎzhāohu / have a ~ding acquaintance with 跟……只是点头之交 gēn …… zhǐshì diǎntóu zhī jiāo

noise *n.* 1. 喧闹声 xuānnàoshēng: Don't make so much ~. 不要大声吵闹。 Búyào dàshēng chǎonào. 2. 噪音 zàoyīn: the urban ~ problem 城市噪音问题

chéngshì zàoyīn wèntí

noiseless *a.* 无声的 wúshēngde

noisy *a.* 吵闹的 chǎonàode

nomad *n.* 1. 游牧民 yóumùmín: the ~s of the desert 沙漠中的游牧民 shāmò zhōng de yóumùmín 2. 流浪者 liúlàngzhě *a.* 1. = nomadic 游牧的 yóumùde 2. 流浪的 liúlàngde

nominal *a.* 1. 名义上的 míngyìshangde: the ~ ruler of the country 名义上的国家统治者 mìngyìshangde guójiā tǒngzhìzhě 2. 极微小的 jí wēixiǎo de: a ~ sum 极小的数目 jí xiǎo de shùmù

nominate *v.* 1. 提名 tímíng: ~ sb. for the Presidency 提名某人为总统候选人 tímíng mǒu rén wéi zǒngtǒng hòuxuǎnrén 2. 任命 rènmìng: a committee of five ~d members 由五名被任命的委员组成的委员会 yóu wǔ míng bèi rènmìngde wěiyuán zǔchéngde wěiyuánhuì

nominative *a. & n.* 主格的 zhǔgéde: the ~ case 主格 zhǔgé

nominee *n.* 被提名者 bèi tímíngzhě

nonaligned *a.* 不结盟的 bù jiéméng de

nondescript *a.* 无法形容的 wúfǎ xíngróng de

none *pron.* 1. 没有人 méiyǒu rén *of people: N~ of them has come yet. 他们当中还没有一个人来。 Tāmen dāngzhōng hái méiyǒu yí gè rén lái. 2. 没有任何东西 méiyǒu rènhé dōngxi *things: N~ of the answers is correct. 哪一个答案都不对。 Nǎ yí gè dá'àn dōu bú duì. It is ~ of your business. 这事与你无关。 Zhè shì yǔ nǐ wúguān.

noodle *n.* 面条 miàntiáo

nonsense *n.* 胡说 húshuō

nonstop *a. & ad.* 不停的（地） bù tíng de: a ~ flight

直达飞行 zhídá fēixíng

noon *n.* 正午 zhèngwǔ

noose *n.* 套索 tàosuǒ

nor *conj.* 也不 yě bù

norm *n.* 1. 准则 zhǔnzé: soical ~s 社会准则 shèhuì zhǔnzé 2. 平均数 píngjūnshù: The ~ in this examination is 70 out of 100. 考试满分是100分,平均分是70分。Kǎoshì mǎnfēn shì yìbǎi fēn, píngjūnfēn shì qīshí fēn.

normal *a.* 正常的 zhèngchángde

normalize *v.* 正常化 zhèngchánghuà

north *n.* 北方 běifāng *a.* 北方的 běifāngde *ad.* 在北方 zài běifāng: lie ~ of 位于……的北面 wèiyú …… de běimiàn

northeast *n.* 东北 dōngběi *a.* 东北的 dōngběide *ad.* 在东北 zài dōngběi

northerly *ad. & a.* 在北方（的）zài běifāng (de)

northern *a.* 北方的 běifāngde

northward(s) *ad.* 向北方 xiàng běifāng *a.* 向北的 xiàng běi de

northwest *n.* 西北 xīběi *a.* 西北的 xīběide *ad.* 在西北 zài xīběi

nose *n.* 鼻子 bízi

nostril *n.* 鼻孔 bíkǒng

not *ad.* 不 bù

notable *a.* 1. 值得注意的 zhíde zhùyì de: ~ events 值得注意的事件 zhíde zhùyì de shìjiàn 2. 著名的 zhùmíngde: a ~ artist 著名的艺术家 zhùmíngde yìshùjiā

notary *n.* 公证人 gōngzhèngrén

notation *n.* 1. 标志 biāozhì 2. 乐谱 yuèpǔ *in music

note *n.* 1. 笔记 bǐjì: take ~s 记笔记 jì bǐjì 2. 短信

duǎnxìn: a ~ of thanks 谢函 xièhán 3.   注解 zhùjiě:
~s to an article   文章的注解 wénzhāng de zhùjiě
4.   票据 piàojù; 纸币 zhǐbì: bank ~s 钞票 chāopiào
5.   音符 yīnfú *in music 6.   声调 shēngdiào: a ~
of self-satisfaction 一种自满的声调 yì zhǒng zìmǎnde
shēngdiào   7.   名望 míngwàng: a family of ~
有名望的家族 yǒu míngwàng de jiāzú 8. 注意 zhùyì:
worthy of ~ 值得注意 zhíde zhùyì v. 1.   记下 jìxià:
The newspaper doesn't ~ what happened next.
报纸没有记下后来发生了什么事。 Bàozhǐ méiyǒu
jìxià hòulái fāshēngle shénme shì. 2.   注意 zhùyì:
Please ~ how to spell the word. 请注意这个词的
拼法。Qǐng zhùyì zhège cí de pīnfǎ. compare ~s
交换意见 jiāohuàn yìjian, take ~ of 注意到 zhùyì
dào

notebook *n.* 笔记本 bǐjìběn
noted *a.* 著名的 zhùmíngde
noteworthy *a.* 值得注意的 zhíde zhùyì de
nothing *n.* 什么也没有 shénme yě méiyǒu; 没什么 méi
shénme: There is ~ wrong. 没什么毛病。Méi
shénme máobìng. / come to ~ 毫无结果 háowú
jiéguǒ; 失败 shībài, for ~ 白白地 báibáide, have ~
to do with 与……无关 yǔ …… wúguān *things,
不跟……来往 bù gēn …… láiwǎng *people, make
~of 1. 不了解 bù liǎojiě *not understand sth. 2.
对……毫不在意 duì …… háobù zàiyì *consider
insignificant, ~ but 不过 búguò, 只 zhǐ, to say ~
of 更不必说 gèng búbì shuō
notice *n.* 1.   通告 tōnggào: put up a ~ 贴布告 tiē
bùgào 2.   通知 tōngzhī: until further ~ 在另行通
知之前 zài lìngxíng tōngzhī zhī qián 3.   注意 zhùyì:
take ~ of …… 注意…… zhùyì …… *v.*   注意

zhùyì

noticeable *a.* 引人注意的 yǐn rén zhùyì de

notification *n.* 通知 tōngzhī

notify *v.* 通知 tōngzhī

notion *n.* 1. = idea 想法 xiǎngfǎ; 观念 guānniàn: silly ～s 愚蠢的想法 yúchǔnde xiǎngfǎ 2. = intention 打算 dǎsuàn: have no ～ of doing sth. 不打算做某事 bù dǎsuàn zuò mǒu shì

notoriety *n.* 臭名昭著 chòumíng-zhāozhù

notorious *a.* 声名狼藉的 shēngmíng-lángjíde, 臭名昭著的 chòumíng-zhāozhùde

notwithstanding *prep.* 尽管 jǐnguǎn

nought *n.* 1. 无 wú 2. 零 líng *in maths.

noun *n.* 名词 míngcí

nourish *v.* 养育 yǎngyù

nourishment *n.* 营养品 yíngyǎngpǐn

novel[1] *a.* 新奇的 xīnqíde: ～ ideas 新想法 xīn xiǎngfǎ

novel[2] *n.* （长篇）小说 (chángpiān) xiǎoshuō

novelist *n.* 小说家 xiǎoshuōjiā

novelty *n.* 新奇 xīnqí

November *n.* 十一月 Shíyīyuè

novice *n.* 新手 xīnshǒu

now *ad.* 现在 xiànzài: just ～ 刚才 gāngcái, (every) ～ and again = (every) ～ and then 有时 yǒushí; 时常 shícháng

nowadays *ad.* 现在 xiànzài

nowhere *ad.* 什么地方都不…… shénme dìfang dōu bù …… *n.* 无处 wúchù

nuclear *a.* 1. 核的 héde; 原子核的 yuánzǐhéde: ～ war 核战争 hézhànzhēng, / ～ reactor 核反应堆 hé fǎnyìngduī 2. 核心的 héxīnde; 中心的 zhōngxīnde: the ～ part of a city 城市的中心部分 chéngshì de zhōngxīn bùfen

nucleus *n.* 1. 核 hé: atomic ～ 原子核 yuánzǐhé 2. 核心 héxīn; 中心 zhōngxīn: a ～ of leadership 领导核心 língdǎo héxīn

nude *a.* 1. 裸体的 luǒtǐde 2. 光秃的 guāngtūde: a ～ hillside 光秃的山坡 guāngtūde shānpō *n.* 裸体者 luótǐzhě

nuisance *n.* 讨厌 tǎoyàn: What a ～! 真讨厌! Zhēn tǎoyàn!

null *a.* 1. 无效的 wúxiàode: ～ and void 无效的 wúxiàode 2. 等于零的 děngyú líng de: as ～ as nothing 毫无价值的 háowú jiàzhí de

numb *a.* 失去知觉的 shīqù zhījué de; 僵的 jiāngde; 麻木的 mámùde: fingers ～ with cold 冻僵了的手指 dòngjiānglede shǒuzhǐ

number *n.* 1. 数字 shùzì: an even ～ 偶数 ǒushù 2. 数量 shùliàng: a large (good) ～ of 许许多多 xǔxǔ-duōduō, / a ～ of... 若干 ruògān, 一些 yìxiē, /～s of... 许多 xǔduō; 3. 号码 hàomǎ: a telephone ～ 电话号码 diànhuà hàomǎ 4. 算术 suànshù: be good at ～s 擅长算术 shàncháng suànshù 5. 期 qī: back ～ 过期的报刊 guòqīde bàokān *of a journal v.* 1. 编号 biānhào: ～ the pages of a manuscript 给手稿编页码 gěi shuǒgǎo biān yèmǎ 2. 计（数）jì (shù): ～ in the thousands 数以千计 shù yǐ qiān jì

numberless *a.* 1. 无数的 wúshùde: ～ stars 无数的星星 wúshùde xīngxing 2. 无号码的 wú hàomǎ de: a ～ room 没有门牌的屋子 méiyǒu ménpáide wūzi

numeral *n. & a.* 1. 数字（的）shùzì (de): Arabic ～s 阿拉伯数字 Ālābó shùzì 2. 数词 shùcí *in grammar

numerous *a.* 许多的 xǔduōde

nun *n.* 1.   修女 xiūnǚ *Christian 2.   尼姑 nígū *Chinese

nurse *n.* 1.   媬姆 bǎomǔ: put a child to ~ 把小孩托媬姆看护 bǎ xiǎoháir tuō bǎomǔ kānhù 2.   护士 hùshi: a hospital ~ 医院的护士 yīyuàn de hùshi *v.* 1.   喂奶 wèinǎi: a ~ing mother 正喂奶的母亲 zhèng wèinǎi de mǔqin 2.   看护 kānhù: ~ her old father 看护她年迈的父亲 kānhù tā niánmàide fùqin 3.   培育 péiyù: ~ new plants 培育幼苗 péiyù yòumiáo

nursery *n.* 1.   托儿所 tuō'érsuǒ: a day ~ 日托托儿所 rìtuō tuō'érsuǒ 2. 苗圃 miáopǔ: ~ man *for growing plants 苗木工人 miáomù gōngrén

nut *n.* 1.   坚果 jiānguǒ, a hard ~ to crack 难解决的问题 nán jiějué de wèntí 2.   螺丝帽 luósīmào: grip ~ 夹紧螺母 jiājǐn luómǔ

nurture *v.* 培育 péiyù

nutrition *n.* 营养 yíngyǎng

nylon *n.* 尼龙 nílóng

O

oak *n.* 橡树 xiàngshù

oar *n.* 桨 jiǎng; 橹 lǔ

oarsman *n.* 划桨人 huájiǎngrén

oasis *n.* 沙漠中的绿洲 shāmò zhōng de lǜzhōu

oat *n.* 燕麦 yànmài

oath *n.* 誓言 shìyán

oatmeal *n.* 麦片 màipiàn; 麦片粥 màipiànzhōu *porridge

obedient *a.* 顺从的 shùncóngde

obey *v.* 服从 fúcóng

obituary *n.* 讣告 fùgào

object[1] *n.* 1.   物体 wùtǐ: a luminous ~ 发光体 fāguāngtǐ 2. 对象 duìxiàng; 目的 mùdì: an ～ of study 研究对象 yánjiū duìxiàng / succeed in one's ～达 到目的 dádào mùdì

object² v. 反对 fǎnduì

objection n. 反对（意见）fǎnduì (yìjian)

objective a. 客观的 kèguānde n. 目标 mùbiāo

obligation n. 义务 yìwù; 责任 zérèn

obligatory a. 强制的 qiángzhìde: Physical education is ～. 体育课是必修课。Tǐyùkè shì bìxiūkè.

oblige v. 1. 要求 yāoqiú: ～ someone to do something 要求某人做某事 yāoqiú mǒu rén zuò mǒu shì 2. 感激 gǎnji: I am much ～d to you. 我很感激 你。Wǒ hěn gǎnji nǐ.

obliging a. 助人为乐的 zhùrénwéilède

oblique a. 倾斜的 qīngxiéde

obliterate v. 擦掉 cādiào

oblivion n. 忘却 wàngquè

oblivious a. 不注意的 bú zhùyì de

oblong n. & a. 长方形（的）chángfāngxíng(de)

obscene a. 猥亵的 wěixiède

obscure a. 1. 阴暗的 yīn'ànde; 朦胧的 ménglóngde; an ～ view 朦胧景色 ménglóng jǐngsè 2. 含糊难懂的 hánhu nándǒng de: ～ meaning 不清楚的意思 bù-qīngchu de yìsi 3. 不出名的 bù chūmíng de: an ～ poet 无名诗人 wúmíng shīrén v. 使……发暗 shǐ …… fā'àn

observant a. 1. 善于观察的 shànyú guānchá de: an ～ child 机警的小孩 jījǐngde xiǎoháir. 2. 遵守 的 zūnshǒude: ～ of the rules 遵守规则 zūnshǒu guīzé

observation n. 1. 观察 guānchá; 监视 jiānshì: keep sb. under ～ 监视某人 jiānshì mǒurén. 2. 观察记录

guānchá jìlù: ~s on bird life 对鸟类生活的观察报告
duì niǎolèi shēnghuó de guānchá bàogào

observatory *n.* 天文台 tiānwéntái

observe *v.* 1. 观察 guānchá: ~ the behaviour of birds
观察鸟类的行为 guānchá niǎolèi de xíngwéi 2. 遵守
zūnshǒu: ~ discipline 遵守纪律 zūnshǒu jìlù

observer *n.* 1. 观察者 guāncházhě: an ~ of nature
自然界的观察者 zìránjiè de guāncházhě 2. 遵守者
zūnshǒuzhě: an ~ of discipline 遵守纪律的人
zūnshǒu jìlù de rén

obsess *v.* 缠住 chánzhù

obsolete *a.* 过时的 guòshíde

obstacle *n.* 障碍 zhàng'ài

obstetrician *n.* 产科医生 chǎnkē yīshēng

obstetrics *n.* 产科 chǎnkē

obstinate *a.* 顽固的 wángùde; 倔强的 juéjiàngde

obstruct *v.* 堵塞 dǔsè; 妨碍 fáng'ài: ~ the traffic
堵塞交通 dǔsè jiāotōng / ~ sb. in doing sth. 阻挠
某人做某事 zǔnáo mǒu rén zuò mǒu shì

obtain *v.* 获得 huòdé

obtainable *a.* 能得到的 néng dédào de

obviate *v.* 消除 xiāochú; 排除 páichú

obvious *a.* 明显的 míngxiǎnde

occasion *n.* 场合 chǎnghé; 时机 shíjī: choose one's
~ 选择时机 xuǎnzé shíjī

occasional *a.* 偶然的 ǒuránde

Occidental *a.* 西方的 xīfāngde

occupant *n.* 占有者 zhànyǒuzhě

occupation *n.* 1. 占有 zhànyǒu; 占领 zhànlǐng
*holding possession 2. 职业 zhíyè: look for ~
寻找职业 xúnzhǎo zhíyè *vocation

occupy *v.* 1. 占据 zhànjù; 占领 zhànlǐng *take possession of: ～ the enemy's capital 占领敌人的首都 zhànlǐng dírén de shǒudū 2. 使……忙碌 shǐ …… mánglù *be busy: I am ～ied 我没空 wǒ méikòng

occur v. 发生 fāshēng: Don't let the mistake ～ again. 不要让这样的错误再次发生。 Búyào ràng zhèyàng de cuòwù zàicì fāshēng. 2. 出现 chūxiàn: Misprints ～ on every page. 每页都有印刷错误。 měi yè dōu yǒu yìnshuā cuòwù. 3. 想到 xiǎngdào: It never ～red to me. 我根本没有想到。 Wǒ gēnběn méiyǒu xiǎngdào.

occurrence n. 发生 fāshēng: daily ～s 日常发生的事 rìcháng fāshēng de shì

ocean n. 洋 yáng; 海洋 hǎiyáng

Oceania n. 大洋洲 Dàyángzhōu

o'clock a. ……点钟…… diǎnzhōng: at 5 ～ 五点钟 wǔ diǎnzhōng

octagon n. 八边形 bābiānxíng

octave n. 八度音 bādùyīn *of music

October n. 十月 Shíyuè

odd a. 1. 奇数的 jīshùde: ～ numbers 奇数 jīshù 2. 单个的 dāngède: an ～ shoe 单只的鞋 dānzhī de xié 3. 零头的 língtóude: thirty ～ years 三十多年 sānshí duō nián 4. 临时的 línshíde: do ～ jobs 做临时工 zuò línshígōng 5. 奇异的 qíyìde; 古怪的 gǔguàide: an ～ man 古怪的人 gǔguàide rén

odds n. 1. 机会 jīhuì: The ～ are against them. 他们成功的机会很小。 Tāmen chénggōng de jīhuì hěn xiǎo. 2. 不平均 bù píngjūn: make ～ even 使……达到平等 shǐ …… dádào píngděng 3. 零物 língwù: ～ and ends 零星杂物 língxīng záwù

ode n. 颂歌 sònggē

odious a. 讨厌的 tǎoyànde

odo(u)r *n.* 气味 qìwèi

of *prep.* ……的 …… de

off *ad., prep. & a.* 1. 在远处 zài yuǎnchù: The town is five miles ~. 那个城在五哩外。Nàge chéng zài wǔ lǐ wài. 2. 离去 líqù: I must be ~. 我得走了。Wǒ děi zǒu le. be well (badly) ~ 生活富裕（贫困）shēnghuó fùyù (pínkùn), ~ and on 断断续续地 duànduàn-xùxùde

offence *n.* 1. 过错 guòcuò: commit an ~ against a rule 犯规 fànguī 2. 触怒 chùnù: give ~ to sb. 触怒某人 chùnù mǒu rén 3. 攻击 gōngjī: weapons of ~ 攻击性武器 gōngjīxìng wǔqì

offend *v.* 1. 犯错误 fàn cuòwù; 违反 wéifǎn: ~ the law 犯法 fànfǎ 2. 冒犯 màofàn; 得罪 dézuì: My words ~ed her. 我的话得罪了她。Wǒde huà dézuìle tā.

offensive *a.* 1. 令人不快的 lìng rén bú kuài de: ~ language 无礼的语言 wúlǐde yǔyán 2. 攻击的 gōngjīde: a good ~ player 善于进攻的选手 shànyú jìngōng de xuǎnshǒu *n.* 攻击 gōngjī

offer *v.* 1. 提供 tígōng; 提出 tíchū: He ~ed me his help. 他给了我帮助。Tā gěile wǒ bāngzhù. 2. 要价 yàojià: She ~ed me £1,000 for that book. 她卖给我那本书要价一千英磅。Tā màigěi wǒ nà běn shū yàojià yìqiān yīngbàng. *n.* 提供 tígōng

offering *n.* 提供 tígōng; 奉献之物 fèngxiàn zhī wù *things offered

offhand *a. & ad.* 1. 没有准备 méiyǒu zhǔnbèi: I don't know the answer ~. 我不能马上回答。Wǒ bùnéng mǎshàng huídá. 2. 随便的 suíbiànde: act in an ~ way 不加思考地行动 bù jiā sīkǎo de xíngdòng

office *n.* 1. 办公室 bàngōngshì: The typist is working in an ～. 打字员在办公室工作。Dǎzìyuán zài bàngōngshì gōngzuò. 2. 部门 bùmén *government department, post ～ 邮局 yóujú 3. 公职 gōngzhí: resign from ～ 辞去公职 cíqù gōngzhí

officer *n.* 1. 军官 jūnguān *in the armed forces 2. 官员 guānyuán; 公务员 gōngwùyuán *in government or business

official *a.* 1. 职务上的 zhíwùshangde: an ～ title 官衔 guānxián 2. 官方的 guānfāngde; 正式的 zhèngshìde: an ～ statement 正式声明 zhèngshì shēngmíng *n.* 官员 guānyuán

offset *v.* 弥补 míbǔ

offshoot *n.* 分枝 fēnzhī

offspring *n.* 儿女 érnǚ; 子孙 zǐsūn

often *ad.* 经常 jīngcháng

oil *n.* 1. = petroleum 石油 shíyóu 2. 油 yóu: cooking ～ 食油 shíyóu *v.* 上油 shàng yóu

oilskin *n.* 油布 yóubù

oily *a.* 1. 油的 yóude: ～ food 油腻的食物 yóunìde shíwù 2. 圆滑的 yuánhuáde * of speech or manner

ointment *n.* 油膏 yóugāo; 药膏 yàogāo

O.K. *a.* 行 xíng; 好 hǎo

old *a.* 1. 老 lǎo: a man 老人 lǎorén 2. 旧的 jiùde: ～ clothes 旧衣服 jiù yīfu

olive *n.* 橄榄 gǎnlǎn

Olympic *a.* 奥林匹克的 Àolínpǐkède: The ～ Games 奥林匹克运动会 Àolínpǐkè (Olympic) yùndònghuì

omelet *n.* 煎蛋卷 jiāndànjuǎnr

omen *n.* 预兆 yùzhào

ominous *a.* 不吉祥的 bù jíxiáng de

omission *n.* 省略 shěnglüè

omit *v.* 1. 省略 shěnglüè *deliberately ～: This passage can be ～ted. 这段可省去。 Zhè duàn kě shěngqù. 2. 遗漏 yílòu *unintentionally ～: ～ to do a piece of work 忘做一件事 wàng zuò yí jiàn shì

omnibus *n.* 公共汽车 gōnggòng qìchē

omnipotent *a.* 全能的 quánnéngde

on *prep.* 1. 在……上 zài …… shàng 2. 论述 lùnshù: a lecture ～ international affairs 论述国际关系的演说 lùnshù guójì guānxì de yǎnshuō

once *a.* 1. 一次 yí cì: ～ again (～ more): 再一次 zài yí cì 2. 曾经 céngjīng: ～ upon a time 从前 cóngqián / all at ～ 突然 tūrán; at ～ 1. = immediately 立刻 lìkè 2. = simultaneously 同时 tóngshí, ～ (and) for all 只此一次 zhǐ cǐ yí cì, ～ in a while 偶尔 ǒu'ěr

one *pron.* 一 yī; 一个 yí gè

oneself *pron.* 自己 zìjǐ; 亲自 qīnzì

one-sided *a.* 1. 一边的 yìbiānde *with only one side 2. 片面的 piànmiànde *partial, prejudiced

oneway *a.* 单行的 dānxíngde: ～ street 单行道 dānxíngdào

onion *n.* 葱头 cōngtóu

onlooker *n.* 旁观者 pángguānzhě

only *a.* 唯一的 wéiyīde *ad.* 仅仅 jǐnjǐn *conj.* 只是 zhǐshì

onset *n.* 1. 进攻 jìngōng *attack 2. 发作 fāzuò *of a disease

onto *prep.* 向……上面 xiàng …… shàngmian

onward *a.* 向前的 xiàng qián de

open *a.* 1. 开着的 kāizhede: push the door ～ 推开门 tuīkāi mén 2. 开阔的 kāikuòde: ～ country 旷野 kuàngyě 3. 无遮盖的 wú zhēgài de: in the

~ air 露天 lùtiān 4. 开着的 kāizhede: Are the shops ~? 商店还开着吗? Shāngdiàn hái kāizhe ma? 5. 坦率的 tǎnshuàide: an ~ mind 心胸开阔 xīnxiōng kāikuò 6. 公开的 gōngkāide: an ~ letter 公开信 gōngkāixìn v. 开 kāi; 打开 dǎkāi

opener *n.* 开启的工具 kāiqǐde gōngjù: can ~ 开罐头刀 kāi guàntou dāo

openhanded *a.* 慷慨的 kāngkǎide

openhearted *a.* 坦率的 tǎnshuàide

opening *n.* 1. 口 kǒu: an ~ in a hedge 篱笆上的口 líba shang de kǒu 2. 开始 kāishǐ: the ~ of a story 故事的开始 gùshi de kāishǐ

opera *n.* 歌剧 gējù; Beijing ~ 京剧 jīngjù

operate *v.* 1. 操作 cāozuò: ~ a machine 操作机器 cāozuò jīqi 2. 起作用 qǐzuòyòng 3. 动手术 dòngshǒushù; 开刀 kāidāo: The doctors decided to ~ at once. 医生们决定立刻动手术。Yīshēngmen juédìng lìkè dòngshǒushù.

operation *n.* 1.操作 cāozuò *machines; 实施 shíshī *policies, laws etc.: come (go) into ~ 生效 shēngxiào; 开始运转 kāishǐ yùnzhuǎn 2. 工作 gōngzuò: begin ~s 开始工作 kāishǐ gōngzuò *work 3. 手术 shǒushù: an ~ for appendicitis 割盲肠的手术 gé mángcháng de shǒushù 4. 军事行动 jūnshì xíngdòng *of military action 5. 运算 yùnsuàn *maths

operative *a.* 1. 有效的 yǒuxiàode *of plans, laws, etc. 2. 手术的 shǒushùde: ~ treatment 手术治疗 shǒushù zhìliáo

operator *n.* 1. 操作者 cāozuòzhě *on a machine 2.话务员 huàwùyuán *on a telephone switch board

opinion *n.* 1. 意见 yìjian: public ~ 舆论 yúlùn 2.

评价 píngjià: have a good ～ of 对……有好评 duì …… yǒu hǎo píng

opium *n.* 鸦片 yāpiàn

opponent *n.* 对手 duìshǒu；敌手 díshǒu

opportunity *n.* 机会 jīhuì

oppose *v.* 反对 fǎnduì

opposite *a.* 1. 对面的 duìmiànde: the room ～ mine 我对面的房间 wǒ duìmiàn de fángjiān 2. 相反的 xiāngfǎnde: in the ～ direction 朝相反的方向 cháo xiāngfǎn de fāngxiàng

opposition *n.* 反对 fǎnduì

oppress *v.* 1. 压迫 yāpò: the ～ed people 被压迫人民 bèiyāpò rénmín 2. 压抑 yāyì: feel ～ed with worry 因焦虑而烦恼 yīn jiāolǜ ér fánnǎo

oppressor *n.* 压迫者 yāpòzhě

optic *a.* 视觉的 shìjuéde；眼睛的 yǎnjīngde

optical *a.* 1. 视力的 shìlìde *of the sense of sight 2. 光学的 guāngxuéde: ～ instruments 光学仪器 guāngxué yíqì

optics *n.* 光学 guāngxué

optimism *n.* 乐观 lèguān

optimistic *a.* 乐观的 lèguānde

option *n.* 选择 xuǎnzé

optional *a.* 可选择的 kě xuǎnzé de

or *conj.* 或者 huòzhě: Is it green ～ blue? 它是绿的还是兰的？ Tā shì lǜde háishi lánde? ～ else 否则 fǒuzé, whether …… ～ 是……还是…… shì…… háishi ……, ～ so …… 大约…… dàyuē……

oral *a.* 1. = verbal 口头的 kǒutóude: an ～ examination 口试 kǒushì 2. = of the mouth 口部的 kǒubùde: ～ cavity 口腔 kǒuqiāng

orange *n.* & *a.* 1. 桔子 júzi 2. 橙黄色 chénghuángsè

*color

orangeade *n.* 桔子水 júzishuǐ

oration *n.* 演说 yǎnshuō

orbit *n.* 轨道 guǐdào

orchard *n.* 果园 guǒyuán

orchestra *n.* 管弦乐队 guǎnxián yuèduì

orchid *n.* 兰花 lánhuā

ordeal *n.* 严酷考验 yánkù kǎoyàn；折磨 zhémo

order *n.* 1. 顺序 shùnxù: in ～ of 照……排列 zhào …… páiliè 2. 整齐 zhěngqí: put a room in ～ 整理房间 zhěnglǐ fángjiān 3. 秩序 zhìxù: keep ～ 维持秩序 wéichí zhìxù 4. 命令 mìnglìng: obey ～s 服从命令 fúcóng mìnglìng 5. 定购 dìnggòu *purchase by ～; 定单 dìngdān *～ form: made to ～ 定做的 dìngzuòde, / on ～ 定购中 dìnggòu zhōng 6. 汇票 huìpiào: a postal ～ 邮局汇票 yóujú huìpiào 7. 目的 mùdì: in ～ to (that) 为了 wèile 8. 等级 děngjí: the lower ～s 下层阶级 xiàchéng jiējí *v.* 1. 命令 mìnglìng: The officer ～ed the men to fire the guns. 军官命令士兵开枪。jūnguān mìnglìng shìbīng kāi qiāng. 2. 定购 dìnggòu: He ～ed himself three new suits. 他给自己定做了三套新衣服。Tā gěi zìyǐ dìngzuòle sān tào xīn yīfu.

orderly *a.* 1. 整齐的 zhěngqíde: an ～ room 整齐的房间 zhěngqíde fángjiān 2. 守秩序的 shǒu zhìxù de: an ～ crowd 守秩序的人群 shǒu zhìxù de rénqún

ordinary *a.* 普通的 pǔtōngde

ore *n.* 矿石 kuàngshí

organ *n.* 1. 器官 qìguān *of the body 2. 机关 jīguān: ～ of government 政府机关 zhèngfǔ jīguān 3. 风琴 fēngqín *musical instrument

organic *a.* 1. 器官的 qìguānde: ～ diseases 机体病变

jītǐ bìngbiàn 2. 有机的 yǒujīde: ～ chemistry 有机化学 yǒujī huàxué

organism *n.* 有机体 yǒujītǐ; 生物 shēngwù

organiz(s)e *v.* 组织 zǔzhī

oriental *a.* 东方的 dōngfāngde

orientation *n.* 定向 dìngxiàng

origin *n.* 1. 起源 qǐyuán: the ～ of a river 河流的起源 héliú de qǐyuán 2. 出身 chūshēn: *birth

original *a.* 1. 最初的 zuìchūde: the ～ plan 原先的计划 yuánxiānde jìhuà 2. 独创的 dúchuàngde: ～ idea 独创的见解 dúchuàngde jiànjiě, 有创见的 yǒu chuàngjiàn de: an ～ thinker, 有创见的思想家 yǒu chuàngjiàn de sīxiǎngjiā *n.* 1. 原作 yuánzuò *usu. of painting 2. 原文 yuánwén: I read the English novel in the ～. 我读了英语原作。Wǒ dúle yīngyǔ yuánzuò. *of writings

originality *n.* 独创性 dúchuàngxìng

originate *v.* 起源于…… qǐyuányú ……

ornament *n. & v.* 装饰 zhuāngshì

ornamental *a.* 装饰的 zhuāngshìde

orphan *n.* 孤儿 gū'ér

orphanage *n.* 孤儿院 gū'ér yuàn

orthodox *a.* 正统的 zhèngtǒngde

oscillate *v.* 振荡 zhèndàng

ostensible *a.* 表面的 biǎomiànde

ostrich *n.* 鸵鸟 tuóniǎo

other *a., pron. & ad.* 别的 biéde; 其它的 qítāde: each ～ 互相 hùxiāng, every ～ 每隔一个的 měi gé yí gè de, no ～ than ……不是别的，正是…… búshì biéde, zhèngshì …… one after the ～ 一个接一个地 yí gè jiē yí gè de, the ～ day 前几天 qiánjǐtiān, on the ～ hand 另一方面 lìng yì fāngmiàn

otherwise *ad.* 1. 不那样 bú nàyàng: He seems to think ～. 他似乎不那么想。 Tā sìhū bú nàme xiǎng. 2. 在其它方面 zài qítā fāngmiàn: The rent is a bit high, but ～ the house is satisfactory. 房租有点贵，但在其它方面这房子还令人满意。Fángzū yǒudiǎn guì, dàn zàiqítā fāngmiàn hái lìng rén mǎnyì. 3. 否则 fǒuzé; 不然 bùrán: Hurry up, ～ you'll be late. 快点，不然你就要迟到了。Kuàidiǎnr, bùrán nǐ jiùyàochídào le.

otter *n.* 水獭 shuǐtǎ

ought *v. aux.* 应该 yīnggāi

our *pron.* 我们的 wǒmende

ours *pron.* 我们的 wǒmende

ourselves *pron.* 我们自己 wǒmen zìjǐ

oust *v.* 驱逐 qūzhú

out *ad.* 在外 zài wài: He is ～. 他出去了。Tā chūqu le. *a.* 不可能 bùkěnéng: That's completely ～ of the question. 那完全不可能。Nà wánquán bùkěnéng.

outbreak *n.* 爆发 bàofā

outburst *n.* 爆发 bàofā

outcast *a. & n.* 被驱逐的（人）bèi qūzhú de (rén)

outcome *n.* 结果 jiéguǒ；结局 jiéjú

outcry *n.* 大声喊叫 dàshēng hǎnjiào

outdated *a.* 过时的 guòshíde

outdistance *v.* 超过 chāoguò

outdo *v.* 胜过 shèngguò

outdoor *a.* 户外的 hùwàide: outdoors *ad.* （在）户外 (zài) hùwài

outer *a.* 外面的 wàimiànde；外部的 wàibùde

outermost *a.* 最外部的 zuì wàibù de

outfit *n.* 全套装备 quántào zhuāngbèi *v.* 装备 zhuāngbèi

outgrow *v.* 1. 长得太大，而不适于…… zhǎngde tài dà, ér bú shìyú …… * become too large for……: The boy has ~n his suit. 这男孩已长大，穿不了这套衣服。 Zhè nánháir yǐ zhǎngdà, chuānbuliǎo zhè tào yīfu le. 2. 长得比……快 zhǎngde bǐ …… kuài * grow faster than: ~ one's elder brother 长得比哥哥快 zhǎngde bǐ gēge kuài

outgrowth *n.* 1. 自然发展的产物 zìrán fāzhǎn de chǎnwù *a natural development of sth. 2. 枝条 zhītiáo；分枝 fēnzhī: an ~ on a tree 树上的枝条 shùshang de zhītiáo

outing *n.* 游览 yóulǎn

outlandish *a.* 古怪的 gǔguàide: ~ dress 奇装异服 qízhuāng-yìfú

outlast *v.* =outlive 比……活得长 bǐ …… huóde cháng

outlaw *n.* 逍遥法外的人 xiāoyáofǎwàide rén

outlet *n.* 1. 出口 chūkǒu *usu. for a liquid or a gas 2. 发泄……的方法 fāxiè …… de fāngfǎ: an ~ for one's feeling 发泄感情的方法 fāxiè gǎnqíng de fāngfǎ

outline *n.* 1. 轮廓 lúnkuò: the ~ of a map 地图的轮廓 dìtú de lúnkuò 2. 概要 gàiyào: an ~ of Chinese history 中国历史纲要 Zhōngguó lìshǐ gāngyào *v.* 划出轮廓 huàchū lúnkuò

outlive *v.* 活得比……长久 huóde bǐ ……chángjiǔ

outlook *n.* 1. 前景 qiánjǐng: a bright ~ for trade 贸易的光辉前景 màoyì de guānghuī qiánjǐng 2. 观点 guāndiǎn: a correct ~ on life 正确的人生观 zhèngquède rénshēngguān

outnumber *v.* 比……多 bǐ …… duō

out-of-date *a.* 过时的 guòshíde

out-of-doors *a.* 户外的 hùwàide

outpatient *n*. 门诊病人 ménzhěn bìngrén

outpost *n*. 前哨 qiánshào

output *n*. 产量 chǎnliàng

outrage *n*. 暴行 bàoxíng

outrageous *a*. 令人吃惊的 lìngrén chījīng de: an ~ action 不像话的行动 bú xiànghuà de xíngdòng

outright *a*. 1. 直率的 zhíshuàide: an ~ manner 直率的态度 zhíshuàide tàidu 2. 完全的 wánquánde: an ~ denial 断燃否认 duànrán fǒurèn *ad*. 1. 坦率 … tǎnshuàide: Tell him ~ just what you think. 坦率地把你的想法告诉他。 Tǎnshuàide bǎ nǐde xiǎngfǎ gàosu tā.

outrun *v*. 跑得比……快 pǎode bi …… kuài

outset *n*. 开始 kāishǐ

outside *n*. 外部 wàibù; 外面 wàimian *a*. 外部的 wàibùde *ad*. 外部 wàibù

outsider *n*. 局外人 júwàirén

outskirts *n*. 郊区 jiāoqū

outspoken *a*. 坦率的 tǎnshuàide

outstanding *a*. 杰出的 jiéchūde

outstretched *a*. 伸展的 shēnzhǎnde

outstrip *v*. 超过 chāoguò

outward *a*. 外面的 wàimiànde; 外表的 wàibiǎode *ad*. 向外 xiàng wài

outweigh *v*. 1. 在重量上超过 zài zhòngliàng shang chāoguò *of weight 2. 在价值上超过 zài jiàzhí shang chāoguò: The advantages ~ the disadvantages. 利大于弊。 Lì dàyú bì.

outwit *v*. 智胜 zhìshèng

oval *n*. & *a*. 椭圆形（的） tuǒyuánxíng(de)

oven *n*. 烤箱 kǎoxiāng

over *prep*. 1. 在……上方 zài ……… shàngfāng: a

lamp ～ the table 桌子上方的灯 zhuōzi shàngfāng de dēng 2. 越过 yuèguò: jump ～ the wall 跳过墙 tiàoguo qiáng 3. 通过 tōngguo: send a message ～ the telephone 打电话传消息 dǎ diànhuà chuán xiāoxi *ad.* 1. 下去 xiàqù: fall ～ 掉下去 diào xiàqù 2. 再次 zàicì: (all) ～ again 再做一次 zài zuò yí cì

overall *n.* 工作服 gōngzuòfú *clothing a.* 全部的 quánbùde

overboard *ad.* 从船上掉入水中 cóng chuánshang diàorù shuǐ zhōng: man ～ 有人落水 yǒu rén luò shuǐ

overcast *a.* 阴暗的 yīn'ànde *n.* 阴天 yīntiān

overcoat *n.* 大衣 dàyī

overcome *v.* 克服 kèfú

overcrowd *v.* 过度拥挤 guòdù yōngjǐ

overdo *v.* 1. 做得太过分 zuòde tài guòfèn: **Don't** ～ **it.** 不要太过分。 Búyào tài guòfèn. 2. 煮得太久 zhǔde tài jiǔ: The meat is a bit ～ne. 肉烧的时间太长了。 Ròu shāode shíjiān tài cháng le.

overdue *a.* 过期的 guòqīde

overflow *v.* 1. 溢出 yìchū: The river ～ed its banks. 河水淹没了两岸。 Héshuǐ yānmòle liǎng'àn. 2. 充满 chōngmǎn: His heart is ～ing with kindness. 他的心里充满了慈爱。 Tāde xīnli chōngmǎnle cí'ài.

overgrown *a.* 1. 长得太快的 zhǎngde tài kuài de: an ～ lad 长得太高的小伙子 zhángde tài gào de xiǎohuǒzi 2. 长满 zhǎngmǎn *plants

overhang *v.* 吊在……上 diào zài …… shang

overhead *a. & ad.* 在头上 zài tóushang；高悬 gāoxuán

overhear *v.* 无意中听到 wúyì zhōng tīngdào: I ～d the news in a bus. 我在车上无意中听到了这一

消息。 Wǒ zài chē shang wúyì zhōng tīngdàole zhè yī xiāoxi.

overjoyed *a.* 十分喜悦 shífēn xǐyuè

overland *a.* & *ad.* 陆上的 lùshang de; 在陆地上 zài lùdì shang

overlap *v.* & *n.* 重叠 chóngdié; 重复 chóngfù

overload *v.* 超载 chāozǎi

overlook *v.* 1. 俯视 fǔshì: We ~ the sea. 我们俯视大海。Wǒmen fǔshì dàhǎi. 2. 忽略 hūlüè: ~ some errors 忽略了一些错误 hūlüèle yìxiē cuòwù

overnight *ad.* & *a.* 1. 一夜 yíyè: We stayed ~ at his house. 我们在他家里过夜。 Wǒmen zài tā jiā li guòyè. 2. 突然 túrán: He became famous ~. 他一举成名。Tā yìjǔ chéngmíng.

overpower *v.* 征服 zhēngfú

overrate *v.* 对……估计过高 duì .... gūjì guògāo

overreach *v.* 弄巧成拙 nòngqiǎo chéngzhuō

overrule *v.* 否决 fǒujué; 驳回 bóhuí

overrun *v.* 1. 蔓延 mànyán: be ~ with weeds 杂草丛生 zácǎo cóngshēng 2. 超过 chāoguò: His speech overran the time allowed. 他的发言超过了规定时间。Tāde fāyán chāoguòle guīdìng shíjiān.

overseas *a.* & *ad.* 海外的 hǎiwàide: an ~ Chinese 华侨 huáqiáo, go ~ 出国 chūguó

oversee *v.* 监督 jiāndū

overseer *n.* 监工 jiāngōng

overshadow *v.* 1. 遮蔽 zhēbì *cast into shade 2. 超过 chāoguò *fig. Her new book will ~ all her earlier ones. 她的新作超过了她所有的早期作品。Tāde xīnzuò chāoguòle tā suǒyǒu de zǎoqī zuòpin.

oversleep *v.* 睡得过久 shuìde guòjiǔ

overstate *v.* 夸大 kuādà

overstep *v.* 超越 chāoyuè

overt *a.* 公开的 gōngkāide

overtake *v.* 超过 chāoguò: ～ a car 超车 chāochē

overthrow *v.* 推翻 tuīfān

overtime *ad. & n.* 加班 jiābān: work ～ 加班工作 jiābān gōngzuò / ～ pay 加班费 jiābānfèi

overture *n.* 序曲 xùqǔ；前奏曲 qiánzòuqǔ

overturn *v.* 推翻 tuīfān

overweight *n.* 超重 chāozhòng

overwhelm *v.* 压倒 yādǎo

overwhelming *a.* 压倒一切的 yādǎo yíqiè de；不可抵抗的 bùkě dǐkàng de: ～ majority 压倒多数 yādǎo duōshù

overwork *n. & v.* 工作过劳 gōngzuò guòláo

owe *v.* 1. 欠债 qiànzhài: He ～s me three yuan. 他欠我三元钱。Tā qiàn wǒ sān yuán qián. 2. 感激 gǎnjī: We ～ them a lot. 我们十分感激他们 Wǒmen shífēn gǎnjī tāmen.

owing to *prep.* 由于 yóuyú

owl *n.* 猫头鹰 māotóuyīng

own[1] *a.* 自己的 zìjǐde: on one's ～ 靠自己 kào zìjǐ

own[2] *v.* 所有 suǒyǒu: Who ～s this house? 这所房子归谁所有？Zhè suǒ fángzǐ guī shuí suǒyǒu?

owner *n.* 物主 wùzhǔ；业主 yèzhǔ

ownership *n.* 所有权 suǒyǒuquán；所有制 suǒyǒu zhì: public ～ 公有制 gōngyǒuzhì

ox *n.* 公牛 gōngniú

oxide *n.* 氧化物 yǎnghuàwù

oxidize *v.* 氧化 yǎnghuà

oxygen *n.* 氧 yǎng

oyster *n.* 牡蛎 mǔlì

P

pace *n.* 1. 步速 bùsù: walk at a very slow ～ 路走得很慢 lù zǒude hěn màn 2. 步 bù: The fence is 10 ～s from the house. 篱笆离房子有十步远。 Líba lí fángzi yǒu shí bù yuǎn. *v.* 1. 踱步 duóbù: ～ up and down the corridor 在走廊里踱来踱去 zài zǒuláng li duólái duóqù 2. 用步子测 yòng bùzi cè: ～ out a distance of thirty metres 用步子测出30米的距离 yòng bùzi cèchū sānshí mǐ de jùlí

pacific *a.* 和平的 hépíngde: the P～ Ocean 太平洋 tàipíngyáng

pacifism *n.* 和平主义 hépíngzhǔyì

pacifist *n.* 和平主义者 hépíngzhǔyìzhě

pacify *v.* 镇静 zhènjìng

pack *n.* 包 bāo *v.* 1. 包装 bāozhuāng: ～ clothes into a case 把衣服装进箱子 bǎ yīfu zhuāngjìn xiāngzi 2. 挤满 jǐmǎn: The bus is ～ed with people. 汽车上挤满了人。 Qìchē shang jǐmǎnle rén.

package *n.* 包裹 bāoguǒ

packet *n.* 小包 xiǎobāo: a ～ of cigarettes 一包香烟 yì bāo xiāngyān

packing *n.* 包装 bāozhuāng

pact *n.* 公约 gōngyuē

pad *n.* 1. 衬垫 chèndiàn: a shoulder ～ 垫肩 diànjiān 2. 本子 běnzi: a writing ～ 拍纸簿 pāizhǐbù

paddle *n.* 桨 jiǎng *v.* 划小船 huá xiǎochuán

paddy *n.* 稻谷 dàogǔ

paddyfield *n.* 水稻田 shuǐdàotián

padlock *n.* 挂锁 guàsuǒ

paediatrics *n.* 小儿科 xiǎo'érkē

paediatrician *n.* 儿科医生 érkē yīshēng

page[1] *n.* 页 yè *of a book

page[2] *n.* 童仆 tóngpú *servant

pagoda *n.* 宝塔 bǎotǎ

pail *n.* 桶 tǒng

pain *n. & v.* 1. 痛苦 tòngkǔ *suffering of the mind 2. 疼痛 téngtòng: I have a ～ in my head. 我头疼。 Wǒ tóu téng.

painful *a.* 痛苦的 tòngkǔde

painless *a.* 无痛的 wútòngde

painkiller *n.* 止痛药 zhǐtòngyào

painstaking *a.* 艰苦的 jiānkǔde

paint *v.* 1. 画 huà: ～ a picture 画画 huà huàr 2. 油漆 yóuqī: ～ a door red 把门漆成红色 bǎ mén qīchéng hóngsè *n.* 1. 颜料 yánliào: a box of green ～ 一盒绿色颜料 yì hé lùsè yánliào 2. 油漆 yóuqī: Wet Paint! 油漆未干! Yóuqī wèi gān!

painter *n.* 1. 画家 huàjiā *painting pictures 2. 油漆工人 yóuqī gōngrén *painting houses, rooms, etc.

painting *n.* 1. 绘画 huìhuà; 画 huà *the act of painting pictures 2. 油漆 yóuqī *the act of painting houses, rooms, etc. 3. 画 huà: oil ～ 油画 yóu huà, / watercolour ～ 水彩画 shuǐcǎi huà

pair *n.* 一双 yì shuāng; 一对 yí duì: a ～ of shoes 一双鞋 yì shuāng xié, / a ～ of glasses 一付眼镜 yí fù yǎnjìng, / a ～ of scissors 一把剪刀 yì bǎ jiǎndāo, / a ～ of trousers 一条裤子 yì tiáo kùzi, a ～ of dancers 一对舞伴 yí duì wǔbàn *v.* 1. 成对 chéngduì 2. 交配 jiāopèi *of animals

pal *n.* 好朋友 hǎopéngyou: pen ～s 笔友 bǐyǒu

palace *n.* 1. 宫殿 gōngdiàn

pale[1] *a.* 苍白的 cāngbáide: look ～ 面色苍白的 miànsè

cāngbái de 2. 淡的 dànde: ~ blue 淡蓝色 dànlánsè

pale² *n.* 栅栏 zhàlan *for making a fence

palm¹ *n.* 手掌 shǒuzhǎng

palm² *n.* 棕榈树 zōnglǘshù *tree

palpable *a.* 明显的 míngxiǎnde

pamper *v.* 娇惯 jiāoguàn

pamphlet *n.* 小册子 xiǎocèzi

pan *n.* 平底锅 píngdǐguō

pancake *n.* 薄煎饼 báo jiānbǐng

panda *n.* 熊猫 xióngmāo

pane *n.* 窗格玻璃 chuānggé bōli

panel *n.* 1. 小组 xiǎozǔ: ~ discussion 小组讨论 xiǎozǔ tǎolùn 2. 板 bǎn *a thin board

pang *n.* 一阵剧痛 yí zhèn jùtòng

panic *n.* 惊慌 jīnghuāng

panorama *n.* 全景 quánjǐng

pant *v. & n.* 气喘 qìchuǎn

panther *n.* 豹 bào

pantomime *n.* 1. 哑剧 yǎjù *dumb show 2. 童话剧 tónghuàjù *children's comic play.

pantry *n.* 食品室 shípǐnshì

pants *n.* 裤子 kùzi

paper *n.* 1. 纸 zhǐ: a sheet of ~ 一张纸 yì zhāng zhǐ 2. 报纸 bàozhǐ: Have you seen today's ~? 你看今天的报纸了吗? Nǐ kàn jīntiān de bàozhǐ le ma? 3. 考卷 kǎojuàn: The teacher set us a history ~. 老师给我们出了历史考卷。Lǎoshī gěi wǒmen chūle lìshǐ kǎojuàn. *a.* 纸做的 zhǐ zuò de: ~ bag 纸袋 zhǐdài *v.* 用纸裱糊 yòng zhǐ biǎohú ~ back *n.* 平装书 píngzhuāngshū, ~-cut *n.* 剪纸 jiǎnzhǐ, ~ weight *n.* 镇纸 zhènzhǐ

par *n.* = ~ value 票面价值 piàomiàn jiàzhí: on a

~ with 和……同等 hé ...... tóngděng

parable *n.* 寓言 yùyán

parachute *n.* 降落伞 jiàngluòsǎn

parachutist *n.* 跳伞员 tiàosǎnyuán

parade *n.* & *v.* 1. 游行 yóuxíng 2. 阅兵 yuèbīng *of soldiers

paradise *n.* 天堂 tiāntáng

paradox *n.* 自相矛盾的事物 zìxiāng máodùn de shìwù

paradoxical *a.* 自相矛盾的 zìxiāng máodùn de

paragraph *n* 段 duàn

parallel *n.* & *a.* 平行（的）píngxíng(de)

paralyse *v.* 瘫痪 tānhuàn

paralysis *n.* 麻痹 mábì; 瘫痪 tānhuàn

paramount *a.* 最高的 zuì gāo de

paraphrase *n.* & *v.* 释意 shìyì; 转述 zhuǎnshù

parasite *n.* 寄生虫 jìshēngchóng

parasol *n.* 阳伞 yángsǎn

parcel *n.* 包裹 bāoguǒ

parch *v.* 烘干 hōnggān

pardon *v.* & *n.* 1. 原谅 yuánliàng: I beg your ~. 我请你原谅。 Wǒ qǐng nǐ yuánliàng cf. I beg your pardon? 请再说一遍。 Qǐng zài shuō yí biàn. 2. 赦免 shèmiǎn: ~ a criminal 赦免犯人 shèmiǎn fànrén

pare *v.* 1. 削 xiāo: ~ an apple 削苹果 xiāo píngguǒ 2. 剪 jiǎn: ~ one's nails 剪指甲 jiǎn zhǐjia

parent *n.* 父亲或母亲 fùqīn huò mǔqin

parental *a.* 父母的 fù-mǔ de

parish *n.* 教区 jiàoqū

parity *n.* 同等 tóngděng

park[1] *n.* 公园 gōngyuán

park[2] *v.* 停车 tíngchē: Where can we ~ the car?

我们可以在哪儿停车？ Wǒmen kěyǐ zài nǎr tíng chē?

parka *n.* 风雪大衣 fēngxuě dàyī

parliament *n.* 议会 yìhuì; 国会 guóhuì

parlo(u)r *n.* 客厅 kètīng

parrot *n.* 鹦鹉 yīngwǔ *v.* 学舌 xuéshé

parson *n.* 牧师 mùshi

part[1] *n.* 部分 bùfen: do one's ~ 尽自己一份力量 jìn zìjǐ yí fèn lìliang; take ~ in 参加 cānjiā

part[2] *v.* 分开 fēnkāi *divide things 分手 fēnshǒu *take leave of

partake *v.* 参与 cānyù

partial *a.* 1. 部分的 bùfende: ~ success 部分成功 bùfen chénggōng 2. 有偏见的 yǒu piānjiàn de: a ~ opinion 偏见 piānjiàn

partiality *n.* 偏爱 piān'ài

participant *n.* 参加者 cānjiāzhě

participate *v.* 参加 cānjiā

participle *n.* 分词 fēncí

particle *n.* 微粒 wēilì; 粒子 lìzǐ

particular *a.* 1. 特别的 tèbiéde: for no ~ reason 并非因为任何特别的理由 bìngfēi yīnwei rènhé tèbiéde líyóu 2. 特指的 tèzhǐde: I don't like this ~ hat. 我不喜欢这顶帽子。Wǒ bù xǐhuān zhè dǐng màozi. 3. 特加注意的 tèjiā zhùyì de: She's ~ about what she wears. 她对衣着特别注意。Tā duì yīzhuó tèbié zhùyì. *n.* 细节 xìjié *details in ~ 特别 tèbié

particularly *ad.* 特别 tèbié

parting *a.* 临别的 línbiéde: a ~ gift 临别纪念品 línbié jìniànpǐn *n.* 分离 fēnlí; 分开 fēnkāi

partisan *n.* 同党者 tóngdǎngzhě *a.* 有党派性的 yǒu

dǎngpàixìng de

partition *n.* 分隔 fēngé *division into parts

partly *ad.* 部分地 bùfende

partner *n.* 1. 伙伴 huǒbàn 2. 舞伴 wǔbàn: a dancing ~ 舞伴 wǔbàn 3. 配偶 pèi'ǒu: one's life ~ 终身伴侣 zhōngshēng bànlǚ

partnership *n.* 合伙 héhuǒ; 伙伴关系 huǒbàn guānxi

party *n.* 1. 一伙人 yì huǒ rén: a ~ of schoolchildren 一伙小学生 yì huǒ xiǎoxuéshēng 2. 聚会 jùhuì: a dinner ~ 宴会 yànhuì 3. 政党 zhèngdǎng: the Communist Party of China 中国共产党 Zhōngguó Gòngchǎndǎng

pass *v.* 1. 通过 tōngguò: The ship ~ed the channel. 船通过海峡。 Chuán tōngguò hǎixiá 2. 超过 chāoguò: Their car ~ed ours. 他们的车超过了我们的车。 Tāmende chē chāoguòle wǒmende chē. 3. 通过考试 tōngguò kǎoshì: ~ an examination 考试及格 kǎoshì jígé 4. 传递 chuándì: P~ me the cup, please 请把茶杯递给我。 Qǐng bǎ chábēi dìgěi wǒ. 5. 过去 guòqù: Three years ~ed. 三年过去了 Sān nián guòqù le. *n.* 1. 通过 tōngguò * of an exam 2. 关口 guānkǒu *through a range of mountains 3. 通行证 tōngxíngzhèng: No admittance without a ~. 无证不得入内。 Wú zhèng bùdé rù nèi.

passable *a.* 1. 可以通行的 kěyǐ tōngxíng de: a ~ road 可以通行的路 kěyǐ tōngxíng de lù 2. = fairly good 还可以 hái kěyǐ: Her Japanese is ~. 她的日语还可以。 Tāde rìyǔ hái kěyǐ.

passage *n.* 1. 经过 jīngguò: the ~ of time 时间的流逝 shíjiān de liúshì 2. 旅程 lǚchéng: book a one's ~ to Shanghai 订去上海的船票 dìng qù Shànghǎi de chuánpiào 3. 段 duàn *in a story, etc.

passageway *n.* 走廊 zǒuláng

passenger *n.* 乘客 chéngkè

passerby *n.* 过路人 guòlùrén

passing *a.* 1. 穿过的 chuānguòde: He watched the ~ crowd. 他看着穿过的人群 Tā kànzhe chuānguòde rénqún 2. 短暂的 duǎnzànde: give it a ~ thought 稍稍想一下 shāoshao xiǎng yīxia *n.* 过去 guòqù: the ~ of the years 岁月的流逝 suìyuè de liúshì, in ~ 顺便 shùnbiàn

passion *n.* 1. 激情 jīqíng 2. 爱好 àihào: have a ~ for 对……有强烈的爱好 duì ……… yǒu qiángliè de àihào

passionate *a.* 热情的 rèqíngde

passive *a.* 1. 被动的 bèidòngde: in a ~ position 陷入被动 xiànrù bèidòng 2. 消极的 xiāojíde: ~ resistance 消极抵抗 xiāojí díkàng

passport *n.* 护照 hùzhào

password *n.* 口令 kǒulìng

past *n.* & *a.* 过去（的）guòqù(de) *ad.* 过 guò: go ~ 走过 zǒuguò *prep.* 过 guò: at half ~ six 六点半 liù diǎn bàn

paste *n.* 1. 面团 miàntuánr *for making pastry 2. 糊 hú; 酱 jiàng: bean ~ 豆瓣酱 dòubànjiàng, /fish ~ 鱼糊 yúhú, /tooth ~ 牙膏 yágāo 3. 浆糊 jiànghu *for sticking paper together *v.* 用浆糊粘 yòng jiànghu zhān

pasteurize *v.* 消毒 xiāodú

pastime *n.* 消遣 xiāoqiǎn

pastor *n.* 牧师 mùshi

pastoral *a.* 田园生活的 tiányuán shēnghuó de *n.* 牧歌 mùgē

pastry *n.* 点心 diǎnxīn

pasture *n.* 牧场 mùchǎng *v.* 放牧 fàngmù

pasty[1] *a.* 面糊似的 miànhu shìde

pasty[2] *n.* 馅饼 xiànbǐng

pat *v.* & *n.* 轻拍 qīng pāi

patch *n.* 补丁 bǔdīng *on clothing, etc: 斑点 bāndiǎn *ir regular spoton surface: wet ~es on the wall 墙上湿的斑点 qiángshang shī de bāndiǎn *v.* 修补 xiūbǔ

patent *a.* 1. 明显的 míngxiǎnde: This is a fact ~ to all the world. 这是全世界都明白的事实。Zhè shì quánshìjiè dōu míngbai de shìshí. 2. 专利的 zhuānlìde: ~ law 专利法 zhuānlìfǎ *n.* 专利权 zhuānlìquán

paternal *a.* 1. 父亲似的 fùqīn shìde: ~ love 父爱 fù'ài 2. 父方的 fùfāngde: one's ~ grandfather 祖父 zǔfù

path *n.* 小路 xiǎolù

pathetic *a.* 可怜的 kěliánde: a ~ sight 可怜的景象 kěliánde jǐngxiàng

pathology *n.* 病理学 bìnglǐxué

pathos *n.* 哀伤 āishāng

pathway *n.* 小路 xiǎolù

patience *n.* 忍受 rěnshòu; 耐心 nàixīn: with ~ 耐心地 nàixīnde / Have ~! 忍耐一下！Rěnnài yīxia!

patient *a.* 有耐心的 yǒu nàixīn de

patriarch *n.* 家长 jiāzhǎng

patriot *n.* 爱国者 àiguózhě

patriotic *a.* 爱国的 àiguóde

patriotism *n.* 爱国主义 àiguózhǔyì

patrol *v.* & *n.* 巡视 xúnshì

patron *n.* 1. 赞助人 zànzhùrén 2. 顾客 gùkè *a regular customer

patronage *n.* 资助 zīzhù

pattern *n.* 1. 式样 shìyàng: a machine of a new ～ 新式机器 xīnshì jīqì 2. 图案 tú'àn: a ～ on a carpet 地毯上的图案 dìtǎn shang de tú'àn

pauper *n.* 贫民 pínmín

pause *n. & v.* 停顿 tíngdùn

pave *v.* 铺路 pūlù: ～ the way for…为……铺平道路 wèi ……pūpíng dàolù

pavement *n.* 人行道 rénxíngdào

pavilion *n.* 亭子 tíngzi

paw *n.* 爪子 zhuǎzi *v.* 抓 zhuā

pawn[1] *n.* 卒 zú *in the game of chess

pawn[2] *n. & v.* 典当 diǎndàng: ～ shop 当铺 dàngpù

pay[1] *v.* 1. 支付 zhīfù: ～ a bill 付账 fùzhàng, /How much did you ～ for that book? 你买那本书花了多少钱? Ní mǎi nà běn shū huāle duōshao qián? 2. 值得 zhíde: It doesn't ～ to argue with him. 跟他争论不值得。 Gēn tā zhēnglùn bù zhíde. 3. 给予 jǐyǔ: ～ attention to 注意…… zhùyì, / ～ a visit to 访问 fǎngwèn

pay[2] *n.* 工资 gōngzī

payable *a.* 应付的 yīngfùde

pay-day *n.* 发薪日 fāxīnrì

payment *n.* 支付 zhīfù

payroll *n.* 工资单 gōngzīdān

pea *n.* 豌豆 wāndòu

peace *n.* 1. 和平 hépíng: world ～ 世界和平 shìjiè hépíng 2. 治安 zhì'ān: Keep the ～ 维持治安 Wéichí zhì'ān 3. 和约 héyuē; sign a ～ treaty 签订和约 qiāndìng héyuē 4. 安宁 ānníng: ～ of mind 心平气和 xīnpíng qìhé 5. 和睦 hémù: make one's ～ with a person 跟某人和解 gēn mǒu rén héjié

peaceful *a.* 1. 宁静的 níngjìngde: a ～ bay 风平浪静的海湾 fēngpíng-làngjìngde hǎiwān 2. 和平的 hépíngde: a ～ country 一个爱好和平的国家 yí gè àihào hépíng de guójiā

peacemaker *a.* 调停人 tiáotíngrén

peach *n.* 1. 桃子 táozi 2. 桃色 táosè *colour

peacock *n.* 孔雀 kǒngquè

peak *n.* 1. 山顶 shāndǐng: mountain ～ 山峰 shānfēng 2. 最高点 zuì gāo diǎn: reach a new ～ 达到新的高度 dádào xīnde gāodù

peal *n.* 1. 隆隆声 lónglóngshēng: a ～ of applause 一阵响亮的鼓掌声 yí zhèn xiǎngliàngde gǔzhǎngshēng 2. 编钟 biānzhōng *a set of bells

peanut *n.* 花生 huāshēng

pear *n.* 梨 lí

pearl *n.* 珍珠 zhēnzhū

peasant *n.* 农民 nóngmín

pebble *n.* 卵石 luǎnshí

peck *v. & n.* 啄 zhuó

peculiar *a.* 1. 特有的 tèyǒude: customs ～ to these tribes 这些部落所特有的风俗习惯 zhèxiē bùluò suǒ tèyǒu de fēngsú xíguàn 2. 奇怪的 qíguàide: The food has a ～ taste. 这食品有股怪味。 Zhè shípǐn yǒu gǔ guàiwèi.

peculiarity *n.* 特性 tèxìng

pedagogy *n.* 教育学 jiàoyùxué

pedal *n.* 踏板 tàbǎn *v.* 骑自行车 qí zìxíngchē

pedant *n.* 学究 xuéjiū

pedantic *a.* 学究气的 xuéjiūqìde

peddle *v.* 叫卖 jiàomài

pedestrian *n.* 行人 xíngrén *a.* 步行的 bùxíngde

pedicab *n.* 三轮车 sānlúnchē

pedlar, peddler *n.* 小贩 xiǎofàn

peel *v.* 削……的皮 xiāo …… de pí: ~ an apple 削苹果 xiāo píngguǒ 2. 脱皮 tuōpí: The wallpaper is ~ing off. 壁纸剥落下来。Bìzhǐ bōluò xiàlái. *n.* 果皮 guǒpí

peep *v. & n.* 偷看 tōukàn

peer *n.* 同等的人 tóngděngde rén

peer *v.* 盯着看 dīngzhe kàn

peevish *a.* 易发怒的 yì fānù de

peg *n.* 钉 dīng; 栓 shuān *v.* 用钉栓住 yò dīng shuānzhù

pellmell *ad.* 乱七八糟 luànqī-bāzāo

pelt *v.* 1. 投掷 tóuzhì *throw 2. 突降 tūjiàng: The rain is ~ing down. 倾盆大雨。Qīngpén-dàyǔ.

pen¹ *n.* 钢笔 gāngbǐ *fountain pen 圆珠笔 yuánzhūbǐ *ball-point pen.

pen² *n.* 圈 quān; 栏 lán: a sheep ~ 羊栏 yánglán

penal *a.* 刑事的 xíngshìde

penalize *v.* 处罚 chǔfá

penalty *n.* 处罚 chǔfá: death ~ 死刑 sǐxíng

pencil *n.* 铅笔 qiānbǐ

pendent *a.* 吊着的 diàozhede

pending *a.* 1. 未决的 wèijuéde: a ~ case 未决的案件 wèijuéde ànjiàn 2. 迫近的 pòjìnde: ~ danger 迫在眉睫的危险 pòzàiméijié de wēixiǎn

pendulum *n.* 钟摆 zhōngbǎi

penetrate *v.* 穿过 chuānguò

penetrating *a.* 1. 穿透的 chuāntòude: ~ rays 穿透的光线 chuāntòude guāngxiàn 2. 目光敏锐的 mùguāng mǐnruì de *able to discern the truth, etc.

penguin *n.* 企鹅 qǐ'é

penicillin *n.* 青霉素 qīngméisù

peninsula *n.* 半岛 bàndǎo

penitence *n.* 后悔 hòuhuǐ

pennant *n.* 三角旗 sānjiǎoqí

penniless *a.* 分文没有的 fēnwén méiyǒu de

penny *n.* 便士 biànshì *British coin

pension *n.* 退休金 tuìxiūjīn

pensive *a.* 沉思的 chénsīde

pent (up) *a.* 被关闭的 bèi guānbì de

pentagon *n.* 1. 五边形 wǔbiānxíng 2. 五角大楼 wǔjiǎo dàlóu *the P~ in the U.S.A.

peony *n.* 牡丹 mǔdān

people *n.* 1. 人们 rénmén; 人 rén: Are there many ~ in the room? 房间里有很多人吗？ Fángjiān lǐ yǒu hěn duō rén ma? 2. 人民 rénmín: the Chinese ~ 中国人民 Zhōngguó rénmín

pepper *n.* 胡椒 hújiāo

peppermint *n.* 薄荷 bòhe

peppery *a.* 辣的 làde

per *prep.* 1. 每 měi: ~ pound 每磅 měi bàng 2. 经 jīng: ~ post 由邮局 yóu yóujú

perceive *v.* 感觉到 gǎnjué dào

percent *n.* 百分之(几) bǎifēn zhī (jǐ)

percentage *n.* 百分比 bǎifēnbǐ

perceptible *a.* 能觉察出来的 néng juéchá chūlái de

perception *n.* 感觉 gǎnjué

perceptual *a.* 感性的 gǎnxìngde

perch *n. & v.* 栖息 qīxī

percussion *n.* 敲打 qiāodǎ

peremptory *a.* 专横的 zhuānhèngde

perennial *a.* 终年的 zhōngniánde

perfect *a.* 非常好的 fēicháng hǎo de: ~ weather 非常好的天气 fēicháng hǎo de tiānqì / speak ~ Chinese 说一口极好的汉语 shuō yì kǒu jí hǎo de hànyǔ *v.* 完善 wánshàn

perforate *v.* 打孔 dǎkǒng

perform *v.* 1. 执行 zhíxíng: ~ a surgical operation 施行外科手术 shīxíng wàikē shǒushù 2. 表演 biǎoyǎn: ~ a play 演戏 yǎnxì

performance *n.* 1. 执行 zhíxíng: ~ of a task 执行任务 zhíxíng rènwù 2. 工作 gōngzuò *of people or machines 3. 演出 yǎnchū: put on a ~ on the stage 演出 yǎnchū

perfume *n.* 1. 香味 xiāngwèi *the smell 2. 香水 xiāngshuǐ: a bottle of ~ 一瓶香水 yì píng xiāngshuǐ

perfunctory *a.* 马马虎虎的 mǎma-hūhude

perhaps *ad.* 也许 yěxǔ

peril *n.* 危险 wēixiǎn

perimeter *n.* 周长 zhōucháng

period *n.* 1. 一段时间 yí duàn shíjiān: a ~ of time 一段时间 yí duàn shíjiān 2. 时期 shíqī: the ~ of the French Revolution 法国大革命时期 Fǎguó dàgémìng shíqī 3. 学时 xuéshí: a teaching ~ 一节课 yì jié kè 4. 周期 zhōuqī: menstrual ~ 月经 yuèjīng

periodical *a.* 定期的 dìngqīde *n.* 杂志 zázhì

perish *v.* 死亡 sǐwáng

perjure *v.* 作伪证 zuò wěizhèng

perjury *n.* 伪证 wěizhèng

perm *n.* & *v.* 电烫头发 diàntàng tóufa

permanent *a.* 永久的 yǒngjiǔde

permeater *v.* 渗透 shèntòu

permissible *a.* 许可的 xǔkěde

permission *n.* 允许 yǔnxǔ

permit *v.* 允许 yǔnxǔ

pernicious *a.* 有害的 yǒu hài de

perpetual *a.* 持久的 chíjiǔde; 永久的 yǒngjiǔde

perplex *v.* 困惑 kùnhuò

persecute *v.* 迫害 pòhài

persecution *n.* 迫害 pòhài

perseverance *n.* 坚持 jiānchí

persevere *v.* 坚持 jiānchí

persimmon *n.* 柿子 shìzi

persist *v.* 1. 坚持 jiānchí: He ~ed in trying again. 他坚持要再试一试。 Tā jiānchí yào zài shì yīshì. 2. 持续 chíxù: The bad weather will ~. 坏天气会持续下去。 Huài tiānqì huì chíxù xiàqù.

persistence *n.* 坚持 jiānchí

persistent *a.* 坚持的 jiānchíde

person *n.* 人 rén: in ~ 亲自 qīnzi

personage *n.* 要人 yàorén

personal *a.* 1. 私人的 sīrénde; 个人的 gèrénde: a ~ letter 私人信件 sīrén xìnjiàn 2. 亲自的 qīnzìde: a ~ interview 亲自会见 qīnzìhuìjiàn

personality *n.* 1. 个性 gèxìng: a man of strong ~ 一个个性强的人 yí gè gèxìng qiáng de rén 2. 人物 rénwù: a new television ~ 一位新的电视人物 yí wèi xīnde diànshì rénwù

personally *ad.* 1. 亲自 qīnzì 2. 就个人来说 jiù gèrén lái shuō: P~, I have no objection. 就我个人来说，我并不反对。 Jiù wǒ gèrén lái shuō, wǒ bìng bù fǎnduì.

personify *v.* 拟人 nǐrén

personnel *n.* 1. 全体人员 quántǐ rényuán *the body of persons 2. 人事 rénshì: the ~ division 人事处 rénshìchù

perspective *n.* 1. 透视 tòushì; 透视画法 tòushì huàfǎ *in art, etc. 2. 洞察力 dòngchálì; 眼力 yǎnlì: lack

~ 缺乏眼力 quēfá yǎnlì 3. 远景 yuǎnjǐng; 前途 qiántú: a promising ~ 美好前景 měihǎo qiánjǐng

perspiration *n*. 1. = sweating 出汗 chūhàn 2. = sweat 汗 hàn

persuade *v*. 说服 shuōfú

pertain *v*. 属于 shǔyú; 有关 yǒuguān: His remark did not ~ to the question. 他的话同这问题无关。Tāde huà tóng zhè wèntí wúguān.

pertinent *a*. 中肯的 zhòngkěnde

perturb *v*. 不安 bù'ān

pervade *v*. 遍及 biànjí; 充满 chōngmǎn

perverse *a*. 1. 坚持错误的 jiānchí cuòwù de; 任性的 rènxìngde: a ~ person 任性的人 rènxìngde rén 2. 反常的 fǎnchángde: ~ behaviour 反常行为 fǎncháng xíngwéi

pervert *v*. 歪曲 wāiqū: ~ the text 曲解原文 qūjiě yuánwén

pessimism *n*. 悲观 bēiguān; 悲观主义 bēiguānzhǔyì

pessimistic *a*. 悲观的 bēiguānde; 悲观主义的 bēiguānzhǔyìde

pest *n*. 害虫 hàichóng

pester *v*. 烦扰 fánrǎo; 纠缠 jiūchán: be ~ed with flies 被苍蝇所扰 bèi cāngying suǒ rǎo

pesticide *n*. 杀虫剂 shāchóngjì; 农药 nóngyào

pestilence *n*. 瘟疫 wēnyì

pet *n*. 1. 爱畜 àichù; 爱物 àiwù 2. 宠儿 chǒng'ér: make a ~ of sb. 宠爱某人 chǒng'ài mǒu rén *a*. 宠爱的 chǒng'ài de: a ~ name 爱称 àichēng

petal *n*. 花瓣 huābànr

petition *n*. 请愿 qǐngyuàn; 请愿书 qǐngyuànshū: present a ~ to sb. 向某人递交请愿书 xiàng mǒu rén dìjiāo qǐngyuànshū

petrol *n*. 汽油 qìyóu: a ~ station 汽油加油站 qìyóu jiāyóuzhàn

petroleum *n*. 石油 shíyóu: the ~ industry 石油工业 shíyóu gōngyè

petty *a*. 1. 小的 xiǎode: ~ commodities 小商品 xiǎo shāngpǐn 2. 卑鄙的 bēibǐde: a ~ and mean action 卑鄙的小动作 bēibǐde xiǎodòngzuò

phantom *n*. 幽灵 yōulíng; 幻影 huànyǐng

pharmacist *n*. 药剂师 yàojìshī

pharmacy *n*. 1. 制药 zhìyào; 配药 pèiyào *preparation and dispensing of drugs 2. 药房 yàofáng *dispensary

phase *n*. 1. 阶段 jiēduàn: the most productive ~ 最有成果的阶段 zuì yǒu chéngguǒ de jiēduàn 2. 方面 fāngmiàn: This is but one ~ of the problem. 这只不过是问题的一个方面。Zhè zhǐ búguò shì wèntí de yí gè fāngmiàn.

pheasant *n*. 野鸡 yějī

phenomenon *n*. 现象 xiànxiàng

philanthropy *n*. 慈善 císhàn

philology *n*. 语言学 yǔyánxué

philosopher *n*. 哲学家 zhéxuéjiā

philosophy *n*. 1. 哲学 zhéxué 2. 宗旨 zōngzhǐ: the ~ of the institution 该机构的宗旨 gāi jīgòu de zōngzhǐ

phoenix *n*. 长生鸟 chángshēngniǎo: the Chinese ~ 凤凰 fènghuáng

phone *n*. = telephone 电话 diànhuà: A ~ call for you. 你的电话。Nǐde diànhuà. / make a ~ call 打电话 dǎ diànhuà

phoneme *n*. 音素 yīnsù; 音位 yīnwèi

phonetic *a*. 语音的 yǔyīnde: the international ~ alphabet 国际音标 guójì yīnbiāo

phonetics *n.* 语音学 yǔyīnxué

phonograph *n.* 留声机 liúshēngjī; 唱机 chàngjī

photograph *n.* 照片 zhàopiàn: take a ～ 照像 zhàoxiàng

photographer *n.* 摄影师 shèyǐngshī

phototelegram *n.* 传真电报 chuánzhēng diànbào

phrase *n.* 短语 duǎnyǔ; 词组 cízǔ: a noun ～ 名词短语 míngcí duǎnyǔ / a set ～ 固定词组 gùdìng cízǔ

physiatrics *n.* 理疗 lǐliáo

physical *a.* 1. 身体的 shēngtǐde; 肉体的 ròutǐde: ～ education 体育 tǐyù 2. 物质的 wùzhìde: the ～ world 物质世界 wùzhì shìjiè 3. 物理的 wùlǐde: ～ change 物理变化 wùlǐ biànhuà 4. 自然的 zìránde: ～science 自然科学 zìrán kēxué

physician *n.* 内科医生 nèikē yīshēng

physicist *n.* 物理学家 wùlǐxuéjiā

physics *n.* 物理学 wùlǐxué

physiology *n.* 生理学 shēnglǐxué: plant ～ 植物生理学 zhíwù shēnglǐxué

physiologist *n.* 生理学家 shēnglǐxuéjiā

physique *n.* 体格 tǐgé

pianist *n.* 钢琴家 gāngqínjiā

piano *n.* 钢琴 gāngqín: play the ～ 弹钢琴 tán gāngqín

pick *v.* 1. 摘 zhāi; 采 cǎi: ～ a rose 摘一朵玫瑰花 zhāi yì duǒ méiguìhuā 2. 挑选 tiāoxuǎn: ～ the best 挑选最好的 tiāoxuǎn zuì hǎo de, ～ out 1. 选出 xuǎnchū: ～ out the best students 选出最好的学生 xuǎnchū zuì hǎo de xuéshēng 2. 认出 rènchū; 闻出 wénchū: ～ out a friend in a crowd 在人群中认出一位朋友 zài rénqún zhong rènchū yí wèi péngyou / ～ out a scent 闻出香味 wénchū xiāngwèir, ～ up 1. 拾起 shíqǐ: ～ up one's hat

拣起帽子 jiǎnqǐ màozi 2. 接人 jiērén: ～ up sb.
at the railway station 去火车站接人 qù huǒchēzhàn
jiē rén 3. 爬起 páqǐ: ～ oneself up 爬起来 pá qǐlái

pickle *n.* 腌菜 yān cài

pickpocket *n.* 扒手 páshǒu

picky *a.* 挑剔的 tiāotìde

picnic *n.* 郊游 jiāoyóu; 野餐 yěcān: go out on a ～ 去野
餐 qù yěcān

pictograph *n.* 象形文字 xiàngxíng wénzì

picture *n.* 1. 画 huà; 图画 túhuà: draw a ～ 画画
huà huàr 2. = photograph. 照片 zhàopiàn; 像
xiàng: have one's ～ taken 请人照一张相 qǐng rén
zhào yì zhāng xiàng; 影片 yǐngpiàn: go to the ～s
去看电影 qù kàn diànyǐng

pidgin *n.* 混杂语 hùnzáyǔ: ～ English 洋泾浜英语 yáng-
jīngbāng yīngyǔ

pie *n.* 馅饼 xiànrbǐng: apple ～ 苹果馅饼 pingguǒ
xiànrbǐng

piece *n.* 1. 碎片 suìpiàn: fall to ～s 跌碎 diēsuì /
cut sth. into ～s 把某物切成碎片 bǎ mǒu wù qiē-
chéng suìpiàn 2. 块 kuài; 张 zhāng; 件 jiàn; 条
tiáo: a ～ of bread 一块面包 yí kuài miànbāo, /a
～ of paper 一张纸 yì zhāng zhǐ, /a ～ of cloth 一块
布 yí kuài bù, /a ～ of furniture 一件家具 yí jiàn
jiājù, /a ～ of news 一条新闻 yì tiáo xīnwén, /a ～
of poetry 一首诗 yì shǒu shī 3. 硬币 yìngbì: a
five-fen ～ 一枚五分硬币 yì méi wǔ fēn yìngbì

piecemeal *ad.* & *a.* 一件件地(的) yí jiànjiàn de (de);
零散地(的) língsǎnde (de)

piecework *n.* 计件工作 jìjiàn gōngzuò

pier *n.* 码头 mǎtóu: a floating～ 浮动码头 fúdòng
mǎtóu

pierce *v.* 刺穿 cìchuān; 刺破 cìpò: A ray of light ~d the darkness. 一道亮光刺破黑暗。 Yí dào liàngguāng cìpò hēi'àn.

piety *n.* 虔诚 qiánchéng

pig *n.* 猪 zhū

pigeon *n.* 鸽子 gēzi: a carrier ~ 信鸽 xìngē

pigeonhole *n.* 文件分类架 wénjiàn-fēnlèijià

pigsty *n.* 猪圈 zhūjuàn

pigtail *n.* 辫子 biànzi

pike *n.* 矛 máo; 枪 qiāng *a weapon

pile¹ *n. & v.* 堆 duī: a ~ of books 一堆书 yì duī shū, a cart ~d high with fruit 堆满水果的大车 duīmǎn shuǐguǒ de dàchē

pile² *n.* 桩 zhuāng; 桥桩 qiáozhuāng: drive ~s 打桩 dǎzhuāng

pilgrim *n.* 朝圣的人 cháoshèngde rén; 香客 xiāngkè

pilgrimage *n.* 朝圣 cháoshèng

pill *n.* 药丸 yàowán

pillage *n.* 抢劫 qiǎngjié; 掠夺 lüèduó

pillar *n.* 柱 zhù: ~ box 邮筒 yóutǒng

pillow *n.* 枕头 zhěntou

pilot *n.* 1. 飞行员 fēixíngyuán *a person who flies a plane 2. 领航员 línghángyuán *someone who guides a ship or a plane

pimple *n.* 粉刺 fěncì

pin *n.* 大头针 dàtóuzhēn: safety ~ 别针 biézhēn *v.* 1. 别住 biézhù; 钉住 dìngzhù: ~ the papers together 把文件用别针别起来 bǎ wénjiàn yòng biézhēn bié qǐlái

pincers *n.* 钳子 qiánzi

pinch *v.* 捏 niē; 夹 jiā: I have ~ed my finger. 我的手指被夹了。 Wǒde shǒuzhǐ bèi jiā le.

pine *n.* 松树 sōngshù;*the tree; 松木 sōngmù *the wood

pineapple *n.* 菠萝 bōluó

ping-pong *n.* 乒乓球 pīngpāngqiú

pink *n. & a.* 粉红色(的) fěnhóngsè (de)

pinnacle *n.* 1. 尖顶 jiāndǐng *of a building 2. 高峰 gāofēng *of a hill 3. 顶点 dǐngdiǎn; 极点 jídiǎn: the ～ of prosperity 极度繁荣 jídù fánróng

pint *n.* 品脱 pǐntuō

pioneer *n.* 先驱者 xiānqūzhě; 先锋 xiānfēng: early ～ of education 教育界的先驱 jiàoyùjiè de xiānqū

pious *a.* 虔诚的 qiánchéngde

pipe *n.* 1. 管 guǎn; 导管 dǎoguǎn: a water ～ 水管 shuǐguǎn 2. 管乐器 guǎnyuèqì *a musical instrument 3. 烟斗 yāndǒu: light a ～ 点一袋烟 diǎn yí dài yān

pipeline *n.* 管道 guǎndào *general; 输油管 shūyóuguǎn *for oil

piracy *n.* 海上抢劫 hǎishang qiǎngjié; 海盗行为 hǎidào xíngwéi

pirate *n.* 海盗 hǎidào

pistol *n.* 手枪 shǒuqiāng

pit *n.* 1. 坑 kēng; 陷阱 xiànjǐng *also fig. 2. 煤矿井 méikuàngjǐng *coal mine

piss *n.* 尿 niào; 小便 xiǎobiàn *v.* 撒尿 sāniào

pitch¹ *n.* 1. 投掷 tóuzhì * a throw 2. 音高 yīngāo: the ～ of the sound 一个音的音高 yí gè yīn de yīngāo *v.* 搭 dā; 扎 zhā: ～ camp 扎营 zhāyíng 2. 掷 zhì; 投 tóu: ～ a spear 掷标枪 zhì biāoqiāng 3. 定调 dìngdiào; 调音 tiáoyīn: ～ a tune too high 歌曲调子定得太高 gēqǔ diàozi dìngde tài gāo

pitch² *n.* 沥青 lìqīng: as dark as ～ 漆黑 qīhēi

pitchfork *n.* 干草叉 gāncǎochā

piteous *a.* 使人同情的 shǐ rén tóngqíng de

pitfall *n.* 陷阱 xiànjǐng

pitiable *a.* 可怜的 kěliánde; 令人惋惜的 lìng rén wǎnxī de

pity *n.* 1. 怜悯 liánmǐn: have (take) ~ on (sb.) 怜悯 (某人) liánmǐn (mǒu rén) 2. 可惜的事 kěxīde shì 遗憾 yíhàn: It is a ~ that you can't come. 你不能来，真是可惜。Nǐ bùnéng lái, zhēnshì kěxī.

pivot *n.* 支点 zhīdiǎn *physical; 重点 zhòngdiǎn *abstract v.* 旋转 xuánzhuǎn: ~ on something 随某事而转移 suí mǒu shì ér zhuǎnyí

PLA = People's Liberation Army 人民解放军 Rénmín Jiěfàngjūn

placard *n.* 布告 bùgào

place *n.* 1. 地方 dìfāng; 地点 dìdiǎn: time and ~ 时间与地点 shíjiān yù dìdiǎn 2. 座位 zuòwèi: the host's ~ 主人的座位 zhǔrén de zuòwèi 3. 名次 míngcì: the first ~ in a contest 比赛第一名 bǐsài dì-yī míng 4. 地位 dìwèi: in your ~ 在你的地位 zài nǐde dìwèi *i.e. in your situation v.* 1. 放置 fàngzhì: ~ the cards in alphabetical order 把卡片按字母次序排列 bǎ kǎpiàn àn zìmǔ cìxù páiliè 2. 任命 rènmìng: ~ a person as a teacher 任命某人为教师 rènmìng mǒu rén wéi jiàoshī 3. 寄托 jìtuō: ~ hope on sb. 对某人寄于希望 duì mǒu rén jìyú xīwàng

placid *a.* 沉着的 chénzhuóde; 平静的 píngjìngde: a ~ lake 平静的湖 píngjìngde hú

plagiarism *n.* 剽窃 piáoqiè

plague *n.* 1. 瘟疫 wēnyì 2. 灾 zāi: a ~ of locusts 蝗灾 huángzāi

plain¹ *n.* 平原 píngyuán

plain² *a.* 1. 明白的 míngbaide: This is ~ to every-

body. 这是大家都明白的。Zhè shì dàjiā dōu míng-
bai de. 2. 朴素的 pǔsùde; 简单的 jiǎndānde: ~
living 朴素的生活 pǔsùde shēnghuó 3. 坦白的
tǎnbáide; 直率的 zhíshuàide ~ speaking 直说
zhíshuō

plait *n.* 辫子 biànzi

plan *n.* 计划 jìhuà; 方案 fāng'àn: a five-year ~ 五年
计划 wǔ nián jìhuà *v.* 计划 jìhuà; 打算 dǎsuàn: We're
~ning to start next week. 我们打算下星期出发。
Wǒmen dǎsuàn xiàxīngqī chūfā.

plane¹ *n.* 1. 飞机 fēijī *aeroplane 2. 平面 píngmiàn
*a flat surface

plane² *n.* 刨 bào *planing machine *v.* 刨平 bàopíng

planet *n.* 行星 xíngxīng

planetarium *n.* 天文馆 tiānwénguǎn

plank *n.* 厚板 hòubǎn; 板 bǎn: a ~ bed 木板床 mù-
bǎnchuáng

plant *n.* 1. 植物 zhíwù 2. 作物 zuòwù *agricultural
crops 3. 工厂 gōngchǎng: a chemical ~ 化工厂
huàgōngchǎng *v.* 种植 zhòngzhí

plantation *n.* 种植园 zhòngzhíyuán

plasma *n.* 血浆 xuèjiāng

plaster *n.* 1. 灰泥 huīní 2. 石膏 shígāo: a ~ figure
石膏像 shígāoxiàng 3. 膏药 gāoyào *medicine:
adhesive ~ 橡皮膏 xiàngpígāo *v.* 抹灰 mǒhuī

plastic *a.* 1. 可塑的 kěsùde *able to be molded 2.
造型的 zàoxíngde: the ~ arts 造型艺术 zàoxíng
yìshù 3. 整形的 zhěngxíngde: ~ surgery 整形外科
zhěngxíng wàikē *n.* 塑料 sùliào 4. 塑料的 sùliào de
a. ~ bag 塑料袋 sùliao dài

plate *n.* 1. 盘子 pánzi: a ~ of strawberries 一盘草莓
yì pán cǎoméi 2. 牌子 páizi: a ~ on the door

门上的牌 ménshang de páir 3. 板 bǎn: steel ~s
钢板 gāngbǎn

plateau *n.* 高原 gāoyuán

platform *n.* 1. 台 tái; 讲台 jiǎngtái *for making a
speech 2. 站台 zhàntái *at a railway station

plating *n.* 电镀 diàndù

platitude *n.* 老生常谈 lǎoshēngchángtán; 陈词滥调
chéncí-làndiào

play *v.* 1. 玩耍 wánshuǎ; 游戏 yóuxì: Children
were playing in the park. 孩子们在公园里玩耍。
Háizimen zài gōngyuán lǐ wánshuǎ. 2. 参加(运动)
cānjiā (yùndòng): ~ basketball 打蓝球 dǎ lánqiú /
~ football 踢足球 tī zúqiú / ~ chess 下棋 xiàqí
3. 比赛 bǐsài *a match 4. 扮演 bànyǎn; 表演 biǎo-
yǎn: ~ a role 扮演一个角色 bànyǎn yí gè juésè
5. 演奏 yǎnzòu: *an instrument: ~ the violin 拉
小提琴 lā xiǎotíqín / ~ the piano 弹钢琴 tán gāng-
qín 6. 开玩笑 kāiwánxiào; 耍弄 shuǎnòng: ~a trick
on sb. 耍弄某人 shuǎnòng mǒu rén *n.* 1. 戏剧 xìjù;
剧本 jùběn *drama 2. 玩耍 wánshuǎ; 游戏 yóuxì

player *n.* 1. 选手 xuǎnshǒu; 运动员 yùndòngyuán:
a volleyball ~ 一个排球运动员 yí gè páiqiú yùndòng-
yuán 2. 演员 yǎnyuán; 演奏者 yǎnzòuzhě *in
a performance

playful *a.* 1. 贪玩的 tānwánrde; 顽皮的 wánpíde: a
~ kitten 顽皮的小猫 wánpíde xiǎomāo 2. = hu-
morous 幽默的 yōumòde

playground *n.* 运动场 yùndòngchǎng; 游戏场 yóuxì-
chǎng

playhouse *n.* 1. 剧场 jùchǎng *for theatrical perfor-
mances 2. 儿童游戏室 értóng yóuxìshì *for children

playwright *n.* 剧作家 jùzuòjiā

plea *n.* 1. 抗辩 kàngbiàn *of law 2. 恳求 kěnqiú: make a ～ for aid 恳求援助 kěnqiú yuánzhù

plead *v.* 1. 辩护 biànhù 2. 恳求 kěnqiú: ～ for mercy 恳求宽恕 kěnqiú kuānshù

pleasant *a.* 令人愉快的 lìng rén yúkuài de: ～ weather 令人愉快的天气 lìng rén yúkuài de tiānqì / ～ to the taste 可口 kěkǒu / ～ to the eye 悦目 yuèmù

please *v.* 1. 使人高兴 shǐ rén gāoxìng: try to ～ sb. 想使人高兴 xiǎng shǐ rén gāoxìng 2. 请 qǐng: P～ come in. 请进。Qǐngjìn. / if you/ ～ 请 qǐng

pleased *a.* 1. 高兴的 gāoxìngde: I'm ～ to meet you. 我见到你很高兴。Wǒ jiàndào nǐ hěn gāoxìng. 2. 满意的 mǎnyìde: a ～ look 满意的表情 mǎnyìde biǎoqíng

pleasing *a.* 令人喜欢的 lìngrén xǐhuan de; 可爱的 kě'àide: a ～ voice 悦耳的嗓音 yuè'ěrde sǎngyīn

pleasure *n.* 1. 消遣 xiāoqiǎn: read for ～ 读书消遣 dúshū xiāoqiǎn 2. 乐趣 lèqù: Talking to you is a ～ 和你谈话是一种乐趣。Hé nǐ tánhuà shì yì zhǒng lèqù. take ～ in …喜欢…… xǐhuān ……: take ～ in playing tennis 喜欢打网球 xǐhuān dǎ wǎngqiú / with ～ 很愿意 hěn yuànyì

pledge *n.* 誓约 shìyuē; 保证 bǎozhèng: make a solemn ～ 庄严宣誓 zhuāngyán xuānshì

plenary *a.* 1. 全体的 quántǐde: a ～ session (meeting) 全体会议 quántǐ huìyì 2. 完全 wánquán: ～ power 全权 quánquán

plentiful *a.* 丰富的 fēngfùde; 大量的 dàliàngde: a ～ supply of food 丰富的食品供应 fēngfùde shípǐn gōngyìng

plenty *n.* 1. 大量 dàliàng; 很多 hěn duō: ～ of time 很多时间 hěn duō shíjiān 2. 富裕 fùyù: live in ～

生活富裕 shēnghuó fùyù

pliers *n.* 钳子 qiánzi

plight *n.* 困境 kùnjìng

plot *n.* 1. 小块地 xiǎokuàidì: a ～ of land 一块地 yí kuài dì 2. 阴谋 yīnmóu *a secret plan against sb. 3. 情节 qíngjié: the ～ of a story 故事情节 gùshì qíngjié *v.* 密谋 mìmóu

plough *n.* 犁 lí *v.* 耕 gēng; 犁 lí:

pluck *v.* 1. 采 cǎi; 摘 zhāi: ～ tea 采茶 cǎi chá 2. 拔 bá: ～ a chicken 拔鸡毛 bá jīmáo, ～ up (courage) 鼓起(勇气) gǔqi (yǒngqì)

plug *n.* 1. 塞子 sāizi: rubber ear ～s 橡皮耳塞 xiàngpí ěrsāi 2. 插头 chātóu: put the ～ in the socket 把插头插进插座 bǎ chātóu chājìn chāzuò *v.* 1. 塞 sāi; 堵 dǔ: ～ holes in a wall 堵住墙洞 dǔzhù qiángdòng

plum *n.* 1. 李子 lǐzi 2. 梅 méi

plumage *n.* 羽毛 yǔmáo

plumb *n.* 铅锤 qiānchuí *a. & ad.* 垂直的(地) chuízhíde (de): fall ～ down 垂直地落下 chuízhíde luòxià

plumber *n.* 管子工 guǎnzigōng

plump *n.* 羽毛 yǔmáo

plume *a.* 丰满的 fēngmǎnde: a ～ figure 丰满的身材 fēngmǎnde shēncái

plunder *n.* 掠夺 lüèduó; 抢劫 qiǎngjié

plunge *v.* 1. 投入 tóurù; 插入 chārù: ～ one's hand into a bag 把手插入口袋 bǎ shǒu chārù kǒudài 2. 陷入 xiànrù: be ～ed into poverty 陷入贫困的境地 xiànrù pínkùnde jìngdì 3. 颠簸 diānbǒ: The road ～s here. 这段路很颠簸。 Zhè duàn lù hěn diānbǒ.

plurality *n.* 1. 复数 fùshù 2. 大多数 dàduōshù *of votes

plus *prep.* 加 jiā

ply[1] *n.* 1. 厚度 hòudù; 布的厚度 bùde hòudù 2. 股 gǔ: a two-~ rope 一根双股的绳子 yì gēn shuānggǔ de shéngzi

ply[2] *v.* 1. 往返于 wǎngfǎnyú: This ship plies between London and Australia. 这条船往返于伦敦和澳大利亚。 Zhè tiáo chuán wǎngfǎnyú Lúndūn (London) hé Aòdàlìyà (Australia). 2. 从事 cóngshì; 经营 jīngyíng: ~ a trade 经商 jīngshāng

plywood *n.* 胶合板 jiāohébǎn

pneumonia *n.* 肺炎 fèiyán

pocket *n.* 衣袋 yīdài *a.* 1. 袖珍的 xiùzhēnde: a ~ dictionary 袖珍词典 xiùzhēn cídiǎn 2. 零用的 língyòngde: ~ money 零用钱 língyòngqián *v.* 装在口袋里 zhuāng zài kǒudài li

pocketbook *n.* 笔记本 bǐjìběn

poem *n.* 诗 shī

poet *n.* 诗人 shīrén

poetry *n.* 诗 shī; 诗歌 shīgē: Chinese ~ 中国诗歌 Zhōngguó shīgē

poignant *a.* 1. 尖锐的 jiānruìde; 尖刻的 jiānkède: ~ remarks 尖锐的指责 jiānruìde zhǐzé / ~ satire 尖刻的讽刺 jiānkède fěngcì 2. 沉痛的 chéntòngde: ~ sorrow 沉痛的悲哀 chéntòngde bēi'āi

point *n.* 1. 尖 jiān; 尖端 jiānduān: the ~ of a needle 针尖 zhēnjiānr 2. 小数点 xiǎoshùdiǎn *in maths 3. 点 diǎn: boiling ~ 沸点 fèidiǎn, be on the ~ of 正要 zhèngyào, come to a ~ 到了紧急关头 dàole jǐnjí guāntóu *fig. 4. 要点 yàodiǎn; 论点 lùndiǎn: come to the ~ (of a speech, etc.) 说到要点 shuōdào yàodiǎn, Keep to the ～. 扣住要点。Kòuzhù yàodiǎn. 不离题 bù lí tí, make a ～ of…… 强调 qiángdiào, off the ～ 不对题 bú duì tí, ～ of view 观点 guāndiǎn, to the ～ 切题 qiètí 5. 分 fēn: score 20 ～s 得20分 dé èrshí fēn 6. 必要 bìyào: There is no ～ in doing that. 那样做没有必要。Nàyàng zuò méiyǒu bìyào. v. 1. 指向 zhǐxiàng: ～ to the north 指向北方 zhǐ xiàng běifāng 2. 对准 duìzhǔn 3. 指出 zhǐchū: ～ out a mistake 指出错误 zhǐ chū cuòwù

pointed a. 尖的 jiānde; 尖刻的 jiānkède *speech, etc.

poise v. 保持平衡 bǎochí pínghéng n. 平衡 pínghéng *balance

poison n. 毒 dú; 毒药 dúyào: slow ～ 慢性毒药 mànxìng dúyào v. 1. 毒死 dúsǐ: ～ mice 毒死老鼠 dúsǐ lǎoshǔ 2. 毒害 dúhài: ～ sb.'s mind 毒害某人 的思想 dúhài mǒu rén de sīxiǎng

poisonous a. 1. 有毒的 yǒu dú de 2. 恶毒的 èdúde: ～ words 恶毒的话 èdúde huà

poke v. 1. 捅 tǒng; 拨 bō: ～ a hole in the paper 在纸 上捅个洞 zài zhǐshang tǒng ge dòng, / ～ the fire 拨火 bōhuǒ 2. 放置 fàngzhì; 伸出 shēnchū: ～one's head out 伸出头来 shēnchū tóulai 3. 干与 gānyù: Don't ～ into other people's business. 不要干与别 人的事。Búyào gānyù biérén de shì.

poker[1] n. 1. 扑克牌 púkèpái *a card game

poker[2] n. 拨火棍 bōhuǒgùn

polar a. 北(南)极的 běi (nán) jíde: ～ bear 北极熊 běijíxióng

pole[1] n. 杆 gān; 柱 zhù: ～ vaulting 撑竿跳高 chēnggān tiàogāo

pole[2] n. 1. 极 jí: the North P～ 北极 Běijí 2. 磁极

cíjí; 电极 diànjí: the negative (positive) ~ 阴(阳) 极 yīn (yáng) jí

police *n.* 警察 jǐngchá: ~ office = ~ station 警察局 jǐngchájú

policeman *n.* 警察 jǐngchá

policy *n.* 政策 zhèngcè: the domestic ~ 国内政策 guónèi zhèngcè

polish *v.* 磨光 móguāng; 擦亮 cāliàng: ~ shoes 擦鞋 cā xié

polite *a.* 有礼貌的 yǒu lǐmào de; 客气的 kèqìde: a ~ answer 有礼貌的回答 yǒu lǐmàode huídá

political *a.* 政治的 zhèngzhìde

politics *n.* 政治 zhèngzhì

politictian *n.* 政治家 zhèngzhìjiā; 政客 zhèngkè

poll *n.* 1. 选举投票 xuǎnjǔ tóupiào: go to the ~s 去投票 qù tóupiào 2. 民意测验 mínyì cèyàn *opinion poll

pollen *n.* 花粉 huāfěn

pollute *v.* 污染 wūrǎn

pollution *n.* 污染 wūrǎn

pomegranate *n.* 石榴 shíliu; 石榴树 shíliushù

pompous *a.* 浮夸的 fúkuāde; 自大的 zìdàde: ~ language 夸大的言词 kuādàde yáncí

pond *n.* 池塘 chítáng

ponder *v.* 考虑 kǎolǜ; 沉思 chénsī: ~ a question 考虑问题 kǎolǜ wèntí

pony *n.* 矮种马 ǎizhǒngmǎ; 小马 xiǎomǎ

pool[1] *n.* 池塘 chítáng; 水池 shuǐchí: a swimming-~ 游泳池 yóuyǒngchí

pool[2] *n.* 合伙经营 héhuǒ jīngyíng *business partnership

poor *a.* 1. 贫穷的 pínqióngde: the ~ 穷人 qióngrén 2. 贫乏的 pínfáde: ~ in natural resources. 自然

资源贫乏 zìrán zīyuán pínfá 3. 不幸的 búxìngde; 可怜的 kěliánde: a ～ fellow 可怜的家伙 kělián de jiāhuo 4. 不好的 bù hǎo de: a ～ memory 不好 的记忆力 bù hǎo de jìyìlì / in ～ health 身体不好 shēntǐ bù hǎo

poorly a. 身体不舒服 shēntǐ bù shūfu: He is very ～. 他身体很不舒服。Tā shēntǐ hěn bù shūfu. ad. 1. 贫穷地 pínqióngde: live ～ 生活很穷 shēnghuó hěn qióng 2. 不好地 bù hǎo de: do ～ in the ex- amination 考得很不好 kǎode hěn bù hǎo

pop¹ a. 通俗的 tōngsúde; 流行的 liúxíngde: ～ music 流行音乐 liúxíng yīnyuè

pop² n. "呯" 的一声 "pēng" de yì shēng *the sound v. 爆开 bàokāi; 开枪打 kāiqiāng dǎ: ～ a rabbit 打兔子 dǎ tùzi

popcorn n. （爆）玉米花 (bào) yùmǐhuā

poplar n. 白杨树 báiyángshù

populace n. 民众 mínzhòng; 老百姓 lǎobǎixìng

popular a. 1. 流行的 liúxíngde: a ～ song 流行歌曲 liúxíng gēqǔ 2. 通俗的 tōngsúde; 大众的 dàzhòngde: ～ science 大众科学 dàzhòng kēxué 3. 得人心的 dé rénxīn de; 受欢迎的 shòu huānyíng de: a ～ writer 受人欢迎的作家 shòu rén huānyíng de zuòjiā

popularity n. 1. 大众性 dàzhòngxìng; 通俗性 tōng- súxìng *prevalence among the people 2. 声望 shēng- wàng: win ～ 得众望 dé zhòngwàn

popularize v. 推广 tuīguǎng; 普及 pǔjí: ～ education 普及教育 pǔjí jiàoyù

populate v. 居住 jūzhù: a densely ～d area 人口稠密 地区 rénkǒu chóumì dìqū

population n. 人口 rénkǒu

populous a. 人口稠密的 rénkǒu chóumì de

porcelain *n.* 瓷器 cíqì

porch *n.* 门廊 ménláng

pore[1] *n.* 毛孔 máokǒng; 气孔 qìkǒng, at every ～ 全身 quánshēn: He is sweating from every ～. 他全身出汗。Tā quánshēn chūhàn

pore[2] *v.* 1. 熟读 shúdú: ～ over a book 全神贯注地读书 quánshén-guànzhù de dúshū 2. 深入思考 shēnrù sīkǎo: ～ over a problem 深入思考一个问题 shēnrù sīkǎo yí gè wèntí

pork *n.* 猪肉 zhūròu

porous *a.* 多孔的 duōkǒngde; 能渗水的 néng shènshuǐ de: Sandy soil is ～ 沙土渗水 shātǔ shènshuǐ

porridge *n.* 粥 zhōu

port[1] *n.* 港口 gǎngkǒu *harbour

port[2] *n.* 装货舱口 zhuānghùo cāngkǒu *opening in ship for loading, etc.

port[3] *n.* 葡萄酒 pútáojiǔ *wine

portable *a.* 便于携带的 biànyú xiédài de; 手提式的 shǒutíshìde: a ～ typewriter 手提打字机 shǒutí dǎzìjī

portage *n.* 1. 搬运 bānyùn *carrying 2. 运费 yùnfèi *cost of carrying: reasonable ～ （价格）合理的运费 (jiàgé) hélǐde yùnfèi

portent *n.* 预兆 yùzhào: a ～ of misfortune 不祥之兆 bùxiáng zhī zhào

porter[1] *n.* 搬行李的工人 bān xíngli de gōngrén *luggage handler

porter[2] *n.* 看门人 kānménrén *doorman

portfolio *n.* 公事包 gōngshìbāo; 文件夹 wénjiànjiā

portion *n.* 部分 bùfen; 一份 yí fèn: a large ～ of the products 大部分产品 dàbùfen chǎnpǐn

portrait *n.* 肖像 xiàoxiàng; 画像 huàxiàng: a ～ painter 肖像画家 xiàoxiàng huàjiā

portray *v.* 描绘 miáohuì; 描写 miáoxiě

pose *v.* 1. 摆好姿势 bǎihǎo zīshì; 扶正 fúzhèng: ～ one's spectacles 扶正眼镜 fúzhèng yǎnjìng 2. 提出 tíchū: ～ a problem 提出问题 tíchū wèntí 3. 装腔 作势 zhuāngqiāng-zuòshì; 假装 jiǎzhuāng: ～ as a scholar 假装成学者的样子 jiǎzhuāngchéng xuézhě de yàngzi

position *n.* 1. 位置 wèizhì 2. 境况 jìngkuàng; 形势 xíngshì: in a favorable ～处于有利形势 chǔyú yǒulì xíngshì 3. 姿势 zīshì: a lying ～ 躺着的姿势 tǎngzhede zīshì 4. 身份 shēnfèn; 地位 dìwèi: a man of ～ 有身份的人 yǒu shēnfèn de rén 5. 职务 zhíwù: He's got a good ～ 他得到一个好职务。 Tā dédào yí gè hǎo zhíwù. 6. 看法 kànfǎ; 见解 jiànjiě: What is your ～ on this question? 你对这个 问题的看法怎样? Nǐ duì zhège wèntí de kànfǎ zěnyàng?

positive *a.* 1. 确实的 quèshíde; 确定的 quèdìngde: a ～ proof 确证 quèzhèng 2. 肯定的 kěndìngde: I'm ～ that he is correct. 我肯定他是正确的。 Wǒ kěndìng tā shì zhèngquè de. 3. 积极的 jījíde: ～ help 积极的帮助 jījíde bāngzhù 4. 正的 zhèngde: a ～ number 正数 zhèngshù / a ～ sign 正号 zhènghào 5. 阳性的 yángxìngde: ～ reaction 阳性反应 yáng-xìng fǎnyìng

possess *v.* 1. 拥有 yōngyǒu: ～ landed property 拥有 地产 yōngyǒu dìchǎn; 具有 jùyǒu: ～ noble qualities 具有崇高品质 jùyǒu chónggāo pínzhì 2. 支配 zhī-pèi: What ～ed him to do such a thing? 什么 支配他干出这种事来? Shénme zhīpèi tā gànchū zhèzhǒng shì lai?

possession *n*. 1. 拥有 yōngyǒu; 占有 zhànyǒu *act of possessing 2. 财产 cáichǎn: personal ～s 个人财产 gèrén cáichǎn

possessive *a*. 所有的 suǒyǒude: the ～ case 所有格 suǒyǒugé *of grammar *n*. 物主代词 wùzhǔ dàicí * of grammar

possessor *n*. 持有人 chíyǒurén; 占有人 zhànyǒurén

possibility *n*. 可能性 kěnéngxìng

possible *a*. 可能的 kěnéngde: come as quick as ～ 尽可能早来 jìnkěnéng zǎo lái

possibly *ad*. 1. 也许 yěxǔ: It may ～ be so. 也许是这样的。Yěxǔ shì zhèyàng de. 2. 无论如何 wúlùn-rúhé: He cannot ～ do that. 他无论如何不会干的。Tā wúlùn-rúhé búhuì gàn de.

post¹ *n*. 柱 zhù; 杆 gān: door ～s 门柱 ménzhù / a sign ～ 标杆 biāogān *v*. 贴 tiē: ～ up a notice on the blackboard 在黑板上贴出通知 zài hēibǎn shang tiēchū tōngzhī

post² *n*. 邮政 yóuzhèng; 邮寄 yóujì: send books by ～ 邮寄书籍 yóujì shūjí / ～ box 邮筒 yóutǒng / ～ office 邮局 yóujú 2. 邮件 yóujiàn: I missed the morning ～. 我没赶上早班邮件。Wǒ méi gǎnshàng zǎo bān yóujiàn. *v*. 投寄 tóujì: ～ a letter 寄信 jìxìn

post³ *n*. 1. 职位 zhíwèi: get a better ～. 得到一个更好的工作 dédào yí gè gèng hǎode gōngzuò 2. 岗位 gǎngwèi *place where soldier is stationed; also fig.

postcard *n*. 明信片 míngxìnpiàn

postage *n*. 邮资 yóuzī

postal *a*. 邮政的 yóuzhèngde; 邮局的 yóujúde

poster *n*. 广告画 guǎnggàohuà; 宣传画 xuānchuánhuà

postgraduate *n*. 研究生 yánjiūshēng

postman *n.* 邮递员 yóudìyuán

postmaster *n.* 邮政局长 yóuzhèng-júzhǎng

postpone *v.* 推迟 tuīchí; 延期 yánqī

postscript *n.* 1. 附录 fùlù 2. 后记 hòujì

posture *n.* 1. 姿势 zīshì; 姿态 zītài 2. 态度 tàidu: the government's ～ on the matter 政府对这事的态度 zhèngfǔ duì zhè shì de tàidu

pot *n.* 1. 壶 hú; 罐 guàn 盆 pén: a glass ～ 玻璃罐 bōlíguàn / a coffee ～ 咖啡壶 kāfēihú / a flower ～ 花盆 huāpén 2. 锅 guō: a ～ of soup 一锅汤 yì guō tāng

potato *n.* 马铃薯 mǎlíngshǔ; 土豆 tǔdòu: sweet ～ 白薯 báishǔ

potency *n.* 力量 lìliàng

potential *a.* 可能的 kěnéngde; 潜在的 qiánzàide: ～ sales 可能的销售量 kěnéngde xiāoshòuliàng / ～ resources 潜在的资源 qiánzàide zīyuán *n.* 1. 潜力 qiánlì: military ～ 军事潜力 jūnshì qiánlì 2. 势(能) shì (néng); 位（能）wèi (néng): electric ～ 电势 diànshì

potentiality *n.* 潜力 qiánlì: use one's potentialities 发挥潜力 fāhuī qiánlì

potion *n.* 一剂药 yí jì yào: a sleeping ～ 安眠药 ānmiányào

potter *n.* 陶器工人 táoqì gōngrén

pottery *n.* 陶器 táoqì

pouch *n.* 小袋 xiǎodài

poultry *n.* 家禽 jiāqín

pounce *v.* 猛扑 měngpū

pound[1] *n.* 1. 英镑 yīngbàng *British money 2. 磅 bàng: a ～ of sugar 一磅糖 yí bàng táng

pound[2] *v.* 1. 敲打 qiāodǎ: He ～ed the table angrily.

他生气地敲打桌子。Tā shēngqìde qiāodǎ zhuōzi.
2. 捣碎 dǎosuì: ~ the meat into a paste 把肉剁碎 bǎ ròu duòsuì

pour *v.* 1. 倒 dào: Please ~ me a cup of tea. 请给我倒杯茶。Qǐng gěi wǒ dào bēi chá. 2. 涌 yǒng: ~ out of the factory 涌出工厂 yǒngchū gōngchǎng 3. 下大雨 xiàdàyǔ: It's ~ing. 在下大雨。Zài xià dàyǔ.

pout *v.* & *n.* 撅嘴 juēzuǐ

poverty *n.* 贫穷 pínqióng: ~ striken *a.* 贫穷的 pínqióngde

powder *n.* 1. 粉 fěn: face ~ 脂粉 zhīfěn 2. = gunpowder 火药 huǒyào

power *n.* 1. 能力 nénglì: the ~ of speech 说话的能力 shuōhuàde nénglì 2. 力 lì: water ~ 水力 shuǐlì 3. 权力 quánlì: be in ~ 掌权 zhǎngquán 4. 大国 dàguó: super ~ 超级大国 chāojí dàguó

powerful *a.* 有力的 yǒulìde; 强大的 qiángdàde: ~ nations 强国 qiángguó / a ~ remedy 强效药 qiángxiàoyào

powerless *a.* 无力的 wúlìde

practical *a.* 1. 实际的 shíjìde: ~ difficulties 实际困难 shíjì kùnnan 2. 实用的 shíyòngde: a ~ little table 一张实用的小桌子 yì zhāng shíyòngde xiǎozhuōzi

practically *ad.* 1. 实际上 shíjìshang *in a practical manner 2. 几乎 jīhū: The holidays are ~ over. 假日几乎结束了。Jiàrì jīhū jiéshù le.

practice *n.* 1. 实践 shíjiàn: Put a plan into ~. 实行某计划。Shíxíng mǒu jìhuà. 2. 习惯 xíguàn: make a ~ of rising early 养成早起的习惯 yǎngchéng zǎoqǐde xíguàn 3. 实习 shíxí: teaching ~ 教学实习 jiàoxué shíxí

practitioner *n.* 1. 开业医生 kāiyè yīshēng *a doctor 2. 开业律师 kāiyè lǜshī *a lawyer

pragmatism *n.* 实用主义 shíyòngzhǔyì

prairie *n.* 大草原 dàcǎoyuán

praise *v. & n.* 称赞 chēngzàn; 表扬 biǎoyáng

pram *n.* = perambulator 儿童车 értóngchē

prawn *n.* 大虾 dàxiā

pray *v.* 1. 祷告 dǎogào: They are ~ing to God. 他们在祷告上帝。 Tāmen zài dǎogào shàngdì. 2. 请求 qǐngqiú: I ~ that you'll think again. 我求你再想想。 Wǒ qiú nǐ zài xiǎngxiang.

preach *v.* 1. 传教 chuánjiào: ~ Buddhism 传佛教 chuán fójiào 2. 宣传 xuānchuán; 鼓吹 gǔchuī: ~ peace 宣传和平 xuānchuán hépíng / ~ war 鼓吹战争 gǔchuī zhànzhēng

precarious *a.* 不安定的 bù āndìng de: ~ life 不安定的生活 bù āndìng de shēnghuó

precaution *n.* 预防 yùfáng: take ~s 采取预防措施 cǎiqǔ yùfáng cuòshī

precede *v.* 在前 zài qián: the calm that ~s the storm 暴风雨前的平静 bàofēngyǔ qián de píngjìng / in the preceding paragraph 上一段 shàngyíduàn

precedence *n.* 优先 yōuxiān: take ~ (over) 优先于 yōuxiānyú

precedent *n.* 先例 xiānlì

preceding *a.* 以前的 yǐqiánde: the ~ years 前几年 qiánjǐnián

precept *n.* 箴言 zhēnyán: Example is better than ~. 身教胜于言教。 Shēnjiào shèngyú yánjiào.

precious *a.* 1. 宝贵的 bǎoguìde: ~ stones 宝石 bǎoshí / ~ time 宝贵的时间 bǎoguìde shíjiān 2. 珍贵的 zhēnguìde: ~ friendship 珍贵的友谊 zhēnguìde yǒuyì

precipice *n.* 悬崖 xuányá

precise *a.* 1. 精确的 jīngquède: ～ measurements 精确的尺寸 jīngquède chǐcùn / to be ～ 确切地讲 quèqiède jiǎng 2. 小心谨慎的 xiǎoxīn jǐnshèn de: a very ～ man 非常严谨的人 fēicháng yánjǐn de rén

precision *n.* 精密（度）jīngmì (dù): point out with scientific ～ 以科学的精确性指出 yǐ kēxué de jīngquèxìng zhǐchū

preclude *v.* 排除 páichú: ～ all doubts 排除一切疑虑 páichú yíqiè yílù

precocious *a.* 早熟的 zǎoshúde: a ～ child 一个早熟的孩子 yí gè zǎoshú de háizi

predatory *a.* 1. 掠夺的 lüèduóde: a ～ war 掠夺性战争 lüèduóxìng zhànzhēng 2. 食肉的 shíròude: *of animals

predecessor *n.* 前任 qiánrèn: He's younger than his ～ 他比他的前任年轻。Tā bǐ tāde qiánrèn niánqīng. / This plan is better than its ～. 这个计划比前一个好。 Zhège jìhuà bǐ qián yí gè hǎo.

predicate *v.* 断定 duàndìng: ～ a motive to be good 断言动机是好的 duànyán dòngjī shì hǎo de *n.* 谓语 wèiyǔ *in grammar

predicative *a.* 表语的 biǎoyǔde *n.* 表语 biǎoyǔ

predict *v.* 预言 yùyán

predominant *a.* 主要的 zhǔyàode: Red is the ～ colour in the room. 房间里主要是红色。 Fángjiān lǐ zhǔyào shì hóngsè.

predominate *v.* 支配 zhīpèi: ～ over sb. 支配某人 zhīpèi mǒu rén / a forest in which pines ～ 松树为主的森林 sōngshù wéi zhǔ de sēnlín

preface *n.* 序言 xùyán

prefer *v.* 比较喜欢 bǐjiào xǐhuan: Which would you ～, coffee or tea? 你喜欢咖啡还是茶? Nǐ xǐhuan kāfēi háishì chá?

preferable *a.* 更好一些 gèng hǎo yìxiē

preference *n.* 1. 偏爱 piān'ài: have a ～ for Chinese painting 特别喜爱中国画 tèbié xǐ'ài Zhōngguóhuà 2. 偏爱的东西 piān'àide dōngxī: what is your ～? 你喜爱些什么? Nǐ xǐ'ài xiē shénmè?

prefix *n.* 前缀 qiánzhuì *in grammar

pregnancy *n.* 怀孕 huáiyùn

pregnant *a.* 怀孕的 huáiyùnde: She's been ～ for 6 months. 她怀孕六个月了。 Tā huáiyùn liù gè yuè le.

prejudice *n.* 偏见 piānjiàn: racial ～ 种族偏见 zhǒngzú piānjiàn

preliminary *a.* 预备的 yùbèide: a ～ examination 预考 yùkǎo *n.* 预赛 yùsài *of sports competition

prelude *n.* 1. 序曲 xùqǔ *of music 2. 预兆 yùzhào: a ～ to a war 战争的预兆 zhànzhēng de yùzhào

premature *a.* 过早的 guòzǎode: a ～ birth 早产 zǎochǎn

premeditate *v.* 预先计划 yùxiān jìhuà

premier *a.* 首位的 shǒuwèide: take the ～ place 占首位 zhàn shǒuwèi *n.* 1. 总理 zǒnglǐ *in a republic 2. 首相 shǒuxiàng *in a kingdom

premiere *n.* 首次公演 shǒucì gōngyǎn

premise *n.* 1. 前提 qiántí: on the ～ of …… 在…… 前提下 zài…… qiántíxià 2. 房屋 fángwū: *plural

premium *n.* 1. 保险费 bǎoxiǎnfèi: ～ tariff 保险率表 bǎoxiǎnlùbiǎo 2. 奖 jiǎng: a ～ for good conduct 品行优良奖 pǐnxíng-yōuliángjiǎng

preoccupation *n.* 全神贯注 quánshén-guànzhù

preparation *n.* 准备 zhǔnbèi: make ～s for an examina-

tion 作好考试的准备 zuòhǎo kǎoshì de zhǔnbèi /
The meal is in ~. 饭菜正在准备。Fàncài zhèngzài
zhǔnbèi.

prepare *v.* 准备 zhǔnbèi; ~ the table 准备开饭 zhǔnbèi
kāifàn / ~ to go on holiday 准备去度假 zhǔnbèi
qù dùjià, be ~d for 为……做好准备 wèi ……
zuòhǎo zhǔnbèi

preponderate *v.* 占优势 zhàn yōushì: ~ in number
数量上占优势 shùliàngshang zhàn yōushì

preposition *n.* 介词 jiècí

prerequisite *n. & a.* 先决条件（的） xiānjué tiáojiàn
(de)

preschool *a.* 学前的 xuéqiánde: ~ children 学前儿童
xuéqián értóng

prescribe *v.* 1. 规定 guīdìng: a ~d form 规定的表格
guīdìngde biǎogé 2. 开药方 kāi yàofāng: The
doctor ~d new medicine for the patient. 医生给病
人开了新药。 Yīshēng gěi bìngrén kāile xīnyào.

presence *n.* 1. 出席 chūxí: Your ~ is requested.
请你出席。Qǐng nǐ chūxí. 2. 风度 fēngdù: a man of
noble ~ 仪态高贵的人 yítài gāoguì de rén

present[1] *n.* 礼物 lǐwù

present[2] *v.* 1. 赠送 zèngsòng: ~ a book to him. 送
他一本书。Sòng tā yì běn shū. 2. 提出 tíchū: ~
one's point of view 提出自己的观点 tíchū zìjǐ de
guāndiǎn 3. 上演 shàngyǎn: ~ a new play 上演
一出新戏 shàngyǎn yì chū xīnxì

present[3] *a.* 1. 出席 chūxí: the people ~ 在座的人
zàizuòde rén 2. 现在的 xiànzàide: the ~ govern-
ment 现政府 xiànzhèngfǔ

presentable *a.* 像样的 xiàngyàngde: Is this suit ~?
这套衣服穿得出去吗？Zhè tào yīfu chuānde chūqū

ma?

presently *ad.* 一会儿 yíhuìr: He'll be here ~. 他一会儿就来。Tā yíhuìr jiù lái.

preserve *v.* 1. 保护 bǎohù: ~ one's eyesight 保护视力 bǎohù shìlì 2. 保存 bǎocún: ~ food 保藏食物 bǎocáng shíwù / ~ peaches 做桃子酱 zuò táozijiàng

preside *v.* 主持 zhǔchí: ~ at a meeting 主持会议 zhǔchí huìyì

president *n.* 1. 总统 zǒngtǒng: the P~ of the United States 美国总统 Měiguó Zǒngtǒng 2. 会长 huìzhǎng: P~ of the Association of ……协会会长 …… xiéhuì huìzhǎng 3. 校长 xiàozhǎng: the P~ of Oxford University 牛津大学校长 Niújīn Dàxué Xiàozhǎng

press¹ *v.* 1. 压 yā; 按 àn: ~ sth. under a stone 用石头压某物 yòng shítou yā mǒu wù / ~ the button 按电钮 àn diànniǔ 2. 压榨 yāzhà: ~ grapes 榨葡萄 zhà pútáo 3. 逼迫 bīpò: ~ a person for agreement 逼人同意 bī rén tóngyì 4. 紧抱 jǐn bào: ~ a child to one's breast 搂抱孩子 lǒubào háizi 5. 紧迫 jǐnpò: Time ~es. 时间紧迫 shíjiān jǐnpò *n.* 1. 压 yā; 按 àn: give sth. a slight ~ 把某物轻轻压一下 bǎ mǒu wù qīngqīng yā yíxià 2. 压榨机 yāzhàjī: an oil ~ 榨油机 zhàyóujī

press² *n.* 1. 出版社 chūbǎnshè: Foreign Languages P~ 外文出版社 Wàiwén Chūbǎnshè 2. 新闻界 xīnwénjiè: ~ conference 记者招待会 jìzhě zhāodàihuì

pressing *a.* 紧迫的 jǐnpòde: ~ business matters 紧急公事 jǐnjí gōngshì

pressman *n.* 新闻记者 xīnwén jìzhě

pressure *n.* 1. 压 yā; 压力 yālì: high ~ 高压 gāoyā /

put ～ on sb. 对……施加压力 duì …… shījiā yālì / work at high ～ 紧张地工作 jǐnzhāngde gōngzuò 2. = atmospheric ～ 大气压力 dàqì yālì

prestige *n.* 威信 wēixìn

presumably *ad.* 大概 dàgài

presume *v.* 推测 tuīcè: I ～ he will be back soon. 我推测他会很快回来的。 Wǒ tuīcè tā huì hěn kuài huílái de.

presuppose *v.* 以……为先决条件 yǐ …… wéi xiānjué tiáojiàn

pretence *n.* 1. 假装 jiǎzhuāng: make a ～ of ignorance 假装不知道 jiǎzhuāng bù zhīdào 2. = pretext 借口 jièkǒu: under the ～ of friendship 以友谊为借口 yǐ yǒuyì wéi jièkǒu

pretend *v.* 假装 jiǎzhuāng

pretension *n.* 自称 zìchēng: make no ～s to intelligence 并不自称聪明 bìng bù zìchēng cōngmíng

pretentious *a.* 自命不凡 zì mìng bù fán

pretext *n.* 借口 jièkǒu: under the ～ of 以……为借口 yǐ …… wéi jièkǒu

pretty *a.* 漂亮的 piàoliangde: a ～ graden 漂亮的花园 piàoliangde huāyuán *ad.* = quite 相当 xiāngdāng: ～ good 相当好 xiāngdāng hǎo

prevail *v.* 1. 胜过 shèngguò: We ～ed over our rivals. 我们胜过对手。 Wǒmen shèngguò duìshǒu. 2. 流行 liúxíng: This custom doesn't ～ now. 这种风俗不流行了。 Zhèzhǒng fēngsú bù liúxíng le.

prevalent *a.* 流行的 liúxíngde

prevent *v.* 1. 预防 yùfáng: ～ diseases 预防疾病 yùfáng jíbìng 2. 阻止 zǔzhǐ: Nothing can ～ me from going. 没什么能阻止我去。Méi shénme néng zǔzhǐ wǒ qù.

preview *n*. 1. 预演 yùyǎn *of a play 2. 试映 shìyìng *of a film

previous *a*. 以前的 yǐqiánde: ~ experience 以前的经验 yǐqiánde jīngyàn

prey *n*. 牺牲品 xīshēngpǐn; 捕获物 bǔhuòwù

price *n*. 1. 价格 jiàgé: reduce (raise) a ~ 降（涨）价 jiàng (zhǎng) jià / P~s are declining. 物价正在下跌。Wùjià zhèngzài xiàdiē. / What's the ~ of this bike? 这辆自行车多少钱？Zhè liàng zìxíngchē duōshǎo qián? 2. 代价 dàijià: at any ~ 不惜任何代价 bùxī rènhé dàijià

priceless *a*. 无价的 wújiàde: a ~ treasure 无价之宝 wújià zhī bǎo

prick *v*. 1. 刺 cì: ~ holes in paper 在纸上刺孔 zài zhǐshang cì kǒng 2. 刺痛 cìtòng; 扎伤 zhāshāng: ~ one's finger 扎痛手指 zhātòng shǒuzhǐ / My conscience ~ed me. 我的良心责备了我。Wǒde liángxīn zébèile wǒ. 3. 竖立 shùlì: He ~ed up his ears. 他侧耳细听。Tā cè ěr xì tīng.

prickly *a*. 1. 多刺的 duōcìde: ~ bushes 刺多的灌木 cè duō de guànmù

pride *n*. 1. 骄傲 jiāo'ào: be puffed up with ~ 骄傲自大 jiāo'ào zìdà 2. 自豪 zìháo: take ~ in 以……自豪 yǐ …… zìháo 3. 自尊心 zìzūnxīn: Her ~ prevented her from doing so. 她的自尊心使她没这样做。Tāde zìzūnxīn shǐ tā méi zhèyàng zuò.

priest *n*. 牧师 mùshī; 神父 shénfù

prim *a*. 整洁的 zhěngjiéde: a ~ garden 整洁的花园 zhěngjiéde huāyuán

primarily *ad*. 首先 shǒuxiān; 主要地 zhǔyàode

primary *a.* 1. 首要的 shǒuyàode: a matter of ~ importance 头等重要的事情 tóuděng zhòngyào de shìqing 2. 初级的 chūjíde: a ~ school 小学 xiǎoxué

prime[1] *n.* 最初部分 zuìchū bùfen: the ~ of the year 春天 chūntiān / the ~ of the moon 新月 xīnyuè 2. 全盛时期 quánshèng shíqī, the ~ of life 壮年时期 zhuàngnián shíqī

prime[2] *a.* 1. 主要的 zhǔyàode: a ~ reason 主要的理由 zhǔyàode lǐyóu / the ~ minister 总理 zǒnglǐ 2. 最好的 zuì hǎo de: ~ beef 上等牛肉 shàngděng niúròu

primitive *a.* 原始的 yuánshǐde: ~ men 原始人 yuánshǐrén

prince *n.* 王子 wángzǐ; 亲王 qīnwáng: Prince of Wales 威尔士亲王 Wēi'ěrshì (Wales) Qīnwáng

princess *n.* 1. 公主 gōngzhǔ *daughter of a king 2. 亲王夫人 qīnwáng fūrén *wife of a prince

principal *a.* 主要的 zhǔyàode: ~ food 主食 zhǔshí *n.* 校长 xiàozhǎng *head of a school

principle *n.* 原理 yuánlǐ; 原则 yuánzé: the ~s of political economy 政治经济学的原理 zhèngzhì-jīngjìxuéde yuánlǐ, in ~ 原则上 yuánzéshang

print *v.* 印刷 yìnshuā: ~ a book 印一本书 yìn yì běn shū *n.* 1. 印刷 yìnshuā; 出版 chūbǎn: Is this book in ~? 这本书出版了吗? Zhè běn shū chūbǎnle ma? 2. 印刷品 yìnshuāpǐn *printed matter 3. 印迹 yìnjì: finger ~ 指纹 zhǐwén

printer *n.* 1. 印刷工人 yìnshuā gōngrén *a person 2. 印刷机 yìnshuājī *a machine

prior *a.* 1. 在先的 zàixiānde: have a ~ engagement 已另有约会 yǐ lìng yǒu yuēhuì 2. 优先的 yōuxiānde: have a ~ claim to sth. 对某事有优先权 duì mǒu shì yǒu yōuxiānquán

priority *n.* 优先权 yōuxiānquán: give ～ to 给……以 优先权 gěi …… yǐ yōuxiānquán

prism *n.* 棱镜 léngjìng: ～ glasses 棱镜望远镜 léngjìng wàngyuǎnjìng

prison *n.* 监狱 jiānyù: be in ～ 在狱中 zài yù zhōng / go to ～ 入狱 rùyù / break of out ～ 越狱 yuèyù

prisoner *n.* 犯人 fànrén: a ～ of war 战俘 zhànfú

privacy *n.* 1. 隐居 yǐnjū: live in ～ 不受干扰地生活 bú shòu gānrǎo de shēnghúo 2. 秘密 mìmì: in strict ～ 严格保密地 yángé bǎomì de

private *a.* 1. 私人的 sīrénde; 私有的 sīyǒude: ～ affairs 私事 sīshì / a ～ school 私立学校 sīlì xuéxiào / ～ enterprise 私人企业 sīrén qǐyè 2. 秘密的 mìmìde: What I told you is ～. 我告诉你的是秘密。 Wǒ gàosù nǐ de shì mìmì. *n.* in ～ 私下 sīxià

privilege *n.* 特权 tèquán; 优惠 yōuhuì: enjoy ～s 享受特权（优惠） xiǎngshòu tèquán (yōuhuì)

prize *n.* 奖赏 jiǎngshǎng: be awarded a ～ 得奖 déjiǎng / the Nobel P～ 诺贝尔奖金 Nuòbèi'ěr (Nobel) Jiǎngjīn *a.* 得奖的 déjiǎngde: a ～ cup 奖杯 jiǎngbēi

pro *ad.* 正面 zhèngmiàn: ～ and con 正反两方面 zhèng-fǎn liǎng fāngmiàn *n.* 赞成 zànchéng; 正面 zhèngmiàn: the ～s and cons 赞成者和反对者 zànchéngzhě hé fǎnduìzhě *of people, 正面和反面的 理由 zhèngmiàn hé fǎnmiàn de lǐyóu *of reasons

probability *n.* 可能性 kěnéngxìng: The ～ is that 很可能是…… Hěn kěnéng shì …… in all ～ 很 可能 hěn kěnéng

probable *a.* 很可能 hěn kěnéng: a ～ result 很可能的结 果 hěn kěnéng de jiéguǒ / a ～ winner 有希望的得胜 者 yǒu xīwàng de déshèngzhě

probation *n.* 1. 试用 shìyòng: one year on ～ 试用一年 shìyòng yì nián 2. 缓刑 huǎnxíng: put an offender on ～ 判犯人缓刑 pàn fànrén huǎnxíng

probe *v.* 探索 tànsuǒ

problem *n.* 问题 wèntí

procedure *n.* 程序 chéngxù: legal ～ 法律程序 fǎlù chéngxù

proceed *v.* 1. 继续进行 jìxù jìnxíng: Please ～ with your work. 请继续工作。 Qǐng jìxù gōngzuò. 2. 发出 fāchū: Light ～s from the sun. 太阳发出光线。 Tàiyáng fāchū guāngxiàn. 3. 起诉 qǐsù: ～ against (sb. for sth.) 对……起诉 duì …… qǐsù

process *n.* 1. 过程 guòchéng; 作用 zuòyòng: a psychological ～ 心理作用 xīnlǐ zuòyòng 2. 方法 fāngfǎ: the ～ of making paper 造纸法 zàozhǐfǎ, in the ～ of 在……过程中 zài …… guòchéng zhōng

procession *n.* 队伍 duìwu: march in ～ 列队行进 lièduì xíngjìn

proclaim *v.* 宣布 xuānbù: ～ war 宣战 xuānzhàn

proclamation *n.* 公告 gōnggào: issue a ～ 发布公告 fābù gōnggào

procure *v.* 获得 huòdé: Please ～ me that book. 请设法给我搞到那本书。 Qǐng shèfǎ gěi wǒ gǎodào nà běn shū.

prodigious *a.* 1. 巨大的 jùdàde: a ～ amount of work 大量工作 dàliàng gōngzuò 2. 惊人的 jīngrénde: ～ memory 惊人的记忆力 jīngrénde jìyìlì

prodigy *n.* 1. 奇观 qíguān: prodigies of nature 自然界的奇观 zìránjiède qíguān 2. 天才 tiāncái: an infant ～ 神童 shéntóng

produce *v.* 1. 出示 chūshì; 提出 tíchū: ～ a passport

出示护照 chūshì hùzhào / ～ proofs 提出证据 tíchū zhèngjù 2. 生产 shēngchǎn; 制造 zhìzào: ～ crops 生产粮食 shēngchǎn liángshi / ～ medicines 制造 药品 zhìzào yàopǐn 3. 引起 yǐnqǐ: ～ a sensation 引起轰动 yǐnqǐ hōngdòng *n.* 产品 chǎnpǐn: farm ～ 农产品 nóngchǎnpǐn

producer *n.* 1. 生产者 shēngchǎnzhě *opposed to a consumer 2. 制片人 zhìpiānrén *of a film

product *n.* 1. 产品 chǎnpǐn: a finished (semifinished) ～ 成（半成）品 chéng (bànchéng) pǐn,/ a substandard ～ 等外品 děngwàipǐn 2. （乘）积 (chéng) jī: The ～ of 3 and 4 is 12 三和四的乘积是十二。 Sān hé sì de chéngjī shì shí'èr.

production *n.* 1. 生产 shēngchǎn: P～ has increased recently. 最近生产上升了。 Zuìjìn shēngchǎn shàngshēng le. 2. 作品 zuòpǐn: the writer's latest ～ 作家的最新作品 zuòjiā de zuì xīn zuòpǐn

productive *a.* 1. 生产的 shēngchǎnde: ～ capacity 生产能力 chēngchǎn nénglì 2. 多产的 duōchǎnde; 肥沃的 féiwòde: ～ land 肥沃的土地 féiwòde tǔdì / a ～ writer 多产的作家 duōchǎnde zuòjiā

productivity *n.* 生产率 shēngchǎnlǜ

profane *a.* 1. 世俗的 shìsúde: ～ literature 世俗文学 shìsú wénxué 2. 亵渎的 xièdúde; 不敬的 bújìngde: a ～ act *v.* 亵渎 xièdú

profess *v.* 1. 表示 biǎoshì: ～ oneself ready to do sth. 表示愿意做某事 biǎoshì yuànyì zuò mǒushì 2. 以……为业 yǐ .... wéi yè: ～ law 做律师 zuò lùshī / ～ medicine 行医 xíngyī 3. 自称 zìchēng: ～ oneself fond of music 自称喜欢音乐 zìchēng xǐhuan yīnyuè

profession *n.* 职业 zhíyè: He is a doctor by ～.

他是做医生的。Tā shì zuò yīshēng de.

professional *a.* 职业的 zhíyède; 专业的 zhuānyède: a ～ basketball player 职业篮球运动员 zhíyè lánqiú yùndòngyuán, ～ knowledge 专业知识 zhuānyè zhīshi

professor *n.* 教授 jiàoshòu: an associate ～ 付教授 fùjiàoshòu

proficiency *n.* 精通 jīngtōng; 熟练 shúliàn

profile *n.* 1. 侧面（像）cèmiàn (xiàng): He drew her ～. 他给她画侧面像。Tā gěi tā huà cèmiàn-xiàng. 2. 轮廓 lúnkuò: the ～ of a distant hill 远山的轮廓 yuǎnshān de lúnkuò

profit *n.* 1. 益处 yìchù: derive much ～ from reading 从读书中得到许多好处 cóng dúshū zhōng dédào xǔduō hǎochù 2. 利润 lìrùn: gross ～s 毛利 máolì / net ～s 纯利润 chúnlìrùn / make a ～ 获利 huòlì

profitable *a.* 1. 有益的 yǒuyìde: ～ information 有用的情报 yǒuyòngde qíngbào 2. 有利的 yǒulìde ～ investments 有利的投资 yǒulìde tóuzī

profiteer *v.* 获取暴利 huòqǔ bàolì *n.* 获取暴利者 huòqǔ-bàolìzhě

profound *a.* 1. 很深的 hěn shēn de: a ～ bow 深深的鞠躬 shēnshēnde jūgōng / a ～ sleep 酣睡 hānshuì 2. 渊博的 yuānbóde: a ～ scholar 渊博的学者 yuānbóde xuézhě 3. 深奥的 shēn'ào de: a ～ theory 深奥的理论 shēn'ào de lǐlùn

profuse *a.* 1. 大量的 dàliàngde: ～ thanks 非常感谢 fēicháng gǎnxiè 2. 挥霍的 huīhuòde: They are ～ of their money. 他们挥金如土。Tāmen huī-jīnrútǔ. / He is ～ in his hospitality. 他招待得十分周到。Tā zhāodàide shífēn zhōudào.

program(me) *n.* 1. 节目（单）jiémù (dān): TV ～

电视节目 diànshì jiémù / the ~ of the concert 音乐会节目单 yīnyuèhuì jiémùdān 2. 计划 jìhuà; 纲领 gānglǐng: a political ~ 政治纲领 zhèngzhì gānglǐng / a school ~ 教学大纲 jiàoxué dàgāng / What's the ~ for today? 今天有些什么活动? Jīntiān yǒuxiē shénme huódòng? / the ~ of travelling 旅行日程的安排 lǚxíng rìchéng de ānpái 3. 程序 chéngxù *of computer v. 设计程序 shèjì chéngxù

progress n. 前进 qiánjìn; 进步 jìnbù: the ~ of science 科学的进步 kēxué de jìnbù, make ~ 进步 jìnbù

prohibit v. 禁止 jìnzhǐ

project v. 1. 设计 shèjì: ~ a new waterworks 设计一个新自来水厂 shèjì yí gè xīn zìláishuǐchǎng 2. 放映 fàngyìng: ~ a film on the screen 放映电影 fàngyìng diànyǐng 3. 发射 fāshè: ~ a missile 发射导弹 fāshè dǎodàn n. 方案 fāng'àn; 项目 xiàngmù

projector n. 1. 放映机 fàngyìngjī: a cinema ~ 电影放映机 diànyǐng fàngyìngjī 2. 发射装置 fāshè zhuāngzhì: a rocket ~ 火箭发射装置 huǒjiàn fāshè zhuāngzhì

proletariat n. 无产阶级 wúchǎn jiējí

prolific a. 多产的 duōchǎnde: a ~ writer 多产作家 duōchǎn zuòjiā

prolog(ue) n. 1. 开场白 kāichǎngbái: *of a play 2. 序幕 xùmù: the ~ to World War I 第一次世界大战的序幕 Dì Yī Cì Shìjiè Dàzhàn de xùmù

prolong v. 延长 yáncháng

prominence n. 1. 显著 xiǎnzhù: come into ~ 变得显著了 biànde xiǎnzhù le 2. 突出的部分 tūchūde bùfen: a ~ in the middle of a plain 平原中部的一块高地 píngyuán zhōngbù de yí kuài gāodì

prominent a. 1. 凸出的 tūchūde: ~ chin 凸出的下颏

tūchūde xiàkē 2. 显著的 xiǎnzhùde: the most ~ feature in the landscape 那风景中最显著的特色 nà fēngjing zhōng zuì xiǎnzhù de tèsè

promise *n.* 1 诺言 nuòyán: keep a ~ 遵守诺言 zūnshǒu nuòyán / break a ~ 违背诺言 wéibèi nuòyán 2. 有成功希望 yǒu chénggōng xīwàng: a writer of ~ 有希望的作家 yǒu xīwàng de zuòjiā

promise *v.* 1. 答应 dāyìng: I ~d her a reply. 我答应给她一个答复。 Wǒ dāyìng gěi tā yí gè dáfù 2. 有希望 yǒu xīwàng: The scheme ~s well. 这计划大有希望。 Zhè jìhuà dà yǒu xīwàng.

promising *a.* 有希望的 yǒu xīwàng de

promote *v.* 1. 提升 tíshēng *in position 2. 增进 zēngjìn: ~ peace 增进和平 zēngjìn hépíng 3. 引起 yǐnqǐ: ~ disorder 引起混乱 yǐnqǐ hùnluàn

prompt *a.* 敏捷的 mǐnjiéde; 迅速的 xùnsùde: a ~ reply 迅速的答复 xùnsùde dáfù / a ~ assistant 敏捷的助手 mǐnjiéde zhùshǒu *v.* 促使 cùshǐ

prone *a.* 1. 面向下的 miàn xiàng xià de: fall ~ 面朝下跌倒 miàn cháo xià diēdǎo 2. 容易……的 róngyì …… de; be ~ to anger 容易生气的 róngyì shēngqì de

pronoun *n.* 代词 dàicí

pronounce *v.* 1. 发音 fāyīn: He ~s his words badly. 他发音不好。 Tā fāyīn bù hǎo. 2. 断言 duànyán: The doctor ~d me cured. 医生断言我已痊愈。 Yīshēng duànyán wǒ yǐ quányù.

proof[1] *n.* 1. 证据 zhèngjù: I want ~s. 我要证据 Wǒ yào zhèngjù. 2. 考验 kǎoyàn: put sth. to the ~ 考验某事 kǎoyàn mǒu shì 3. 校样 jiàoyàng: read the ~ 校对 jiàoduì

proof[2] *a.* 能抵挡的 néng dǐdǎng de: be ~ against

water 防水的 fángshuǐde / be ～ against sound 隔音的 géyīnde / be ～ against wind 挡风的 dǎng fēng de

prop *n.* 支柱 zhīzhù *v.* 支撑 zhīcheng

propaganda *n.* 宣传 xuānchuán

propagate *v.* 1. 繁殖 fánzhí: ～ a new breed of cattle 繁殖新品种的牛 fánzhí xīn pǐnzhǒng de niú 2. 传播 chuánbō: ～ news 传播消息 chuánbō xiāoxi

propel *v.* 推进 tuījìn

propeller *n.* 螺旋桨 luóxuánjiǎng

proper *a.* 1. 适当的 shìdàngde: in the ～ way 用适当的方法 yòng shìdàngde fāngfǎ 2. 专有的 zhuānyǒude: a ～ noun 专有名词 zhuānyǒu míngcí 3. 规矩的 guījùde: ～ children 规矩的孩子 guījùde háizi

property *n.* 1. 财产 cáichǎn: personal ～ 动产 dòngchǎn / real ～ 不动产 búdòngchǎn 2. 所有权 suǒyǒuquán: ～ in land 土地所有权 tǔdì suǒyǒuquán 3. 性质 xìngzhì: herbs with healing properties 有治疗性能的药草 yǒu zhìliáo xìngnéng de yàocǎo 4. 道具 dàojù *of a play

prophesy *v.* 预言 yùyán

prophet *n.* 预言者 yùyánzhě

proportion *n.* 1. 比例 bǐlì: in ～ to 与……成比例 yǔ …… chéng bǐlì / out of ～ 不成比例 bù chéng bǐlì / direct (inverse) ～ 正（反）比例 zhèng(fǎn) bǐlì 2. 相称 xiāngchèn: in admirable ～ 非常相称 fēicháng xiāngchèn 3. 容积 róngjī: a ship of majestic ～ 一艘巨轮 yì sōu jùlún 4. 部分 bùfen: You have not done your ～ of the work. 你没做完你的那份工作。Nǐ méi zuòwán nǐde nà fèn gōngzuò

proposal *n.* 1. 建议 jiànyì: offer a ～ for peace 提出

和平建议 tíchū hépíng jiànyì 2. 求婚 qiúhūn: She had a ~. 有人向她求婚。 Yǒu rén xiàng tā qiúhūn.

propose *v.* 1. 建议 jiànyì: I ~ resting for half an hour. 我建议休息半小时。 Wǒ jiànyì xiūxi bàn xiǎoshí. 2. 推荐 tuījiàn: be ~d as a candidate for 被推荐为……的候选人 bèi tuījiàn wéi …… de hòuxuǎnrén

proprietor *n.* 所有人 suǒyǒurén: the ~ of a hotel 旅馆老板 lǚguǎn lǎobǎn

propriety *n.* 1. 适当 shìdàng: ~ of language 言语适当 yányǔ shìdàng 2. 礼节 lǐjié: observe proprieties 遵守礼仪 zūnshǒu líyí

propulsion *n.* 推进（力） tuījìn(lì): jet ~ 喷气推力 pēnqì tuīlì

prosaic *a.* 平凡的 píngfánde: a ~ life 平凡的生活 píngfánde shēnghuó / a ~ speech 乏味的演说 fáwèide yǎnshuō

prose *n.* 散文 sǎnwén

prosecute *v.* 起诉 qǐsù: He was ~d for stealing. 他被起诉犯偷窃罪。 Tā bèi qǐsù fàn tōuqièzuì.

prosecution *n.* 起诉 qǐsù; 检举 jiǎnjǔ: a criminal ~ 刑事诉讼 xíngshì sùsòng / start a ~ against sb. 对某人提出起诉 duì mǒu rén tíchū qǐsù

prosecutor *n.* 起诉人 qǐsùrén: a public ~ 检察官 jiǎncháguān

prospect *n.* 1. 景色 jǐngsè: a fine ~ 美景 měijǐng 2. 前程 qiánchéng: brilliant ~s 光辉前程 guānghuī qiánchéng

prospective *a.* 预期的 yùqīde: ~ achievements 预期中的成就 yùqī zhōng de chéngjiù / ~ neighbour 未来的邻居 wèiláide línjū

prospector *n.* 探矿者 tànkuàngzhě

prosper *v.* 繁荣 fánróng

prostitute *n.* 妓女 jìnǚ

protect *v.* 保护 bǎohù

protein *n.* 蛋白质 dànbáizhì

protest *v.* 1. 抗议 kàngyì; 反对 fǎnduì: ～ against military provocations 抗议军事挑衅 kàngyì jūnshì tiǎoxìn / ～ against war 反对战争 fǎngduì zhànzhēng 2. 声明 shēngmíng: ～ one's innocence 申明自己无罪 shēnmíng zìjǐ wúzuì *n.* 抗议 kàngyì: make a ～ 提出抗议 tíchū kàngyì

protocol *n.* 1. 条约草案 tiáoyuē cǎo'àn *between states 2. 外交礼节 wàijiāo lǐjié: according to ～ 根据礼仪 gēnjù lǐyí

protract *v.* 延长 yáncháng: ～ the argument 延长辩论 yáncháng biànlùn

protrude *v.* 伸出 shēnchū

proud *a.* 1. 骄傲的 jiāo'àode: He is too ～ to ask questions. 他太骄傲了，总不问人。 Tā tài jiāo'ào le, zǒng bú wèn rén. 2. 自豪的 zìháode: We are ～ of our success. 我们对自己的成功感到自豪。 Wǒmen duì zìjǐde chénggōng gǎndào zìháo.

prove *v.* 1. 证明 zhèngmíng: He ～d to be a swindler. 人家证明他是骗子。 Rénjiā zhèngmíng tā shì piànzi. 2. 检验 jiǎnyàn: ～ a gun 验枪 yàn qiāng

proverb *n.* 谚语 yànyǔ: as the ～ runs 俗话说得好 súhuà shuōde hǎo

provide *v.* 1. 供给 gōngjǐ: ～ food and clothes for one's family 养家糊口 yǎngjiā húkǒu 2. 准备 zhǔnbèi: ～ a meal 准备一顿饭 zhǔnbèi yí dùn fàn

provided *conj.* 只要 zhǐyào

providence *n.* 天意 tiānyì; P～ 上帝 shàngdì

province *n.* 1. 省 shěng: Hebei P~ 河北省 Héběi Shěng 2. 领域 lǐngyù: the ~ of science 科学 的领域 kēxué de lǐngyù

provincial *a.* 1. 省的 shěngde: ~ government 省政府 shěng zhèngfǔ 2. 乡气的 xiāngqìde *rustic

provision *n.* 1. 粮食 liángshi: store ~s 贮存粮食 zhùcún liángshi 2. 准备 zhǔnbèi: make ~ for the future 为将来作好准备 wèi jiānglái zuòhǎo zhǔnbèi 3. 条文 tiáowén: according to the ~s of the agreement 按照协议的条文 ànzhào xiéyì de tiáowén

provisional *a.* 临时的 línshíde: a ~ government 临时 政府 línshí zhèngfǔ

provocation *n.* 挑衅 tiǎoxìn: military ~ 军事挑衅 jūnshì tiǎoxìn

provoke *v.* 1. 煽动 shāndòng; 激怒 jīnù: ~ a riot 煽动骚乱 shāndòng sāoluàn / ~ a person to anger 激怒某人 jīnù mǒu rén 2. 引起 yǐnqǐ: ~ sb.'s interest 引起别人的兴趣 yǐnqǐ biérénde xìngqù

proximity *n.* 附近 fùjìn: in the ~ of …… 在…… 附近 zài …… fùjìn

prudent *a.* 1. 谨慎的 jǐnshènde: be modest and ~ 谦虚谨慎 qiānxū-jǐnshèn 2. 节俭的 jiéjiǎnde *thrifty: a ~ housekeeper 勤俭持家的主妇 qínjiǎn chíjiā de zhǔfù

prune *v.* 1. 修剪 xiūjiǎn: ~ an apple tree 修剪苹果树 xiūjiǎn píngguǒshù 2. 删节 shānjié: ~ the speech down 删节发言稿 shānjié fāyán'gǎo

Prussian *a.* 1. 普鲁士的 Pǔlǔshìde *of Prussia 2. 普鲁 士人的 Pǔlǔshì(Prussia)rénde *of its people 3. 普鲁士语的 Pǔlǔshìyǔde *of its language *n.* 1. 普 鲁士人 Pǔlǔshì rén *people 2. 普鲁士语 Pǔlǔshì yǔ *language

pry¹ *v.* 窥探 kuītàn; 打听 dǎtīng: ～ about 到处窥探 dàochù kuītàn / ～ into other people's affairs 打听 别人的事 dǎtīng biérén de shì

pry² *v.* 1. 撬起 qiàoqǐ: ～ the cover off the box 撬开 盒子盖 qiàokāi hézigàir 2. 探听 tàntīng: ～ a secret out of sb. 探听某人的秘密 tàntīng mǒu rén de mìmì

pseudonym *n.* 1. 假名 jiǎmíng; 2. 笔名 bǐmíng *of a writer

psychiatry *n.* 精神病学 jīngshénbìngxué *a.* 精神病学的 jīngshénbìngxuéde

psychologist *n.* 心理学家 xīnlǐxuéjiā

psychology *n.* 心理学 xīnlǐxué: criminal ～ 犯罪心理 学 fànzuì xīnlǐxué

pub *n.* 酒店 jiǔdiàn; 酒吧 jiǔbā

puberty *n.* 青春期 qīngchūnqī

public *a.* 1. 公共的 gōnggòngde: ～ affairs 公共事务 gōnggòng shìwù / ～ health 公共卫生 gōnggòng wèishēng / ～ house = pub 酒店 jiǔdiàn / ～ opinion 舆论 yúlùn / a ～ telephone 公用电话 gōngyòng diànhuà 2. 政府的 zhèngfǔde: ～ debt 公债 gōng- zhài / a ～ school 公立学校 gōnglì xuéxiào 3. 公开 的 gōngkāide: a ～ letter 公开信 gōngkāixìn / ～ sale 拍卖 pāimài / make a secret ～ 揭露秘密 jiēlù mìmì *n.* the ～ 公众 gōngzhòng

publication *n.* 1. 公布 gōngbù: the ～ of the results of the election 公布选举结果 gōngbù xuǎnjǔ jiéguǒ 2. 出版 chūbǎn: date of ～ 出版日期 chūbǎn rìqī

publicity *n.* 1. 公开 gōngkāi: Her marriage got a lot of ～. 人人都知道她的婚事。Rénrén dōu zhīdào tāde hūnshì. 2. 宣传 xuānchuán: conduct a ～ cam- paign 从事一项宣传活动 cóngshì yí xiàng xuānchuán huódòng

publish v. 1. 公布 gōngbù: ~ the news 公布消息 gōngbù xiāoxi 2. 出版 chūbǎn: ~ a book 出版书 chūbǎn shū

pudding n. 布丁 bùdīng

puff n. 1. 吹 chuī; 一阵 yí zhèn: a ~ of wind 一阵风 yí zhèn fēng 2. 粉扑 fěnpū: a powder ~ 粉扑 fěnpū v. 1. 吹 chuī: ~ out a candle 吹熄蜡烛 chuīxī làzhú 2. 喘气 chuǎnqì: ~ upstairs 喘着气 上楼 chuǎnzhe qì shànglóu

puffy a. 1. 喘息的 chuǎnxīde: He was rather ~ after the climb. 他攀登后有些喘气。 Tā pāndēng hòu yǒuxiē chuǎnqì. 2. 浮肿的 fúzhǒngde: a ~ face 浮肿的脸 fúzhǒngde liǎn

pull v. 1. 拉 lā; 拔 bá: ~ a cart 拉车 lā chē / ~ a tooth 拔牙 bá yá 2. 划 huá: ~ a good oar 划船划得 好 huáchuán huáde hǎo, ~ sth. about 乱拖东西 luàntuō dōngxi, ~ sb. about 待人粗暴 dàirén cūbào, ~ down 拆毁 chāihuǐ: ~ down an old house 拆毁 一所旧房子 chāihuǐ yì suǒ jiùfángzi, ~ in 靠岸 kào'àn; 进站 jìn zhàn: The boat ~ed into the shore. 船靠岸了。 Chuán kào'àn le. / The train ~ed in. 火车进站了。 Huǒchē jìnzhàn le. ~ out 1. 拔出 báchū: have a bad tooth ~ed out. 拔掉蛀牙 bádiào zhùyá 2. 离岸 lí àn; 出站 chū zhàn: The train ~ed out of the station. 火车 开出车站。 Huǒchē kāichū chēzhàn. ~ through 恢复健康 huīfù jiànkāng: With careful nursing he has ~ed through. 由于精心护理使他恢复了健 康。 Yóuyú jīngxīn hùlǐ shǐ tā huīfùle jiànkāng. ~ up 停下 tíngxià: The car ~ed up outside the station. 汽车停在车站外面。 Qìchē tíng zài chēzhàn wàimian.

pulley *n.* 滑车 huáchē

pulse *n.* 脉博 màibó: The patient has a weak ~. 病人脉博弱。Bìngrén màibó ruò. feel sb.'s ~ 按脉博 àn màibó

pump *n.* 泵 bèng *v.* 1. 抽水 chōushuǐ: ~ a well dry 把井水抽干 bǎ jǐngshuǐ chōugān 2. 打气 dǎqì: ~ air into a tyre 给轮胎打气 gěi lúntāi dǎqì

pumpkin *n.* 南瓜 nánguā

pun *n.* 双关语 shuāngguānyǔ

punch¹ *n.* 1. 冲床 chòngchuáng:~ press 冲床 chòngchuáng 2. 打孔器 dǎkǒngqì: a ticket ~ 打票器 dǎpiàoqì

punch² *v.* 用拳猛击 yòng quán měng jī: ~ sb. in the face 对某人脸上猛打一拳 duì mǒu rén liǎnshang měng dǎ yì quán

punctual *a.* 准时的 zhǔnshíde: be ~ for class 准时去上课 zhǔnshí qù shàngkè

punctuate *v.* 1. 加标点 jiā biāodiǎn 2. 不时打断 bùshí dǎduàn: a speech ~ed with cheers 被欢呼声不时打断的讲话 bèi huānhúshēng bùshí dǎduàn de jiǎnghuà

punctuation *n.* 标点符号 biāodiǎn fúhào

puncture *n.* 小孔 xiǎokǒng *v.* 刺穿 cìchuān: ~ the tyre 扎破轮胎 zhāpò lúntāi

pungent *a.* 1. 刺激性的 cìjīxìngde: ~ gas 刺鼻的气体 cì bí de qìtǐ 2. 尖锐的 jiānruìde: ~ sarcasm 尖酸刻薄的讽刺 jiānsuān kèbó de fěngcì

punish *v.* 惩罚 chéngfá: ~ a person for his crime 因某人犯罪而惩罚他 yīn mǒu rén fànzuì ér chéngfá tā

pupil¹ *n.* 学生 xuéshēng: The school is large enough for 1,000 ~s. 这学校能容纳一千名学生。Zhè xuéxiào néng róngnà yìqiān míng xuéshēng.

pupil² *n.* 瞳孔 tóngkǒng *of the eye

puppet *n.* 1. 木偶 mù'ǒu: glove ~s 布袋木偶 bùdài mù'ǒu 2. 傀儡 kuǐlěi: a ~ government 傀儡政府 kuǐlěi zhèngfǔ

puppy *n.* 小狗 xiǎogǒu

purchase *v.* （购）买 (gòu) mǎi: ~ a house 买一所房子 mǎi yì suǒ fángzi / ~ing power 购买力 gòumǎilì

purchaser *n.* 买主 mǎizhǔ

pure *a.* 1. 纯的 chúnde: ~ gold 纯金 chúnjīn, ~ water 净水 jìngshuǐ 2. 纯洁的 chúnjiéde: She is ~ in mind and body. 她身心纯洁。 Tā shēnxīn chúnjié. 3. 完全的 wánquánde: ~ and simple 完完全全的 wánwán-quánquánde

purely *ad.* 完全地 wánquánde; 彻底地 chèdǐde

purge *v.* 1. 使……净化 shǐ ...... jìnghuà; 清洗 qīngxǐ: ~ the air of a room 使室内空气清新 shǐ shì nèi kōngqì qīngxīn 2. 吃泻药 chī xièyào: ~ the bowels 通大便 tōng dàbiàn *n.* 1. 清洗 qīngxǐ: political ~ 政治上的清洗 zhèngzhìshangde qīngxǐ 2. 泻药 xièyào *medicine

purify *v.* 1. 净化 jìnghuà; 提纯 tíchún: ~ air 净化空气 jìnghuà kōngqì / ~ salt 提纯盐 tíchúnyán / purified steel 精炼钢 jīngliàn'gāng

Puritan *n.* 清教徒 qīngjiàotú

purple *n. & a.* 紫色 zǐsè

purpose *n.* 1. 目的 mùdì: scientific ~ 科学上的目的 kēxuéshangde mùdì / on ~ 故意 gùyì 2. 效果 xiàoguǒ: to no ~ 毫无效果 háowú xiàoguǒ

purposely *ad.* 故意地 gùyìde

purse *n.* 钱包 qiánbāo: she lost her ~. 她丢了钱包。 Tā diūle qiánbāo.

pursue *v.* 1. 追 zhuī: ～the enemy 追击敌人 zhuījī dírén 2. 进行 jìnxíng: ～ studies 进行研究 jìnxíng yánjiū 3. 追求 zhuīqiú: ～ fame 追求名声 zhuīqiú míngshēng

pursuit *n.* 1. 追逐 zhuīzhú *act of pursuing 追击 zhuījī *of an enemy, etc, in ～of 追击 zhuījī 2. 工作 gōngzuò; 研究 yánjiū: He is devoted to literary pursuits. 他专心于文学工作。Tā zhuānxīnyú wénxué gōngzuò.

push *v.* 1. 推 tuī: ～ a door open 把门推开 bǎ mén tuīkāi 2. 强使他人注意 qiǎng shǐ tārén zhùyì: ～ a claim 坚持要求 jiānchí yāoqiú 3. 逼迫 bīpò ～ sb. for payment 逼迫某人还钱 bīpò mǒu rén huánqián / be ～ed for time 时间紧迫 shíjiān jǐnpò

puss *n.* 小猫 xiǎomāo

put *v.* 1. 放 fàng: ～ a book on the table 把书放在桌上 bǎ shū fàng zài zhuō shang / ～ the children to bed 安顿孩子们睡觉 āndùn háizimen shuìjiào / ～ the thief in prison 把贼关进监狱 bǎ zéi guānjìn jiānyù 2. 使……处于 shǐ …… chǔyú: ～ an end to the meeting 结束会议 jiéshù huìyì, /～ sb. to death 处死某人 chǔsǐ mǒu rén, /～ sb. on trial 审判某人 shěnpàn mǒu rén, /～ sth. to (good) use （充分）利用某物 (chōngfèn) lìyòng mǒu wù 3. 写上 xiěshàng: ～ a question mark 打上问号 dǎshàng wènhào / ～ one's signature to a contract. 在合同上签名 zài hétong shang qiānmíng 4. 表达 biǎodá; 翻译 fānyì: His ideas were clearly ～. 他的想法已表达清楚了。Tāde xiǎngfǎ yǐ biǎodá qīngchu le. Please ～ it into Chinese. 请把它译成中文。Qǐng bǎ tā yìchéng zhōngwén. 5. 提出 tíchū: Who ～ the question? 这问题是谁提的？Zhè wèntí shì shéi tí de? ～ away

把……收起来 bǎ …… shōu qǐlái, ~ the books away in the bookcase 把书收进书柜里 bǎ shū shōujìn shūguì lǐ, ~ down 记下 jìxià: ~ down sb.'s telephone number 记下某人的电话号码 jìxià mǒu rén de diànhuà hàomǎ, ~ off 推迟 tuīchí: The meeting was ~ off till Saturday. 会议推迟到星期六。Huìyì tuīchí dào Xīngqīliù. ~ on 1. 穿上 chuānshàng: ~ on one's hat 戴上帽子 dàishàng màozi 2. 装出 zhuāngchū: ~ on airs 摆架子 bǎi jiàzi 3. 上演 shàngyǎn: ~ on a play 上演一出剧 shàngyǎn yì chū jù ~ out 1. 熄灭 xīmiè: ~ the light out 关灯 guān dēng / ~ the fire out 熄掉炉火 xīdiào lúhuǒ 2. 出版 chūbǎn: This book will be ~ out next month. 这本书下月出版。Zhè běn shū xiàyuè chūbǎn. ~ through 接通 jiētōng: Can you ~ me through to this number? 请你接这个号码。Qǐng nǐ jiē zhège hàomǎ. ~ up 1. 举起 jǔqǐ; 竖起 shùqǐ: ~ up one's hands 举起手 jǔqǐ shǒu, ~ up a tent 竖起帐篷 shùqǐ zhàngpeng 2. 张贴 zhāngtiē: ~ up a notice 张贴布告 zhāngtiē bùgào 3. 住宿 zhùsù: ~ up for the night 过夜 guòyè, ~ up with 容忍 róngrěn: I can't ~ up with your rudeness any more. 我再也不能容忍你的粗鲁了。Wǒ zài yě bùnéng róngrěn nǐde cūlǔ le.

puzzle *n.* 1. 难题 nántí: the ~ of how life began 生命起源的难题 shēngmìng qǐyuán de nántí 2. 迷惑 míhuò: be in a ~ about the matter 对这件事迷惑不解 duì zhè jiàn shì míhuò bùjiě *v.* 1. 难住 nánzhù: The question ~d me. 这个问题把我难住了。Zhège wèntí bǎ wǒ nánzhù le. 2. 苦想 kǔxiǎng: ~ over a problem 苦心思索 kǔxīn sīsuǒ

pyjamas *n.* 睡衣（裤）shuìyī (kù)

pyramid *n.* 1. 角锥（体）jiǎozhuī(tǐ) *in geometry 2. 金字塔 jīnzìtǎ *the burial place of pharaoh

Q

quack[1] *v. & n.* 呱呱叫 guāguājiào

quack[2] *n.* 江湖医生 jiānghú yīshēng

quadrangle *n.* 四边形 sìbiānxíng

quaint *a.* 古怪的 gǔguàide

quake *v.* 震动 zhèndòng *n.* = earthquake 地震 dìzhèn

qualification *n.* 1. 资格 zīgé; 资历 zīlì: He has ~s for the job. 他有资格做这项工作。Tā yǒu zīgé zuò zhè xiàng gōngzuò. 2. 证书 zhèngshū: a medical ~ 医学证书 yīxué zhèngshū

qualify *v.* 1. 使……合格 shǐ …… hégé: He is qualified for the job. 他能胜任这项工作。Tā néng shèngrèn zhè xiàng gōngzuò. 2. 修饰 xiūshì: Adjectives ~ nouns. 形容词修饰名词。Xíngróngcí xiūshì míngcí.

quality *n.* 品质 pǐnzhì; 质量 zhìliàng: goods of good ~ 质量好的商品 zhìliàng hǎo de shāngpǐn

quantity *n.* 1. 数量 shùliàng: a large (small) ~ of coal 大（少）量的煤 dà(shǎo)liàngde méi 2. 大量 dàliàng: We've had ~ties of rain this summer. 今年夏天雨下得很多。Jīnnián xiàtiān yǔ xiàde hěn duō. in large ~ties 大量地 dàliàngde

quarrel *v. & n.* 争吵 zhēngchǎo

quarrelsome *a.* 爱争吵的 ài zhēngchǎo de

quarry *n.* 采石场 cǎishíchǎng

quart *n.* 夸脱 kuātuō

quarter *n.* 1. 四分之一 sì fēnzhī yī: ~ of an hour 一刻钟 yíkèzhōng 2. 一季 yíjì; 三个月 sān gè yuè

*3 months 3. 方向 fāngxiàng; 地区 dìqū: from every ~ 从四面八方 cóng sìmiàn-bāfāng 4. 住处 zhùchù *pl. = living quarters

quarterly *a. & ad.* 按季的 àn jì de *n.* 季刊 jìkān

quartet(te) *n.* 四重奏 sìchóngzòu; 四重唱 sìchóngchàng

quartz *n.* 石英 shíyīng

quaver *v. & n.* 震颤 zhènchàn

quay *n.* 码头 mǎtóu

queen *n.* 1. 女王 nǚwáng *a female ruler of a country Q~ Elizabeth 伊利莎白女王 Yīlìshābái (Elizabeth) Nǚwáng 2. 王后 wánghòu *the wife of a king

queer *a.* 1. 古怪的 gǔguàide: What a ~ story! 这故事真古怪! Zhè gùshì zhēn gǔguài! / a ~ way of talking 一种古怪的讲话方式 yì zhǒng gǔguài de jiǎnghuà fāngshì 2. 发晕的 fāyūnde: feel ~ 觉得 不舒服 juéde bù shūfu

quench *v.* 扑灭 pūmiè: ~ a fire 灭火 mièhuǒ, ~ one's thirst 解渴 jiěkě

query *v.* 提问 tíwèn *n.* 疑问 yíwèn

quest *v. & n.* 探求 tànqiú

question *n.* 1. 疑问 yíwèn 2. 问题 wèntí: ask a ~ 问问题 wèn wèntí *v.* 询问 xúnwèn; 审问 shěnwèn: ~ a witness 审问证人 shěnwèn zhèngrén

questionable *a.* 可疑的 kěyíde

questionnaire *n.* 调查表 diàochábiǎo

queue *n.* 队 duì: jump the ~ 不按次序排队 bú àn cìxù páiduì; 加塞儿 jiāsāir *v.* 排队 páiduì

quick *a.* 1. 快的 kuàide: a ~ worker 干活快的人 gànhuó kuài de rén 2. 巧的 qiǎode; 机敏的 jīmǐnde: ~ with one's hands 手很巧 shǒu hěn qiǎo 3. 性急 xìngjí: ~ temper 性子急 xìngzi jí *ad.* 快速 kuàisù: ~-tempered 急性子 jíxìngzi

quicken *v.* 加快 jiākuài; 加速 jiāsù

quicksilver *n.* 水银 shuǐyín; 汞 gǒng

quiet *a.* 1. 宁静的 níngjìngde; 安静的 ānjìngde: a ~ night 宁静的夜晚 níngjìngde yèwǎn 2. 安定的 āndìngde; 平静的 píngjìngde: ~ times 平静的时代 píngjìngde shídài,/ the ~ sea 平静的大海 píngjìngde dàhǎi

quilt *n.* 被子 bèizi

quinine *n.* 奎宁 kuíníng

quit *v.* 1. 停止 tíngzhǐ: Q~ that! 停止做那事! Tíngzhǐ zuò nà shì. 2. 离开 líkāi: ~ one's job 离职 lízhí *a.* 免除 miǎnchú: be ~ of the difficulties 克服了困难 kèfúle kùnnan

quite *ad.* 1. 完全 wánquán; 十分 shífēn: I ~ agree. 我十分同意。Wǒ shífēn tóngyì. / He hasn't ~ finished. 他还没做完。Tā hái méi zuòwán. 2. 相当 xiāngdāng: ~ good 相当好 xiāngdāng hǎo, /~ so 的确如此 díquè rúcǐ

quiver *v.* 颤抖 chàndǒu

quiz *n.* 测验 cèyàn *v.* 对……进行测验 duì …… jìnxíng cèyàn

quota *n.* 定额 dìng'é

quotation *n.* 引用 yǐnyòng; 引文 yǐnwén: ~s from Shakespeare 莎士比亚作品的引文 Shāshìbǐyà (Shakespeare) zuòpǐn de yǐnwén, /~ mark 引号 yǐnhào

quote *v.* 引用 yǐnyòng: ~ the Bible 引述圣经 yǐnshù Shèngjīng

R

rabbit *n.* 兔子 tùzi

rabid *a.* 1. 狂怒的 kuángnùde: be ～ in one's hatred for 痛恨 tònghèn 2. 狂热的 kuángrède: a ～ baseball fan 狂热的棒球迷 kuángrède bàngqiúmí

rabies *n.* 狂犬病 kuángquǎnbìng

race[1] *n.* = competition 比赛 bǐsài *v.* 1. 比赛 bǐsài *compete: She often ～s. 她经常参加比赛。 Tā jīngcháng cānjiā bǐsài. 2. 快跑 kuài pǎo *run quickly: He ～d across the road. 他很快地跑过马路。 Tāhěn kuài de pǎoguo mǎlù.

race[2] *n.* 人种 rénzhǒng; 种族 zhǒngzú: the human ～ 人类 rénlèi, the white ～ 白种人 báizhǒngrén

racial *a.* 种族的 zhǒngzúde: ～ discrimination 种族歧视 zhǒngzú qíshì

racism *n.* 种族主义 zhǒngzúzhǔyì

rack *n.* 1. 行李架 xínglijià *in a train 2. 槽 cáo * for animals 3. 齿条 chǐtiáo *of a machine *v.* 折磨 zhémo: ～ one's brains 挖空心思 wākōngxīnsī

racket[1] *n.* 喧嚷 xuānrǎng *noise

racket[2] *n.* 球拍 qiúpāi *for sport

radar *n.* 雷达 léidá

radiance *n.* 发光 fāguāng; 光辉 guānghuī

radiant *a.* 1. 光芒四射的 guāngmáng sìshè de: the ～ sun 光芒四射的太阳 guāngmáng sìshè de tàiyáng 2. 放射的 fàngshède: ～ heat 辐射热 fúshèrè 2. 容光焕发的 róngguāng huànfāde: a ～ face 红光满面 hóngguāng mǎnmiàn

radiate *v.* 发光 fāguāng

radiation *n.* 1. 发光 fāguāng *of heat, light 2. 辐射 fúshè: nuclear ～ 核辐射 héfúshè

radiator *n.* 暖气装置 nuǎnqì zhuāngzhì

radical *a.* 1. 根本的 gēnběnde: ～ changes 根本改变 gēnběn gǎibiàn 2. 激进的 jījìnde 3. 根的 gēnde

* of mathematics *n.* 1. 激进分子 jījìn fènzǐ *person 2. 数学根 shùxúegēn; 根式 gēnshì; 根号 gēnhào *in mathematics

radio *n.* 1. 无线电话 wúxiàn diànhuà 2. 收音机 shōuyīnjī: turn on the ～ 开收音机 kāi shōuyīnjī 3. 无线电台 wúxiàndiàntái: Radio Beijing 中国国际广播电台 Zhōngguó Guójì Guǎngbō Diàntái *v.* 广播 guǎngbō

radioactive *a.* 放射性的 fàngshèxìngde

radiophoto *n.* 无线电传真照片 wúxiàndiàn chuánzhēn zhàopiàn

radish *n.* 小萝卜 xiǎoluóbo

radium *n.* 镭 léi

radius *n.* 半径 bànjìng

raft *n.* 筏 fá; 木排 mùpái

rag *n.* 1. 抹布 mābù: He cleaned the car with an oily ～. 他用一块带油的抹布擦车。 Tā yòng yí kuài dài yóu de mābù cā chē. 2. 破衣服 pò yīfu. He is in ～s. 他衣衫褴褛。 Tā yīshān lánlǚ.

rage *n.* 大怒 dànù *v.* 1. 忿怒 fènnù *to be furious 2. 狂吹 kuángchuī: The wind ～d. 狂风大作。 Kuángfēng dàzuò.

ragged *a.* 衣着破烂的 yīzhuó pòlàn de

raid *n. & v.* 1. 袭击 xíjī: air ～ 空袭 kōngxí 2. 搜捕 sōubǔ *v.* 搜查 sōuchá

rail[1] *n.* 1. 栏杆 lángān: Keep your hand on the ～ as you climb the steps. 上楼梯时扶住栏杆。 Shàng lóutī shí fúzhù lángān. 2. 铁轨 tiěguǐ: off the ～s; 出轨 chūguǐ; *v.* 用栏杆围起 yòng lángān wéiqǐ *to enclose with railings

rail[2] *v.* 抱怨 bàoyuàn *use abusive language

railing *n.* 栏杆 lángān

railroad *n.* 铁路 tiělù

railway *n.* 铁路 tiělù

rain *n.* 雨 yǔ *v.* 1. 下雨 xiàyǔ: It's raining. 天正下雨。 Tiān zhèng xiàyǔ. 2. 流下 liúxià: Tears ~ed down her cheeks. 泪从她的脸上流下。 Lèi cóng tāde liǎnshang liúxià.

rainbow *n.* 虹 hóng

raincoat *n.* 雨衣 yǔyī

raindrop *n.* 雨点 yǔdiǎn

rainfall *n.* 雨量 yǔliàng

rainproof *a.* 防雨的 fángyǔde

rainy *a.* 多雨的 duōyǔde

raise *v.* 1. 举起 jǔqǐ: ~ one's hat 举起帽子 jǔqǐ màozi 2. 提高 tígāo: ~ sb.'s pay 提高工资 tígāo gōngzī 3. 抚养 fúyǎng: ~ children 抚养小孩 fúyǎng xiǎoháir 4. 建立起 jiànlìqi: ~ a building 造起一所房子 zàoqǐ yì suǒ fángzi 5. 引起 yǐnqǐ: ~ a laugh 引起笑声 yǐnqǐ xiàoshēng 6. 提出 tíchū: There is a point I want to ~. 我想提一点意见。 Wǒ xiǎng tí yìdiǎn yìjiàn.

raisin *n.* 葡萄干 pútáogān

rake *n.* 耙子 pázi *v.* 1. 耙 bà: ~ the path smooth. 把路耙平 bǎ lù bàpíng 2. 搜索 sōusuǒ: I'll ~ about among all my books in order to find it. 我要翻遍所有的书，把它找到。Wǒ yào fānbiàn suǒyǒu de shū, bǎ tā zhǎodào

rally *n.* 1. 集会 jíhuì: a mass ~ 群众大会 qúnzhòng dàhuì 2. = motor race 汽车竞赛会 qìchē jìngsàihuì *v.* 集合 jíhé; 团结 tuánjié

ramble *v. & n.* 漫步 mànbù

ranch *n.* 大牧场 dàmùchǎng

random *n. & a.* 随便（的） suíbiàn(de): at ～ 任意的 rènyìde

range *n.* 1. 山脉 shānmài: a mountain ～ 山脉 shānmài 2. 靶场 bǎchǎng: a rifle-～步枪靶场 bùqiāng bǎchǎng 3. 射程 shèchéng: the ～ of a gun 射程 shèchéng 4. 范围 fànwéi: His reading is of very wide ～. 他的阅读范围很广。 Tāde yuèdú fànwéi hěn guǎng. *v.* 排列 páiliè: ～ books on a shelf 把书排在书架上 bǎ shū pái zài shūjià shang

rank *n.* 1. 等级 děngjí: an official of high ～ 高级官员 gāojí guānyuán 2. 行列 hángliè: the rear ～ 后排 hòupái *v.* 排列 páiliè

ransack *v.* 1. 搜索 sōusuǒ: ～ a drawer 翻抽屉 fān chōutì 2. 抢劫 qiǎngjié

ransom *n.* 赎金 shújīn *v.* 赎 shú

rap *v. & n.* 轻敲 qīng qiāo

rape[1] *v. & n.* 强奸 qiángjiān

rape[2] *n.* 油菜 yóucài: ～ seed oil 菜油 càiyóu

rapid[1] *a.* 1. 快的 kuàide: a ～ current 急流 jíliú, an ～ action 快速行动 kuàisù xíngdòng 2. 陡峻的 dǒujùnde: a ～ slope 陡坡 dǒupō

rapid[2] *n.* 急流 jíliú (pl.)

rapture *n.* 1. 全神贯注 quánshén-guànzhù: gazing with ～ at 着迷地望着 zhuómíde wàngzhe 2. 狂喜 kuángxǐ: She went into ～s over the dresses. 她看到这些衣服欣喜若狂。 Tā kàndào zhèxiē yīfu xīnxǐruòkuáng. *v.* 狂喜 kuángxǐ

rare *a.* 1. 少有的 shǎoyǒude: It is ～ for him to come late. 他很少迟到。 Tā hěn shǎo chídào. 2. 极好的 jí hǎo de: We had a ～ time. 我们玩得真痛快。 Wǒmen wánrde zhēn tòngkuai. 3. 稀薄的 xībóde:

the ～ air of the mountains in the Himalayas 喜马拉雅山上稀薄的空气 xǐmǎlāyáshān shang xībóde kōngqì

rarely *ad.* 很少 hén shǎo

rascal *n.* 1. 流氓 liúmáng *a dishonest person 2. 小淘气 xǎoitáoqì: You little ～! 你这个小淘气! Ní zhège xiǎotáoqì!

rash¹ *a.* 1. 轻率的 qīngshuàide: a ～ act 一个轻率的行动 yí gè qīngshuàide xíngdòng 2. 卤莽的 lǔmǎngde: a ～ young man 一个卤莽的年轻人 yí gè lǔmǎngde niánqīngrén

rash² *n.* 皮疹 pízhěn

rat *n.* 老鼠 lǎoshǔ

rate *n.* 1. 率 lù: the birth ～ 出生率 chūshēnglù 2. 速度 sùdù: drive at the ～ of 80 kilometres an hour 以每小时80公里的速度开车 yǐ měi xiǎoshí bāshí gōnglǐ de sùdù kāichē 3. 价格 jiàgé: be sold at a high ～ 以高价出售 yǐ gāojià chūshòu 4. 等级 děngjí: of the first ～ 头等的 tóuděngde, at any ～ 无论如何 wúlùn rúhé *v.* 1. 估价 gūjià: ～ an achievement high 高度评价一项成就 gāodù píngjià yí xiàng chéngjiù 2. 列为 lièwéi: The ship ～s as second class. 这船列为二级。Zhè chuán lièwéi èr jí.

rather *ad.* 1. 宁愿 níngyuàn: I'd ～ play basketball than swim. 我宁愿打篮球，不愿游泳。Wǒ níngyuàn dǎ lánqiú, búyuàn yóuyǒng 2. 相当 xiāngdāng: a ～ hot day 相当热的一天 xiāngdāng rè de yìtiān 3. 更确切 gèng quèqiè: or ～ 准确地说 zhǔnquède shuō

ratification *n.* 批准 pīzhǔn

ratify *v.* 批准 pīzhǔn

ratio *n.* 比率 bǐlù

ration *n.* 定量 dìngliàng; *v.* 定量供应 dìngliàng gōngyìng

rational *a.* 1. 合理的 hélǐde: ～ behaviour 合理的行为 hélǐde xíngwéi 2. 有理性的 yǒu lǐxìng de: a ～ person 有理性的人 yǒu lǐxìng de rén

rationale *n.* 基本原理 jīběn yuánlǐ

rationality *n.* 合理性 hélǐxìng

rationalize *v.* 合理化 hélǐhuà

rat(t)an *n.* 藤 téng

rattle *v.* 发出格格声 fāchū gegeshēng *n.* 格格声 gegeshēng *the sound

rattlesnake *n.* 响尾蛇 xiǎngwěishé

ravage *v.* 破坏 pòhuài; 蹂躏 róulìn *n.* 劫后余迹 jié hòu yú jī: the ～s of war 战争的创伤 zhànzhēngde chuāngshāng

rave[1] *v.* 胡说 húshuō: The patient began to ～. 病人开始胡说。Bìngrén kāishǐ húshuō.

rave[2] *n.* 称赞 chēngzàn

raven *n.* 大乌鸦 dàwūyā

ravine *n.* 峡谷 xiágǔ

raw *a.* 1. = uncooked 生的 shēngde: ～ meat 生肉 shēngròu 2. = unprocessed 未加工的 wèi jiāgōng de: ～ cotton 原棉 yuánmián 3. 阴冷的 yīnlěngde: a ～winter day 阴冷的冬日 yīnlěngde dōngrì 4. 未经训练的 wèijīng xùnliàn de: a ～ recruit 新兵 xīnbīng

ray *n.* 1. 光线 guāngxiàn: the ～s of the sun 太阳光 tàiyángguāng 2. 射线 shèxiàn: ultra-violet ～s 紫外线 zǐwàixiàn

rayon *n.* 人造丝 rénzàosī

razor *n.* 剃刀 tìdāo

R.C = Red Cross 红十字会 hóngshízìhuì

reach *v.* 1. 伸出 shēnchū: He ～ed his hand for the

book. 他伸手拿那本书。Tā shēnshǒu ná nà běn shū. 2. 伸手够到 shēnshǒu gòudào: Can you ~ the apple on the tree? 你能够到树上的苹果吗？ Nǐ néng gòudào shùshang de píngguǒ ma? 3. 到达 dàodá: They will ~ Beijing on Sunday 他们星期日将到达北京。 Tāmen xīngqīrì jiāng dàodá Běijīng 4. 延伸 yánshēn: The garden ~es down to the lake. 花园一直延伸到湖边。 Huāyuán yìzhí yánshēn dào húbiān. *n.* 1. 达到的范围 dádàode fànwé: put the bottle out of his ~. 把瓶子放到他够不着的地方。 Bǎ píngzi fàngdào tā gòu bù zháo de dìfang. 2. 区域 qūyù: the lower ~es of the Changjiang River 长江下游地区 Chángjiāng xiàyóu dìqū

react *v.* 1. 反应 fǎnyìng: How did he ~ to your suggestion? 他对你的建议有何反应？ Tā duì níde jiànyì yǒu hé fǎnyìng? 2. 起作用 qǐ zuòyòng * of a substance

reaction *n.* 1. 反应 fǎnyìng: What was his ~ to the news? 他对这一消息有何反应。 Tā duì zhè yī xiāoxi yǒu hé fǎnyìng. 2. 反作用力 fǎnzuòyònglì: action and ~ 作用力和反作用力 zuòyònglì hé fǎnzuòyònglì

reactionary *a.* 反动的 fǎndòngde *n.* 反动分子 fǎndòng fènzi

reactor *n.* 反应堆 fǎnyìngduī

read *v.* 1. 读 dú: ~ a book 读书 dúshū 2. 看懂 kàndǒng: He can ~ but can't speak Chinese. 他能看中文书，但不会讲中文。 Tā néng kàn zhōngwénshū, dàn búhuì jiǎng zhōngwén. 3. 攻读 gōngdú: I am ~ing history at Beijing University 我在北京大学攻读历史。 Wǒ zài Běijīng Dàxué gōngdú

lìshǐ. 4. 内容是 nèiróng shì: The full text ~s as follows . . . 全文如下…… quánwén rú xià ……
5. 读起来 dú qǐlái: The poem ~s well. 这首诗读起来很好。 Zhè shǒu shī dú qǐlái hěn hǎo.

readable *a.* 易读的 yì dú de; 有趣的 yǒuqùde

reader *n.* 1. 读者 dúzhě: receive letters from one's ~s 收到读者来信 shōudào dúzhě lái xìn / a fast ~ 读书很快的人 dúshū hěn kuài de rén 2. 读本 dúběn: Open your English ~ at page 2. 打开英语读本翻到第二页。 Dǎkāi yīngyú dúběn fāndào dì-èr yè.

readily *ad.* 1. 乐意地 lèyìde: He ~ promised to help. 他欣然答应给予帮助。 Tā xīnrán dāyìng jǐyǔ bāngzhù. 容易地 róngyìde: They can ~ be bought anywhere. 它们很容易买到。 Tāmen hěn róngyì mǎidào.

readiness *n.* 1. 愿意 yuànyì: show ~ to do so 表示愿意这样做 biǎoshì yuànyì zhèyàng zuò 2. 准备好 zhǔnbèi hǎo: have everything in ~ for the party 晚会的一切都准备好了 wǎnhuì de yíqiè dōu zhǔnbèi hǎo le

reading *n.* 1. 阅读 yuèdú: learn ~ and writing 学习读和写 xuéxí dú hé xiě 2. 知识 zhīshi: a man of little ~ 书本知识少的人 shūběn zhīshi shǎo de rén 3. 读物 dúwù: suitable ~ for children 适于儿童的读物 shìyú értóng de dúwù

readjust *v.* 再调整 zài tiáozhěng

ready *a.* 1. 准备好的 zhǔnbèi hǎo de: Is breakfast ~? 早饭好了吗? Zǎofàn hǎo le ma? 2. 欣然的 xīnránde: She is always ~ to help. 她总是乐意帮助别人。 Tā zǒngshì lèyì bāngzhù biérén. 3. 现成的 xiànchéngde: ~ made shoes 现成的鞋 xiànchéngde xié

real *a.* 真的 zhēnde; 真实的 zhēnshíde: ～ gold 真金 zhēnjīn / a story of ～ life 关于真实生活的故事 guānyú zhēnshí shēnghuó de gùshì

realism *n.* 现实主义 xiànshízhǔyì

realist *n.* 现实主义者 xiànshízhǔyìzhě

realistic *a.* 1. 现实的 xiànshíde: take a ～ attitude 采取现实的态度 cǎiqǔ xiànshí de tàidu 2. 逼真的 bīzhēnde: ～ drawing 逼真的画 bīzhēnde huà

reality *n.* 现实 xiànshí: in ～ 实际上 shíjìshang

realize *v.* 1. 认识 rènshi: He didn't ～ his mistake. 他没有认识到自己的错误。Tā méiyǒu rènshi dào zìjǐde cuòwù. 2. 实现 shíxiàn: ～ one's hope 实现愿望 shíxiàn yuànwàng

realm *n.* 领域 lǐngyù: the ～ of science 科学领域 kēxué lǐngyù

reap *v.* 1. 收割 shōugē: ～ wheat 收割麦子 shōugē màizi 2. 获得 huòdé: ～ a profit 获利 huòlì

reaper *n.* 收割机 shōugējī * a machine

reappear *v.* 重现 chóngxiàn

rear¹ *v.* 1. 饲养 sìyǎng: He ～ed all kinds of birds. 他饲养各种鸟。Tā sìyǎng gèzhǒng rǐǎo 2. 抬起 táiqǐ: ～ one's head 抬头 táitóu 3. 用后腿站起 yòng hòutuǐ zhànqǐ *horses

rear² *n.* 后面 hòumiàn

reason *n.* 1. 理由 lǐyóu: Please give your ～ for changing the plan. 请讲一下你改变计划的理由。Qǐng jiǎng yīxià nǐ gǎibiàn jìhuà de lǐyóu. 2. 理智 lǐzhì: lose one's ～ 丧失理智 sàngshī lǐzhì *v.* 1. 推理 tuīlǐ: ～ from general laws 从一般规律推论 cóng yìbān guīlǜ tuīlùn 2. 评理 pínglǐ: ～ with sb. 与……评理 yǔ …… pínglǐ

reasonable *a.* 1. 通情达理的 tōngqíng-dálǐde: a ～

man 讲道理的人 jiǎng dàoli de rén 2.　合理的 hélǐde: The price is ～. 价格合理 Jiàgé hélǐ

reassure v.　使……放心 shǐ …… fàngxīn

rebel v. 造反 zàofǎn n. 反叛者 fǎnpànzhě

rebellion n. 造反 zàofǎn

rebirth n. 再生 zàishēng

rebound n. & v. 弹回 tánhuí

rebuff v. 拒绝 jùjué

rebuild v. 重建 chóngjiàn

rebuke n. & v. 斥责 chìzé

recall v. & n. 1.　回想 huíxiǎng: I cannot ～ his face. 我想不起他的样子。Wǒ xiǎng bù qǐ tāde yàngzi. 2.　召回 zhàohuí: ～ an ambassador from his post 召回大使 zhàohuí dàshǐ 3.　撤消 chèxiāo: ～ a decision 取消决定 qǔxiāo juédìng

recapture n. & v. 收复 shōufù

recast v. 1.　改写　gǎixiě: ～ a sentence 改写句子 gǎixiě jùzi 2.　更换角色　gēnghuàn juésè *change actors

recede v. 向后退 xiàng hòutuì: The tide ～d. 潮水退了。Cháoshuǐ tuì le.

receipt n. 1.　收到 shōudào: I acknowledge the ～ of your letter. 来函已收到。Láihán yǐ shōudào. 2.　收据 shōujù: ask the shop for a ～ 请商店开收据 qǐng shāngdiàn kāi shōujù

receive v. 1.　接到 jiēdào: ～ a letter 接到一封信 jiēdào yì fēng xìn 2.　接待　jiēdài: ～ guests 接待客人 jiēdài kèrén 2.　接收到 jiēshōu dào: a radio (television) set that ～s well 接收性能好的收音机(电视机) jiēshōu xìngnéng hǎo de shōuyīnjī (diànshìjī)

receiver n. 1.　接收人 jiēshōurén *the person 2.　接收机 jiēshōujī: a radio ～ 无线电接收机 wúxiàndiàn jiēshōujī

recent *a.* 最近的 zuìjìnde

receptible *a.* 能被接受的 néng bèi jiēshòu de

reception *n.* 1. 招待 zhāodài；招待会 zhāodàihuì: hold a ~ 举行招待会 jǔxíng zhāodàihuì 2. 接待处 jiēdàichù: Leave your key at ~. 把你的钥匙留在接待处。Bǎ nǐde yàoshi liú zài jiēdàichù. 3. 接收力 jiēshōulì: Radio ~ is very good here. 这里收音机的接收力很好。Zhèlǐ shōuyīnjī de jiēshōulì hěn hǎo. ~ room 会客室 huìkèshì

receptive *a.* 易于接受的 yìyú jiēshòu de

recess *n.* 1. 休息 xiūxi: The meeting is in ~. 会议正休会。Huìyì zhēng xiūhuì. 2. 凹进处 āojìnchù: a ~ in a coastline 海岸线的凹进处 hǎi'ànxiàn de āojìnchù

recession *n.* 1. 后退 hòutuì *slump

recipe *n.* 菜谱 càipǔ

recipient *n.* 接受者 jiēshòuzhě

reciprocal *a.* 相互的 xiānghùde

reciprocate *v.* 互换 hùhuàn

recital *n.* 1. 背诵 bèisòng 2. 详述 xiángshù: a ~ of details 细节的详述 xìjié de xiángshù 3. 音乐演奏会 yīnyuè yǎnzòuhuì: a piano ~ 钢琴独奏会 gāngqín dúzòuhuì

recitation *n.* 背诵 bèisòng

recite *v.* 1. 背诵 bèisòng: ~ a poem 背诗 bèishī 2. 列举 lièjǔ: ~ the dates of historical events 列举历史事件的日期 lièjǔ lìshǐ shìjiàn de rìqī

reckless *a.* 粗心大意的 cūxīndàyìde

reckon *v.* 1. 计算 jìsuàn: ~ one's pay 计算工资 jìsuàn gōngzī 2. 看做 kànzuò: He is ~ed a great actor. 人们把他看做一位伟大的演员。Rénmén bǎ tā kàn-

zuò yí wèi wěidà de yǎnyuán. 3. 估计 gūjì: I ～
he will come soon. 我估计他很快就会来。Wǒ
gūjì tā hěn kuài jiù huì lái.

reclaim *v.* 1. 开垦 kāikěn: ～ waste land 开垦荒地
kāikěn huāngdì 2. 回收 huíshōu: ～ valuable
raw materials 回收有价值的原料 huíshōu yǒu jiàzhí
de yuánliào 3. 改造 gǎizào: ～ former criminals.
改造罪犯 gǎizào zuìfàn

recline *v.* 靠 kào; 躺 tǎng

recognize *v.* 1. 认出 rènchū: I ～ her in the photo-
graph. 我在照片上认出了她。Wǒ zài zhàopiàn shang
rènchūle tā. 2. 承认 chéngrèn: ～ a government
承认某政府 chéngrèn mǒu zhèngfǔ

recoil *v. & n.* 1. 弹回 tánhuí *of a gun 2. 退缩 tuì-
suō: She ～ed at the sight of snakes. 一见到蛇
她就吓得退缩回来。Yí jiàndào shé tā jiù xiàde tuìsuō
huílai.

recollect *v.* 回忆 huíyì

recommend *v.* 1. 推荐 tuījiàn: ～ a book 推荐一本
书 tuījiàn yì běn shū 2. 劝告 quàngào: I～ you
to take his advice. 我劝你接受他的忠告。 Wǒ
quàn nǐ jiēshòu tāde zhōnggào

recommendation *n.* 1. 推荐 tuījiàn: a letter of ～ 推荐
信 tuījiànxìn 2. 推荐书 tuījiànshū: Write him
a ～. 给他写份推荐书。Gěi tā xiě fèn tuījiànshū.

recompense *v. & n.* 1. 酬报 chóubào: ～ good with
evil 以怨报德 yǐyuànbàodé 2. 赔偿 péicháng:
～ one's loss 赔偿损失 péicháng sǔnshī

reconcile *v.* 1. 和解 héjiě: ～ two quarrelling men
使争吵的俩人和解 shǐ zhēngchǎode liǎrén héjiě
2. 使……一致 shǐ …… yízhì: ～ one's statement
with one's conduct. 使言行一致 shǐ yánxíng yízhì

reconnaissance *n.* 侦察 zhēnchá

reconnoiter *v.* 侦察 zhēnchá

reconsider *v.* 重新考虑 chóngxīn kǎolǜ

reconstruct *v.* 重建 chóngjiàn

record *v.* 1. 记录 jìlù: ~ the events of the past. 记录过去发生的事件 jìlù guòqù fāshēng de shìjiàn 2. 录音 lùyīn: The machine is ~ing now. 机器正在录音。Jīqì zhèngzài lùyīn. *n.* 1. 记录 jìlù: ~s of the past 过去的记录 guòqùde jìlù / a school ~ 学生成绩报告单 xuéshēng chéngjì bàogàodān 3. 唱片 chàngpiàn: a music ~ 音乐唱片 yīnyuè chàngpiàn 4. 最高记录 zuì gāo jìlù: break the ~ 打破记录 dǎpò jìlù *a.* 创记录的 chuàng jìlù de

recorder *n.* 1. 记录员 jìlùyuán *a person 2. 录音机 lùyīnjī: a cassette ~ 盒式录音机 héshì lùyīnjī

recording *n.* 1. 录音的节目 lùyīn de jiémù *esp. in broadcasting 2. 录音 lùyīn: tape ~ 磁带录音 cídài lùyīn

recount *v.* 叙述 xùshù

recover *v.* 1. 寻回 xúnhuí: ~ what was lost 寻回失去的东西 xúnhuí shīqù de dōngxi 2. 补救 bǔjiù: ~ one's losses 补救损失 bǔjiù sǔnshī 3. 恢复 huīfù ~ one's sight 恢复视力 huīfù shìlì

recovery *n.* 1. 寻回 xúnhuí: the ~ of a lost thing 失物的找回 shīwù de zhǎohuí 2. 痊愈 quányù: make a quick ~ 很快复元 hěn kuài fùyuán *from illness

recreation *n.* 娱乐 yúlè

recruit *n.* 1. 新成员 xīnchéngyuán 2. 新兵 xīnbīng *soldier *v.* 1. 招募新兵 zhāomù xīnbīng: ~ soldiers 征兵 zhēngbīng 2. 补充 bǔchōng: ~ supplies 补充给养 bǔchōng jǐyǎng

rectangle *n.* 长方形 chángfāngxíng

rectangular *a.* 长方形的 chángfāngxíngde

rectify *v.* 1. 纠正 jiūzhèng: ～ abuses 改正恶习 gǎi-zhèng èxí 2. 精馏 jīngliú: ～ alcohol 精馏酒精 jīngliú jiǔjīng

recuperate *v.* 恢复 huīfù

recur *v.* 1. 复发 fùfā: An illness ～red. 病复发了。Bìng fùfā le. 2. 重新浮现 chóngxīn fúxiàn: The scene often ～s to his mind. 这景象常在他脑海中重现。 Zhè jǐngxiàng cháng zài tā nǎohǎi zhōng chóngxiàn.

recurrent *a.* 重现的 chóngxiànde

red *a.* 红的 hóngde *n.* 1. 红色 hóngsè: dressed in ～ 穿红衣 chuān hóngyī 2. = deficit 赤字 chìzì: be in (the) ～ 有赤字 yǒu chìzì

redden *v.* 变红 biànhóng

reddish *a.* 带红色的 dài hóngsè de

redeem *v.* 1. 赎回 shúhuí: ～ mortgage 赎回抵押物 shúhuí diyāwù 2. 挽回 wǎnhuí: ～ one's honor 挽回名誉 wǎnhuí míngyù

red-handed *a.* 正在犯罪的 zhèngzài fànzuì de: be caught ～ 被当场捉住 bèi dāngchǎng zhuōzhù

red-hot *a.* 火热的 huǒrède

redouble *v.* 加强 jiāqiáng

redress *v. & n.* 1. 纠正 jiūzhèng: ～ errors 改正错误 gǎizhèng cuòwù 2. 补偿 bǔcháng: ～ damage 补偿损失 bǔcháng sǔnshī

reduce *v.* 减少 jiǎnshǎo

reducible *a.* 可缩小的 kě suōxiǎo de

redundant *a.* 过多的 guòduōde

reduplicate *v.* 重复 chóngfù

reed *n.* 芦苇 lúwěi

reef *n*. 暗礁 ànjiāo

reek *n*. 1. 浓烈的坏气味 nóngliède huài qìwèi *v*. 有臭味 yōu chòuwèi

reel¹ *n*. 1. 线轴 xiànzhóu: a ～ of thread 一轴线 yì zhóu xiàn 2. 卷 juǎn: a ～ of film 一卷胶片 yì juǎn jiāopiàn *v*. 1. 绕 rào: ～ thread 绕线 ràoxiàn

reel² *v*. 旋转 xuánzhuǎn: Everything ～ed before his eyes. 他感到一切都在眼前旋转。 Tā gǎndào yíqiè dōu zài yǎnqián xuánzhuǎn.

refer *v*. 1. 提到 tídào: ～ to sb. 提到某人 tídào mǒu rén 2. 参考 cānkǎo: ～ to a dictionary 参考字典 cākǎo zìdiǎn

referee *n*. 裁判员 cáipànyuán

reference *n*. 1. 参考 cānkǎo: This is for your ～ only. 仅供你（们）参考 Jǐn gòng nǐ (men) cānkǎo 2. 出处 chūchù: The author does not give ～s. 作者 没有注明出处。 Zuòzhě méiyǒu zhùmíng chūchù. 3. 提及 tíjí: make ～ to sth. 提及某事 tíjí mǒu shì

referendum *n*. 公民投票 gōngmín tóupiào

refill *v*. 再装满 zài zhuāngmǎn *n*. 新补充物 xīn bǔchōng-wù: a ～ for a ball-point pen 圆珠笔的笔芯 yuánzhū-bǐ de bǐxīn

refine *v*. 1. 精炼 jīngliàn: ～ oil 炼油 liànyóu 2. 使 ……文雅 shǐ …… wényǎ: ～ language 使语言文 雅 shǐ yǔyán wényǎ

refined *a*. 1. 精制的 jīngzhìde: ～ salt 精盐 jīngyán 2. 文雅的 wényǎde: ～ manners 文雅的举止 wényǎ-de jǔzhǐ

refinery *n*. 精炼厂 jīngliànchǎng: a sugar ～ 炼糖厂 liàntángchǎng / an oil ～ 炼油厂 liànyóuchǎng

refit *v*. 改装 gǎizhuāng

reflect *v.* 1. 反映 fǎnyìng: A mirror ~s light. 镜子反射光线。Jìngzi fǎnshè guāngxiàn. 2. 思考 sīkǎo: ~ on a problem 考虑问题 kǎolù wèntí

reflection *n.* 1. 反映 fǎnyìng: the ~ of heat 热的反射 rède fǎnshè 2. 映像 yìngxiàng: the ~ of trees in a lake. 湖中树的映像 hú zhōng shù de yìngxiàng 3. 考虑 kǎolù: He spoke quickly without ~. 他不考虑地讲得很快。Tā bù kǎolù de jiǎngde hěn kuài.

reflector *n.* 反射物 fǎnshèwù

reflex *n.* 1. 反射 fǎnshè: the ~ of light 光的反射 guāng de fǎnshè / a patient's ~es 病人的反应 bìngrén de fǎnyìng 2. 反映 fǎnyìng: a ~ of public opinion 舆论的反映 yúlùn de fǎnyìng *a.* 反射的 fǎnshède: ~ action 反射作用 fǎnshè zuòyòng / ~ camera 反光照相机 fǎnguāng zhàoxiàngjī

reform *v.* 改革 gǎigé; 改造 gǎizào: ~ criminals 改造罪犯 gǎizào zuìfàn *n.* 改革 gǎigé: social ~s 社会改革 shèhuì gǎigé

reformism *n.* 改良主义 gǎiliángzhǔyì

refract *v.* 折射 zhéshè

refrain *v.* 1. 忍住 rěnzhù: ~ from laughing 忍住不笑 rěnzhù bú xiào 2. 避免 bìmiǎn: ~ from smoking 戒烟 jièyān

refresh *v.* 1. 提神 tíshén: ~ oneself with a cup of tea 喝杯茶提神 hē bēi chá tíshén 2. 重新想起 chóngxīn xiǎngqǐ: ~ sb.'s memory 使某人重新想起 shǐ mǒu rén chóngxīn xiǎngqǐ

refresher *n.* 1. 饮料 yínliào *a drink 2. 复习课程 fùxí kèchéng: ~ course 复习课程 fùxí kèchéng, 进修班 jìnxiūbān

refreshing *a.* 提神的 tíshénde, 凉爽的 liángshuǎngde:

a ～ breeze 清心的微风 qīngxīnde wēifēng

refreshment *n.* 1. 精神爽快 jīngshén shuǎngkuài: feel ～ of mind and body 感到身心爽快 gǎndào shēnxīn shuǎngkuài 2. 点心 diǎnxin; 茶点 chádiǎn: take some ～s 吃些点心 chī xiē diǎnxin, /～ room 小吃部 xiǎochībù

refrigerate *v.* 冷冻 lěngdòng: ～d meat 冻肉 dòngròu

refrigerator *n.* 电冰箱 diànbīngxiāng

refuel *v.* 加油 jiāyóu

refuge *n.* 1. 躲避 duǒbì: seek ～ from the floods 躲避洪水 duǒbì hóngshuǐ 2. 避难所 bìnànsuǒ: a mountain ～ for climbers 爬山运动员的避难所 páshān yùndòngyuán de bìnànsuǒ, 安全地带 ānquán dìdài, 隐蔽处 yǐnbìchù *safe area or place

refugee *n.* 难民 nànmín: a ～ camp 难民营 nànmínyíng

refund *v.* 归还 guīhuán: ～ money 还钱 huánqián

refusal *n.* 1. 拒绝 jùjué: a flat ～ 断然的拒绝 duànránde jùjué 2. 优先权 yōuxiānquán: give sb. the first ～ of ...... 给某人的……优先购买权 gěi mǒu rén de yōuxiān gòumǎiquán

refuse¹ *v.* 拒绝 jùjué: ～ a request 拒绝要求 jùjué yāoqiú / ～ a gift 拒收礼物 jùshōu lǐwù

refuse² *n.* 废料 fèiliào: a ～ dump 垃圾堆 lājīduī

refute *v.* 驳斥 bóchì: ～ an argument 驳斥一种论点 bóchì yì zhǒng lùndiǎn, ～ sb. 驳倒某人 bódǎo mǒu rén

regain *v.* 1. 恢复 huīfù: ～ one's health 恢复健康 huīfù jiànkāng / ～ consciousness 恢复知觉 huīfù zhījué 2. 回到 huídào: ～ the shore 回到岸上 huídào ànshang

regard *v.* 1. 看作 kànzuò: I ～ him as a friend. 我把他当作朋友。Wǒ bǎ tā dàngzuò péngyou. 2.

重视 zhòngshì: I didn't ~ his advice. 我没重视
他的劝告。Wǒ méi zhòngshì tāde quàngào. 3. 尊敬
zūnjìng: ~ sb. highly 很尊敬某人 hěn zūnjìng
mǒu rén *n.* 1. 重视 zhòngshì: He has little ~ for
my feelings. 他不太考虑我的感情。Tā bú tài
kǎolù wǒde gǎnqíng 2. 尊敬 zūnjìng: have a great
~ for sb. 非常尊敬某人 fēicháng zūnjìng mǒu
rén 3. 问候 wènhòu: Please give him my ~s.
请代我向他问候。Qíng dài wǒ xiàng tā wènhòu.
as ~s 关于 guānyú, in this ~ 关于这一点 guānyú
zhè yì diǎn

regarding *prep.* 关于 guānyú

regardless *a.* 不注意 bú zhùyì; 不顾 búgù: ~ of danger
不顾危险 búgù wēixiǎn

regency *n.* 摄政 shèzhèng

regenerate *v.* 再生 zàishēng: ~ a battery 将电池重新充
电 jiāng diànchí chóngxīn chōngdiàn 2. 革新的
géxīnde: a ~ society 革新的社会 géxīnde shèhuì

regent *n.* 摄政者 shèzhèngzhě *a.* 摄政的 shèzhèngde:
Prince Regent 摄政王 Shèzhèngwáng

regime *n.* 政权 zhèngquán: a puppet ~ 傀儡政权
kuǐlěi zhèngquán

regiment *n.* 1. 团 tuán *a military group 2. 一大群
yí dà qún: whole ~s of birds 一群群鸟 yì qúnqún
niǎo

region *n.* 地区 dìqū: The Inner Mongolian Autono-
mous Region 内蒙古自治区 Nèiměnggǔ zìzhìqū

register *n.* 1. 登记（簿）dēngjì (bù): a household
~ 户口登记簿 hùkǒu dēngjìbù 2. 音域 yīnyù:
the upper (middle) ~ 上（中）声域 shàng (zhōng)
shēngyù *v.* 1. 登记 dēngjì: ~ the birth of a baby
登记婴儿的出生 dēngjì yīng'ér de chūshēng / ~ a

student 给学生注册 gěi xuésheng zhùcè 2. 指示 zhǐshì: The thermometer ～ed zero. 温度计指示零度。Wēndùjì zhǐshì líng dù. 3. 挂号 guàhào: a ～ed letter 挂号信 guàhàoxìn 4. 托运 tuōyùn: ～ed luggage 托运的行李 tuōyùnde xíngli

regret v. 1. 懊悔 àohuǐ: I ～ not having started early. 我懊悔没有早一点出发。Wǒ àohuǐ méiyǒu zǎo yìdiǎnr chūfā. 2. 抱歉 bàoqiàn: I ～ to say that I can't come. 很抱歉我不能来。Hěn bàoqiàn wǒ bùnéng lái. n. 1. 懊悔 àohuǐ: feel ～ for sth. 对某事感到后悔 duì mǒu shì gǎndào hòuhuǐ 2. 抱歉 bàoqiàn: Much to one's ～ 深为抱歉 shēnwéi bàoqiàn

regretful a. 后悔的 hòuhuǐde; 遗憾的 yíhànde

regular a. 1. 有规律的 yǒu guīlǜ de; 固定的 gùdìngde: keep ～ hours 生活有规律 shēnghuó yǒu guīlǜ / ～ work 固定的工作 gùdìngde gōngzuò / have a ～ pulse 脉博跳动正常 màibó tiàodòng zhèngcháng 2. 整齐的 zhěngqíde: ～ teeth 整齐的牙齿 zhěngqíde yáchǐ / a ～ figure 匀称的身材 yúnchènde shēncái 3. 正式的 zhèngshìde; 合格的 hégéde: the ～ army 常备军 chángbèijūn, a ～ doctor 合格的医生 hégéde yīshēng

regularity n. 规律 guīlǜ; 定期 dìngqī: ～ of attendance at school 经常按时到校上课 jīngcháng ànshí dàoxiào shàngkè

regulate v. 1. 管理 guǎnlǐ: ～ the traffic 管理交通 guǎnlǐ jiāotōng 2. 调整 tiáozhěng: ～ a clock 对钟 duì zhōng / ～ the speed 调整速度 tiáozhěng sùdù

regulation n. 规则 guīzé: traffic ～s 交通规则 jiāotōng guīzé

rehabilitate v. 1. 恢复名誉 huīfù míngyù: ～ oneself

恢复自己的名誉 huīfù zìjǐde míngyù 2. 修复 xiūfù: ~ old houses 修复旧房屋 xiūfù jiù fángwū

rehearsal *n.* 排练 páiliàn: dress ~ 彩排 cǎipái

rehearse *v.* 排练 páiliàn

reign *n.* 统治 tǒngzhì: during the ~ of 在……统治时期 zài …… tǒngzhì shíqī *v.* 1. 统治 tǒngzhì; *to rule 2. 盛行 shèngxíng *to predominate

rein *n.* 1. 缰绳 jiāngshéng: give a horse the ~s 放松缰绳，让马自由走 fàngsōng jiāngshéng, ràng mǎ zìyóu zǒu 2. 执政 zhízhèng: hold the ~s of government 执政 zhízhèng, give ~ to 对……放任 duì …… fàngrèn, keep a tight ~ on 对……严加约束 duì …… yángjiā yuēshù

reinforce *v.* 1. 增援 zēngyuán: ~ an army 增援一支部队 zēngyuán yì zhī bùduì 2. 加强 jiāqiáng: ~ a bridge 加固一座桥 jiāgù yí zuò qiáo / ~d concrete 钢筋混凝土 gāngjīn hùnníngtǔ

reiterate *v.* 重申 chóngshēn

reject *v.* 1. 拒绝 jùjué: ~ an offer of help 拒绝帮助的建议 jùjué bāngzhù de jiànyì 2. 丢弃 diūqì: ~ an old bicycle 丢弃旧自行车不用 diūqì jiù zìxíng-chē búyòng

rejoice *v.* 高兴 gāoxìng: ~ over good news 为好消息感到高兴 wèi hǎo xiāoxi gǎndào gāoxìng

rejuvenate *v.* 使……恢复活力 shǐ …… huīfù huólì

relapse *n.* 旧病复发 jiùbìng fùfā: The patient has had a ~. 病人的旧病复发。 Bìngrén de jiùbìng fùfā. *v.* 1. （病）复发 (bìng) fùfā: ~ into coma 再度昏迷 zàidù hūnmí 2. 故态复萌 gùtài fùméng: ~ into one's old bad habits 又犯了老毛病 yòu fànle lǎomáobìng

relate *v.* 1. 叙述 xùshù: ~ a story 讲故事 jiǎng

gùshì 2. 联系 liánxì: ～ a result to its cause 把结果和原因联系起来 bǎ jiéguǒ hé yuányīn liánxi qǐlái 3. 相处 xiāngchǔ: He ～s very well to his friends. 他和朋友们相处得很好。Tā hé péngyoumen xiāngchǔde hěn hǎo.

relation *n.* 1. 关系 guānxi: have friendly ～s with sb. 与某人有友好关系 yǔ mǒu rén yǒu yǒuhǎo guānxi 2. 亲戚 qīnqī: Is he any ～ to you? 他是你的亲戚吗? Tā shì nǐde qīnqī ma?

relationship *n.* 关系 guānxi

relative *a.* 1. 有关的 yǒuguānde: the facts ～ to the question. 与这问题有关的事实 yǔ zhè wèntí yǒuguān de shìshí 2. 相对的 xiāngduìde: a ～ truth 相对真理 xiāngduì zhēnlǐ *n.* 亲戚 qīnqī: My aunt is my near ～. 我的姑姑是我的近亲。Wǒde gūgu shì wǒde jìnqīn.

relax *v.* 放松 fàngsōng: ～ muscles 放松肌肉 fàngsōng jīròu 2. 休养 xiūyǎng; 休息 xiūxi: ～ at the seashore 到海边休养 dào hǎibian xiūyǎng / Sit down and～! 坐下休息一会 Zuòxia xiūxi yíhuìr

relay *n.* 1. 换班 huànbān: work in ～ 轮班工作 lúnbān gōngzuò 2. 转播 zhuǎnbō: ～ station 转播站 zhuǎnbōzhàn 3. 接力赛跑 jiēlì sàipǎo: Who won the ～? 接力赛谁跑了第一? Jiēlìsài shuí pǎole dì-yī? *v.* 转播 zhuǎnbō: ～ a broadcast 转播 zhuǎnbō

release *v.* 1. 放出 fàngchū: ～ one's hold of sth. 松手放开某物 sōngshǒu fàngkāi mǒu wù / ～ war prisoners 释放战俘 shìfàng zhànfú / The aircraft ～d its bombs. 飞机掷炸弹。Fēijī zhì zhàdàn. 2. 免除 miǎnchú: ～ sb. from his debt 免除某人欠款 miǎnchú mǒu rén qiànkuǎn 3. 发行 fāxíng: a recently ～d film 新发行的电影 xīn fāxíng de diànyǐng

relent *v.* 1. 发慈悲 fā cíbēi: Mother ～ed. 妈妈发了慈悲。Māma fāle cíbēi. 2. 减弱 jiǎnruò: The storm ～ed. 暴风雨减弱了。Bàofēngyǔ jiǎnruòle.

relentless *a.* 残忍的 cánrěnde: a ～ enemy 残忍的敌人 cánrěnde dírén

relevant *a.* 有关的 yǒuguānde: ～ documents 有关的文件 yǒuguānde wénjiàn

reliable *a.* 可靠的 kěkàode: He's very ～. 他很可靠。Tā hěn kěkào.

reliance *n.* 信赖 xìnlài: put ～ on sb.'s promises 信赖某人的诺言 xìnlài mǒu rén de nuòyán

relic *n.* 遗物 yíwù; 纪念物 jìniànwù: a ～ of one's grandfather 祖父的遗物 zǔfù de yíwù / ～s of one's youth 青年时代的纪念品 qīngnián shídài de jìniànpǐn

relief *n.* 1. 减轻 jiǎnqīng: This medicine wiil give ～. 这药能减轻痛苦。Zhè yào néng jiǎnqīng tòngkǔ. / give a sigh of ～ 宽慰地舒一口气 kuānwèide shū yì kǒu qì 2. 救济 jiùjì: a ～ fund 救济金 jiùjìjīn

relieve *v.* 1. 减轻 jiǎnqīng: ～ pain 减轻痛苦 jiǎnqīng tòngkǔ / I was ～d to hear the news. 我听到这消息后感到宽慰。Wǒ tīngdào zhè xiāoxī hòu gǎndào kuānwèi. 2. 救济 jiùjì: ～ the people in flood stricken areas 救济水灾地区的人民 jiùjì shuǐzāi dìqū de rénmín 3. 换班 huànbān: ～ the guard 卫兵换班 wèibīng huànbān ～ oneself 大便 dàbiàn *empty the bowels

religious *a.* 宗教的 zōngjiàode: ～ service 礼拜 lǐbài

relinquish *v.* 放弃 fàngqì: ～ hopes 放弃希望 fàngqì xīwàng / ～ bad habits 戒除坏习惯 jièchú huài xíguàn

relish *n.* 1. 风味 fēngwèi: lose its ～ 失去风味 shīqù

fēngwèi 2. 兴趣 xìngqù: read with ～ 津津有味地
阅读 jīnjīnyǒuwèide yuèdú

reluctance *n.* 勉强 miǎnqiǎng; 不愿 búyuàn: leave
with ～ 勉强地离去 miǎnqiǎngde líqù / help without
～ 心甘情愿地帮忙 xīngān-qíngyuànde bāngmáng

reluctant *a.* 勉强的 miǎnqiǎngde; 不愿的 búyuànde:
be ～ to do sth. 不愿做某事 búyuàn zuò mǒu shì
/ He seemed ～ to join us. 他似乎不愿和我们在一
起。Tā sīhū búyuàn hé wǒmen zài yīqǐ.

rely *v.* 1. 信赖 xìnlài: You may ～ on me. 你可以相
信我。Nǐ kěyǐ xiāngxìn wǒ. / R～ upon it. 放心吧
Fàngxīnba. 2. 依靠 yīkào: We ～ on them for
investment. 我们依靠他们的投资。Wǒmen yīkào
tāmende tóuzī.

remain *v.* 1. 剩下 shèngxià: You may have all those
that ～. 你可以把剩下的都拿走。Nǐ kěyǐ bǎ
shèngxià de dōu názǒu. / Much work ～s to be
done. 还有许多工作要做。Háiyǒu xǔduō gōngzuò
yào zuò. 2. 逗留 dòuliú: I ～ed ten days in
Beijing. 我在北京逗留了十天。Wǒ zài Běijīng
dòuliúle shí tiān. 3. 仍然是 réngrán shì: He
～ed silent 他仍然保持沉默。Tā réngrán bǎochí
chénmò.

remains *n.* 1. 剩余 shèngyú: the ～ of a meal 剩饭菜
shèng fàncài 2. 遗迹 yíjì: the ～ of the Ming Dy-
nasty 明代遗物 míngdài yíwù 3. 遗体 yítǐ: pay
last respects to sb.'s ～. 向某人的遗体告别 xiàng
mǒu rén de yítǐ gàobié

remark *v.* 1. 注意 zhùyì: Do you ～ the similarity
between them? 你注意到他们的相似点吗? Nǐ
zhùyì dào tāmende xiāngsìdiǎn ma? 2. 评论 píng-
lùn: ～ on the event 评论那件事 pínglùn nèi jiàn

shì *n.* 1. 注意 zhùyì: It is worthy of ~. 这是值得注意的。Zhè shì zhíde zhùyì de. 2. 评论 pínglùn: make no ~ 不加评论 bùjiā pínglùn: make a few ~s 讲几句 jiǎng jǐ jù

remarkable *a.* 不平常的 bù píngcháng de: a ~ event 不平常的事件 bù píngcháng de shìjiàn / make one-self too ~ 锋芒毕露 fēngmáng bìlù

remedy *n.* 1. 药品 yàopǐn: a good ~ for a cold 感冒良药 gǎnmào liángyào 2. 补救（办法）bǔjiù (bànfǎ): There is no ~ but …… 除……外别无补救办法。chú …… wài biéwú bǔjiù bànfǎ. *v.* 补救 bǔjiù: ~ a fault 改正错误 gǎizhèng cuòwù / ~ a loss 弥补损失 míbǔ sǔnshī

remember *v.* 1. 记住 jìzhù: I ~ seeing him once. 我记得看见过他一次。Wǒ jìde kànjiànguo tā yí cì. 2. 问好 wènhǎo: Please ~ me to your mother. 请向你母亲问好。Qǐng xiàng nǐ mǔqīn wènhǎo.

remind *v.* 1. 使……想起 shǐ …… xiǎngqǐ: She ~s me of her sister. 她使我想起了她妹妹。Tā shǐ wǒ xiǎngqǐle tā mèimèi. 2. 提醒 tíxǐng: If I forget, please ~ me. 如果我忘了，请提醒我。Rúguǒ wǒ wàng le, qǐng tíxǐng wǒ.

reminiscence *n.* 1. 回忆 huíyì: ~s of the days in the army 在军队里那一段日子的回忆 zài jūnduì lǐ nà yí duàn rìzi de huíyì 2. 回忆录 huíyìlù: write one's ~s 写回忆录 xiě huíyìlù

remiss *a.* 疏忽的 shūhude: He's very ~. 他疏忽大意。Tā shūhudàyi.

remit *v.* 1. 免除 miǎnchú: The taxes have been ~ted. 税已免了。Shuì yǐ miǎn le. 2. 汇款 huìkuǎn: kindly ~ by cheque. 请汇支票付款。Qǐng huì zhīpiào fùkuǎn. 3. 减轻 jiǎnqīng: The storm began to ～. 暴风雨开始减弱了。 **Bàofēngyǔ kāishǐ jiǎnruò le.**

remittance *n.* 汇款 **huìkuǎn**

remnant *n.* 剩余 **shèngyú**

remorse *n.* 悔恨 **huǐhèn**: ～ for a crime 悔罪 **huǐzuì**

remote *a.* 1. 遥远的 **yáoyuǎnde**: the ～ future 遥远的将来 **yáoyuǎnde jiānglái** / a ～ village 偏僻的村庄 **piānpìde cūnzhuāng** 2. 关系远的 **guānxi yuǎn de**: a ～ kinsman 远亲 **yuǎnqīn** 3. 冷淡的 **lěngdànde**: His manner was ～. 他态度冷淡。 **Tā tàidu lěngdàn.**

remove *v.* 1. 移动 **yídòng**: Kindly ～ the dishes. 请把碗筷拿走。 **Qǐng bǎ wǎnkuài názǒu.** / R～ your hat. 请脱帽。 **Qǐng tuōmào.** 2. 搬家 **bānjiā** *change location of home or business: ～ from Shanghai to Beijing 从上海搬到北京 **cóng Shànghǎi bāndào Běijīng** 3. 免职 **miǎnzhí**: be ～d from office 被免职 **bèi miǎnzhí** / ～ sb. from school 把某人开除出校 **bǎ mǒu rén kāichú chū xiào**

renaissance *n.* 复兴 **fùxīng**: the R～ 文艺复兴时期 **wényì fùxīng shíqī**

render *v.* 1. 报答 **bàodá**: ～ thanks 答谢 **dáxiè** / ～ good for evil 以德报怨 **yǐdébàoyuàn** 2. 给予 **jǐyǔ**: ～ help to sb. 给某人以帮助 **gěi mǒu rén yǐ bāngzhù** 3. 提出 **tíchū**: ～ a bill 开帐单 **kāi zhàngdān** 4. 演奏 **yǎnzòu**: The piano solo was well ～ed. 钢琴独奏曲弹得很好。 **Gāngqín dúzòuqǔ tánde hěn hǎo.** 5. 使得 **shǐdé**: Illness had ～ed him rather weak. 疾病使他相当虚弱了。 **Jíbìng shǐ tā xiāngdāng xūruò le.** 6. 翻译 **fānyì**: ～ a passage into Chinese 把一段文章译成汉语 **bǎ yí duàn wénzhāng yìchéng hànyǔ**

rendezvous *n*. 1. 约会 yuēhuì: make a ～ 约会 yuēhuì
2. 聚会地点 jùhuì dìdiǎn: a ～ for writers 作家聚会
的地方 zuòjiā jùhuì de dìfang

renew *v*. 1. 恢复 huīfù: ～ one's health 恢复健康
huīfù jiànkāng / ～ one's youth 恢复青春 huīfù
qīngchūn 2. 更换 gēnghuàn: ～ one's library ticket
更换新图书证 gēnghuàn xīn túshūzhèng 3. 重新开
始 chóngxīn kāishǐ: ～ an attack 重新进攻 chóngxīn
jìngōng / ～ a contract 延长合同 yáncháng hétong

renounce *v*. 1. 放弃 fàngqì: He ～d his claim to
the property. 他放弃对财产的要求。 Tā fàngqì
duì cáichǎn de yāoqiú. 2. 断绝 duànjué ～ one's
friend 同朋友绝交 tóng péngyou juéjiāo

renovate *v*. 修整 xiūzhěng: ～ an old house 修理老房子
xiūlǐ lǎo fángzi

renown *n*. 名望 míngwàng: a man of great ～ 很有名望
的人 hěn yǒu míngwàng de rén

rent *n*. 租费 zūfèi: pay a high (low) ～ 付贵的(便宜的)
房租 fù guì de (piányi de) fángzū *v*. 1. 租用 zūyòng:
～ a house 租房子 zū fángzi 2. 租出 zūchū: ～
(out) a camera to …… 把照像机租给…… bǎ zhào-
xiàngjī zūgěi ……

reorganize *v*. 改组 gǎizǔ

repair *v*. 1. 修理 xiūlǐ: ～ a watch 修表 xiū biǎo
2. 纠正 jiūzhèng: ～ a mistake 纠正错误 jiūzhèng
cuòwù *n*. 修理 xiūlǐ: be out of ～ 失修 shīxiū /
be in good ～ 修理得很好 xiūlǐde hěn hǎo / "Road
Under Repair" 道路施工 dàolù shīgōng

repatriate *v*. 遣返 qiǎnfǎn: ～ prisoners of war 遣返战俘
qiǎnfǎn zhànfú

repay *v*. 1. 还钱 huán qián: When will you ～ him?
你什么时候还他钱? Nǐ shénme shíhòu huán tā

qián 2. 报答 bàodá: ～ sb. for his kindness 报答某人的好意 bàodá mǒu rén de hǎoyì

repeal *n.* 撤消 chèxiāo; 废除 fèichú: ～ a resolution 撤消决议 chèxiāo juéyì / ～ a law 废除法令 fèichú fǎlìng

repeat *v.* 1. 重复 chóngfù: Please ～ what I said 请重复我说的话。Qǐng chóngfù wǒ shuō de huà. 2. 背诵 bèisòng: ～ a poem 背诵一首诗 bèisòng yì shǒu shī 3. 讲出去 jiǎng chūqù: Don't ～ what I told you. 别把我告诉你的事讲出去。Bié bǎ wǒ gàosu nǐde shì jiǎng chūqù. *n.* 重复 chóngfù: a ～ performance 重演 chóngyǎn

repeated *a.* 反复的 fǎnfùde: ～ actions 反复的行动 fǎnfùde xíngdòng

repel *v.* 1. 击退 jītuì: ～ an attack 击退进攻 jītuì jìngōng / ～ a temptation 不受诱惑 bú shòu yòuhuò 2. 使……不愉快 shǐ …… bù yúkuài: Her manner ～led me. 她的态度使我不快。Tāde tàidu shǐ wǒ búkuài.

repent *v.* 懊悔 àohuǐ: He ～ed what he had done. 他懊悔他的所作所为。Tā àohuǐ tāde suǒzuò suǒwéi.

repentant *a.* 后悔的 hòuhuǐde; 懊悔的 àohuǐde

repercussion *n.* 1. 回声 huíshēng: the ～ of the shot 枪响的回声 qiāng xiǎng de huíshēng 2. 反应 fǎnyīng: ～s all over the world 全世界的反响 quánshìjiède fǎnxiǎng

repertoire *n.* 节目 jiémù: She has a large ～ of songs. 她能唱很多歌。Tā néng chàng hěn duō gē.

replace *v.* 1. 放回 fànghuí: ～ a book on the shelf 把书放回书架上 bǎ shū fànghuí shūjià shang 2. 代替 dàitì: ～ coal by gas 用煤气代替煤 yòng méiqì dàitì méi

replacement *n.* 1. 替换 tìhuàn: Your tyres need ~. 你的轮胎该换了。Nǐde lúntāi gāi huàn le. 2. 替换人 tìhuànrén *person, 替换物 tìhuànwù *thing: We need a ~ for the man who retired. 我们需要一个顶替退休的人。Wǒmen xūyào yí gè dǐngtì tuìxiū de rén. / the ~ of worn-out parts 损坏零件的替换物 sǔnhuài língjiàn de tìhuànwù

replenish *v.* 装满 zhuāngmǎn: ~ the food cupboard 装满食物橱 zhuāngmǎn shíwùchú / keep one's glass ~ed 不断给杯子添酒 búduàn gěi bēizi tiān jiǔ

replica *n.* 复制品 fùzhìpǐn: make a ~ of a painting 复制一幅画 fùzhì yì fú huà

reply *v.* 答复 dáfù: Please ~ at your earliest convenience. 请尽早答复。Qǐng jìnzǎo dáfù. *n.* 回答 huídá / make no ~ 不作答复 bú zuò dáfù

report *n.* 报告 bàogào: make a ~ 做报告 zuò bàogào / newspaper ~ s 报纸上的报道 bàozhǐ shang de bàodào / a school ~ 成绩单 chéngjīdān / a laboratory ~ 化验结果 huàyàn jiéguǒ *v.* 1. 报告 bàogào: ~ a fire 报火警 bào huǒjǐng, It is ~ed that ······据说 jùshuō: ~ to the police 报告警察局 bàogào jǐngchájú 2. 报到 bàodào: What time do you have to ~? 你必须什么时候报到? Nǐ bìxū shénme shíhuò bàodào?

reporter *n.* 通讯员 tōngxùnyuán; 记者 jìzhě

repose *v.* 休息 xiūxi: ~ one's head on the pillow 把头靠在枕头上休息 bǎ tóu kào zài zhěntou shang xiūxi *n.* 1. 休息 xiūxi: disturb sb.'s ~ 打扰某人的休息 dǎrǎo mǒu rén de xiūxi 2. 安静 ānjìng: His attitude lacked ~. 他的举止不安。Tāde jǔzhǐ bù ān.

represent *v.* 1. 表现 biǎoxiàn: The painting ~s a storm at sea. 这幅画表现了海上的风暴。Zhè fú huà biǎoxiànle hǎishang de fēngbào. 2. 表达 biǎodá: ~ ideas with words 用文字表达思想 yòng wénzì biǎodá sīxiǎng 3. 代表 dàibiǎo: ~ his fellow-workers 代表他的同事们 dàibiǎo tāde tóngshìmen

representative *a.* 1. 有代表性的 yǒu dàibiǎoxìng de: ~ opinion 有代表性的意见 yǒu dàibiǎoxìng de yìjiàn 2. 代议制的 dàiyìzhìde: a ~ government 代议制政府 dàiyìzhì zhèngfǔ *n.* 代表 dàibiǎo: send a ~ to a meeting 派一代表出席会议 pài yí dàibiǎo chūxí huìyì / a people's ~ 人民代表 rénmín dàibiǎo *in China / the House of Representatives 众议院 zhòngyìyuàn *in the U.S.

repress *v.* 1. 镇压 zhènyā: ~ a revolt 镇压暴动 zhènyā bàodòng 2. 抑制 yìzhì: ~ an impulse 抑制冲动 yìzhì chōngdòng, ~ one's tears 忍住眼泪 rěnzhù yǎnlèi

reprimand *n.* 训斥 xùnchì: receive a ~ 受到训斥 shòudào xùnchì

reprint *v.* 重印 chóngyìn: The book is being ~ed. 该书正在重印 Gāishū zhèngzài chóngyìn *n.* 再版本 zhàibǎnběn

reprisal *n.* 报复 bàofù: make ~s 进行报复 jìnxíng bàofù

reproach *v.* 责备 zébèi: ~ sb. with carelessness 责备某人粗心大意 zébèi mǒu rén cūxīndàyi *n.* 1. 责备 zébèi: a look of ~ 责备的眼色 zébèide yǎnsè / beyond ~ 无可指责 wúkě zhǐzé 2. 耻辱 chǐrǔ: bring ~ on sb. 使某人受辱 shǐ mǒu rén shòurǔ

reproduce *v.* 1. 复制 fùzhì: ~ a picture 复制图片 fùzhì túpiàn 2. 繁殖 fánzhí: plants that ~ by seeds 由种子繁殖的植物 yóu zhǒngzi fánzhí de zhíwù

reproduction *n.* 1. 复制品 fùzhìpǐn: a ～ of a great painting 一幅名画的复制品 yì fú mínghuà de fùzhìpǐn 2. 繁殖 fánzhí: the ～ of the rabbit 兔子的繁殖 tùzī de fánzhí

reproof *n.* 责备 zébèi: behaviour deserving ～ 该受责备的行为 gāi shòu zébèi de xíngwéi

reprove *v.* 责备 zébèi: I ～d him for his carelessness. 我责备他粗心大意。Wǒ zébèi tā cūxīndàyi.

reptile *n.* 爬行动物 páxíng dòngwù: A tortoise is a ～. 乌龟是爬行动物。Wūguī shì páxíng dòngwù.

republic *n.* 共和国 gònghéguó: The People's Republic of China 中华人民共和国 Zhōnghuá rénmín gònghéguó

republican[1] *a.* 共和的 gònghéde: a ～ system of government 共和政体 gònghé zhèngtǐ *n.* 拥护共和的人 yōnghù gònghé de rén *a person who favours ～ government

Republican[2] *a.* 共和党的 gònghédǎngde: the R～ Party 共和党 gònghédǎng *in the U.S. *n.* 共和党党员 gònghédǎng dǎngyuán *a member of the Party

repudiate *v.* 1. 遗弃 yíqì; 断绝关系 duànjué guānxì: ～ one's wife 遗弃妻子 yíqì qīzi / ～ a friend 同朋友绝交 tóng péngyou juéjiāo 2. 拒绝接受 jùjué jiēshòu: ～ offers of friendship 拒绝友谊 jùjué yǒuyì / ～ a contract 否认合同有效 fǒurèn hétong yǒuxiào

repulse *v.* 1. 击退 jītuì: ～ an enemy attack 击退敌人的进攻 jītuì dírén de jìngōng 2. 拒绝 jùjué: ～ an offer of friendship 拒绝友谊 jùjué yǒuyì

repulsion *n.* 1. 反感 fǎngǎn: feel ～ for sb. 对某人有反感 duì mǒu rén yǒu fǎngǎn 2. 推斥 tuīchì *in physics

repulsive *a.* 令人厌恶的 lìng rén yànwù de: a ～ smell 令人厌恶的气味 lìng rén yànwù de qìwèi

reputable *a.* 有声誉的 yǒu shēngyù de: a ～ firm 声誉好的公司 shēngyù hǎo de gōngsī / ～ conduct 可敬的行为 kějìngde xíngwéi

reputation *n.* 名誉 míngyù; 名声 míngshēng: a man of high ～ 名誉很好的人 míngyù hěn hǎo de rén / a man of evil ～ 声名狼籍的人 shēngmíng lángjí de rén / have a ～ for 以……出名 yǐ …… chūmíng

repute *v.* 认为 rènwéi: He is ～d a good doctor. 他被认为是个好医生。Tā bèi rènwéi shì ge hǎo yīshēng. / She is well (ill) ～d. 她有好（坏）名声。Tā yǒu hǎo (huài) míngshēng. *n.* 名誉 míngyù: of good (bad) ～ 名誉好（坏）的 míngyù hǎo (huài)de / in high (low) ～ 声望高（低）的 shēngwàng gāo (dī) de

request *n.* 请求 qǐngqiú; 要求 yāoqiú: make a ～ for help 请求帮助 qǐngqiú bāngzhù / at sb.'s ～ 应某人的请求 yìng mǒu rén de qǐngqiú *v.* 请求 qǐngqiú; 要求 yāoqiú: I ～ that he leave. 我要求他离开。Wǒ yāoqiú tā líkāi. / Visitors are ～ed not to touch the exhibits 请勿抚摸展品。Qǐng wù fúmō zhǎnpǐn.

require *v.* 1. 要求 yāoqiú: What do you ～ of me? 你对我有什么要求？Nǐ duì wǒ yǒu shénme yāoqiú? 2. 需要 xūyào: The floor ～s washing. 地板该刷洗了。Dìbǎn gāi shūaxǐ le.

requirement *n.* 要求 yāoqiú: meet sb.'s ～s 满足某人的要求 mǎnzú mǒu rén de yāoqiú 2. 需要的东西 xūyàode dōngxi: supply sb.'s ～s 提供某人需要的东西 tígōng mǒu rén xūyào de dōngxi

requisite *n.* 必需品 bìxūpǐn; travelling ～s 旅行的必需用品 lǚxíng de bìxū yòngpǐn

requisition *n.* 申请 shēnqǐng: fill in a ~ paper 填写申请单 tiánxiě shēnqǐngdān *v.* 征用 zhēngyòng: ~ a town for motor vehicles 征用全市机动车辆 zhēngyòng quánshì jīdòng chēliàng / ~ sb.'s services 强迫某人服役 qiǎngpò mǒu rén fúyì

rescue *v.* 援救 yuánjiù: ~ sb. from danger 救人脱险 jiù rén tuōxiǎn *n.* 援救 yuánjiù: come to sb.'s ~ 来援救某人 lái yuánjiù mǒu rén / a ~ team 抢救队 qiǎngjiùduì

research *n.* 研究 yánjiū *v.* 研究 yánjiū: ~ on the effects of cigarette smoking 研究吸烟的后果 yánjiū xīyān de hòuguǒ

resemblance *n.* 相似 xiāngsì: There's very little ~ between them. 他们之间极少有相似之点。 Tāmen zhī jiān jí shǎo yǒu xiāngsì zhī diǎn.

resemble *v.* 象 xiàng: He ~s his brother in appearance 他同他弟弟外表很象。Tā tóng tādìdì wàibiǎo hěn xiàng.

resent *v.* 不满 bùmǎn: ~ criticism 对批评不满 duì pīpíng bùmǎn

resentful *a.* 不满的 bùmǎnde

reservation *n.* 1. 保留 bǎoliú: accept sth. without ~ 无保留地接受某事物 wú bǎoliú de jiēshòu mǒu shìwù 2. 预定 yùdìng: make ~s for a room 预定一个房间 jùdìng yí gè fángjiān

reserve *v.* 1. 保留 bǎoliú: All rights ~d. 版权所有不准翻印 bǎnquán suǒyǒu bù zhǔn fānyìn 2. 预定 yùdìng: ~ a seat on the plane 预定机票 yùdìng jīpiào *n.* 1. 储备 chǔbèi: keep a ~ of food 储备食物 chǔbèi shíwù 2. 后备军 hòubèijūn: call up the ~s 召集后备军 zhāojí hòubèijūn 3. 留待专用的地方 liúdài zhuānyòng de dìfang / nature ~ 自然保护区

zìrán bǎohùqū 4. 限制 xiànzhì; 保留 bǎoliú:
I believe your story without ～ 我无保留地相信你
讲的事 Wǒ wú bǎoliú de xiāngxìn ní jiǎng de shì

reserved *a.* a. 1. 预定的 yùdìngde: ～ seats 预定的座
位 yùdìngde zuòwèi 2. 沉默寡言的 chénmò-guǎyán-
de: He is very ～. 他沉默寡言。Tā chénmò-
guǎyán.

reservoir *n.* 水库 shuǐkù

reside *v.* 1. 居住 jūzhù: ～ in Beijing 住在北京 zhù
zài Běijīng 2. 属于 shǔyú: The real power ～s
in the people. 真正的权力属于人民。Zhēnzhèng-
de quánlì shǔyú rénmín.

residence *n.* 居住 jūzhù; 住宅 zhùzhái: take up ～ in
a new house 住进新屋 zhùjìn xīnwū / an official ～
官邸 guāndǐ

resident *a.* 居住的 jūzhùde: the ～ population of a
town 城中的居民人口 chéngzhōng de jūmín rénkǒu
n. 居民 jūmín: local ～s 当地居民 dāngdì jūmín

residential *a.* 居住的 jūzhùde: a ～ area 居民区 jūmínqū

residual *a.* 残余的 cányúde

resign *v.* 1. 放弃 fàngqì; 辞去 cíqù: ～ one's right
放弃权利 fàngqì quánlì / ～ one's post 辞去职务
cíqù zhíwù / He has ～ed. 他辞职了。Tā cízhí
le. 2. 听从 tīngcóng: ～ oneself to one's fate 听天
由命 tīngtiān-yóumìng

resignation *n.* 辞职（书）cízhí (shū): send in one's ～
提交辞职书 tíjiāo cízhíshū

resin *n.* 树脂 shùzhī; 松香 sōngxiāng

resist *v.* 1. 抵抗 dǐkàng: ～ an enemy attack 抵抗敌人
进攻 dǐkàng dírén jìngōng 2. 忍住 rěnzhù: can
hardly ～ laughing 忍不住大笑 rěn bú zhù dàxiào

resistance *n.* 1. 抵抗 dǐkàng: put up strong ～ 进行

顽强抵抗 jìnxíng wánqiáng dǐkàng 2. 电阻 diànzǔ
*to electricity

resolute *a.* 坚决的 jiānjuéde: a ～ man 坚定的人 jiān-
dìngde rén

resolution *n.* 1. 决心 juéxīn: show great ～ 表示极大的
决心 biǎoshì jí dà de juéxīn / a man of great ～
极其果断的人 jíqí guǒduàn de rén 2. 决议 juéyì
pass a ～ 通过决议 tōngguò juéyì

resolve *v.* 1. 下决心 xià juéxīn: He ～d to succeed.
他下决心要成功。Tā xià juéxīn yào chénggōng. 2.
决议 juéyì: The committee ～d that ......
委员会决定…… wěiyuánhuì juédìng ...... 3. 解决
jiějué: ～ the matter 解决问题 jiějué wèntí / ～ all
doubts 消除一切疑问 xiāochú yíqiè yíwèn

resolved *a.* 有决心的 yǒu juéxīn de: be ～ to go to...
决心去 juéxīn qù

resonance *n.* 共鸣 gòngmíng; 回响 huíxiǎng

resonant *a.* 1. 共鸣的 gòngmíngde: a ～ hall 起共鸣的
大厅 qǐ gòngmíng de dàtīng 2. 有回声的 yǒu huí-
shēng de: ～ notes 反响的音调 fǎnxiǎngde yīndiào /
a deep, ～ voice 深沉而浑厚的声音 shēnchén ér hún-
hòu de shēngyīn

resort *v.* 1. 采用 cǎiyòng: ～ to all kinds of methods
采用一切办法 cǎiyòng yíqiè bànfǎ / ～ to force
诉诸武力 sùzhū wǔlì *n.* 胜地 shèngdì: a summer ～
避暑地 bìshǔdì / a popular ～ 人们常去的地方
rénmén cháng qù de dìfang

resound *v.* 1. 回响 huíxiǎng: The hall ～ed with
laughter 大厅中充满笑声。Dàtīng zhōng chōngmǎn
xiàoshēng. 2. 传遍 chuánbiàn: His achievement
～ed throughout the country. 他的成就传遍全国。
Tāde chéngjiù chuánbiàn quánguó.

resource *n.* 1. 资源 zīyuán: develop natural ~s 开发自然资源 kāifā zìrán zīyuán 2. 娱乐 yúlè: Music is his favourite ~. 音乐是他喜欢的娱乐。 yīnyuè shì tā xǐhuan de yúlè.

resourceful *a.* 机智的 jīzhìde: a ~ man 机智的人 jīzhìde rén

respect *n.* 1. 尊敬 zūnjìng: show ~ for one's teachers 尊敬老师 zūnjìng lǎoshī 2. 关系 guānxi: in ~ of 关于 guānyú 3. 致意 zhìyì: Please give my ~s to your parents. 请代我向您的父母问好。 Qǐng dài wǒ xiàng nínde fùmǔ wènhǎo. / pay last ~s to 向（死者）告别 xiàng (sǐzhě) gàobié *v.* 尊敬 zūnjìng: He is ~ed everywhere. 他到处受到尊敬。 Tā dàochù shòudào zūnjìng.

respectable *a.* 1. 可敬的 kějìngde: a ~ doctor 一位可敬的大夫 yí wèi kějìng de dàifu 2. 相当好的 xiāngdāng hǎo de: a ~ income 相当大的收入 xiāngdāng dà de shōurù

respectful *a.* 恭敬的 gōngjìngde: be ~ to sb. 尊敬某人 zūnjìng mǒu rén

respective *a.* 各自的 gèzìde; 分别的 fēnbiéde: They visited their ~ friends. 他们访问各自的朋友。 Tāmen fǎngwèn gèzi de péngyou

respiration *n.* 呼吸 hūxī

respiratory *a.* 呼吸的 hūxīde: ~ organs 呼吸器官 hūxī qìguān / ~ diseases 呼吸道疾病 hūxīdào jíbìng

respond *v.* 回答 huídá: ~ with a smile 以微笑表示回答 yǐ wēixiào biǎoshì huídá

response *n.* 1. 回答 huídá: They made no ~ to my question. 他们不回答。 Tāmen bù huídá. 2. 反应 fǎnyìng: There has been very little ~ to our call for help. 对我们的求援没有什么反应。 Duì wǒmende qiúyuán méiyǒu shénme fǎnyìng.

responsibility *n.* 1. 责任 zérèn: sense of ～ 责任感 zérèngǎn / take the ～ for sth. 对某事负责 duì mǒu shì fùzé 2. 职责 zhízé: He has a post of great ～. 他担负着一个重要职务。Tā dānfùzhe yí gè zhòngyào zhíwù.

responsible *a.* 1. 负责任的 fù zérèn de: He is ～ for it. 此事他有责任。Cǐ shì tā yǒu zérèn. 2. 认真负责的 rènzhēn fùzé de: a ～ teacher 认真负责的老师 rènzhēn fùzé de lǎoshī

rest¹ *n.* 休息 xiūxi: take a ～ 休息一下 xiūxi yíxià / have a good night's ～ 一晚上睡得很好 yìwǎn-shang shuìde hěn hǎo *v.* 1. 休息 xiūxi: Lie down and ～ here. 躺下来休息吧。Tǎng xiàlái xiūxi ba. 2. 静止 jìngzhǐ: The matter cannot ～ here. 事情不能到此为止。Shìqing bùnéng dào cǐ wéi zhǐ. 3. 靠 kào: R～ the ladder against the wall. 把梯子靠在墙上。Bǎ tīzi kào zài qiángshang.

rest² *n.* 1. 剩余部分 shèngyú bùfen: Take what you want and leave the ～. 拿走你要的，留下其余的。Nǎzǒu nǐ yàode, liúxià qíyúde. 2. 其余的人 qíyúde rén: Four of them will go; the ～ are to stay here. 他们中间去四人，其余的人将留下。Tāmen zhōng-jiān qù sì rén, qíyú de rén jiāng liúxià. / for the ～ 至于其它的 zhìyú qítā de

restaurant *n.* 饭店 fàndiàn; 餐厅 cāntīng

restful *a.* 平静的 píngjìngde

restless *a.* 1. 不平静的 bù píngjìng de: a ～ night 不平静的夜晚 bù píngjìng de yèwǎn 2. 不安 bù'ān; 不耐烦 bú nàifán: The audience was getting ～. 听众开始不耐烦了。Tīngzhòng kāishǐ bú nàifán le.

restoration *n.* 1. 恢复 huīfù: ～ to health 恢复健康

huīfù jiànkāng 2. 修复 xiūfù: Close during ～s. 修复期间，暂不开放。Xiūfù qījiān, zàn bù kāifàng.

restore *v.* 1. 归还 guīhuán: ～ borrowed books (to their owner) 归还所借的书 guīhuán suǒ jiè de shū 2. 恢复 huīfù: ～ sb. to consciousness 使人恢复知觉 shǐ rén huīfù zhījué 3. 修复 xiūfù: ～ an old building 修复老房屋 xiūfù lǎo fángwū

restrain *v.* 1. 抑制 yìzhì；克制 kèzhì: ～ oneself 克制自己 kèzhì zìjǐ

restraint *n.* 1. 克制 kèzhì；抑制 yìzhì: He showed great ～. 他表现出很大的克制力。Tā biǎoxiàn chū hěn dà de kèzhìlì. 2. 限制 xiànzhì；约束 yuēshù: the ～s of life in a small town 小城镇生活的限制 xiǎo chéngzhèn shēnghuó de xiànzhì

restrict *v.* 限制 xiànzhì；约束 yuēshù: ～ed to 5 cigarettes a day 被限制每天抽五支烟 bèi xiànzhì měi tiān chōu wǔ zhī yān

restriction *n.* 限制 xiànzhì；约束 yuēshù

result *v.* 1. 起因 qǐyīn: ～ from a cause 由某一原因引起 yóu mǒu yì yuányīn yǐnqǐ 2. 以……为结果 yǐ …… wéi jiéguǒ 导致 dǎozhì: Their diplomacy ～ed in war. 他们的外交政策导致了战争。Tāmende wàijiāo zhèngcè dǎozhìle zhànzhēng. *n.* 结果 jiéguǒ；成效 chéngxiào: obtain good ～s 得到好结果 dédào hǎo jiéguǒ

resume *v.* 1. 重新开始 chóngxīn kāishǐ: ～ working at 2 o'clock 两点钟重新开始工作 liǎng diǎnzhōng chóngxīn kāishǐ gōngzuò 2. 重回 chónghuí: ～ one's seat 回原座 huí yuánzuò

résumé *n.* 摘要 zhāiyào

resurgence *n.* 复活 fùhuó；苏醒 sūxǐng

resurrection *n.* 复活 fùhuó；复兴 fùxīng: nature's ～

大地回春 dàdì huíchūn

retail *n.* 零售 língshòu: a ～ dealer 零售商 língshòu-shāng *v.* 1. 零售 língshòu 2. 传播 chuánbō: ～ gossip 传播流言 chuánbō liúyán

retailer *n.* 零售商 língshòushāng

retain *v.* 保留 bǎoliú: always ～ youthful vitality 永保青春活力 yǒngbǎo qīngchūn huólì

retaliate *v.* 报复 bàofù; 回击 huíjī: ～ upon the enemy 回击敌人 huíjī dírén

retard *v.* 阻碍 zǔ'ài; 延迟 yánchí: Cold weather ～s the growth of crops. 严寒阻碍了作物的生长。Yánhán zǔ'àile zuòwù de shēngzhǎng.

retell *v.* 1. 重讲 chóngjiǎng: ～ a story 把故事重讲一遍 bǎ gùshì chóngjiǎng yí biàn 2. 复述 fùshù: ～ the text 复述课文 fùshù kèwén

retire *v.* 1. 退休 tuìxiū: ～ on a pension 领养老金退休 lǐng yǎnglǎojīn tuìxiū 2. 撤退 chètuì *of an army

retort *v.* 反驳 fǎnbó; 回嘴 huízuǐ: He ～ed that it was all my fault. 他反驳说那都是我的错。Tā fǎnbó shuō nà dōushì wǒde cuò.

retrace *v.* 1. 返回 fǎnhuí: ～ one's steps 顺原路返回 shùn yuánlù fǎnhuí 2. 回顾 huígù: ～past events 回顾往事 huígù wǎngshì

retract *v.* 1. 缩回 suōhuí; 缩进 suōjìn: ～ the wheels of an aircraft 收起起落架 shōuqǐ qǐluò jià 2. 收回 shōuhuí; 撤回 chèhuí: He refused to ～ his speech. 他拒绝收回自己的讲话。Tā jùjué shōuhuí zìjǐde jiǎnghuà.

retreat *v.* 撤退 chètuì; 退却 tuìquè *n.* 撤退 chètuì: beat a ～ 打退堂鼓 dǎ tuìtánggǔ

retrieve *v.* 1. 找回 zhǎohuí: ～ a lost bag 找回丢失的包 zhǎohuí diūshī de bāo 2. 补救 bǔjiù: ～ an error 补救错误 bǔjiù cuòwù 3. 挽回 wǎnhuí: ~ one's honour 挽回名誉 wǎnhuí míngyù 4. 挽救 wǎnjiù: ~ sb. from ruin 挽救某人免于毁灭 wǎnjiù mǒu rén miǎnyú huǐmiè

retrograde *a.* 后退的 hòutuìde; 逆行的 nìxíngde: a ~ policy 后退的政策 hòutuìde zhèngcè

retrogression *n.* 1. 退步 tuìbù 2. 退化 tuìhuà

retrospect *n.* 回顾 huígù: view 1978 in ~ 回顾1978年 huígù yījiǔqībā nián

retrospective *a.* 回顾的 huígùde

return *v.* 1. 回 huí; 归 guī: ~ home safe and sound 平安回家 píng'ān huíjiā 2. 还给 huángěi: ~ the books to the library 把书还给图书馆 bǎ shū huángěi túshūguǎn, Many happy ~s 祝你长寿。Zhù nǐ chángshòu.

reunion *n.* 重聚 chóngjù; 团圆 tuányuán

reunite *v.* 重聚 chóngjù; 重新结合 chóngxīn jiéhé: ~ after long years of separation 多年别离后重聚 duō nián biélí hòu chóngjù

reveal *v.* 1. 暴露 bàolù; 泄露 xièlòu: ~a secret 泄露秘密 xièlòu mìmì 2. 展现 zhǎnxiàn; 显示 xiǎnshì: The painting ~s the painter. 这幅画显示了这位画家的特色。Zhè fú huà xiǎnshìle zhè wèi huàjiā de tèsè.

revelation *n.* 揭露 jiēlù; 显示 xiǎnshì

revenge *v. & n.* 报仇 bàochóu; 报复 bàofù: ~ one's father 为父亲报仇 wèi fùqīn bàochóu

revengeful *a.* 有报复心的 yǒu bàofùxīn de

revenue *n.* 1. 税收 shuìshōu: inland ~ 国内税收 guónèi shuìshōu 2. 收入 shōurù: the public ~ 财政收入 cáizhèng shōurù

revere *v.* 尊敬 zūnjìng; 崇敬 chóngjìng: my ~d teacher

我的可敬的教师 wǒde kějìngde jiàoshī

réverence *n.* 尊敬 zūnjìng; 崇敬 chóngjìng

reverent *a.* 恭敬的 gōngjìngde; 虔诚的 qiánchéngde

reverse *v.* 颠倒 diāndǎo; 倒 dǎo: ~ the order 颠倒次序 diāndǎo cìxù / ~ a car 倒车 dàochē *a.* 1. 颠倒的 diāndǎode; 相反的 xiāngfǎnde: in the ~ direction 往相反方向 wàng xiāngfǎn fāngxiàng 2. 背面 bèimiàn: the ~ side of a disc 唱片的背面 chàngpiān de bèimiàn

reversible *a.* 1. 可逆的 kěnìde: a ~ chemical reaction 化学可逆反应 huàxué kěnì fǎnyìng 2. 两面可用的 liǎngmiàn kě yòng de: a ~ coat 两面式上衣 liǎngmiànshì shàngyī

reversion *n.* 1. 恢复 huīfù; 倒转 dàozhuǎn: ~ to bad habits 恢复习惯 huīfù xíguàn 2. 归属 guīshǔ; 继承权 jìchéngquán * of property

review *v.* 1. 复习 fùxí; 回顾 huígù: ~ one's lessons 复习功课 fùxí gōngkè / ~ the past 回顾过去 huígù guòqù 2. 检阅 jiǎnyuè *troops: ~ a guard of honour 检阅仪仗队 jiǎnyuè yízhàngduì *n.* 1. 复习 fùxí 2. 评论 pínglùn: a book ~ 书评 shūpíng

revise *v.* 1. 修订 xiūdìng: ~ a dictionary 修订词典 xiūdìng cídiǎn 2. 修改 xiūgǎi; 改变 gǎibiàn: ~ one's opinion of sb. 改变对某人的看法 gǎibiàn duì mǒu rén de kànfǎ

revision *v.* 1. 修改 xiūgǎi 2. 修订版 xiūdìngbǎn *a revised piece of writing

revisionism *n.* 修正主义 xiūzhèngzhǔyì

revival *n.* 复活 fùhuó; 复兴 fùxīng

revive *v.* 1. 复活 fùhuó; 复兴 fùxīng: Our hopes ~d. 我们的希望复活了。Wǒmende xīwàng fùhuó le. 2. 恢复 huīfù; 苏醒 sūxǐng: The fresh air soon

~d him. 新鲜空气使他很快苏醒了。 Xīnxiān kōngqì shǐ tā hěn kuài sūxǐng le.

revoke v. 撤销 chèxiāo; 取消 qǔxiāo: ~ a decision 取消一项决议 qǔxiāo yí xiàng juéyì

revolt v. 1. 反抗 fǎnkàng: ~ against oppression 反抗压迫 fǎnkàng yāpò 2. 厌恶 yànwù; 反感 fǎngǎn: Such cruelty ~ed him. 这种残酷行为使他感到很厌恶。 Zhèzhǒng cánkù xíngwéi shǐ tā gǎndào hěn yànwù.

revolution n. 1. 革命 gémìng: the industrial ~ 产业革命 chǎnyè gémìng 2. 旋转 xuánzhuǎn; 公转 gōngzhuǎn: the ~ of the earth around the sun 地球绕太阳的公转 dìqiú rào tàiyáng de gōngzhuǎn

revolutionary a. 革命的 gémìngde: ~ ideas 革命思想 gémìng sīxiǎng n. 革命者 gémìngzhě

revolutionize v. 引起……革命 yǐnqǐ …… gémìng

revolve v. 1. 旋转 xuánzhuǎn: The earth ~s round the sun. 地球绕太阳旋转。 Dìqiú rào tàiyáng xuánzhuǎn. 2. 思索 sīsuǒ: ~ a problem in one's mind 熟思一个问题 shúsī yí gè wèntí

revolver n. 左轮手枪 zuǒlún shǒuqiāng

revulsion n. 突变 tūbiàn: a ~ of mood 情绪的突变 qíngxùde tūbiàn 2. 厌恶 yànwù; 反感 fǎngǎn: He was filled with a violent ~ against such cruelty. 他对如此残忍的行为充满反感。 Tā duì rúcǐ cánrěn de xíngwéi chōngmǎn fǎngǎn.

reward n. 报酬 bàochóu; 奖偿 jiǎngshǎng: get very little in ~. 得到很少的报酬 dédào hěn shǎo de bàochóu v. 酬谢 chóuxiè; 报答 bàodá: He ~ed the boy with one yuan. 他给了这男孩一块钱作为酬谢。 Tā gěile zhè nánhái yí kuài qián zuòwéi chóuxiè / How can I ~ your kindness? 我该怎样

报答你的好意呢? Wǒ gāi zěnyàng bàodá nǐde hǎoyì ne?

rewrite v. 重写 chóngxiě; 改写 gǎixiě

rhapsody n. 1. 狂喜 kuángxǐ; 惊喜 jīngxǐ: She went into a ～ over the beauty of the scene. 美丽的景色使他惊喜万分。 Měilìde jǐngsè shǐ tā jīngxǐ wànfēn. 2. 狂想曲 kuángxiǎngqǔ *the music

rhetoric n. 修辞 xiūcí: ～ and composition 修辞与作文 xiūcí yǔ zuòwén

rheumatic a. 风湿症的 fēngshīzhèngde

rheumatism n. 风湿症 fēngshīzhèng

rhinoceros n. 犀牛 xīniú

rhythm n. 节奏 jiézòu *in music; 韵律 yùnlǜ *in poetry

rhythmic, rhythmical a. 有节奏的 yǒu jiézòu de *music; 有韵律的 yǒu yùnlǜ de *poetry

rib n. 肋骨 lèigǔ

ribbon n. 缎带 duàndài; 丝带 sīdài: the ～s on the wreaths 花圈上的缎带 huāquān shang de duàndài

rice n. 1. 稻 dào *the plant: plant ～ 种稻子 zhòng dàozi 2. 大米 dàmǐ; 饭 fàn *the grain: cook ～ for dinner 煮饭预备晚餐 zhǔ fàn yùbèi wǎncān

rich a. 1. 富有的 fùyǒude: the ～ 富人 fùrén 2. 肥沃的 féiwòde: ～ soil 肥沃的土壤 féiwòde tǔrǎng 3. 丰富的 fēngfùde: a ～ harvest 丰收 fēngshōu 4. 华丽的 huálìde: a ～ dress 华丽的女服 huálìde nǚfú

rickets n. 佝偻病 gōulóubìng; 软骨病 ruǎngǔbìng

rickety a. 摇晃的 yáohuàngde: ～ stairs 摇晃的楼梯 yáohuàngde lóutī

rid v. 免除 miǎnchú; 摆脱 bǎituō: get ～ of a bad habit 去掉不良习惯 qùdiào bùliáng xíguàn

riddance n. 免除 miǎnchú; 摆脱 bǎituō: ～ from adversity 摆脱困境 bǎituō kùnjìng

riddle¹ *n.* 谜语 míyǔ; 谜 mí: solve a ~ 解谜 jiěmí

riddle² *n.* 粗筛 cūshāi *coarse seive v.* 1. 筛 shāi *to seive 2. 打洞 dǎ dòng: Bullets ~d the car. 子弹把汽车打得净是洞。 Zǐdàn bǎ qìchē dǎde jìng shì dòng.

ride *v.* 骑 qí; 乘 chéng: ~ on a bicycle 骑自行车 qí zìxíngchē / ~ in a ship 乘船 chéng chuán *n.* 骑 qí; 乘坐 chéngzuò: It's a five fen ~ on a bus. 乘车去要五分钱。 Chéng chē qù yào wǔ fēn qián.

ridge *n.* 1. 脊 jǐ: the ~ of a mountain 山脊 shānjǐ 2. 隆起部 lóngqǐbù: the ~ of the nose 鼻梁 bíliáng

ridicule *v.* 嘲笑 cháoxiào

ridiculous *a.* 可笑的 kěxiàode; 荒谬的 huāngmiùde: a ~ idea 荒谬的想法 huāngmiùde xiǎngfǎ

rifle *n.* 步枪 bùqiāng

rig *v.* 装配 zhuāngpèi *n.* 装置 zhuāngzhì

right¹ *a. & ad.* 右 yòu; 右边的（地） yòubiān de (de): ~ hand 右手 yòushǒu / the ~ side of the road 路的右侧 lù de yòucè / Eyes ~! 向右看齐！ Xiàng yòu kànqí! *n.* 右边 yòubiān: A house was on our ~. 我们的右边是一幢房子。 Wǒmende yòubiān shì yí zhuàng fángzi.

right² *a.* 1. 正确的 zhèngquède; 对的 duìde: You were ~ in your decision. 你的决定是对的。 Nǐde juédìng shì duì de. 2. 合适的 héshìde: He is the ~ man for the job. 他做这工作最合适。 Tā zuò zhè gōngzuò zuì héshì. 3. 健康的 jiànkāng de; 好的 hǎode: Are you all ~ now? 你现在好了吗？ Nǐ xiànzài hǎole ma? *ad.* 1. 不错 búcuò; 对 duì: guess ~ 猜得对 cāide duì 2. 顺利 shùnlì: All came ~ in the end. 结果一切顺利。 Jiéguǒ yíqiè shùnlì. 3. 公正地 gōngzhèngde; 正当地 zhèngdàng-de: act ～ 行为正当 xíngwéi zhèngdàng 4. 直接 zhíjiē: go ～ home 直接回家 zhíjiē huíjiā 5. 正好 zhènghǎo; 就 jiù: ～ in the middle 就在正中 jiù zài zhèngzhōng, ～ angle 直角 zhíjiǎo *n*. 1. 正确 zhèngquè; 对 duì *correct 2. 公正 gōngzhèng;正义 zhèngyì *just: defend the ～ 维护正义 wéihù zhèngyì 3. 权利 quánlì;法权 fǎquán: ～ s and duties 权利 与义务 quánlì yǔ yìwù / have a ～ to vote 有选举权 yǒu xuǎnjǔquán

righteous *a*. 1. 正直的 zhèngzhíde *honest; 正当的 zhèngdàngde: a ～ man 一个正直的人 yí gè zhèngzhí de rén 2. 正义的 zhèngyìde *just: in ～ indignation 义愤 yìfèn

rightful *a*. 1. 合法的 héfǎde *lawful: the ～ king 合法 的国王 héfǎde guówáng 2. 正义的 zhèngyìde *fair just

rigid *a*. 1. 坚硬的 jiānyìngde; 不弯曲的 bù wānqū de: a ～ bar 坚硬的棒子 jiānyìngde bàngzi 2. 严格的 yángéde; 严厉的 yánlìde: ～ adherence to rules 严守规章 yánshǒu guīzhāng

rigidity *n*. 1. 坚硬 jiānyìng; 不变 búbiàn: the ～ of one's belief 信仰的坚定不移 xìnyǎng de jiāndìng-búyí 2. 僵化 jiānghuà *of objects or thought etc.

rigorous *a*. 1. 严峻的 yánjùnde; 严格的 yángéde: stand up to ～ tests of any kind 经得住各种严峻的 考验 jīngde zhù gèzhǒng yánjùnde kǎoyàn 2. 严谨的 yánjǐnde: ～ scholarship 严谨的治学态度 yánjǐnde zhìxué tàidu

rim *n*. 1. 边 biān; 口 kǒu: the ～ of a cup 杯口 bēikǒu 2. 边缘 biānyuán: close to the ～ of war 接近战争 边缘 jiējìn zhànzhēng biānyuán

rind *n.* 皮 pí *v.* 削······皮 xiāo ...... pí

ring¹ *n.* 1. 环 huán; 圈 quān: a key ～ 钥匙圈 yàoshìquān / an ear ～ 耳环 ěrhuán / a wedding ～ 结婚戒指 jiéhūn jièzhi 2. 网 wǎng: a ～ of encirclement 包围网 bāowéiwǎng 3. 集团 jítuán: a spy ～ 间谍网 jiàndiéwǎng *v.* 围绕 wéirào; 包围 bāowéi: be ～ed on three sides by mountains 三面环山 sān miàn huán shān

ring² *v.* 1. 鸣 míng; 响 xing: The bell has rung. 铃响过了。Líng xiǎngguo le. 2. 按铃 àn líng. 打钟 dǎ zhōng: Someone is ～ing the door bell. 有人在按门铃。Yǒu rén zài àn ménlíng. 3. 回响 huíxiǎng: My ears rang with their shouts. 我耳边回响着他们的喊声。Wǒ ěrbiān huíxiǎngzhe tāmende hǎnshēng. *n.* 1. 铃声 língshēng; 钟声 zhōngshēng *sound of a bell 2. 电话 diànhuà: Give me a ～ this afternoon. 下午打个电话给我吧. Xiàwǔ dǎ gè diànhuà gěi wǒ ba.

ringleader *n.* 罪魁祸首 zuìkuí-huòshǒu

rink *n.* 溜冰场 liūbīngchǎng

rinse *v.* 冲洗 chōngxǐ

riot *n.* 1. 骚动 sāodòng; 暴乱 bàoluàn: a ～ in the street 街上的骚乱 jiēshang de sāoluàn 2. 轰动 hōngdòng: The film was a ～ when it was shown in Paris. 这部电影在巴黎放映时轰动一时。 Zhè bù diànyǐng zài (Paris) Bālí fàngyìng shí hōngdòng yìshí. *v.* 骚扰 sāorǎo; 闹事 nàoshì

rip *v.* 1. 撕开 sīkāi: ～ open a letter 撕开一封信 sīkāi yì fēng xìn 2. 裂开 lièkāi; 撕裂 sīliè: The sail ～ped under the force of the wind. 船帆在狂风中撕裂了。Chuánfān zài kuángfēng zhōng sīliè le. *n.* 裂口 lièkǒu; 裂缝 lièfèng

ripe *a.* 成熟的 chéngshúde: ～ apples 成熟的苹果 chéngshúde píngguǒ / ～ judgement 成熟的判断 chéngshúde pànduàn

ripen *v.* 成熟 chéngshú

ripple *n.* 1. 涟漪 liányī; 波纹 bōwén 2. 荡漾的声音 dàngyàngde shēngyīn: a ～ of laughter 轻快的笑声 qīngkuàide xiàoshēng *v.* 起微波 qǐ wēibō; 飘动 piāodòng: Flags ～d in the breeze. 旗子在微风中飘动。Qízi zài wēifēng zhōng piāodòng.

rise *v.* 1. 起 qǐ; 起立 qǐlì: ～ to one's feet 站起来 zhàn qǐlái / ～ from table 起立离桌 qǐlì lí zhuō 2. 升起 shēngqǐ; 上升 shàngshēng: The sun ～s in the east. 太阳从东方升起。Tàiyáng cóng dōngfāng shēngqǐ 3. 增长 zēngzhǎng; 上涨 shàngzhǎng: The river has risen two feet. 河水上涨了两尺 Héshuǐ shàngzhǎngle liǎng chǐ 4. 高耸 gāosǒng: ～ above the clouds 耸入云霄 sǒngrù yúnxiāo 5. 升高 shēnggāo: ～ to be a general 升任将军 shēngrèn jiāngjūn 6. 发生 fāshēng; 起源 qǐyuán: Where does the Yellow River ～? 黄河是从哪里起源的？Huáng Hé shì cóng nǎlǐ qǐyuán de? 7. 起义 qǐyì: ～ in arms 武装起义 wǔzhuāng qǐyì *n.* 增长 zēngzhǎng; 升起 shēngqǐ

risk *n.* 危险 wēixiǎn; 风险 fēnxiǎn: at all ～s 冒一切危险 mào yíqiè wēixiǎn *v.* 冒……的危险 mào ……… de wēixiǎn ～ one's life 冒生命危险 mào shēngmìng wēixiǎn

risky *a.* 危险的 wēixiǎnde; 冒险的 màoxiǎnde: a ～ undertaking 冒险事业 màoxiǎn shìyè

rite *n.* 仪式 yíshì; 典礼 diǎnlǐ

ritual *n.* 宗教仪式 zōngjiào yíshí; 典礼 diǎnlǐ *a.* 仪式的 yíshìde; 典礼的 diǎnlǐde

rival *n.* 竞争者 jìngzhēngzhě; 对手 duìshǒu: defeat one's ～ 击败对手 jībài duìshǒu *a.* 竞争的 jìngzhēngde *v.* 竞争 jìngzhēng; 抗衡 kànghéng: Ships can't ～ aircraft for speed. 在速度上船不能同飞机抗衡。Zài sùdùshang chúan bùnéng tóng fēijī kànghéng.

river *n.* 河 hé; 江 jiāng: the Yellow River 黄河 Huáng Hé

rivet *n.* 铆钉 mǎodīng *v.* 铆 mǎo; 铆接 mǎojiē

road *n.* 1. 路 lù; 道路 dàolù

roam *v.* 漫游 mànyóu; 游历 yóulì: ～ about the world 漫游世界 mànyóu shìjiè

roar *v.* 吼 hǒu; 咆哮 páoxiāo: The waves are ～ing. 波涛在咆哮。Bōtāo zài páoxiāo. ～ with rage 咆哮如雷 páoxiāo rúléi *n.* 咆哮 páoxiāo

roast *v.* 烤 kǎo; 烘 hōng: ～ duck 烤鸭 kǎoyā

rob *v.* 1. 抢劫 qiǎngjié; 盗取 dàoqǔ: be ～ed of one's watch 手表被抢去了 shǒubiǎo bèi qiǎngqù le 2. 非法剥夺 fēifǎ bōduó: ～ sb. of his rights 非法剥夺某人的权力 fēifǎ bōduó mǒu rén de quánlì

robber *n.* 强盗 qiángdào

robbery *n.* 1. 抢劫 qiǎngjié; 盗取 dàoqǔ 2. 抢劫案 qiǎngjié'àn: two robberies 两起抢劫案 liǎng qǐ qiǎngjié'àn

robe *n.* 长袍 chángpáo

robot *n.* 1. 机器人 jīqìrén *automaton 2. 自动机 zìdòngjī; 遥控设备 yáokòng shèbèi: a ～ bomber 遥控轰炸机 yáokòng hōngzhàjī

robust *a.* 壮健的 zhuàngjiànde; 茁壮的 zhuózhuàngde: ～ plants 茁壮的植物 zhuózhuàngde zhíwù

rock[1] *n.* 岩石 yánshí; 盤石 pánshí: as firm as a ～ 坚如盤石 jiān rú pánshí 2. 大石块 dàshíkuài 3. 暗礁

ànjiāo: run against the ～s 触礁 chù jiāo

rock² *v.* 1. 摇 yáo; 摇动 yáodòng: ～ a baby to sleep 摇婴儿入睡 yáo yīng'ér rùshuì 2. 震动 zhèndòng; 震惊 zhènjīng: Stormy applause ～ed the hall. 暴风雨般的掌声震动了大厅。 Bàofēngyǔbānde zhǎngshēng zhèndòngle dàtīng. / The news ～ed the nation. 这消息使全国震惊。 Zhè xiāoxi shǐ quánguó zhèngjīng. *n.* 1. 摇动 yáodòng; 摇摆 yáobǎi *rocking motion 2. 摇摆舞 yáobǎiwǔ: a～ band 摇摆舞乐队 yáobǎiwǔ yuèduì

rock-'n'-roll 摇摆舞 yáobǎiwǔ *dance; 摇摆舞曲 yáobǎiwǔqǔ *music

rockery *n.* 假山 jiǎshān

rocket *n.* 火箭 huǒjiàn *v.* 1. 飞速上升 fēisù shàngshēng: The price of sugar has ～ed. 糖的价格已经飞速上升。 Táng de jiàgé yijīng fēisù shàngshēng. 2. 飞驰 fēichí: The train ～ed through the station at 90 miles an hour. 火车以每小时 90 英里的速度驰过车站。 Huǒchē yǐ měi xiǎoshí jiǔshí yīng lǐ de sùdù chíguo chēzhàn

rocky¹ *a.* 1. 岩石的 yánshíde: a ～ road 岩石路 yánshílù 2. 冷酷的 lěngkùde: a ～ heart 冷酷的心（铁石心肠） lěngkùde xīn (tiěshí xīncháng)

rocky² *a.* 摇动 yáodòng; 不稳 bù wěn: The table is rather ～. 这桌子摇动得很厉害。 Zhè zhuōzi yáodòngde hěn lìhai.

rod *n.* 1. 杆 gān; 竿 gān: a fishing-～ 钓鱼竿 diàoyúgān / a lightning ～ 避雷针 bìléizhēn 2. 鞭打 biāndǎ; 惩罚 chéngfá: The ～ is not allowed in this school. 这所学校不允许体罚。 Zhè suǒ xuéxiào bù yǔnxǔ tǐfá.

rogue *n.* 1. 流氓 liúmáng; 无赖 wúlài 2. 小淘气

xiǎotáoqì: You little ～! 你这小淘气! Nǐ zhe xiǎotáoqì!

role *n.* 1. 角色 juésè: He played the ～ of Hamlet. 他扮演哈姆雷特的角色。 Tā bànyǎn Hamǔléitè (Hamlet) de juésè. 2. 作用 zuòyòng: play an important ～ in agriculture 在农业中起重要作用 zài nóngyè zhōng qǐ zhòngyào zuòyòng

roll *v.* 1. 滚 gǔn; 打滚 dǎgǔnr: The ball ～ed into the hole. 球滚进洞里了。Qiú gǔnjìn dònglǐ le. / The kids ～ed about on the lawn. 孩子们在草坪上打滚。Háizimen zài cǎopíng shang dǎgǔnr. 2. 卷 juǎn: R～ up the map. 把地图卷起来。 Bǎ dìtú juǎn qǐlái 3. 摇摆 yáobǎi; 摇晃 yáohuàng: The ship ～ed and heaved. 船摇晃颠簸。 Chuán yáohuàng diānbǒ. 4. 碾平 niǎnpíng; 轧平 yàpíng: ～ the road surface flat 把路面轧平 bǎ lùmiàn yàpíng 5. 发出隆隆声 fāchū lōnglōngshēng: The thunder ～ed in the distance. 远处雷声隆隆。 Yuǎnchù léishēng longlong. *n.* 1. 卷 juǎn: a ～ of paper 一卷纸 yì juǎn zhǐ / a sausage ～ 香肠卷饼 xiāngcháng juǎnbing / a steamed ～ 花卷 huājuǎn 2. 名册 míngcè: call the ～ 点名 diǎnmíng

roller *n.* 滚柱 gǔnzhù

Roman *a.* 罗马的 luómǎde *of Rome 罗马人的 luómǎrénde * of Romans, ～ alphabet 罗马字母 luómǎ zìmǔ; 拉丁字母 lādīng zìmǔ *n.* 罗马人 luómǎrén

romance *n.* 1. 爱情故事 àiqíng gùshì: a ～ about a king who married a poor girl. 一个关于国王娶了一个穷姑娘的爱情故事。Yí gè guānyú guówáng qǔle yí gè qióng gūniang de àiqíng gùshi. 2. 传奇 chuánqí: ～ of life in the jungle 丛林中的传奇生活 cōnglín zhōng de chuánqí shēnghuó

romantic *a.* 1. 传奇的 chuánqíde; 浪漫的 làngmànde: ～ tales 传奇故事 chuánqí gùshi 2. 不切实际的 búqiè shíjì de: a ～ idea 不切实际的想法 búqiè shíjì de xiǎngfǎ 3. 浪漫派的 làngmànpàide: the ～ poets 浪漫派诗人 làngmànpài shīrén

romanticism *n.* 浪漫主义 làngmànzhǔyì

roof *n.* 顶 dǐng; 屋顶 wūdǐng: The ～ of the building needs mending. 这座楼的屋顶需要修理。 Zhè zuò lóu de wūdǐng xūyào xiūlǐ. / the ～ of the world 世界屋脊 shìjiè wūjǐ

room *n.* 1. 房间 fángjiān; 室 shì: He lives at R～ 124. 他住在 124 室。 Tā zhù zài yī'èrsì shì. 2. 地方 dìfāng; 空间 kōngjiān: This machine takes up little ～. 这台机器占地很少。 Zhè tái jīqì zhàndì hěn shǎo. 3. 余地 yúdì: There is no ～ to move. 没有移动的余地了。 Méiyǒu yídòng de yúdì le.

roost *n.* 栖息处 qīxīchù; 鸡棚 jīpéng *v.* 栖息 qīxī *of birds

rooster *n.* 公鸡 gōngjī

root *n.* 根 gēn: the ～ of a tree 树根 shùgēn 2. 根本 gēnběn: the ～ cause 根本原因 gēnběn yuányīn *v.* 生根 shēnggēn: Do roses ～ easily? 玫瑰容易生根吗? Méiguì róngyì shēnggēn ma?

rope *n.* 1. 绳 shéng; 索 suǒ 2. 一串 yí chuàn: a ～ of pearls 一串珠子 yí chuàn zhūzi *v.* 捆绑 kúnbǎng: ～ a box 用绳捆住箱子 yòng shéng kǔnzhù xiāngzi

rose *n.* 1. 玫瑰花 méiguìhuā: a bunch of red ～s 一束红玫瑰 yí shù hóngméiguì 2. 玫瑰红 méiguìhóng *colour

rostrum *n.* 讲坛 jiǎngtán

rosy *a.* 1. 玫瑰红色的 méiguìhóngsède; 红润的 hóngrùnde: ～ cheeks 红润的脸颊 hóngrùnde liǎnjiá

2. 光明的 guāngmíngde; 美好的 měihǎode: ～ prospects 光明的前途 guāngmíngde qiántú

rot v. 腐烂 fǔlàn; 腐朽 fǔxiǔ: The continual rain will ～ the wheat. 连绵不断的雨会使小麦腐烂。 Liánmián búduàn de yǔ huì shǐ xiǎomài fǔlàn. n. 烂 làn; 腐烂 fǔlàn: R～ has set in. 开始腐烂了。 Kāishǐ fǔlàn le. 2. 废话 fèihuà; 蠢事 chǔnshì: Don't talk ～. 别胡说。 Bié húshuō.

rotary a. 旋转的 xuánzhuǎnde; 转动的 zhuǎndòngde

rotate v. 1. 旋转 xuánzhuǎn: The earth ～s once every 24 hours. 地球每24小时旋转一圈。 Dìqiú měi èrshísì xiǎoshí xuánzhuǎn yì quān. 2. 轮流 lúnliú; 循环 xúnhuán: The seasons ～. 四季循环 sìjì xúnhuán

rotation n. 1. 旋转 xuánzhuǎn 2. 轮流 lúnliú: work in ～ 轮流工作 lúnliú gōngzuò

rotten a. 1. 腐烂的 fǔlànde; 发臭的 fāchòude: ～ eggs 臭蛋 chòudàn 2. 坏的 huàide; 讨厌的 tǎoyànde: ～ weather 讨厌的天气 tǎoyànde tiānqì 3. 虚弱的 xūruòde: feel ～ 身体不舒服 shēntǐ bù shūfu

rouge n. 胭脂 yānzhi; 口红 kǒuhóng v. 搽胭脂 chá yānzhi

rough a. 1. 粗糙的 cūcāode; 崎岖的 qíqūde: a ～ road 崎岖的道路 qíqūde dàolù / ～ paper 粗糙的纸 cūcāode zhǐ 2. 粗暴的 cūbàode; 粗鲁的 cūlǔde: ～ manners 举止粗鲁 jǔzhǐ cūlǔ 3. 恶劣的 èlède: ～ weather 恶劣的天气 èlède tiānqì 4. 粗制的 cūzhìde: ～ food 粗食 cūshí 5. 艰苦的 jiānkǔde: ～ life 艰苦的生活 jiānkǔde shēnghuó 6. 大致的 dàzhìde: a ～ idea 大致的想法 dàzhìde xiǎngfǎ

roughen v. 变粗糙 biàn cūcāo

roughly ad. 1. 粗暴地 cūbàode: He pushed her ～

away. 他粗暴地把她推开。Tā cūbàode bǎ tā tuīkāi.
2. 大致上 dàzhìshang: How many people, ～?
大致有多少人? Dàzhì yǒu duōshao rén?

round *a.* 1. 圆的 yuánde: a ～ plate 圆盘 yuánpán
2. 绕圈的 ràoquānde; 来回的 láihuíde: a ～ trip
来回的旅行 láihuíde lǚxíng *n.* 1. 圆物 yuánwù:
a ～ of beef 一块牛腿肉 yí kuài niútuǐròu 2. 一圈
yì quān; 巡回 xúnhuí: the doctor's ～ of visits
to his patients 医生对病人的巡回探视 yīshēng duì
bìngrén de xúnhuí tànshì 3. 一回合 yì huíhé; 一局
yì jú: a ～ of golf 一局高尔夫球 yì jú gāo'ěrfūqiú
ad. 1. 绕圈地 ràoquānde: run ～ in the field
在场上绕圈跑 zài chǎng shang ràoquān pǎo 2. 循环
地 xúnhuánde: Spring came ～. 春天又来了。
Chūntiān yòu lái le. 3. 周围 zhōuwéi; 附近 fùjìn:
He visited all the people ～. 他访问了附近所有的人。
Tā fǎngwènle fùjìn suǒyǒu de rén. 4. 各处 gèchù:
have a look ～ 到各处看看 dào gèchù kànkàn
5. 相反 xiāngfǎn; 转过来 zhuàn guòlai: the other
way ～. 正好相反 zhènghǎo xiāngfǎn / He
turned ～. 他转过来。Tā zhuàn guòlai.
prep. 1. 环绕 huánrào: a tuor ～ the world 环球旅
行 huánqiú lǚxíng 2. 在周围 zài zhōuwéi; 在附近
zài fùjìn: the farmland ～ the school 学校附近
的农田 xuéxiào fùjìn de nóngtián 3. 绕过 ràoguò;
拐弯 guǎiwānr: just ～ the corner 就在拐弯处 jiù
zài guǎiwānchù 4. 各处 géchù; 四周 sìzhōu: look
～ the room 朝房间里四周看看 cháo fángjiān li
sìzhōu kànkàn *v.* 1. 成圆形 chéng yuánxíng: ～
the lips 圆唇 yánchún 2. 环绕 huánrào: ～ the
world 环绕世界 huánrào shìjiè

roundabout *a.* 迂回的 yúhuíde; 转弯抹角的 zhuǎnwān-

mòjiǎode: I heard the news in a ～ way. 我转弯抹
角听到这个消息的。Wǒ zhuǎnwān-mòjiǎo tīngdào
zhège xiāoxi de.

rouse v. 1. 唤醒 huànxǐng; 唤起 huànqǐ: ～ sb. from
sleep 唤醒某人 huànxǐng mǒu rén 2. 激起 jīqǐ;
激怒 jīnù: He is terrible when ～d. 他被激怒
时样子真可怕。Tā bèi jīnù shí yàngzi zhēn kěpà.

route n. 路线 lùxiàn; 路程 lùchéng: the shortest ～ from
London to Edinburgh 从伦敦到爱丁堡的最短路线
cóng (London) Lúndūn dào (Edinburg) Àidingbǎo
de zuì duǎn lùxiàn

routine n. 日常工作 rìcháng gōngzuò; 常规 chángguī:
daily ～ 日常工作 rìcháng gōngzuò / follow the
～ 墨守成规 mòshǒu-chéngguī

row[1] n. 一排 yì pái; 一列 yí liè: sit in the front ～
坐在第一排 zuò zài dì-yī pái / a ～ of soldiers 一列
士兵 yí liè shìbīng

row[2] v. 划（船）huá (chuán) *a boat: learn to ～ 学
会划船 xuéhuì huáchuán n. 划船 huáchuán: go for
a ～ 去划船 qù huáchuán

royal a. 1. 王室的 wángshìde: the ～ family 王室
wángshì 2. 高贵的 gāoguìde; 盛大的 shèngdàde:
a ～ welcome 盛大欢迎 shèngdà huānyíng 3. 皇家
的 huángjiāde: the R～ Army 皇家陆军 huángjiā
lùjūn / the R～ Society 英国皇家学会 Yīngguó
huángjiā xuéhuì

royalty n. 1. 皇亲 huángqīn; 王族 wángzú: among
the ～ 在王族之间 zài wángzú zhījiān 2. 版税 bǎn-
shuì; 稿费 gǎofèi: royalties paid to a writer 付给作家
的稿费 fùgěi zuòjiā de gǎofèi

rub v. 1. 擦 cā; 摩擦 mócā: ～ one's face with a
towel 用毛巾擦脸 yòng máojīn cā liǎn 2. 涂 tú:

~ oil on one's skin 在皮肤上涂油 zài pífū shang tú yóu / He ~bed polish on the table. 他在桌上涂漆。Tā zài zhuōshang tú qī. *n.* 1. 摩擦 mócā: give the table a good ~ 把桌子好好擦一下 bǎ zuózi hǎo-hǎo cā yīxia 2. 难处 Nánchù: There's the ~. 难处就在这。Nánchù jiù zài zhè.

rubber *n.* 1. 橡胶 xiàngjiāo: a ~ plantation 橡胶种植园 xiàngjiāo zhòngzhíyuán 2. 橡皮 xiàngpí: a pencil with a ~ at one end 带橡皮的铅笔 dài xiàngpí de qiānbǐ

rubbish *n.* 1. 垃圾 lājī; 废物 fèiwù: ~ heap 垃圾堆 lājīduī 2. 废话 fèihuà: He is talking ~. 他在说废话。Tā zài shuō fèihuà.

rubble *n.* 碎石 suìshí; 碎砖 suìzhuān

ruby *n.* 1. 红宝石 hóngbǎoshí: a ~ ring 红宝石戒指 hóngbǎoshí jièzhi 2. 鲜红色 xiānhóngsè: ~ wine 红葡萄酒 hóng pútáo jiǔ

rudder *n.* 舵 duò

ruddy *a.* 红润的 hóngrùnde; 血色好的 xuèsè hǎo de: in ~ health 红光满面非常健康 hóngguāng mǎn-miàn fēicháng jiànkāng

rude *a.* 1. 粗鲁的 cūlǔde; 无礼的 wúlǐde: a ~ reply 无礼的回答 wúlǐde huídá 2. 粗暴的 cūbàode; 狂暴的 kuángbàode: ~ passions 暴怒 bàonù / a ~ blast of wind 狂风 kuángfēng 3. 原始的 yuánshǐde; 未开化的 wèi kāihuà de: ~ times 原始时代 yuán-shǐ shídài 4. 粗糙的 cūcāode: a ~ bench 做工粗糙的板凳 zuògōng cūcāo de bǎndèng 5. 粗略 cūlüè; 大致 dàzhì: a ~ version 粗略的译文 cūlüède yì-wén / ~ classification 大致分类 dàzhì fēnlèi

rudiment *n.* 1. 基础 jīchǔ: the ~s of English 英语基础知识 yīngyǔ jīchǔ zhīshi 2. 雏形 chúxíng; 萌芽

méngyá: the ～s of a plan 计划的雏形 jìhuàde chúxíng

rudimentary *a.* 1. 初步的 chūbùde; 基本的 jīběnde: ～ knowledge 基本知识 jīběn zhīshi 2. 退化的 tuìhuàde: a ～ organ 退化器官 tuìhuà qìguān

rue *v.* 后悔 hòuhuì; 懊悔 àohuǐ: You shall ～ it. 你会后悔的。Nǐ huì hòuhuǐ de.

rueful *a.* 后悔的 hòuhuǐde

ruffle *v.* 1. 弄绉 nòngzhòu: The wind ～s the surface of the water. 风吹皱了水面。Fēng chuīzhòule shuǐmiàn. 2. 惹怒 rěnù; 生气 shēngqì: He is easily ～d. 他动不动就生气。Tā dòngbudòng jiù shēngqì. *n.* 绉褶 zhòuzhě

rug *n.* 地毯 dìtǎn

rugged *a.* 1. 崎岖的 qíqūde; 不平的 bùpíngde: ～ mountains 崎岖的山脉 qíqūde shānmài 2. 有绉纹的 yǒu zhòuwén de: ～ bark 多皱的树皮 duōzhòude shùpí 3. 粗鲁的 cūlǔde: He's ～ but kind. 他粗鲁但很善良。Tā cūlǔ dàn hěn shànliáng.

Rugby *n.* 橄榄球 gǎnlǎnqiú

ruin *n.* 1. 毁灭 huǐmiè: ～ of her hopes 她的希望的毁灭 tāde xīwàngde huǐmiè 2. 祸根 huògēn: Gambling was his ～. 赌博是他的祸根。Dǔbó shì tāde huògēn. 3. 废墟 fèixū: in ～s 成为废墟 chéngwéi fèixū *v.* 毁灭 huǐmiè; 毁坏 huǐhuài: ～ one's prospects 毁了自己的前途 huǐle zìjǐde qiántú

rule *n.* 1. 规则 guīzé: the school ～s 校规 xiàoguī 2. 常规 chángguī; 习惯 xíguàn: I make it a ～ to get up at six. 我习惯在六点起床。Wǒ xíguàn zài liù diǎn qǐchuáng. 3. 统治 tǒngzhì: His ～ lasted 20 years. 他的统治持续了20年。Tāde tǒngzhì chíxùle èrshí nián. *v.* 1. 统治 tǒngzhì; 管理 guǎnlǐ: ～ a country 统治国家 tǒngzhì guójiā 2. 裁决 cáijué: The court will ～ on the matter. 法院将对此做出裁决。Fǎyuàn jiāng duì cǐ zuòchū cáijué.

ruler *n.* 1. 统治者 tongzhìzhě 2. 尺 chǐ: a 12-inch ～ 12英寸长的尺子 shí'èr yīngcùn chángde chǐzi

rumble *v.* 隆隆作声 longlong zuòshēng: The train ～s on. 列车隆隆前进。Lièchē longlong qiánjìn *n.* 隆隆声 longlongshēng: the ～ of tanks 坦克的隆隆声 tǎnkè de longlongshēng

rummage *v.* 1. 搜查 sōuchá; 检查 jiǎnchá: The officers ～d the ship in search of drugs. 军官们在检查这条船是否有毒品。Jūnguānmen zài jiǎnchá zhè tiáo chuán shìfǒu yǒu dúpǐn. 2. 翻找 fānzhǎo: ～ about among old papers 在旧文件堆里翻找 zài jiù wénjiànduī li fānzhǎo *n.* 1. 搜查 sōuchá 2. 搜出的杂物 sōuchū de záwù

rumour *n.* 传闻 chuánwén; 谣言 yáoyán: start a ～ 造谣 zàoyáo *v.* 谣传 yáochuán: He is ～ed to be dead. 谣传他已去世。Yáochuán tā yǐ qùshì.

rumple *v.* 弄绉 nòngzhòu; 弄乱 nòngluàn: Don't ～ my dress. 别把我的衣服弄绉了。Bié bǎ wǒde yīfu nòngzhòu le.

run *v.* 1. 跑 pǎo: Don't try to ～ before you can walk. 切勿不会走先学跑。Qièwù búhuì zǒu xiān xué pǎo. 2. 比赛 bǐsài; 竞选 jìngxuǎn: ～ a race 参加赛跑 cānjiā sàipǎo / ～ for mayor 竞选市长 jìngxuǎn shìzhǎng 3. 运转 yùnzhuǎn: The machine ～s well. 这台机器运转良好。Zhè tái jīqì yùnzhuǎn liánghǎo. 4. 蔓延 mànyán; 传播 chuánbō: The news ran like wildfire. 消息象野火般传播开来。Xiāoxī xiàng yěhuǒbān chuánbō kāilái. 5. 连续 liánxù: The film has ～ for a month 这影片已连续

放映了一个月。Zhè yǐngpiān yǐ liánxù fàngyìngle yí gè yuè. 6. 开动 kāidòng; 驾驶 jiàshǐ: ~ a machine 开机器 kāi jīqì / ~ a taxi 驾驶出租汽车 jiàshǐ chūzū qìchē 7. 办 bàn; 管理 guǎnlǐ: ~ a factory 办工厂 bàn gōngchǎng 8. 流 liú: The river ~s clear. 水流清澈。Shuǐliú qīngchè, ~ after 追捕 zhuībǔ, ~ away 逃跑 táopǎo, ~ into 碰上（某人）pèngshang, (mǒu rén), ~ out 用完 yòngwán; 短缺 duǎnquē n. 1. 跑 pǎo: break into a ~ 突然奔跑起来 tūrán bēnpǎo qǐlái 2. 旅行 lǚxíng: have a ~ in the country 去乡间旅行 qù xiāngjiān lǚxíng *a trip 3. 连续 liánxù: The play had a ~ of 20 days. 这出戏连续演出了20天。Zhè chū xì liánxù yǎnchūle èrshí tiān.

runaway n. 逃跑者 táopǎozhě

runner n. 赛跑运动员 sàipǎo yùndòngyuán: ~-up n. 亚军 yàjūn

runway n. 跑道 pǎodào

rural a. 农村的 nóngcūnde: ~ life 农村生活 nóngcūn shēnghuó

rush v. 1. 冲 chōng: ~ into the room 冲进房间 chōngjìn fángjiān 2. 仓促 cāngcù; 催促 cuīcù: ~ into print 仓促出版 cāngcù chūbǎn / Don't ~ me! 别催我！Bié cuī wǒ! n. 1. 冲 chōng 2. 忙乱 mángluàn: What's all this ~? 为什么这么忙乱？Wèishénme zhème mángluàn? 3. 抢购 qiǎnggòu: a ~ for gold 抢购黄金 qiǎnggòu huángjīn / the ~ hours 上下班高峰时间 shàng-xiàbān gāofēng shíjiān

Russian a. 1. 俄罗斯的 Éluósīde; 俄国的 Éguóde *of Russia; 俄国人的 Éguórénde *of Russians n. 1. 俄罗斯人 Éluósīrén; 俄国人 Éguórén *people 2.

俄语 Éyǔ *language

rust *n.* 锈 xiù *v.* 生锈 shēngxiù

rustic *a.* 1. 乡村的 xiāngcūnde: ~ charm 乡村的魅力 xiāngcūn de mèilì 2. 朴实的 pǔshíde: ~ simplicity 淳朴 chúnpǔ 3. 土气的 tǔqìde: ~ manners 土里土气的样子 tǔlitǔqìde yàngzi *n.* 农村人 nóngcūnrén

rustlen *n.* 沙沙声 shasha shēng *v.* 沙沙作响 shasha zuòxiǎng

rusty *a.* 1. 生锈的 shēngxiùde: a ~ needle 生锈的针 shēngxiùde zhēn 2. 迟钝的 chídùnde: a ~ mind 迟钝的头脑 chídùnde tóunǎo

rut *n.* 1. 车辙 chēzhé 2. 常规 chángguī; 惯例 guànlì: move (run) in a ~ 墨守成规 mòshǒu- chéngguī

ruthless *a.* 残酷的 cánkùde; 无情的 wúqíngde: a ~ enemy 残酷的敌人 cánkùde dírén

rye *n.* 黑麦 hēimài; 稞麦 kēmài 2. 黑麦酒 hēimàijiǔ *a strong drink

S

Sabbath *n.* 安息日 ānxīrì

sabotage *n. & v.* 阴谋破坏 yīnmóu pòhuài

sabre *n.* 军刀 jūndāo: ~ rattling 黩武主义 dúwǔzhǔyì

sack *n.* 1. 袋 dài: a ~ of flour 一袋面粉 yí dài miànfěn 2. 解雇 jiěgù: give sb. the ~ 开除某人 kāichú mǒu rén / get the ~ 被解雇 bèi jiěgù *v.* 解雇 jiěgù

sacred *a.* 1. 神圣的 shénshèngde: ~ music 圣乐 shèngyuè 2. 郑重的 zhèngzhòngde: a ~ promise 郑重的诺言 zhèngzhòngde nuòyán

sacrifice *n.* 1. 祭品 jìpǐn: kill a sheep as a ~ 宰羊作祭品 zǎi yáng zuò jìpǐn 2. 牺牲 xīshēng: make ~s 作出牺牲 zuòchū xīshēng 3. 贱卖 jiànmài:

sell sth. at a ～ 贱卖某物 jiàn mài mǒu wù *v.* 1. 祭祀 jìsì: ～ to the gods 祭祀众神 jìsì zhòngshén 2. 牺牲 xīshēng: ～ one's life 牺牲生命 xīshēng shēngmìng

sad *a.* 悲伤的 bēishāngde

sadden *v.* 使……悲伤 shǐ …… bēishāng

saddle *n.* 1. 马鞍 mǎ'ān *on a horse 2. 自行车座 zìxíngchēzuò *on a bicycle *v.* 1. 上鞍 shàng'ān: ～ a horse 给马上鞍 gěi mǎ shàng'ān 2. 使……负担 shǐ …… fùdān: ～ a burden on sb. 使某人负重担 shǐ mǒu rén fù zhòngdàn

safe[1] *a.* 1. 安全的 ānquánde: a ～ place 安全地点 ānquán dìdiǎn 2. 谨慎的 jǐnshènde: a ～ driver 谨慎的司机 jǐnshènde sījī

safe[2] *n.* 1. 保险箱 bǎoxiǎnxiāng: keep money in the ～ 把钱放在保险箱内 bǎ qián fàng zài bǎoxiǎnxiāng nèi 2. 冷藏箱 lěngcángxiāng: a meat-～ 肉类冷藏箱 ròulèi lěngcángxiāng

safeguard *n.* 安全设备 ānquán shèbèi: a ～ against accidents 预防事故的设备 yùfáng shìgù de shèbèi *v.* 保护 bǎohù: ～ duties 保护关税 bǎohù guānshuì *protective tariff.

safety *n.* 安全 ānquán: public ～ 公共安全 gōnggòng ānquán

sag *v.* 1. 陷下 xiànxià: a ～ging ceiling 下陷的天花板 xiàxiànde tiānhuābǎn 2. 下垂 xiàchuí: The branch ～ged under the weight of the fruit. 水果把树枝压弯了。 Shuǐguǒ bǎ shùzhī yāwān le.

sage *n.* 贤人 xiánrén

sail *n.* 1. 帆 fān: hoist (lower) ～ 扬（落）帆 yáng (luò) fān / in full ～ 张满帆 zhāngmǎn fān / set ～ 开船 kāi chuán 2. 航行 hángxíng: go for a ～ 乘船

游览 chéng chuán yóulǎn *v*. 1. 航行 hángxíng: ～ into the harbour 开进港口 kāijìn gǎngkǒu / go ～ing 坐船航行 zuò chuán hángxíng 2. 启航 qǐháng: He has ～ed for Qingdao 他坐船去青岛了。 Tā zuò chuán qù Qīngdǎo le.

sailor *n*. 海员 hǎiyuán; 水手 shuǐshǒu

saint *n*. 圣人 shèngrén

sake *n*. 缘故 yuángù: for the ～ of 为了……的缘故 wèile …… de yuángù / for safety ～ 为了安全起见 wèile ānquán qǐjiàn / art for art's ～ 为艺术而艺术 wèi yìshù ér yìshù

salad *n*. 色拉 sèlā; 凉拌菜 liángbàncài

salary *n*. 工资 gōngzī; 薪水 xīnshuǐ

sale *n*. 1. 出售 chūshòu; 卖 mài: put sth. up for ～ 拿出某物来卖 náchū mǒu wù lái mài / a ～ for cash 现金交易 xiànjīn jiāoyì / a ～ on credit 赊销 shēxiāo / for ～ 待售 dàishòu / not for ～ 不出售的 bù chūshòu de / on ～ 出售的 chūshòude 2. 大减价 dàjiǎnjià: the winter ～s 冬季大减价 dōngjì dàjiǎnjià / buy goods at the ～s 买便宜货 mǎi piányihuò

salesman *n*. 售货员 shòuhuòyuán *in a shop; 推销员 tuīxiāoyuán *a travelling ～

saleswoman *n*. 女售货员 nǚshòuhuòyuán; 女推销员 nǚtuīxiāoyuán

salient *a*. 显著的 xiǎnzhùde: the ～ points of a speech 演讲的要点 yǎnjiǎngde yàodiǎn

saliva *n*. 口水 kǒushuǐ; 唾液 tuòyè

sallow *a*. 病黄色的 bìnghuángsède

salmon *n*. 鲑鱼 guìyú

salon *n*. 1. 客厅 kètīng *reception room 2. 美术展览馆 měishù zhǎnlǎnguǎn *art gallery 3. 沙龙 shālóng: literary ～s 文艺沙龙 wényì shālóng

saloon *n.* 公共大厅 gōnggòng dàtīng: a dining ~ 餐厅 cāntīng / a hairdressing ~ 理发室 lǐfàshì / a billiard ~ 弹子房 tánzǐfáng

salt *n.* 盐 yán: table ~ 食盐 shíyán *v.* 腌 yān: ~ed meat 腌肉 yān ròu

salty *a.* 含盐的 hányánde; 咸的 xiánde

salutary *a.* 有益的 yǒuyìde: ~ exercises 有益的锻练 yǒuyìde duànliàn

salutation *n.* 敬礼 jìnglǐ; 致意 zhìyì: raise one's hat in ~ 举帽致意 jǔ mào zhìyì

salute *n.* 1. 敬礼 jìnglǐ: make a ~ 行礼 xínglǐ / stand at ~ 立正敬礼 lìzhèng jìnglǐ 2. 礼炮 lǐpào: fire a ~ of 21 guns 鸣礼炮二十一响 míng lǐpào èrshíyī xiǎng *v.* 向……致敬 xiàng …… zhìjìng: ~ the colours 向军旗敬礼 xiàng jūnqí jìnglǐ / ~ sb. 向某人致敬 xiàng mǒu rén zhìjìng

salvage *n. & v.* 抢救 qiǎngjiù

salvation *n.* 拯救 zhěngjiù; 救助 jiùzhù: the S~ Army 救世军 jiùshìjūn

salvo *n.* 1. 礼炮齐鸣 lǐpào qímíng: a ~ of 19 guns 礼炮十九响 lǐpào shíjiǔ xiǎng 2. 一阵喝采 yízhèn hècǎi *round of applause

same *a.* 同样的 tóngyàngde: at the ~ time 在同一时期 zài tóngyì shíqī / get the ~ pay for doing the ~ work 同工同酬 tónggōng tóngchóu / He is the ~ age as you. 他和你同年。Tā hé nǐ tóngnián. *pron.* 同样的事 tóngyàngde shì: "Merry Christmas!" "The same to you!" "祝你圣诞快乐！" "也祝你圣诞快乐！" "Zhù nǐ shèngdàn kuàilè!" "Yě zhù nǐ shèngdàn kuàilè!" *ad.* 同样地 tóngyàngde: They think the ~. 他们想法一样。Tāmen xiǎngfǎ yíyàng.

sampan *n.* 舢板 shānbǎn

sample *n.* 1. 样品 yàngpǐn: take a blood ～ 验血 yàn-xuě; 抽血样 chōu xuěyàng 2. 实例 shílì: give a ～ of one's courage 用行动表示自己的勇气 yòng xíngdòng biǎoshì zìjíde yǒngqì *v.* 取……的样品 qǔ …… de yàngpǐn; 品尝 pǐncháng: ～ the wine 品尝酒 pǐncháng jiǔ

sanatorium *n.* 疗养院 liáoyǎngyuàn

sanction *n.* 1. 批准 pīzhǔn: Official ～ has been given. 已得到正式批准。 Yǐ dédào zhèngshì pīzhǔn 2. 制裁 zhìcái: legal ～ 法律制裁 fǎlù zhìcái

sanctuary *n.* 1. 圣所 shèngsuǒ 2. 避难所 bìnànsuǒ: the right of ～ 庇护权 bìhùquán 3. 禁猎地 jìnlièdì: bird ～ 鸟类禁猎地区 niǎolèi jìnliè dìqū

sand *n.* 1. 沙 shā 2. 沙滩 shātān: play on the ～s 在沙滩上玩 zài shātān shang wán

sandal *n.* 凉鞋 liángxié

sandalwood *n.* 檀香 (木) tánxiāng (mù) ～ paper *n.* 砂纸 shāzhǐ

sandwich *n.* 三明治 sānmíngzhì

sandy *a.* 沙的 shāde: ～ land 沙田 shātián

sane *a.* 1. 神智清楚的 shézhì qīngchu de: a ～ person 神智清楚的人 shénzhì qīngchu de rén 2. 稳健的 wěnjiànde: a ～ policy 稳健的政策 wěnjiànde zhèng-cè / ～ views 明智的看法 míngzhìde kànfǎ

sanguinary *a.* 1. 血腥的 xuèxīngde: a ～ battle 一场血战 yì chǎng xuèzhàn 2. 残暴的 cánbàode: a ～ ruler 残暴的统治者 cánbàode tǒngzhìzhě

sanguine *a.* 1. 乐观的 lèguānde: a ～ report 乐观的报道 lèguānde bàodào / a ～ person 乐天派 lètiānpài 2. 脸色红润的 liǎnsè hóngrùn de: a ～ complexion 红润的面色 hóngrùnde miànsè

sanitary *a.* 1. 清洁的 qīngjiéde: ～ conditions 清洁

状况 qīngjié zhuàngkuàng / ～ towels 月经带 yuè-jīngdài 2. 环境卫生的 huánjìng wèishēng de: ～ science 环境卫生学 huánjìng wèishēngxué

sanitation *n.* 卫生（设备）wèishēng (shèbèi)

sanity *n.* 神智清楚 shénzhì qīngchu

Santa Claus 圣诞老人 shèngdàn lǎorén

sap *n.* 1. 树液 shùyè: the ～ of a tree 树液 shùyè 2. 元气 yuánqì; 精力 jīnglì: the ～ of life 元气 yuánqì / the ～ of youth 青春的活力 qīngchūnde huólì

sapling *n.* 树苗 shùmiáo

sapphire *n.* 1. 蓝宝石 lánbǎoshí *a precious stone 2. 碧蓝色 bìlánsè *of colour

sarcasm *n.* 讽刺 fěngcì

sarcastic *a.* 讽刺的 fěngcìde

sardine *n.* 沙丁鱼 shādīngyú

sash[1] *n.* 框格 kuànggé: ～ window 框格窗 kuànggé-chuāng

sash[2] *n.* 腰带 yāodài *a long strip of cloth

satan *n.* 撒旦 sādàn; 魔鬼 móguǐ

satchel *n.* 书包 shūbāo; 背包 bēibāo

satellite *n.* 1. 卫星 wèixīng: The moon is a ～ of the earth. 月球是地球的卫星。Yuèqiú shì dìqiú de wèixīng. 2. 人造卫星 rénzào wèixīng: a communications ～ 通信卫星 tōngxìn wèixīng / a manned ～ 载人卫星 zài rén wèixīng 3. 卫星国 wèixīngguó *a country 4. 卫星城 wèixīngchéng *a town

satin *n.* 缎子 duànzi: smooth as ～ 光泽如缎的 guāngzé rú duàn de

satire *n.* 讽刺（作品）fěngcì (zuòpǐn):

satirize *v.* 讽刺 fěngcì; 挖苦 wākǔ

satisfaction *n.* 1. 满意 mǎnyì: express one's ～ at

对……表示满意 duì …… biǎoshì mǎnyì 2. 满意
的事 mǎnyìde shì: It is a ～ to know that he is
well again. 得悉他已痊愈，深感欣慰。 Déxī tā yǐ
quányù, shēn'gǎn xīnwèi.

satisfactory *a.* 令人满意的 lìng rén mǎnyì de

satisfy *v.* 使……满足 shǐ …… mǎnzú; 使……满意
shǐ ……… mǎnyì: Nothing satisfies him. 没有
东西能使他满足。Méiyǒu dōngxi néng shǐ tā mǎnzú.

saturate *v.* 饱和 bǎohé: ～ water with salt 使水中饱
含盐 shǐ shuǐzhōng bǎohán yán / be ～d by the rain
被雨浸透 bèi yǔ jìntòu

Saturday *n.* 星期六 Xīngqīliù

Saturn *n.* 土星 tǔxīng: ～'s rings 土星光环 tǔxīng
guānghuán

sauce *n.* 酱汁 jiàngzhī: tomato ～ 番茄酱 fānqiéjiàng /
soy ～ 酱油 jiàngyóu

saucepan *n.* 平底锅 píngdǐguō

saucer *n.* 茶盘 chápán

sauna *n.* 蒸气浴（室） zhēngqìyù (shì)

sausage *n.* 香肠 xiāngcháng

savage *a.* 1. 野的 yěde; 猛烈的 měngliède: a ～ beast
野兽 yěshòu /a ～ dog 凶猛的狗 xiōngměngde gǒu /
～ criticism 猛烈的批评 měngliède pīpíng 2. 原始的
yuánshǐde; 野蛮的 yěmánde: ～ people 野蛮人
yěmánrén / ～ tribes 原始部落 yuánshǐ bùluò *n.*
野蛮人 yěmánrén

save¹ *v.* 1. 援救 yuánjiù: Help! S～ me! 救命!
救救我! Jiùmìng! jiùjiù wo! 2. 节约 jiéyuē:
～ on coal 节约用煤 jiéyuē yòng méi / ～ time 节省
时间 jiéshěng shíjiān 3. 储蓄 chǔxù; 存钱 cún
qián: He's saving for a car. 他在存钱，想买一
辆汽车。Tā zài cún qián, xiǎng mǎi yí liàng qìchē.

savings *n.* 储蓄金 chǔxùjīn: ～ bank 储蓄银行 chǔxù yínháng

savio(u)r *n.* 救星 jiùxīng: the S～ 耶稣基督 yēsū jīdū

savo(u)r *n.* 味道 wèidào: The meat lost its ～. 这肉没有味道。Zhè ròu méiyǒu wèidào.

saw *n.* 锯（子）jù: ～ dust 锯末 jùmò / ～ mill 锯木厂 jùmùchǎng *v.* 锯 jù: ～ logs 锯木头 jù mùtou

saxophone *n.* 萨克管 sàkèguǎn

say *v.* 1. 说 shuō; 讲 jiǎng: S～ it again in Chinese. 请用中文再说一遍。Qǐng yòng zhōngwén zài shuō yí biàn. / Did you ～ anything? 你说了什么? Ní shuōle shénme? / have something to ～ 有话要说 yǒu huà yào shuō / It is said that ……据说 jùshuō I mean what I ～. 我说话是算数的。 Wǒ shuō-huà shì suànshù de. / It's hard to ～. 很难说。Hěn nánshuō. 2. 说明 shuōmíng: My watch ～s seven. 我的表是七点。Wǒde biǎo shì qī diǎn. 3. 背诵 bèisòng: ～ one's lesson 背课文 bèi kèwén *n.* 发言权 fāyánquán: have a ～ in the matter 有发言权 yǒu fāyánquán I should ～ 我认为 wǒ rènwéi / I dare ～ 我想 wǒ xiǎng / That is to say ……. 那就是说… nà jiùshi suō ……

saying *n.* 俗话 súhuà: as the ～ goes 俗话说得好 súhuà shuōde hǎo

scab *n.* 1. 痂 jiā *dry crust over a wound 2. 不参加工会或罢工的人 bù cānjiā gōnghuì huò bàgōng de rén * a non-union member

scaffold *n.* 1. 脚手架 jiǎoshǒujià 2. 断头台 duàn-tóutái: go to the ～ 上断头台 shàng duàntóutái

scald *v.* 烫伤 tàngshāng: He ～ed his tongue with the hot water. 热水烫了他的舌头。Rèshuǐ tàngle tāde shétou.

scale¹ *n.* 1. 鳞 lín: scrape the ~s off the fish 刮去鱼鳞 guāqù yúlín 2. 水垢 shuǐgòu: kettle ~ 水壶的水垢 shuǐhú de shuǐgòu

scale² *n.* 1. 标度 biāodù; 刻度 kèdù: the ~ on a ruler 尺的标度 chǐ de biāodù 2. 级别 jíbié: wage ~s 工资级别 gōngzī jíbié 3. 规模 guīmó: on a large ~ 大规模地 dà guīmó de 4. 音阶 yīnjiē: the ~ of A A 音阶 A yīnjiē

scale³ 1. 秤盘 chèngpán *on a balance 2. 秤 chèng: Will you please put it on the ~s? 请把它放在秤上秤一秤。 Qíng bǎ tā fàng zài chèngshang chēng yichēng.

scallop *n.* 1. 扇贝 shànbèi *a sea animal 2. 扇形饰边 shànxíng shìbiān: a dress with ~s around the neck 领口带扇形饰边的衣服 lǐngkǒu dài shàngxíng shìbiān de yīfu

scalp *n.* 头皮 tóupí

scalpel *n.* 手术刀 shǒushùdāo

scan *v.* 1. 细看 xìkàn: ~ sb.'s face 仔细观察某人的脸 zíxì guānchá mǒu rén de liǎn 2. 合韵律 hé yùnlù: The verses ~ smoothly. 这些诗读起来很合韵律。 Zhèxiē shī dú qǐlái hěn hé yùnlù 3. 浏览 liúlǎn: read some chapters and ~ the rest of the book 读了书中的几章并浏览了其余部分 dúle shūzhōng de jǐ zhāng bìng liúlǎnle qíyú bùfen

scandal *n.* 1. 丑事 chǒushì: a public ~ 众所周知的丑事 zhòngsuǒzhōuzhī de chǒushì 2. 诽谤 fěibàng: Don't talk ~. 不要诽谤人。 Búyào fěibàng rén.

Scandinavian *a.* 1. 斯堪的纳维亚的 sīkāndinàwēiyàde *of Scandinavia 2. 斯堪的纳维亚人的 sīkāndinà-wēiyàrénde *of its people *n.* 斯堪的纳维亚人 sīkāndinà-wēiyǎrén *people

scant *a.* 不足的 bùzúde: a ～ supply of water 供水不足 gōngshuǐ bùzú / be ～ of money 钱不够 qián bú gòu / be ～ of breath 喘不过气来 chuǎn bú guò qǐlái

scanty *a.* 不够量的 bú gòu liàng de; 贫乏 pínfá: ～ knowledge 知识贫乏 zhīshì pínfá / a ～ crop 歉收 qiànshōu

scapegoat *n.* 替罪羊 tìzuìyáng

scar *n.* 伤痕 shānghén: a vaccination ～ 牛痘疤 niúdòubā / a country showing the ～s of war 到处是战争创伤的国家 dàochù shì zhànzhēng chuàngshāng de guójiā

scarce *a.* 1. 缺少的 quēshǎode: Fruit is ～ just now and costs a lot. 现在水果很缺，价钱很贵。 Xiànzài shuǐguǒ hěn quē, jiàqián hěn guì. 2. 稀有的 xīyǒu de: ～ metals 稀有金属 xīyǒu jīnshǔ / a ～ book 珍本 zhēnběn

scarcely *ad.* 1. 几乎不 jīhū bù: He ～ knows a word of Chinese. 他几乎不懂中文。 Tā jīhū bù dǒng zhōngwén. / I ～ know her. 我不大认识她。 Wǒ bú dà rènshì tā. 2. 刚刚 gānggāng: S～ had they left when it began to rain. 他们刚动身就下雨了。 Tāmen gāng dòngshēn jiù xiàyǔ le.

scare *v.* 惊吓 jīngxià: be ～d to death 吓得要死 xiàde yàosǐ

scarecrow *n.* 稻草人 dàocǎorén

scarf *n.* 围巾 wéijīn

scarlet *n.* 深红 shēnhóng: ～ fever 猩红热 xīnghóngrè

scatter *v.* 1. 撒播 sǎbō: ～ seeds on the field 撒播种子 sǎbō zhǒngzi 2. 驱散 qūsàn: The police ～ed the crowd. 警察驱散群众。 Jǐngchá qūsàn qúnzhòng. / The birds ～ed. 鸟四面飞散。 Niǎo sìmiàn fēisàn.

scenario *n.* 电影剧本 diànyǐng jùběn

scene *n.* 1. 现场 xiànchǎng: the ～ of the crime 犯罪现场 fànzuì xiànchǎng 2. 景色 jǐngsè: ～s in a mountain district 山区景色 shānqū jǐngsè 3. 场 chǎng: Act II, S～ I 第二幕第一场 dì-èr mù dì yī chǎng 4. 布景 bùjǐng: change the ～s 换布景 huàn bùjǐng / behind the ～s 在幕后 zài mùhòu / make the ～ 到场 dàochǎng

scenery *n.* 1. 风景 fēngjǐng: natural ～ 自然风景 zìrán fēngjǐng 2. 布景 bùjǐng: a piece of ～ 一幅布景 yì fú bùjǐng

scenic *a.* 风景的 fēngjǐngde: a ～ spot 风景区 fēngjǐngqū

scent *n.* 1. 香味 xiāngwèi: the ～ of roses 玫瑰的香味 méiguìde xiāngwèi 2. 香水 xiāngshuǐ: a bottle of ～ 一瓶香水 yì píng xiāngshuǐ 3. 线索 xiànsuǒ: give sb. a false ～ 给某人以假线索 gěi mǒu rén yǐ jiǎ xiànsuǒ 4. 嗅觉 xiùjué: hunt by ～ 凭嗅觉追猎 píng xiùjué zhuīliè

sceptic (skeptic) *n.* 怀疑者 huáiyízhě

sceptical *a.* 怀疑的 huáiyíde: be ～ about sth. 怀疑某事 huáiyí mǒu shì

schedule *n.* 一览表 yìlǎnbiǎo; 进度表 jìndùbiǎo; 时间表 shíjiānbiǎo: a ～ of freight rates 运费一览表 yùnfèi yìlǎnbiǎo / a factory production ～ 工厂生产进度表 gōngchǎng shēngchǎn jìndùbiǎo / a train ～ 火车时刻表 huǒchē shíkèbiǎo, ahead of ～ 提前 tíqián / on ～ 按预定时间 àn yùdìng shíjiān / behind ～ 落后于预定时间 luòhòuyú yùdìng shíjiān

scheme *n.* 1. 计划 jìhuà: a ～ for the term's work 学期工作安排 xuéqī gōngzuò ānpái 2. 阴谋 yīnmóu: a ～ to evade taxes 逃税阴谋 táoshuì yīnmóu *v.* 搞阴谋 gǎo yīnmóu: ～ for power 阴谋夺权 yīnmóu duóquán

scholar *n.* 学者 xuézhě: a ～ in Chinese 汉语学者 hànyǔ xuézhě

scholarship 奖学金 jiǎngxuéjīn: win a ～ to the university 得到大学的奖学金 dédào dàxué de jiǎngxuéjīn

scholastic *a.* 学校的 xuéxiàode; 教育的 jiàoyùde: a ～ education 学校教育 xuéxiào jiàoyù / a ～ post 教师的职位 jiàoshī de zhíwèi

school *n.* 1. 学校 xuéxiào: a primary (secondary) ～ 小 (中) 学 xiǎo (zhōng) xué / a normal ～ 师范学校 shīfàn xuéxiào 2. 学院 xuéyuàn: the Medical (Law) S～ 医 (法) 学院 yī (fǎ) xuéyuàn 3. 上学 shàngxué: go to ～ 上学 shàngxué / children of ～ age 学龄儿童 xuélíng értóng / after ～ 放学以后 fàngxué yǐhòu / S～ begins in September. 学校九月开学。 Xuéxiào jiǔyuè kāixué / S～ begins at 8. 学校八点上课。 Xuéxiào bā diǎn shàngkè.

schooling *n.* 学校教育 xuéxiào jiàoyù: have much (little) ～ 受很多 (很少) 教育 shòu hěn duō (hěnshǎo) jiàoyù

science *n.* 1. 科学 kēxué: ～ and technology 科学技术 kēxué jìshù 2. 理科 lǐkē: Doctor of S～ 理科博士 lǐkē bóshì

scientific *a.* 科学的 kēxuéde

scientist *n.* 科学家 kēxuéjiā

scissors *n.* 剪刀 jiǎndāo

scoff *v.* 嘲笑 cháoxiào: ～ at sb. (sth.) 嘲弄某人 (某事) cháonòng mǒu rén (mǒu shì)

scold *v.* 训斥 xùnchì; 骂 mà

scoop *n.* 勺子 sháozi; 铲子 chǎnzi: a ～ of coal 一铲煤 yì chǎn méi

scope *n.* 1. 范围 fànwéi: the ～ of a history book

一本历史书所涉及的范围 yì běn lìshǐshū suǒ shèjí de fànwéi 2. 机会 jīhuì: seek ～ for one's energies 找发挥力量的机会 zhǎo fāhuī lìliàng de jīhuì

scorch v. 1. 烤焦 kǎojiāo: ～ one's clothes 烤焦衣服 kǎojiāo yīfu 2. 开快车 kāi kuàichē: The car ～ed along 汽车开快车 Qìchē kāi kuàichē

score n. 1. 刻痕 kèhén: ～s on the wall 墙上的刻痕 qiángshang de kèhén 2. 得分 dé fēn: What's the score? 比分怎样? Bǐfēn zěngyàng? 3. 乐谱 yuèpǔ *in music v. 得分 dé fēn: ～ a goal 踢进一球 tījìn yì qiú / ～ a point 赢得一分 yíngdé yì fēn / ～ a game 胜一盘（局） shèng yì pán (jú)

scorn n. 1. 藐视 miǎoshì: express one's ～ for sb. 藐视某人 miǎoshì mǒu rén 2. 嘲笑的对象 cháoxiào-de duìxiàng: be a ～ to 是……的嘲笑对象 shì ……… de cháoxiào duìxiàng v. 轻视 qīngshì

scornful a. 藐视的 miǎoshìde

scorpion n. 蝎子 xiēzi

Scottish a. 1. 苏格兰的 Sūgélánde *of Scotland 2. 苏格兰人的 Sūgélánrénde *of its people n. 1. 苏格兰方言 Sūgélán fāngyán *dialects of Scotland 2. the ～ 苏格兰人 Sūgélánrén *people

scoundrel n. 无赖 wúlài; 恶棍 ègùn

scour v. 擦 cā: ～ the dirt off the floor 擦地板 cā dìbǎn /～the stains away with soap 用肥皂洗掉污迹 yòng féizào xǐdiào wūjì / ～out a dirty pan 刷脏锅 shuā zāngguō

scout n. 侦察员 zhēncháyuán: a ～ platoon 侦察排 zhēnchápái v. 侦察 zhēnchá: be out ～ing 外出侦察 wàichū zhēnchá / ～ about for sth. 到处搜寻某物 dàochù sōuxún mǒu wù

scowl n. 怒容 nùróng v. 皱眉头 zhòu méitóu: He ～ed

his displeasure. 他皱眉头表示不满。 **Tā zhòu méitóu biǎoshì bù mǎn.**

scramble *v.* 1. 爬 pá: ~ up the side of a cliff 爬上峭壁 páshàng qiàobì 2. 争夺 zhēngduó: ~ for power and wealth 争权夺利 zhēngquán-duólì

scrap *n.* 1. 碎屑 suìxiè: ~s of bread 面包碎屑 miànbāo suìxiè 2. 片断 piànduàn: ~s of a conversation 谈话的片断 tánhuà de piànduàn 3. 废物 fèiwù: collect ~ 收集废物 shōují fèiwù *a.* 零碎的 língsuìde *v.* 废弃 fèiqì: ~ outworn methods 废弃陈旧的方法 fèiqì chénjiù de fāngfǎ

scrape *v.* 1. 刮 guā; 擦 cā: ~ one's boots 刮掉靴底的泥 guādiào xuēdǐ de ní / ~ scales off a fish 刮鱼鳞 guā yúlín / ~ one's plate 吃光盘里的食物 chīguāng pánlǐ de shíwù / ~ out a pan 把锅擦干净 bǎ guō cā gānjìng 2. 勉强通过 miǎnqiǎng tōngguò: just ~ through an examination 考试勉强及格 kǎo- shì miǎnqiǎng jígé

scratch *v.* 1. 抓 zhuā: The cat ~ed me. 猫抓了我。 Māo zhuāle wǒ. / ~ an itch 搔痒 sāoyǎng 2. 匆促地写 cōngcùde xiě: ~ a few lines to a friend 给朋友草草写上几句 gěi péngyou cǎocǎo xiěshang jǐ jù 3. 划去 huáqù: ~ out a name from a list 从名单上划去一个名字 cóng míngdān shang huáqù yí gè míngzi *n.* 抓痕 zhuāhén

scream *v.* 尖声喊叫 jiānshēng hǎnjiào: ~ for help 尖叫救命 jiānjiào jiùmìng

screen *n.* 1. 屏风 píngfēng; 幕 mù: a folding ~ 折迭屏风 zhédié píngfēng / a ~ of trees 一排树篱 yì pái shùlí 2. 银幕 yínmù: the wide ~ 宽银幕电影 kuānyínmù diànyǐng / She appeared on the ~. 她上了银幕。 Tā shàngle yínmù. 3. 荧光屏 yíngguāngpíng: on the TV ～ 电视屏幕上 diànshì píngmù shang / radar ～ 雷达荧光屏 léidá yíngguāngpíng 4. 筛子 shāizi: a coal ～ 煤筛 méishāi / a dust ～ 防尘网 fángchénwǎng

screw *n.* 1. 螺丝 luósī: a ～ bolt (nut) 螺丝钉（母）luósīdīng (mǔ)/ drive in a ～ 把螺钉拧进去 bǎ luódīng nǐng jìnqù 2. 螺旋浆 luóxuánjiǎng: a twin ～ steamer 双螺旋浆轮船 shuāngluóxuánjiǎng lúnchuán *v.* 拧 nǐng: The lid ～s on (off). 盖子可拧上（开）。 gàizi kě nǐngshàng (kāi).

screwdriver *n.* 改锥 gǎizhuī

scribble *v.* 乱写 luànxiě; 潦草写字 liáocǎo xiězì

script *n.* 1 手迹 shǒujì *handwriting 2. 剧稿 jùgǎo: a film ～ 电影剧本 diànyǐng jùběn

scroll *n.* 卷轴 juànzhóu

scrub *v.* 擦洗 cāxǐ: ～ the floor 擦洗地板 cāxǐ dìbǎn

scrupulous *a.* 审慎的 shěnshènde

scrutinize *v.* 细察 xìchá

scrutiny *n.* 细看 xìkàn: make a ～ of the day's newspaper 仔细看当天报纸 zǐxì kàn dàngtiān bàozhǐ /make a ～ into sth. 仔细调查某事 zǐxì diàochá mǒu shì

sculptor *n.* 雕刻师 diāokèshī

sculpture *n.* 雕刻 diāokè; 雕塑 diāosù: be skilled in ～ 精于雕刻 jīngyú diāokè / clay ～s 泥塑 nísù / ivory ～ 牙雕艺术 yádiāo yìshù *v.* 雕刻 diāokè; 雕塑 diāosù

scurry *v.* 奔跑 bēnpǎo: ～ away 匆忙跑开 cōngmáng pǎokāi / ～ through one's work 匆促赶完工作 cōngcù gǎnwán gōngzuò

sea *n.* 海 hǎi; 海洋 hǎiyáng: ～ level 海平面 hǎipíngmiàn / by ～ 乘船 chéng chuán / go to ～ 当水手 dāng shuǐshǒu

seal¹ *n.* 海豹 hǎibào *animal

seal² *n.* 1. 封条 fēngtiáo: put a ～ on a box 在箱上贴封条 zài xiāngshang tiē fēngtiáo 2. 图章 túzhāng: engrave a ～ 刻图章 kè túzhāng 3. 保证 bǎozhèng: be under ～ of confession 保证严守秘密 bǎozhèng yánshǒu mìmì *v.* 1. 盖章 gàizhāng: The statement was signed and ～ed. 声明已签字盖章。Shēngmíng yǐ qiānzì gàizhāng. 2. 封 fēng: ～ an envelope 封信封 fēng xìnfēng 3. 决定 juédìng: ～ sb.'s fate 决定某人的命运 juédìng móu rén de mìngyùn

seam *n.* 缝 fèng: the ～s of the trousers 裤子的接缝处 kùzi de jiēfèngchù *v.* 1. 缝合 fénghé: ～ a dress 缝制衣服 féngzhì yīfu 2. 留有……的痕迹 liúyǒu …… de hénjì: be ～ed with wounds 留有伤痕 liúyǒu shānghén

seaman *n.* 海员 hǎiyuán

seaport *n.* 海港 hǎigǎn

search *v.* 搜寻 sōuxún; 搜查 sōuchá: ～ the woods for a lost child 在树林里搜寻一个走失的小孩 zài shùlín lǐ sōuxún yí gè zǒushī de xiǎoháir / ～ sb. 搜查某人 sōuchá mǒu rén / ～ for sth. 搜寻某物 sōuxún mǒu wù *n.* 搜寻 sōuxún: in ～ of 寻找 xúnzhǎo

searchlight *n.* 探照灯 tànzhàodēng

seashore *n.* 海滨 hǎibīn

seasick *a.* 晕船的 yūnchuánde

season¹ *n.* 季节 jìjié

season² *v.* 调味 tiáowèi: mutton ～ed with garlic 用大蒜调味的羊肉 yòng dàsuàn tiáowèi de yángròu

seat *n.* 1. 座位 zuòwèi: Take a ～ 请坐 qǐng zuò

2. 活动中心 huódòng zhōngxīn: the ～ of commerce 商业中心 shāngyè zhōngxīn v. 坐下 zuòxia: ～ one-self in a chair 在椅子上坐下 zài yǐzi shang zuòxia

seaweed *n.* 海草 hǎicǎo

seclude *v.* 隔离 gélí: ～ oneself from society 与世隔绝 yǔ shì géjué

second¹ *num.* 第二 dì-èr: the ～ largest school in the city 城里第二座大的学校 chéngli dì-ér zuò dàde xuéxiào *a.* 1. 二等的 èrděngde: ～ class 二等 èr-děng 2. 又一个 yòu yí gè: every ～ day 每隔一天 měi gé yì tiān

second² *n.* 1. 秒 miǎo: the ～ hand of a clock 钟的秒针 zhōng de miǎozhēn 2. 片刻 piànkè: The plane will take off in a ～. 那飞机一会儿就要起飞了。 Nà fēijī yíhuìr jiù yào qǐfēi le.

secondary *a.* 中等的 zhōngděngde: ～ school 中学 zhōngxué / ～ education 中等教育 zhōngděng jiào-yù

second-hand *a.* 第二手的 dì-èrshǒude: a ～ shop 旧货商店 jiùhuò shāngdiàn

secrecy *n.* 秘密 mìmì: do sth. with great ～ 极秘密地做某事 jí mìmì de zuò mǒu shì / keep the matter in ～ 这事要保守秘密 zhè shì yào bǎoshǒu mìmì

secret *a.* 秘密的 mìmìde: a ～ plan 秘密计划 mìmì jìhuà *n.* 秘密 mìmì; top ～ 绝密 juémì / an open ～ 公开的秘密 gōngkāide mìmì / let out a ～ 泄漏秘密 xièlòu mìmì / in ～ 秘密地 mìmìde

secretariat(e) *n.* 秘书处 mìshūchù; 书记处 shūjìchù: the United Nations S～ 联合国秘书处 liánhéguó mìshūchù

secretary *n.* 1. 秘书 mìshū: a private ～ 私人秘书 sīrén mìshū 2. 书记 shūjì 3. 部长 bùzhǎng: the

S~ of State 国务卿 guówùqīng *in the U.S.A.

sect *n.* 宗派 zōngpài

section *n.* 1. 部分 bùfen: a ~ of a pipe 管子的一段 guǎnzi de yí duàn 2. 区 qū *area: *a rural ~乡村地区 xiāngcūn dìqū 3. 截面 jiémiàn: a cross ~ 横截面 héngjiémiàn

sector *n.* 1. 扇形 shànxíng: the ~ of a circle 圆的扇形 yuán de shànxíng 2. 部门 bùmén: the banking ~ 银行部门 yínháng bùmén

secure *a.* 1. 安全的 ānquánde: Is the ladder ~? 梯子安全吗? Tīzi ānquán ma? / feel ~ about one's future 对未来感到很放心 duì wèilái gǎndào hěn fàngxīn 2. 关牢 guānláo: make the windows ~ before leaving the house 离屋子前把窗户关牢 lí wūzi qián bǎ chuānghu guānláo *v.* 1. 使……安全 shǐ …… ānquán: ~ the city against attack 保卫城市免受攻击 bǎowèi chéngshì miǎnshòu gōngjī 2. 弄到 nòngdào: ~ sb. a ticket 替某人弄到一张票 tì mǒu rén nòngdào yì zhāng piào 3. 关紧 guānjǐn: ~ the windows 把窗子关紧 bǎ chuāngzi guānjǐn

security *n.* 1. 安全 ānquán: a sense of ~ 安全感 ānquángǎn / ~ of person 人身安全 rénshēn ānquán / in ~ 安全地 ānquándì / the S~ Council 安全理事会 Ānquán Lǐshìhuì 2. 抵押品 dǐyāpǐn: give sth. as a ~ for 以某物作为……的抵押品 yǐ mǒu wù zuòwéi …… de dǐyāpǐn 3. 债券 zhàiquàn: government securities 公债券 gōngzhàiquàn

sedan *n.* 轿子 jiàozi; 轿车 jiàochē *car

sedative *n.* 镇静剂 zhènjìngjì; 止痛药 zhǐtòngyào *a.* 镇静的 zhènjìngde; 止痛的 zhǐtòngde: ~ effects 镇静效果 zhènjìng xiàoguǒ

seduce *v.* 勾引 gōuyǐn

see *v.* 1. 看见 kànjiàn: I saw the bus come. 我看见公共汽车来了。 Wǒ kànjiàn gōnggòng qìchē láile. / Can you ~ what's going on there? 你看见那里发生什么事了吗？ Nǐ kànjiàn nàli fāshēng shénme shì le ma? / He doesn't ~ well with his left eye. 他左眼视力不好。 Tā zuǒyǎn shìlì bù hǎo. 2. 会见 huìjiàn: I'm glad to ~ you. 我很高兴同你见面。 Wǒ hěn gāoxìng tóng nǐ jiànmiàn / S~ you later! 再见！ Zàijiàn! / You'd better ~ a doctor. 你最好去看看病。 Nǐ zuì hǎo qù kànkan bìng. 3. 观看 guānkàn: ~ a play 看戏 kànxì / ~ the sights 游览名胜 yóulǎn míngshèng 4. 理解 lǐjiě: Do you ~ what I mean? 你懂我的意思吗？ Nǐ dǒng wǒde yìsi ma? / I don't ~ your point. 我不明白你说的要点。Wǒ bù míngbai nǐ shuō de yàodiǎn./ as far as I can ~ 就我所知 jiù wǒ suǒ zhī 5. 陪送 péisòng: ~ sb. home 陪送某人回家 péisòng mǒu rén huíjiā 6. 当心 dāngxīn: S~ you don't catch cold. 当心别感冒。 Dāngxīn bié gǎnmào. ~ing that 由于 yóuyú: Seeing that he is ill, let me take his place. 既然他病了，我来替他。 Jìrán tā bìng le, wǒ lái tì tā. / ~ sb. off 为某人送行 wèi mǒu rén sòngxíng

seed *n.* 种子 zhǒngzi *v.* 结子 jiēzǐ

seedling *n.* 幼苗 yòumiáo

seek *v.* 1. 寻找 xúnzhǎo: ~ shelter from the rain 找躲雨的地方 zhǎo duǒyǔ de dìfang / ~ truth from facts 实事求是 shíshìqiúshì 2. 企图 qìtú: They sought to escape. 他们想逃走。 Tāmen xiǎng táozǒu.

seem *v.* 1. 好象 hǎoxiàng; 看来 kànlái: I ~ to have caught a cold. 我好象感冒了。Wǒ hǎoxiàng gǎnmào le. / It ~s as if it is going to rain. 看来快下雨了。 Kànlái kuài xiàyǔ le. / It ~s that everyone knows it. 似乎谁都知道这回事。 Sìhū shuí dōu zhīdào zhè huí shì.

seesaw *n.* 跷跷板 qiāoqiāobǎn

segment *n.* 部分 bùfen: every ~ of the economy 各经济部门 gè jīngjì bùmén

segregate *v.* 隔离 gélí

seize *v.* 1. 抓住 zhuāzhù: ~ sb. by the collar 抓住某人的领子 zhuāzhù mǒu rén de lǐngzi 2. 夺取 duóqǔ: ~ political power 夺取政权 duóqǔ zhèngquán 3. 没收 mòshōu: ~ smuggled goods 没收走私货 mòshōu zǒusīhuò 4. 害病 hàibìng: be ~d with an illness 害病 hàibìng, ~ hold of 抓住 zhuāzhù

seizure *n.* 1. 抓住 zhuāzhù 2. 侵袭 qīnxí: a heart ~ 心脏病发作 xīnzàngbìng fāzuò

seldom *ad.* 很少 hěnshǎo: I have ~ seen such large apples. 我很少见过这么大的苹果。 Wǒ hěnshǎo jiànguo zhème dà de píngguǒ. / She ~ goes out. 她不常外出。 Tā bù cháng wàichū. / His wife ~ has a holiday. 他的妻子难得有一天休息。 Tāde qīzi nándé yǒu yì tiān xiūxī.

select *v.* 选择 xuǎnzé

self *n.* 自己 zìjǐ: be conscious of ~ 自觉 zìjué / She has no thought of ~. 她不考虑个人利益。 Tā bù kǎolǜ gèrén lìyì. ~ reliance *n.* 自力更生 zìlìgēngshēng, ~ respect *n.* 自尊 zìzūn, ~ service *n. & a.* 自助（的） zìzhù (de), ~ sufficient *a.* 自给自足的 zìjǐ zìzú de, ~ taught *a.* 自学的 zìxuéde

selfish *a.* 自私的 zìsīde

selfless *a.* 无私的 wúsīde: a ~ spirit 无私的精神 wúsīde jīngshén

sell *v.* 卖 mài: ～ sb. sth. 把某物卖给某人 bǎ mǒu wù màigěi mǒu rén / He sold the house to his friend. 他把这所房子卖给了他的朋友。 Tā bǎ zhè suǒ fángzi màigěile tāde péngyou. / ～ sth. at a bargain 贱卖某物 jiànmài mǒu wù / ～ sth. by auction 拍卖某物 pāimài mǒu wù / ～ out 卖完 màiwán: The tickets are sold out. 票已售完。Piào yǐ shòuwán.

semantics *n.* 语义学 yǔyìxué

semester *n.* 一学期 yìxuéqī

semi- 半 bàn: ～ conductor 半导体 bàndǎotǐ

seminar *n.* 课堂讨论 kètáng tǎolùn

senate *n.* 参议院 cānyìyuàn

senator *n.* 参议员 cānyìyuán

send *v.* 1. 送 sòng; 寄发 jìfā: ～ a message 送个信 sòng ge xìn / ～ a telegram 发电报 fā diànbào 2. 派遣 pàiqiǎn: He was sent to buy some stamps. 派他去买几张邮票。Pài tā qù mǎi jǐ zhāng yóupiào. ～ for 派人去叫 pài rén qù jiào: ～ for a doctor 派人去叫医生 pài rén qù jiào yīshēng / ～ out 发送 fāsòng: ～ out a letter of invitation 发出请柬 fāchū qǐngjiǎn / ～ up 发射 fāshè: ～ up a rocket 发射火箭 fāshè huǒjiàn

senior *a.* 年长的 niánzhǎngde: He is five years ～ to me. 他比我大五岁。Tā bǐ wǒ dà wǔ suì. *n.* = a fourth-year student 高年级学生 gāo niánjí xuéshēng

sensation *n.* 1. 感觉 gǎnjué: have a ～ of happiness 有快乐的感觉 yǒu kuàilè de gǎnjué 2. 轰动 hōngdòng: create a great ～ 引起很大的轰动 yǐnqǐ hěn dà de hōngdòng / a literary ～ 轰动文坛的作品 hōngdòng wéntán de zuòpǐn

sensational *a.* 轰动的 hōngdòngde

sense *n.* 1. 官能 guānnéng: 感觉 gǎnjué: the five ～s

五种官能 wǔ zhǒng guānnéng / a ～ of beauty 审美
感 shěnměigǎn / a language ～ 语感 yǔgǎn / He
has no ～ of time. 他没有时间观念。Tā méiyǒu shí-
jiān guānniàn. 2. 道理 dàolǐ: common ～ 常识 cháng-
shí / a man of ～ 通情达理的人 tōngqíng dálǐ de
rén / There ·is some ～ in what he says. 他说的话
有些道理。Tā shuō de huà yǒuxiē dàolǐ. 3. 知觉
zhījué: lose (recover) one's ～s 失去（恢复）知
觉 shīqù (huīfù) zhījué / come to one's ～s 苏醒
sūxǐng / in all ～s 在任何意义上说 zài rènhé yìyì-
shang shuō, in a ～ 在某种意义上说 zài mǒu zhǒng
yìyìshang shuō, in no ～ 决不 juébù, mak～ ～ 讲得
通 jiǎngde tōng

senseless a. 1. 无意义的 wú yìyì de: a ～ act 无意义的
行为 wú yìyì de xíngwéi 2. 失去知觉的 shīqù zhījué
de: He remained ～. 他还没有恢复知觉。Tā hái
méiyǒu huīfù zhījué.

sensibility n. 1. 感觉 gǎnjué: tactile ～ 触觉 chùjué
2. 敏感 mǐngǎn: the ～ of an artist 艺术家的敏感性
yìshùjiā de mǐngǎnxìng 3. 情感 qínggǎn: sense and
～ 理智和情感 lǐzhì hé qínggǎn

sensible a. 1. 感觉得到的 gǎnjué dédào de: no ～
difference 没有多大区别 méiyǒu duō dà qūbié / a
～ error 明显的错误 míngxiǎnde zuòwù 2. 明智的
míngzhìde; 切合实际的 qièhé shíjì de: a ～ man 聪明
人 cōngmingrén, a ～ plan 切合实际的计划 qièhé
shíjì de jìhuà

sensitive a. 1. 敏感的 mǐngǎnde: ～ to cold 对冷敏感
的 duì lěng mǐngǎn de / ～ weighing scales 灵敏度
高的天平 língmǐndù gāo de tiānpíng 2. 易感光的
yì gǎnguāng de: ～ paper 感光纸 gǎnguāngzhǐ

sensual a. 肉欲的 ròuyùde; 淫荡的 yíndàngde

sentence *n.* 1. 句子 jùzi: Read the following ~s. 读下面的句子。Dú xiàmiàn de jùzi. 2. 判决 pànjué: under ~ of death 被判处死刑 bèi pànchǔ sǐxíng / He received a heavy (light) ~. 他被重（轻）判。Tā bèi zhòng (qīng) pàn. *v.* 判决 pànjué: He was ~ed to 5 years in prison. 他被判五年徒刑。Tā bèi pàn wǔ nián túxíng.

sentiment *n.* 1. 感情 gǎnqíng: express friendly ~s 表示友好的感情 biǎoshì yǒuhǎo de gǎnqíng 2. 意见 yìjiàn: He shared my ~s on this problem. 在这个问题上他同我意见一致。Zài zhège wèntíshang tā tóng wǒ yìjiàn yízhì.

sentimental *a.* 善感的 shàn'gǎnde; 伤感的 shānggǎnde: a ~ novel 感伤小说 gǎnshāng xiǎoshuō / a ~ person 多愁善感的人 duōchóu-shàn'gǎnde rén

sentry *n.* 哨兵 shàobīng: be on ~ 站岗 zhàngǎng; 放哨 fàngshào

separable *a.* 可分开的 kě fēnkāi de

separate *a.* 1. 分离的 fēnlíde: Live ~ 分居 fēnjū 2. 单独的 dāndúde: I want a ~ room. 我要一个独用房间。Wǒ yào yí gè dúyòng fángjiān. *v.* 隔开 gékāi: The rooms are ~d by a wall. 房间被墙隔开。Fángjiān bèi qiáng gékāi.

September *n.* 九月 jiǔyuè

sequel *n.* 1. 后果 hòuguǒ: the ~ of an event 事件的后果 shìjiàn de hòuguǒ 2. 续集 xùjí: the ~ of a novel 小说的续集 xiǎoshuō de xùjí

sequence *n.* 1. 连续 liánxù: a ~ of bumper harvests 连续的大丰收 liánxùde dàfēngshōu 2. 顺序 shùnxù: in historial ~ 按历史顺序 àn lìshǐ shùnxù

serene *a.* 宁静的 níngjìngde; 晴朗的 qínglǎngde: a ~ life 宁静的生活 níngjìngde shēnghuó / ~ weather

晴朗的天气 qínglǎngde tiānqì / a ～ look 安详的神情 ānxiángde shénqíng

serf *n.* 农奴 nóngnú

sergeant *n.* 1. 军士 jūnshì; 中士 zhōngshì *in the army 2. 警官 jǐngguān *a police officer

serial *a.* 1. 连续的 liánxùde: ～ numbers 连着顺序的号码 liánzhe shùnxù de hàomǎ 2. 连载的 liánzǎide: a ～ story 连载故事 liánzǎi gùshī

series *n.* 1. 连续 liánxù; 系列 xìliè: a television ～ 电视连续剧 diànshì liánxùjù / a ～ of questions 一系列问题 yíxìliè wèntí 2. 丛书 cóngshū: the Chinese History ～ 中国历史丛书 Zhōngguó lìshǐ cóngshū

serious *a.* 1. 严肃的 yánsùde: look ～ 表情严肃 biǎoqíng yánsù 2. 认真的 rènzhēnde: pay ～ attention 认真对待 rènzhēn duìdài / a ～ worker 认真工作的人 rènzhēn gōngzuò de rén 3. 严重的 yánzhòngde: a ～ warning 严重警告 yánzhòng jǐnggào / I hope it's nothing ～. 我希望情况不严重。 Wǒ xīwàng qíngkuàng bù yánzhòng.

serpent *n.* 1. 蛇 shé *snake 2. 阴险的人 yīnxiǎnde rén *treacherous person: the old S～ 恶魔 èmó

servant *n.* 1. 仆人 púrén 2. 公务员 gōngwùyuán: a civil ～ 公务员 gōngwùyuán

serve *v.* 1. 服务 fúwù; 服役 fúyì: ～ one's country 为国效劳 wèi guó xiàoláo / ～ in the army 在陆军服役 zài lùjūn fúyì 2. 招待 zhāodài: What may I ～ you with? 您要什么? Nín yào shénme? / ～ at table 做招待员 zuò zhāodàiyuán 3. 供应 gōngyìng: Our power station ～s the entire city. 我们这个电站供应全市的用电。 Wǒmen zhège diànzhàn gōngyìng quánshì de yòngdiàn. 4. 发球 fāqiú *in games, ～ sb. right 给某人以应得的报应 gěi mǒu rén yǐ yīngdé de bàoyìng

service *n.* 1. 服务 fúwù: You have done me a great ~. 你帮了我大忙。Ní bāngle wǒ dà máng. / give good ~ 服务周到 fúwù zhōudào / no ~ charge accepted 不收服务费 bù shuō fúwùfèi / be in the ~ 在部队服役 zài bùduì fúyì 2. 服务机构 fúwù jīgòu: China Travel S~ 中国旅行社 Zhōngguó Lǚxíngshè / the consular ~ 领事馆 lǐngshìguǎn 3. 公共设施 gōnggòng shèshī: the telephone ~ 电话设施 diànhuà shèshī / the public ~ 公用事业 gōngyòng shìyè 4. 仪式 yíshì: a marriage (burial) ~ 婚（葬）礼 hūn (zàng) lǐ

serviceable *a.* 有用的 yǒuyòngde; 耐用的 nàiyòngde: a pair of ~ shoes 一双耐穿的鞋 yì shuāng nàichuān de xié

sesame *n.* 芝麻 zhīma: ~ oil 香油 xiāngyóu; 麻油 máyóu

session *n.* 1. 会议 huìyì: go into secret ~ 开秘密会议 kāi mìmì huìyì 2. 学期 xuéqī: the summer ~ 暑假上的课 shǔjià shàngde kè *semester

set *v.* 1. 放 fàng: ~ a lamp on the table 把灯放在桌上 bǎ dēng fàng zài zhuōshang / ~ flowers in a vase 把花插在花瓶里 bǎ huā chā zài huàpíng lǐ 2. 安排 ānpái: ~ the table for dinner 摆好餐具准备开饭 bǎihǎo cānjù zhǔnbèi kāifàn 3. 使…… shǐ……: ~ sb.'s heart at ease 使某人放心 shǐ mǒu rén fàngxīn / ~ the bird free 把鸟放了 bǎ niǎo fàngle / ~ sb. to a task 使某人干某项工作 shǐ mǒu rén gàn mǒu xiàng gōngzuò 4. 确定 quédìng: ~ a wedding day 确定婚期 quèdìng hūnqī / ~ the price 定价格 dìng jiàgé 5. 拨钟 bō zhōng: ~ the alarm clock 拨好闹钟 bōhǎo nàozhōng 6. 树立

shùlì: ~ a good example 树立好榜样 shùlì hǎo bǎngyàng / ~ a new record 创造新记录 chuàngzào xīn jìlù 7. 日落 rìluò: In the winter the sun ~s early. 冬天太阳落得早。 Dōngtiān tàiyáng luòde zǎo. 8. 镶 xiāng: ~ a diamond in gold 在黄金上镶钻石 zài huángjīn shang xiāng zuànshí / ~ back 往回拨 wàng huí bō: ~ back the clock 把钟往回拨 bǎ zhōng wàng huí bō, ~ off 动身 dòngshēn: They ~ off for New York yesterday. 他们昨天去纽约了。 Tāmen zuótiān qù Niǔyuē le. ~ to work 开始工作 kāishǐ gōngzuò, ~ up 立 lì: ~ up a flag 升旗 shēngqí / ~ up a shop 开店 kāi diàn n. 1. 一套 yí tào: a coffee ~ 一套咖啡咖具 yí tào kāfēijù 2. 一盘 yì pān * of games 3. 机 jī: a TV ~ 一台电视机 yì tái diànshìjī

setback n. 挫折 cuòzhé

settle v. 1. 安排 ānpái: ~ one's affairs 安排自己的事 ānpái zìjǐde shì / ~ a room 整理房间 zhěnglǐ fángjiān 2. 定居 dìngjū; 安家 ānjiā: They got married and ~d in Beijing. 他们结了婚，在北京安了家。 Tāmen jiēle hūn, zài Běijīng ānle jiā. 3. 使……平静 shǐ ……… píngjìng: ~ one's nerves 使神经平静下来 shǐ shénjīng píngjìng xiàlái 4. 决定 juédìng: That ~s the matter. 事情就这样决定了。 Shìqing jiù zhèyàng juédìng le. / ~ the quarrel 解决争执 jiějué zhēngzhí / ~ to do sth. 决定做某事 juédìng zuò mǒu shì 5. 结算 jiésuàn: ~ a bill 结帐 jiézhàng / ~ with the bank once a month 每月同银行结算一次 měi yuè tóng yínháng jiésuàn yí cì 6. 停留 tíngliú: A cold has ~d in my chest. 我感冒一直没有好。 Wǒ gǎnmào yìzhí méiyǒu hǎo. 7. 沉落 chénluò: Dust has ~d on the desk.

桌上积起了灰尘。 Zhuōshang jīqǐle huīchén, ～ **down** 1. 平静下来 píngjìng xiàlái: ～ **down to dinner** 坐定下来吃饭 zuòdìng xiàlái chīfàn / ～ **down to write an article** 静下心来写文章 jìngxià xīn lái xiě wénzhāng 2. 定居 dìngjū ～ **down in the country** 在农村定居 zài nóngcūn dìngjū

settler *n.* 定居者 dìngjūzhě

seven *num.* 七 qī

seventeen *num.* 十七 shíqī

seventh *num.* 第七 dì-qī; 第七个 dì-qī gè

seventieth *num.* 第七十 dì-qīshí

seventy *num.* 七十 qīshí

sever *v.* 1. 切断 qiēduàn: He used scissors to ～ the threads. 他用剪子剪断线。Tā yòng jiǎnzi jiǎnduàn xiàn. / ～ the cable 把电缆割下 bǎ diànlǎn gēxià 2. 断绝 duànjué: ～ connections with sb. 与某人断绝关系 yǔ móu rén duànjué guānxi

several *a.* 1. 几个 jǐge: ～ times 几次 jǐ cì 2. 各自的 gèzìde: They went their ～ ways. 他们各走各的路。Tāmen gè zuǒ gè de lù.

severe *a.* 1. 严厉的 yánlìde; 严格的 yángéde: ～ military rules 严格的军事纪律 yángéde jūnshì jìlù / be ～ with sb 对某人很严厉 duì mǒu rén hěn yánlì / a ～ look 严肃的神色 yánsùde shénsè 2. 严重的 yánzhòngde: ～ pain 剧痛 jùtòng / a ～ wound 重伤 zhòngshāng / a ～ winter 严冬 yándōng / ～ competition 激烈的竞争 jīliède jìngzhēng

sew *v.* 缝 féng

sewage *n.* 污水 wūshuǐ: ～ treatment 污水处理 wūshuǐ chǔlǐ

sewer *n.* 下水道 xiàshuǐdào; 阴沟 yīngōu

sewing *n.* 缝纫 féngrèn: ～ machine 缝纫机 féngrènjī

sex *n.* 1. 性别 xìngbié: the male ～ 男性 nánxìng 2. 性 xìng: ～ organs 性器官（生殖器官）xìng-qìguān (shēngzhí qìguān)

sexual *a.* 性的 xìngde: ～ intercourse 性交 xìngjiāo

shabby *a.* 1. 破烂的 pòlànde; 褴褛的 lánlǚde: wearing a ～ hat 戴破旧的帽子 dài pòjiù de màozi / be ～ in dress 衣衫褴褛 yīshān lánlǚ 2. 卑鄙的 bēibǐde: a ～ trick 卑鄙的手法 bēibǐde shǒufǎ

shade *n.* 1. 荫 yīn: under the ～ of a tree 在树荫下 zài shùyīn xià / in the ～ 在阴凉处 zài yīnliáng chù 2. 遮光物 zhēguāngwù: a window ～ 遮光帘 zhē-guānglián 3. 细微差别 xìwēi chābié: ～s of meaning 意义上的细微差别 yìyìshang de xìwēi chābié *v.* 遮蔽 zhēbì; 遮暗 zhē'àn

shadow *n.* 1. 影子 yǐngzi: He is afraid of his own ～. 他胆小得不得了。Tā dǎnxiǎode bùdeliǎo 2. 阴暗部分 yīn'àn bùfen: the ～s of evening 暮色 mùsè

shady *a.* 1. 遮荫的 zhēyīnde: the ～ side of the street 街道的背阴面 jiēdào de bèiyīnmiàn 2. 可疑的 kěyíde: a ～-looking man 形迹可疑的家伙 xíngjì kěyí de jiāhuo

shaft *n.* 1. 箭 jiàn; 矛 máo: ～s of lightning 一道道闪电 yí dàodào shǎndiàn / ～s of satire 一支支讽刺的利箭 yì zhīzhī fěngcì de lìjiàn 2. 柄 bǐng: the ～ of an axe 斧柄 fǔbǐng

shake *v.* 1. 摇 yáo: ～ one's head 摇头 yáotóu / The medicine is to be ～n before use. 此药服前摇匀。Cǐ yào fù qián yáoyún / ～ hands 握手 wò-shǒu 2. 震动 zhèndòng: be ～n by the bad news 对这个坏消息感到震惊 duì zhège huài xiāoxi gǎndào zhènjīng / The explosion shook the house. 爆炸震动了房子。Bàozhà zhèndòngle fángzi. 3. 挥舞 huīwǔ:

~ one's fists at sb. 向某人挥拳 xiàng mǒu rén huīquán

shaky *a.* 摇晃的 yáohuàngde; 不稳的 bùwěnde

shall *v.* 1. 将 jiāng; 会 huì: I ~ reach Qingdao tomorrow. 明天我将到达青岛。 Míngtiān wǒ jiāng dàodá Qīngdǎo. 2. ……好吗? …… hǎoma? S~ we go? 咱们走好吗? Zánmen zǒu hǎo ma? / S~ he come to see you? 要不要他来看你? Yào bùyào tā lái kàn nǐ?

shallow *a.* 浅的 qiǎnde: a ~ dish 浅盘 qiǎnpán / a ~ stream 浅溪 qiǎnxī / ~ talk 肤浅的谈话 fūqiǎnde tánhuà / a ~ man 浅薄的人 qiǎnbóde rén

shame *n.* 1. 羞耻 xiūchǐ: feel ~ 感到羞耻 gǎndào xiūchǐ / hang one's head for ~ 羞愧的低下头来 xiūkuìde dīxià tóulái / have no ~ 厚颜无耻 hòuyán wúchǐ / For shame! 真丢脸! Zhēn diūliǎn! 2 可耻的人 kěchǐde rén: He's a ~ to his family 他是家庭中的败类。 Tā shì jiātíng zhōng de bàilèi

shameful *a.* 可耻的 kěchǐde

shameless *a.* 无耻的 wúchǐde; 不要脸的 búyàoliǎnde

shampoo *v.* 洗头 xǐ tóu *n.* 1. 洗头 xǐ tóu: give sb. a ~ 给某人洗头 gěi mǒu rén xǐ tóu 2. 洗发剂 xǐfàjì a new ~ 新的洗发剂 xīnde xǐfàjì

shape *n.* 1. 形状 xíngzhuàng; 样式 yàngshì: Wha ~ is his nose? 他的鼻子是什么形状的? Tāde bízi shì shénme xíng zhuàng de? 2. 定形 dìngxíng knock sth. into ~ 将某物敲打成形 jiāng mǒu wǔ qiāodǎ chéng xíng 3. 模型 móxíng: a hat ~ 帽型 màoxíng *v.* 成形 chéngxíng

shapely *a.* 美观的 měiguānde

share *n.* 1. 一份 yí fèn: have a ~ in the profits 得一份利润 dé yí fèn lìrùn / That's your fair ~, 那是

你应得的一份。Nà shì nǐ yīng dé de yí fèn. 2. 股份 gǔfèn: have 100 ~s in a company 在公司中有一百股 zài gōngsī zhōng yǒu yìbǎi gǔ v. 均分 jūnfēn: ~ a room with sb. 与某人合住一房间 yǔ mǒu rén hézhù yì fángjiān

shark *n.* 鲨鱼 shāyú

sharp *a.* 1. 尖的 jiānde; 锋利的 fēnglìde: a ~ pin 尖利的大头针 jiānlìde dàtóuzhēn / a ~ knife 锋利的刀 fēnglìde dāo 2. 敏锐的 mǐnruìde: ~ eyes 敏锐的目光 mǐnruìde mùguāng / ~ ears 灵敏的听觉 língmǐnde tīngjué / a ~ child 机灵的孩子 jīlingde háizi 3. 尖刻的 jiānkède: a ~ tongue 利嘴 lìzuǐ / a ~ temper 暴躁的脾气 bàozàode píqì / a ~ pain 剧痛 jùtòng / a ~ smell 刺鼻的气味 cìbí de qìwèi *ad.* 正 zhèng: arrive at 10 ~ 十点正到达 shí diǎn zhěng dàodá

sharpen *v.* 削尖 xiāojiān; 磨快 mókuài: ~ a pencil 削铅笔 xiāo qiānbǐ / ~ a knife 磨刀 mó dāo

shatter *v.* 粉碎 fěnsuì: The glass ~ed. 玻璃碎了。Bōli suì le.

shave *v.* 1. 刮 guā; 剃 tì: He doesn't ~ every day. 他并不每天刮脸。Tā bìngbù měi tiān guā liǎn. / ~ one's beard 剃胡子 tì húzi

shawl *n.* 披肩 pījiān; 围巾 wéijīn

she *pron.* 她 tā

shear *v.* （修）剪 (xiū) jiǎn: ~ a sheep 剪羊毛 jiǎn yángmáo / ~ a lawn 修剪草坪 xiūjiǎn cǎopíng

sheath *n.* 鞘 qiào

shed[1] *n.* 棚 péng: a livestock ~ 牲畜棚 shēngchùpéng

shed[2] *v.* 1. 流出 liúchū: ~ tears 流泪 liúlèi 2. 脱落 tuōluò: The trees began ~ding their leaves. 树木开始落叶。Shùmù kāishǐ luòyè. 3. 发散 fāsàn:

~ warmth and light 发出光和热 fāchū guāng hé rè

sheep *n.* 绵羊 miányáng: a wolf in ~'s clothing 披着羊皮的豺狼 pīzhe yángpí de cháiláng

sheepish *a.* 腼腆的 miǎntiande: a ~-looking boy 样子腼腆的男孩 yàngzi miǎntian de nánháir

sheer *a.* 1. 彻底的 chèdide: a ~ fraud 彻头彻尾的骗局 chètóu-chèwěide piànjú 2. 透明的 tòumíngde: stockings of ~ silk 透明丝袜 tòumíng sīwà 3. 陡峭的 dǒuqiàode: a ~ cliff 悬崖 xuányá

sheet *n.* 1. 床单 chuángdān: change the ~ 换床单 huàn chuángdān 2. 一张 yì zhāng: a ~ of paper 一张纸 yì zhāng zhǐ / wrapped in a ~ of newspaper 用一张报纸包上 yòng yì zhāng bàozhǐ bāoshang

shelf *n.* 1. 架子 jiàzi: replace the books on the shelves 把书放回书架 bǎ shū fànghuí shūjiā 2. 陆架 lùjià: a continental ~ 大陆架 dàlùjià

shell *n.* 1. 壳 ké: an egg ~ 蛋壳 dànké / a tortoise ~ 乌龟壳 wūguīké 2. 炮弹 pàodàn: a tear (gas) ~ 催泪弹 cuīlèidàn / a gas ~ 毒气弹 dúqìdàn

shellfish *n.* 贝壳类动物 bèikélèi dòngwù

shelter *n.* 1. 遮蔽物 zhēbìwù: a bus ~ 候车亭 hòuchētíng / an air-raid ~ 防空洞 fángkōngdòng 2. 遮蔽 zhēbì: take ~ from the rain 避雨 bìyǔ

shelve *v.* 1. 装搁板 zhuāng gébǎn: ~ a closet 在壁橱内装搁板 zài bìchú nèi zhuāng gébǎn 2. 搁置 gēzhì: The proposal was ~d. 这建议被暂时搁置了。 Zhè jiànyì bèi zànshí gēzhì le.

shepherd *n.* 牧羊人 mùyángrén *v.* 牧羊 mùyáng

sheriff *n.* 1. 郡长 jùnzhǎng *England 2. 执行法律的主要官员 zhíxíng fǎlù de zhǔyào guānyuán *in the U.S.

shield *n.* 盾 dùn: a spear and a ～ 矛和盾 máo hé dùn

shift *v.* 1. 移动 yídòng; 改变 gǎibiàn: Will you help me to ～ the furniture about, please? 请你帮助我移动家具好吗？ Qǐng nǐ bāngzhù wǒ yídòng jiājù hǎo ma? / The wind ～d. 风改变方向了。 Fēng gǎibiàn fāngxiàng le. 2. 推托 tuītuō: Don't try to ～ the responsibility on to others. 不要企图把责任推给别人。 Búyào qǐtú bǎ zérèn tuīgěi biérén. *n.* 轮班 lúnbān: the day (night) ～ 日（夜）班 rì (yè) bān / work in three ～s 分三班工作 fēn sān bān gōngzuò

shine *v.* 1. 照耀 zhàoyào: The sun ～s bright(ly). 阳光灿烂。 Yángguāng cànlàn. 2. 擦亮 cāliàng: ～ shoes 擦皮鞋 cā píxié 3. 出众 chūzhòng: She ～s as a teacher. 她当教师很出色。 Tā dāng jiàoshī hěn chūsè. *n.* 晴天 qíngtiān: Rain or ～, we'll set out tomorrow. 不论晴雨，我们明天出发。 Búlùn qíng yǔ, wǒmen míngtiān chūfā.

shiny *a.* 有光泽的 yǒu guāngzé de

ship *n.* 船 chuán: a passenger ～ 客轮 kèlún *v.* 船运 chuányùn: ～ machines from Dalian to Shanghai 用船把机器从大连运到上海 yòng chuán bǎ jīqì cóng Dàlián yùndào Shànghǎi

shipment *n.* 1. 装运 zhuāngyùn: a ～ request 装运申请书 zhuāngyùn shēnqǐngshū 2. 装运的货物 zhuāngyùn de huòwù

shipping *n.* 装运 zhuāngyùn: a ～ charge 托运费 tuōyùnfèi

shipwreck *n.* 船只失事 chuánzhī shīshì *v.* 船只遇难 chuánzhī yùnàn

shirt *n.* 衬衫 chènshān

shiver *v.* 颤抖 chàndǒu: ～ with cold 冷得发抖 lěngde

fādǒu

shock *n.* 1. 震动 zhèndòng: the ~ of the explosion 爆炸引起的震动 bàozhà yǐnqǐ de zhèndòng 2. 冲击 chōngjī: the ~ of tides on the seashore 海滨潮汐的冲击 hǎibīn cháoxī de chōngjī 3. 震惊 zhènjīng: His death was a ~ to us all. 他的去世使我们大家感到震惊。 Tāde qùshì shǐ wǒmen dàjiā gǎndào zhènjīng. 4. 触电 chùdiàn: get a ~ from a wire 碰着电线而触电 pèngzhe diànxiàn ér chùdiàn *v.* 1. 震惊 zhènjīng: I was ~ed by the news. 这消息使我惊讶。 Zhè xiāoxi shǐ wǒ jīngyà. 2. 触电 chùdiàn: He got ~ed when he touched the wire. 他碰着电线触了电。 Tā pèngzhe diànxiàn chù le diàn.

shocking *a.* 1. 令人震惊的 lìng rén zhènjīng de: ~ news 令人震惊的消息 lìng rén zhènjīng de xiāoxi 2. 非常坏的 fēi cháng huài de: ~ behaviour 非常坏的行为 fēicháng huài de xíngwéi / ~ handwriting 蹩脚的书法 biéjiǎode shūfǎ

shoe *n.* 1. 鞋 xié: put on (take off) one's ~s 穿（脱）鞋 chuān (tuō) xié 2. 蹄铁 títiě: His horse cast a ~. 他的马掉了一块蹄铁。 Tāde mǎ diàole yí kuài títiě.

shoot *v.* 1. 发射 fāshè; 射击 shèjī: ~ a bullet 发射子弹 fāshè zǐdàn / Don't ~! 别开枪! Bié kāiqiāng! / He shot at a bird, but missed it. 他开枪打鸟，但没打中。 Tā kāiqiāng dǎ niǎo, dàn méi dǎzhòng. 2. 射向 shèxiàng: She shot him an indignant look. 她怒气冲冲地瞪了他一眼。 Tā nùqì-chōngchōngde dèngle tā yì yǎn. / ~ questions at the chairman 向主席提出一连串问题 xiàng zhǔxí tíchū yìliánchuàn wèntí 3. 投（球）tóu (qiú); 踢（球）tī (qiú): ~ a basket 投篮得分 tóulán dé fēn / ~ the ball into the goal 把球踢进球门 bǎ qiú tījìn qiúmén / ～ at the target 打靶 dǎbǎ

shop *n.* 1. 商店 shāngdiàn: The ～s close at 8. 商店八点关门。Shāngdiàn bā diǎn guānmén. 2. 车间 chējiān; 工厂 gōngchǎng: an assembly ～ 装配车间 zhuāngpèi chējiān / a carpenter ～ 木工厂 mùgōng-chǎng

shore *n.* 岸 àn: go on ～ 上岸 shàng'àn / in ～ 靠岸 kào'àn / off ～ 离岸 lí'àn

short *a.* 1. 短 duǎn: make a ～ sentence 造一个短句 zào yí ge duǎnjù / only a ～ way from here 离这里不远 lí zhèli bù yuǎn / have one's hair cut ～ 剪短头发 jiǎnduǎn tóufa / a ～ visit 短时间的访问 duǎn shíjiān de fǎngwèn / a ～ bill 短期票据 duǎnqī piàojù / a ～ time ago 不久以前 bùjiǔ yǐqián 2. 矮 ǎi: a ～ man 矮个子 ǎigèzi 3. 缺少 quēshǎo: These goods are in ～ supply. 这些货物缺货 Zhèxiē huòwù quē huò / I'm ～ of money this week. 这星期我缺钱。Zhè xīngqī wǒ quē qián. 4. 简短 jiǎnduǎn: His answer was ～ and to the point. 他的回答简短扼要。Tāde huídá jiǎnduǎn èyào. / make a long story ～ 长话短说 chánghuà-duǎnshuō / for ～ 简称 jiǎnchēng / in ～ 总而言之 zǒng'éryán-zhī *ad.* 1. 突然 tūrán: The driver stopped ～. 司机紧急刹车。Sījī jǐnjí shāchē. 2. 快用完 kuài yòngwán: We've run ～ of oil. 我们的油快用完了。Wǒmende yóu kuài yòngwán le.

shortage *n.* 缺乏 quēfá

shortcoming *n.* 缺点 quēdiǎn

shorten *v.* 变短 biàn duǎn; 缩短 suōduǎn: He ～ed the coat by an inch. 他把上衣改短一英寸。Tā bǎ shàngyī gǎi duǎn yī yīngcùn. / ～ the article to

1,000 words 把文章缩短到1,000字 bǎ wénzhāng suōduǎn dào yìqiān zì

shorthand *n.* 速记 sùjì

shortly *ad.* 1. 立刻 lìkè; 不久 bùjiǔ: ~ before noon 中午前不久 zhōngwǔ qián bùjiǔ / The plane will take off ~. 飞机立刻要起飞了。 Fēijī lìkè yào qǐfēi le. 2. 简短 jiǎnduǎn: ~ but clearly 简明扼要 jiǎnmíng èyào

short-sighted *a.* 1. = near-sighted 近视的 jìnshìde 2. 眼光短浅的 yǎnguāng duǎnqiǎn de: It's very ~ not to spend money repairing your house. 你不花钱修房子是眼光短浅的。 Nǐ bù huāqián xiū fángzi shì yǎnguāng duǎnqiǎn de.

shot *n.* 1. 射击 shèjī: He fired 3 ~s. 他开了三枪。 Tā kāile sān qiāng. / hear ~s in the distance 听到远处枪声 tīngdào yuǎnchù qiāngshēng 2. 尝试 chángshì: Let me have a ~ at it. 让我试试。 Ràng wǒ shìshì. 3. 射手 shèshǒu: He's a first-class ~. 他是第一流的射手。 Tā shì dìyīliú de shèshǒu. 4. 镜头 jìngtóu: a special ~ 特写镜头 tèxiě jìngtóu

shotgun *n.* 猎枪 lièqiāng

should *v.* 1. 应该 yīnggāi: You ~ not be so careless. 你不应该这么粗心。 Nǐ bùyīnggāi zhème cūxīn. 2. 万一 wànyī: S~ it rain tomorrow, we ~ stay at home. 万一明天下雨，我们只能呆在家里。 Wànyī míngtiān xiàyǔ, wǒmen zhǐnéng dāi zài jiā li. / You ~ have started off earlier. 你们本来应该早些动身的。 Nímen běnlái yīnggāi zǎo xiē dòngshēn de. / I ~ like 我要 wǒ yào: I ~ like a cup of tea. 我要一杯茶。 Wǒ yào yì bēi chá. I ~ think so (not)! 当然是（不是）！ Dāngrán shì (búshì)!

shoulder *n.* 肩 jiān: a man with square ~s 肩膀宽的人 jiānbǎng kuān de rén / ~ to ~ 肩并肩 jiān bìng jiān

shout *n.* 高呼 gāohū; 大声说 dàshēng shuō: utter a ~ warning ~ 高呼报警 gāohū bàojǐng *v.* 呼喊 hūhǎn: ~ at sb. 对某人大声叫嚷 duì mǒu rén dàshēng jiàorǎng / He ~ed for help. 他高声呼救。 Tā gāoshēng hūjiù.

shove *v.* 推 tuī: Stop shoving! 别推了! Bié tuī le! / S~ over, friend, and let me sit beside you. 挪一挪，老兄，让我坐在你旁边。Nuó yìnuó, lǎoxiōng, ràng wǒ zuò zài ní pángbiān.

shovel *n.* 铁锹 tiéqiāo

show *v.* 1. 给看 gěikàn: He ~ed me his photos. 他把他的相片给我看了。Tā bǎ tāde xiàngbiàn gěi wǒ kànle. / S~ your .tickets, please! 请把票拿出来。Qǐng bǎ piào ná chūlái / She ~ed him the door. 她指着门要他出去。Tá zhǐzhe mén yào tā chúqù. 2. 放映 fàngyìng: What's ~ing at the cinema? 电影院放映什么电影？Diànyǐngyuàn fàngyìng shénme diànyǐng? 3. 带到 dàidào: May I ~ you to your seat? 我来带你到座位上好吗？ Wǒ lái dài nǐ dào zuòwèi shang hǎo ma? / ~ sb. round the city 带某人参观城市 dài mǒu rén cānguān chéngshì / ~ a guest in (out) 领客人进来（出去）lǐng kèrén jìnlái (chūqu) / She ~ed him to the door 她送他到门口。Tā sòng tā dào ménkǒu. 4. 教 jiāo: Will you ~ me how to use the recorder? 请你教给我怎样使用录音机好吗？ Qǐng nǐ jiāogěi wǒ zěnyàng shǐyòng lùyīnjī hǎo ma? *n.* 1. 展览 zhǎnlǎn: a flower ~ 花展 huāzhǎn 2. 节目 jiémù: a film ~

一场电影 yì chǎng diànyǐng / a TV ～ 一个电视节目 yí gè diànshì jiémù

showdown *n.* 摊牌 tānpái

shower *n.* 1. 阵雨 zhènyǔ: I was caught in a ～. 我遇到阵雨。Wǒ yùdào zhènyǔ. 2. 淋浴 línyù: take a ～ 淋浴 línyù 3. 一阵 yí zhèn: a ～ of hail 一阵雹子 yí zhèn báozi / a ～ of applause 一阵热烈的掌声 yí zhèn rèliè de zhǎngshēng

showy *a.* 浮华的 fúhuáde: a ～ dress 过分华丽的女服 guòfèn huálì de nǚfú

shred *n.* 1. 碎片 suìpiàn: meat ～s 肉片 ròupiàn 2. 最少量 zuì shǎoliàng:

shrewd *a.* 机敏的 jīmǐnde: a ～ answer 机敏的回答 jīmǐnde huídá / a ～ guess 相当准的猜测 xiāngdāng zhǔn de cāicè

shriek *v.* 尖声叫喊 jiānshēng jiàohǎn

shrill *a.* 刺耳的 cìěrde: a ～ whistle 刺耳的汽笛声 cìěrde qìdíshēng

shrimp *n.* 虾 xiā

shrine *n.* 神龛 shénkān

shrink *v.* 1. 收缩 shōusuō: ～ with cold 冷得缩成一团 lěngde suōchéng yìtuán / The material won't ～. 这衣料不缩水。Zhè yīliào bù suōshuǐ. 2. 退缩 tuìsuō: The child ～s from meeting strangers. 这孩子怕见陌生人。Zhè háizi pà jiàn mòshēngrén.

shrub *n.* 灌木 guànmù

shrubbery *n.* 灌木（林）guànmù (lín)

shrug *v.* 耸肩 sǒngjiān

shudder *v.* 发抖 fādǒu: ～ at the sight of the dead body 看到死尸怕得发抖 kàndào sǐshī pàde fādǒu

shuffle *v.* 1. 拖着脚走 tuōzhe jiǎo zǒu: Don't ～ your feet along. 别拖着脚步走。Bié tuōzhe jiǎobù zǒu. 2. 洗牌 xǐ pái: ~ a pack of cards 洗一副纸牌 xǐ yí fù zhǐpái *n.* 拖着脚走 tuōzhe jiǎo zǒu

shun *v.* 躲避 duǒbì: She ~ned seeing other people. 她躲避不见其他人。Tā duǒbì bú jiàn qítā rén.

shut *v.* 关闭 guānbì; 合拢 hélǒng: ~ the gate 关上大门 guānshàng dàmén / ~ the eyes 闭上眼睛 bìshàng yǎnjing / ~ one's mouth 闭口不说 bìkǒu bù shuō / ~ a book 合上书 héshàng shū / ~ an umbrella 把伞收拢 bǎ sǎn shōulǒng / ~ a knife 把刀折起 bǎ dāo zhéqǐ / The door won't ~. 门关不上。Mén guān bù shàng. / The bank won't ~ until 6 p.m. 银行下午六点才关门。Yínháng xiàwǔ liù diǎn cái guānmén.

shutter *n.* 1. 百叶窗 bǎiyèchuāng: put up the ~s 停止营业 tíngzhǐ yíngyè 2. 快门 kuàimén *of a camera

shuttle *n.* 1. 梭子 suōzi *used in weaving 2. space ~ 航天飞机 hángtiān fēijī

shuttlecock *n.* 羽毛球 yǔmáoqiú; 毽子 jiànzi

shy *a.* 怕羞的 pàxiūde: a ~ smile 羞怯的微笑 xiūqiède wēixiào

Siberian *a.* 1. 西伯利亚的 xībōlìyàde *of Siberia 2. 西伯利亚人的 xībōlìyàrénde *of its people *n.* 西伯利亚人 xībōlìyàrén *people

sick *a.* 1. 有病的 yǒu bìng de: a ~ man 病人 bìngrén / He has been ~ for three days. 他已病了三天。Tā yǐ bìngle sān tiān. / the ~ 病人们 bìngrénmen / feel ~ 觉得要吐 juédé yào tù / be car~: ~ 晕车 yùnchē / fall ~ 生病 shēngbìng 2. 厌倦 yànjuàn: ~ and tired 对……十分厌倦 duì …… shífēn yànjuàn

sicken *v.* 1. 生病 shēngbìng: The dog began to ~ and soon died 这狗开始生病，不久就死了。Zhè gǒu kāishǐ shēngbìng, bùjiǔ jiù sǐ le. / His manner of talking ～s us. 我们真讨厌他那种讲话的方式。Wǒmen zhēn tǎoyàn tā nàzhǒng jiǎnghuà de fāngshì.

sickle *n.* 镰刀 liándāo

side *n.* 1. 边 biān; 旁边 pángbiān: stand by the ～ of the road 站在路旁 zhàn zài lù páng 2. 侧边 cèbiān; 胁 xié: be wounded in the left ～ 左胁受伤 zuǒxié shòushāng 3. 一方 yìfāng: Justice is on our ～. 正义在我们方面。Zhèngyì zài wǒmen fāngmiàn. from all ～s 从各方面 cóng gè fāngmiàn, on all ～s 在各方面 zài gè fāngmiàn, ～ by ～ 肩并肩地 jiān bìng jiān de

sideboard *n.* 餐具柜 cānjùguì

siege *n.* 围攻 wéigōng: lay ～ to a town 围攻一城市 wéigōng yì chéngshì

sieve *n.* 筛子 shāizi

sift *v.* 1. 筛 shāi: ～ flour 筛面 shāi miàn / ～ gold from sand 沙里淘金 shālǐ táojīn 2. 细审 xìshěn: ～ the evidence 细审证据 xìshěn zhèngjù

sigh *v. & n.* 叹气 tànqì: heave a ～ of relief 松一口气 sōng yì kǒu qì

sight *n.* 1. 视力 shìlì: have good (poor) ～ 视力好(坏) shìlì hǎo (huài) 2. 视域 shìyù: He lives in ～ of the school. 他住在离学校很近的地方。Tā zhù zài lí xuéxiào hěn jìn de dìfang 3. 风景 fēngjǐng: see the ～s of the Great Wall 观看长城风景 guānkàn Chángchéng fēngjǐng, at first ～ 乍一看 zhà yí kàn; 初看 chūkàn, catch ～ of 看到 kàndào, in ～ 看得见 kànde jiàn, out of ～ 看不见 kàn bù jiàn

sight-seeing *n.* 游览 yóulǎn

sign *n.* 1. 符号 fúhào: mathematical ～s 数字符号 shùzì fúhào 2. 招牌 zhāopái: the barber's ～ 理发

店招牌 lǐfàdiàn zhāopái 3. 预兆 yùzhào: Very often dark clouds are a ～ of rain. 乌云常常是下雨的预兆。Wūyún chángcháng shì xiàyǔ de yùzhào. 4. 手势 shǒushì: ～ language 手语 shǒuyǔ v. 1. 签名 qiānmíng: ～ a cheque 在支票上签字 zài zhīpiào shang qiānzì 2. 做手势 zuò shǒushì: ～ to let sb. pass 打手势让人通过 dǎ shǒushì ràng rén tōngguò

signal n. 信号 xìnhào: traffic ～s 交通信号 jiāotōng xìnhào v. 发信号 fā xìnhào: ～ with flags 用旗子打信号 yòng qízi dǎ xìnhào

signature n. 签名 qiānmíng

signboard n. 告示牌 gàoshìpái

significance n. 1. 重要性 zhòngyàoxìng: be of no ～ 无关紧要 wúguān jǐnyào 2. 意义 yìyì: with a look of deep ～ 用意味深长的表情 yòng yìwèi shēncháng de biǎoqíng

significant a. 有重大意义的 yǒu zhòngdà yìyì de

signify v. 1. 表示 biǎoshì: What does this word ～? 这个词表示什么意思? Zhège cí biǎoshì shénme yìsi? 2. 有关系 yǒu guānxi: It does not ～. 这没有什么关系。Zhè méiyǒu shénme guānxi.

silence n. 1. 寂静 jìjìng: a dead ～ 死沉沉的寂静 sǐchénchénde jìjìng 2. 沉默 chénmò: in ～ 沉默地 chénmòde / keep ～ 保持沉默 bǎochí chénmò

silencer n. 消声器 xiāoshēngqì

silent a. 1. 寂静的 jìjìngde: with ～ footsteps 脚步轻轻地 jiǎobù qīngqīngde 2. 沉默的 chénmòde: be ～ about what happened 对发生的事保持沉默 duì fāshēng de shì bǎochí chénmò

silhouette n. 黑色轮廓像 hēisè lúnkuòxiàng

silicon n. 硅 guī

silk *n.* 1. 丝 sī: ～ stockings 丝袜 sīwà 2. 绸 chóu; 绸衣 chóuyī: be dressed in ～s 身穿绸衣 shēn chuān chóuyī

silkworm *n.* 蚕 cán

silky *a.* 柔软光滑的 róuruǎn guānghuá de

sill *n.* 1. 基石 jīshí 2. 窗台 chuāngtái: a window ～ 窗台 chuāngtái

silly *a.* 傻 shǎ; 愚蠢 yúchǔn: Don't be ～! 别傻了! Bié shǎ le! / a ～ question 愚蠢的问题 yúchǔnde wèntí

silt *n.* 淤泥 yūní

silver *n.* 1. 银 yín; fine ～ 纯银 chúnyín; 银币 yínbì: £5 in ～ 五磅银币 wǔ bàng yínbì 2. 银器 yínqì: table ～ 银餐具 yín cānjù 3. 银色 yínsè *the colour: ～ screen 银幕 yínmù

silverware *n.* 银器 yínqì

silvery *a.* 清脆的 qīngcuìde: a ～ voice 清脆的声音 qīngcuìde shēngyīn

similar *v.* 类似的 lèisìde; 相似的 xiāngsìde: ～ opinions 类似的想法 lèisìde xiǎngfǎ / ～ triangles 相似三角形 xiāngsì sānjiǎoxíng

similarity *n.* 相似 xiāngsì; 类似 lèisì

simile *n.* 明喻 míngyù

simmer *v.* 1. 燉 dùn: Let the meat ～ for a few more minutes 把肉再燉几分钟。Bǎ ròu zài dùn jǐ fēnzhōng. 2. 充满着 chōngmǎnzhe: ～ with rage 怒火中烧 nùhuǒzhōngshāo

simple *a.* 1. 简单的 jiǎndānde: a ～ explanation 简单的解释 jiǎndānde jiěshì 2. 朴素的 pǔsùde: ～ clothes 朴素的衣服 pǔsùde yīfu 3. 天真的 tiānzhēnde: as ～ as a child 象小孩一样天真 xiàng xiǎohái yíyàng tiānzhēn

simple-minded *a.* 头脑简单的 tóunǎo jiǎndān de

simplicity *n.* 1. 简单 jiǎndān 2. 朴素 pǔsù: He lived a life of ~. 他过着朴素的生活。Tā guòzhe pǔsù de shēnghuó

simplify *v.* 简化 jiǎnhuà: a simplified edition 简写本 jiǎnxiěběn

simulate *v.* 假装 jiǎzhuāng *feign: ~ goodness 假装善良 jiǎzhuāng shànliáng; 模仿 mófǎng *copy

simultaneous *a.* 同时发生的 tóngshí fāshēng de 同时进行的 tóngshí jìnxíng de: This event was almost ~ with that one. 这件事几乎与那件事同时发生。Zhè jiàn shì jīhū yǔ nà jiàn shì tóngshí fāshēng. / ~ interpretation 同声翻译 tóngshēng fānyì

sin *n.* 1. 罪 zuì: commit a ~ 犯罪 fànzuì 2. 不合理的事 bù hélǐ de shì: It's a ~ to give the children so much homework. 给孩子如此多的家庭作业是不合理的。Gěi háizi rúcǐ duō de jiātíng zuòyè shì bù hélǐ de.

since *conj.* 1. 从······以来 cóng ...... yǐlái: It's been years ~ I saw him last time. 从我上次看到他以来已经过去很多年了。Cóng wǒ shàngcì kàndào tā yǐlái yǐjīng guòqù hěn duō nián le. 2. 既然 jìrán: S~ this method doesn't work, let's try another. 既然这种方法不行我们就试用另一种吧。Jìrán zhèzhǒng fāngfǎ bùxíng wǒmen jiù shìyòng lìng yì zhǒng ba. *prep.* 从······以来 cóng .... yǐlái: ~ 1921 从一九二一年以来 cóng yījiǔèryī nián yǐlái *ad.* 1. 从此以后 cóngcǐ yǐhòu: He left home in 1950 and has not been heard of ~. 他自一九五〇年离家后就无音信了。Tā zì yījiǔwǔlíng nián lí jiā hòu jiù wú yīnxìn le. 2. 以前 yǐqián: How long ~ is it? 那是多久以前的事？Nà shì duō jiǔ yǐqián de shì?

sincere *a.* 诚挚的 chéngzhìde: a ～ friend 真诚的朋友 zhēnchéngde péngyou / have a ～ desire to help 真心想帮助 zhēnxīn xiǎng bāngzhù

sincerely *ad.* 真诚地 zhēnchéngde: Yours ～, 您的忠诚的…… nínde zhōngchéngde……

sincerity *n.* 诚挚 chéngzhì

sinewy *a.* 肌肉发达的 jīròu fādá de; 强壮有力的 qiángzhuàng yǒulì de

sinful *a.* 有罪的 yǒuzuìde

sing *v.* 唱歌 chànggē

singe *v.* 烧焦 shāojiāo

singer *n.* 歌唱家 gēchàngjiā

single *a.* 1. 单一的 dānyīde: a ～ ticket 单程票 dānchéngpiào 2. 单人独用的 dānrén dúyòng de: a ～ bed 单人床 dānrénchuáng 3. 独身的 dúshēnde: ～ life 独身生活 dúshēn shēnghuó *n.* 1. 单打 dāndǎ: the men's ～ 男子单打 nánzǐ dāndǎ 2. 单程车票 dānchéng chēpiào *v.* ～ out 选出 xuǎnchū / ～-handed *a. & ad.* 单独的 dāndúde; ～-minded *a.* 一心一意的 yìxīn-yíyìde

singly *ad.* 单独地 dāndúde; 个别地 gèbiéde: Some guests came ～. 有些客人是单独来的。 Yǒuxiē kèrén shì dāndú lái de.

singular *a.* 1. 单数的 dānshùde: ～ form 单数形式 dānshù xíngshì 2. 非凡的 fēifánde: ～ beauty 非常美 fēicháng měi

sink *v.* 1. 沉 chén; 沉没 chénmò: ～ to the bottom of a river 沉入河底 chénrù hédǐ 2. 下陷 xiàxiàn; 凹 āo: His eyes have sunk in. 他的眼睛凹下去了。 Tāde yǎnjīng āo xiàqù le. / The foundations have sunk three inches. 地基下陷了三英寸 Dìjī xiàxiànle sān yīngcùn 3. 降低 jiàngdī: His voice sank to a whisper 他的声音降低为耳语。 Tāde shēngyīn jiàngdī wéi ěryǔ. 4. 挖掘 wājué: ~ a well 挖井 wā jǐng

sink *n*. 1. 污水沟 wūshuǐgōu 2. 水池子 shuǐchízi *in kitchens

sinless *a*. 无罪的 wúzuìde

sinner *n*. 罪人 zuìrén

sinology *n*. 汉学 hànxué

sinuous *a*. 蜿蜒的 wānyánde: a ~ mountain road 蜿蜒的山路 wānyánde shānlù

sip *v*. 啜饮 chuòyǐn

sir *n*. 1. 先生 xiānshēng: Yes, ~ 是，先生 shì, xiānshēng 2. 爵士 juéshì: S~ John 约翰爵士 Yuēhàn juéshì

siren *n*. 汽笛 qìdí; 警报器 jǐngbàoqì: an air ~ 汽笛 qìdí / an air-raid ~ 空袭警报器 kōngxí jǐngbàoqì

sister *n*. 1. 姐妹 jiěmèi: elder ~ 姐姐 jiějie / younger ~ 妹妹 mèimei 2. 护士 hùshi *in a hospital 3. 修女 xiūnǚ *in an abbey

sister-in-law *n*. 1. 夫或妻的姐妹 fū huò qī de jiěmèi *the sister of one's husband or wife 2. 兄或弟的妻子 xiōng huò dì de qīzi*the wife of one's brother

sit *v*. 1. 坐 zuò: S~ down, please. 请坐。 Qǐng zuò. / She sat the baby on the grass. 她让孩子坐在草地上。 Tā ràng háizi zuò zài cǎodì shang. 2. 坐落 zuòluò; 放置 fàngzhì: The city ~s on a hill. 城市坐落在山上。 Chéngshì zuòluò zài shān shang. / The clock has sat there for years. 这座钟放在那已经好几年了。Zhè zuò zhōng fàng zài nà yǐjing hǎo jǐ nián le. 3. 开会 kāihuì; 开庭 kāitíng: The House of Commons was still ~ting at 3 am. 下议

院在清晨三点仍在开会。 Xiàyìyuàn zài qīngchén sān diǎn réng zài kāihuì. ~ for 考试 kǎoshì: ~ for an examination 参加考试 cānjiā kǎoshì

sit-in *n*. 静坐示威 jìngzuò shìwēi

site *n*. 1. 地点 dìdiǎn: a suitable ~ 合适的地点 héshìde dìdiǎn 2. 现场 xiànchǎng: a nuclear test ~ 核试验场 héshìyànchǎng 3. 遗址 yízhǐ: the ~ of an ancient city 古城遗址 gǔchéng yízhǐ

situated *a*. 位于 wèiyú; 坐落 zuòluò: The school is ~ in the suburb. 这所学校位于郊外。 Zhè suǒ xuéxiào wèiyú jiāowài.

situation *n*. 1. 位置 wèizhi *place 2. 形势 xíngshì: the international ~ 国际形势 guójì xíngshì 3. 处境 chǔjìng: be in an embarassing ~ 处境尴尬 chǔjìng gāngà

six *num*. 六 liù; 六个 liù gè

sixteen *num*. 十六 shíliù; 十六个 shíliù gè

sixth *num*. 第六 dì-liù

sixtieth *num*. 第六十 dì-liùshí

sixty *num*. 六十 liùshí

sizable *a*. 相当大的 xiāngdāng dà de

size *n*. 1. 大小 dàxiǎo: rooms all of a ~ 一样大小的房间 yíyàng dàxiǎo de fángjiān 2. 规模 guīmó: the ~ of a delegation 一个代表团的规模 yí gè dàibiǎotuán de guīmó 3. 身材 shēncái: He is about your ~. 他身材和你差不多。 Tā shēncái hé nǐ chàbùduō. 4. 尺寸 chǐcùn; 号码 hàomǎ: S ~ 8 gloves 八号手套 bā hào shǒutào

skate *n*. 1. 滑冰鞋 huábīngxié *boots for ice-skating 2. 滑冰 huábīng: go for a ~ 去滑冰 qù huábīng *on ice *v*. 滑冰 huábīng: go skating 去滑冰 qù huábīng

skeleton *n.* 1. 骨骼 gǔgé; 骷髅 kūlóu 2. 纲要 gāng-yào: the ~ of a plan 计划纲要 jìhuà gāngyào: a ~ key 万能钥匙 wànnéng yàoshi

sketch *n.* 1. 速写 sùxiě; 草图 cǎotú: ~-book 速写薄 sùxiěbù 2. 概略 gàilüè; 略述 lüèshù: a ~ of city life 城市生活的略述 chéngshì shēnghuó de lüèshù 3. 短文 duǎnwén; 小品 xiǎopin *writing v.* 1. 写生 xiěshēng: go to the country to ~ 去乡下写生 qù xiāngxià xiěshēng 2. 草拟 cǎonǐ: ~ out the main points of the plan 草拟计划的要点 cǎonǐ jìhuà de yàodián

ski *n.* 雪橇 xuěqiāo *v.* 滑雪 huáxuě: go ~ing 去滑雪 qù huáxuě

skill *n.* 1. 技巧 jìqiǎo; 技能 jìnéng: writing ~ 写作技巧 xiězuò jìqiǎo 2. 熟练 shúliàn: a task that calls for ~ 要求有熟练技术的工作 yāoqiú yǒu shúliàn jìshù de gōngzuò

skilled *a.* 熟练的 shúliànde; 有技能的 yóu jìnéng de: a ~ worker 熟练工人 shúliàn gōngrén

skillful *a.* 熟练的 shúliànde; 灵巧的 língqiǎode: He's not very ~ with his chopsticks. 他用筷子不太熟练。Tā yòng kuàizi bú tài shúliàn.

skim *v.* 1. 撇去 piēqù: ~the cream off the milk 撇去牛奶上的油 piēqù niúnǎi shang de yóu 2. 掠过 lüèguò: Swallows were ~ming over the water. 燕子掠过水面。Yànzi lüèguò shuǐmiàn. 3. 浏览 liúlǎn: ~ over a newspaper 浏览报纸 liúlǎn bàozhǐ

skin *n.* 1. 皮 pí; 皮肤 pífū: true ~ 真皮 zhēnpí 2. 兽皮 shòupí: rabbit ~s 兔皮 tùpí. 3. 果皮 guǒpí: a banana ~ 香蕉皮 xiāngjiāopí *v.* 剥……皮 bāo ...... pí: ~ a rabbit 剥兔皮 bāo tùpí

skinny *a.* 极瘦的 jí shòu de

skip *v*. 1. 跳跃 tiàoyuè: ~ over a fence 跳过篱笆 tiào-guò líba 2. 跳绳 tiàoshéng: Children are fond of ~ping. 孩子们喜欢跳绳。 Háizimen xǐhuan tiàoshéng 3. 浏览 liúlǎn *in reading

skirmish *n. & v.* 小冲突 xiǎochōngtū

skirt *n*. 1. 裙子 qúnzi * a garment 2. 郊区 jiāoqū: on the ~s of a city 在市郊 zài shìjiāo *v*. 位于…… 的边缘 wèiyú …… de biānyuán: Fishing villages ~ the shore. 沿岸有渔村。 Yán'àn yǒu yúcūn.

skull *n*. 头盖骨 tóugàigǔ

sky *n*. 1. 天 tiān; 天空 tiānkōng: a blue ~ 蔚蓝的天空 wèilánde tiānkōng 2. 天色 tiān'sè: sunny skies 晴朗的天气 qínglǎngde tiānqì

skylark *n*. 云雀 yúnquè

skylight *n*. 天窗 tiānchuāng

skyline *n*. 地平线 dìpíngxiàn

skyrocket *n*. 高空探测火箭 gāokōng tàncè huǒjiàn *v*. （物价）飞涨 (wùjià) fēizhǎng *of prices, etc.

skyscraper *n*. 摩天楼 mótiānlóu

slab *n*. 厚板 hòubǎn; 厚片 hòupiàn: a ~ of stone 一块石板 yí kuài shíbǎn / a ~ of bread 厚厚的一片面包 hòuhoude yí piàn miànbāo

slack *a*. 1. 松弛的 sōngchíde: a ~ rope 松弛的绳子 sōngchíde shéngzi 2. 马虎的 mǎhude: be ~ in one's work 干活马马虎虎 gànhuó mǎma-hūhu 3. 萧条的 xiāotiáode: a ~ season 淡季 dànjì, business is ~ 生意萧条 shēngyì xiāotiáo *v*. 1. 松懈 sōngxiè: Dont' ~ off in your studies. 不要放松学习。 Búyào fàngsōng xuéxí. 2. 减速 jiǎnsù; 减弱 jiǎnruò: S~ up before you reach the cross-road. 到十字路口前减速。 Dào shízì lùkǒu qián jiǎnsù.

slacken *v.* 1. 放松 fàngsōng: ∼ one's efforts 松劲 sōngjìn 2. 放慢 fàngmàn: The car has ∼ed its spced. 车速放慢了。Chēsù fàngmàn le.

slam *v.* 使劲关 shǐjìn guān; 砰地关上 pengde guānshàng: The door ∼med. 门砰的一声关上了。Mén pengde yì shēng guānshàng le.

slander *v. & n.* 诽谤 fěibàng

slanderous *a.* 诽谤的 fěibàngde

slang *n.* 1. 俚语 lǐyǔ: schoolboy ∼ 学生俚语 xuéshēng lǐyǔ 2. 行话 hánghuà *jargon

slant *v.* 倾斜 qīngxié *n.* 斜面 xiémiàn

slap *v. & n.* 1. 拍 pāi: ∼ the table 拍桌子 pāi zhuōzi 2. 啪的一声放下 pade yì shēng fàngxià: ∼ the book down on the table 啪的一声把书扔在桌子上 pade yì shēng bǎ shū rēng zài zhuōzi shang

slash *v.* 1. 砍 kǎn; 劈 pī: His opponent's sword ∼ed his arm. 敌手的剑砍伤了他的胳膊。Díshǒu de jiàn kǎnshāngle tāde gēbo. 2. 鞭打 biāndǎ: Don't ∼ your horse in that cruel way. 不要那么残忍地鞭打你的马。Búyào nàme cánrěnde biāndǎ nǐde mǎ. 3. 大量削减 dàliàng xiāojiǎn: ∼ prices 大减价 dà jiǎnjià

slate 1. 石板 shíbǎn 2. 记录 jìlù: have a clean ∼ 历史清白 lìshǐ qīngbái

slaughter *v.* 屠杀 túshā; 屠宰 túzǎi

slave *n.* 奴隶 núlì

slavery *n.* 奴隶制度 núlì zhìdù

Slavic *a.* 斯拉夫人的 sīlāfūrénde *of people; 斯拉夫语的 sīlāfūyǔde *of language

sled *n.* 雪橇 xuěqiāo *v.* 坐雪橇 zuò xuěqiāo

sleek *a.* 柔滑而发亮的 róuhuá ér fāliàng de

sleep *v.* 睡 shuì *n.* 睡眠 shuìmián

sleeper *n.* 1. 睡觉的人 shuìjiào de rén: heavy ～ 睡得很香的人 shuìde hěn xiāng de rén 2. 枕木 zhěnmù *on a railway

sleepless *a.* 失眠的 shīmiánde

sleet *n.* 雨夹雪 yǔ jiā xuě

sleeve *n.* 袖子 xiùzi

sleigh *n.* 雪撬 xuěqiāo

slender *a.* 1. 细长的 xìchángde; 苗条的 miáotiáode: ～ figure 苗条的身材 miáotiáode shēncái 2. 微薄的 wēibóde: a ～ income 微薄的收入 wēibóde shōurù

slice *n.* 1. 薄片 bópiàn: a ～ of bread 一片面包 yí piàn miànbāo 2. 部分 bùfen; 份 fèn: a ～ of territory 部分领土 bùfen lǐngtǔ / a ～ of good luck 一份好运气 yí fèn hǎo yùnqi *v.* 切成薄片 qiēchéng báopiàn

slick *a.* 1. 光滑的 guānghuáde: The roads were ～ with wet mud. 那些道路湿滑泥泞。 Nàxiē dàolù shīhuá nínìng. 2. 圆滑的 yuánhuáde: a ～ alibi 圆滑的托词 yuánhuáde tuōcí 3. 华而不实的 huáěrbùshíde: a ～ style (of writing) 华而不实的文体 huáěrbùshíde wéntǐ

slide *v.* 1. 滑 huá; 滑落 huáluò: The pen slid from his hand. 笔从他的手中滑落。 Bǐ cóng tāde shǒuzhōng huáluò. 2. 悄悄地溜进 qiāoqiāode liūjìn: ～ into a room 偷偷地溜进房间 tōutoude liūjìn fángjiān *n.* 1. 滑梯 huátī 2. 幻灯片 huàndēngpiàn: a ～show 放幻灯 fàng huàndēng 3. 崩塌 bēngtā: a snow ～ 雪崩 xuěbēng

slight *a.* 1. 瘦弱的 shòuruòde: a ～ body 瘦弱的身体 shòuruòde shēntǐ 2. 轻微的 qīngwēide; 微小的 wēixiǎode: a ～ cold 轻微的伤风 qīngwēide shāngfēng / a ～ difference 微小的区别 wēixiǎode qūbié *v.* 轻视 qīngshì: feel ~ed 感觉受到轻视 gǎnjué shòudào qīngshì

slim *a.* 1. 细长的 xìchángde; 苗条的 miáotiáode: a ~ person 细长身材的人 xìcháng shēncái de rén 2. 微小的 wēixiǎode: a ~ possibility 微小的可能 wēixiǎode kěnéng

sling *n.* 1. 吊带 diàodài *in surgery 2. 投石器 tóushíqì: ~shot 弹弓 dàngōng *v.* 1. 投 tóu: ~ stones 投石头 tóu shítou 2. 吊起 diàoqǐ: ~ up a barrel 吊起大桶 diàoqǐ dàtǒng

slip *v.* 1. 滑倒 huádǎo: ~ in the mud 在泥泞中滑倒 zài nínìng zhōng huádǎo 2. 悄悄地溜走 qiāoqiaode liūzǒu: Time is ~ping away. 时间悄悄地过去了。Shíjiān qiāoqiaode guòqù le. 3. 悄悄地塞进 qiāoqiaode sāijìn. ~ a letter into one's pocket 悄悄地把信放入口袋 qiāoqiāode bǎ xìn fàngrù kǒudài 4. 弄错 nòngcuò; 失误 shīwù *make a careless mistake *n.* 1. 滑跤 huájiāo, have a ~ on the ice 在冰上滑了一跤 zài bīngshang huále yì jiāo 2. 失误 shīwù: a ~ of the pen 笔误 bǐwù 3. 枕套 zhěntào; *pillow-slip 4. 衬裙 chènqún *underskirt 5. 纸条 zhǐtiáo *a ~ of paper 6. 接枝 jiēzhī; 插枝 chāzhī *plant cutting

slipper *n.* 拖鞋 tuōxié

slippery *a.* 1. 滑的 huáde: ~ roads 滑的路 huáde lù 2. 狡猾的 jiǎohuáde: a ~ fellow 狡猾的家伙 jiǎohuáde jiāhuo 3. 不稳固的 bù wěngù de: be on ~ ground 在不稳固的立足点上 zài bù wěngù de lìzúdiǎn shang

slit *v.* 撕开 sīkāi; 切开 qiēkāi: ~ an envelope open 撕开信封 sīkāi xìnfēng / ~ a man's throat 切开人的喉咙 qiēkāi rén de hóulóng

slogan *n.* 口号 kǒuhào; 标语 biāoyǔ: shout ~s 呼口号 hū kǒuhào / put up ~s 贴标语 tiē biāoyǔ

slop *v.* 溢出 yìchū *n.* 1. 污水 wūshuǐ: ~ pail 污水桶 wūshuǐtǒng 2. 流体食物 liútǐ shíwù: *liquid food for sick people

slope *n.* 斜坡 xiēpō *v.* 倾斜 qīngxié

slot *n.* 缝 fèng: deliver through a ~ in the door 把信从门缝里塞进去 bǎ xìn cóng ménfèng li sāi jìnqù / a ~ machine 投币机 tóubìjī

slow *a.* 1. 慢 màn; 缓慢的 huǎnmànde: My watch is 5 minutes ~. 我的表慢了五分钟。Wǒde biǎo mànle wǔ fēnzhōng./ a~ process 缓慢的过程 huǎnmànde guòchéng 2. 迟钝的 chídùnde: ~ imagination 迟钝的想象力 chídùnde xiǎngxiànglì *ad.* 慢 màn: Read slower. 读得慢一些。Dúde màn yìxiē. *v.* 放慢 fàngmàn: ~ up a motorcar 放慢汽车速度 fàngmàn qìchē sùdù

sluggish *a.* 缓慢的 huǎnmànde

slum *n.* 贫民窟 píngmínkū; 贫民区 píngmínqū

slump *v.* 暴跌 bàodiē *of prices

slur *v.* 不清楚地讲（写） bù qīngchu de jiǎng (xiě) *n.* 污点 wūdiǎn; 抵毁 dǐhuǐ: cast a ~ upon sb. 抵毁某人 dǐhuǐ mǒu rén

sly *a.* 狡猾的 jiǎohuáde: a ~ fox 狡猾的狐狸 jiǎohuáde húlí

smack[1] *n.* 滋味 zīwèi *flavour *v.* 有……味 yǒu …… wèir: The water ~s of sulphur. 这水有点硫磺味。Zhè shuǐ yǒudiǎnr liúhuángwèir.

smack *n.* 拍击声 pāijīshēng *the sound *v.* 拍击 pāijī: ~ the table 拍一下桌子 pāi yíxià zhuōzi

small *a.* 小的 xiǎode: The boy is ~ for his age. 就他的年龄来说这男孩的个子小了些。Jiù tāde niánlíng lái shūo zhè nánháir de gèzi xiǎole xiē. / a ~ matter 小事 xiǎoshì

smart¹ *v.* 1. 剧痛 jùtòng: My finger ~s so much. 我的手指痛得历害。 Wǒde shǒuzhǐ tòngde lìhai. 2. 伤心 shāngxīn; 痛苦 tòngkǔ: ~ from one's defeat 因失败而痛苦 yīn shībài ér tòngkǔ *n.* 剧痛 jùtòng

smart² *a.* 1. 漂亮的 piàoliàngde: a ~ shirt 漂亮的衬衫 piàoliàngde chènshān 2. 聪明的 cōngmíngde; 精明的 jīngmíngde: a ~ boy 聪明的男孩 cōngmíngde nánháir

smash *v.* 1. 打碎 dǎsuì; 打破 dǎpò: ~ a teacup 打碎茶杯 dǎsuì chábēi / ~ a record 打破记录 dǎpò jìlù 2. 击溃 jīkuì: ~ the enemy 击溃敌人 jīkuì dírén 3. 猛撞 měngzhuàng: The car ~ed into a wall. 汽车猛撞在墙上 Qìchē měngzhuàng zài qiángshang. *n.* 1. 破碎 pòsuì; 粉碎声 fěnsuìshēng *the sound 2. 扣球 kòuqiú *in ball games

smear *v.* 1. 涂 tú; 涂掉 túdiào: ~ machine parts with oil 把油涂在机器零件上 bǎ yóu tú zài jīqì língjiàn shang / ~ a word 涂掉一个字 túdiào yí gè zì 2. 毁坏 huǐhuài: ~ sb.'s reputation 毁坏某人名誉 huǐhuài mǒu rén míngyù *n.* 污点 wūdiǎn; 污迹 wūjì

smell *n.* 1. 气味 qìwèi: strong ~ 强烈的气味 qiángliède qìwèi 2. 嗅觉 xiùjué: a fine sense of ~ 良好的嗅觉 liánghǎode xiùjué *v.* 1. 嗅 xiù; 闻到 wéndào: I'm sure I ~ gas. 我肯定闻到了煤气味。 Wǒ kěndìng wéndàole méiqìwèi. 2. 发……气味 fā …… qìwèi *emit an odour 3. 发臭 fāchòu *emit a bad odour

smelt *v.* 熔炼 róngliàn

smile *v.* 1. 微笑 wēixiào: She ～d at the children. 她对孩子们微笑。Tā duì háizimen wēixiào. 2. 微笑表示 wēixiào biǎoshì: She ～d her consent. 她笑着表示同意。Tā xiàozhe biǎoshì tóngyì. *n.* 微笑 wēixiào; 笑容 xiàoróng: He was all ～s. 他满脸笑容。Tā mǎnliǎn xiàoróng.

smite *v.* 打 dǎ; 重击 zhòngjī

smith *n.* 锻工 duàngōng; 铁匠 tiějiàng

smog *n.* 烟雾 yānwù

smoke *n.* 1. 烟 yān: a cloud of ～ 一团烟 yì tuán yān 2. 抽烟 chōuyān: Have a ～. 请抽烟。Qǐng chōuyān. *v.* 1. 冒烟 màoyān: That oil lamp ～s badly. 那油灯冒烟冒得很厉害。Nà yóudēng màoyān màode hěn lìhai. 2. 抽烟 chōuyān: ～ a cigarette 抽香烟 chōu xiāngyān 3. 熏 xūn: ～d ham 熏火腿 xūn huǒtuǐ / ～ out mosquitoes 熏蚊子 xūn wénzi

smoker *n.* 吸烟者 xīyānzhě

smoky *a.* 1. 烟雾弥漫的 yānwù mímàn de: a ～ atmosphere 烟雾弥漫的空气 yānwù mímàn de kōngqì 2. 烟一般的 yān yìbān de: a ～mist 烟一般的雾 yān yībānde wù

smooth *a.* 1. 光滑的 guānghuáde; 平滑的 pínghuáde: ～ paper 光滑的纸 guānghuáde zhǐ 2. 平静的 píngjìngde; 平稳的 píngwěnde: in ～ water 在平静的水面上 zài píngjìnde shuǐmiàn shang 3. 流畅的 liúchàngde; 柔和的 róuhéde: ～ verse 流畅的韵文 liúchàngde yùnwén / a ～ voice 柔和的声音 róuhéde shēngyīn *v.* 1. 弄平滑 nòng pínghuá; 烫平 tàngpíng: ～ out a table cloth 把桌布弄平 bǎ zhuōbù nòngpíng / ～ a rumpled bedsheet 烫平弄绉的被单 tàngpíng nòngzhòu de bèidān 2. 使平静 shǐ píng-

jìng: The sea gradually ~ed down. 海面逐渐平
静下来。Hǎimiàn zhújiàn píngjìng xiàlái.

smother v. 1. 窒息 zhìxī: The baby ~ed accidental-
ly. 孩子偶然窒息而死。Háizi ǒurán zhìxī ér sǐ. 2.
覆盖 fùgài: be ~ed with dust 覆盖着尘土 fùgàizhe
chéntǔ 3. 抑制 yìzhì; 掩盖 yǎn'gài: ~ one's anger
抑制怒气 yìzhì nùqì / ~ up a scandal 掩盖丑事
yǎn'gài chǒushì

smoulder v. 1. 熏烧 xūnshāo 2. 郁积 yùjī: ~ing
discontent 郁积着不满 yùjīzhe bùmǎn n. 闷火 mèn-
huǒ

smudge n. 1. 污迹 wūjì 2. 浓烟 nóngyān *outdoor fire
with dense smoke v. 弄脏 nòngzāng: Charcoal
drawings ~ easily. 木炭画很容易弄脏。Mùtànhuà
hěn róngyì nòngzāng.

smug a. 沾沾自喜的 zhānzhānzìxǐde

smuggle v. 走私 zǒusī: ~ goods into a country 向一
个国家走私 xiàng yí gè guójiā zǒusī

smuggler n. 走私犯 zǒusīfàn

snack n. 快餐 kuàicān: a ~ bar 快餐部 kuàicānbù;
小吃店 xiǎochīdiàn

snag n. 障碍 zhàng'ài; 困难 kùnnan: strike a ~ 遇到
意外的困难 yùdào yìwài de kùnnan

snail n. 蜗牛 wōniú

snake n. 蛇 shé

snap v. 1. 咬 yǎo: The dog ~ped his leg. 狗咬了他
的腿。Gǒu yǎole tāde tuǐ. 2. 突然折断 tūrán zhé-
duàn: The rope ~ped. 绳子突然断了。Shéngzi
tūrán duàn le. 3. 拍快照 pāi kuàizhào *in photo-
graphy

snare n. 圈套 quāntào; 陷阱 xiànjǐng: fall into a ~
落入圈套 luòrù quāntào v. 诱捕 yòubǔ: ~ a rabbit

诱捕兔子 yòubǔ tùzi

snatch *v.* 1. 抢 qiǎng; 抓住 zhuāzhù: ~ at every chance 抓住一切机会 zhuāzhù yíqiè jīhuì *n.* 1. 抢夺 qiǎngduó 2. 抓住 zhuāzhù

sneak *v.* 1. 偷偷地走 tōutōude zǒu: ~ in 偷偷走进 tōutōu zǒujìn 2. 偷偷做 tōutōu zuò: ~ a smoke 偷偷抽烟 tōutōu chōuyān *n.* 鬼鬼祟祟的人 guǐguǐ-suìsuìde rén

sneer *v.* 讥笑 jīxiào; 嘲笑 cháoxiào: The proposal was ~ed down. 提议在一片嘲笑声中被否决。 Tíyì zài yípiàn cháoxiàoshēng zhong bèi fǒujué. *n.* 嘲笑 cháoxiào

sneeze *n.* 喷嚏 pēntì *v.* 打喷嚏 dǎ pēntì

sniff *v.* 1. 用鼻吸气 yòng bí xī qì: ~ the sea air 吸入海上空气 xīrù hǎishang kōngqì, / ~ at 嗤之以鼻 chīzhīyǐbí 2. 闻 wén; 嗅 xiù: The dog ~ed him all over. 狗把他全身闻了一遍。 Gǒu bǎ tā quánshēn wénle yí biàn. *n.* 嗅 xiù

snob *n.* 势利小人 shìlì xiǎorén

snore *v.* 打鼾 dǎhān *n.* 鼾声 hānshēng

snort *v.* 打呼噜 dǎhūlu *n.* 打呼噜的声音 dǎhūlude shēngyīn

snow *n.* 雪 xuě *v.* 下雪 xiàxuě

snowy *a.* 1. 雪白的 xuěbáide: a ~ sheet 雪白的床单 xuěbáide chuángdān 2. 下雪的 xiàxuěde: ~ weather 下雪天 xiàxuětiān

snuff *v.* 闻 wén *n.* 鼻烟 bíyān

snug *a.* 1. 温暖而舒适的 wēnnuǎn ér shūshì de: a ~ little parlour 温暖舒适的小客厅 wēnnuǎn shūshì de xiǎo kètīng 2. 整洁的 zhěngjiéde: a ~ shop 整洁的商店 zhěngjiéde shāngdiàn

snuggle *v.* 舒适地蜷伏 shūshìde quánfú; 偎依 wēiyī:

~ **down in bed** 舒适的蜷伏在床上 shūshìde quánfú zài chuángshang / The child ~d up to its mother. 孩子偎依着母亲。Háizi wēiyīzhe mǔqīn.

so *ad.* 1. 这样 zhèyàng; 那样 nàyàng: Do just ~. 就这样干。Jiù zhèyàn gàn. / Is that ~? 是那样的吗？Shì nàyàng de ma? 2. 那么 nàme, 这么 zhème: ~ **absorbed in his work** 那么专心于工作 nàme zhuānxīnyú gōngzuò / ~ **important an event** 这么重要的一件事 zhème zhòngyào de yí jiàn shì 3. 非常 fēicháng; 太 tài: We ~ want to see the performace again. 我们非常想再看一次这场演出。Wǒmen fēicháng xiǎng zài kàn yí cì zhè chǎng yǎnchū. / I'm ~ glad that you have come! 你来了，我太高兴了。Nǐ lái le, wǒ tài gāoxìng le. 4. 也 yě: I enjoy the book, and ~ did my wife. 我喜欢这本书，我妻子也喜欢。Wǒ xǐhuān zhè běn shū, wǒ qīzi yě xǐhuan. *conj.* 所以 suǒyǐ: It was late, ~ we went home. 天晚了，所以我们就回家了。Tiān wǎn le, suǒyǐ wǒmen jiù huíjiā le.

soak *v.* 1. 浸泡 jìnpào; 湿透 shītòu: be ~ed to the skin 浑身湿透 húnshēn shītòu 2. 吸收 xīshōu: ~ up the sunshine 吸收阳光 xīshōu yángguāng 3. 浸泡掉 jìnpàodiào: ~ the dirt out 把污垢浸泡掉 bǎ wūgòu jìnpàodiào *n.* 浸 jìn; 泡 pào

soap *n.* 肥皂 féizào

soar *v.* 1. 翱翔 áoxiáng 2. 暴涨 bàozhǎng *of prices

sob *v.* 啜泣 chuòqì; 哭泣 kūqì *n.* 啜泣（声）chuòqì (shēng)

sober *a.* 1. 清醒的 qīngxingde: remain ~ 保持清醒的头脑 bǎochí qīngxǐng de tóunǎo 2. 严肃的 yánsùde: as ~ as a judge 象法官一样严肃 xiàng fǎguān yíyàng yánsù *v.* 清醒 qīngxǐng: He apologized

when he ~ed up. 他清醒过来后表示道歉。 Tā
qīngxǐng guòlái hòu biǎoshì dàoqiàn.

so-called *a.* 所谓的 suǒwèide

sociable *a.* 爱交际的 ài jiāojì de; 友善的 yǒushànde

social *a.* 1. 社会的 shèhuìde: ~ problems 社会问题
shèhuì wèntí 2. 社交的 shèjiāode; 喜欢交际的
xǐhuan jiāojì de: a ~ gathering 社交集会 shèjiāo
jíhuì

socialism *n.* 社会主义 shèhuìzhǔyì

socialist *n.* 社会主义者 shèhuìzhǔyìzhě *a.* 社会主义的
shèhuìzhǔyìde: ~ system 社会主义制度 shèhuì-
zhǔyì zhìdù

socialize *v.* 使……社会主义化 shǐ ...... shèhuìzhǔ-
yìhuà: ~d medicine 公费医疗制 gōngfèi yīliáozhì

society *n.* 1. 社会 shèhuì: human ~ 人类社会 rénlèi
shèhuì 2. 会 huì; 社 shè; 协会 xiéhuì: The Red
Cross Society of China 中国红十字会 Zhōngguó
hóngshízìhuì 3. 社交界 shèjiāojiè: introduced to ~
被介绍给社交界 bèi jièshào gěi shèjiāojiè

sociology *n.* 社会学 shèhuìxué

sock *n.* 短袜 duǎnwà

sock *v.* 1. 拳打 quándǎ: get ~ed 被打 bèi dǎ 2. 投掷
tóuzhì: ~ a stone at sb. 向某人投石头 xiàng mǒu
rén tóu shítou

socket *n.* 1. 窝 wō: the eye ~ 眼窝 yǎnwō 2. 插座
chāzuò: an electric bulb ~ 灯泡插座 dēngpào
chāzuò

soda *n.* 苏打 sūdá: ~ crackers (biscuits) 苏打饼干
sūdá bǐnggān / ~ water 苏打水 shūdáshuǐ

sodden *a.* 1. 湿润的 shīrùnde: ~ ground 湿润的地面
shīrùnde dìmiàn 2. 未烤透的 wèi kǎotòu de: ~
biscuits 未烘透的饼干 wèi hōngtòu de bǐnggān

sofa *n*. 沙发 shāfā

soft *a*. 1. 软的 ruǎnde; 柔软的 róuruǎnde: a ~ bed 软床 ruǎnchuáng 2. 柔和的 róuhéde: ~ light 柔和的光线 róuhéde guāngxiàn 3. 光滑的 guānghuáde; 柔嫩的 róunènde: ~ skin 柔嫩的皮肤 róunènde pífū 4. 温和的 wēnhéde: a ~ breeze 和风 héfēng / a ~ answer 温和答复 wēnhé dáfù, ~ coal 烟煤 yānméi, ~ drinks 不含酒精的饮料 bù hán jiǔjīng de yǐnliào, ~ water 软水 ruǎnshuǐ *ad*. 1. 柔软地 róuruǎnde 2. 轻轻地 qīngqīngde: Play ~er, please. 请弹得轻一些。 Qǐng tánde qīng yīxiē.

soften *v*. 变软 biànruǎn; 弄软和 nòng ruǎnhé: Heat ~s iron. 热使铁变软。 Rè shǐ tiě biànruǎn. / ~ the light 把光线弄得柔和些 bǎ guāngxiàn nòngde róuhé xiē

soil *n*. 土壤 tǔrǎng; 土地 tǔdì

soil *v*. 弄脏 nòngzāng

solar *a*. 太阳的 tàiyángde: the ~ calendar 阳历 yánglì

soldier *n*. 士兵 shìbīng

sole *n*. 脚底 jiǎodǐ *bottom of the foot

sole *a*. 唯一的 wéiyīde; 单独的 dāndúde: the ~ agent 独家代理商 dújiā dàilǐshāng / the ~ heir 唯一的继承人 wéiyīde jìchéngrén

solemn *a*. 1. 严肃的 yánsùde; 庄严的 zhuāngyánde: a ~ statement 庄严的声明 zhuāngyánde shēngmíng 2. 庄重的 zhuāngzhòngde: ~ looks 庄重的脸色 zhuāngzhòngde liǎnsè

solicit *v*. 恳求 kěnqiú

solicitor *n*. 律师 lùshī

solicitous *a*. 1. 挂念的 guàniànde: be ~ about a friend's health 挂念朋友的健康 guàniàn péngyou de jiànkāng 2. 渴望的 kěwàngde: be ~ to do sth.

渴望做某事 kěwàng zuò mǒu shì

solicitude *n.* 挂念 guàniàn

solid *a.* 1. 固体的 gùtǐde: ～ fuels 固体燃料 gùtǐ ránliào 2. 实心的 shíxīnde: a ～ ball 实心球 shíxīnqiú 3. 坚固的 jiāngùde; 结实的 jiēshíde: a man of ～ build 结实的人 jiēshíde rén 4. 完整的 wánzhěngde: a ～ hour 整整一小时 zhěngzhěng yì xiǎoshí 5. 可靠的 kěkàode: ～ support 可靠的支持 kěkàode zhīchí 6. 纯粹的 chúncuìde; ～ gold 纯金 chúnjīn 7. 一致的 yízhìde: a ～ vote 全体一致的投票 quántǐ yízhì de tóupiào *n.* 固体 gùtǐ

solidarity *n.* 团结 tuánjié

solidify *v.* 使……凝固 shǐ …… nínggù

soliloquy *n.* 独白 dúbái

solitary *a.* 1. 独居的 dújūde: a ～ life 独居生活 dújū shēnghuó 2. 荒凉的 huāngliángde; 偏僻的 piānpìde: a ～ district 偏僻的地区 piānpìde dìqū

solitude *n.* 孤独 gūdú

solo *n.* 1. 独奏曲 dúzòuqǔ; 独唱曲 dúchàngqǔ 2. 单独表演 dāndú biǎoyǎn: dance a ～ 跳单人舞 tiào dānrénwǔ *a.* 单独的 dāndúde; 单身的 dānshēnde: a ～ mother 单身母亲 dānshēn mǔqīn

soloist *n.* 独奏（唱）者 dúzòu (chàng) zhě

soluble *a.* 1. 可溶的 kěróngde: Sugar is ～ in water. 糖在水中会溶解。Táng zài shuǐzhōng huì róngjiě. 2. 可以解决的 kěyǐ jiějué de: Such problems are perfectly ～. 这样一些问题完全可以解决。Zhèyàng yìxiē wèntí wánquán kěyǐ jiějué

solution *n.* 1. 解决 jiějué: hit on a ～ 想出解决问题的办法 xiǎngchū jiějué wèntí de bànfǎ 2. 答案 dá'àn: work out a ～ for the problem 给问题找答案 gěi wèntí zhǎo dá'àn 3. 溶液 róngyè; 溶解 róngjiě:

a saline ～ 盐水溶液 yánshuǐ róngyè / chemical～
化学溶解 huàxué róngjiě

solve *v.* 解决 jiějué

solvent *a.* 有溶解力的 yǒu róngjiělì de: the ～ action
of water 水的溶解作用 shuǐ de róngjiě zuòyòng
2. 有偿付能力的 yǒu chángfù nénglì de *be able
to pay n.* 溶剂 róngjì

sombre *a.* 1. 阴沉的 yīnchénde: a ～ sky 阴沉的天空
yīnchénde tiānkōng 2. 忧郁的 yōuyùde: a ～
countenance 忧郁的面容 yōuyùde miànróng
3. 暗淡的 àndànde: a～ hue 暗淡的颜色 àndànde
yánsè

some *a.* 1. 一些 yìxiē: ～books 一些书 yìxiē shū
2. 某一个 mǒu yí gè: ～day 某一天 mǒu yì tiān
3. 大约 dàyuē: ～ twenty days 大约二十天 dàyuē
èrshí tiān *pron.* 1. 一些 yìxiē: S～of it is good.
其中一些是好的。Qízhōng yìxiē shì hǎo de. 2. 有些
人 yǒuxiē rén: S～ answered yes and ～ answered
no. 有些人回答"是"有些人回答"不"。 Yǒuxiē rén
huídá "shì" yǒuxiē rén huídá "bù".

somebody *pron.* 某人 mǒu rén; 有人 yǒu rén: There
is ～ waiting for you. 有人在等你。 Yǒu rén zài
děng nǐ. *n.* 重要人物 zhòngyào rénwù

somehow *ad.* 1. 不知怎么地 bù zhī zěnme de: S～
I don't trust that man. 不知怎么地，我不信任那个
人。Bù zhī zěnme de, wǒ bú xìnrèn nàge rén. 2. 设法
shèfǎ: We shall get there ～. 我们会设法到达那
里的。Wǒmen huì shèfǎ dàodá nàli de.

someone = somebody *n.* 某人 mǒu rén; 有人 yǒu rén

something *pron.* 某物 mǒu wù; 某事 mǒu shì: I've ～
to tell you. 我有事告诉你。Wǒ yǒu shì gàosù nǐ.

sometime *ad.* 某时 mǒu shí; 某日 mǒu rì: I saw him

~ in April. 我曾在四月份见过他。 Wǒ céng zài sì yuèfēn jiànguò tā. / New students will come to our school ~ next week. 新学员将于下周某日来学校。 Xīn xuéyuán jiāng yú xiàzhōu mǒu rì lái xuéxiào.

sometimes *ad.* 有时 yǒushí

somewhat *ad.* 有点 yǒudiǎnr: ~ different 多少有点不同 duōshǎo yǒudiǎnr bùtóng *pron.* 一点儿 yìdiǎnr: The machine has lost ~ of its speed. 这机器的速度有点慢了。 Zhè jīqì de sùdù yǒudiǎnr màn le.

somewhere *ad.* 某处 mǒu chù

son *n.* 儿子 érzi ~-in-law *n.* 女婿 nǚxu

song *n.* 歌 gē; 歌曲 gēqǔ

sonnet *n.* 十四行诗 shísì háng shī

soon *ad.* 1. 不久 bùjiǔ: ~ after the party 宴会后不久 yànhuì hòu bùjiǔ 2. 快 kuài; 早 zǎo: The ~er the better. 越快越好。 Yuè kuài yuè hǎo. 3. 宁愿 níngyuàn: I'd ~er die than go with you. 我宁愿死也不跟你去。Wǒ níngyuàn sǐ yě bù gēn nǐ qù. as ~ as 一……就…… yī …… jiù: Come here as ~ as you finish the work. 工作一结束你就到这来。 Gōngzuò yì jiéshù nǐ jiù dào zhè lái. as ~ as possible 尽快 jìnkuài, no ~er than 一……就…… yī ……… jiù ………, ~er or later 迟早 chízǎo

soot *n.* 煤烟 méiyān

soothe *v.* 1. 抚慰 fǔwèi: ~ a crying baby 抚慰哭叫的孩子 fǔwèi kūjiào de háizi 2. 减轻 jiǎnqīng: ~ an aching tooth 减轻牙痛 jiǎnqīng yátòng

sop *n.* 面包片 miànbāopiàn: *bread to be dipped into a liquid v.* 1. 泡 pào; 浸湿 jìnshī: be ~ped through 浑身湿透 húnshēn shītòu 2. 吸水 xī shuǐ: ~ up the water with a towel 用毛巾吸水 yòng máojīn xī shuǐ

sophomore *n.* 大学二年级学生 dàxué èr niánjí xué-shēng

sophisticated *a.* 1. 老成的 lǎochéngde: a ～ man 老成的人 lǎochéngde rén 2. 复杂的 fùzáde: ～ machinery 复杂的机器 fùzáde jīqì

soprano *n.* 女高音 nǚgāoyīn

sorcery *n.* 巫术 wūshù

sordid *a.* 1. 肮脏的 āngzāngde: ～ surroundings 肮脏的环境 āngzāngde huánjìng 2. 卑鄙的 bēibǐde: ～ motives 卑鄙的动机 bēibǐde dòngjī

sore *a.* 1. 疼痛的 téngtòngde: have a ～ arm 手臂痛 shǒubìtòng 2. 痛心的 tòngxīnde: ～ news 使人痛心的消息 shǐ rén tòngxīn de xiāoxì *n.* 1. 痛处 tòng-chù * ～ place on skin (also fig.) 2. 疮 chuāng *a wound

sorghum *n.* 高粱 gāoliáng

sorrow *n.* 悲痛 bēitòng; 忧伤 yōushāng

sorrowful *a.* 悲伤的 bēishāngde; 悲痛的 bēitòngde: ～ tears 悲伤的眼泪 bēishāngde yǎnlèi

sorry *a.* 1. 难过的 nánguòde: feel ～ 感到难过 gǎndào nánguò 2. 对不起 duìbùqǐ; 抱歉 bàoqiàn: S～! 对不起! Duìbùqǐ! / I'm very ～. 我很抱歉。Wǒ hěn bàoqiàn. 3. 遗憾 yíhàn: I'm ～ to say the work was not well done. 很遗憾，这工作没做好。Hěn yíhàn, zhè gōngzuò méi zuòhǎo.

sort *n.* 种类 zhǒnglèi: What ～ of book do you need? 你需要哪种书? Nǐ xūyào nǎzhǒng shū? / people of all ～s 各种各样的人 gèzhǒng-gèyàng de rén *v.* 分类 fēnlèi; 拣出 jiǎnchū: ～ letters 分析信件 fēnxī xìnjiàn / ～ out those of the largest size 拣出其中最大的 jiǎnchū qízhōng zuì dà de

SOS 呼救信号 hūjiù xìnhào

so-so *a. & ad.* 一般的 yìbānde; 还过得去 hái guòde qù

soul *n.* 1. 灵魂 línghún 2. 中心人物 zhōngxīn rénwù 精髓 jīngsuǐ: He's the ~ of the party. 他是聚会的中心人物。Tā shì jùhuìde zhōngxīn rénwù. / the ~ of a book 书的精髓 shū de jīngsuǐ

sound *a.* 1. 健全的 jiànquánde: a ~ constitution 强健的身体 qiángjiànde shēntǐ 2. 坚固的 jiāngùde: a building of ~ construction 结构牢固的建筑物 jiégòu láogù de jiànzhùwù 3. 正确的 zhèngquède: ~ reasoning 正确的推理 zhèngquède tuīlǐ 4. 道德高尚的 dàodé gāoshàng de: a ~ person 道德高尚的人 dàodé gāoshàng de rén 5. 完全的 wánquánde: a ~ sleep 酣睡 hānshuì *ad.* 彻底的 chèdìde

sound *n.* 声音 shēngyīn: ~proof 隔音的 géyīnde *v.* 1. 响 xiǎng: The bugle ~s to battle. 战斗号角吹响了。Zhàndòu hàojiǎo chuīxiǎng le. 2. 听起来 tīng qǐlái: It ~s quite all right. 听起来挺不错。Tīngqǐlái tīng búcuò.

soup *n.* 汤 tāng

sour *a.* 1. 酸的 suānde: a ~ taste 酸味 suānwèi *v.* 变酸 biànsuān: The milk has ~ed. 牛奶变酸了。Niúnǎi biànsuān le.

source *n.* 1. 源 yuán: the ~s of the Nile 尼罗河的发源地 níluóhé (Nile) de fāyuándì 2. 来源 láiyuán; 根源 gēnyuán: the ~ of war 战争根源 zhànzhēng gēnyuán / The news came from a reliable ~. 消息出自一个可靠的来源。Xiāoxi chūzì yí gè kěkào de láiyuán.

south *n.* 南 nán: the S~ Pole 南极 nánjí

southeast *n. & a.* 东南（的）dōngnán (de) *ad.* 在东南

southern   556   span

zài dōngnán

southern *a.* 南方的 nánfāngde

southward *a. & ad.* 向南的 xiàng nán de

southwest *n. & a.* 西南(的) xīnán (de) *ad.* 在西南 zài xīnán

souvenir *n.* 纪念品 jìniànpǐn

sovereign *a.* 1. 至高无上的 zhìgāowúshàngde: ～ power 至高无上的权力 zhìgāowúshàngde quánlì 2. 独立自主的 dúlìzìzhǔde: a ～ state 主权国家 zhǔquán guójiā *n.* 君主 jūnzhǔ

sovereignty *n.* 主权 zhǔquán

Soviet *n.* 苏维埃 sūwéi'āi

sow¹ *v.* 播种 bōzhǒng

sow² *n.* 母猪 mǔzhū *a female pig

soy *n.* 酱油 jiàngyóu

soy(a)bean *n.* 黄豆 huángdòu, ～ sauce 酱油 jiàngyóu, ～ milk 豆浆 dòujiāng

space *n.* 1. 空间 kōngjiān: outer ～ 外层空间 wàicéng kōngjiān 2. 间隔 jiàngé: separate by a ～ of two metres 以两米的间隔分开 yǐ liǎng mǐ de jiàngé fēnkāi 3. 空地 kòngdì: This box occupies too much ～. 这只箱子占的空地太多了。 Zhè zhī xiāngzi zhàn de kòngdì tài duō le. / ～ rocket 宇宙火箭 yǔzhòu huǒjiàn, / ～ station 宇宙飞行站 yǔzhòu fēixíngzhàn *v.* 隔开 gékāi

spaceman *n.* 宇宙飞行员 yǔzhòu fēixíngyuán

space-ship *n.* 宇宙飞船 yǔzhòu fēichuán

spacious *a.* 宽敞的 kuānchǎngde

spade *n.* 铁锹 tiěqiāo: call a ～ a ～ 是啥说啥 (直言不讳) shì shà shuō shà (zhíyán-búhuì) *v.* 铲 chǎn

span *n.* 1. 指距 zhǐjù: measure by ～s 用指距来量 yòng zhǐjù lái liáng 2. 跨度 kuàdù: the ～ of an

arch 拱跨 gǒngkuà 3. 一段时间 yí duàn shíjiān:
the ～ of life 一生的时间 yìshēng de shíjiān v. 1.
跨越 kuàyuè: Rails ～ mountains and rivers. 铁
路跨山越水。 Tiělù kuà shān yuè shuǐ 2. 架 jià:
～ a river with a bridge 在河上架桥 zài hé shang
jià qiáo

Spanish a. & n. 1. 西班牙的 xībānyáde *of Spain
2. 西班牙人（的） xībānyárén(de) *of its people
3. 西班牙语（的） xībānyáyǔ(de) *of its language

spank v. 打……的屁股 dǎ …… de pìgu n. 一巴掌
yì bāzhang

spanner n. 板手 bānshǒu

spare v. 1. 饶恕 ráoshù: ～ one's life 饶命 ráomìng
2. 节约 jiéyuē: ～ no efforts 不遗余力 bùyíyúlì
3. 抽出 chōuchū: He can ～ me an hour. 他能
为我抽出一个小时。 Tā néng wèi wǒ chōuchū yí
gè xiǎoshí a. 1. 空余的 kòngyúde: ～ time 余暇
yúxiá 2. 备用的 bèiyòngde: a ～ room 备用房间
bèiyòng fángjiān, / ～ parts 备用零件 bèiyòng líng
jiàn **sparing** a. 节约的 jiéyuēde

spark n. 火花 huǒhuā; 火星 huǒxīng: S～s flew
from the furnace. 炉中射出火花。 Lú zhōng shèchū
huǒhuā./ the ～ of life 生命的火花 shēngmìng de
huǒhuā v. 1. 发火(电)花 fā huǒ (diàn) huā: Her
eyes ～ed with fury 她眼冒怒火。 Tā yǎn mào
nùhuǒ. 2. 激发 jīfā: Our success ～ed us to fresh
efforts. 我们的成就激励我们进一步努力。 Wǒ-
mende chéngjiù jīlì wǒmen jìnyíbù nǔlì.

sparkle n. & v. 闪耀 shǎnyào

sparrow n. 麻雀 máquè

sparse a. 稀疏的 xīshūde

spartan a. 简朴的 jiǎnpǔde

spasm *n.* 痉挛 jīngluán

spatter *v. & n.* 溅 jiàn

spawn *n.* 卵 luǎn *of water animals v.* 产卵 chǎn luǎn

speak *v.* 1. 说 shuō; 说话 shuōhuà: He ~s English. 他说英语。Tā shuō yīngyǔ / learn to ~ 学说话 xué shuōhuà 2. 谈 tán: I'll ~ to him. 我要同他谈一谈。Wǒ yào tóng tā tányitán. 3. 发言 fāyán; 作报告 zuò bàogào: Who's going to ~ at the meeting this afternoon? 谁将在今天下午的会上作报告? Shuí jiāng zài jīntiān xiàwǔ de huìshang zuò bàogào? 4. 说出 shuōchū: He ~s the sentiments of us all. 他说出了我们大家的感想。Tā shuōchūle wǒmen dàjiāde gǎnxiǎng. ~ for 代表……说话 dàibiǎo …… shuōhuà: The facts ~ for themselves. 事实胜于雄辩。Shìshí shèngyú xióngbiàn. ~ out (up) 1. 大声说 dàshēng shuō * ~ loudly 2. 毫无顾虑地说出意见 háowú gùlù de shuōchū yìjian *boldly express opinions

speaker *n.* 1. 发言者 fāyánzhě 2. = loud speaker 扩音器 kuòyīnqì

spear *n.* 矛 máo; 长枪 chángqiāng

special *a.* 1. 特别的 tèbiéde: pay ~ attention to 特别注意 tèbié zhùyì 2. 专门的 zhuānménde: a ~ hospital 专门医院 zhuānmén yīyuàn *n.* 专车 zhuānchē

specialist *n.* 专家 zhuānjiā

speciality *n.* 1. 特性 tèxìng 2. 专业 zhuānyè; 专长 zhuāncháng: Physics is his ~. 物理学是他的专业。Wùlǐxué shì tāde zhuānyè. 3. 特产 tèchǎn: Shell carvings are a ~ of the town. 贝雕是这个城的特产。Bèidiāo shì zhège chéng de tèchǎn.

specialize *v.* 专长是…… zhuāncháng shì ……

species *n.* 品种 pǐnzhǒng: "The Origin of S~"

《物种起源》 ‹Wùzhǒng qǐyuán›

specific *a.* 1. 明确的 míngquède: a ~ aim 明确的目标 míngquède mùbiāo 2. 特殊的 tèshūde: a ~ style 特殊的风格 tèshūde fēnggé

specifically *ad.* 明确地 míngquède; 特别地 tèbiéde: The doctor ~ advised him not to eat fatty food. 医生特别劝他不要吃多脂肪的食物。 Yīshēng tèbié quàn tā búyào chī duō zhīfáng de shíwù.

specification *n.* 1. 详细说明 xiángxì shuōmíng 2. 规格 guīgé; 说明书 shuōmíngshū

specify *v.* 1. 指定 zhǐdìng 2. 详细说明 xiángxì shuōmíng

specimen *n.* 标本 biāoběn; 样本 yàngběn: collect insect ~ 搜集昆虫标本 sōují kūnchóng biāoběn

speck *n.* 1. 污点 wūdiǎn: a person without a ~ 没有污点的人 méiyǒu wūdiǎn de rén. 2. 微粒 wēilì; 一点 yìdiǎnr: a ~ of dust 一点灰尘 yìdiǎnr huīchén

speckle *n.* 斑点 bāndiǎn

spectacle *n.* 1. 景象 jǐngxiàng: a fine ~ 壮观的景象 zhuàngguānde jǐngxiàng 2. 眼镜 yǎnjìng: a pair of ~s 一付眼镜 yí fù yǎnjìng

spectacular *a.* 壮观的 zhuàngguānde

spectator *n.* 观众 guānzhòng; 旁观者 pángguānzhě

spectrum *n.* 光谱 guāngpǔ

speculafe *v.* 1. 推测 tuīcè: ~ upon the origin of the universe 推测宇宙的起源 tuīcè yǔzhòu de qǐyuán 2. 投机 tóujī: ~ in stocks 做股票投机 zuò gǔpiào tóujī

speculation *n.* 1. 思索 sīsuǒ; 推测 tuīcè: I am sorry to disturb your ~. 很抱歉，打扰了你的思索。 Hěn bàoqiàn, dǎrǎole nǐde sīsuǒ. 2. 投机 tóujī *speculative investment

speculative *a.* 1. 推测的 tuīcède *conjectural 2. 投机的 tóujīde *of investment

speech *n.* 1. 说话 shuōhuà: the faculty of ～ 说话能力 shuōhuà nénglì 2. 演说 yǎnshuō *a public address

speechless *a.* 说不出话的 shuō bù chū huà de: be ～ with surprise 惊讶得说不出话来 jīngyàde shuō bù chū huà lái

speed *n.* 速度 sùdù: put on ～ 加快速度 jiākuài sùdù *v.* 1. 飞奔 fēibēn: a car ～ing away 飞奔而去的汽车 fēibēn ér qù de qìchē 2. 加速 jiāsù: The heart ～s up. 心跳加速。Xīn tiào jiāsù. ～ meter *n.* 计速器 jìsùqì

speedy *a.* 迅速的 xùnsùde

spell[1] *v.* 拼写 pīnxiě

spell[2] *n.* 轮班 lúnbān; 换班 huànbān: Let me give you a ～. 让我换你的班。Ràng wǒ huàn nǐde bān.

spell[3] *n.* 1. 咒语 zhòuyǔ *incantation 2. 魅力 mèilì *fascination

spellbound *a.* 着了迷的 zháole mí de

spelling *n.* 拼法 pīfǎ

spend *v.* 1. 花费 huāfèi: How much have you spent? 你花了多少钱？Nǐ huāle duōshǎo qián? 2. 度过 dùguò: ～ a holiday; 度假 dùjià 3. 耗尽 hàojìn; 用尽 yòngjìn: ～ all one's energies 耗尽精力 hàojìn jīnglì

sphere *n.* 1. 球 qiú; 球体 qiútǐ *object of spherical shape 2. 范围 fànwéi; 领域 lǐngyù: a ～ of influence 势力范围 shìlì fànwéi

spherical *a.* 球形的 qiúxíngde

spice *n.* 1. 香料 xiāngliào; 调味品 tiáowèipǐn: a dealer in ～ 香料商人 xiāngliào shāngrén / Pepper, ginger, etc. are ～s. 胡椒、生姜等都是调味品。

Hújiāo, shēngjiāng děng dōushì tiáowèipǐn. v. 加作料
jiā zuóliào

spider n. 蜘蛛 zhīzhū

spill v. 溢出 yìchū; 泼出 pōchū: ~ ink on the desk
把墨水洒在书桌上 bǎ mòshuǐ sǎ zài shūzhuō shang

spin v. 1. 纺 fǎng: ~ cotton into yarn 把棉纺成纱
bǎ mián fǎngchéng shā 2. 旋转 xuánzhuǎn: ~
round 旋转 xuánzhuǎn

spinach n. 菠菜 bōcài

spinal a. 脊骨的 jǐgǔde

spine n. 脊椎骨 jǐzhuīgǔ

spinner n. 1. 纺纱工人 fǎngshā gōngrén *workers
2. 纺纱机 fǎngshājī *machines

spinster n. 未婚女子 wèihūn nǚzǐ; 老处女 lǎochǔnǚ

spiral a. 螺旋形的 luóxuánxíngde n. 螺旋 luóxuán

spire n. 塔尖 tǎjiān; 尖顶 jiāndǐng

spirit n. 1. 精神 jīngshéng: a patriotic ~ 爱国精神
àiguó jīngshén 2. 灵魂 línghún: body and ~ 肉体
和灵魂 ròutǐ hé línghún 3. 情绪 qíngxù: in high ~s
情绪很高 qíngxù hěn gāo 4. 烈酒 lièjiǔ *drinks

spiritual a. 1. 精神上的 jīngshénshangde: ~ life
精神生活 jīngshén shēnghuó 2. 神圣的 shénshèngde:
~ songs 圣歌 shènggē

spit v. 吐痰 tǔtán

spite n. 1. 恶意 èyì; 怨恨 yuànhèn: from ~ 出于恶意
chūyú èyì / have a ~ against sb. 对某人怀恨在心
duì mǒu rén huáihèn zài xīn, in ~ of 尽管 jìnguǎn

spittoon n. 痰盂 tányú

splash v. 溅 jiàn; 泼 pō: Don't ~ your dress. 不要
溅湿你的衣服。Búyào jiànshī nǐde yīfu. n. 飞溅声
fēijiànshēng *the sound

splendid a. 1. 壮丽的 zhuànglìde; 辉煌的 huīhuángde:

a ～ scene 壮丽的景象 zhuànglìde jíngxiàng / a ～ victory 辉煌的胜利 huīhuángde shènglì 2. 杰出的 jiéchūde: a ～ figure 杰出的人物 jiéchūde rénwù 3. 极好的 jí hǎo de: a ～ idea 极好的主意 jí hǎo de zhǔyi

splendo(u)r n. 光彩 guāngcǎi; 光辉 guānghuī: the ～ of the sun 太阳的光辉 tàiyángde guānghuī

splint n. 夹板 jiābǎn

splinter n. 裂片 lièpiàn v. 裂成碎片 lièchéng suìpiàn

split v. 劈开 pīkāi

spoil v. 1. 损坏 sǔnhuài; fruit ～t by insects 被昆虫损害的水果 bèi kūnchóng sǔnhài de shuǐguǒ 2. 惯坏 guànhuài a ～ed child 惯坏了的孩子 guànhuàilede háizi n. (pl.) 战利品 zhànlìpin; 掠夺品 lüèduópin

spokesman n. 发言人 fāyánrén

sponge n. 海绵 hǎimián

spongy a. 海绵状的 hǎimiánzhuàngde

sponsor n. 1. 发起人 fāqǐrén 2. 赞助人 zànzhùrén

sponsorship n. 发起 fāqǐ; 主办 zhǔbàn

spontaneous a. 自然的 zìránde; 自发的 zìfāde: ～ growth 自然生长 zìrán shēngzhǎng

spool n. 1. 线轴 xiànzhóu 2. 卷轴 juǎnzhóu

spoon n. 匙 chí; 调羹 tiáogēng

spoonful n. 一调羹 yì tiáogēng

sport n. 1. 运动 yùndòng: athletic ～s 体育运动 tǐyù yùndòng 2. 运动会 yùndònghuì: the university ～s 大学校际运动会 dàxué jiàojì yùndònghuì v. 游戏 yóuxì; 玩耍 wánshuǎ: The Children are ～ing in the meadow. 孩子们正在草坪上玩耍。Háizimen zhèngzài cǎopíng shang wánshuǎ.

sportsman n. 运动员 yùndòngyuán

sportsmanship *n.* 体育道德 tǐyù dàodé

spot *n.* 1. 斑点 bāndiǎn: red ~s 红斑 hóngbān 2. 污点 wūdiǎn: a ~ on one's reputation 名誉上的 污点 míngyùshang de wūdiǎn 3. 地点 dìdiǎn: a scenic ~ 风景胜地 fēngjǐng shèngdì, / a tender ~ 弱点 ruòdiǎn *a weakpoint, in a ~ 在困难中 zài kùnnan zhōng, on the ~: 1. = in the place concerned 在场 zàichǎng 2. = without delay 立即 lìjí: ~ cash 货到交款 huò dào jiāo kuǎn *v.* 1. 弄脏 nòngzāng *to stain with ~s 2. 看出 kànchū; 发现 fāxiàn: The pilot ~ted the island. 飞行员发现 了那岛屿。 Fēixíngyuán fāxiànle nà dǎoyǔ.

spotless *a.* 没有污点的 méiyǒu wūdiǎn de; 清洁的 qīngjiéde: a ~ kitchen 清洁的厨房 qīngjiéde chúfáng

spotlight *n.* 聚光灯 jùguāngdēng

spout *v.* 喷出 pēnchū *n.* 喷嘴 pēnzui

sprain *v. & n.* 扭伤 niǔshāng

sprawl *v.* 1. 伸开手足躺着 shēnkāi shǒu zú tǎngzhe *to lie with the body stretched out carelessly 2. 蔓延 mànyán *of plants

spray *n.* 1. 水花 shuǐhuā; 浪花 lànghuā: the ~ of a waterfall 瀑布的水花 pùbùde shuǐhuā 2. 喷雾 器 pēnwùqì *atomizer, sprayer *v.* 喷 pēn

spread *v.* 1. 伸展 shēnzhǎn: The bird ~ its wings. 鸟儿张开翅膀。 Niǎo'ér zhāngkāi chìbǎng. 2. 涂 tú; 摆 bǎi: ~ jam on bread 在面包上涂果酱 zài miànbāo shang tú guǒjiàng 3. 传播 chuánbō; 散布 sànbù: ~ news 传播消息 chuánbō xiāoxi / ~ ru- mours 散布谣言 sànbù yáoyán *n.* 1. 伸展 shēnzhǎn 2. 传播 chuánbō

spring[1] *v.* 跳 tiào; 跃 yuè: ~ out of bed 从床上跳起来 cóng chuáng shang tiào qǐlái 2. 弹 tán: The door sprang to. 门弹回关上。Mén tánhuí guānshàng. 3. 涌出 yǒngchū: Tears sprang from her eyes. 泪水从她的眼睛里涌出来。Lèishuǐ cóng tāde yǎnjing lǐ yǒng chūlái.

spring² *n.* 春天 chūntiān *the season

spring³ *n.* 泉水 quángshuǐ *water

spring⁴ *n.* 弹簧 tánhuáng *coiled metal, etc. with elasticity

sprinkle *v.* 撒 sǎ; 洒 sǎ: ～ the street with water 在街上洒水 zài jiē shang sǎ shuǐ / ～ salt on meat 在肉上撒盐 zài ròu shang sǎ yán

sprinkler *n.* 洒水器 sǎshuǐqì

sprout *v.* 发芽 fāyá *n.* 新芽 xīnyá

spruce *a.* 整洁的 zhěngjiéde *v.* 打扮整洁 dǎbàn zhěngjié

spur *n.* 1. 马刺 mǎcì 2. 刺激 cìjī: act on the ～ of the moment 凭一时冲动行事 píng yìshí chōngdòng xíngshì *v.* 激励 jīlì

spurt *v.* 喷出 pēnchū

sputter *v.* 唾沫飞溅 tuòmo fēijiàn *n.* 快速含糊的说话 kuàisù hánhu de shuōhuà; 乱语 luànyǔ

spy *n.* 间谍 jiàndié *v.* 侦察 zhēnchá

squabble *v.* 争吵 zhēngchǎo

squad *n.* 1. 班 bān: a ～ leader 班长 bānzhǎng 2. 小队 xiǎoduì: a football ～ 足球队 zúqiúduì

squadron *n.* 中队 zhōngduì

squalid *a.* 1. 肮脏的 āngzāngde: ～ living conditions 肮脏的居住条件 āngzāngde jūzhù tiáojiàn 2. 下流的 xiàliúde: a ～ story 下流故事 xiàliú gùshì

squander *v.* & *n.* 浪费 làngfèi

square *n.* 1. 正方形 zhèngfāngxíng: a ～ of glass 一块方玻璃 yí kuài fāng bōli 2. 广场 guǎngchǎng:

Tien An Men S~ 天安门广场 Tiān'ānmén guǎng-chǎng 3. 平方 píngfāng: Nine is the ~of three. 九是三的平方。 Jiǔ shì sān de píngfāng. 4. 直角尺 zhíjiǎochǐ   on the ~: 1. 成直角 chéng zhíjiǎo 2. 公正 gōngzhèng, out of ~ 不成直角的 bù chéng zhíjiǎo de; 不正的 bú zhèng de v. 1. 使⋯⋯ 成方形 shǐ ⋯⋯ chéng fāngxíng 2. 弄平 nòng-píng *to make equal 3. 符合 fúhé *to be consistent with

squash¹ *v.* 1. 压扁 yābiǎn: ~ a hat 压扁帽子 yābiǎn màozi 2. 挤进 jǐjìn: ~ into a car 挤进汽车 jǐjìn qìchē 3. 镇压 zhènyā: ~ a revolt 镇压叛乱 zhèn-yā pànluàn

squash² *n.* 西葫芦 xīhúlú *vegetable

squat *v.* 蹲 dūn *a.* 蹲着的 dūnzhede *   ~ing

squeak *n.* 吱吱声 zhīzhīshēng *v.* 发出尖叫声 fāchū jiānjiàosheng

squeal *v.* 1. 尖叫 jiānjiào: The boy ~ed with pain. 这男孩疼得直叫。 Zhè nánháir téngde zhíjiào 2. 告密 gàomì; 告发 gàofā: ~ on sb. 告发某人 gàofā mǒu rén

squeeze *n.* 1. 压 yā; 挤 jǐ: ~ a lemon dry 挤出柠檬汁 jǐchū níngméngzhī / ~ into a bus 挤上汽车 jǐshàng qìchē 2. 榨取 zhàqǔ: ~ money out of sb. 榨取钱财 zhàqǔ qiáncái *n.* 1. 压榨 yāzhà *the pressing out of liquids 2. 拥挤 yōngjǐ: It is a tight ~. 真挤。 Zhēn jǐ.

squint *n.* & *v.* 斜视 xiéshì

squirrel *n.* 松鼠 sōngshǔ

stab *v.* 刺 cì; 刺伤 cìshāng: be ~bed to death 被刺死 bèi cìsǐ / The thought ~bed through her like a knife. 这念头象刀一样刺痛了她。 Zhè niàntou

xiàng dāo yíyàng cìtòngle tā. *n.* 刺 cì; 刺痛 cìtòng:
a ～ in the back 暗箭伤人 ànjiàn shāngrén

stability *n.* 坚固 jiāngù; 稳定性 wěndìngxìng: the ～
of an airplane 飞机的稳定性 fēijī de wěndìngxìng

stabilize *v.* 稳定 wěndìng; 安定 āndìng: ～ the market
稳定市场 wěndìng shìchǎng

stable[1] *a.* 坚固的 jiāngùde; 稳定的 wěndìngde

stable[2] *n.* 马棚 mǎpéng *for horses

stack *n.* 1. 堆 duī; 垛 duò: a ～ of straw 草垛 cǎoduò /
a ～ of papers 一堆迭着的纸 yì duī diézhe de zhǐ
2. 许多 xǔduō: I have ～s of work to get through.
我有许多工作要完成。 Wǒ yǒu xǔduō gōngzuò
yào wánchéng. 3. 书库 shūkù *in a library *v.* 堆
duī; 堆放 duīfàng: ～ the firewood in the back yard
把木柴堆在后院 bǎ mùchái duī zài hòuyuàn / The
floor was ～ed with boxes. 地板上堆放着很多
盒子。 Dìbǎn shang duīfàngzhe hěn duō hézi.

stadium *n.* 运动场 yùndòngchǎng

staff[1] *n.* 1. 棒 bàng *a stick 2. 支柱 zhīzhù: She is
a ～ to the whole group. 她是全组的支柱。 Tā
shì quánzǔ de zhīzhù. 3. *pl.* = staves 五线谱 wǔxiàn-
pǔ

staff[2] *n.* 1. （全体）工作人员 (quántǐ) gōngzuò rén-
yuán; 职员 zhíyuán: the teaching ～ of a school
学校的全体教师 xuéxiào de quántǐ jiàoshī / a ～
member 职员之一 zhíyuán zhī yī 2. 参谋 cānmóu:
the Headquarters of the General S～ 总参谋部
Zǒngcānmóubù

stage *n.* 1. 舞台 wǔtái: She left the ～ at 60. 她六
十岁离开了舞台。 Tā liùshí suì líkāile wǔtái. 2. 戏剧
xìjù: a ～ play 话剧 huàjù 3. 时期 shíqī; 阶段 jiē-
duàn: in the early ～s 在初期 zài chūqī 4. 级 jí:

a three-~ rocket 三级火箭 sān jí huǒjiàn v. 1. 上演
shàngyǎn: ~ a play 上演一出戏 shàngyǎn yì chū
xì 2. 举行 jǔxíng: ~ a strike 举行罢工 jǔxíng
bàgōng

stagger v. 1. 蹒跚 pánshān; 摇摆 yáobǎi: ~ to one's
feet 摇摇摆摆站起来 yáoyáo-bǎibǎi zhàn qǐlái 2.
震惊 zhènjīng; 动摇 dòngyáo: ~ing news 惊人的消
息 jīngrén de xiāoxi 3. 错开 cuòkāi: ~ office hours
错开办公时间 cuòkāi bàngōng shíjiān n. 摇摆 yáo-
bǎi

stagnant a. 1. 不流动的 bù liúdòng de: ~ water 不流
动的水 bù liúdòng de shuǐ; 死水 sǐshuǐ 2. 萧条的
xiāotiáode: Business was ~. 生意萧条。 Shēngyi
xiāotiáo.

stagnate v. 1. 不流动 bù liúdòng 2. 变萧条 biàn xiāo-
tiáo

stain n 1. 污点 wūdiǎn; 污迹 wūjì: an ink ~ 墨水迹
mòshuǐjì 2. 染料 rǎnliào *dye v. 1. 玷污 diànwū;
弄脏 nòngzāng: White cloth ~s easily. 白布容
易弄脏。 Báibù róngyì nòngzān. 2. 染色 rǎnsè
*to impregnate with colour

stainless a. 1. 没有污点的 méiyǒu wūdiǎn de; 纯洁的
chúnjiéde: a ~ character 纯洁的品格 chúnjiéde
pǐngé 2. 不锈的 bú xiù de; ~ steel 不锈钢 búxiùgāng

stair n. 楼梯 lóutī: a flight of ~s 一段楼梯 yí duàn
lóutī/ come up ~ 上楼 shàng lóu

staircase n. 楼梯 lóutī

stake n. 1. 桩 zhuāng: tie a horse to a ~ 把马栓在桩上
bǎ mǎ shuān zài zhuāngshang 2. 赌注 dúzhù:
play for high ~s 下大赌注赌钱 xià dà dǔzhù dǔqián
v. 1. 用桩支持 yòng zhuāng zhīchí 立桩划分 lì
zhuāng huàfēn: ~ off a boundary 立桩分界 lì-

zhuāng fēnjiè 2. 赌 dǔ *wager

stale *a.* 1. 不新鲜的 bù xīnxiān de: ~ bread 不新鲜的 面包 bù xīnxiān de miànbāo 2. 陈旧的 chénjiùde: ~ news 陈旧的消息 chénjiùde xiāoxi

stalk *v.* 1. 潜行 qiánxíng; 偷偷走近 tōutou zǒu jìn *approach stealthily 2. 傲然阔步 àorán kuòbù: ~ out of the room 傲然阔步走出房去 àorán kuòbù zǒuchū fángqù

stamina *n.* 精力 jīnglì; 体力 tǐlì: physical ~ 好体力 hǎo tǐlì

stammer *v.* 口吃 kǒuchī; 结结巴巴地说 jiējiē-bābāde shuō

stamp *n.* 1. 邮票 yóupiào: a set of ~s 一套邮票 yí tào yóupiào 2. 戳记 chuōjì; 印章 yìnzhāng: Our ~ is the certificate of quality 我们的戳记是质量 合格证明。Wǒmende chuōjì shì zhìliàng hégé zhèng-míng. *v.* 1. 盖章 gàizhāng; 压印 yāyìn: ~ the trade mark 压印商标 yāyìn shāngbiāo 2. 贴邮票 tiē yóupiào: S~ the letter and post it. 把信贴上 邮票寄出去。 Bǎ xìn tiēshàng yóupiào jì chūqù

stand 1. 站立 zhànlì: The baby connot ~ yet. 这小孩还不会站立。Zhè xiǎoháir hái búhuì zhànlì. 2. 座落 zuòluò; 位于 wèiyú: The house ~s on a hill. 房屋座落在小山上。 Fángwū zuòluò zài xiǎoshān shang. 3. 维持 wéichí; 仍然有效 réngrán yǒuxiào: The house will ~ another century. 这房子还能维持一个世纪。 Zhè fángzi hái néng wéichí yī gè shìjì. / The order still ~s. 命令仍然 有效。Mìnglìng réngrán yǒuxiào. 4. 忍受 rěnshòu: Can you ~ the pain? 你受得了这疼痛吗？ Ní shòudéliao zhè téngtòng ma？ ~ for 代表 dàibiǎo, ~ out 突出 tūchū, ~ up for ……为……辩护 wèi

...... biànhù, ～ up to 勇敢地抵抗 yǒnggǎnde dǐkàng *n.* 1. 停止 tíngzhǐ *to stop 2. 立场 lìchǎng *point of view 3. 看台 kàntái *for spectators; 架子 jiàzi; 台 tái: a fruit ～ 水果摊 shuǐguǒtān 4. 停留处 tíngliúchù: the bus ～ 公共汽车停车处 gōnggòng qìchē tíngchēchù

standard *n.* 标准 biāozhǔn: the ～ size 标准尺寸 biāozhǔn chǐcùn 2. 水平 shuǐpíng: living ～ 生活水平 shēnghuó shuǐpíng *a.* 1. 标准的 biāozhǔnde 2. 权威的 quánwēide: a ～ writer 权威作家 quánwēi zuòjiā

standardize *v.* 标准化 biāozhǔnhuà

standing *a.* 1. 直立的 zhílìde: ～ shot 立射 lìshè 2. 常备的 chángbèide: a ～ army 常备军 chángbèijūn

standpoint *n.* 立场 lìchǎng; 观点 guāndiǎn: Let's look at this from a historical ～. 让我们从历史的观点看这个问题。 Ràng wǒmen cóng lìshǐ de guāndiǎn kàn zhège wèntí

standstill *n.* 停止 tíngzhǐ: at a ～ 停顿 tíngdùn

staple *n.* 钉书钉 dìngshūdīng *v.* 钉住 dìngzhù

staple *n.* 主要产品 zhǔyào chǎnpǐn *a.* 主要的 zhǔyàode: ～ food 主食 zhǔshí

stapler *n.* 钉书机 dìngshūjī

star *n.* 星 xīng; 恒星 héngxīng

starch *n.* 淀粉 diànfěn *v.* 上浆 shàng jiāng

stare *v.* & *n.* 凝视 níngshì

startle *v.* & *n.* 吃惊 chījīng

startling *a.* 惊人的 jīngrénde

start *v.* 1. 出发 chūfā: We have to ～ out early tomorrow. 我们明天必须早动身。 Wǒmen míngtiān bìxū zǎo dòngshēn. 2. 开始 kāishǐ: It ～ed to rain. 开始下雨了。 Kāishǐ xiàyǔ le. 3. 惊动 jīngdòng: She ～ed at the noise. 响声吓了她一

跳。Xiǎngshēng xiàle tā yítiào. *n.* 1. 吃惊 chījing:
wake up with a ～ 惊醒 jīngxing 2. 开始 kāishǐ:
The ～ of the film was very interesting. 电影的开头
很有趣。Diànyǐng de kāitóu hěn yǒuqù.

starvation *n* 饥饿 jī'è

starve *v.* 挨饿 ái'è

state¹ *n.* 1. 状态 zhuàngtài: ～ of mind 精神状态
jīngshén zhùangtài 2. 国家 guójiā: ～-owned
business 国营企业 guóyíng qǐyè 3. 州 zhōu: the 50
states of the U.S. 美国的五十个州 Měiguó de wǔshí
gè zhōu

state² *v.* 声明 shēngmíng

stately *a.* 庄严的 zhuāngyánde

statement *n.* 1. 声明 shēngmíng: an official ～ 正式
声明 zhèngshì shēngmíng 2. 财务报告 cáiwù bào-
gào: a bank ～ 银行报告 yínháng bàogào

statesman *n.* 政治家 zhèngzhìjiā

static *a.* 静止的 jìngzhǐde

station *n.* 1. 车站 chēzhàn: a railway ～ 火车站 huǒ-
chēzhàn 2. 局 jú: a police ～ 警察局 jǐngchájú
3. 电台 diàntái: a television ～ 电视台 diànshìtái
v. 驻扎 zhùzhá

stationary *a.* 稳定的 wěndìngde

stationery *n.* 1. 文具 wénjù 2. 信笺 xìnjiān: hotel
～ 旅馆供应的信笺 lǚguǎn gōngyìng de xìnjiān

statistical *a.* 统计的 tǒngjìde; 统计学的 tǒngjìxuéde

statistics *n.* 1. 统计学 tǒngjìxué *the science 2. 统计
数字 tǒngjì shùzì *collected facts

statue *n.* 雕像 diāoxiàng

stature *n.* 身高 shēngāo: be of medium ～ 中等身材
zhōngděng shēncái

status *n.* 1. 地位 dìwèi: social ～ 社会地位 shèhuì

dìwèi 2. 状况 zhuàngkuàng: ～ quo 现状 xiàn-
zhuàng

statute *n.* 法规 fǎguī

statutory *a.* 法定的 fǎdìngde

staunch *a.* 顽强的 wánqiángde

stay[1] *v.* 1. 停留 tíngliú: ～ at home 呆在家 dāi zài
jiā / ～ to dinner 留下吃饭 liúxià chī fàn 2. 持久
chíjiǔ: The temperature has ～ed hot this week.
这星期天气一直很热。 Zhè xīngqī tiānqì yìzhí hěn
rè. 3. 住 zhù: ～ at a hotel 住旅馆 zhù lǚguǎn
n. 停留 tíngliú: a short ～ here 在这里短暂的停留
一下 zài zhèlǐ duǎnzànde tíngliú yíxià

stay[2] *n.* 支柱 zhīzhù *a support

steadfast *a.* 不动摇的 bú dòngyáo de

steady *a.* 平稳的 píngwěnde *v. & ad.* 稳定（地）wěn-
dìng (de)

steak *n.* 牛排 niúpái

steal *v. & n.* 偷 tōu

stealthy *a.* 偷偷的 tōutōude

steam *n.* 蒸汽 zhēngqì *v.* 1. 冒热气 mào rèqì: ～ing
hot tea 滚烫的茶 gùntàngde chá 2. 蒸 zhēng:
～ed fish 蒸鱼 zhēng yú 3. 行驶 xíngshǐ: The ship
～ed into the harbour. 轮船驶入港口。 Lúnchuán
shǐrù gǎngkǒu.

steel *n. & a.* 钢（的）gāng (de) *v.* 使……坚强 shǐ
……jiānqiáng

steep[1] *a.* 陡的 dǒude

steep[2] *v. & n.* 浸 jìn; 泡 pào

steer *v.* 掌舵 zhǎngduò *a ship

steering *n.* 掌舵 zhǎngduò: ～ wheel 方向盘 fāngxiàng-
pán

stem[1] *n.* 1. 茎 jìng: the ～ of a plant 植物的茎 zhíwù

de jìng 2. 把 bà; 柄 bǐng: the ～ of a pipe 烟斗柄 yāndǒubǐng

stem² *v.* 1. 挡住 dǎngzhù: ～ the flow of water 堵住 水流 dǔzhù shuǐliú 2. 发生 fāshēng: ～ from 由… …发生 yóu …… fāshēng

stench *n.* 恶臭 èchòu *v.* 发臭 fāchòu

stencil *n.* 1. 蜡纸 làzhǐ: cut a ～ paper 刻蜡纸 kè làzhǐ 2. 模板 múbǎn *a thin sheet of metal, cardboard, etc. *v.* 用蜡纸印 yòng làzhǐ yìn: ～ pen 铁笔 tiěbǐ / ～ plate 模板 múbǎn

step *n.* 1. 步 bù: Take two ～s forward. 向前走 两步。Xiàng qián zǒu liǎng bù. 2. 脚步声 jiǎobù-shēng: I heard ～s. 我听到脚步声。Wǒ tīng-dào jiǎobùshēng. 3 步骤 bùzhòu: a decisive ～ 决定性步骤 juédìngxìng bùzhòu *v* 走 zǒu: ～ into the house 走进房子 zǒujìn fángzi

stepchild *n* 前妻（或前夫）的孩子 qiánqī (huò qiánfū) de háizi

stepfather *n.* 继父 jìfù

stepmother *n.* 继母 jìmǔ

stereo *n. & a.* 立体声（的） lìtǐshēng (de)

stereoscope *n.* 立体视镜 lìtǐshìjìng

stereotype *n. & v.* 1. 铅板 qiānbǎn *printing 2. 老一 套 lǎo yí tào *fig

sterile *a.* 1. 不能生育的 bùnéng shēngyù de *of living things 2. 贫瘠的 pínjíde: ～ land 不毛之 地 bùmáozhīdì 3. 无菌的 wú jūn de: a ～ gown 消 毒白罩衣 xiāodú báizhàoyī

sterilize *v.* 1. 绝育 juéyù *render incapable of reproducing 2. 消毒 xiāodú: ～ed milk 消毒牛奶 xiāodú niúnǎi

stern¹ *n.* 船尾 chuánwěi *of a ship

stern² *a.* 1. 严厉的 yánlìde: a ~ teacher 严厉的老师 yánlìde lǎoshī 2. 严格的 yángéde: ~ discipline 严格的纪律 yángéde jìlǜ

stethoscope *n.* 听诊器 tīngzhěnqì

stew *v.* 燉 dùn *n.* 燉肉 dùnròu

steward *n.* 1. 伙食管理员 huǒshi guǎnlíyuán *in a club or college 2. 服务员 fúwùyuán *on a ship or plane

stewardess *n.* 女服务员 nǚfúwùyuán

stick¹ *n.* 1. 枝条 zhītiáo: gather ~s to make a fire 拾柴生火 shí chái shēnshuǒ 2. 棒 bàng; 棍 gùn: a walking ~ 手杖 shǒuzhàng

stick² *v.* 1. 插 chā: ~ a pole into the ground 把杆子插入地里 bǎ gānzi chārù dìli 2. 粘住 zhānzhù: ~ a stamp on a letter 信封上贴邮票 xìnfēng shang tiē yóupiào 3. 卡住 kǎzhù: get stuck 卡住了 kǎzhùle

sticky *a.* 1. 粘性的 niánxìngde: ~ road 泥泞的路 nínìngde lù 2. 湿热的 shīrède: ~ weather 湿热的天气 shīrède tiānqì

stiff *a.* 1. 硬的 yìngde: ~ paper 硬纸 yìngzhǐ 2. 僵直的 jiāngzhíde: be ~ with cold 冻僵 dòngjiāng 3. 生硬的 shēngyìngde: a ~ manner 生硬的态度 shēngyìngde tàidu

stiffen *v.* 变硬 biànyìng

stifle *v.* 1. 窒息 zhìxī: The gas ~d them. 煤气使他们感到窒息。Méiqì shǐ tāmen gǎndào zhìxī. 2. 抑制 yìzhì: Their ideas were ~d. 他们的意见受到压抑。Tāmende yìjiàn shòudào yāyì.

stifling *a.* 令人窒息的 lìng rén zhìxī de

stigma *n.* 耻辱 chǐrǔ

still¹ *a.* 静止的 jìngzhǐde

still² *ad.* 1. 还 hái: He is now ~ young. 他现在还

年青。Tā xiànzài hái niánqīng. 2. 更 gèng: ~
colder 更冷 gèng lěng

stilt *n.* 高跷 gāoqiāo: walk on ~s 踩高跷 cǎi gāoqiāo

stilted *a.* 呆板的 dāibǎnde; 不自然的 bú zìrán de

stimulant *n.* 兴奋剂 xīngfènjì *a.* 刺激性的 cìjīxìngde

stimulate *v.* 1. 刺激 cìjī: 2. 激励 jīlì: ~ sb. to further efforts 激励某人作更大的努力 jīlì mǒu rén zuò gèng dà de nǔlì

stimulus *n.* 刺激 cìjī

sting *v. & n.* 1. 叮 dīng: An insect stung me. 一个 虫子叮了我。Yí gè chóngzi dīngle wǒ. 2. 刺痛 cìtòng: The smoke is ~ing my eyes. 烟刺痛我 的眼睛。Yān cìtòng wǒde yǎnjīng.

stingy *a.* 吝啬的 lìnsède

stink *n.* 恶臭 èchòu *v.* 发恶臭 fā èchòu

stint *v.* 限制 xiànzhì: ~ oneself in food 节食 jiéshí *n.* 限制 xiànzhì

stipend *n.* 定期生活津贴 dìngqī shēnghuó jīntiē

stipulate *v.* 规定 guīdìng

stir *v.* 1. 移动 yídòng: The wind ~s the leaves. 风吹动树叶。Fēng chuīdòng shùyè. 2. 搅拌 jiǎobàn: ~ one's coffee with a spoon 用勺子搅咖啡 yòng sháozi jiǎo kāfēi 3. 激动 jīdòng: She was ~ed by the story. 这个故事使她激动。Zhège gùshi shǐ tā jīdòng. *n.* 1. 动荡 dòngdàng 2. 搅拌 jiǎobàn

stirring *a.* 激动人心的 jīdòng rénxīn de

stitch *n.* 一针 yì zhēn *v.* 缝 féng

stock *n.* 1. 存货 cúnhuò: a large ~ of food 大批食品 存货 dàpī shípǐn cúnhuò 2. 柄 bǐng: the ~ of a rifle 步枪枪托 bùqiāng qiāngtuō 3. 树干 shùgàn * of a tree 4. 股份 gǔfèn: The ~ is in 1,000 shares. 全部股份分为一千股。Quánbù gǔfèn fēnwéi yìqiān gǔ. 5. 公债 gōngzhài: hold ~ 持有公债 chíyǒu gōngzhài 6. = livestock 家畜 jiāchù v. 备有 bèiyǒu: a well-~ed shop 备货充足的商店 bèihuò chōngzú de shāngdiàn

stockbreeder n. 畜牧业者 xùmùyèzhě

stockbroker n. 股票经纪人 gǔpiào jīngjìrén

stockholder n. 公债持有者 gōngzhài chíyǒuzhě

stocking n. 长统袜 chángtǒngwà

stoic n. & a. 禁欲主义者（的）jìnyùzhǔyìzhě (de)

stomach n. 1. 胃 wèi 2. 肚子 dùzi: have a pain in the ~ 肚子疼 dùziténg 3. 胃口 wèikǒu: have no ~ for 对……没有胃口 duì …… méiyǒu wèikǒu

stomachache n. 胃痛 wèitòng; 肚子痛 dùzitòng

stone n. & a. 1. 石头 shítou: a ~ wall 石墙 shíqiáng 2. 宝石 bǎoshí: precious ~ 宝石 bǎoshí 3. 果核 guǒhé: dates without ~s 无核枣 wúhézǎo v. 向…… 扔石头 xiàng …… rēng shítou

stony a. 1. 多石的 duō shí de 2. 冷酷的 lěngkùde: a ~ heart 冷酷的心 lěngkùde xīn

stool n. 1. 凳子 dèngzi: a piano ~ 弹钢琴的凳子 tán gāngqín de dèngzi 2. 粪便 fènbiàn: go to ~ 去大便 qù dàbiàn

stoop v. & n. 弯腰 wānyāo

stop v. 1. 停止 tíngzhǐ: ~ working 停止工作 tíngzhǐ gōngzuò 2. 阻止 zǔzhǐ: No one can ~ her doing so 没人能阻止她这样做。Méi rén néng zǔzhǐ tā zhèyàng zuò 3. 停下来 tíng xiàlái: The rain ~ped. 雨停了。Yǔ tíng le. 4. 堵住 dǔzhù: ~ the bleeding 止血 zhǐ xuè 5. 住下 zhùxià: ~ at a hotel 住在旅馆里 zùzài lǚguǎn li n. 1. 停止 tíngzhǐ: make a ~ on the way 在中途停一下 zài zhōngtú tíng yīxià 2. 停车站 tíngchēzhàn: a bus ~ 公共汽车站 gōnggòng-qìchēzhàn

stopover *n.* 中途停留 zhōngtú tíngliú

stopper *n.* 1. 制动器 zhìdòngqì *a brake, 2. 塞子 sāizi *to a bottle

stopwatch *n.* 跑表 pǎobiǎo

storage *n.* 1. 贮藏 zhùcáng: place the goods in ~ 把货物贮藏起来 bǎ huòwù zhùcáng qǐlái 2. 仓库 cāngkù: a ~ room 库房 kùfáng

store *v.* 1. 贮藏 zhùcáng 2. 供应 gōngyìng: ~ a ship with provisions 给船只装备食物 gěi chuánzhī zhuāngbèi shíwù

store *n.* 1. 贮藏 zhùcáng: make a ~ of sth. 把某物贮藏起来 bǎ mǒu wù zhùcáng qǐlái 2. 储积物 chǔjīwù: military ~s 军需品 jūnxūpǐn 3. 商店 shāngdiàn: a furniture ~ 家具店 jiājudiàn

storey *n.* 楼 lóu: a building of ten ~s 十层大楼 shí céng dàlóu

storm *n.* 1. 风暴 fēngbào: a ~ at sea 海上风暴 hǎi shang fēngbào 2. 一阵 yí zhèn: a ~ of applause 一阵暴风雨般的掌声 yí zhèn bàofēngyǔbānde zhǎng-shēng *v.* 猛攻 měnggōng

stormy *a.* 1. 暴风雨的 bàofēngyǔde: a ~ night 暴风雨之夜 bàofēngyǔ zhī yè 2. 暴风雨般的 bàofēng-yǔbānde: a ~ temper 暴躁的脾气 bàozàode píqi

story *n.* 1. 故事 gùshi; 小说 xiǎoshuō: a short ~ 短篇小说 duǎnpiān xiǎoshuō 2. 谎话 huǎnghuà: tell stories 撒谎 sāhuǎng 3. 报道 bàodào: a news ~ 新闻报道 xīnwén bàodào

stout *a.* 1. 肥胖的 féipàngde: a man of ~ build 身材矮胖的人 shēncái ǎipàng de rén 2. 结实的 jiē-shide: a ~ box 结实的箱子 jiēshide xiāngzi

stove *n.* 炉子 lúzi

stow *v.* 收藏 shōucáng

straight *a.* 1. 直的 zhíde: a ～ line 直线 zhíxiàn 2. 整齐的 zhěngqíde: put a room ～ 整理房间 zhěngli fángjiān *ad.* 1. 直 zhí: go ～ on 一直往前走 yìzhí wàng qián zǒu 2. 直接 zhíjiē: go ～ to school 直接去上学 zhíjiē qù shàngxué

straighten *v.* 弄直 nòngzhí

straightforward *a.* 1. 直爽的 zhíshuǎngde: a ～ reply 坦率的回答 tǎnshuàide huídá 2. 简单的 jiǎndānde: a ～ problem 一个简单的问题 yí gè jiǎndānde wèntí

strain[1] *v.* 1. 拉紧 lājǐn: ～ the canvas over a frame 把帆布在架上张紧 bǎ fānbù zài jià shang zhāngjǐn 2. 损伤 sǔnshāng: ～ one's eyes 损伤视力 sǔnshāng shìlì *n.* 1. 拉紧 lājǐn: The rope broke under the ～. 绳子被拉断。Shéngzi bèi lāduàn. 2. 紧张 jǐnzhāng: The work put a great ～ on him. 工作使他很紧张。Gōngzuò shǐ tā hěn jǐnzhāng. 3. 扭伤 niǔshāng: a ～ in the arm 手臂扭伤 shǒubì niǔshāng

strain[2] *n.* 1. 曲调 qǔdiào: the ～s of a well-known song 一首著名的歌曲的曲调 yì shǒu zhùmíngde gēqǔ de qǔdiào

strain[3] 种 zhǒng: a ～ of wheat 一种小麦 yì zhǒng xiǎomài

strait *n.* 海峡 hǎixiá

strand *v.* 搁浅 gēqiǎn *to run a ground

strange *a.* 1. 陌生的 mòshēngde *unfamiliar: a ～ face 生面孔 shēngmiànkǒng 2. 奇怪的 qíguàide: a ～ dream 奇怪的梦 qíguàide mèng

stranger *n.* 陌生人 mòshēngrén

strangle *v.* 勒死 lēisǐ

strap *n.* 带 dài *v.* 用带捆 yòng dài kǔn: ～ on a wristwatch 戴上手表 dàishàng shǒubiǎo

strategic *a.* 战略的 zhànlüède

strategy *n.* 战略 zhànlüè

stratum *n.* 1. 层 céng; 地层 dìcéng: an oil-bearing ~ 地下油层 dìxià yóucéng 2. 阶层 jiēcéng: the strata of society 社会各阶层 shèhuì gè jiēcéng

straw *n. & a.* 稻草（的）dàocǎo (de)

strawberry *n.* 草莓 cǎoméi

stray *v.* 走离 zǒulí *a.* 迷路的 mílùde: a ~ sheep 迷路的羊 mílùde yáng

streak *n.* 1. 条纹 tiáowén *v.* 加条纹 jiā tiáowén

stream *n.* 1. （小）河 (xiǎo) hé 溪 xī: Brooks and ~s join to become a river. 溪流汇成江河。 Xīliú huìchéng jiānghé. 2. 流 liú: ~s of sunlight 太阳光线 tàiyáng guāngxiàn *v.* 流出 liúchū

stream(-)line *n. & a.* 流线型（的）liúxiànxíng (de) *v.* 制成流线型 zhìchéng liúxiànxíng

street *n.* 街 jiē

strength *n.* 1. 力 lì; 力量 lìliang: a man of great ~ 力气大的人 lìqì dà de rén 2. 强度 qiángdù: tensile ~ 抗拉强度 kànglā qiángdù

strengthen *v.* 加强 jiāqiáng

strenuous *a.* 1. 奋发的 fènfāde: make ~ efforts 尽全力 jìn quánlì 2. 紧张的 jǐnzhāngde: a ~ examination 紧张的考试 jǐnzhāngde kǎoshì

stress *n.* 1. 压力 yālì: in times of ~ 在非常时期 zài fēicháng shíqī 2. 强调 qiángdiào: lay ~ on 强调重要性 qiángdiào zhòngyàoxìng 3. 重音 zhòngyīn: the word ~ 词的重音 cí de zhòngyīn *v.* 1. 强调 qiángdiào: He ~ed that ……他强调…… tā qiángdiào …… 2. 重读 zhòngdú: a ~ed syllable 重读音节 zhòngdú yīnjié

stretch *v.* 1. 伸展 shēnzhǎn: ~ the carpet out to dry 铺晒地毯 pūshài dìtǎn 2. 延伸 yánshēn: The sea

~ed out before them. 在他们眼前大海一望无际。 Zài tāmen yǎnqián dàhǎi yíwàngwújì. *n.* 连绵 liánmián: a ~ of hills 连绵的群山 liánmiánde qúnshān

stretcher *n.* 1. 担架 dānjià *for a sick person 2. 伸张器 shēnzhāngqì *an instrument for stretching

strew *v.* 撒 sǎ

strict *a.* 严格的 yángéde: a ~ teacher 要求严格的教师 yāoqiú yángé de jiàoshī / a ~ training 严格训练 yángé xùnliàn

stride *v.* 迈步 màibù *n.* 大步 dàbù

strike *v.* 1. 打 dǎ: A bullet struck him dead. 一颗子弹把他击毙了。 Yì kē zǐdàn bǎ tā jībì le. 2. 敲（钟） qiāo (zhōng): The clock has just struck four. 时钟刚敲了四点。 Shízhōng gāng qiāole sì diǎn. 3. 打出 dǎchū: ~ a match 擦火柴 cā huǒchái 4. 感到 gǎndào: How does this plan ~ you? 你觉得这个计划怎么样？ Ní juéde zhège jìhuà zěnmeyàng? *n.* 1. 罢工 bàgōng: go on (a) ~ 进行罢工 jìnxíng bàgōng 2. 打击 dǎjī: air ~s; 空袭 kōngxí

striking *a.* 引人注意的 yǐn rén zhùyì de; 显著的 xiǎnzhùde

string *n.* 1. 线 xiàn: a piece of ~ 一根绳子 yì gēn shéngzi 2. 一串 yí chuàn: a ~ of buses 一长串公共汽车 yì cháng chuàn gōnggòng qìchē *v.* 1. 串 chuàn: ~ beads 串珠 chuàn zhū 2. 捆扎 kǔnzhā: ~ a parcel 扎包裹 zhā bāoguǒ

strip *v.* 1. 剥去 bōqù: ~ off the bark 剥去树皮 bōqù shùpí 2. 脱去衣服 tuōqù yīfu: ~ for a bath 脱衣洗澡 tuō yī xǐzǎo *n.* 条 tiáo: a ~ of paper 一张纸条 yì zhāng zhǐtiáo

stripe *n.* 条纹 tiáowén: the Stars and Stripes 星条旗 Xīngtiáoqí

strive *v.* 努力奋斗 nǔlì fèndòu

stroke¹ *n.* 打击 dǎjī: the ～ of a hammer 锤击 chuíjī
2. 划 huá *in swimming, etc. 3. 笔画 bǐhuà: dash
off a picture with a few ～s 几笔画成一幅画 jǐ bǐ
huàchéng yì fú huà 4. 钟的敲声 zhōngde qiāoshēng:
on the ～ of 12 敲12点的时候 qiāo shí'èr diǎn de
shíhou 5. 中风 zhòngfēng: The old man had a ～
这位老人中风。 Zhè wèi láorén zhòngfēng

stroke² *v.* 抚摩 fúmō

stroll *v. & n.* 散步 sànbù

strong *a.* 1. 强壮的 qiángzhuàngde: a ～ constitution
强壮的体格 qiángzhuàngde tǐgé 2. 坚强的 jiān-
qiángde; 坚固的 jiāngùde: ～ character 坚强的性格
jiānqiángde xìnggé 3. 强大的 qiángdàde: a ～
nation 强大的国家 qiángdàde guójiā 4. 浓的 nóngde
～ tea 浓茶 nóngchá

structural *a.* 结构上的 jiégòushangde

structure *n.* 结构 jiégòu: the ～ of the human body
人体的构造 réntǐ de gòuzào 2. = a building 建筑物
jiànzhùwù

struggle *v.* 1. 奋力 fènlì: She ～d to the surface
of the water. 她奋力挣扎出水面。 Tā fènlì zhēng-
zhāchū shuǐmiàn. 2. 斗争 dòuzhēng: They ～d
against poverty 他们与贫困斗争。 Tāmen yǔ pínkùn
dòuzhēng *n.* 斗争 dòuzhēng; 奋斗 fèndòu: ～ for
power 夺权 duóquán

stub *n.* 树桩 shùzhuāng *of a tree 2. 剩余物 shèngyúwù
the ～ of a cigarette 烟头 yāntóu 3. 存根 cúngēn:
the ～s of a checkbook 支票簿存根 zhīpiàobù
cúngēn *v.* 绊脚 bànjiǎo: ～ one's toe and fall 绊了一
跤 bànle yì jiāo

stubborn *a.* 倔强的 juéjiàngde; 顽固的 wángùde

stubby *a.* 短粗的 duǎncūde

stud[1] *n.* 1. 领扣 lǐngkòu *collar; 袖扣 xiùkòu *on sleeve: collar ～ 领扣 lǐngkòu 2. = nail 大头钉 dàtóudīng *v.* 布满 bùmǎn

stud *n.* 种马 zhǒngmǎ

student *n.* 学生 xuéshēng: a learned ～ 学者 xuézhě

studio *n.* 1. 工作室 gōngzuòshì: a photographic ～ 摄影室 shèyǐngshì 2. 制片厂 zhìpiānchǎng: a film ～ 电影制片厂 diànyǐng zhìpiānchǎng 3. 播音室 bōyīnshì: a television ～ 电视播音室 diànshì bōyīnshì

studious *a.* 用功的 yònggōngde

study *n.* 1. 学习 xuéxí: be fond of ～ 喜欢学习 xǐhuan xuéxí 2. = a subject 学科 xuékē 3. 书房 shūfáng: He spent the afternoon in his ～. 他在书房呆了一下午。Tā zài shūfáng dāile yí xiàwǔ. *v.* 1. 学习 xuéxí: ～ law 研究法律 yánjiū fǎlù 2. 细看 xìkàn: ～ a map 仔细察看地图 zǐxì chákàn dìtú

stuff *n.* 1. 东西 dōngxi: I can't carry all my ～ alone. 我一人搬不动我所有的东西。Wǒ yì rén bān bú dòng wǒ suǒ yǒu de dōngxi 2. 织品 zhīpǐn: silk ～ 丝织品 sīzhīpǐn *v.* 把……装满 bǎ…… zhuāngmǎn

stuffy *a.* 不透气的 bú tòuqì de: a ～ room 不通风的房间 bù tōngfēng de fángjiān

stumble *v.* 绊跌 bàndiē: ～ and fall 跌了一跤 diēle yì jiāo 2. 结巴 jiēba: ～ over one's words 说得结结巴巴 shuōde jiējiē-bābā

stump *n.* 树桩 shùzhuāng *v.* 笨重地行走 bènzhòng-de xíngzǒu

stun *v.* 1. 打昏 dǎhūn: be ～ned by a blow 被打昏过去 bèi dǎhūn guoqu 2. 感到震惊 gǎndào zhènjīng:

be ~ned by the news 听到这消息大为震惊 tīngdào zhè xiāoxi dàwéi zhènjīng

stunt v. 阻碍……发育 zǔ'ài …… fāyù

stupendous a. 庞大的 pángdàde

stupid a. 愚蠢的 yúchǔnde

stupidity n. 愚蠢 yúchǔn

sturdy a. 强健的 qiángjiànde

sty n. 猪圈 zhūjuàn

style n. 1. 文体 wéntǐ: prose ~ 散文风格 sǎnwén fēnggé 2. 时髦 shímáo: out of ~ 不时髦 bù shímáo 3. 样式 yàngshì: What ~ of car do you require? 你要的是哪种汽车? Nǐ yàode shì nǎ zhǒng qìchē?

stylish a. 时髦的 shímáode

stylistic a. 风格上的 fēnggéshangde; 文体的 wéntǐde

subconscious a. 下意识的 xiàyìshíde

subcontinent n. 次大陆 cìdàlù

subdivide v. 再分 zài fēn; 细分 xìfēn

subdue v. 1. 征服 zhēngfú: ~ an enemy 征服敌人 zhēngfú dírén 2. 克制 kèzhì: ~ one's anger 克制怒火 kèzhì nùhuǒ

subject n. 1. 国民 guómín: a British ~ 英国国民 Yīngguó guómín 2. 题目 tímù: a ~ for discussion 讨论题目 tǎolùn tímù 3. 课程 kèchéng: the main ~ in our school 我们学校的主课 wǒmen xuéxiào de zhǔkè *course 4. 接受试验的人 jiēshòu shìyàn de rén: the ~ of an experiment 实验对象 shíyàn duìxiàng 5. 主语 zhǔyǔ *in grammar a. 1. 从属的 cóngshǔde: a ~ state 从属国 cóngshǔguó 2. 易受的 yì shòu de: be ~ to colds 容易感冒 róngyì gǎnmào. v. 1. 使……服从 shǐ…… fúcóng

subjective a. 1. 主语的 zhǔyǔde *in grammar 2. 主观

的 zhǔguǎnde

subjugate *v.* 征服 zhēngfú

subjunctive *a.* 虚拟的 xūnǐde: ～ mood 虚拟语气 xūnǐ yǔqì *in grammar

sublime *a.* 崇高的 chónggāode

submarine *a.* 水下的 shuǐxiàde *n.* 潜水艇 qiánshuǐtǐng

submerge *v.* 淹没 yānmò

submission *n.* 屈服 qūfú

submissive *a.* 顺从的 shùncóngde

submit *v.* 1. 服从 fúcóng: ～ oneself to discipline 遵守纪律 zūnshǒu jìlǜ 2. 提出 tíchū: ～ new plans 提出新的计划 tíchū xīnde jìhuà

subordinate *a.* 下级的 xiàjíde; 从属的 cóngshǔde: be in a ～ position 处于从属地位 chǔyú cóngshǔ dìwèi *n.* 下级 xiàjí; 部下 bùxià

subscribe *v.* 1. 捐助 juānzhù: ～ to the relief fund 为救灾基金捐款 wèi jiùzāi jījīn juānkuǎn 2. 订阅 dìngyuè: ～ to a magazine 订阅杂志 dìngyuè zázhì

subscriber *n.* 1. 捐款人 juānkuǎnrén *to a charity fund 2. 订户 dìnghù *to newspapers, etc.

subsequent *a.* 随后的 suíhòude: ～ events 后来发生的事 hòulái fāshēng de shì

subside *v.* 1. 平静下来 píngjìng xiàlái: The wind ～d. 风停了。 Fēng tíng le. 2. 慢慢坐下 mànmàn zuòxià: ～ into a chair 慢慢坐在椅子上 mànmàn zuò zài yǐzi shang

subsidize *v.* 给……补助金 gěi …… bǔzhùjīn

subsidy *n.* 补助金 bǔzhùjīn

subsist *v.* 靠……生存 kào …… shēngcún

subsistence *n.* 生存 shēngcún

substance *n.* 1. 物质 wùzhì: a mineral ～ 矿物 kuàngwù 2. 内容 nèiróng: There is no ～ in the speech. 讲话没有内容。 Jiǎnghuà méiyǒu nèiróng.

substantial *a.* 1. 大体上的 dàtǐshangde: in ~ agreement 大体上同意 dàtǐshang tóngyì 2. 牢固的 láogùde: a ~ desk 牢固的书桌 láogùde shūzhuō 3. 重大的 zhòngdàde: make ~ changes 做出重大改变 zuòchū zhòngdà gǎibiàn 4. 充分的 chōngfènde a ~ supply of food 充分的食品供应 chōngfènde shípǐn gōngyìng

substitute *n.* 1. 代替者 dàitìzhě; 替补队员 tìbǔ duìyuán *in a sports team: a ~ playing in the tennis match 网球赛替补队员 wǎngqiúsài tìbǔ duìyuán 2. 代用品 dàiyòngpǐn; 代替物 dàitìwù: a ~ for gold 黄金的替代物 huángjīn de tìdàiwù *v.* 代替 dàitì

subterranean *a.* 地下的 dìxiàde

subtitle *n.* 1. 小标题 xiǎobiāotí 2. 说明字幕 shuōmíng zìmù: a French film with English ~s 印有英文字幕的法国电影 yìnyǒu Yīngwén zìmù de Fǎguó diànyǐng

subtle *a.* 1. 微妙的 wēimiàode: a ~ diplomatic problem 微妙的外交问题 wēimiàode wàijiāo wèntí 2. 敏锐的 mǐnruìde: She has a ~ mind. 她很敏锐 Tā hěn mǐnruì. 3. 巧妙的 qiǎomiàode: a ~ plan 一项巧妙的计划 yí xiàng qiǎomiào de jìhuà

subtract *v.* 减去 jiǎnqù

subtraction *n.* 减减 jiǎn; 减法 jiǎnfǎ

subtropic (al) *a.* 亚热带的 yàrèdàide

suburb *n.* 郊区 jiāoqū

subversion *n.* 颠覆 diānfù

subversive *a.* 颠覆的 diānfùde

subvert *v.* 颠覆 diānfù

subway *n.* 地下铁道 dìxià tiědào

succeed *v.* 1. 成功 chénggōng: ～ in an examination 考试及格 kǎoshì jígé 2. 继……之后 jì …… zhīhòu: Spring ～s (to) winter. 冬去春来。Dōng qù chūn lái. 3. 继承 jìchéng: ～ to the property of one's parents 继承父母财产 jìchéng fùmǔ cáichǎn

success *n.* 成功 chénggōng

successful *a.* 成功的 chénggōngde; 顺利的 shùnlìde

succession *n.* 1. 连续 liánxù: a ～ of victories 一个接着一个的胜利 yí gè jiēzhe yí gè de shènglì 2. 继承 jìchéng *to an office or position

successive *a.* 连续的 liánxùde

successor *n.* 继任者 jìrènzhě

succumb *v.* 屈从 qūcóng

such *a. & ad., pron.* 这样(的) zhèyàng (de)

suck *v. & n.* 吸 xī; 吮 shǔn

sucker *n.* 1. 吸吮者 xīshǔnzhě *general term 2. 棒糖 bàngtáng: an ice ～ 冰棍 bīnggùnr

sudden *a.* 突然的 tūránde

suffer *v.* 1. 遭受 zāoshòu: ～ losses 遭受损失 zāoshòu sǔnshī 2. 患病 huànbìng: ～ from colds 患感冒 huàn gǎnmào

suffice *a.* 足够 zúgòu *v.* 使……满足 shǐ …… mǎnzú

sufficient *a.* 充分的 chōngfènde

suffix *n.* 后缀 hòuzhuì

suffocate *v.* 窒息 zhìxī

suffrage *n.* 1. 投票 tóupiào 2. 选举权 xuǎnjǔquán: universal ～ 普选权 pǔxuǎnquán

sugar *n.* 糖 táng: ～ cane 甘蔗 gāngzhe

suggest *v.* 1. 建议 jiànyì: I ～ that we bring the meeting to an end. 我建议结束会议。Wǒ jiànyì jiéshù huìyì. 2. 使……想起 shǐ …… xiǎngqǐ: The summer ～s our happy days in the south. 夏

天使我们想起了在南方快乐的日子。 Xiàtiān shǐ wǒmen xiǎngqǐle zài nánfāng kuàilè de rìzi.

suggestive *a.* 有启发性的 yǒu qǐfāxìng de

suicide *n.* 自杀 zìshā

suit *n.* 1. 一套衣服 yí tào yīfu *a suit of clothes: a bathing ～ 游泳衣 yóuyǒngyī 2. 诉讼 sùsòng: a criminal ～ 刑事诉讼 xíngshì sùsòng *v.* 合适 héshì

suitable *a.* 合适的 héshìde; 恰当的 qiàdàngde

suitcase *n.* 手提皮箱 shǒu tí píxiāng

suite *n.* 一套房间 yí tào fángjiān

sulk *v. & n.* 生气 shēngqì

sullen *a.* 1. 愠怒的 yùnnùde: ～ looks 不高兴的脸色 bù gāoxìng de liǎnsè 2. 阴沉的 yīnchénde: a ～ sky 阴沉的天空 yīnchénde tiānkōng

sulphur (sulfur) *n.* 硫磺 liúhuáng

sum *n.* 1. 总数 zǒngshù: the ～ total 总数 zǒngshù 2. 算术题 suànshùtí: do ～s 做算术 zuò suànshù 3. 金额 jīn'é: a large ～ of money 一笔巨款 yì bǐ jùkuǎn *v.* ～ up 归纳 guīnà

summarize *v.* 总结 zǒngjié

summary *n.* 概要 gàiyào; 总结 zǒngjié

summer *n.* 夏季 xiàjì

summit *n.* 1. 顶 dǐng: the ～ of a mountain 山顶 shāndǐng 2. 国家的首脑 guójiā de shǒunǎo: a ～ conference 首脑会议 shǒunǎo huìyì

summon *v.* 1. 召集 zhāojí: ～ a conference 召集会议 zhāojí huìyì 2. 传唤 chuánhuàn: ～ the defendant 传被告 chuán bèigào 3. 振作 zhènzuò: ～ up one's courage 鼓起勇气 gǔqǐ yǒngqì

sun *n.* 1. 太阳 tàiyáng: The ～ rises. 日出。Rìchū. / The sun sets. 日落。Rìluò. 2. 阳光 yángguāng: sit in the ～ 坐在阳光下 zuò zài yángguāng xià ～

bath 日光浴 rìguāngyù, ～ flower 向日葵 xiàngrìkuí, ～ glasses 墨镜 mòjìng, 太阳镜 tàiyángjìng

sunburn *n*. 晒黑 shàihēi

Sunday *n*. 星期日 xīngqīrì

sunlight *n*. 阳光 yángguāng

sunlit *a*. 阳光照耀的 yángguāng zhàoyào de

sunken *a*. 1. 沉没的 chénmòde: a ～ ship 沉船 chénchuán 2. = sunk 下陷的 xiàxiànde: a ～ rock 下陷的岩石 xiàxiànde yánshí

sunny *a*. 阳光充足的 yángguāng chōngzúde

sunshine *n*. 阳光 yángguāng

sunstroke *n*. 中暑 zhòngshǔ

sup *n*. & *v*. 啜饮 chuòyǐn

super *a*. 特级的 tèjíde; 极好的 jí hǎo de

superb *a*. 1. 宏伟的 hóngwěide: a ～ building 宏伟的建筑物 hóngwěide jiànzhùwù 2. 极好的 jí hǎo de: That's ～! 好极了! Hǎojíle!

superficial *a*. 表面的 biǎomiànde

superfluous *a*. 多余的 duōyúde

superintend *v*. 监督 jiāndū

superintendent *n*. 督察 dūchá

superior *a*. 1. 优越的 yōuyuède 2. 上级的 shàngjíde: a ～ office 上级机关 shàngjí jīguān 3. 傲慢的 àomànde: with a ～ air 态度傲慢地 tàidu àomàn de *n*. 上级 shàngjí

superiority *n*. 优越性 yōuyuèxìng

superlative *a*. 1. 最高的 zuì gāo de 2. 最高级的 zuì gāo jí de *of grammar

supermarket *n*. 自选商场 zìxuǎn shāngchǎng; 超级商场 chāojí shāngchǎng

superman *n*. 超人 chāorén

supernatural *a*. 超自然的 chāo zìránde

superpower *n.* 超级大国 chāojídàguó

supersede *v.* 替代 tìdài

supersonic *a.* 超声的 chāoshēngde

superstition *n.* 迷信 míxìn

superstitious *a.* 迷信的 míxìnde

superstructure *n.* 上层建筑 shàngcéng jiànzhù

supervise *v.* 监督 jiāndū

supervisor *n.* 监督人 jiāndūrén 指导人 zhidǎorén

supper *n.* 晚饭 wǎnfàn

supple *a.* 柔软的 róuruǎnde

supplement *n.* 1. 增补 zēngbǔ 2. 增刊 zēngkān: a ～ to a dictionary 词典的补遗 cídiǎn de bǔyí *v.* 补充 bǔchōng

supplementary *a.* 补充的 bǔchōngde *n.* 补充物 bǔchōng-wù

supply *v.* 1. 供应 gōngyìng: ～ the market 供应市场 gōngyìng shìchǎng 2. 满足 mǎnzú: ～ a demand 满足需要 mǎnzú xūyào *n.* 1. 供给 gōngjǐ: ～ and demand 供求 gōngqiú 2. 储备物资 chǔbèi wùzī: medical ～ for the army 军队的医药补给品 jūnduì de yīyào bǔjǐpǐn

support *v.* 1. 支撑 zhīcheng: ～ a tent 支撑帐蓬 zhī-cheng zhàngpeng 2. 供养 gōngyǎng: ～ a family 养家 yǎng jiā 3. 拥护 yōnghù: ～ birth control 拥护计划生育政策 yōnghù jìhuà shēngyù zhèngcè *n.* 1. 支撑 zhīcheng: the ～s of the bridge 桥墩 qiáodūn 2. 支持 zhīchí: give ～ to his suggestion 支持他的建议 zhīchí tāde jiànyì

suppose *v.* 1. 猜想 cāixiǎng: I ～ he is not yet twenty. 我猜他不到二十岁。 Wǒ cāi tā bú dào èrshí suì. 2. 应该 yīnggāi: We are ～d to be there at six. 我们应该六点到达那里。 Wǒmen yīnggāi liù diǎn dàodá nàli. 3. 获准 huòzhǔn: You are not ～d to smoke here. 你不能在这里吸烟。Nǐ bùnéng zài zhèli xīyān. *conj.* 1. 假定 jiǎdìng: S～ it rains, what shall we do? 假使下雨我们怎么办? Jiǎshǐ xiàyǔ wǒmen zěnmebàn? 2. 让 ràng: S～ we wait a while. 让我们等一会儿吧。Ràng wǒmen děng yíhuìr ba.

supposed *a.* 假定的 jiǎdìngde

supposing *conj.* 假使 jiǎshǐ

supposition *n.* 假定 jiǎdìng

suppress *v.* 1. 压制 yāzhì: ～ one's feeling 压制情感 yāzhì qínggǎn 2. 隐瞒 yǐnmán: ～ the truth 隐瞒真相 yǐnmán zhēnxiàng

supremacy *n.* 1. 至高无上 zhìgāowúshàng 2. 最高权力 zuì gāo quánlì *of power

supreme *a.* 最高的 zuì gāo de: the S～ Court 最高法院 zuì gāo fǎyuàn

sure *a.* 1. 肯定 kěndìng: I am ～ he will come. 我肯定他会来。Wǒ kěndìng tā huì lái. 2. 确信 quèxìn: feel ～ of oneself 自信 zìxìn, / make ～ of sth. 1. 弄清 nòngqīng: make ～ of the time 弄清时间 nòngqīng shíjiān 2. 一定 yídìng: Make ～ you get there today. 你一定要今天到那儿。Nǐ yídìng yào jīn tiān dào nàr. *ad.* 当然 dāngrán: A. Are you coming? 你来吗? Nǐ lái ma? B. Sure. 当然。Dāngrán.

surely *ad.* 1. 必定 bìdìng: He will ～ succeed. 他一定会成功。Tā yídìng huì chénggōng. 2. 稳当的 wěndangde: slowly but ～ 缓慢而稳当地 huǎnmàn ér wěndang de 3. 想必 xiǎngbì: S～ you remember him? 你一定记得他吧? Nǐ yídìng jìde tā ba? 4. 当然 dāngrán: A. Are you going? 你去吗? Nǐ qù ma? B. Surely. 当然。Dāngrán.

surf *n.* 浪花 lànghuā *v.* 踏浪 tàlàng: ～ing 冲浪运动

chōnglàng yùndòng

surface *n.* 表面 biǎomiàn *a.* 1. 表面的 biǎomiànde: ~ in pression 表面印象 biǎomiàn yìnxiàng 2. 水面（地面）上的 shuǐmiàn (dìmiàn) shang de: ~ mail 普通邮件 pǔtōng yóujiàn

surge *v.* 起伏 qǐfú *n.* 波涛 bōtāo

surgeon *n.* 外科医生 wàikē yīshēng

surgery *n.* 1. 外科 wàikē 2. 手术 shǒushù: Many lives have been saved by ~. 手术救了很多人的命。 Shǒushù jiùle hěn duō rén de mìng.

surgical *a.* 外科的 wàikēde

surmount *v.* 越过 yuèguò; 克服 kèfú

surname *n.* 姓 xìng

surpass *v.* 胜过 shèngguò; 超过 chāoguò

surplus *n.* 过剩 guòshèng *a.* 剩余的 shèngyúde

surprise *n.* 1. 惊奇 jīngqí: in ~ 惊奇的 jīngqíde 2. 意外的事 yìwàide shì: What a ~! 真是意想不到的事! Zhēnshì yì xiǎng bú dào de shì! 3. 突然 tūrán: a ~ visit 突然访问 tūrán fǎngwèn *v.* 1. 使……惊奇 shǐ …… jīngqí: I was ~d to learn that. 我对听说的事感到惊奇。 Wǒ duì tīngshuō de shì gǎndào jīngqí. 2. 突然袭击 tūrán xíjī: ~ the enemy 袭击敌人 xíjī dírén

surprising *a.* 惊人的 jīngrénde

surrender *v. & n.* 屈服 qūfú; 投降 tóuxiáng

surround *v.* 包围 bāowéi

surrounding *a.* 周围的 zhōuwéide *n.* 环境 huánjìng

survey *v.* 1. 眺望 tiàowàng: ~ the surrounding landscape 眺望周围的景色 tiàowàng zhōuwéi de jǐngsè 2. 勘查 kānchá: ~ the east coast 勘查东海岸 kānchá dōnghǎi'àn *n.* 1. 调查 diàochá: a population ~ 人口调查 rénkǒu diàochá 2. 概括的研究 gàikuòde yánjiū: a ～ of Chinese history 中国历史概况研究 Zhōngguó lìshǐ gàikuàng yánjiū

surveyor n. 勘查者 kāncházhě; 测量员 cèliángyuán

survival n. 幸存 xìngcún

survive v. 1. 幸存 xìngcún: We ～d the accident. 我们在这次事故中幸免于死。 Wǒmen zài zhè cì shìgù zhōng xìngmiǎnyú sǐ. 2. 活得比……长 huóde bǐ …… cháng: He ～d his wife. 他比他妻子活得长。 Tā bǐ tā qīzi huóde cháng.

survivor n. 幸存者 xìngcúnzhě

susceptible a. 1. 易受感动的 yì shòu gǎndòng de: a ～ girl 易动感情的女孩儿 yì dòng gǎnqíng de nǚháir 2. 敏感的 mǐngǎnde: ～ to illness 容易生病 róngyì shēngbìng

suspect v. 1. 猜想 cāixiǎng: We ～ed that he was ill. 我们猜想他病了。 Wǒmen cāixiǎng tā bìng le. 2. 怀疑 huáiyí: ～ the reliability of the device 怀疑仪器的可靠性 huáiyí yíqì de kěkàoxìng n. 嫌疑犯 xiányífàn a. 可疑的 kěyíde

suspend v. 1. 悬挂 xuánguà: ～ a balloon 把气球挂起来 bǎ qìqiú guà qǐlái 2. 暂停 zàntíng: ～ talks 中止谈判 zhōngzhǐ tánpàn

suspense n. 1. 悬而未决 xuán ér wèi jué 2. 悬念 xuánniàn *in literature

suspension n. 1. 悬挂 xuánguà: ～ bridge 吊桥 diàoqiáo 2. 中止 zhōngzhǐ: the ～ of business 暂时停业 zànshí tíngyè

suspicion n. 怀疑 huáiyí

suspicious a. 1. 可疑的 kěyíde: a ～ person 一个可疑的人 yí gè kěyí de rén 2. 表示怀疑的 biǎoshì huáiyí de: be ～ of sth. 对……表示怀疑 duì …… biǎoshì huáiyí

sustain *v.* 1. 支撑 zhīcheng: The pillars ～ the roof. 几根柱子撑住屋顶。Jǐ gēn zhùzi chēngzhù wūdǐng. 2. 维持 wéichí: Food ～s life. 食物维持生命。Shíwù wéichí shēngmìng. 3. 遭受 zāoshòu: ～ injuries 遭受损害 zāoshòu sǔnhài

sustained *a.* 持续的 chíxùde

swagger *v.* 1. 高视阔步 gāoshì kuòbù *walk 2. 说大话 shuō dàhuà *talk

swallow *v.* 1. 吞 tūn: *food or drink 2. 忍受 rěnshòu: ～ an insult 忍受侮辱 rěnshòu wūrǔ 3. 收回 shōuhuí; 取消 qǔxiāo: ～ one's words 取消前言承认失言 qǔxiāo qiányán chéngrèn shīyán *n.* 咽 yàn; in one ～ 一口咽下去 yì kǒu yàn xiàqù

swallow *n.* 燕子 yànzi

swamp *n.* 沼泽 zhǎozé *v.* 淹没 yānmò

swampy *a.* 沼泽的 zhǎozéde

swan *n.* 天鹅 tiān'é

swap *v.* 交换 jiāohuàn

swarm *n.* 群 qún *v.* 1. 蜂拥 fēngyōng: Poeple ～ed into the cinema. 人们涌入了电影院。Rénmen yǒngrùle diànyǐngyuàn. 2. 充满 chōngmǎn: The streets are ～ing with people. 街上挤满着人。Jiē shang jǐmǎnzhe rén.

swat *v.* 拍打 pāidǎ

swatter *n.* = fly-swat 苍蝇拍 cāngyingpāir

sway *v.* 1. 摇晃 yáohuàng: Branches ～ in the wind. 树枝在风中摇动。Shùzhī zài fēng zhōng yáodòng. 2. 影响 yǐngxiǎng: Don't be ～ed by his words. 不要受他的话的影响。Búyào shòu tāde huà de yǐngxiǎng. 3. 控制 kòngzhì: ～ a nation 统治一个国家 tǒngzhì yí gè guójiā *n.* 摇晃 yáohuàng; 统治 tǒngzhì

swear *v.* 1. 发誓 fāshì *make a vow 2. 咒骂 zhòumà

~word 骂人话 màrénhuà

sweat *n.* 汗 hàn *v.* 出汗 chūhàn

sweater *n.* 毛线衫 máoxiànshān; 厚运动衫 hòu yùndòngshān

Swedish *a.* 瑞典的 Ruìdiǎnde *of Sweden n.* 瑞典语 Ruìdiǎnyǔ *the language

sweep *v.* 1. 扫 sǎo: ~ the floor 扫地 sǎodì 2. 扫视 sǎoshì: His eyes swept the garden. 他把花园环视了一下。Tā bǎ huāyuán huánshìle yíxià. 3. 越过 yuèguò: The storm swept over the countryside. 暴风雨扫过乡村。Bàofēngyǔ sǎoguò xiāngcūn. *n.* 扫 sǎo

sweeten *v.* 使……变甜 shǐ …… biàn tián

sweet *a.* 1. 甜的 tiánde: ~ fruit 甜水果 tiánshuǐguǒ 2. 悦耳的 yuè'ěrde: ~ sounds 悦耳的声音 yuè'ěrde shēngyīn 3. 讨人喜欢 tǎo rén xǐhuan: a ~ person 一个讨人喜欢的人 yí gè tǎo rén xǐhuan de rén 4. 芳香的 fāngxiāngde: ~ smell 芳香的气味 fāngxiāngde qìwèi *n.* 1. 甜食 tiánshí 2. = candy 糖果 tángguǒ: ~ potatoes 白薯 báishǔ; 甘薯 gānshǔ

sweetheart *n.* 情人 qíngrén

swell *v.* 1. 肿 zhǒng: His ankle ~ed. 他脚腕肿了。Tā jiǎowàn zhǒng le. 2. 臌胀 gǔzhàng: Wood ~s in water. 木头遇水鼓胀。Mùtou yù shuǐ gǔzhàng

swerve *v.* 突然转向 tūrán zhuǎnxiàng

swift *a. & ad.* 快 kuài

swim *v.* 1. 游泳 yóuyǒng: Shall we go ~ing this afternoon? 今天下午我们去游泳吗？Jīntiān xiàwǔ wǒmen qù yóuyǒng ma? 2. 浮 fú: Oil ~s on water. 油浮在水面。Yóu fú zài shuǐmiàn. 3. 晕眩 yūnxuàn: His head ~s. 他头晕。Tā tóu yūn.

n. 游泳 yóuyǒng

swimmer *n.* 游泳者 yóuyǒngzhě

swindle *v.* 行骗 xíngpiàn *n.* 假货 jiǎhuò: These shoes are a ∼. 这鞋是假货。Zhè xié shì jiǎhuò.

swindler *n.* 骗子 piànzi

swing *v.* 1. 摇摆 yáobǎi: The pendulum ∼s. 钟摆摇动着。Zhōngbǎi yáodòngzhe. 2. 旋转 xuánzhuàn: ∼ open the door 把门打开 bǎ mén dǎkāi *n.* 1. 摇 yáo 2. 秋千 qiūqiān: play on the ∼ 荡秋千 dàng qiūqiān, in full ∼ 处在高潮中 chǔzài gāocháo zhōng

swirl *v.* 打漩 dǎxuàn *n.* 漩涡 xuànwō

switch *n.* 1. 开关 kāiguān: turn on the ∼ 打开开关 dǎkāi kāiguān 2. 转换 zhuǎnhuàn: a ∼ in the train times 火车时间的更换 huǒchē shíjiān de gēnghuàn 3. 枝条 zhītiáo *from a tree *v.* 1. 改变 gǎibiàn: ∼ the discussion to another topic 换一个讨论题目 huàn yí gè tǎolùn tímù 2. 转轨 zhuǎnguǐ: ∼ the train to another track 使火车转入另一个轨道 shǐ huǒchē zhuǎnrù lìng yí gè guǐdào 3. 接通 jiētōng *switch on (electricity); 切断 qiēduàn *switch off (electricity): ∼ on the radio 开收音机 kāi shōuyīnjī / ∼ off the light 关电灯 guāndiàndēng

switchboard *n.* 1. 配电盘 pèidiànpán 2. 电话总机 diànhuà zǒngjī *in telephone service

swollen *a.* 肿起的 zhǒngqǐde

sword *n.* 剑 jiàn

sworn *a.* 盟誓的 méngshìde: ∼ brothers 结义兄弟 jiéyì xiōngdì

syllable *n.* 音节 yīnjié

syllabus *n.* 教学大纲 jiàoxué dàgāng

symbol *n.* 1. 符号 fúhào: chemical ∼s 化学符号

huàxué fúhào 2. 象征 xiàngzhēng: ～ of life 生命
的象征 shēngmìngde xiàngzhēng

symbolic *a.* 象征的 xiàngzhēngde

symbolize *v.* 象征 xiàngzhēng

symmetric (al) *a.* 对称的 duìchènde

symmetry *n.* 对称 duìchèn

sympathetic *a.* 有同情心的 yǒu tóngqíngxīn de

sympathize *v.* 同情 tóngqíng

sympathy *n.* 1. 同情 tóngqíng; 赞同 zàntóng

symphony *n.* 交响乐 jiāoxiǎngyuè

symposium *n.* 专题座谈会 zhuāntí zuòtánhuì

symptom *n.* 症状 zhèngzhuàng

synchronize *v.* 同步 tóngbù

syndicate *n.* 辛迪加 xīndíjiā; 联合企业 liánhé qǐyè

syndrome *n.* 1. 综合病征 zōnghé bìngzhēng *of medical
symptoms 2. 同时存在的事物 tóngshí cúnzài de
shìwù *concurrently existing things

synonym *n.* 同义词 tóngyìcí

synonymous *a.* 同义的 tóngyìde

synopsis *n.* 提要 tíyào

syntax *n.* 句法 jùfǎ

synthesis *n.* 综合 zōnghé; 合成 héchéng

synthetic *a.* 合成的 héchéngde: ～ fabrics 合成纤维织物
héchéng xiānwēi zhīwù

syringe *n.* 注射器 zhùshèqì

syrup *n.* 糖浆 tángjiāng

system *n.* 1. 系统 xìtǒng: the digestive ～ 消化系统
xiāohuà xìtǒng 2. 体系 tǐxì; 制度 zhìdù: an indus-
trial ～ 工业体系 gōngyè tǐxì / a social ～ 社会制度
shèhuì zhìdù

systematic *a.* 系统的 xìtǒngde

systematize *v.* 系统化 xìtǒnghuà

T

T-shirt 短袖圆领衫 duǎnxiù-yuánlǐngshān

T-square 丁字尺 dīngzìchǐ

table *n.* 1. 桌子 zhuōzi: ask for a ～ for 4 要一张四个人坐的餐桌 yào yì zhāng sì gè rén zuò de cānzhuō / lay the ～ for 12 摆餐桌供十二人用餐 bǎi cānzhuō gòng shíèr rén yòng cān / sit down to ～ 坐下吃饭 zuòxià chīfàn 2. 表格 biǎogé: the multiplication ～ 乘法表 chéngfǎbiǎo / a ～ of contents 目录 mùlù / a railway time ～ 火车时刻表 huǒchē shíkèbiǎo, ～ cloth 桌布 zhuōbù, ～ spoon 汤匙 tāngchí, ～ tennis 乒乓球 pīngpāngqiú

tablet *n.* 1. 碑 bēi; 匾 biǎn: a memorial ～ 纪念碑 jìniànbēi 2. 药片 yàopiàn; 小块 xiǎokuàir: Take two ～s before every meal 每次饭前服两片。 Měi cì fàn qián fú liǎng piàn.

taboo *n.* 禁忌 jìnjì: under ～ 属禁忌之列 shǔ jìnjì zhī liè *a.* 禁忌的 jìnjìde: ～ words 忌讳的话 jìhuìde huà

tabulate *v.* 列表 liè biǎo: ～ statistics (data) 将统计数字（数据）列表 jiāng tǒngjì shùzi (shùjù) liè biǎo

tacit *a.* 1. 缄默的 jiānmòde: a ～ spectator 缄默的旁观者 jiānmòde pángguānzhě 2. 不言而喻的 bùyán-éryùde: a ～ approval 默认 mòrèn /a ～ agreement 默契 mòqì

taciturn *a.* 沉默寡言的 chénmòguǎyánde

tack *n.* 1. 大头针 dàtóuzhēn: a thumb ～ 图钉 túdīng 2. 方针 fāngzhēn: be on the right (wrong) ～ 方针正确（错误） fāngzhēn zhèngquè (cuòwù)

tackle *n.* 1. 滑车 huáchē: block and ～ 滑车组 huáchēzǔ 2. 用具 yòngjù: fishing ～ 钓鱼用具 diào-yú yòngjù v. 1. 应付 yìngfu: ～ a difficult problem 对付难题 duìfu nántí 2. 捉住 zhuōzhù: ～ a robber 捉住一个强盗 zhuōzhù yí gè qiángdào

tact *n.* 机智 jīzhì

tactful *a.* 老练的 lǎoliànde; 机智的 jīzhìde

tactical *a.* 1. 战术上的 zhànshùshangde 2. 策略上的 cèlüèshang de

tactics *n.* 1. 战术 zhànshù: strategy and ～ 战略与战术 zhànlüè yǔ zhànshù 2. 策略 cèlüè: These ～ are unlikely to help you. 这些策略看来对你不会有帮助。Zhèxiē cèlüè kànlái duì nǐ búhuì yǒu bāngzhù.

tactile *a.* 触觉的 chùjuéde; 可感触到的 kě gǎnchù dào de

tadpole *n.* 蝌蚪 kēdǒu

tag *n.* 1. 标签 biāoqiān: a price ～ 价目标签 jiàmù biāoqiān 2. 附加语 fùjiāyǔ: a question ～ 附加问句 fùjiā wènjù *v.* 加标签 jiā biāoqiān: ～ the bottles 给瓶子加标签 gěi píngzi jiā biāoqiān

tail *n.* 1. 尾巴 wěiba: a cat's ～ 猫的尾巴 māo de wěiba 2. 尾部 wěibù: the ～ of an aircraft 机尾 jīwěi *v.* 尾随 wěisuí

tailor *n.* 裁缝 cáifeng

taint *n.* 污点 wūdiǎn: the ～ of disloyalty 不忠诚的污点 bù zhōngchéng de wūdiǎn *v.* 玷污 diànwū; 腐败 fǔbài: The meat was ～ed. 这肉臭了。Zhè ròu chòu le.

take *v.* 1. 拿 ná: ～ a book 拿一本书 ná yì běn shū / take sb. by the hand 拉住某人的手 lāzhù mǒu rén de shǒu 2. 占领 zhànlǐng: ～ a town 占领城市 zhàn-lǐng chéngshì 3. 获得 huòdé: ～ the first place 得第一 dé dì-yī / ～ a day off 请一天假 qǐng yì tiān jià 4. 吃 chī; 喝 hē: ～ dinner 吃饭 chīfàn / ～ a

cup of tea 喝茶 hē chá / ～ medicine 吃药 chī yào
5. 乘坐 chéngzuò: ～ a bus 乘公共汽车 chéng
gōnggòng qìchē 6. 记录 jìlù: ～ notes 记笔记 jì
bǐjì / ～ a photo 拍照 pāizhào / I had my picture
～n this morning. 今天上午我照了张相。Jīntiān
shàngwǔ wǒ zhàole zhāng xiàng. 7. 花费 huāfèi:
It ～s me an hour to go to work. 我上班要花一个
小时。Wǒ shàngbān yào huā yí gè xiǎoshí. 8. 当做
dàngzuò: I took him for my best friend. 我把他当
做我最好的朋友。Wǒ bǎ tā dàngzuò wǒ zuì hǎo
de péngyou. 9. 产生 chǎnshēng: ～ an interest in
对……发生兴趣 duì …… fāshēng xìngqù / ～
pity on 怜悯 liánmǐn 10. 就座 jiùzuò: T～ a
seat, please. 请坐。Qǐng zuò. 11. 学 xué:
Did you ～ chemistry at school? 你在学校里学过化
学吗？Nǐ zài xuéxiào li xuéguo huàxué ma? 12.
装 zhuāng: This bottle ～s a litre. 这个瓶子可装
一升。Zhège píngzi kě zhuāng yì shēng. 13. ～ a
bath 洗个澡 xǐ ge zǎo / ～ a look 看一看 kàn
yí kàn / ～ a rest 休息一下 xiūxi yīxià / ～ a walk
散散步 sànsànbù ～ after 象 xiàng: ～ after one's
mother 象自己的母亲 xiàng zìjǐde múqīn ～ back
收回 shōuhuí: ～ back one's words 收回自己的话
shōuhuí zìjǐde huà, ～ in 1. 接受 jiēshòu: ～ in
the students 接受学生 jiēshòu xuéshēng 2. 欺骗
qīpiàn: be ～n in 被……欺骗 bèi …… qīpiàn ～
off 1. 脱下 tuōxià: ～ off one's clothes 脱衣服 tuō
yīfu / ～ off one's hat 脱帽 tuō mào 2. 除去 chúqù:
～ the stain off the jacket 把上衣上的污点去掉 bǎ
shàngyī shang de wūdiǎn qùdiào 3. 起飞 qǐfēi:
The plane is taking off. 飞机在起飞。Fēijī zài
qǐfēi. ～ on 1. 承担 chéngdān: ～ on the work

承担工作 chéngdān gōngzuò 2. 雇用 gùyòng: ～ on a clerk 雇用职员 gùyòng zhíyuán, ～ over 接管 jiēguǎn: ～ over a job 接替工作 jiētì gōngzuò,. ～ to 1. 喜爱 xǐ'ài: I took to him as soon as I met him. 我一见他就喜欢上他了。 Wǒ yíjiàn tā jiù xǐhuan-shang tā le. 2. 养成……的习惯 yǎngchéng …… de xíguàn: He has ～n to smoking. 他养成了吸烟的习惯。 Tā yǎngchéngle xīyān de xíguàn. ～ up 1. 拿起 náqǐ: ～ up one's pen 拿起笔 náqǐ bǐ / ～ up a carpet 收起地毯 shōuqǐ dìtǎn 2. 占 zhàn: The table ～s up too much room. 这桌子占的地方太大。 Zhè zhuōzi zhàn de dìfang tài dà. / It will ～ up the whole day. 这会占去整天时间。 Zhè huì zhànqù zhěngtiān shíjiān. 3. 从事 cóngshì: ～up photography 从事摄影 cóngshì shèyǐng

talk *v.* 谈 tán; 说 shuō: What are you ～ing about? 你们在谈些什么？ Nǐmen zài tánxiē shénme? / We are ～ing of visiting her. 我们谈到要去看望她。 Wǒmen tándào yào qù kànwàng tā. / ～ over the telephone 通过电话交谈 tōngguò diànhuà jiāotán / ～ by gestures 用手势交谈 yòng shǒushì jiāotán / The baby is learning to ～. 这小孩在学说话。 Zhè xiǎoháir zài xué shuōhuà. / Do you ～ English? 你会说英语吗？ Nǐ huì shuō yīngyǔ ma? / He ～s sense. 他说得有理。 Tā shuōde yǒulǐ. / ～ big 说大话 shuō dàhuà *n.* 谈话 tánhuà: have a ～ with sb. 和某人谈话 hé mǒu rén tánhuà / hold ～s with sb. 与某人举行会谈 yǔ mǒu rén jǔxíng huìtán / give a ～ on Chinese Literature 作题为"中国文学"的报告 zuò tí wéi "Zhōngguó wénxué" de bàogào

talkative *a.* 喜欢说话的 xǐhuan shuōhuà de

tall *a.* 高的 gāode: a ～ man 高个子 gāogèzi / a ～

building 高楼 gāolóu / He is six feet ～ .他身高六呎。 Tā shēngāo liù chǐ.

tame *a.* 1. 驯服的 xùnfúde: a ～ lion 驯服的狮子 xùnfúde shīzi 2. 平淡的 píngdànde: a ～ book 平淡的书 píngdànde shū / a ～ play 不精采的戏 bù jīngcǎi de xì *v.* 驯服 xùnfú: ～ a tiger 驯虎 xùn hǔ

tan *n.* 棕黄色 zōnghuángsè *the colour: get a good ～ 晒得黑黑的 shàide hēihēi de *a.* 棕黄色的 zōnghuáng-sède: ～ shoes 棕黄色鞋 zōnghuángsèxié *v.* 1. 晒黑 shàihēi: He is well ～ned. 他晒得黑黑的。 Tā shàide hēihēi de. 2. 制革 zhìgé *leather

tang *n.* 气味 qìwèi: the ～ of garlic 浓的蒜味 nóngde suànwèi / the ～ of the sea air 浓郁的海风气味 nóngyùde hǎifēng qìwèi

tangible *a.* 明确的 míngquède: ～ proofs 确凿的证据 quèzuóde zhèngjù

tangle *n.* 混乱 hùnluàn: His hair is all in a ～. 他的头发乱成一团。 Tā de tóufa luànchéng yì tuán./ traffic ～ 混乱的交通 hùnluànde jiāotōng

tank *n.* 1. 桶 tǒng; 罐 guàn: a gasoline ～ 汽油桶 qìyóutǒng / a storage ～ 储油罐 chǔyóuguàn 2. 坦克 tǎnkè: an amphibious ～ 水陆两用坦克 shuǐ-lù liǎngyòng tǎnkè

tanker *n.* 1. 油轮 yóulún *a ship 2. 油车 yóuchē *a vehicle 3. 加油飞机 jiāyóu fēijī *a plane

tap¹ *n.* 水龙头 shuǐ lóngtóu: turn on (off) the ～ 开(关) 龙头 kāi (guān) lóngtóu *v.* 1. 采割 cǎigē: ～ rubber trees 割取橡胶 gēqǔ xiàngjiāo 2. 开发 kāifā *mines 3. 窃听 qiètīng: ～ the telephone wires 窃听电话线 qiètīng diànhuàxiàn

tap² *v.* 轻拍 qīng pāi; 轻敲 qīng qiāo: ～ sb. on the

shoulder 轻拍某人的肩膀 qīng pāi mǒu rén de jiān-bǎng / ~ at the door 轻轻敲门 qīngqīng qiāomén

tape *n.* 1. 带子 dàizi: ~ measure 卷尺 juǎnchǐ 2. 录音带 lùyīndài: play a ~ 放录音 fàng lùyīn, red-~ 文牍主义 wéndúzhǔyì, ~ recorder 磁带录音机 cídài lùyīnjī

tapestry *n.* 挂毯 guàtǎn

tar *n.* 焦油 jiāoyóu; 沥青 lìqīng *v.* 涂焦油 tú jiāoyóu

tardy *a.* 1. 缓慢的 huǎnmànde: make ~ progress 进展缓慢 jìnzhǎn huǎnmàn 2. 迟的 chíde: be ten minutes ~ for the party 迟到晚会十分钟 chídào wǎnhuì shí fēnzhōng

target *n.* 1. 靶子 bǎzi: hit the ~ 射中靶子 shèzhòng bǎzi 2. 目标 mùbiāo; 对象 duìxiàng: the ~ of attack 攻击的对象 gōngjīde duìxiàng / set a ~ for 订……目标 dìng …… mùbiāo

tariff *n.* 价目表 jiàmùbiǎo: a postal ~ 邮费表 yóufèibiǎo 2. 关税 guānshuì: a preferential ~ 特惠关税率 tèhuì guānshuìlù

tart[1] *n.* 果馅饼 guǒxiànbǐng: an apple ~ 苹果馅饼 píngguǒxiànbǐng

tart[2] *a.* 1. 酸的 suānde: ~ fruit 酸果 suānguǒ 2. 尖酸刻薄的 jiānsuān kèbó de: a ~ answer 尖刻的回答 jiānkède huídá

task *n.* 工作 gōngzuò: set sb. a ~ 派某人做一项工作 pài mǒu rén zuò yí xiàng gōngzuò

tassel *n.* 缨子 yīngzi

taste *v.* 尝 cháng; 吃 chī: Please ~ the soup. 请尝一口汤。Qǐng cháng yì kǒu tāng. / I've got a cold so I can ~ nothing. 我感冒了，所以吃东西没味道。Wǒ gǎnmào le, suǒyǐ chī dōngxi méi wèidào. / The orange ~s nice. 这橙子好吃。Zhè chéngzi hǎochī. *n.* 1. 味道 wèidào: the ~ of a pear 梨子的味道 lízide wèidào 2. 尝 cháng: Do have a ~ of this green tea. 请尝尝这绿茶。 Qing chángcháng zhè lùchá. 3. 爱好 àihào: have a ~ for music 爱好音乐 àihào yīnyuè 4. 鉴赏力 jiànshǎnglì: show ~ in sth. 对某物有鉴赏力 duì mǒu wù yǒu jiànshǎnglì

tasteless *a.* 1. 没有味道的 méiyǒu wèidào de *no flavour 2. 趣味不高尚的 qùwèi bù gāoshàng de *bad taste

tasty *a.* 有滋味的 yǒu zīwèi de; 可口的 kěkǒude: a ~ meal 一顿可口的饭 yí dùn kěkǒu de fàn

tattoo *v. & n.* 纹身 wénshēn: ~ the skin 纹身 wénshēn

taunt *v.* 嘲笑 cháoxiào

tawny *n. & a.* 茶色（的）chásè (de)

tax *n.* 税 shuì: free of ~ 免税 miǎnshuì / income ~ 所得税 shuǒdéshuì *v.* 征税 zhēngshuì ~ imports 征进口物品税 zhēng jìnkǒu wùpin shuì

taxi *n.* 出租汽车 chūzū-qìchē: go by ~ 坐出租汽车 zuò chūzū-qìchē *v.* 坐出租汽车 zuò chūzū-qìchē

tea *n.* 茶 chá: black ~ 红茶 hóngchá / jasmin ~ 茉莉花茶 mòlihuāchá / brick ~ 茶砖 cházhuān / Have a cup of ~, please. 请喝一杯茶。Qing hē yì bēi chá. / make ~ 沏茶 qīchá / strong (weak) ~ 浓（淡）茶 nóng (dàn) chá / ~ house 茶馆 cháguǎn

teach *v.* 教 jiāo: He ~s students history. 他教学生历史。 Tā jiāo xuéshēng lìshi. / She ~s at a primary school. 她在小学教书。 Tā zài xiǎoxué jiāoshū. / He taught the boys not to fight. 他教育孩子不要打架。 Tā jiàoyù háizi búyào dǎjià.

teacher *n.* 教师 jiàoshī

teaching *n.* 1. 教学 jiàoxué: take up geography ~

担任地理教学 dānrèn dìlì jiàoxué 2. 教导 jiàodǎo:
follow sb.'s ～s 遵循某人的教导 zūnxún mǒu rén
de jiàodǎo

team *n.* 队 duì: a football ～ 足球队 zúqiúduì: ～ work
集体协作 jítǐ xiézuò *v.* 协作 xiézuò

tear[1] *v.* 撕破 sīpò: ～ a sheet of paper to pieces. 把一
张纸撕成碎片 bǎ yì zhāng zhǐ sīchéng suìpiàn ～
oneself away 忍痛离开 rěntòng líkāi

tear[2] *n.* 眼泪 yǎnlèi: in ～s 流着泪 liúzhe lèi, ～ gas
bombs 催泪弹 cuīlèidàn

tearful *a.* 含泪的 hánlèide

tease *v.* 取笑 qǔxiào: ～ sb. with a wisecrack 用俏皮话
取笑某人 yòng qiàpihuà qǔxiào mǒu rén

technical *a.* 技术的 jìshùde: a ～ school 技术学校
jìshù xuéxiào

technician *n.* 技术员 jìshùyuán

technique *n.* 技术 jìshù: perfect ～ 高超的技术 gāochāo-
de jìshù

technology *n.* 工艺学 gōngyìxué; 技术 jìshù: chemical ～
化学工艺学 huàxué gōngyìxué / space ～ 空间技术
kōngjiān jìshù / science and ～ 科学技术 kēxué
jìshù

tedious *a.* 乏味的 fáwèide: a ～ book 乏味的书 fáwèide
shū

teem[1] *v.* 富于…… fùyú…… This river ～s with fish.
这条河里鱼很多。 Zhè tiáo hé li yú hěn duō.

teem[2] *v.* 下大雨 xià dàyǔ: It's ～ing with rain. 雨下
得很大。 Yǔ xiàde hěn dà.

teen-ager *n.* 青少年 qīngshàonián

teens *n.* 十几岁 shíjǐ suì: She is in her ～. 她十几岁。
Tā shíjǐ suì.

telecast *n. & v.* 电视广播 diànshì guǎngbō

telecommunication *n.* 电讯 diànxùn

telecontrol *n* 遥控 yáokòng

telegram *n.* 电报 diànbào: send an express ～ 发急电 fā jídiàn / a ～ in cipher (plain language) 密码（明文）电报 mìmǎ (míngwén) diànbào

telegraph *n.* 1. 电报 diànbào: by ～ 用电报 yòng diànbào 2. 电报机 diànbàojī *an apparatus *v.* 打电报 dǎ diànbào

telegrapher *n.* 报务员 bàowùyuán

telegraphic *a.* 电报的 diànbàode; 电讯的 diànxùnde

telepathy *n.* 传感 chuángǎn

telephone *n.* 电话 diànhuà: You are wanted on the ～. 请您听电话。Qǐng nín tīng diànhuà, a public ～ 公用电话 gōngyòng diànhuà / a ～ booth 公用电话间 gōngyòng diànhuàjiān / a ～ directory 电话簿 diànhuàbù / a ～ exchange 电话总机 diànhuà zǒngjī / a ～ operator 电话（接线）员 diànhuà (jiēxiàn) yuán *v.* 打电话 dǎ diànhuà

telephoto *n.* 传真照片 chuánzhēn zhàopiàn

telescope *n.* 望远镜 wàngyuǎnjìng

televise *v.* 电视传送 diànshì chuánsòng: be ～d live 电视实况转播 diànshì shíkuàng zhuǎnbō

television *n.* 电视 diànshì: What's on ～ tonight? 今晚电视有什么节目？Jīnwǎn diànshì yǒu shénme jiémù? ～ set 电视机 diànshìjī

telex *n.* 用户电报 yònghù diànbào

tell *v.* 1. 告诉 gàosu; 讲 jiǎng: T～ me where you live. 告诉我你住在哪儿。Gàosu wǒ nǐ zhù zài nǎr. / ～ a story 讲故事 jiǎng gùshi / ～ the truth (a lie) 说实话（谎话）shuō shíhuà (huǎnghuà) / Could you ～ me how to get to the zoo? 请问去动物园怎么走？Qǐngwèn qù dòngwùyuán zěnme zǒu?

T~ him to wait. 告诉他等着。 Gàosu tā děngzhe.
2. 分辨 fēnbiàn: Can you ~ him from his twin
brother? 你能分得出他和他的双胞胎兄弟吗？ Nǐ
néng fēnde chū tā hé tāde shuāngbāotāi xiōngdi
ma? / all told 总共 zǒnggòng: I can ~ you, it's dif-
ficult. 我可以肯定那是很难的。 Wǒ kěyi kěndìng
nà shì hěn nán de.

teller *n.* 出纳员 chūnàyuán

telltale *n.* 搬弄是非的人 bānnòng shìfēi de rén *a.* 搬弄
是非的 bānnòng shìfēi de

temper *n.* 1. 韧度 rèndù *of a substance 2. 脾气 píqì;
情绪 qíngxù: keep one's ~ 忍住气 rěnzhù qì /
lose one's ~ 发脾气 fā píqì / out of ~ (with sb.)
（对……）发脾气 (duì ......) fā píqì / be in a good
(bad) ~ 心情好（不好） xīnqíng hǎo (bùhǎo) /
quick ~ 脾气急躁 píqì jízào

temperate *a.* 1. 适度的 shìdùde: be ~ in one's lan-
guage 措词温和 cuòcí wēnhé / a ~ man 能自我克
制的人 néng zìwǒ kèzhì de rén 2. 温和的 wēnhéde:
the ~ zone 温带 wēndài

temperature *n.* 1. 温度 wēndù: The ~ is high (low).
温度高(低)。 Wēndù gāo (dī). 2. 体温 tǐwēn: take
sb.'s ~ 量体温 liáng tǐwēn / have a ~ 发烧 fāshāo

tempest *n.* 暴风雨 bàofēngyǔ

temple[1] *n.* 庙 miào: The T~ of Heaven in Beijing 北京
天坛 Běijīng tiāntán

temple[2] *n.* 太阳穴 tàiyángxuè *part of the head

tempo *n.* 1. 拍子 pāizi *of music 2. 速度 sùdù:
the ~ of production 生产进度 shēngchǎn jìndù

temporary *a.* 临时的 línshíde: a ~ job 临时工作 lín-
shí gōngzuò

tempt *v.* 1. 引诱 yǐnyòu: ~sb. to do sth. 引诱某人做

某事 yǐnyòu mǒu rén zuò mǒu shì 2. 吸引 xī-
yǐn: The warm weather ~ed us to go swimming.
这温暖的天气吸引我们去游泳。 Zhè wēnnuǎnde
tiānqì xīyǐn wǒmen qù yóuyǒng.

temptation *n*. 诱惑 yòuhuò; 引诱 yǐnyòu

ten *num*. 十 shí

tenacious *a*. 1. 固执的 gùzhíde: a man ~ of his opinion
固执己见的人 gùzhíjǐjiànde rén 2. 坚韧的 jiān-
rènde: ~ wood 坚韧的木料 jiānrènde mùliào

tenancy *n*. 1. 租地 zūdì *use of land 2. 租房 zūfáng
*use of a room

tenant *n*. 1. 佃户 diànhù: ~ farmers 佃农 diànnóng
2. 房客 fángkè: Do you own your house or are
you a ~? 你自己有房子还是租房住? Nǐ zìjǐ
yǒu fángzi háishì zū fáng zhù?

tend[1] *v*. 照料 zhàoliào: ~ a sick person 照料病人
zhàoliào bìngrén

tend[2] *v*. 趋向 qūxiàng: Interest rates have ~ed up-
wards. 利率升高了。 Lìlǜ shēnggāo le.

tendency *n*. 趋势 qūshì; 倾向 qīngxiàng

tender[1] *a*. 1. 嫩的 nènde: ~ meat 嫩肉 nènròu / ~
flowers 娇嫩的花 jiāonènde huā 2. 温柔的 wēnróude:
~ looks 温柔的神情 wēnróude shénqíng / a ~ heart
软心肠 ruǎnxīncháng

tender[2] *v*. 1. 提出 tíchū: ~ one's advice 提出意见
tíchū yìjiàn 2. 投标 tóubiāo: ~ for the construc-
tion of the hotel 投标承建这旅馆 tóubiāo chéngjiàn
zhè lǚguǎn / call for ~s 招标 zhāobiāo / put in a ~
for sth. 投标办某事 tóubiāo bàn mǒu shì

tender[3] *n*. 照管者 zhàoguǎnzhě

tennis *n*. 网球 wǎngqiú: ~ court 网球场 wǎngqiúchǎng

tenor *n*. 男高音 nángāoyīn

tense¹ *n.* 时态 shítài: the present perfect ～ 现在完成时 xiànzài wánchéngshí *in grammar

tense² *a.* 紧张的 jǐnzhāngde: a ～ game 紧张的比赛 jǐnzhāngde bǐsài / I was so ～ last night that I couldn't sleep. 昨晚我紧张得睡不着觉。Zuówǎn wǒ jǐnzhāngde shuì bù zháo jiào.

tension *n.* 1. 拉力 lālì *in physics 2. 紧张 jǐnzhāng

tent *n.* 帐篷 zhàngpeng

tentative *a.* 试验性的 shìyànxìngde: a ～ plan 试验性的计划 shìyànxìngde jìhuà

tenth *num.* 第十 dì-shí

tenure *n.* 占有 zhànyǒu: during one's ～ of office 在任职期间 zài rènzhí qījiān

term *n.* 1. 期限 qīxiàn: at ～ 到期 dàoqī / during one's ～ of office 任职期间 rènzhí qījiān 2. 学期 xuéqī: a mid-～ test 期中测验 qīzhōng cèyàn / the new ～ 新学期 xīnxuéqī 3. 条件 tiáojiàn: come to ～s with sb. 和某人达成协议 hé mǒu rén dáchéng xiéyì 4. 名词 míngcí; 术语 shùyǔ: medical ～s 医学名词 yīxué míngcí 5. 关系 guānxi: be on good ～s with sb. 同某人关系良好 tóng mǒu rén guānxi liánghǎo

terminal *a.* 1. 每（学）期的 měi (xué) qī de: a ～ examination 学期考试 xuéqī kǎoshì 2. 终点的 zhōngdiǎnde: a ～ station 终点站 zhōngdiǎnzhàn *n.* = a ～ station 终点站 zhōngdiǎnzhàn

terminate *v.* 终止 zhōngzhǐ; 结束 jiéshù: ～ a contract 终止合同 zhōngzhǐ hétong / The meeting ～d at 5 o'clock 会议在5点结束。Huìyì zài wǔ diǎn jiéshù.

terminus *n.* 终点（站）zhōngdiǎn (zhàn)

terrace *n.* 1. 坡地 pōdì 2. 阳台 yángtái *balcony: ～d fields 梯田 tītián: a ～d roof 平台屋顶 píngtái wūdǐng *v.* 修成梯形地 xiūchéng tīxíngdì

terrestrial *a*. 1. 陆地的 lùdìde: the ～ parts of the earth's surface 地球的陆地部分 dìqiú de lùdì bùfen 2. 地球的 dìqiúde: a ～ globe 地球仪 dìqiúyí

terrible *a*. 1. 可怕的 kěpàde: a ～ storm 可怕的风暴 kěpàde fēngbào 2. 厉害的 lìhaide: a ～ headache 头痛的厉害 tóu tòngde lìhai 3. 很糟 hěn zāo: a ～ performance 糟糕的演出 zāogāode yǎnchū

terribly *ad*. 十分 shífēn; 极 jí

terrific *a*. 1. = terrifying 可怕的 kěpàde: a ～ hurricane 可怕的飓风 kěpàde jùfēng 2. = of high degree 极大的 jí dà de: at a ～ speed 极高的速度 jí gāo de sùdù 3. = very good 非常好的 fēicháng hǎo de: a ～ play 一出非常好的戏 yì chū fēicháng hǎo de xì

terrify *v*. 恐吓 kǒnghè: You terrified me! 你吓了我一跳！Nǐ xiàle wǒ yítiào! / be terrified at 被……吓一跳 bèi …… xià yítiào

territorial *a*. 领土的 lǐngtǔde: ～ air 领空 lǐngkōng

territory *n*. 领土 lǐngtǔ: Chinese ～ 中国领土 Zhōngguó lǐngtǔ

terror *n*. 1. 恐怖 kǒngbù: run away in ～ 惊慌地逃走 jīnghuāngde táozǒu 2. 讨厌的人 tǎoyànde rén: Your son's a real ～! 你儿子可真讨厌！Nǐ érzi kě zhēn tǎoyàn!

terse *a*. 简练的 jiǎnliànde

test *n. & v*. 试验 shìyàn; 测验 cèyàn: a blood ～ 验血 yàn xuè / an intelligence ～ 智力测验 zhìlì cèyàn / ～ tube 试管 shìguǎn / pass the ～ 通过测验 tōngguò cèyàn / I'll have my eyes ～ed. 我要检查一下视力。Wǒ yào jiǎnchá yīxia shìlì.

testament *n*. 1. 遗嘱 yízhǔ 2. Old T～ 旧约圣经 jiùyuē shèngjīng; New T～ 新约圣经 xīnyuē shèngjīng

testify *v.* 1. 作证 zuòzhèng: ～ to sb.'s innocence 证明某人无罪 zhèngmíng mǒu rén wú zuì 2. 证明 zhèngmíng; 表明 biǎomíng: Her tears testified her grief. 她的眼泪表明她很悲伤。 Tāde yǎnlèi biǎomíng tā hěn bēishāng.

testimonial *n.* 1. 证明书 zhèngmíngshū *of qualifications etc; 推荐书 tuījiànshū *letter of recommendation 2. 奖状 jiǎngzhuàng *certificate of merit

testimony *n.* 证明 zhèngmíng: call sb. in ～ 传某人作证 chuán mǒu rén zuòzhèng; 证词 zhèngcí *the oral or written statement

text *n.* 1. 正文 zhèngwén: too much ～ and not enough pictures 正文太多 图画太少 zhèngwén tài duō, túhuà tài shǎo 2. 课文 kèwén: Raed the ～, please. 请读课文。 Qing dú kèwén.

textbook *n.* 课本 kèběn

textile *a.* 纺织的 fǎngzhīde: a ～ worker 纺织工人 fǎngzhī gōngrén *n.* 纺织品 fǎngzhīpǐn

texture *n.* 1. 质地 zhìdì *of fabrics 2. 纹理 wénlǐ *of wood 3. 结构 jiégòu *in literature

Thai *n.* 1. 泰国人 Tàiguórén *people 2. 泰语 tàiyǔ *language *a.* 1. 泰国的 Tàiguóde *of Thailand 2. 泰语的 tàiyǔ de *of its language

than *conj. & prep.* 比 bǐ: I am taller ～ you. 我比你高。 Wǒ bǐ nǐ gāo. / I know him better ～ you 我比你更了解他。 Wǒ bǐ nǐ gèng liǎojiě tā. / no more ～ 仅仅 jǐnjǐn

thank *v.* 感谢 gǎnxiè: T～ you. 谢谢。 Xièxiè. T～ you very much. 非常感谢。 Fēicháng gǎnxiè. *n.* 感谢 gǎnxiè: ～s to 由于 yóuyú

thankful *a.* 感激的 gǎnjīde: I'm ～ to you for the help 我感激你的帮助。 Wǒ gǎnjī nǐde bānzhù. / You should be ~ that you have caught the last bus. 你赶上了末班车，应该感到高兴。 **Ní gǎnshāngle mòbānchē, yīnggāi gǎndào gāoxìng.**

thanksgiving *n*. 感恩 gǎn'ēn T~ Day 感恩节 gǎn'ēn-jié

that 那（个） nà (ge): What's ~? 那是什么? Nà shì shénme? / Is ~ you, Peter? 彼得，是你吗? Bǐdé, shì ni ma?

thatch *n*. 1. 茅草 máocǎo *dried straw, reeds, etc 2. 茅草屋顶 máocǎo wūdǐng *roof

thaw *v*. 解冻 jiědòng; 融化 rónghuà: The ground has ~ed out. 土地解冻了。Tǔdì jiědòng le. / The snow is ~ing. 雪在融化。Xuě zài rónghuà.

theatre (theater) *n*. 1. 剧场 jùchǎng: at the ~ 在剧场 zài jùchǎng / go to the ~ 去看戏 qù kàn xì 2. 戏剧 xìjù: modern ~ 现代戏剧 xiàndài xìjù

theatrical *a*. 戏剧的 xìjùde: ~ performances 舞台演出 wǔtái yǎnchū

theft *n*. 偷窃（行为） tōuqiè (xíngwéi)

their *pron*. 他们的 tāmende

them *pron*. 他们 tāmen

theme *n*. 题目 tímù; 主题 zhǔtí: ~ song 主题歌 zhǔtígē

themselves *pron*. 他们自己 tāmen zìjǐ

then *ad*. 1. 当时 dāngshí: I lived in New York ~. 当时我住在纽约。Dāngshí wǒ zhù zài Niǔyuē. (New York) 2. 到那时候 dào nà shíhou: I shall have left school ~. 到那时我将毕业了。Dào nàshí wǒ jiāng bìyè le. 3. 然后 ránhòu: Let's go for a drink and ~ go home. 咱们先去喝点，然后再回家。Zánmen xiān qù hēdiǎnr, ránhòu zài huíjiā. 4. 那末 nàme: What shall we do ~? 那么我们干什么呢? Nà me wǒmen gàn shénme ne?

theology *n.* 神学 shénxué

theoretical *a.* 理论上的 lǐlùnshangde

theory *n.* 1. 理论 lǐlùn: musical ～ 音乐理论 yīnyuè lǐlùn 2. 学说 xuéshuō; 论说 lùnshuō: Darwin's ～ of evolution 达尔文的进化论 Dá'ěrwén (Darwin) de jìnhuàlùn

therapy *n.* 疗法 liáofǎ: acupuncture ～ 针刺疗法 zhēncì liáofǎ

there *ad.* 在那里 zài nàli; 到那里 dào nàli: I was ～ yesterday. 昨天我在那里。 Zuótiān wǒ zài nàli. / Have you ever been ～? 你到过那里吗? Nǐ dàoguò nàli ma?

thereabout (s) *ad.* 1. 附近 fùjìn: in Shanghai or ～ 在上海附近 zài Shànghǎi fùjìn 2. 大约 dàyuē: at 10 o'clock or ～ 大约十点 dàyuē shí diǎn

thereby *ad.* 因此 yīncǐ

therefore *ad.* 因此 yīncǐ: I've never been to Nanjing and ～ I don't know much about it. 我从来没去过南京因此对那儿不太了解。 Wǒ cónglái méi qùguo Nánjīng yīncǐ duì nàr bú tài liǎojiě.

thereupon *ad.* 因此 yīncǐ

thermal *a.* 热的 rède: a ～ power station 火力发电站 huǒlì fādiànzhàn / a ～ spring 温泉 wēnquán

thermometer *n.* 温度计 wēndùjì

thermos *n.* 热水瓶 rèshuǐpíng

thesis *n.* 论文 lùnwén *a written article for a university degree

they *pron.* 他们 tāmen

thick *a.* 1. 厚的 hòude: a ～ book 一本厚书 yì běn hòushū 2. 稠密的 chóumìde: The crowd grew ～er. 人群愈来愈密。 Rénqún yuèlái yuè mì.

3. 浓的 nóngde: ～ soup 浓汤 nóngtāng 4. 亲密的 qīnmìde: be ～ with sb. 与某人很亲密 yǔ mǒu ré hěn qīnmì

thicken *v.* 加（变）厚 jiā (biàn) hòu *of solids; 加（变）浓 jiā (biàn) nóng *of liquids

thief *n.* 贼 zéi; 小偷 xiǎotōu: Stop ～! 捉贼! Zhuō zéi!

thieve *v.* 偷窃 tōuqiè

thigh *n.* 大腿 dàtuǐ

thin *a.* 1. 薄的 báode; 细的 xìde: ～ ice 薄冰 báobīng / ～ thread 细线 xìxiàn 2. 瘦的 shòude: He looked ～ after his illness. 他病后显得很瘦。 Tā bìng hòu xiǎnde hěn shòu. 3. 稀少的 xī shǎo de: ～ hair 稀疏的头发 xīshūde tóufa 4. 稀薄的 xībóde: ～ gruel 稀粥 xīzhōu, / ～ air 稀薄的空气 xībóde kōngqì

thing *n.* 1. 东西 dōngxi: What's that ～? 那个东西是什么? Nàge dōngxi shì shénme? / Have you packed your ～s for the journey? 你把旅行用的东西装好没有? Nǐ bǎ lǚxíng yòng de dōngxi zhuānghǎo méiyǒu? 2. 事情 shìqing: have a lot of ～s to do 有许多事情要做 yǒu xǔduō shìqing yào zuò / for one ～ 首先 shǒuxiān 3. 情况 qíngkuàng: T～s are getting better. 情况越来越好。 Qíngkuàng yuè lái yuè hǎo.

think *v.* 1. 想 xiǎng; 思考 sīkǎo: I am ～ing how it happened. 我在想事情是怎么发生的。 Wǒ zài xiǎng shìqing shì zěnme fāshēng de. / You should ～ before doing that. 做那件事以前你应该先考虑一下。 Zuò nà jiàn shì yǐqián nǐ yīnggāi xiān kǎolù yīxià. 2. 认为 rènwéi: I ～ you are wrong. 我认为你错了。 Wǒ rènwéi nǐ cuò le. 3. 想象 xiǎngxiàng: I can't ～ why you did it. 我无法想象你

为什么那样做。 Wǒ wúfǎ xiǎngxiàng nǐ wèishénme nàyàng zuò. ~ about 考虑 kǎolù: ~ about a plan 考虑一项计划 kǎolù yí xiàng jìhuà, ~ of 想 xiǎng; 认为 rènwéi: What are you ~ing about? 你在想什么? Nǐ zài xiǎng shénme? / What do you ~ of it? 你认为这事怎么样? Nǐ rènwéi zhè shì zěnmeyàng? ~ out 想出 xiǎngchū: ~ out a plan 想出一个计划 xiǎngchū yí gè jìhuà, ~ over 仔细想 zíxì xiǎng: T~ it over. 仔细想一想 Zíxì xiǎng yixiǎng.

thinker *n.* 思想家 sīxiǎngjiā

thinking *n.* 思想 sīxiǎng; 想法 xiǎngfǎ: You are of my way of ~. 你和我的想法一样。 Nǐ hé wǒde xiǎngfǎ yíyàng. *a.* 有思想的 yǒu sīxiǎng de: the ~ public 有思想的人们 yǒu sīxiǎng de rénmen

third *num.* 第三 dì-sān

thirst *n.* 1. 渴 kě 2. 渴望 kěwàng: a ~ for knowledge 渴望知识 kěwàng zhīshi

thirsty *a.* 1. 渴 kě: be ~ 口渴 kǒukě 2. 干燥的 gānzàode: The fields are ~ for rain. 土地干旱需要雨水。 Tǔdì gānhàn xūyào yǔshuǐ.

thirteen *num.* 十三 shísān

thirteenth *num.* 第十三 dì-shísān

thirtieth *num.* 第三十 dì-sānshí

thirty *num.* 三十 sānshí

this *a.* 1. 这 zhè; 这个 zhège: Who is ~ man? 这人是谁? Zhè rén shì shuí? / Come ~ way, please. 请这边走。 Qǐng zhèbiān zǒu. 2. 今 jīn; 这 zhè ~ morning 今天早晨 jīntiān zǎochén / ~ week 本周 běnzhōu; 这周 zhèzhōu *pron.* 这 zhè; 这个 zhège: This is Mr. Brown. 这位是布朗先生。 Zhè wèi shì Bùlǎng xiānsheng.

thorn *n*. 刺 cì: ~s on a rose 玫瑰花上的刺 méiguì-huā shang de cì

thorny *a*. 1. 多刺的 duōcìde: a ~ rose 多刺的玫瑰 duōcìde méiguì 2. 棘手的 jíshǒude: a ~ problem 棘手的问题 jíshǒude wèntí

thorough *a*. 彻底的 chèdǐde: give the room a ~ cleaning 把房间彻底打扫一下 bǎ fángjiān chèdǐ dǎsǎo yīxià / a ~ worker 工作很细致的人 gōngzuò hěn xìzhì de rén

thoroughbred *a*. 良种的 liángzhǒngde: a ~ horse 良种马 liángzhǒngmǎ *n*. 良种动物 liángzhǒng dòngwù

thoroughfare *n*. 干道 gàndào: No ~! 禁止通行！Jìnzhǐ tōngxíng

thoroughgoing *a*. 彻底的 chèdǐde: in a ~ way 彻底地 chèdǐde / a ~ fool 十足的傻瓜 shízúde shǎguā

though *conj*. 虽然 suīrán: T~ it's hard work, I enjoy it. 虽然那是件困难的工作，但是我喜欢干。Suīrán nà shì jiàn kùnnán de gōngzuò, dànshì wǒ xǐhuan gàn. / even ~ 即使 jíshǐ *ad*. 可是 kěshì: I've a bit of a cold. It's nothing much, ~. 我有点感冒，不过不厉害。Wǒ yǒudiǎnr gǎnmào, búguò bú lìhai.

thought *n*. 1. 思考 sīkǎo: He sat deep in ~. 他坐着在沉思。Tā zuòzhe zài chénsī. / beyond ~ 想象不到 xiǎngxiàng bú dào 2. 思想 sīxiǎng: Mao Zedong T~ 毛泽东思想 Máo Zédōng Sīxiǎng 3. 想法 xiǎngfǎ Let me have your ~s on the subject. 告诉我你对这事的想法。Gàosu wǒ nǐ duì zhè shì de xiǎngfǎ. 4. 关怀 guānhuái: show ~ for sb. 关怀某人 guānhuái mǒu rén / You are much in my ~s. 我常常想念你。Wǒ chángcháng xiǎngniàn nǐ.

thoughtful *a*. 1. 深思的 shēnsīde: a ~ look 沉思的表

情 chénsīde biǎoqíng 2. 有思想性的 yǒu sīxiǎng-xìng de: a ～ book 一本有思想内容的书 yì běn yǒu sīxiǎng nèiróng de shū 3. 体贴的 tǐtiēde: a ～ man 体贴别人的人 tǐtiē biérén de rén

thoughtless *a.* 1. = careless 轻率的 qīngshuàide: a ～ person 粗心大意的人 cūxīndàyide rén 2. = selfish 自私的 zìsīde: a ～ action 自私的行为 zìsīde xíngwéi

thousand *num.* 千 qiān *n.* 成千的 chéngqiānde 许许多多 xǔxǔ-duōduō: ～s of people 成千上万的人 chéngqiān-shàngwànde rén

thousandth *num.* 第一千 dì-yìqiān

thrash *v.* 1. 打(谷) dǎ (gǔ): ～ wheat (rice) 打麦(稻)子 dǎ mài (dào) zi 2. 痛打 dòngdǎ: He ～ed the boy soundly 他痛打孩子。 Tā tòngdǎ háizi 3. 打败 dǎbài: ～ that team 打败那个队 dǎbài nàge duì

thread *n.* 1. 线 xiàn: a reel of ～ 一团线 yì tuán xiàn 2. 思路 sīlù; 头绪 tóuxù: lose the ～ of one's argument 争辩时乱了头绪 zhēngbiàn shí luànle tóuxù / pick up the ～s 接着讲下去 jiēzhe jiǎng xiàqù *v.* 1. 用线穿起 yòng xiàn chuānqǐ: ～a needle 穿针 chuānzhēn 2. 穿过 chuānguò; 挤过 jǐguò: ～ narrow alleys 穿过小巷 chuānguò xiǎoxiàng / ～ one's way through a crowd 挤过人群 jǐguò rénqún

threadbare *a.* 1. 穿旧了的 chuānjiùle de: a ～ coat 穿得露线的外衣 chuānde lòu xiàn de wàiyī 2. 陈腐的 chénfǔde: ～ jokes 陈旧的笑话 chénjiùde xiàohua

threat *n.* 1. 恐吓 kǒnghè; 威胁 wēixié: utter a ～ against sb. 恐吓某人 kǒnghè mǒu rén / be under the ～ of expulsion 受到开除的威胁 shòudào kāi-chúde wēixié 2. 凶兆 xiōngzhào: The clouds brought a ～ of rain. 乌云是下雨的预兆。 Wūyún shì xiàyǔ de yùzhào

threaten *v.* 1. 恐吓 kǒnghè; 威胁 wēixié: a ~ing letter 恐吓信 kǒnghèxìn 2. 预示 yùshì: It ~s to rain. 天要下雨。Tiān yào xiàyǔ.

three *num.* 三 sān

thresh *v.* 打谷 dǎ gǔ: a ~ing ground 打谷场 dǎgǔchǎng / a ~ing machine 打谷机 dǎgǔjī

threshold *n.* 1. 门槛 ménkǎn: cross the ~ 跨过门槛 kuàguò ménkǎn 2. 开端 kāiduān: on the ~ of …… 在……的开头 …… zài …… de kāitóu

thrift *n.* 节俭 jiéjiǎn

thrifty *a.* 节俭的 jiéjiǎnde: a ~ housewife 节俭的家庭主妇 jiéjiǎnde jiātíng zhǔfù

thrill *v.* 使……激动 shǐ …… jīdòng; 使……恐怖 shǐ …… kǒngbù: ~ with horror 恐怖得毛骨悚然 kǒngbùde máogǔsǒngrán / Her voice ~ed with joy. 她高兴得声音发抖了。Tā gāoxìngde shēngyīn fādǒu le. *n.* 一阵 yí zhèn: a ~ of joy 一阵欢乐 yí zhèn huānlè / a ~ of horror 一阵恐怖 yí zhèn kǒngbù

thrive *v.* 1. 茁壮 zhuózhuàng; 茂盛 màoshèng: Children are thriving in China. 中国的儿童茁壮成长。Zhōngguóde értóng zhuózhuàng chéngzhǎng / These plants are thriving. 这些植物长得茂盛。Zhèxiē zhíwù zhǎngde màoshèng. 2. 兴旺 xīngwàng: a thriving business 兴旺的生意 xīngwàngde shēngyi

throat *n.* 喉咙 hóulóng: have a sore ~ 喉咙痛 hóulóng tòng / clear one's ~ 清清嗓子 qīngqīng sǎngzi

throb *v.* 跳动 tiàodòng: The pulse ~bed steadily. 脉博跳得很稳。Màibó tiàode hěn wěn. / My heart ~bed with excitement. 我的心兴奋得直跳。Wǒde xīn xīngfènde zhí tiào.

throne *n.* 1. 宝座 bǎozuò; 王位 wángwèi: the emperor's

～皇帝的宝座 huángdìde bǎozuò / come to the ～登王位 dēng wángwèi

throng *n.* 人群 rénqún: a ～ of people 一群人 yì qún rén *v.* People ～ed the station. 人们拥向车站。Rénmen yōng xiàng chēzhàn.

through *prep.* 1. 通过 tōngguò; 穿过 chuānguò: go ～ a door 走过房门 zǒuguò fángmén / drive ～ a red light 闯红灯 chuǎng hóngdēng 2. 从头到尾 cóng tóu dào wěi: work ～ the night 通宵工作 tōngxiāo gōngzuò / sit ～ a lecture 听完一堂课 tīngwán yì táng kè 3. 经过 jīngguò: I got this book ～ the library. 我从图书馆借的这本书。Wǒ cóng túshūguǎn jiède zhè běn shū. 4. 完 wán: go ～ a bottle of beer 喝完一瓶啤酒 hēwán yì píng píjiǔ / get ～ a book 看完一本书 kànwán yì běn shū / Are you ～ with your work yet? 你工作快完了吗？Nǐ gōngzuò kuài wánle ma? *ad.* 1. 通过 tōngguò: Please let me ～. 请让我过去。Qǐng ràng wǒ guòqù. 2. 从头到尾 cóng tóu dào wěi: read the letter ～ 从头到尾读一遍信 cóng tóu dào wěi dú yí biàn xìn / sleep the night ～ 一觉睡到天亮 yíjiào shuì dào tiānliàng 3. 透 tòu: be wet ～ 浑身湿透 húnshēn shītòu *a.* 1. 直达的 zhídáde: a ～ train 直达列车 zhídá lièchē / a ～ ticket 通票 tōngpiào 2. 接通 jiētōng: Can you put me ～ to Mr. Black? 你能给我接通布莱克先生的电话吗？Nǐ néng gěi wǒ jiētōng Bùláikè xiānsheng de diànhuà ma? / I've put your call ～. 你的电话接通了。Nǐde diànhuà jiētōng le.

throughout *prep.* 1. 整个 zhěnggè: ～ the day 整天 zhěngtiān / ～ one's life 终生 zhōngshēng 2. 到处 dàochù: ～ the country 全国 quánguó *ad.* 全部地

quánbùde: The house is painted ∼. 房子全部油漆了。 Fángzi quánbù yóuqī le.

throw v. 1. 扔 rēng: Please ∼ me the box. 请把盒子扔给我。 Qǐng bǎ hézi rēnggěi wǒ. / ∼ rubbish into the dustbin 把垃圾扔进垃圾箱 bǎ lājī rēngjìn lājīxiāng / She threw me an angry look. 她生气地看了我一眼。 Tā shēngqìde kànle wǒ yìyǎn. 2. 匆匆穿上（脱掉）cōngcōng chuānshàng (tuōdiào): ∼ on (off) one's clothes 匆匆穿上（脱掉）衣服 cōngcōng chuānshàng (tuōdiào) yīfu, ∼ away 放弃 fàngqì: ∼ away the chance 放弃机会 fàngqì jīhuì, ∼ off 摆脱 bǎituō: He can't ∼ off his cold. 他感冒老不好。 Tā gǎnmào lǎo bù hǎo. ∼ oneself at 拼命讨好 pīnmìng tǎohǎo, ∼ up 放弃 fàngqì, ∼ up one's job 放弃工作 fàngqì gōngzuò n. 投掷 tóuzhì: make a nice ∼ 投得好 tóude hǎo / a record ∼ 创纪录的投掷距离 chuàng jìlù de tóuzhì jùlí

thrust v. 1. 插 chā; 挤 jǐ: ∼ a letter into one's pocket 把信塞进口袋 bǎ xìn sàijìn kǒudài / ∼ one's way through a crowd 挤过人群 jǐguò rénqún 2. 刺 cì: ∼ a knife in one's back 把刀刺入某人后背 bǎ dāo cìrù mǒu rén hòubèi / ∼ aside 推开 tuīkāi, ∼ sth. on sb. 将某事强加于某人 jiāng mǒu shì qiángjiā yú mǒu rén n. 刺 cì; 扎 zhā

thumb n. 拇指 mǔzhǐ v. 翻阅 fānyuè: ∼ through a book 翻阅书 fānyuè shū

thump v. 重击 zhòngjī; 捶打 chuídǎ: I'll ∼ you if you annoy me any more. 你再惹我（的话），我就狠狠揍你。 Nǐ zài rě wǒ (dehuà), wǒ jiù hěnhěn zòu nǐ. / ∼ the desk with one's fist 用拳头重重敲桌子 yòng quántou zhòngzhòng qiāo zuōzi n. 重击 zhòngjī

thunder *n*. 雷 léi *v*. 打雷 dǎléi

thunderbolt *n*. 1. 雷电 léidiàn 2. 晴天霹雳 qíngtiān pīlì: The news was a ～ to him. 这消息对她是一个晴天霹雳。 Zhè xiāoxi duì tā shì yí gè qíngtiān pīlì

thunder-storm *n*. 雷雨 léiyǔ

Thursday *n*. 星期四 xīngqīsì

thus *ad*. 1. 这样 zhèyàng: He spoke ～. 他是这样说的。 Tā shì zhèyàng shuō de. 2. 因此 yīncǐ: There has been no rain. T～ the crops are likely to suffer. 一直没有下雨，因此，庄稼可能歉收。 Yìzhí méiyǒu xiàyǔ, yīncǐ, zhuāngjia kěnéng qiànshòu. ～ far 到目前为止 dào mùqián wéizhǐ

thwart *v*. 阻挠 zǔnáo: be ～ed in one's plans 计划遭到挫折 jìhuà zāodào cuòzhé

Tibetan *a*. 西藏的 xīzànde *of Tibet *n*. 1. 藏族 zàngzú *race 2. 西藏人 xīzàngrén *people 3. 藏语 zàngyǔ *language

tick *n*. 1. 滴答声 dīdashēng *the sound: in a couple of ～ s 过一会儿 guò yíhuìr / on the ～ 准时地 zhǔnshíde 2. 勾号 gōuhào: Put a ～ against the sentence. 在句子旁边打上勾号。 Zài jùzi pāngbiān dǎshàng gōuhào *v*. 打上勾号 dǎshàng gōuhào

ticket *n*. 1. 票 piào: a bus ～ 公共汽车票 gōnggòng-qìchē piào / a cinema ～ 电影票 diànyǐngpiào / a signle (one-way) ～ 单程票 dānchéngpiào / a return (round-trip) ～ 往返票 wǎngfǎnpiào: Entrance to the theatre is by ～ only. 凭票入场。 Píng piào rù chǎng.

tickle *v*. 发痒 fāyǎng: My foot ～s. 我的脚痒。 Wǒde jiǎo yǎng. / The rough blanket ～s. 这粗毯子使人发痒。 Zhè cū tǎnzi shǐ rén fāyǎng.

tide *n.* 1. 潮 cháo; 潮汐 cháoxī: The ~ is coming in (going out). 涨（退）潮了。Zhǎng (tuì) cháo le. / at high ~ 在高潮中 zài gāocháo zhōng 2. 潮流 cháoliú: go with (against) the ~ 随（反）潮流 suí (fǎn) cháoliú

tidy *a.* 1. 整洁的 zhěngjiéde: a ~ person 爱整洁的人 ài zhěngjié de rén / a ~ room 整洁的房间 zhěngjiéde fángjiān 2. 可观的 kěguānde: a ~ income 可观的收入 kěguānde shōurù *v.* 整理 zhěnglǐ; 收拾 shōushi: ~ up the bedroom 整理卧室 zhěnglǐ wòshì / ~ up after dinner 收拾碗筷 shōushi wǎnkuài

tie *v.* 1. 拴 shuān: ~ a horse to a tree 把马拴在树上 bǎ mǎ shuān zài shùshang 2. 捆 kǔn: ~ a bundle 捆一个包 kǔn yí gè bāo 3. 打 dǎ: ~ a knot 打结 dǎ jié / ~ one's tie 打领带 dǎ língdài 4. 系 jì:~ a scarf 系头巾 jì tóujīn *n.* 1. = necktie 领带 língdài 2. 绳 shéng; 带 dài *a cord, string, etc. 3. 关系 guānxi: ~ of friendship 友情 yǒuqíng / ~s of blood 血缘关系 xuèyuán guānxi, ~ up 1. 阻碍 zǔ'ài: The traffic was ~d up by the accident 车祸阻塞了交通。Chēhuò zǔsèle jiāntōng. 2. 使……没空 shǐ …… méi kòng: ~ up a phone for 10 minutes 占用电话十分钟 zhànyòng diànhuà shí fēnzhōng

tier *n.* 排 pái; 层 céng: a ~ of seats 一排座位 yì pái zuòwèi / The cake has 3 ~s. 这蛋糕有三层。Zhè dàngāo yǒu sān céng.

tiger *n.* 虎 hǔ

tight *a.* 1. 紧的 jǐnde: a ~ rope 绷紧的绳 bēngjǐnde shéng / Pull the thread ~. 拉紧这根线。Lājǐn zhè gēn xiàn. / a very ~ schedule 很紧张的日程 hěn jǐnzhāng de rìchéng / air-~ 密封的 mìfēngde 2. 困难的 kùnnande: be in a ~ corner 处境困难

chǔjìng kùnnan 3. 势均力敌的 shìjūn-lìdíde: a '∼ game 一场势均力敌的比赛 yì chǎng shìjūn-lìdíde bísài *ad.* 紧紧地 jǐnjǐnde

tighten *v.* 拉紧 lājǐn

tile *n.* 瓦 wǎ

till¹ *prep. & conj.* 1. 到……为止 dào ...... wéizhǐ: He had been in Guangzhou ∼ last Sunday. 他在 广州呆到上星期日。 Tā zài Guǎngzhōu dāi dào shàng Xīngqīrì / Wait ∼ I come back. 等着我回来。 Děngzhe wǒ huílái. / from morning ∼ night 从早到晚 cóng zǎo dào wǎn / ∼ now (then) 直到目前（那时） zhídào mùqián (nàshí) 2. 在……以前 zài ...... yǐqián; 直到……才…… zhídào ...... cái ...... Don't leave ∼ I come back. 我回来以前你别离 开。 Wǒ huílái yǐqián nǐ bié líkāi. / I didn't receive his letter ∼ yesterday. 我到昨天才收到他的信。 Wǒ dào zuótiān cái shōudào tāde xìn.

till² *v.* 耕种 gēngzhòng: ∼ the land 种地 zhòngdì

till³ *n.* 钱柜 qiánguì *for money

tilt *v.* 1. 倾斜 qīngxié: The tree ∼s to the north. 树向北倾斜。 Shù xiàng běi qīngxié. / Don't ∼ the chair. 不要把椅子翘起来。 Búyào bǎ yǐzi qiào qilai 2. 攻击 gōngjī: ∼ at an opponent 攻击对手 gōngjī duìshǒu *n.* 倾斜 qīngxié

timber *n.* 木材 mùcái

time *n.* 1. 时间 shíjiān: space and ∼ 空间和时间 kōngjiān hé shíjiān / T∼ is up. 时间到了。Shíjiān dào le. / It's only a matter of ∼. 那只是时间早 晚而已。Nà zhǐshì shíjiān zǎowǎn éryǐ. / ∼ out 暂停 zàntíng / local ∼ 当地时间 dāngdì shíjiān / ∼ zone 时区 shíqū / What's the ∼? 现在什么时间？ Xiànzài shénme shíjiān？/ It's ∼ for lunch. 该吃午饭

了。 Gāi chī wǔfàn le. 2. 时代 shídài: in ancient ~s 古代 gǔdài 3. 次 cì: several ~s 几次 jǐ cì, for the first ~ 第一次 dì-yī cì 4. 倍 bèi: three ~s as big as …… 是……的三倍大 shì …… de sān bèi dà, against ~ 争分夺秒地 zhēngfēn-duómiǎode, ahead of ~ 提早 tízǎo, all the ~ 一直 yìzhí, at a ~ 一次 yí cì, at the same ~ 同时 tóngshí, at ~s 有时 yǒushí, behind the ~s 过时 guòshí, behind ~ 迟 chí, for the ~ being 暂时 zànshí, from ~ to ~ 有时 yǒushí, in no ~ 立刻 lìkè, in ~ 及时 jíshí: I'll be home in ~to watch TV. 我将及时回家看电视。 Wǒ jiāng jíshí huíjiā kàn diànshì. kill ~ 消磨时间 xiāomó shíjiān, on ~ 准时 zhǔnshí: The train arrived on ~. 火车准时到达。 Huǒchē zhǔnshí dàodá. out of ~ 不合时宜 bù hé shíyí, ~ and again 屡次 lǚcì

timekeeper *n.* 1. 记时员 jìshíyuán *person 2. 记时器 jìshíqì *watch

timely *a.* 及时的 jíshíde: ~ warning 及时的警告 jíshíde jǐnggào

timer *n.* 1. 记时员 jìshíyuán *person 2. 记时器 jìshíqì *machine

timetable *n.* 时间表 shíjiānbiǎo

timid *a.* 胆小的 dǎnxiǎode: as ~ as a hare 胆小如鼠 dǎnxiǎorúshǔ

tin *n.* 1. 锡 xī: ~ pot 锡罐 xīguàn 2. = tinplate 马口铁 mǎkǒutiě 3. 罐头 guàntou: a ~ of tomatoes 西红柿罐头 xīhóngshì guàntou *v.* 装罐 zhuāng guàn: ~ fruit 罐装水果 guànzhuāng shuǐguǒ

tinge *v.* 染 rǎn: be ~d with red 染成淡红色 rǎnchéng dànhóngsè *n.* 色彩 sècǎi *colour; 味道 wèidào *flavour: the ~s of spring 春天的色彩 chūntiān de

sècǎi / a ～ of irony 一点讽刺的味道 yìdiǎn fěngcì
de wèidào

tingle *v.* 刺痛 cìtòng: The cold made my skin ～.
我的皮肤冻得刺痛。Wǒde pífū dòngde cìtòng.
n. 刺痛 cìtòng: have a ～ in one's toes 脚趾有刺痛的
感觉 jiǎozhǐ yǒu cìtòng de gǎnjué

tinker *n.* 白铁工人 báitiě gōngrén

tinkle *v. & n.* 打玎珰声 dīngdāngshēng

tint *n.* 淡色 dànsè: autumn ～ 秋色 qiūsè *v.* 给……染色
gěi …… rǎnsè: ～ the hair 染发 rǎn fà

tiny *a.* 很小的 hěn xiǎo de

tip¹ *n.* 尖 jiān; 端 duān: the ～ of a finger 手指尖
shǒuzhǐjiān / pencils with rubber ～s 橡皮头铅笔
xiàngpítóu qiānbǐ / filter-tips 过滤嘴 guòlǜzuǐr,
have sth. on the ～ of one's tongue 话到嘴边 huà
dào zuǐbiān

tip² *v.* 1. 倾斜 qīngxié: The children ～ped the
table. 孩子们掀起桌子。Háizimen xiānqǐ zhuōzi.
2. 倒出 dàochū: ～ rubbish into the dustbin
把垃圾倒入垃圾箱 bǎ lājī dàorù lājīxiāng

tip³ *v.* 1. 轻击 qīngjī: ～ the ball 轻轻击球 qīngqīng
jī qiú 2. 给小费 gěi xiǎofèi: He ～ped the waiter.
他给服务员小费。Tā gěi fúwùyuán xiǎofèi. *n.* 小费
xiǎofèi: give the taxi-driver a ～ 给出租汽车司机小费
gěi chūzū qìchē sījī xiǎofèi

tipsy *a.* 喝醉了的 hēzuìle de

tiptoe *n.* 脚尖 jiǎojiān: on ～ 踮着脚 diànzhe jiǎo
ad. 踮着脚 diànzhe jiǎo

tired *a.* 1. 疲倦的 píjuànde: Are you ～? 你累了吗?
Nǐ lèile ma? 2. 厌倦的 yànjuànde; 厌烦的 yàn-
fánde: be ～ of boiled eggs 吃厌了煮蛋 chīyànle
zhǔdàn

tireless *a.* 1. 不知疲倦的 bù zhī píjuàn de: a ～ worker 不知疲倦的工人 bù zhī píjuàn de gōngrén 2. 持久的 chíjiǔde: ～ energy 持久的精力 chíjiǔde jīnglì

tissue *n.* 1. 薄纸 báozhǐ: toilet ～ 卫生纸 wèishēngzhǐ 2. 组织 zǔzhī: nervous ～ 神经组织 shénjīng zǔzhī

title *n.* 1. 标题 biāotí; 题目 tímù: the ～ of an article 文章的题目 wénzhāng de tímù 2. 头衔 tóuxián; 职称 zhíchēng: What's his ～? 他的职称是什么? Tāde zhíchēng shì shénme? 3. 所有权 suǒyǒuquán: have ～ to the land 对该土地有所有权 duì gāi tǔdì yǒu suǒyǒuquán

to *prep.* 1. 向 xiàng; 往 wǎng: the road ～ London 通往伦敦的路 tōng wǎng Lúndūn (London) de lù / turn ～ the left 向左转 xiàng zuǒ zhuǎn 2. 到……为止 dào …… wéizhǐ: stay ～ the end of the month 呆到月底 dāi dào yuèdǐ

toad *n.* 癞蛤蟆 làiháma

toast[1] *n.* 烤面包 kǎomiànbāo *v.* 烤 kǎo: ～ the bread very dark 把面包烤得焦黄 bǎ miànbāo kǎode jiāo-huáng

toast[2] *n.* 祝酒 zhùjiǔ; 干杯 gānbēi: propose a ～ to the health of the guests 提议为来宾的健康干杯 tíyì wèi láibīn de jiànkāng gānbēi *v.* 向……祝酒 xiàng …… zhùjiǔ; 为……干杯 wèi …… gānbēi

tobacco *n.* 烟草 yāncǎo

today *ad. & n.* 1. 今天 jīntiān: It is warm ～. 今天天气很暖。 Jīntiān tiānqì hěn nuǎn. / T～ is Monday. 今天星期一。 Jīntiān xīngqīyī. 2. 现今 xiànjīn: science of ～ 当代科学 dāngdài kēxué

toe *n.* 脚趾 jiǎozhǐ; 足尖 zújiān: the big ～ 大脚趾 dàjiǎozhǐ *v.* 踢 tī: ～ sb. out 把某人踢出去 bǎ mǒu rén tī chūqù

toffee, toffy *n.* 太妃糖 tàifēitáng

together *ad.* 1. 一起 yìqǐ; 共同 gòngtóng: live ∼ 住在一起 zhù zài yìqǐ 2. 集合 jíhé; 总合 zǒnghé: call the students ∼ 把学生们集合起来 bǎ xuéshengmen jíhé qǐlái / All ∼, there are fifteen items. 总共有15个项目。Zǒnggòng yǒu shíwǔ gè xiàngmù. 3. 连续地 liánxùde: It rained for four days ∼. 连续下了十天雨。Liánxù xiàle shí tiān yǔ. 4. 同时地 tóngshíde: events that happened ∼ 同时发生的事 tóngshí fāshēng de shì

toil *v.* 苦干 kǔgàn *n.* 辛苦的工作 xīnkǔde gōngzuò

toilet *n.* 1. 梳妆 shūzhuāng: ∼ articles 梳妆用具 shūzhuāng yòngjù 2. 厕所 cèsuǒ

token *n.* 象征 xiàngzhēng: He did that as a ∼ of good faith. 他那样做是为了表示诚意。Tā nàyàng zuò shì wèile biǎoshì chéngyì. in ∼ of = as a ∼ of 作为……的表示 zuòwéi …… de biǎoshì

tolerable *a.* 1. 可容忍的 kě róngrěn de: The pain was severe but ∼. 痛得厉害但还忍得住。Tòngde lìhai dàn hái rěnde zhù. 2. 不错的 búcuòde: The food was ∼. 食物质量还不错。Shíwù zhìliàng hái búcuò.

tolerance *n.* 容忍 róngrěn; 宽容 kuānróng: show ∼ towards sb. 宽恕某人 kuānshù mǒu rén

tolerant *a.* 容忍的 róngrěnde; 宽大的 kuāndàde: be ∼ of opinions different from one's own 容忍不同意见 róngrěn bùtóng yìjiàn

tolerate *v.* 容忍 róngrěn; 宽容 kuánróng: I won't ∼ your impudence. 我再不能容忍你的无礼。Wǒ zài bùnéng róngrěn nǐde wúlǐ.

toll[1] *n.* 1. 通行税（费） tōngxíngshuì (fèi): ∼s on the canal 运河通行费 yùnhé tōngxíngfèi 2. 费用

fèiyòng: a telegraphic ～ 电报费 diànbàofèi 3. 死
伤人数 sǐ-shāng rénshù: road ～ 车祸伤亡 chēhuò
shāngwáng / The battle took a heavy ～ of the enemy
troops. 这次战役敌军伤亡惨重。 Zhè cì zhànyì
díjūn shāngwáng cǎnzhòng.

toll² *v.* 鸣（钟）míng(zhōng); 敲钟 qiāo zhōng:～ the
death knell 敲响丧钟 qiāoxiǎng sàngzhōng *n.* 钟声
zhōngshēng / ～ the hour of day 鸣钟报时 míng
zhōng bào shí

tomato *n.* 西红柿 xīhóngshì; 蕃茄 fānqié: ～ sauce
蕃茄酱 fānqiéjiàng

tomb *n.* 坟墓 fénmù

tombstone *n.* 墓碑 mùbēi

tomorrow *ad. & n.* 1. 明天 míngtiān: See you ～. 明天
见。Míngtiān jiàn. / the day after ～ 后天 hòutiān /
Don't put off till ～ what should be done today.
今日事今日毕。Jīnrì shì jīnrì bì. 2. 未来 wèilái:
a brighter ～ 更加光明的未来 gèngjiā guāngmíng
de wèilái

ton *n.* 吨 dūn

tone *n.* 1. 音 yīn; 调子 diàozi: the sweet ～s of a
violin 小提琴奏出的悦耳调子 xiǎotíqín zhòuchū
de yuè'ěr diàozi 2. 风气 fēngqì: the moral ～ 道德
风气 dàodé fēngqì 3. 声调 shēngdiào: the four ～s
of Chinese characters 汉字的四声 hànzi de sìshēng
4. 语气 yǔqì: The letter has a friendly ～. 这封信
语气友好。 Zhè fēng xìn yǔqì yǒuhǎo *v.* 1. 带上某
种调子 dàishang mǒu zhǒng diàozi: Excitement ～d
his **v**oice. 激动使他声调变了。Jīdòng shǐ tā shēng-
diào biàn le. 2. 颜色调和 yánsè tiáohé: The build-
ing ～s in well with the surroundings. 这建筑物
与周围环境颜色很协调。 Zhè jiànzhùwù yǔ zhōu-

wéi huánjìng yánsè hěn xiétiáo.

tongs *n.* 钳子 qiánzi

tongue *n.* 1.   舌头 shétou: put out one's ～ 伸出舌头 shēnchū shétou / ～s of fire 火舌 huǒshé 2. 说话方式 shuōhuà fāngshì; 口才 kǒucái: have a ready ～ 口才敏捷 kǒucái mǐnjié 3. 语言 yǔyán: mother ～ 母语 mǔyǔ / lose one's ～ 说不出话来 shuō bù chū huà lái / hold one's ～ 缄默 jiānmò

tongue-tied *a.* 结结巴巴的 jiējiē-bābāde

tonic *n.* 1. 补药 bǔyào: a bottle of ～ 一瓶补药 yì píng bǔyào 2. 主调音 zhǔdiàoyīn: *of music *a.* 1. 滋补的 zībǔde; 使精神振作的 shǐ jīngshén zhènzuò de: a ～ medicine 补药 bǔyào 2. 主调音的 zhǔdiàoyīnde *of music

tonight *ad.* 今晚 jīnwǎn

tonnage *n.* 吨位 dūnwèi

tonsil *n.* 扁桃腺 biǎntáoxiàn

tonsillitis *n.* 扁桃腺炎 biǎntáoxiànyán

too *ad.* 1. 太 tài; 过分 guòfèn: read ～ fast 念得太快 niànde tài kuài / go ～ far 走得太远了 zǒude tài yuǎn le 2. 也 yě; 还 hái: I'll go there ～ 我也要到那去。Wǒ yě yào dào nàr qù. none ～ 一点也不 yìdiǎn yě bù: none ～ soon 一点也不早 yìdiǎn yě bù zǎo / ～ ...... to ......太......以致不能 tài ...... yìzhì bùnéng: ～ tired to speak 累得说不出话 lèide shuō bù chū huà

tool *n.* 1. 工具 gōngjù: farm ～s 农具 nóngjù 2. 傀儡 kuǐlěi; 走狗 zǒugǒu: The king was the ～ of the military government. 国王是军政府的傀儡。Guówáng shì jūnzhèngfǔ de kuǐlěi.

tooth *n.* 1. 牙齿 yáchǐ: have a ～ out 拔牙 bá yá 2. 齿 chǐ: a saw ～ 锯齿 jùchǐ

toothache *n.* 牙痛 yá tòng

toothbrush *n.* 牙刷 yáshuā

toothpaste *n.* 牙膏 yágāo

toothpick *n.* 牙签 yáqiān

top[1] *n.* 1. 顶 dǐng; 顶部 dǐngbù: at the ~ of the hill 在山顶 zài shāndǐng 2. 上面 shàngmiàn; 上边 shàngbiān: the ~ of a table 桌面 zhuōmiàn 3. 盖 gài: a bottle ~ 瓶盖 pínggài 4. 首位 shǒuwèi: take the ~ of the table 坐在首席 zuò zài shǒuxí 5. 最高点 zuì gāo diǎn: at the ~ of one's voice 高声叫喊 gāoshēng jiàohǎn *a.* 顶的 dǐngde; 最高的 zuì gāo de: the ~ floor 顶层 dǐngcéng / ~ talks 最高级会谈 zuìgāojí huìtán *v.* 1. 盖 gài: a moutain ~ped with snow 峰顶盖着积雪的山 fēngdǐng gàizhe jí xuě de shān 2. 到达……顶部 dàodá …… dǐngbù: ~ the hill 到达山顶 dàodá shāndǐng / ~ the list 名列前茅 mínglièqiánmáo 3. 超过 chāoguò; 越过 yuèguò; ~ the highest level in history 超过历史最高水平 chāoguò lìshǐ zuì gāo shuǐpíng

top[2] *n.* 陀螺 tuóluó *child's toy

topic *n.* 题目 tímù; 话题 huàtí

topical *a.* 1. 论题的 lùntíde 2. 有关时事的 yǒuguān shíshìde: a ~ news film 时事影片 shíshì yǐngpiàn

topmost *a.* 最高的 zuì gāo de

topple *v.* 1. 倒塌 dǎotā: The pile of books ~d down. 那堆书倒了。Nà duì shū dǎo le 2. 颠覆 diānfù: ~ a regime 推翻一个政权 tuīfān yí gè zhèngquán

topping *a.* 极好的 jí hǎo de; 第一流的 dìyīliúde: have a ~ time 过得极其愉快 guòde jíqí yúkuài

torch *n.* 1. 火炬 huǒjù; 火把 huǒbǎ 2. 手电筒 shǒudiàntǒng *electric hand-light

torment *n.* 痛苦 tòngkǔ; 折磨 zhémo: in ~ 受折磨 shòu

zhémo *v.* 折磨 zhémo: ~ed with grief 为忧郁所折磨 wèi yōuyù suǒ zhémo

tornado *n.* 旋风 xuànfēng

torpedo *n.* 鱼雷 yúléi；水雷 shuǐléi：*v.* 用鱼雷（水雷）摧毁 yòng yúléi (shuǐléi) cuīhuǐ；破坏 pòhuài: ~ a plan 破坏计划 pòhuài jìhuà

torrent *n.* 1. 激流 jīliú；洪流 hóngliú: mountain ~s 山洪 shānhóng 2. 迸发 bèngfā；滔滔不绝 tāotāobùjué: a ~ of eloquence 滔滔不绝的口才 tāotāobùjuéde kǒucái 3. 倾盆的 qīngpénde: ~s of rain 倾盆大雨 qīngpéndàyǔ

torrid *a.* 酷热的 kùrède

tortoise *n.* 乌龟 wūguī

torture *n.* 折磨 zhémo；拷打 kǎodǎ: put a man to ~ 拷打（折磨）人 kǎodǎ (zhémo) rén *v.* 1. 拷打 kǎodǎ 2. 受折磨 shòu zhémo: be ~d with a disease 受疾病的折磨 shòu jíbìng de zhémo

toss *v.* 1. 摇摆 yáobǎi；颠簸 diānbǒ: The boat was ~ed about in the sea. 小船在海上颠簸。Xiǎochuán zài hǎi shang diānbǒ. 2. 扔 rēng；抛（上去）pāo (shàngqù): I ~ed him the ball. 我把球扔给他。Wǒ bǎ qiú rēnggěi tā. *n.* 1. 扔 rēng；抛 pāo 2. 颠簸 diānbǒ

total *a.* 1. 总的 zǒngde: the ~ number 总数 zǒngshù 2. 完全的 wánquánde；彻底的 chèdǐde: a ~ failure 彻底失败 chèdǐ shībài *n.* 总计 zǒngjì；总数 zǒngshù *v.* 计算总数 jìsuàn zǒngshù；合计 héjì: The costs ~ed $100. 费用合计100元。Fèiyòng héjì yìbǎi yuán.

totalitarian *a.* 极权主义的 jíquánzhǔyìde *n.* 极权主义者 jíquánzhǔyìzhě

totality *n.* 全体 quántǐ；总数 zǒngshù

totter *n.* 1. 蹒跚 pánshān；踉跄 liàngqiàng: ~ along

the road 在路上蹒跚 zài lù shang pánshān 2. 摇摇
欲坠 yáoyáo-yùzhuì: The chimney ~ed and then
fell. 那座烟囱摇摇晃晃地倒了下来。 Nà zuò yān-
cōng yáoyáohuànghuàng de dǎole xiàlái.

touch v. 1. 触摸 chùmō; 碰 pèng: Please don't ~
the exhibits. 请勿触摸展品。 Qǐng wù chùmō
zhǎnpǐn. / The branches of the willow ~ed the water.
柳枝碰到水面。Liǔzhī pèngdào shuǐmiàn. / He never
~es alcoholic drinks. 他从不喝酒。 Tā cóng
bù hē jiǔ. 2. 感动 gǎndòng; 触动 chùdòng: be deeply
~ed 被深深感动 bèi shēnshēn gǎndòng / ~ the
heart 触动心弦 chùdòng xīnxián 3. 轻按 qīng'àn:
~ the bell 按铃 àn líng 4. 到达 dàodá: We ~ed
land after 3 months at sea.航行三个月之后我们到达
了陆地。 Hángxíng sān gè yuè zhīhòu wǒmen dào-
dále lùdì. 5. 涉及 shèjí: The question ~es on
your interests. 这问题涉及你的利益。 Zhè wèntí
shèjí nǐde lìyì n. 1. 触摸 chùmō；碰 pèng: Fur is
soft to the ~. 皮毛摸起来很软。 Pímáo mō qilai
hěn ruǎn. 2. 联系 liánxì: keep in ~ with 同……有
联系 tóng …… yǒu liánxì

touching a. 动人的 dòngrénde: a ~ story 动人的故事
dòngrénde gùshi

touchstone n. 1. 试金石 shìjīnshí 2. 标准 biāozhǔn
*criterion

tough a. 1. 坚韧的 jiānrènde: as ~ as leather 坚韧如
皮革 jiānrèn rú pígé 2. 咬不动的 yǎo bú dòng de:
~ meat 咬不动的肉 yǎo bú dòng de ròu 3. 强壮的
qiángzhuàngde; 吃苦耐劳的 chīkǔ-nàiláode: ~
soldiers 吃苦耐劳的士兵 chīkǔ-nàiláode shìbīng 4.
困难的 kùnnande; 棘手的 jíshǒude: a ~ job 棘手
的工作 jíshǒude gōngzuò 5. 强硬的 qiángyìngde;

顽强的 wánqiángde: a ~ policy 强硬的政策 qiáng-yìngde zhèngcè / a ~ antagonist 顽强的对手 wánqiángde duìshǒu 6. 粗暴的 cūbàode; 猛烈的 měngliède: a ~ person 挺凶的一个人 tǐng xiōng de yí gè rén

toughen v. 变强壮 biàn qiángzhuàng; 变坚韧 biàn jiānrèn

tour n. 1. 旅行 lǚxíng; 游览 yóulǎn: a ~ round Europe 欧洲旅行 Ouzhōu (Europe) lǚxíng 2. 值班 zhíbān: three ~s a day 每日三班 měi rì sān bān *military v. 1. 旅行 lǚxíng *to travel through 2. 巡回演出 xúnhuí yǎnchū: The play will ~ the countryside in the autumn. 这出戏将于今秋在农村巡回演出。 Zhè chū xì jiāng yú jīnqiū zài nóngcūn xúnhuí yǎnchū.

tourism n. 1. 游览 yóulǎn; 观光 guānguāng *organised touring 2. 旅游业 lǚyóuyè *the industry

tourist n. 旅游者 lǚyóuzhě a. 旅行的 lǚxíngde; 观光的 guānguāngde: a ~ agency 旅行社 lǚxíngshè

tournament n. 比赛 bǐsài; 锦标赛 jǐnbiāosài: a tennis ~ 网球锦标赛 wǎngqiú jǐnbiāosài

tow v. 拖 tuō; 拉 lā: We ~ed the car to the nearest garage. 我们把汽车拖到最近的一个车库。 Wǒmen bǎ qìchē tuōdào zuìjìn de yí gè chēkù.

toward(s) prep. 1. 向 xiàng; 朝 cháo: walk ~ the town 向镇上走 xiàng zhènshang zǒu 2. 对 duì: He stood with his back ~ me. 他背对我站着。 Tā bèi duì wǒ zhànzhe. 3. 将近 jiāngjìn: ~ ten o'clock 将近十点 jiāngjìn shí diǎn

towel n. 毛巾 máojīn

tower n. 塔 tǎ v. 高耸 gāosǒng

town n. 1. 镇 zhèn; 城市 chéngshì: a market ~ 集镇 jízhèn / go to ~ 到城里去 dào chéng li qù 2. the ~

镇民 zhènmín; 市民 shìmín *the inhabitants 3. 市区 shìqū; *as opposed to countryside 闹市 nàoshì: go down ～ 到市中心去 dào shì zhōngxīn qù

toy *n.* 玩具 wánjù

trace *n.* 1. 痕迹 hénjī; 踪迹 zōngjī: Age has left its ～s on his face. 岁月在他脸上留下了痕迹。 Suìyuè zài tā liǎnshang liúxiàle hénjī. 2. 微量 wēiliàng: ～s of poison 微量的毒药 wēiliàng de dúyào *v.* 1. 追踪 zhuīzōng: The criminal was ～d to Shanghai. 罪犯被追踪到上海。 Zuìfàn bèi zhuīzōng dào Shànghǎi. 2. 追溯 zhuīsù: be ～d back to the Ming Dynasty 追溯到明代 zhuīsù dào míngdài 3. 查找 cházhǎo: I can't ～ the letter you sent me. 我找不到你寄给我的信。 Wǒ zhǎo bú dào nǐ jìgěi wǒde xìn. 4. 描绘 miáohuì: ～ out the plan of a house 描绘房屋的平面图 miáohuì fángwū de píngmiàntú

tracer *n.* 1. 追迹者 zhuījìzhě *a person 2. 曳光弹 yèguāngdàn *a bullet or shell 3. 示踪器 shìzōngqì *an instrument

track *n.* 1. 轨迹 guǐjī; 足迹 zújī: ～s in the snow 雪地上的足迹 xuědì shang de zújī 2. 路 lù; 小道 xiǎodào: a ～ through a forest 林中小道 língzhōng xiǎodào 3. 跑道 pǎodào: a running ～ 跑道 pǎodào / ～ and field events 田径项目 tiánjìng xiàngmu 4. 轨道 guǐdào: leave the ～ 出轨 chū guǐ 5. 行动路线 xíngdòng lùxiàn: the ～ of a typhoon 台风的路线 táifēng de lùxiàn 6. 履带 lǚdài *of vehicles, keep (lose) ～ of 掌握（失去）……的线索 zhǎngwò (shīqù) …… de xiànsuǒ; 保持（失去）……的联系 bǎochí ﹐(shīqù) …… de liánxì, keep ～ of current events 掌握时事动态 zhǎngwò shíshì dòngtài *v.* 追踪 zhuīzōng

trackless *a.* 没有足迹的 méiyǒu zújī de; 无人迹的 wú rénjī de: a ～ forest 无人迹的森林 wú rénjī de sēnlín

tract *n.* 1. 一片土地 yípiàn tǔdì; 一片 yípiàn: a great ～ of sea 一片汪洋大海 yípiàn wāngyáng dàhǎi 2. 道 dào: respiratory ～ 呼吸道 hūxīdào

tractable *a.* 驯服的 xùnfúde; 听话的 tīnghuàde: a ～ horse 驯服的马 xùnfúde mǎ / a ～ child 听话的孩子 tīnghuàde háizi

tractor *n.* 拖拉机 tuōlājī

trade *n.* 1. 贸易 màoyì; 生意 shēnyi: foreign ～ 对外贸易 duìwài màoyì 2. 行业 hángyè: He works in the tourist ～. 他在旅游行业工作。 Tā zài lǚyóu hángyè gōngzuò. / ～ mark 商标 shāngbiāo *v.* 1. 从事贸易 cóngshì màoyì; 做买卖 zuò mǎimai: vessels ～ing to Latin America 到拉丁美洲进行贸易的商船 dào Lādīngměizhōu (Latin America) jìnxíng màoyì de shāngchuán 2. 交换 jiāohuàn: ～ copper for wheat 用铜换小麦 yòng tóng huàn xiǎomài

trader *n.* 商人 shāngrén

tradesman *n.* 小商人 xiǎoshāngrén; 店主 diànzhǔ

tradition *n.* 1. 传说 chuánshuō: The story is based mainly on ～. 这故事主要根据传说。 Zhè gùshi zhǔyào gēnjù chuánshuō. 2. 传统 chuántǒng; 习俗 xísú: by force of long ～ 因为常年遗留下来的习惯 yīnwèi chángnián yíliú xiàlái de xíguàn

traditional *a.* 传统的 chuántǒngde: ～ Chinese medicine 中药 zhōngyào

traffic *n.* 1. 交通 jiāotōng: ～ regulations 交通规则 jiāotōng guīzé 2. 运输 yùnshū: goods ～ 货运 huòyùn 3. 买卖 mǎimai; 生意 shēngyì: illegal drug ～ 非法毒品买卖 fēifǎ dúpǐn mǎimai *v.* 交易 jiāoyì

tragedy *n.* 悲剧 bēijù; 惨案 cǎn'àn

tragic *a.* 1. 悲剧的 bēijùde: a ～ actor 悲剧演员 bēijù yǎnyuán 2. 悲惨的 bēicǎnde: a ～ tale 悲惨的故事 bēicǎnde gùshi

trail *n.* 1. 足迹 zújī; 痕迹 hénjī 2. 一串 yí chuàn; 一系列 yíxìliè: a ～ of smoke 一缕烟 yì lǚ yān / a ～ of trouble 一系列麻烦 yíxìliè máfan 3. 小路 xiǎolù: tortuous mountain ～s 曲折崎岖的山路 qūzhé qíqū de shānlù *v.* 1. 拖 tuō; 拉 lā: a cable ～ing along the ground 拖在地上的缆绳 tuō zài dìshang de lǎnshéng 2. 追踪 zhuīzōng: ～ a suspect 追踪嫌疑犯 zhuīzōng xiányífàn 3. 慢吞吞地走 màntūntūnde zǒu

train[1] *v.* 训练 xùnliàn; 培养 péiyǎng: He was ～ed to be a teacher. 他被培养成一个教师。 Tā bèi péiyǎng chéng yí gè jiàoshī.

train[2] *n.* 1. 火车 huǒchē: a through ～ 直达列车 zhídá lièchē 2. 长列 chángliè: a ～ of visitors 一长列参观者 yìchángliè cānguānzhě 3. 一系列 yíxìliè; 一连串 yìliánchuàn: a ～ of ideas 一系列主意 yíxìliè zhǔyi / a ～ of events 一连串事件 yìliánchuàn shìjiàn

trainee *n.* 学员 xuéyuán; 受训人员 shòuxùn rényuán

trainer *n.* 训练员 xùnliànyuán; 教练员 jiàoliànyuán

training *n.* 训练 xùnliàn; 锻炼 duànliàn; 培养 péiyǎng: flight ～ 飞行训练 fēixíng xùnliàn, / go into ～ 从事锻炼 cóngshì duànliàn

traitor *n.* 卖国贼 màiguózéi; 叛徒 pàntú

traitorous *a.* 1. 叛变的 pànbiànde: ～ action 叛变行为 pànbiàn xíngwéi 2. 叛徒的 pàntúde: a ～ clique 叛徒集团 pàntú jítuán

tram *n.* 电车 diànchē

tramp *v.* 1. 重步行走 zhòngbù xíngzǒu 2. 步行 bùxíng: ~ the whole country 步行走遍全国 bùxíng zǒubiàn quánguó 3. 踩 cǎi: ~ on sb.'s toes 踩着某人的脚趾 cǎizhe mǒu rén de jiǎozhǐ *n.* 1. 沉重的脚步声 chénzhòngde jiǎobùshēng: the ~ of marching feet 行军的脚步声 xíngjūnde jiǎobùshēng 2. 徒步旅行 túbù lǚxíng 3. 流浪乞丐 liúlàng qǐgài *a wanderer 4. 不定期货船 búdìngqī huòchuán *type of freight vessel

trample *v. & n.* 践踏 jiàntà; 蹂躏 róulìn

trance *n.* 恍惚 huǎnghū; 出神 chūshén: in a ~ 恍惚地 huǎnghūde

tranquil *a.* 安静的 ānjìngde; 平静的 píngjìngde: a ~ life 平静的生活 píngjìngde shēnghuó

tranquillity *n.* 安静 ānjìng; 平静 píngjìng

tranquilizer *n.* 镇静剂 zhènjìngjì; 止痛药 zhǐtòngyào

transact *v.* 办理 bànlǐ; 处理 chǔlǐ: ~ business 处理事务 chǔlǐ shìwù

transaction *n.* 1. 办理 bànlǐ; 处理 chǔlǐ 2. 交易 jiāoyì: couclude a ~ 达成交易 dáchéng jiāoyì 3. 记录 jìlù: the~s of the Royal Historical Society 皇家历史学会记录 huángjiā lìshǐ xuéhuì jìlù

transatlantic *a.* 1. 大西洋彼岸的 dàxīyáng bǐ'àn de: a ~ country 大西洋彼岸的国家 dàxīyáng bǐ'àn de guójiā 2. 横渡大西洋的 héngdù dàxīyáng de: a ~ line 横越大西洋的航线 héngyuè dàxīyáng de hángxiàn

transcend *v.* 超出 chāochū; 超越 chāoyuè: ~ sb'.s comprehension 越出某人的理解力 yuèchū mǒu rén de lǐjiělì / ~ description 无法形容 wúfǎ xíngróng

transcontinental *a.* 横贯大陆的 héngguàn dàlù de

transcribe *v.* 1. 誊写 téngxiě *write a copy 2. 用音

标写 yòng yīnbiāo xiě *for speech sounds etc.

transcript *n.* 副本 fùběn

transfer *v.* 1. 移转 yízhuǎn; 调动 diàodòng: The head office has been ~red from Shanghai to Beijing. 总处由上海移至北京。Zǒngchù yóu Shànghǎi yí zhì Běijīng. / He has been ~red from Rome to Paris. 他已被从罗马调至巴黎。Tā yí bèi cóng Luómǎ (Rome) diào zhì Bālí (Paris). 2. 转让 zhuǎnràng: ~ rights to sb. 转让权给某人 zhuǎnràngquán gěi mǒu rén 3. 换车 huànchē *of passengers on trains etc. ~ at London 在伦敦换车 zài Lúndūn (London) huànchē 4. 转学 zhuǎnxué: ~ to another college 转学到另一所学院 zhuǎnxué dào lìng yì suǒ xuéyuàn

transfigure *v.* 变形 biànxíng

transform *v.* 改变 gǎibiàn; 转变 zhuǎnbiàn

transformer *n.* 变压器 biànyāqì

transfuse *v.* 注入 zhùrù; 输入 shūrù

transfusion *n.* 注入 zhùrù; 输血 shū xuè * of blood

transgress *v.* 1. 越过 yuèguò: ~ the bounds of decency 超越了庄重的范围 chāoyuèle zhuāngzhòng de fànwéi 2. 违背 wéibèi; 犯法 fànfǎ: ~ a treaty 违背条约 wéibèi tiáoyuē

transient *a.* 短暂的 duǎnzànde; 片刻的 piànkède: a ~ guest 暂住的客人 zànzhùde kèrén

transistor *n.* 晶体管 jīngtǐguǎn; 半导体 bàndǎotǐ

transit *n.* 1. 通过 tōngguò; 经过 jīngguò *going through 2. 运输 yùnshū: overland ~ 陆上运输线 lùshang yùnshūxiàn

transition *n.* 转变 zhuǎnbiàn; 过渡 guòdù

transitive *a.* 及物的 jíwùde: a ~ verb 及物动词 jíwù dòngcí *in grammar

translate *v.* 翻译 fānyì

translation *n*. 1. 翻译 fānyì 2. 译文 yìwén

translator *n*. 译员 yìyuán

transmission *n*. 1. 播送 bōsòng; 传送 chuánsòng *of news etc. 2. 遗传 yíchuán *by inheritance

transmit *v*. 1. 传送 chuánsòng; 传达 chuándá: ～ a letter 传送信件 chuánsòng xìnjiàn 2. 播送 bōsòng ～ news by radio 由无线电播送消息 yóu wúxiàndiàn bōsòng xiāoxi

transmitter *n*. 1. 传送者 chuánsòngzhě *a person 2. 话筒 huàtǒng; 发射机 fāshèjī: insert ～ 插入式话筒 chārùshì huàtǒng / pulse ～ 脉冲发射机 màichōng fāshèjī

transnational *a*. 跨国的 kuàguóde: a ～ company 跨国公司 kuàguó gōngsī

transparent *a*. 1. 透明的 tòumíngde: ～ colours 透明颜料 tòumíng yánliào 2. 明白的 míngbáide; 易懂的 yì dǒng de *easy to understand 3. 明显的 míngxiǎnde: a ～ lie 明显的谎言 míngxiǎnde huǎngyán

transplant *v*. 1. 移植 yízhí: ～ rice 插秧 chāyāng 2. 迁移 qiānyí: He wished to ～ his family to Beijing. 他想把家迁往北京 Tā xiǎng bǎ jiā qiān wǎng Běijīng.

transport *v*. 运输 yùnshū: ～ sth. by air 空运 kōngyùn *n*. 1. 运输 yùnshū 2. 运输船 yùnshūchuán *boat 运输机 yùnshūjī *a plane

transportation *n*. 1. 运输 yùnshū 2. 流放 liúfàng *a punishment

transpose *v*. 1. 调换 diàohuàn; 换位 huànwèi 2. 变调 biàndiào *of music

trap *n*. 1. 陷阱 xiànjǐng; 圈套 quāntào: fall into a ～ 落入陷阱 luòrù xiànjǐng / set a ～ 设圈套 shè quāntào 2. 夹子 jiāzi: a mouse ～ 鼠夹 shǔjiā *v.* 1. 诱捕 yòubǔ 2. 设陷阱 shè xiànjǐng

trapper *n.* 捕兽者 bǔshòuzhě

trash *n.* 废料 fèiliào; 垃圾 lājī

travel *v.* 1. 旅行 lǚxíng *of people 2. 运行 yùnxíng *of stars, boats, trains, etc. 传播 chuánbō *of sound, light, etc. : Light ~s faster than sound. 光比声音传得快。 Guāng bǐ shēngyīn chuánde kuài. *n.* 1. 旅行 lǚxíng 2. 游记 yóujì *pl.

travel(l)er *n.* 旅行者 lǚxíngzhě; 旅客 lǚkè

traverse *v.* 横过 héngguò; 通过 tōngguò: A bridge ~s the river。 一座桥横跨河流。 Yí zuò qiáo héngkuà héliú. *n.* 1. 横断 héngduàn 2. 障碍物 zhàng'àiwù *a hinderance, obstacle

trawl *v.* 用拖网捕鱼 yòng tuōwǎng bǔ yú *n.* 拖网 tuōwǎng

trawler *n.* 拖网渔船 tuōwǎng yúchuán

tray *n.* 托盘 tuōpán

treacherous *a.* 1. 不忠的 bù zhōng de; 背叛的 bèipànde: ~ acts 背叛行为 bèipàn xíngwéi 2. 靠不住的 kào bu zhù de: a ~ memory 靠不住的记忆 kào bu zhù de jìyì

treachery *n.* 不忠 bù zhōng; 奸诈 jiānzhà

tread *v.* 1. 走 zǒu; 踩 cǎi; 踏 tà: Don't ~ on the grass. 不要踩踏草地! Búyào cǎità cǎodì! 2. 践踏 jiàntà: ~ sb.'s rights underfoot 践踏某人的权力 jiàntà mǒu rén de quánlì; ~ on sb.'s toes 触怒某人 chùnù mǒu rén, ~ on the heels of 紧随……之后 jǐnsuí …… zhīhòu *n.* 1. 步法 bùfǎ 2. 踏板 tàbǎn *treadle, footboard

treason *n.* 1. 叛国 pànguó; 叛逆 pànnì: a case of ~ 叛国案 pànguó'àn 2. 背信弃义 bèixìn-qìyì *breach of faith

treasure *n.* 1. 财宝 cáibǎo; 财富 cáifù *accumulated wealth, gems, etc. 2. 珍品 zhēnpǐn: priceless art ~s 无价的艺术珍品 wújiàde yìshù zhēnpǐn *v.* 1. 珍藏 zhēncáng: ~ up stamps 珍藏邮票 zhēncáng yóupiào 2. 珍惜 zhēnxī: ~ manpower 珍惜人力 zhēnxī rénlì

treasurer *n.* 财务管理员 cáiwù guǎnlǐyuán

treasury *n.* 1. 金库 jīnkù; 国库 guókù *national ~. exchequer 2. 宝库 bǎokù *place for storing treasures. The T~ 财政部 Cáizhèngbù *of Britain

treat *v.* 1. 对待 duìdài: She ~s us as children. 她把我们当孩子对待。 Tā bǎ wǒmen dàng háizi duìdài. 2. 论述 lùnshù; 处理 chǔlǐ: The theme of the play is skilfully ~ed. 这剧本的主题处理得很好。 Zhè jùběn de zhǔtí chǔlǐde hěn hǎo. 3. 治疗 zhìliáo: ~ a fracture of the bone 治疗骨折 zhìliáo gǔzhé 4. 谈判 tánpàn; 协商 xiéshāng: ~ with sb. 同某人谈判 tóng mǒu rén tánpàn *negotiate terms. 5. 款待 kuǎndài: ~ sb. to an ice-cream 请人吃冰淇淋 qǐng rén chī bīngqílín *n.* 1. 款待 kuǎndài; 请客 qǐngkè: This is my ~. 这次由我请客 Zhè cì yóu wǒ qǐngkè. 2. 乐事 lèshì: It is a ~ to see you. 看见你真高兴。 Kànjian nǐ zhēn gāoxìng.

treatise *n.* 论文 lùnwén

treatment *n.* 1. 待遇 dàiyù: most-favoured nation ~ 最惠国待遇 zuìhuìguó dàiyù 2. 治疗 zhìliáo: be under ~ 在治疗中 zài zhìliáo zhōng 3. 处理 chǔlǐ: heat ~ 热处理 rèchǔlǐ

treaty *n.* 1. 条约 tiáoyuē: a peace ~ 和约 héyuē 2. 谈判 tánpàn; 协议 xiéyì *talks

treble *a.* 三倍的 sān bèi de *v.* 增加两倍 zēngjiā liǎng bèi

tree *n.* 树 shù: family ～ 家谱 jiāpǔ

tremble *v.* 1. 发抖 fādǒu; 战栗 zhànlì: ～ with cold 冷得发抖 lěngde fādǒu 2. 摇晃 yáohuang: The leaves ～d in the breeze 树叶在微风中摇动。Shùyè zài wēifēng zhōng yáodòng *n.* 发抖 fādǒu; 战栗 zhànlì: be all of a ～ 浑身发抖 húnshēn fādǒu

tremendous *a.* 1. 巨大的 jùdàde; 惊人的 jīngrénde: ～ efforts 巨大的努力 jùdàde nǔlì / at a ～ speed 以惊人的速度 yǐ jīngrén de sùdù 2. 极好的 jí hǎo de: a ～ concert 极好的音乐会 jí hǎo de yīnyuèhuì

tremor *n.* 1. 颤抖 zhàndǒu 2. 震动 zhèndòng: earth ～ 地震 dìzhèn

trench *n.* 壕沟 háogōu *v.* 挖沟 wā gōu; 挖战壕 wā zhànháo *military

trend *n.* 趋势 qūshì; 倾向 qīngxiàng: His opinion ～ed towards yours. 他趋向于你的意见。Tā qūxiàng-yú nǐde yìjiàn.

trespass *v.* 侵入 qīnrù; 侵犯 qīnfàn: No ～ing! 不准入内！Bù zhǔn rù nèi!

trial *n.* 1. 试验 shìyàn: an air ～ 飞行试验 fēixíng shìyàn / give sb. a ～ 试用某人 shìyòng mǒu rén 2. 考验 kǎoyàn: stand the ～s 经得住考验 jīngde zhù kǎoyàn 3. 审问 shěnwèn: a public ～ 公审 gōngshěn; 4. 尝试 chángshì: He succeeded on his 3rd ～. 他在第三次尝试中成功了。Tā zài dì-sàn cì chángshì zhōng chénggōng le. *a.* 尝试性的 chángshìxìngde; 试验性的 shìyànxìngde: a ～ flight 试飞 shìfēi, on ～ 1. 在试用中 zài shìyòng zhōng: The new method is on ～. 新方法正在试用。Xīn fāngfǎ zhèngzài shìyòng. 2. 在受审 zài shòushěn: be on ～ for theft 因盗窃而受审 yīn dàoqiè ér shòushěn

triangle *n.* 三角形 sānjiǎoxíng

triangular *a.* 1. 三角形的 sānjiǎoxíngde 2. 三人间的 sān rén jiān de; 三边的 sānbiānde: a ~ treaty 三边条约 sānbiān tiáoyué

tribal *a.* 种族的 zhǒngzúde; 部落的 bùluòde

tribe *n.* 1. 部落 bùluò: the Indian ~ s 印地安人部落 Yìndì'ān (Indian) rén bùluò 2. 一伙 yì huǒ; 一帮 yì bāng: a ~ of parasites 一伙寄生虫 yì huǒ jìshēngchóng 3. 族 zú: cat ~ 猫族 māozú

tribunal *n.* 法庭 fǎtíng; 审判席 shěnpànxí: a military ~ 军事法庭 jūnshì fǎtíng

tribune[1] *n.* 民众领袖 mínzhòng lǐngxiù; 民权保卫者 mínquán bǎowèizhě *officers

tribune[2] *n.* 讲坛 jiǎngtán; 论坛 lùntán *a forum: T~ 论坛报 Lùntánbào

tributary *a.* 1. 从属的 cóngshǔde: a ~ state 附属国 fùshǔguó 2. 支流的 zhīliúde *of a river *n.* 1. 属国 shǔguó *state 2. 支流 zhīliú *stream

tribute *n.* 1. 奉献之物 fèngxiàn zhī wù 2. 颂扬 sòngyáng: pay ~ to 向……表示敬意 xiàng …… biǎoshì jìngyì

trick *n.* 1. 诡计 guǐjì; 手段 shǒuduàn: dirty ~s 卑鄙手段 bēibì shǒuduàn 2. 恶作剧 èzuòjù: play a ~ on sb. 作弄某人 zuōnòng mǒu rén 3. 伎俩 jìliǎng; 技巧 jìqiǎo: conjuring ~s 戏法 xìfǎ 4. 窍门 qiàomén: the ~ of skating 滑冰的窍门 huábīngde qiàomén *v.* 1. 欺骗 qīpiàn: ~ sb. out of his money 骗某人的钱 piàn mǒu rén de qián 2. ~ up / out 修饰 xiūshì; 打扮 dǎbàn

trickle *v.* 1. 滴下 dīxià: Tears ~d from her eyes. 泪珠从她眼中滴下来。 Lèizhū cóng tā yǎnzhōng

dī xiàlái 2. 慢慢地移动 mànmande yídòng: The
crowd began to ～ away. 人群慢慢地散去。Rén-
qún mànmande sànqù *n.* 点滴 diǎndī; 细流 xìliú
tricky *a.* 1. 奸诈的 jiānzhàde; 狡猾的 jiǎohuáde:
a ～ politician 狡猾的政客 jiǎohuáde zhèngkè
2. 错综复杂的 cuòzōng-fùzáde: a ～ problem
错综复杂的问题 cuòzōng-fùzáde wèntí
tricycle *n* 三轮脚踏车 sānlún jiǎotàchē
trident *n* 三叉戟 sānchàijǐ *a plane
trifle *n.* 1. 琐事 suǒshì: quarrel over ～s 为琐事争吵
wèi suǒshì zhēngchǎo 2. 一点钱 yìdiǎnr qián; *money
少量 shǎoliàng *a small amount: a ～ of sugar 少量
的糖 shǎoliàngde táng / be a ～ alarmed 有点惊慌
yǒudiǎnr jīnghuāng *v.* 浪费 làngfèi: ～ the hours
away 浪费时间 làngfèi shíjiān
trifling *a.* 无关重要的 wúguān zhòngyàode; 微小的
wēixiǎode: a ～ error 小错误 xiǎo cuòwù
trigger *n.* 扳机 bānjī; 起动装置 qǐdòng zhuāngzhì
v. 触发 chùfā; 引起 yǐnqǐ: ～ an armed clash 引起武
装冲突 yǐnqǐ wǔzhuāng chōngtū
trill *n.* 颤音 chànyīn *v.* 发颤音 fā chànyīn
trim *v.* 1. 整理 zhěnglǐ; 修剪 xiūjiǎn: ～ a tree 修剪树
枝 xiūjiǎn shùzhī 2. 装饰 zhuāngshì: ～ a dress
with lace 给衣服饰花边 gěi yīfu shì huābiānr *n.* 1.
整齐 zhěngqí; 整洁 zhěngjié 2. 准备 zhǔnbèi: in
good ～ 准备就绪 zhǔnbèi jiùxù *a.* 整齐的 zhěng-
qíde; 整洁的 zhěngjiéde
trinity *n.* 1. 三个一组 sān gè yì zǔ 2. 三位一体 sān
wèi yītǐ *in the Christian religion
trio *n.* 1. 三人小组 sān rén xiǎozǔ 三件一套 sān
jiàn yí tào 2. 三重奏 sānchóngzòu *in music
trip *v.* 1. 轻快地跑（走）qīngkuàide pǎo (zǒu):

The children ~ped into the classroom. 孩子们跳跳蹦蹦地进了教室。 Háizimen tiàotiào-bèngbèng de jìnle jiàoshì. 2. 摔倒 shuāidǎo; 绊倒 bàndǎo: He ~ped over a stone. 他被石头绊倒。 Tā bèi shítou bàndǎo. 3. 旅行 lǚxíng *to travel n. 1. 旅行 lǚxíng: a ~ to the seaside 去海滨旅行 qù hǎibīn lǚxíng 2. 绊倒 bàndǎo; 失足 shīzú *loss of footing

triple a. 三倍的 sān bèi de v. 增加到三倍 zēngjiā dào sān bèi, ~ jump 三级跳远 sānjí tiàoyuǎn

tripod n. 三脚架 sānjiǎojià *for a camera 三脚凳 sānjiǎodèng *a stool

triumph n. 胜利 shènglì; 成就 chéngjiù: the ~s of science 科学的成就 kēxué de chéngjiù / win a ~ over one's opponent 击败对手 jíbài duìshǒu 2. 狂欢 kuánghuān; 喜悦 xǐyuè: shouts of ~ 由于喜悦引起的叫喊 yóuyú xǐyuè yǐnqǐde jiàohǎn v. 1. 获胜 huòshèng; 战胜 zhànshèng *in battle 2. 庆祝胜利 qìngzhù shènglì *exult over victory; 狂欢 kuánghuān *exultation

triumphant a. 1. 胜利的 shènglìde *victorious; 成功的 chénggōngde *successful 2. 狂欢的 kuánghuānde *exultant

trivial a. 琐碎的 suǒsuìde; 轻微的 qīngwēide: ~ matter 琐事 suǒshì / a ~ loss 轻微的损失 qīngwēide sǔnshī

trolley n. 1. 手推车 shǒutuīchē 2. 手摇车 shǒuyáochē 3. 电车 diànchē: ~ bus 无轨电车 wúguǐ diànchē

troop n. 1. 队 duì: 群 qún: a ~ of boys 一队小孩 yí duì xiǎohàir 2. (pl.) 军队 jūnduì; 部队 bùduì: regular ~s 正规军 zhēngguījūn 3. (pl.) 骑兵连 qíbīnglián *cavalry unit v. 群集 qúnjí

trophy n. 战利品 zhànlìpǐn; *memorial of victory 奖品

jiǎngpǐn *a prize

tropic *n.* 1. 回归线 huíguīxiàn: the T～ of Cancer (Capricorn) 北（南）回归线 běi (nán) huíguīxiàn 2. the ～s 热带 rèdài

tropical *a.* 热带的 rèdàide

trot *v.* 1. 小跑 xiǎopǎo *of a horse 2. 快步走 kuàibù zǒu *n.* 小跑 xiǎopǎo; 快步 kuàibù, proceed at a ～ 快步前进 kuàibù qiánjìn

trouble *v.* 1. 烦恼 fánnǎo; 忧虑 yōulù: Don't ～ yourself with such a trifle. 不要为这样的小事烦恼。 Búyào wèi zhèyàng de xiǎoshì fánnǎo. 2. 麻烦 máfan: May I ～ you for the ashtray? 麻烦你把烟灰缸递给我好吗? Máfan nǐ bǎ yānhuīgāng dìgěi wǒ hǎo ma? 3. 折磨 zhémó; be ～d by stomachache 被胃病折磨 bèi wèibìng zhémó *n.* 1. 烦恼 fánnǎo; 忧虑 yōulù *anxiety 2. 困难 kùnnan; 麻烦 máfan *difficulty: a great deal of ～ 很多麻烦 hěn duō máfan

troublesome *a.* 1. 讨厌的 tǎoyànde: The cough is quite ～. 这咳嗽真讨厌。 Zhè késou zhēn tǎoyàn. 2. 困难的 kùnnande; 麻烦的 máfande: a ～ problem 难题 nántí

troupe *n.* 团 tuán; 班 bān: a ballet ～ 芭蕾舞团 bāléiwǔtuán

trousers *n.* 裤子 kùzi

truant *n.* 逃学者 táoxuézhě *from school; 旷职者 kuàngzhízhě *from work, play ～ 逃学 táoxué *a.* 偷懒的 tōulǎnde *idle, lazy; 逃学的 táoxuéde *v.* 逃学 táoxué; 旷课 kuàngkè

truce *n.* 1. 停战 tíngzhàn; 休战 xiūzhàn: a ～ agreement 停战协定 tíngzhàn xiédìng *of hostilities 2. a ～ 中止 zhōngzhǐ; 暂停 zàntíng *of pain, work, etc.

truck *n*. 卡车 kǎchē

trudge *v*. 跋涉 báshè

true *a*. 1. 真的 zhēnde; 真实的 zhēnshíde: a ～ pearl 真的珍珠 zhēnde zhēnzhū / That's only too ～. 千真万确。 Qiānzhēn-wànquè. 2. 忠实的 zhōngshíde: a ～ friend 忠实的朋友 zhōngshíde péngyou / be ～ to sb. 对某人忠实 duì mǒu rén zhōngshí

truly *ad*. 1. 真正地 zhēnzhèngde; 确实地 quèshíde *sincerely, genuinely 2. 忠实地 zhōngshíde *faithfully

trump *n*. 王牌 wángpái: play one's ～ card 拿出王牌 náchū wángpái *v*. 出王牌 chū wángpái

trumpet *n*. 1. 喇叭 lǎba; 号 hào: blow one's own ～ 自吹自擂 zìchuī-zìléi 2. 喇叭声 lǎbashēng *the sound *v*. 1. 吹喇叭 chuī lǎba 2. 鼓吹 gǔchuī *advocate

trunk *n*. 1. 树干 shùgàn *of a tree 2. 躯干 qūgàn *of the human body 3. 干线 gànxiàn *a line 4. 衣箱 yīxiāng *a large case for clothes 5. 象鼻子 xiàngbízi *of an elephant

trust *n*. 1. 信赖 xìnlài; 信任 xìnrèn: put ～ in sb 信任某人 xìnrèn mǒu rén 2. 责任 zérèn: fulfil one's ～ 尽责 jìnzé *responsibility 3. 委托 wěituō; 托管 tuōguǎn: hold sth. in ～ 托管东西 tuōguǎn dōngxi 4. 托拉斯 tuōlāsī *a group of firms *v*. 1. 信任 xìnrèn: We have always ～ed him. 我们一直信任他。 Wǒmen yìzhí xìnrèn tā. 2. 委托 wěituō; 存放 cúnfàng: ～ sth. in a place 把东西存在某处 bǎ dōngxi cúnzài mǒu chù 3. 热望 rèwàng; 希望 xīwàng: I ～ you are in good health. 我希望你身体健康。 Wǒ xīwàng nǐ shēntǐ jiànkāng. 4. = allow credit 赊销 shēxiāo: ～ sb. for a typewriter 赊销打字机 shēxiāo dǎzìjī

trustee *n.* 托管人 tuōguǎnrén; 保管人 bǎoguǎnrén

trustful *a.* 深信不疑的 shēnxìn bùyí de; 信任他人的 xìnrèn tārén de

trustworthy *a.* 可信任的 kě xìnrèn de; 可靠的 kěkàode

truth *n.* 1. 真实 zhēnshí; 事实 shìshí: tell the ～ 说实话 shuō shíhuà 2. 真实性 zhēnshíxìng: I don't doubt the ～ of his information. 我不怀疑他的情报的真实性。Wǒ bù huáiyí tāde qíngbào de zhēnshíxìng 3. 真理 zhēnlǐ: uphold the ～ 坚持真理 jiānchí zhēnlǐ

truthful *a.* 1. 诚实的 chéngshíde: a ～ child 诚实的孩子 chéngshíde háizi 2. 真实的 zhēnshíde: a ～ account 真实的报道 zhēnshíde bàodào

try *v.* 1. 尝试 chángshì; 努力 nǔlì: ～ a new medicine 尝试一种新药 chángshì yì zhǒng xīnyào / ～ and finish the work in a week 努力在一星期内完成这项工作 nǔlì zài yì xīngqī nèi wánchéng zhè xiàng gōngzuò 2. 试验 shìyàn: ～ out an idea 试验一种设想 shìyàn yì zhǒng shèxiǎng 3. 考验 kǎoyàn: ～ sb.'s courage 考验某人的勇气 kǎoyàn mǒu rén de yǒngqì 4. 审讯 shěnxùn: ～ a case 审讯一个案件 shěnxùn yí gè ànjiàn *n.* 尝试 chángshì: Let me have a ～. 让我试一试。Ràng wǒ shì yishì. ～ one's best to do sth. 竭尽所能做某事 jiéjìn suǒnéng zuò mǒu shì

trying *a.* 使人痛苦的 shǐ rén tòngkǔ de; 难堪的 nánkānde: a ～ situation 尴尬的局面 gāngàde júmiàn

tub *n.* 桶 tǒng; 浴盆 yùpén

tube *n.* 1. 管 guǎn; 筒 tǒng: a test ～ 试管 shìguǎn / a ～ of toothpaste 一筒牙膏 yì tǒng yágāo 3. 地下铁道 dìxià tiědào: go by ～ 乘地下铁道的列车 chéng dìxià tiědào de lièchē 4. = valve 电子管

diànzǐguǎn

tuberculosis *n.* 结核病 jiéhébìng; 肺结核 fèijiéhé

tuck *n.* 褶 zhě *v.* 1. 卷起 juǎnqǐ; 挽起 wǎnqǐ: ~ up one's sleeves 挽起袖子 wǎnqǐ xiùzi 2. 塞进 sāijìn: She ~ed her hair into her cap. 她把头发塞进帽子里。 Tā bǎ tóufa sāijìn màozi li. 3. 藏 cáng: be ~ed away in a corner 被藏在角落里 bèi cáng zài jiǎoluòli

Tuesday *n.* 星期二 Xīngqī'èr

tug *v.* 拖拉 tuōlā; 拽 zhuài *n.* 1. 拖 tuō; 拉 lā; 拽 zhuài: give the rope a ~ 猛然拉一下绳索 měngrán lā yíxià shéngsuǒ 2. 拖船 tuōchuán *a ship

tuition *n.* 学费 xuéfèi

tulip *n.* 郁金香 yùjīnxiāng

tumble *v.* 1. 跌倒 diēdǎo; 摔下 shuāixià: ~ off a bicycle 从自行车上掉下来 cóng zìxíngchē shang diào xiàlái 2. 滚动 gǔndòng; 翻腾 fānténg: Thoughts were ~ing about in her mind. 各种思想在她脑海里翻腾。 Gèzhǒng sīxiǎng zài tā nǎohǎi li fānténg. 3. 仓促 cāngcù; 匆忙 cóngmáng: ~ into bed 匆匆上床 cōngcōng shàngchuáng

tumo(u)r *n.* 肿瘤 zhǒngliú

tumult *n.* 1. 吵闹 chǎonào 2. 烦乱 fánluàn: Her mind was in a ~. 她心烦意乱。 Tā xīnfán-yìluàn.

tune *n.* 1. 歌曲 gēqǔ; 调子 diàozi: a popular ~ 流行的曲调 liúxíngde qǔdiào 2. 和谐 héxié: be in ~ with the times 适合时代潮流 shìhé shídài cháoliú *v.* 调音 tiáo yīn: ~ a piano 调准钢琴的音 tiáozhǔn gāngqín de yīn

tuneful *a.* 和谐的 héxiéde; 悦耳的 yuè'ěrde

tunnel *n.* 隧道 suìdào; 地道 dìdào *v.* 掘隧道 jué suìdào

turban *n.* 1. 头巾 tóujīn 2. 无边帽 wǔbiānmào *worn by women

turbine *n.* 涡轮 wōlún; 叶轮机 yèlúnjī

turbulence *n.* 1. 骚动 sāodòng; 骚乱 sāoluàn *disturbance, riot 2. 湍流 tuānliú; 湍 tuān *of water and in physics

turkey *n.* 火鸡 huǒjī

Turkish *a.* 1. 土耳其的 tǔěrqíde *of Turkey 2. 土耳其人的 Tǔ'ěrqírénde *of the people *n.* 土耳其语 tǔ'ěrqíyǔ *the language

turmoil *n.* 骚动 sāodòng; 混乱 hùnluàn: in a ～ 处于混乱之中 chǔyú hùnluàn zhīzhōng

turn *v.* 1. 转 zhuàn; 旋转 xuánzhuàn: The wheel ～ed slowly. 轮子旋转得很慢。 Lúnzi xuánzhuàn-de hěn màn 2. 转向 zhuànxiàng; 转变 zhuǎnbiàn: ～ to the sun 转向太阳 zhuǎn xiàng tàiyáng / ～ to the left 向左转弯 xiàng zuǒ zhuǎnwān 3. 绕过 ràoguò: ～ a street corner 绕过街角 ràoguò jiējiǎo 4. 翻 fān: ～ to page 23 翻到二十三页 fāndào érshísān yè 5. 变成 biànchéng: His hair has ～ed grey. 他的头发变白了。Tāde tóufa biàn bái le. The milk has ～ed sour. 牛奶变质了。Niúnǎi biàn zhì le. 6. 致力 zhìlì: He ～ed his hand to writing. 他致力于写作。Tā zhìlìyú xiězuò. About (Left, Right) ～! 向后（左、右）转！Xiàng hòu (zuǒ, yòu) zhuǎn! ～ away 背过脸去 bèiguo liǎnqù, ～ down 拒绝 jùjué: ～ down one's request 拒绝某人的请求 jùjué mǒu rén de qǐngqiú, ～ in 上交 shàngjiāo, ～ off 关上 guānshàng, ～ on 打开 dǎkāi, ～ out 1. 灭掉 mièdiào: ～ out a lamp 关灯 guān dēng 2. 生产 shēngchǎn: ～ out a new product 出了新产品 chūle xīn chǎnpǐn 3. 结果是 jiéguǒ shì: It ～ed out to be true. 结果是真的。 Jiéguǒ shì zhēn de. ～ over 移交 yíjiāo, ～ up 发现 fāxiàn *discover *n.* 1. 转动 zhuàndòng:

at every ～ 在每一个转变时刻 zài měi yí gè zhuǎn-biàn shíkè, be on the ～ 正在改变 zhèngzài gǎibiàn, take a ～ for the better 变好 biàn hǎo 2. 轮流 lún-liú: in ～ 接连地 jiēliánde, take ～s at sth. 轮流做某事 lúnliú zuò mǒu shì 3. 一次 yí cì

turner *n.* 车工 chēgōng

turnip *n.* 萝卜 luóbo

turtle *n.* 海龟 hǎiguī

tusk *n.* 獠牙 liáoyá; 长牙 chángyá *of animals

tutor *n.* 1. 私人教师 sīrén jiàoshī *private teacher 2. 辅导教师 fǔdǎo jiàoshī *supervising teacher

tweed *n.* 花呢 huāní

twelfth *num.* 第十二 dì-shí'èr

twelve *num.* 十二 shí'èr

twentieth *num.* 第二十 dì'èrshí

twenty *num.* 二十 èrshí

twice *ad.* 两次 liǎng cì; 两倍 liǎng bèi: be absent ～ 缺席两次 quēxí liǎng cì / be worth ～ as much 价值达两倍之多 jiàzhí dá liǎng bèi zhī duō

twig *n.* 嫩枝 nènzhī

twilight *n.*黄昏 huánghūn; 末落时代 mòluò shídài: the ～ years of the Roman Empire 罗马帝国末落的时代 Luómǎ (Roman) dìguó mòluòde shídài

twin *n.* 孪生子 luánshēngzi *a.* 1. 孪生的 luánshēngde 2. 成对的 chéngduìde: ～ beds 一对床 yí duì chuáng

twinkle *v.* 闪烁 shǎnshuò; 闪光 shǎnguāng: His eyes ～d at the good news. 听到好消息他眼里闪出了喜悦的光芒。 Tīngdào hǎo xiāoxi tā yǎnli shǎnchūle xiyuède guāngmáng *n.* 1. 闪烁 shǎnshuò *flickering light 2. 眨眼 zhǎyǎn: in a ～ 一刹那 yíchànà 转瞬之间 zhuǎnshùn zhī jiān

twist *v.* 1. 搓 cuō; 捻 niǎn: ～ threads together 把纱

线捻在一起 bǎ shāxiàn niǎn zài yìqǐ 2. 拧 nǐng; 扭 niǔ; ~ a wet towel 拧干毛巾 nínggān máojīn 3. 曲解 qūjiě; 歪曲 wāiqū: ~ sb.'s words 曲解别人 的话 qūjiě biérén de huà 4. 扭曲 niǔqū; 扭伤 niǔ- shāng: He fell and ~ed his ankle. 他摔了一跤， 扭伤了脚。 Tā shuàile yì jiāo, niǔshāngle jiǎo. *n.* 1. 拧 nǐng 2. 曲折 qūzhé: ~s and turns 迂回 曲折 yúhuí qūzhé

two *num.* 二 èr; 两 liǎng

twofold *n.* 两倍 liǎngbèi

type *n.* 1. 类型 lèixíng: a new ~ of aeroplane 一种 新型飞机 yì zhǒng xīngxíng fēijī 2. 典型 diǎnxíng: ~ reaction 典型反应 diǎnxíng fǎnyìng 3. 活字 huózì; 铅字 qiānzì *in printing v. 1. 打字 dǎzì *on a typewriter 2. 测定类型 cèdìng lèixíng * decide the type of

typesetter *n.* 1. 排字工人 páizì gōngrén *a person 2. 排字机 páizìjī *a machine

typewriter *n.* 打字机 dǎzìjī

typhoon *n.* 台风 táifēng

typical *a.* 典型的 diǎnxíngde: a ~ character 典型人物 diǎnxíng rénwù

typist *n.* 打字员 dǎzìyuán

tyrannical *a.* 暴虐的 bàonüède; 专制的 zhuānzhìde

tyranny *n.* 暴政 bàozhèng; 专制 zhuānzhì

tyrant *n.* 暴君 bàojūn

tyre, tire *n.* 1. 轮箍 lúngū 2. 轮胎 lúntāi: a pneumatic ~ 气胎 qìtāi

U

UFO *n.* 飞碟 fēidié

ugly *a.* 1. 难看的 nánkànde: an ∼ face 难看的脸 nánkànde liǎn 2. 令人讨厌的 lìng rén tǎoyàn de: an ∼ sound 讨厌的声音 tǎoyànde shēngyīn

Uig(h)ur *n.* 1. 维吾尔人 wéiwù'ěr rén *people 2. 维吾尔语 wéiwù'ěryǔ *language

UK *n.* 联合王国 liánhé wángguó

ulcer *n.* 溃疡 kuìyáng

ulterior *a.* 1. 那一边的 nà yībiānde: on the ∼ side of the river 在河的那一边 zài hé de nà yībiān 2. 隐蔽的 yǐnbìde: ∼ motives 隐蔽的动机 yǐnbìde dòngjī

ultimate *a.* 1. 最后的 zuìhòude; 最终的 zuìzhōngde: ∼ aim 最终目标 zuìzhōng mùbiāo 2. 根本的 gēnběnde; 基本的 jīběnde: ∼ principles 基本原则 jīběn yuánzé

ultimatum *n.* 最后通牒 zuìhòu tōngdié

ultra- 1. 极端 jíduān: ∼ reactionary 极端反动 jíduān fǎndòng 2. 超 chāo; 外 wài: ∼ sound 超声 chāoshēng ∼ violet rays 紫外线 zǐwàixiàn

umbrella *n.* 伞 sǎn

UN *n.* 联合国 liánhéguó

unable *a.* 不能 bùnéng

unabridged *a.* 未删节的 wèi shānjiéde

unacceptable *a.* 不能接受的 bùnéng jiēshòude

unacknowledged *a.* 不被承认的 bú bèi chéngrènde

unaffected *a.* 不受影响的 bú shòu yíngxiǎngde

unanimity *n.* 一致 yízhì

unanimous *a.* 全体一致的 quántǐ yízhìde

unarmed *a.* 不带武器的 bú dài wǔqìde

unaware *a.* 未觉察的 wèi juéchéde: be ∼ of the truth 未觉察真相 wèijuéchá zhēnxiàng

unbalanced *a.* 不平衡的 bù pínghéngde

unbearable *a.* 不能忍受的 bùnéng rěnshòude

unbelievable *a.* 难相信的 nán xiāngxìnde

unbind *v.* 解开 jiěkāi; 松开 sōngkāi

unborn *a.* 未出生的 wèi chūshēngde

unbroken *a.* 1. 未打破的 wèi dǎpòde: an ～ record 未打破的记录 wèi dǎpòde jìlù 2. 持续的 chíxùde; 不间断的 bù jiānduànde: ～ fine weather 持续的好天气 chíxùde hǎo tiānqì

uncanny *a.* 神秘的 shénmìde

uncertain *a.* 1. 不确定的 bú quèdìngde: The date of the ship's arrival is ～. 船到的日期不确定。Chuán dào de rìqī bú quèdìng. 2. 变化的 biànhuàde: ～ weather 变化的天气 biànhuàde tiānqì

uncle *n.* 1. 伯父 bófù *father's elder brother 2. 叔父 shūfù *father's younger brother 3. 舅舅 jiùjiu *mother's brother

unclean *a.* 不清洁的 bù qīngjiéde

uncomfortable *a.* 不舒服的 bù shūfude

uncommon *a.* 不普通的 bù pǔtōngde

uncompromising *a.* 不让步的 bú ràngbùde

unconditional *a.* 无条件的 wú tiáojiànde: ～ surrender 无条件投降 wú tiáojiàn tóuxiáng / ～ reflex 无条件反射 wú tiáojiàn fǎnshè

unconquerable *a.* 不可征服的 bùkě zhēngfúde

unconscious *a.* 1. 不觉察的 bù juéchàde: He was ～ of his mistake. 他没觉察自己的错误。Tā méi juéchá zìjǐde cuòwù. 2. 失去知觉的 shīqù zhījuéde: She lay ～ for several minutes. 她失去知觉有好几分钟了。Ta shíqù zhījué yǒu hǎo jǐ fēnzhōng le. 3. 无意识的 wú yìshí de: an ～ act 无意识的动作 wú yìshíde dòngzuò

unconventional *a.* 不落俗套的 bú luò sútàode

uncountable *a.* 不可数的 bùkěshǔde

uncover *v.* 1. 揭开（盖子）jiēkāi (gàizi) 2. 发现 fāxiàn *discover; 揭露 jiēlù *expose: ~ a secret plan 发现一个秘密计划 fāxiàn yí gè mìmì jìhuà

undaunted *a.* 不屈不挠的 bùqū-bùnáode

under *prep.* 在……下面 zài …… xiàmian

underclothes *n.* 内衣 nèiyī

undercover *a.* 暗中进行的 ànzhōng jìnxíngde

undercurrent *n.* 潜流 qiánliú

underdone *a.* 不太熟的 bú tài shúde

underestimate *v.* 低估 dīgū *n.* 估计不足 gūjì bùzú

underfed *a.* 吃得不足的 chīde bùzúde

underfoot *a.* 在脚下 zài jiǎoxià

undergo *v.* 经受 jīngshòu

undergraduate *n. & a.* 大学生（的）dàxuéshēng (de)

underground *a. & ad.* 1. 地下的 dìxiàde: an ~ passage 地下通道 dìxià tōngdào 2. 秘密的（地）mìmìde: The news has been passed on ~. 消息秘密地传开了。Xiāoxi mìmìde chuánkāi le. *n.* 地下铁道 dìxià tiědào

underlie *v.* 成为……基础 chéngwéi …… jīchǔ

underline *v.* 1. 在……下面划线 zài …… xiàmian huà xiàn: ~ a sentence 在句子下面划线 zài jùzi xiàmian huà xiàn 2. 强调 qiángdiào *give force to

undermine *v.* 1. 损害 sǔnhài: His health was ~d by alcohol. 喝酒损害了他的健康。Hē jiǔ sǔnhàile tāde jiànkāng. 2. 暗中破坏 ànzhōng pòhuài: ~ sb.'s reputation 暗中破坏某人的名誉 ànzhōng pòhuài mǒu rén de míngyù

underneath *ad. & prep.* 在底下 zài dǐ xià; 在……的下

面 zài ...... de xiàmian

undernourishment *n.* 营养不足 yíngyǎng bùzú

under (–) secretary *n.* 1. 副国务卿 fùguówùqīng *in U.S. 2. 政务次官 zhèngwùcìguān *in Britain

understand *v.* 1. 懂 dǒng: Do you ~ this word? 你懂得这个词的意思吗？Nǐ dǒngde zhège cí de yìsi ma? 2. 了解 liǎojiě: I ~ him. 我了解他。Wǒ liǎojiě tā.

understanding *n.* 了解 liǎojiě; 理解 lǐjiě

undertake *v.* 承担 chéngdān

undertaker *n.* 承办殡丧者 chéngbàn-bìnsāngzhě

undertaking *n.* 事业 shìyè

undertone *n.* 小声 xiǎoshēng: talk in ~s 小声说话 xiǎoshēng shuōhuà

undervalue *v.* 低估 dīgū

underwear *n.* 内衣 nèiyī

underweight *a.* 重量不足的 zhòngliàng bùzú de

underworld *n.* 下层社会 xiàcéng shèhuì *of society

undesirable *a.* 不受欢迎的 bú shòu huānyíngde *n.* 不受欢迎的人 bú shòu huānyíngde rén

undeveloped *a.* 不发达的 bù fādáde

undo *v.* 1. 解开 jiěkāi:My shoelace has come undone 我的鞋带松开了。Wǒde xiédài sōngkāi le. 2. 使 ......恢复原状 shǐ ...... huīfù yuánzhuàng: What is done cannot be undone. 覆水难收。Fùshuǐ nánshōu.

undoubted *a.* 肯定的 kěndìngde; 无可置疑的 wúkězhìyíde

undress *v.* 脱衣服 tuō yīfu

undue *a.* 过度的 guòdùde

unearth *v.* 1. 发掘 fājué: ~ relics of on early civilization 发掘早期文化的遗迹 fājué zǎoqī wénhuà de yíjì 2. 揭露 jiēlù；发现 fāxiàn: ~ a plot 揭露阴谋

jiēlù yīnmóu

uneasy *a.* 1. 不安的 bù'ānde: feel ～ about sth. 为某事感到不安 Wèi mǒu shì gǎndào bù'ān. 2. 拘束的 jūshùde: ～ manners 拘束的态度 jūshùde tàidu

unemployed *a. & n.* 1. 失业的 shīyède: the ～ 失业者 shīyèzhě

unemployment *n.* 失业 shīyè

unequal *a.* 1. 不平等的 bù píngděng de: an ～ treaty 不平等条约 bù píngděng tiáoyuē 2. 不胜任的 bú shèngrèn de: I feel ～ to the task. 我感到不胜任这工作。Wǒ gǎndào bú shèngrèn zhè gōngzuò.

unerring *a.* 准确的 zhǔnquède

UNESCO 联合国教育科学及文化组织 liánhéguó jiàoyù kēxué jí wénhuà zǔzhī

uneven *a.* 1. 不平坦的 bù píngtǎn de: an ～ road 不平坦的路 bù píngtǎn de lù 2. 不匀的 bù yún de: an ～ contest 力量悬殊的比赛 lìliàng xuánshū de bǐsài 3. 不平衡的 bù pínghéng de: ～ development 发展不平衡的 fāzhǎn bù pínghéng de

unexpected *a.* 意外的 yìwàide

unfair *a.* 不公平的 bù gōngpíngde

unfaithful *a.* 不忠实的 bù zhōngshíde

unfamiliar *a.* 不熟悉的 bù shúxīde

unfavo(u)rable *a.* 不利的 búlìde

unfinished *a.* 未完成的 wèi wánchéngde

unfit *a.* 不适当的 bú shìdàngde

unfold *v.* 1. 打开 dǎkāi: ～ an envelope 打开信封 dǎkāi xìnféng 2. 展开 zhǎnkāi: The story ～s like this. 故事这样展开了。Gùshi zhèyàng zhǎnkāi le.

unfortunate *a.* 不幸的 búxìngde

unfriendly *a.* 不友好的 bù yǒuhǎode

unfruitful *a.* 没有结果的 méiyǒu jiéguǒde

ungrateful *a.* 忘恩负义的 wàng'ēn-fùyìde

unhappy *a.* 不快乐的 bú kuàilède

unhealthy *a.* 不健康的 bú jiànkāngde

unheard-of *a.* 未听说过的 wèi tīngshuōguode

unification *n.* 联合 liánhé; 统一 tǒngyī

uniform *n.* 制服 zhìfú; 军服 jūnfú *military

unify *v.* 团结 tuánjié; 联合 liánhé

unilateral *a.* 单方面的 dānfāngmiànde

unimportant *a.* 不重要的 bú zhòngyàode

uninterrupted *a.* 不停的 bù tíngde; 不间断的 bù jiānduànde

union *n.* 1. 联合 liánhé; 团结 tuánjié: In ∼ there is strength. 团结就是力量。Tuánjié jiùshì lìliàng. 2. 社团 shètuán: a trade ∼ 工会 gōnghuì

unique *a.* 1. 唯一的 wéiyīde: a ∼ experience 独特的经历 dútède jīnglì 2. 难得的 nándéde: a ∼ opportunity 难得的机会 nándéde jīhuì

unit *n.* 单位 dānwèi

unite *v.* 联合 liánhé; 团结 tuánjié

unity *n.* 联合 liánhé; 团结 tuánjié

universal *a.* 1. 普遍的 pǔbiànde: ∼ interest 普遍的兴趣 pǔbiànde xìngqù 2. 世界的 shìjiède *of the whole world: ∼ peace 全球和平 quánqiú hépíng

universe *n.* 宇宙 yǔzhòu; 世界 shìjiè *the world

university *n.* （综合）大学 (zōnghé) dàxué

unjust *a.* 不义的 búyìde

unkind *a.* 不和善的 bù héshànde

unknown *a.* 不知名的 bù zhīmíngde

unlawful *a.* 1. 非法的 fēifǎde: an ∼ act 非法行为 fēifǎ xíngwéi 2. = illegitimate 私生的 sīshēngde: an ∼ child 私生子 sīshēngzǐ

unleash *v.* 释放 shìfàng

unless *conj. & prep.* 除非 chúfēi

unlike *a. & prep.* 不同的 bùtóngde; 不像 bú xiàng

unload *v.* 卸下 xièxià

unlock *v.* 开锁 kāi suǒ

unmarried *a.* 未婚的 wèihūnde

unmoved *a.* 无动于衷的 wúdòngyúzhōngde

unnatural *a.* 不自然的 bú zìránde

unnecessary *a.* 不必要的 bú bìyàode

unnoticed *a.* 未被注意的 wèi bèi zhùyìde

unpack *v.* 取出 qǔchū: ~ one's clothes 开箱取出衣服。
kāi xiāng qǔchū yīfu

unparalleled *a.* 无比的 wúbǐde

unpleasant *a.* 不愉快的 bù yúkuàide

unpopular *a.* 不受欢迎的 bú shòu huānyíngde

unprecedented *a.* 没有前例的 méiyǒu qiánlìde

unqualified *a.* 不合格的 bù hégéde

unquestionable *a.* 无疑的 wúyíde; 确定的 quèdìngde

unquiet *a.* 不宁静的 bù níngjìngde; 不安的 bù'ānde

unreal *a.* 不真实的 bù zhēnshíde

unreasonable *a.* 无理的 wúlǐde

unreserved *a.* 无保留的 wú bǎoliúde

unrest *n.* 不平静状态 bù píngjìng zhuàngtài

unsafe *a.* 不完全的 bù ānquánde

unsatisfactory *a* 不能令人满意的 bùnéng lìng rén mǎnyìde

unscrupulous *a* 肆无忌惮的 sìwújìdànde

unseemly *a* 不适宜的 bú shìyíde

unseen *a* 未看见的 wèi kànjiànde

unselfish *a* 无私的 wúsīde

unskilled *a* 不熟练的 bù shúliànde

unsteady *a* 不稳的 bùwěnde

unsuccessful *a* 不成功的 bù chénggōngde

unthinkable *a* 不可想像的 bùkě xiǎngxiàngde
untidy *a* 凌乱的 língluànde
untie *v.* 解开 jiěkāi
until *prep.* 1. 到……为止 dào ……wéizhǐ 2. 在……以前 zài …… yǐqián *conj.* 1. 到……为止 dào …… wéizhǐ *time 2. 直到……才 zhí dào …… cái *place
untimely *a.* 1. 不合时宜的 bùhé shíyíde: an ~ speech 不合时宜的演说 bùhé shíyíde yǎnshuō 2. 过早的 guòzǎode: his ~ arrival 过早到达 guòzǎo dàodá
untiring *a.* 不知疲倦的 bù zhī píjuànde
untold *a.* 1. 没有说过的 méiyǒu shuōguode: an ~ story 未讲过的故事 wèi jiǎngguode gùshi 2. 无数的 wúshùde: ~ wealth 数不清的财富 shǔbùqīng de cáifù
untouched *a.* 1. 没有触及的 méiyǒu chùjíde: It remains ~. 这东西没人碰过。Zhè dōngxī méi rén pèngguo. 2. 未受感动的 wèi shòu gǎndòngde: He was ~. 他未受感动。Tā wèi shòu gǎndòng.
unused *a.* 1. 不用的 búyòngde: an ~ room 一间没人住的房间 yì jiān méi rén zhù de fángjiān 2. 不惯的 búguànde: be ~ to public speaking 不习惯在大庭广众前讲话 bù xíguàn zài dàtíng-guǎngzhòng qián jiǎnghuà
unusual *a.* 不平常的 bù píngcháng de; 少有的 shǎoyǒude
unwelcome *a.* 不受欢迎的 bú shòu huānyíngde
unwilling *a.* 不愿意的 bú yuànyìde
unwise *a.* 不聪明的 bù cōngming de; 愚笨的 yúbènde
unworthy *a.* 不值得……的 bù zhídé …… de
up *ad. & prep.* 上面 shàngmian; 在……上面 zài …… shàngmian

up-to-date *a.* 最新式的 zuì xīnshìde

upbringing *n.* 抚育 fǔyù

upheaval *n.* 动乱 dòngluàn

uphill *a. & ad.* 1. 上坡的 shàngpōde; 上山的 shàng-shānde 2. 困难的 kùnnande *difficult

uphold *v.* 支持 zhīchí

upkeep *n.* 保养 bǎoyǎng

upland *n.* 高地 gāodì

uplift *v. & n.* 举起 jǔqǐ

upon *prep.* ~ my word 的确 díquè; 我保证 wǒ bǎozhèng, once ~ a time 从前 cóngqián

upper *a.* 1. 较高的 jiào gāo de: get [have] the ~ hand of 占……上风 zhàn …… shàngfēng 2. 上流的 shàngliúde: ~ class 上层社会 shàngcéng shèhuì

uppermost *a. & ad.* 最高的 zuì gāo de

upright *a. & ad.* 1. 直的 zhíde: an ~ tree 笔直的树 bǐzhíde shù 2. 正直的 zhèngzhíde: an ~ man 正直的人 zhèngzhíde rén

uprising *n.* 起义 qǐyì

uproar *n.* 吵嚷 chǎorǎng

uproot *v.* 根除 gēnchú

upset *v.* 1. 翻倒 fāndǎo: ~ a dish 把碟子打翻了 bǎ diézi dǎfān le 2. 扰乱 rǎoluàn: The bad news ~ him. 那消息扰乱了他的心情。 Nà xiāoxi rǎoluànle tāde xīnqíng. *n.* 1. 翻倒 fāndǎo *overturning 2. 扰乱 rǎoluàn *disturbance

upside-down *ad.* 本末倒置 běnmòdàozhì

upstairs *a. & ad.* 1. 楼上的 lóushangde: an ~ room 一间楼上的房间 yì jiān lóushang de fángjiān 2. 楼上 lóushang: go ~ 上楼 shàng lóu

upstart *n.* 暴发户 bàofāhù

upstream *a. & ad.* 1. 逆流 nìliú *against the current

2. 在上游（的）zài shàngyōu (de) *in higher part of stream

upsurge *n.* 高潮 gāocháo

upward *a. & ad.* 向上的 xiàng shàng de

uranium *n.* 铀 yóu

urban *a.* 城市的 chéngshìde

urgent *a.* 紧急的 jǐnjíde

urine *n* 尿 niào

us *pro.* 我们 wǒmen

usage *n.* 用法 yòngfǎ

use *v. & n.* 用 yòng: ～ up 用完 yòngwán

used¹ 过去常…… guòqù cháng ……: He ～ to play tennis very well. 他从前网球打得很好。 Tā cóngqián wǎngqiú dǎde hěn hǎo

used² 习惯于 xíguànyú: They've got ～ to the cold weather now. 他们对于寒冷的天气已经习惯了。 Tāmen duìyú hánlěngde tiānqì yǐjīng xíguàn le.

user *n.* 使用者 shǐyòngzhě

usher *n.* 招待员 zhāodàiyuán *v.* 引入 yǐnrù

usual *a.* 通常的 tōngchángde

usurer *n.* 高利贷者 gāolìdàizhě

usurp *v.* 篡夺 cuàndúo

usury *n.* 高利贷 gāolìdài

utensil *n.* 用具 yòngjù

utilitarian *a. & n.* 讲究实利的 jiǎnjiū shílì de *n.* 讲究实利的人 jiǎngjiū shílì de rén

utility *n.* 效用 xiàoyòng

utilize *v.* 利用 lìyòng

Utopia *n.* 乌托邦 wūtuōbāng

utter¹ *a.* 十足的 shízúde

utter² *v.* 说 shuō; 讲 jiǎng

utterance *n.* 说话 shuōhuà

V

vacancy *n.* 1. 空地 kòngdì; 空房间 kòngfángjiān: There are three vacancies in the hotel. 旅馆里有三间空房。Lǚguǎn li yǒu sān jiān kòngfáng. 2. 空额 kòng'é; 空缺 kòngquē *position in business. 3. 空虚 kōngxū *of the mind.

vacant *a.* 1. 空的 kòngde: a ～ room 空房间 kòngfángjiān 2. 空缺的 kòngquēde: a ～ position 空额 kòng'é 3. 空虚的 kōngxūde, *of the mind

vacation *n.* 假期 jiàqī: the summer ～ 暑假 shǔjià

vaccinate *v.* 种痘 zhòngdòu

vaccine *n.* 牛痘苗 niúdòumiáo; 疫苗 yìmiáo *a.* 牛痘的 niúdòude; 疫苗的 yìmiáode

vacuum *n. & a.* 真空（的）zhēnkōng (de): ～ cleaner 真空吸尘器 zhēnkōng xīchénqì / ～ tube 真空管 zhēnkōngguǎn

vagabond *a.* 漂泊的 piāobóde; 流浪的 liúlàngde: live a ～ life 过流浪的生活 guò liúlàngde shēnghuó *n.* 流浪者 liúlàngzhě

vagrant *n.* 流浪者 liúlàngzhě; 游民 yóumín *a.* 流浪的 liúlàngde; 漂泊不定的 piāobó búdìng de

vague *a.* 不明确的 bù míngquè de; 含糊的 hánhude

vain *a.* 徒劳的 túláode; 无效的 wúxiàode: a ～ attempt 徒劳的尝试 túláode chángshì, in ～ 徒劳 túláo; 无效 wúxiào

valid *a.* 1. 有效的 yǒuxiàode: a plane ticket ～ for a year 有效期为一年的机票 yǒuxiàoqī wéi yì nián de jīpiào 2. 正当的 zhèngdàngde: a ～ reason 正当的理由 zhèngdàngde líyóu

validate *v.* 使……生效 shǐ …… shēngxiào; 使……合

法化 shǐ …… héfǎhuà

valley *n*. 山谷 shāngǔ; 溪谷 xīgǔ

valuable *a*. 贵重的 guìzhòngde *n*. 贵重物品 guìzhòng wùpín

valuation *n*. 1. 估价 gūjià 2. 评价 píngjià: set too high a ~ on sb's abilities. 对某人的能力评价过高 duì mǒu rén de nénglì píngjià guògāo

value *n*. 1. 价值 jiàzhí: of great ~ 很有价值 hěn yǒu jiàzhí 2. 估价 gūjià, 3. 重要性 zhòngyàoxìng: the ~ of sunlight to health 阳光对健康的重要性 yángguāng duì jiànkāng de zhòngyàoxìng 4. 涵义 hányì; 意义 yìyì *the exact meaning of a word

van[1] *n*. = vanguard 先驱 xiānqū; 先锋 xiānfēng

van[2] *n*. 货车 huòchē *vehicle

vandalize *v*. 破坏 pòhuài

vane *n*. 风向标 fēngxiàngbiāo

vanguard *n*. 1. 前卫 qiánwèi *in the army 2. 先锋 （队） xiānfēng(duì), 领导者 lǐngdǎozhě *people in leading position in a movement, etc.

vanish *v*. 消失 xiāoshī

vanity *n*. 虚荣心 xūróngxīn: do sth. out of ~ 由于虚荣心而做某事 yóuyú xūróngxīn ér zuò mǒu shì

vanquish *v*. 征服 zhēngfú

vapid *a*. 乏味的 fáwèide: a ~ speech 枯燥乏味的演说 kūzào fáwèi de yǎnshuō

vapo(u)r *n*. 蒸汽 zhēngqì

variable *a*. 易变的 yì biàn de *n*. 1. 可变因素 kěbiàn yīnsù 2. 变量 biànliàng *in physics

variance *n*. 分歧 fēnqí; 不和 bùhé

variation *n*. 1. 变化 biànhuà 2. 变奏曲 biànzòuqǔ *in music 3. 变异 biànyì; 变种 biànzhǒng *in biology

varied *a.* 各种各样的 gèzhǒng-gèyàngde; 不同的 bùtóngde: ~ opinions 各种不同的意见 gèzhǒng bùtóng de yìjiàn

variety *n.* 1. 多样性 duōyàngxìng 2. 种种 zhǒng-zhǒng: for a ~ of reasons 由于种种原因 yóuyú zhǒngzhǒng yuányīn 3. 品种 pǐnzhǒng; 变种 biànzhǒng *in biology

various *a.* 各种各样的 gèzhǒng-gèyàngde; 不同的 bùtóngde

varnish *n.* 1. 清漆 qīngqī *v.* 上清漆 shàng qīngqī

vary *v.* 1. 变化 biànhuà; 不同 bùtóng: Prices ~ with the season. 价格随季节而变化。 Jiàgé suí jìjié ér biànhuà. 2. 改变 gǎibiàn: Some people don't like to ~ their habits. 有些人不愿改变他们的习惯。 Yǒuxiē rén búyuàn gǎibiàn tāmende xíguàn.

vase *n.* 花瓶 huāpíng

vaseline *n.* 凡士林 fánshìlín

vast *a.* 广阔的 guǎngkuòde

vat *n.* 大桶 dàtǒng; 大缸 dàgāng: water ~ 水缸 shuǐgāng

vault¹ *n.* 拱顶 gǒngdǐng *in architecture

vault² *v.* 跳跃 tiàoyuè; 撑竿跳高 chēnggān tiàogāo *with a pole

veal *n.* 小牛肉 xiǎoniúròu

vegetable *n.* 1. 蔬菜 shūcài 2. 植物 zhíwù *a.* 蔬菜的 shūcàide; 植物的 zhíwùde: ~ oils 植物油 zhíwùyóu

vegetarian *n.* 吃素的人 chīsùde rén; 素食主义者 sùshízhǔyìzhě

vehemence *n.* 1. 猛烈 měngliè 2. 热烈 rèliè *of emotion

vehement *a.* 1. 热烈的 rèliède; 激烈的 jīliède: a ~ speech 激烈的演说 jīliède yǎnshuō 2. 猛烈的 měngliède: a ～ wind 烈风 lièfēng

vehicle *n.* 1. 车辆 chēliàng *a lorry, a cart, etc. 2. 工具 gōngjù: Language is a ～ of human thought. 语言是人类表达思想的一种工具。Yǔyán shì rénlèi biǎodá sīxiǎng de yì zhǒng gōngjù.

veil *n.* 1. 面纱 miànshā 2. 掩饰物 yǎnshìwù: a ～ of mist 一层雾 yì céng wù

vein *n.* 1. 静脉 jìngmài: 血管 xuèguǎn 2. 矿脉 kuàngmài *in geology 3. 气质 qìzhì; 情绪 qíngxù: in a merry ～ 带着愉快的情绪 dàizhe yúkuàide qíngxù

velocity *n.* 速度 sùdù: at the ～ of sound 以声音的速度 yǐ shēngyīn de sùdù

velvet *n.* 天鹅绒 tiān'éróng; 丝绒 sīróng

vend *v.* 出售 zhūshòu; ～ing machine 自动售货机 zìdòng shòuhuòjī

vendor *n.* 小商贩 xiǎoshāngfàn

venerable *a.* 令人尊敬的 lìng rén zūnjìng de

venereal *a.* 性的 xìngde ～ diseases 性病 xìngbìng

vengeance *n.* 报仇 bàochóu; 复仇 fùchóu

venom *n.* 1. 毒液 dúyè *of snakes 2. 恶意 èyì *hate

venomous *a.* 1. 有毒的 yǒu dú de 2. 恶意的 èyìde, 狠毒的 hěndúde

vent *n.* 空 kōng; 洞 dòng

ventilate *v.* 1. 使……通风 shǐ ...... tōngfēng: ～ a room 使房间通风 shǐ fángjiān tōngfēng 2. 公开 gōngkāi; 自由讨论 zìyóu tǎolùn: ～ one's views 公开自己的看法 gōngkāi zìjǐde kànfǎ

ventilator *n.* 通风设备 tōngfēng shèbèi

venture *n.* 冒险 màoxiǎn *v.* 1. 冒……危险 mào ...... wēixiǎn 2. 敢于 gǎnyú

Venus *n.* 1. 维纳斯 wéinàsī *Roman goddess of love 2. 金星 jīnxīng *a planet

veranda (h) *n.* 游廊 yóuláng; 阳台 yángtái

verb *n.* 动词 dòngcí

verbal *a.* 1. 口头的 kǒutóude: a ~ statement. 口头的叙述 kǒutóude xùshù 2. 逐字的 zhúzìde: a ~ translation 直译 zhíyì 3. 动词的 dòngcíde *grammar

verdict *n.* 1. 判决 pànjué: a ~ of guilt 判决有罪 pànjué yǒu zuì 2. 意见 yìjiàn: the general ~ 公众意见 gōngzhòng yìjiàn

verification *n.* 检验 jiǎnyàn; 证实 zhèngshí

verify *v.* 1. 核对 héduì: ~ the figures 核对数字 héduì shùzì 2. 证实 zhèngshí: ~ a hypothesis 证实一种假设 zhèngshí yì zhǒng jiǎshè

veritable *a.* 真正的 zhēnzhèngde; 确实的 quèshíde

verity *n.* 真实性 zhēnshíxing

vermilion *n.* 朱红色 zhūhóngsè *a.* 朱红色的 zhūhóngsède

vermin *n.* 1. 害虫 hàichóng *parasitic insects 2. 害兽 hàishòu *animals that do damage 3. 歹徒 dǎitú *human beings who are harmful to society

vernacular *a.* 本地的 běndìde; 方言的 fāngyánde *n.* 方言 fāngyán

versatile *a.* 多才多艺的 duōcái-duōyìde

verse *n.* 诗 shī; 韵文 yùnwén: a blank ~ 无韵诗 wúyùnshī

versed *a.* 精通的 jīngtōngde: be ~ in mathematics 精通数学 jīngtōng shùxué

version *n.* 1. 译本 yìběn: a new ~ of the Bible. 圣经的新译本 shèngjīng de xīn yìběn 2. 说法 shuōfǎ: There are three different ~s of what happened. 对所发生的事有三种不同的说法。Duì suǒ fāshēng de shì yǒu sān zhǒng bùtóng de shuōfǎ.

vertebrate *n.* 脊椎动物 jǐzhuī dòngwù *a.* 有脊椎的 yǒu

jīzhuī de; 脊椎动物的 jīzhuī dòngwù de

vertical *a.* 垂直的 chuízhíde *n.* 垂直线 chuízhíxiàn

very *ad.* 非常 fēicháng; 很 hěn: a ～ cold day 很冷的一天 hěn lěng de yì tiān *a.* 正是 zhèngshì: This is the ～ thing I want. 这正是我所需要的东西。 Zhè zhèngshì wǒ suǒ xūyào de dōngxi.

vessel *n.* 1. 容器 róngqì *container 2. 船 chuán *ship

vest *n.* 1. 汗衫 hànshān *in Britain 2. 背心 bèixīn *in the U.S.A.

vestige *n.* 遗迹 yíjì: the ～s of an ancient civilization 一种古代文明的遗迹 yì zhǒng gǔdài wénmíng de yíjì

veteran *n.* 1. 老战士 lǎozhànshì; 老兵 lǎobīng: ～s of the second World War. 参加第二次世界大战的老兵 cānjiā dì-èr cì shìjiè dàzhàn de lǎobīng 2. 有经验的人 yǒu jīngyàn de rén: a ～ teacher 有经验的老师 yǒu jīngyàn de lǎoshī 3. 退伍军人 tuìwǔ jūnrén: V～s' Day *in the U.S.A. 退伍军人节 tuìwǔ-jūn-rénjié *a.* 老练的 lǎoliànde; 经验丰富的 jīngyàn fēngfù de

veterinarian *n.* 兽医 shòuyī

veterinary *a.* 兽医的 shòuyīde

veto *n.* 否决 fǒujué; 否决权 fǒujuéquán *v.* 否决 fǒujué: ～ a bill 否决议案 fǒujué yì'àn

vex *v.* 使……烦恼 shǐ …… fánnǎo

vexation *n.* 烦恼 fánnǎo

vibrant *a.* 1. 颤动的 chàndòngde *vibrating 2. 响亮的 xiǎngliàngde: a ～ voice 响亮的声音 xiǎngliàngde shēngyīn 3. 有活力的 yǒu huólìde: a city ～ with life 充满活力的城市 chōngmǎn huólì de chéngshì

vibrate *v.* 振动 zhèndòng; 颤动 chàndòng

vibration *n.* 振动 zhèndòng; 颤动 chàndòng

vicar *n.* 教区牧师 jiàoqū mùshi

vice[1] *n.* 罪恶 zuì'è

vice[2] *n.* 老虎钳 lǎohǔqián *a tool

vice- *a.* 副 fù: ～ chairman 副主席 fùzhǔxí

vice versa 反过来（也是一样）fǎnguòlái (yěshì yíyàng)

vicinity *n.* 附近 fùjìn; 邻近 línjìn: Are there any shops in the ～? 这附近有商店吗？Zhè fùjìn yǒu shāngdiàn ma?

vicious *a.* 1. 邪恶的 xié'ède; 不道德的 bú dàodé de: ～ habits 恶习 èxí 2. 恶意的 èyìde; 恶毒的 èdúde a ～ remark 恶毒的话 èdúde huà

victim *n.* 1. 牺牲 xīshēng 2. 牺牲者 xīshēngzhě; 受害者 shòuhàizhě: become (fall) the ～ of... 成为……的受害者(牺牲品)…… chéngwéi …… de shòuhàizhě (xīshēngpin)

victor *n.* 胜利者 shènglìzhě

victorious *a.* 得胜的 déshèngde

victory *n.* 胜利 shènglì

victual *n.* 食物 shíwù; 给……供应食物 gěi …… gōngyìng shíwù

video *n. & a.* 电视的 diànshìde: ～ recording 磁带录象 cídài lùxiàng

videocast *n.* 电视广播 diànshì guǎngbō

vie *v.* 竞争 jìngzhēng

view *n.* 1. 看 kàn; 视力 shìlì: come into ～ 看到 kàndào; 出现在眼前 chūxiàng zài yǎnqián, out of ～ 消失 xiāoshī 2. 景色 jingsè: a fine ～ of the distant hill 远山的优美景色 yuǎnshān de yōuměi jingsè 3. 观点 guāndiǎn: political ～s 政治观点 zhèngzhì guāndiǎn *v.* 观察 guānchá; 考虑 kǎolǜ

vigil *n.* 守夜 shǒuyè

vigilance *n.* 警惕 jǐngtì; 警戒 jǐngjiè

vigilant *a.* 警惕的 jǐngtìde

vigorous *a.* 精力旺盛的 jīnglì wàngshèng de

vigo(u)r *n.* 精力 jīnglì; 活力 huólì: full of ～ and vitality 朝气蓬勃 zhāoqì péngbó

vile *a.* 1. 卑鄙的 bēibǐde; 可耻的 kěchǐde 2. 恶劣的 èliède: 讨厌的 tǎoyànde: ～ weather 恶劣的天气 èliède tiānqì

vilify *v.* 诬蔑 wūmiè; 诽谤 fěibàng

villa *n.* 别墅 biéshù

village *n.* 村庄 cūnzhuāng

villager *n.* 村民 cūnmín

villain *n.* 1. 坏人 huàirén 2. 反派角色 fǎnpài juésè *in plays, films and stories.

vindicate *v.* 证实 zhèngshí

vindictive *a.* 有报复心的 yǒu bàofùxīn de: a ～ action 报复行为 bàofù xíngwéi

vine *n.* 1. 葡萄树 pútaoshù *grape vine 2. 藤 téng *any climbing plant

vinegar *n.* 醋 cù

vineyard *n.* 葡萄园 pútaoyuán

viola *n.* 中提琴 zhōngtíqín

violate *v.* 1. 违犯 wéifàn: ～ the law 违犯法律 wéifàn fǎlǜ 2. 侵犯 qīnfàn: ～ free speech 侵犯言论自由 qīnfàn yánlùn zìyóu

violence *n.* 1. 暴力 bàolì: acts of ～ 暴力行为 bàolì xíngwéi 2. 猛烈 měngliè: the ～ of the wind and waves 狂风巨浪 kuángfēng jùlàng

violent *a.* 1. 强暴的 qiángbàode: ～ conduct 暴行 bàoxíng 2. 猛烈的 měngliède: ～ blows 猛烈的打击 měngliède dǎjī 3. 极端的 jíduānde: a ～ dislike 极端厌恶 jíduān yànwù

violet *n.* 紫罗兰 zǐluólán; 紫罗兰色 zǐluólánsè *the colour *a.* 紫罗兰色的 zǐluólánsède

violin *n.* 小提琴 xiǎotíqín

violinist *n.* 小提琴手 xiǎotíqínshǒu

VIP = very important person 要人 yàorén; 大人物 dàrénwù

virgin *n.* 处女 chǔnǚ *a.* 1. 处女的 chǔnǚde; 贞洁的 zhēnjiéde 2. 未开发利用的 wèi kāifā lìyòng de: ～ soil 处女地 chǔnǚdì

virginity *n.* 1. 童贞 tóngzhēn 2. 纯洁 chúnjié *purity

virtual *a.* 实际上的 shíjìshangde: a ～ defeat 实际上的 失败 shíjìshangde shībài

virtue *n.* 美德 měidé: Modesty is a ～. 谦虚是一种 美德。Qiānxū shì yì zhǒng měidé. by(in) ～ of 由 于 yóuyú

virtuous *a.* 善良的 shànliángde; 有品德的 yǒu pǐndé de

virus *n.* 病毒 bìngdú

visa *n.* 签证 qiānzhèng

viscount *n.* 子爵 zǐjué

visible *a.* 1. 可见的 kějiànde 2. 明显的 míngxiǎnde in a ～ manner 明显地 míngxiǎnde

vision *n.* 1. 视力 shìlì: the field of ～ 视野 shìyě 2. 想象力 xiǎngxiànglì: the ～ of a poet 诗人的想象 力 shīrén de xiǎngxiànglì

visionary *a.* 梦幻的 mènghuànde; 想象的 xiǎngxiàngde

visit *v.* 1. 访问 fǎngwèn: ～ China 访问中国 fǎngwèn Zhōngguó / ～ a friend 拜访朋友 bàifǎng péngyou 2. 参观 cānguān: ～ an exhibition 参观一个展览 cānguān yí gè zhǎnlǎn 3. 游览 yóulǎn: ～ the Great Wall 游览长城 yóulǎn chángchéng *n.* 访问 fǎngwèn; 参观 cānguān; 游览 yóulǎn

visitor *n.* 1. 访问者 fǎngwènzhě 2. 游览者 yóulǎnzhě;

参观者 cānguānzhě: summer ~s 夏季游客 xiàjì yóukè, ~s not admitted 谢绝参观 xièjué cānguān

visual *a.* 视觉的 shìjuéde: ~ aids 直观教具 zhíguān jiàojù

visualize *v.* 设想 shèxiǎng; 想象 xiǎngxiàng

vital *a.* 1. 生命的 shēngmìngde: ~ power 生命力 shēngmìnglì / ~ statistics 人口统计 rénkǒu tǒngjì 2. 极度的 jídùde; 非常的 fēichángde: of ~ importance 十分重要 shífēn zhòngyào

vitality *n.* 生命力 shēngmìnglì: be full of ~: 充满生气 chōngmǎn shēngqì

vitamin *n.* 维生素 wéishēngsù

vivacious *a.* 活泼的 huópode

vivacity *n.* 活泼 huópo

vivid *a.* 1. 鲜艳的 xiānyànde *of colours 2. 生动的 shēngdòngde: a ~ description 生动的描述 shēngdòngde miáoshù

vocabulary *n.* 词汇 cíhuì

vocal *a.* 声音的 shēngyīnde; 发音的 fāyīnde: ~ cords 声带 shēngdài

vocation *n.* 职业 zhíyè; 天职 tiānzhí

vocational *a.* 职业的 zhíyède: a ~ school 职业学校 zhíyè xuéxiào / ~ education 职业教育 zhíyè jiàoyù

vogue *n.* 1. 时髦 shímáo 2. 流行 liúxíng: in ~ 时髦的 shímáode

voice *n.* 声（嗓）音 shēng(sǎng)yīn

voiceless *a.* 无声的 wúshēngde

void *a.* 1. 空的 kōngde 2. 缺乏……的 quēfá …… de: a subject ~ of interest 没有趣味的题目 méiyǒu qùwèi de tímù 3. 无效的 wúxiàode *in law *n.* 1. 空间 kōngjiān 2. 空虚 kōngxū

volcanic *a.* 火山的 huǒshānde: ~ activity 火山活动

huǒshān huódòng

volcano *n.* 火山 huǒshān

volleyball *n.* 排球 páiqiú

volt *n.* 伏特 fútè

voltage *n.* 电压 diànyā

voltmeter *n.* 电压表 diànyābiǎo

voluble *a.* 健谈的 jiàntánde; 流利的 liúlìde

volume *n.* 1. 卷 juàn: a novel in three ~s 一部三卷本的小说 yí bù sān juàn běn de xiǎoshuō 2. 容积 róngjī; 容量 róngliàng: the ~ of a container 容器的容积 róngqìde róngjī 3. 大量 dàliàng *pl.* ~s of smoke 成团的烟 chéngtuánde yān 4. 音量 yīnliàng: Turn the ~ down. 把音量放小。Bǎ yīnliàng fàngxiǎo.

voluminous *a.* 1. 多卷的 duōjuànde; 长篇的 chángpiānde 2. 多产的 duōchǎnde: a ~ writer 多产的作家 duōchǎnde zuòjiā

voluntary *a.* 自愿的 zìyuànde; 志愿的 zhìyuànde: a ~ army 志愿军 zhìyuànjūn, ~ labour 义务劳动 yìwù láodòng

volunteer *n.* 自愿者 zìyuànzhě; 志愿者 zhìyuànzhě: Any ~s? 有谁自愿做这事? Yǒu shuí zìyuàn zuò zhè shì?

vomit *v.* 呕吐 ǒutù

vote *n.* 1. 投票 tóupiào; 表决 biǎojué 2. 选举权 xuǎnjǔquán: Women have the ~. 妇女有选举权。Fùnǚ yǒu xuǎnjǔquán. *v.* 1. 投票 tóupiào: ~ down 否决 fǒujué, / ~ through 表决通过 biǎojué tōngguò 2. 建议 jiànyì; 提议 tíyì

voter *n.* 投票者 tóupiàozhě; 选举人 xuǎnjǔrén

vow *n.* 誓约 shìyuē *v.* 起誓 qǐshì; 发誓 fāshì

vowel *n.* 元音 yuányīn

voyage *n*. 航行 hángxíng

vulgar *a*. 粗俗的 cūsúde: a ～ person 粗俗的人 cúsūde rén

vulgarity *n*. 粗俗 cūsú

vulnerable *a*. 弱的 ruòde

vulture *n*. 兀鹰 wùyīng

W

wad *n*. 一卷 yì juǎn; 一迭 yì dié: a ～ of paper 一迭纸 yì dié zhǐ *v*. 卷 juǎn: ～ the newspaper 把报纸卷起来 bǎ bàozhǐ juǎn qǐlái

wade *v*. 涉水 shè shuǐ: ～ across a stream 蹚过小河 tāngguo xiǎohé

wag *v. & n*. 摇摆 yáobǎi

wage¹ *n*. 工资 gōngzī

wage² *v*. 进行 jìnxíng: ～ a war 进行战争 jìnxíng zhànzhēng

wagon *n*. 运货车 yùnhuòchē

wail *v. & n*. 嚎啕大哭 háotáo dàkū; 恸哭 tòngkū

waist *n*. 腰 yāo

waistband *n*. 腰带 yāodài

waistcoat *n*. 背心 bèixīn

wait *v. & n*. 等 děng; 等候 děnghòu: Please ～ a minute. 请等一等。Qǐng děng yīděng. / have a long ～ for the bus 等公共汽车等了很久 děng gōnggòng qìchē děngle hěn jiǔ

waiting *n*. 等候 děnghòu: ～ room 候诊室 hòuzhěnshì *in a hospital; 候车室 hòuchēshì *in the railway station

waiter *n*. 侍者 shìzhě; 服务员 fúwùyuán

waitress *n*. 女侍者 nǚshìzhě; 女服务员 nǚfúwùyuán

waive *v.* 放弃 fàngqì

wake *v. & n.* 唤醒 huànxíng

wake² *n.* 航迹 hángjī; in the ～ of 在……之后 zài …… zhīhòu

walk *v.* 走 zǒu *n.* 步行 bùxíng: take a ～ 散步 sànbù

walkietalkie *n.* 步话机 bùhuàjī

walkout *n.* 罢工 bàgōng

wall *n.* 墙壁 qiángbì: the Great W～ of China 万里长城 Wànlǐ-chángchéng

wallet *n.* 皮夹子 píjiāzi

walnut *n.* 1. 胡桃 hútáo; 核桃 hétao 2. 胡桃树 hútáoshù *the tree 3. 胡桃木 hútáomù *the wood

waltz *n.* 华尔兹舞 huá'ěrzīwǔ *dance; 华尔兹舞曲 huá'ěrzīwǔqǔ *music *v.* 跳华尔兹舞 tiào huá'ěrzīwǔ

wander *v.* 1. 漫步 mànbù 2. 心不在焉 xīnbúzàiyān: His mind ～s. 他神志恍惚。 Tā shénzhì huǎnghū.

wane *v.* 1. 缺 quē: the waning moon 下弦月 xiàxiányuè 2. 减少 jiǎnshǎo

want *v. & n.* 1. 要 yào: I ～ him to rest. 我要他休息。 Wǒ yào tā xiūxi 2. 需要 xūyào: I ～ a shirt 我需要一件衬衣。 Wǒ xūyào yí jiàn chènyī 3. 缺少 quēshǎo: We never ～ for food. 我们从来不缺少食品。 Wǒmen cónglái bù quēshǎo shípǐn.

war *n.* 战争 zhànzhēng

ward *n.* 1. 监护 jiānhù: This child is a ～ of the court. 这孩子受法庭监护。 Zhè háizi shòu fǎtíng jiānhù. 2. 病房 bìngfáng: a surgical～外科病房 wàikē bìngfáng

wardrobe *n.* 1. 衣柜 yīguì 2. 全部服装 quánbù fúzhuāng: a new summer ～ 新夏装 xīn xiàzhuāng

ware *n.* 器皿 qìmǐn: glass ～ 玻璃器皿 bōli qìmǐn, china ～ 瓷器 cíqì

warehouse *n.* 仓库 cāngkù

warfare *n.* 战争 zhànzhēng: germ ～ 细菌战 xìjūnzhàn

warhead *n.* 弹头 dàntóu: a missile ～ 导弹弹头 dǎodàn dàntóu

warlike *a.* 1. 好战的 hàozhànde: a ～ nation 好战的国家 hàozhànde guójiā 2. 战争的 zhànzhēngde

warm *a.* 1. 暖和的 nuǎnhuode: ～ weather 暖和的天气 nuǎnhuode tiānqì /～ milk 温牛奶 wēnniúnǎi / ～ clothes 保暖的衣服 bǎonuǎnde yīfu 2. 热烈的 rèliède: a ～ welcome 热烈欢迎 rèliè huānyíng / a ～ friend 热心的朋友 rèxīnde péngyou *v.* 使……暖和 shǐ ……… nuǎnhuo: Please ～ up this milk. 请把牛奶热一热。Qǐng bǎ niúnǎi rè yīrè.

warm-hearted *a.* 热情的 rèqíngde; 热心的 rèxīnde

warmth *n.* 温暖 wēnnuǎn

warn *v.* 1. 告诫 gàojiè: ～ him against smoking 告诫他不要吸烟 gàojiè tā búyào xīyān 2. 预先通知 yùxiān tōngzhī: The weather station ～ed that a storm was coming. 气象台预报暴风雨即将来临。Qìxiàngtái yùbào bàofēngyǔ jíjiāng láilín.

warning *n.* 警告 jǐnggào

warp *v.* & *n.* 弯曲 wānqū

warrant *n.* 1. 理由 lǐyóu: He said so without ～ 他这样说是没有理由的。Tā zhèyàng shuō shì méiyǒu lǐyóude. 2. 委任状 wěirènzhuàng; 证件 zhèngjiàn. You can't search my house without a ～. 你没有搜查证不能搜查我的屋子。Nǐ méiyǒu sōucházhèng, bùnéng sōuchá wǒde wūzi.

warrior *n.* 武士 wǔshì

warship *n.* 军舰 jūnjiàn

wash *v.* & *n.* 1. 洗 xǐ: ～ before a meal 饭前洗手 fànqián xǐshǒu 2. 冲 chōng: The bridge was ～ed away. 那座桥被冲掉了。Nà zùo qiáo bèi chōng

diào le. ~ one's hands of 与……不再有牵连关系
yǔ …… bú zài yǒu qiānlián guānxi

washable *a.* 耐洗的 nàixǐde

washing *n.* 洗的衣服 xǐde yīfu: Hang the ~ out to
dry. 把洗的衣服挂出去晾干。Bǎ xǐde yīfu guàchūqù
liànggān.

washstand *n.* 脸盆架 liǎnpénjià

wasp *n.* 黄蜂 huángfēng

waste *n.* 1. = wasteland 荒地 huāngdì: 2. 浪费
làngfèi: ~ of time 浪费时间 làngfèi shíjiān 3. 废物
fèiwù: ~ from the chemical works 化学厂排出的
废物 huàxuéchǎng páichū de fèiwù *v.* 浪费 làngfèi:
~ money 浪费钱 làngfèi qián *a.* 1. = not cultivated
荒芜的 huāngwúde: ~ land 荒地 huāngdì 2. =
useless 无用的 wúyòngde: ~ water 废水 fèishuǐ
~ paper basket 字纸篓 zìzhǐlǒu

wasteful *a.* 浪费的 làngfèide

watch *v. & n.* 1. 观看 guānkàn: ~ television 看电视
kàn diànshì 2. 注视 zhùshì: She ~ed the train
till it disappeared. 她注视着火车直到看不见为止。
Tā zhùshìzhe huǒchē zhídào kàn bú jiàn wéizhǐ.
3. 看守 kānshǒu: I'll ~ the baby while you are
away. 你不在时，我会看着孩子的。Nǐ bú zài
shí wǒ huì kānzhe háizi de. ~ for 寻求 xúnqiú:
~ for one's chance 等待机会 děngdài jīhuì

watch *n.* 表 biǎo: My ~ has stopped. 我的表停了。
Wǒde biǎo tíng le.

watchful *a.* 警戒的 jǐngjiède

watchmaker *n.* 钟表工人 zhōngbiǎo gōngrén

watchman *n.* 看守人 kānshǒurén

watchtower *n.* 了望塔 liáowàngtǎ

watchword *n.* 1. 暗语 ànyǔ 2. = slogan 标语 biāoyǔ

water *n.* 水 shuǐ: boiling ~ 开水 kāishuǐ *v.* 1. 浇水 jiāo shuǐ: ~ the flowers 浇花 jiāo huā 2. 洒水 sǎ shuǐ: ~ the streets 在街上洒水 zài jiēshang sǎ shuǐ 3. 流口水 liú kǒushuǐ: My mouth ~s. 我直流口水。 Wǒ zhí liú kǒushuǐ.

watercloset *n.* 厕所 cèsuǒ

waterfall *n.* 瀑布 pùbù

waterlogged *a.* 浸满水的 jìnmǎn shuǐ de

watermelon *n.* 西瓜 xīguā

watermill *n.* 水车 shuǐchē

waterpower *n.* 水力 shuǐlì

waterproof *a.* 防水的 fángshuǐde

watertight *a.* 1. 不透水的 bú tòushuǐ de: a ~ box 进不了水的箱子 jìnbùliǎo shuǐ de xiāngzi 2. 无懈可击的 wúxiè-kějīde: a ~ argument 无懈可击的论点 wúxiè-kějīde lùndiǎn

waterway *n.* 水道 shuǐdào

watery *a.* 1. 水的 shuǐde *relature to water 2. 像水一样的 xiàng shuǐ yíyàng de *like water. ~ soup 清水般的汤 qīng shuǐ bān de tāng

wave *v.* 1. 挥动 huīdòng: I ~d to him. 我向他招手。 Wǒ xiàng tā zhāoshǒu.

wave² *n.* 1. 波浪 bōlàng 2. 卷发 juǎnfà: a natural ~ 天然的卷发 tiānránde juǎnfà *curl in hair

waver 1. 摇 yáo: ~ ing flames 摇晃的火焰 yáohuàng-de huǒyàn 2. 犹豫 yóuyù: ~ between two courses 在两条道路中间犹豫 zài liǎng tiáo dàolù zhōngjiān yóuyù

wax *n.* 腊 là

way *n.* 1. 路 lù: ask the ~ 问路 wèn lù 2. 方向 fāngxiàng: come this ~ 向这边走来 xiàng zhèbiān zǒulái 3. 距离 jùlí: a long ~ from home 离家很远

lí jiā hěn yuǎn 4. 方法 fāngfǎ: the best ～ to do this 做这事的最好方法 zuò zhè shì de zuì hǎo fāngfǎ 5. 习惯 xíguàn: ～s of living 生活方式 shēnghuó fāngshì 6. 方面 fāngmiàn: In some ～s you are right. 你在某些方面是对的。 Nǐ zài mǒu xiē fāngmiàn shì duì de. *ad.* 远远地 yuǎnyuǎnde: He is ～ ahead. 他远远地领先。 Tā yuǎnyuǎnde língxiān. any ～ 不管怎样 bùguǎn zěnyàng, by the ～ 顺便说 shùnbiàn shuō, give ～ 让步 ràngbù

we *pron.* 我们 wǒmen

weak *a.* 弱的 ruòde: a ～ heart 心脏很弱 xīnzàng hěn ruò / too ～ to defend one's rights 太软弱而不能保护自己的权利 tài ruǎnruò ér bùnéng bǎohù zìjide quánlì / ～ in French 法语很差 fǎyǔ hěn chà

weaken *v.* 削弱 xuēruò

weakness *n.* 1. 弱点 ruòdiǎn 2. 嗜好 shìhào: a ～ for wine 好喝酒 hào hē jiǔ

wealth *n.* 财富 cáifù

wealthy *a.* 富有的 fùyǒude

weapon *n.* 武器 wǔqì

wear *v.* 1. 穿 chuān: ～ a coat 穿大衣 chuān dàyī 2. 戴 dài: ～ glasses 戴眼镜 dài yǎnjìng / ～ diamonds 戴钻石首饰 dài zuànshí shǒushi / ～ hats 戴帽子 dài màozi 3. 带着 dàizhe: ～ a sad look 面带愁容 miàn dài chóuróng 4. 磨损 mósǔn: Children's trousers ～ out easily. 孩子的裤子很快就穿破了。 Háizide kùzi hěn kuài jiù chuānpò le. *n.* 1. 穿 chuān: clothes for everyday ～ 日常穿的衣服 rìcháng chuānde yīfu 2. 服装 fúzhuāng: men's ～ 男装 nánzhuāng, under～ 内衣 nèiyī 3. 磨损 mósǔn: Look at the ～ on these shoes. 你看这双鞋磨成这样。 Nǐ kàn zhè shuāng xié móchéng zhèyàng.

wearing *a.* 令人厌烦的 lìng rén yànfán de

wearisome *a.* 使人疲劳的 shǐ rén píláo de

weary *a.* 1. 疲倦的 píjuànde: a ~ face 显得疲倦的面容 xiǎnde píjuàn de miànróng 2. 不耐烦的 bú nàifán de: ~ of waiting 等得不耐烦 děngde bú nàifán

weasel *n.* 黄鼠狼 huángshǔláng; 鼬鼠 yòushǔ

weather *n.* 天气 tiānqì: under the ~ 身体不舒服 shēntǐ bù shūfu

weather-beaten *a.* 风吹日晒的 fēngchuī-rìshài de

weather-forecast *n.* 天气预报 tiānqì yùbào

weatherproof *a.* 经得起风雨的 jīngde qǐ fēngyǔ de

weave *v.* 织 zhī; 编 biān

weaver *n.* 纺织工 fǎngzhīgōng

web *n.* 1. 网 wǎng 2. 蹼 pǔ *of ducks

wed *v.* 结婚 jiéhūn

wedding *n.* 婚礼 hūnlǐ

wedge *n.* 楔 xiē *v.* 插入 chārù

Wednesday 星期三 xīngqīsān

weed *n.* 杂草 zácǎo *v.* 除草 chú cǎo: ~ a garden 除去花园里的草 chúqù huāyuán lǐ de cǎo

weedy *a.* 多杂草的 duō zácǎo de

week *n.* 星期 xīngqī; 周 zhōu

weekday *a.* 平日 píngrì; 工作日 gōngzuòrì

weekend *n.* 周末 zhōumò

weekly *a. & ad.* 每周的 měi zhōu de *n.* 周刊 zhōukān

weep *v. & n.* 哭泣 kūqì

weigh *v.* 1. 称 chēng; 量 liáng: ~ oneself 量体重 liáng tǐzhòng, / The box ~s 7 pounds. 这个盒子重七磅。 Zhège hézi zhòng qī bàng. 2. 考虑 kǎolǜ: ~ one's words 字斟句酌 zìzhēn-qùzhuó

weight *n.* 1. 体重 tǐzhòng: What's your ～? 你体重是多少？Nǐ tǐzhòng shì duōshao? / She's put on (lost) ～. 她胖（瘦）了。Tā pàng (shòu) le. 2. 重力 zhònglì: the ～ of an object 物体重力 wùtǐ zhònglì 4. 砝码 fǎmǎ: one pound ～ 一磅重的砝码 yí bàng zhòng de fǎmǎ, a paper ～ 镇纸 zhènzhǐ, ～ lifting 举重 jǔzhòng *v.* 重压 zhòngyā

weighty *a.* 重大的 zhòngdà de: ～ problems 重大问题 zhòngdà wèntí

weird *a.* 不可思议的 bùkěsīyìde; 奇特的 qítède

welcome *a.* 1. 受欢迎的 shòu huānyíng de: All suggestions will be ～. 欢迎任何建议。Huānyíng rènhé jiànyì. 2. 别客气 bié kèqi, "Thank you" 谢谢 xièxiè, "You are ～." 别客气。Bié kèqi. *v. & n.* 欢迎 huānyíng

weld *v. & n.* 焊接 hànjiē

welfare *n.* 福利 fúlì: public ～ 社会福利 shèhuì fúlì

well¹ *n.* 井 jǐng: ～ water 井水 jǐngshuǐ *v.* 喷出 pēnchū *of liquid

well² *ad.* 好 hǎo: He speaks English very ～. 他说英文说得很好。Tā shuō yīngwén shuōde hěn hǎo. 2. 很 hěn: It's ～ worth trying. 这值得一试。Zhè zhíde yí shì. as ～ 也 yě, may as ～ 不妨 bùfáng

well³ *a.* （身体）好 (shēntǐ) hǎo; 健康 jiànkāng: You look ～. 你脸色很好。Nǐ liǎnsè hěn hǎo.

well-being *n.* 幸福 xìngfú; 舒适 shūshì; 健康 jiànkāng

well-bred *a.* 有教养的 yǒu jiàoyǎng de

well-grounded *a.* 有根据的 yǒu gēnjù de

well-known *a.* 著名的 zhùmíngde

well-to-do *a.* 小康的 xiǎokāngde

Welsh *a.* 威尔士的 Wēi'ěrshìde *n.* the W～ 威尔士人 Wēi'ěrshìrén

west *n.* 西部 xībù: Xinjiang is in the ~ of China. 新疆 在中国的西部。 Xīnjiāng zài Zhōngguó de xībù. *a.* 西方的 xīfāngde; 朝西的 cháo xī de, the ~ coast 西海岸 xī hǎi'àn *ad.* 在西方 zài xīfāng: travel ~ 去西方旅游 qù xīfāng lǚyóu

western *a.* 西方的 xīfāngde: the W~ Hemisphere 西半 球 xī bànqiú

westwards *ad.* 向西 xiàng xī

wet *a.* 1. 湿的 shīde: My hair is still ~, so I can't go out. 我头发还湿，不能出去。 Wǒ tóufa hái shī, bùnéng chūqù. 2. 下雨的 xiàyǔde: a ~ day 下雨天 xiàyǔ tiān *v.* 弄湿 nòng shī: ~ the bed 把床 尿湿 bǎ chuáng niào shī

whack *v. & n.* 重击 zhòngjī

whale *n.* 鲸鱼 jīngyú *v.* 捕鲸 bǔ jīng: go whaling 捕鲸 bǔ jīng

wharf *n.* 码头 mǎtóu

what *pron.* 什么 shénme: What do you want? 你要什么? Nǐ yào shénme? *a.* 多么 duōme: W~ a pity! 多可惜! Duō kěxī! / W~ a beautiful picture! 多么漂亮的画! Duōme piàoliang de huà! W about ... ? ……怎么样? …… Zěnmeyàng? W~ is more 而且 érqiě; 还有 háiyǒu

whatever *pron. & a.* 无论什么 wúlùn shénme

wheat *n.* 小麦 xiǎomài

wheel *n.* 车轮 chēlún *v.* 滚动 gǔndòng

wheelbarrow *n.* 独轮手推车 dúlún shǒutuīchē

wheelchair *n.* 轮椅 lúnyǐ

when ,*ad.* 1. 什么时候 shénme shíhou: W~ will they come? 他们什么时候来? Tāmen shénme shí-hou lái? 2. ……的时候 …… de shíhou: the day ~ we met 我们见面的日子 wǒmen jiànmiàn de rìzi *conj.* 1. 当……时 dāng …… shí: She was very beautiful ～ she was young. 她年青的时候很漂亮。 Tā niánqīng de shíhou hěn piàoliang.

whenever *conj. & ad.* 无论什么时候 wúlùn shénme shíhou

where *ad. & pron.* 1. 什么地方 shénme dìfang; 哪里 nǎlǐ: I wonder ～ he is. 我不知道他在哪里。 Wǒ bù zhīdào tā zài nǎlǐ 2. ……的地方…… …… de dìfang: …… This is ～ I live. 这就是我住的地方。 Zhè jiùshì wǒ zhù de dìfang.

whereabouts *ad.* 在什么地方 zài shénme dìfang *n.* 下落 xiàluò: Her present ～ is unknown. 她的下落不明。 Tāde xiàluò bùmíng.

whereas *conj.* 1. 而 ér; 却 què: They want tea, ～ we would rather have coffee. 他们要喝茶，而我们愿意喝咖啡。 Tāmen yào hē chá, ér wǒmen yuànyì hē kāfēi. 2. = since 鉴于 jiànyú

wherever *ad.* 无论在哪里 wúlùn zài nǎlǐ

whether *conj. & pron.* 1. 是否 shìfǒu: I don't know ～ he is there or not. 我不知道他是否在那里。 Wǒ bù zhīdào tā shìfǒu zài nàli. 2. 不管 bùguǎn: I shall go, ～ it rains or not. 不管是否下雨我都会去。 Bùguǎn shìfǒu xiàyǔ wǒ dōu huì qù.

which *pron. & a.* 哪个 nǎge

whichever *pron. & a.* 随便哪个 suíbiàn nǎge

while *n.* 一会儿 yíhuìr: wait a ～ 等一会儿 děng yíhuìr *conj.* 当……时候 dāng …… shíhou: Please write ～ I dictate. 我念请你记下。Wǒ niàn qǐng nǐ jìxia.

whine *v.* 哀鸣 āimíng; 哭诉 kūsù

whip *n.* 鞭子 biānzi *v.* 鞭打 biāndǎ

whirl *v. & n.* 旋转 xuánzhuàn

whirlwind *n.* 旋风 xuànfēng

whisk *v.* 拂 fú; 掸 dǎn

whisker *n.* 胡子 húzi; 须 xū

whisky *n.* 威士忌 wēishìjì

whisper *v. & n.* 低语 dīyǔ; 低声说话 dīshēng shūohuà

whistle *v.* 1. 吹哨 chuīshào: *with the lips 2. 鸣汽笛 míng qìdí: The train ~d. 火车鸣汽笛。 Huǒchē míng qìdí. 3. 呼啸 hūxiào: The wind ~d. 风在呼啸。Fēng zài hūxiào. *n.* 口哨 kǒushào

white *a.* 白的 báide *n.* 白色 báisè: be dressed in ~ 穿白色衣服 chuān báisè yīfu 白种人 báizhǒngrén *people, W~ House 白宫 báigōng

whitewash *n.* 刷墙白灰 shuāqiáng báihuī *v.* 粉刷 fěnshuā

who *pron.* 1. 谁 shéi W~ is he? 他是谁? Tā shì shéi? 2. ……的人…… …… de rén……: He is the man ~ lost his key. 他就是那个丢钥匙的人。Tā jiùshì nàge diū yàoshi de rén.

whoever *pron.* 不管什么人 bùguǎn shénme rén

whole *n. & a.* 全部的 quánbùde: the ~ day 整天 zhěngtiān, / ~ milk powder 全脂奶粉 quánzhī nǎifěn, / the ~ truth 全部事实真相 quánbù shìshí zhēnxiàng, / as a ~ 总体上 zǒngtǐshang

wholehearted *a.* 全心全意的 quánxīn-quányìde

wholesale *n.* 批发 pīfā *a.* 批发的 pīfāde: at ~ prices 按批发价格 àn pīfā jiàgé

wholesome *a.* 有益于健康的 yǒuyìyú jiànkāng de

wholly *ad.* 完全的 wánquánde

whom *pron.* 谁 shuí (shéi)

whore *n.* 娼妓 chāngjì

whose *pron.* 谁的 shuíde: W~ bag is this? 这是谁的包? Zhè shì shuíde bāo?

why *ad.* 为什么 wèishénme: W~ so early? 为什么(来)这么早? Wèishénme (lái) zhème zǎo?

wick *n.* 灯心 dēngxīn

wicked *a.* 1. 邪恶的 xié'ède: a ～ person 坏人 huàirén 2. 厉害的 lìhàide: a ～ headache 剧烈的头疼 jùliède tóuténg

wicker *n.* 柳条 liǔtiáo; 枝条 zhītiáo

wide *a.* 1. 宽的 kuānde: a ～ road 宽广的路 kuānguǎng de lù 2. 广阔的 guǎngkuòde: ～ sea 茫茫的海 mángmángde hǎi 3. 张大的 zhāngdàde: ～ eyes 睁大的眼 zhēngdàde yǎn

widely *ad.* 广泛地 guǎngfànde

widen *v.* 加宽 jiākuān

widespread *a.* 广泛流传的 guǎngfàn liúchuán de

widow *n.* 寡妇 guǎfù

widower *n.* 鳏夫 guānfū

width *n.* 宽 kuān; 宽度 kuāndù

wield *v.* 1. 行使 xíngshǐ: ～ power 行使权力 xíngshǐ quánlì 2. 挥舞 huīwǔ: ～ a sword 舞剑 wǔ jiàn

wife *n.* 妻子 qīzi

wig *n.* 假发 jiǎfà

wiggle *v. & n.* 摆动 bǎidòng

wild *a.* 1. 野的 yěde: ～ animals 野兽 yěshòu 2. 荒野的 huāngyěde: ～ scenery 荒凉的景色 huāngliángde jǐngsè 3. 狂暴的 kuángbàode: a ～ night 暴风雨之夜 bàofēngyǔ zhī yè 4. 狂热的 kuángrède: be ～ about sports 热衷于体育运动 rèzhōngyú tǐyù yùndòng

wildly *ad.* 狂暴地 kuángbàode

wildcat *n.* 野猫 yěmāo

wilderness *n.* 荒野 huāngyě

wilful *a.* 1. 任性的 rènxìngde: a ～ child 任性的孩子 rènxìngde háizi 2. 蓄意的 xùyìde: ～ murder 蓄意谋杀 xùyì móushā

will[1] *v.* 将 jiāng; 会 huì: The weather ～ be good

tomorrow. 明天将是好天。Míngtiān jiāng shì hǎo tiān. 2. 愿意 yuànyì: W~ you have some tea? 你愿意喝些茶吗? Nǐ yuànyì hē xiē chá ma?

will² *n.* 1. 遗嘱 yízhǔ: He wrote his ~ long before his death. 他死之前早就写了遗嘱。Tā sǐ zhīqián zǎo jiù xiěle yízhǔ. 2. 意愿 yìyuàn: of one's own ~ 按照自己的意愿 ànzhào zìjǐde yìyuàn 3. 意志 yìzhì: He has a strong ~. 他有坚强的意志。Tā yǒu jiānqiángde yìzhì. at ~ 任意地 rènyìde

willing *a.* 愿意的 yuànyìde

willow *n.* 柳树 liǔshù: a weeping ~ 垂柳 chuíliǔ

win *v.* 1. 获胜 huòshèng: We've won. 我们胜利了。Wǒmen shènglì le. 2. 获得 huòdé: ~ a prize 获奖 huòjiǎng, ~ over 争取 zhēngqǔ

wind¹ *n.* 风 fēng: a gust of ~ 一阵风 yí zhèn fēng, / ~ instrument 管乐器 guǎnyuèqì

wind² *v.* 1. 蜿蜒 wānyán: The path ~s through the woods. 小路蜿蜒穿过树林。Xiǎolù wānyán chuānguo shùlín. 2. 绕 rào: ~ wool 绕毛线 rào máoxiàn 3. 上紧发条 shàngjǐn fātiáo: ~ a watch 上表 shàng biǎo

windbreak *n.* 防风林 fángfēnglín *forest

winding *a.* 弯曲的 wānqūde: a ~ staircase 盘旋式楼梯 pánxuánshì lóutī

window *n.* 窗户 chuānghu

windowpane *n.* 窗子上的玻璃 chuāngzi shang de bōli

windowsill *n.* 窗台 chuāngtáir

windpipe *n.* 气管 qìguǎn

windstorm *n.* 风暴 fēngbào

windy *a.* 有风的 yǒu fēng de: a ~ day 刮风的日子 guāfēng de rìzi

wine *n.* 葡萄酒 pútaojiǔ; 酒 jiǔ

wing *n.* 1. 翼 yì; 翅膀 chìbǎng: the ~s of a bird 鸟的翅膀 niǎode chìbǎng 2. 机翼 jīyì: the ~s of an aeroplane 飞机机翼 fēijī jīyì 3. 侧厅 cètīng: the ~s of a building 大楼的侧厅 dàlóu de cètīng 4. 翼 yì: right ~ leaders 右翼领袖 yòuyì língxiù

wink *v. & n.* 贬眼 zhǎyǎn: in a ~ 瞬息之间 shùnxī zhījiān

winner *n.* 获胜者 huòshèngzhě

winnow *v.* 扬 yáng; 簸 bǒ

winter *n.* 冬季 dōngjì; 冬天 dōngtiān *v.* 过冬 guòdōng

wipe *v.* 擦 cā; 揩 kāi: ~ out 去掉 qùdiào *get rid of, ~ away 擦去 cāqù, ~ out 消灭 xiāomiè *annihilate

wire *n.* . 金属丝 jīnshǔsī: copper ~ 铜丝 tóngsī 2. 电线 diànxiàn: a telephone ~ 电话线 diànhuàxiàn *v.* 打电报 dǎ diànbào: W~ her to come home. 打电报叫她回来。Dǎ diànbào jiào tā huílái.

wireless *a.* 无线的 wúxiànde *n.* 无线电 wúxiàndiàn; 收音机 shōuyīnjī

wisdom *n.* 智慧 zhìhuì

wise *a.* 1. 聪明的 cōngmingde: a ~ person 智者 zhìzhě; 聪明的人 cōngmingde rén 2. 明智的 míngzhìde: He was ~ not to go. 他没走是明智的。Tā méi zǒu shì míngzhì de.

wish *v.* 1. 希望 xīwàng: I ~ we had a larger room. 我希望我们有一间大一点的房子。Wǒ xīwàng wǒmen yǒu yì jiān dà yìdiǎnr de fángzi. 2. 祝愿 zhùyuàn: I ~ you a Happy New Year! 祝你新年快乐！Zhù nǐ xīnnián kuàilè! *n.* 1. 希望 xīwàng; 愿望 yuànwàng: He got his ~es. 他如愿以偿了。Tā rúyuànyícháng le. 2. 问候 wènhòu: Please send them my best ~es. 请替我向他们问好。**Qǐng**

tì wǒ xiàng tāmen wènhǎo. 3. 要求 yāoqiú: It is her ~ that you leave. 她要你离开这里。Tā yào nǐ líkāi zhèli.

wit *n.* 1. 才智 cáizhì: have quick ~s 能急中生智 néng jízhōng-shēngzhì 2. 理智 lǐzhì: lose one's ~s 丧失理智 sàngshī lǐzhì, out of one's ~s 不知所措 bùzhī suǒcuò

witch *n.* 女巫 nǚwū

witchcraft *n.* 魔法 mófǎ; 巫术 wūshù

with *prep.* 1. 有 yǒu; 带 dài: a cup ~ a handle 带把的杯子 dàibàde bēizi 2. 用 yòng: dig ~ a pick 用镐挖掘 yòng gǎo wājué 3. 与 yǔ; 和 hé: come ~ me 跟我来 gēn wǒ lái 4. 同意 tóngyì: He agrees ~ us. 他同意我们的意见。Tā tóngyì wǒmende yìjiàn. 5. 由于 yóuyú; 因为 yīnwei: jump ~ joy 高兴得跳起来 gāoxìngde tiào qǐlái / shiver ~ cold 冻得发抖 dòngde fādǒu

withdraw *v.* 1. 收回 shōuhuí: ~ money from the bank 向银行提款 xiàng yínháng tíkuǎn 2. 撤退 chètuì: ~ troops from ... 把军队从……撤回 bǎ jūnduì cóng …… chèhuí 3. 拉开 lākāi: ~ a curtain 拉开窗帘 lākāi chuānglián

wither *v.* 凋谢 diāoxiè

withhold *v.* 1. 不给 bù gěi 阻止 zǔzhǐ: ~ one's support 不支持 bù zhīchí 2. 隐瞒 yǐnmán: He withheld the news from us. 他对我们隐瞒消息。Tā duì wǒmen yǐnmán xiāoxi.

within *ad.* & *prep.* 1. 以内 yǐnèi: ~ an hour 一小时以内 yì xiǎoshí yǐnèi, ~ one's reach 就在附近 jiù zài fùjìn 2. 在内部 zài nèibù: be clean ~ and without 里里外外都干净 lǐlǐ-wàiwài dōu gānjìng

without *ad.* 缺乏 quēfá: We can manage ~. 没有也

行。Méiyǒu yě xíng. *prep.* 没有 méiyǒu; 不 bù: a man
~friends 没有朋友的人 méiyǒu péngyou de rén,
not ~ reason 不无道理 bù wú dàolǐ

withstand *v.* 1. 抵挡 dǐdǎng: ~ the storm 顶住暴风雨
dǐngzhù bàofēngyǔ 2. 经受 jīngshòu: shoes that ~
hard wear 耐穿的鞋 nàichuānde xié

witness *n.* 1. 证明 zhèngmíng; 见证 jiànzhèng: give ~
in a law court 在法庭作证 zài fǎtīng zuòzhèng 2.
证人 zhèngrén; 目击者 mùjīzhě: a ~ of an incident
事件的目击者 shìjiànde mùjīzhě

witty *a.* 机智的 jīzhìde; 诙谐的 huīxiéde

wizard *n.* 1. 男巫 nánwū *a male witch 2. 奇才 qícái
*person outstandingly clever in certain field.

woe *n.* 苦恼 kǔnǎo; 悲痛 bēitòng

wolf *n.* 狼 láng

woman *n.* 女人 nǚrén; 妇女 fùnǚ

wonder *n.* 1. 惊奇 jīngqí: be filled with ~ 非常惊奇
fēicháng jīngqí 2. 奇迹 qíjì: The Great Wall in China
is one of the world ~s. 中国的万里长城是世界奇
迹之一。 Zhōngguó de wànlǐ-chángchéng shì shìjiè
qíjì zhī yī. (It's) no ~ 那当然。 nà dāngrán *v.* 1.
惊奇 jīngqí: It's not to be ~ed at. 这是不足为奇的。
Zhè shì bùzúwéiqí de. 2. 想知道 xiǎng zhīdào; 真不
知道 zhēn bù zhīdào: I ~ who that man is. 我不知
道那男人是谁。 Wǒ bù zhīdào nà nánrén shì shuí

wonderful *a.* 精彩的 jīngcǎide; 好极了 hǎojíle: a ~
performance 精彩的表演 jīngcǎide biǎoyǎn / a ~
idea 好主意 hǎo zhǔyì / have a ~ time 玩得很痛快
wánrde hěn tòngkuài

wood *n.* 1. 木头 mùtou: made of ~ 木制的 mùzhìde
2. 树林 shùlín: go through the ~s 穿过树林 chuān-
guo shùlín, cannot see the ~ for the trees 只见树木

不见森林 zhǐjiàn shùmù bù jiàn sēnlín

woodcut *n.* 木刻 mùkè

wooden *a.* 1. = made of wooden 木制的 mùzhìde: a ~ horse 木马 mùmǎ 2. = lacking spirit or animation 呆板的 dāibǎnde: a ~ face 毫无表情的脸 háowú biǎoqíng de liǎn

woodpecker *n.* 啄木鸟 zhuómùniǎo

woodwork *n.* 木制品 mùzhìpǐn

wool *n.* 羊毛 yángmáo: cut ~ 剪羊毛 jiǎn yángmáo, / wear ~ 穿毛料服装 chuān máoliào fúzhuāng

woollen *a.* 羊毛的 yángmáode: a ~ coat 羊毛外衣 yángmáo wàiyī

word *n.* 1. 词 cí: a new ~ 生词 shēngcí 2. 话 huà: I'll have a ~ with you. 我有话对你说。Wǒ yǒu huà duì nǐ shuō. 3. 消息 xiāoxi: Please send me ~ when he arrives safely. 请把他平安到达的消息告诉我。Qǐng bǎ tā píng'ān dàodá de xiāoxi gàosu wǒ. 4. 诺言 nuòyán: break one's ~ 食言 shíyán / give one's ~ 保证 bǎozhèng / keep one's ~ 遵守诺言 zūnshǒu nuòyán

work *n.* 1. 工作 gōngzuò; 事 shì: I have a lot of ~ to do today. 今天我有很多工作要做。Jīntiān wǒ yǒu hěn duō gōngzuò yào zuò. / go to ~ 上班 shàngbān, / stop ~ at six 六点下班 liù diǎn xiàbān 2. 功 gōng: convert heat into ~ 变热为功 biàn rè wéi gōng 3. 作品 zuòpǐn; 著作 zhùzuò: the ~s of Shakespeare 莎士比亚的著作 Shāshibǐyà (Shakespeare) de zhùzuò, /a ~ of art 一件艺术品 yí jiàn yìshùpǐn 4. 工厂 gōngchǎng: an iron and steel ~s 钢铁工厂 gāngtiě gōngchǎng *v.* 1. 工作 gōngzuò: He ~s in a factory. 他在工厂工作。Tā zài gōngchǎng gōngzuò. 2. 起作用 qǐ zuòyòng: The medicine doesn't work. 药不起作用。 **Yào bù qǐ zuòyòng.** 3. 操作 cāozuò: ～ a machine 操作机器 cāozuò jīqì

worker *n.* 工人 gōngrén

workmanship *n.* 手艺 shǒuyì

workshop *n.* 车间 chējiān

world *n.* 1. 世界 shìjiè: a map of the ～ 世界地图 shìjiè dìtú 2. 领域 lǐngyù; 界 jiè: the newspaper ～ 新闻界 xīnwénjiè / the ～ of animals 动物界 dòngwùjiè 3. 地区 dìqū: the English-speaking ～ 讲英语的 国家和地区 jiǎng yīngyǔ de guójiā hé dìqū 4. 世故 shìgù: a man of the ～ 饱经世故的人 bǎojīng shìgù de rén

worldwide *a.* 全世界的 quánshìjiède

worldly *a.* 世俗的 shìsúde

worm *n.* 虫 chóng; 蠕虫 rúchóng *v.* 小心缓行 xiǎoxīn huǎnxíng *move slowly and stealthily 蠕行 rúxíng *wriggle

worn *a.* 用旧的 yòngjiùde: ～ garments 旧衣服 jiù yīfu

worn-out *a.* 破旧的 pòjiùde

worry *n. & v.* 烦恼 fánnǎo; 担心 dānxīn

worse *a.* 更坏的 gèng huàide; 更差的 gèng chàde

worship *n. & v.* 崇拜 chóngbài: your W～ 阁下 géxià

worst *a.* 最坏的 zuì huàide; 最差的 zuì chàde

worth *a.* 1. 值 zhí: How much is it ～? 这值多少钱？ Zhè zhí duōshao qián? 2. 值得……的 zhíde …… de: The book is ～ reading. 这书值得一读。 Zhè shū zhíde yìdú. *n.* 价值 jiàzhí

worthless *n.* 无价值的 wú jiàzhíde

worthy *a.* 值得的 zhídéde: ～ of the name 名符其实的 míngfúqíshíde

worthwhile *a.* 值得的 zhídéde

wound *n. & v.* 伤 shāng; 创伤 chuāngshāng

wrap *v.* 包 bāo: ～ping paper 包装纸 bāozhuāngzhǐ

wrath *n.* 愤怒 fènnù

wreath *n.* 花圈 huāquān; 花环 huāhuán

wreck *n.* 1. 失事 shīshì; 遭难 zāonàn: save a ship from ～ 营救失事船只 yíngjiù shīshì chuánzhǐ 2. 残骸 cánhái: the ～ of the plane 飞机残骸 fēijī cánhái *v.* 破坏 pòhuài

wreckage *n.* 残骸 cánhái

wrench *n.* 扳子 bānzi *v.* 扭 niǔ

wrest *v.* 1. 夺 duó: He ～ed the book from her hands. 他把书从她手中夺过来。 Tā bǎ shū cóng tā shǒu zhōng duó guolai. 2. 歪曲 wāiqū: ～ facts 歪曲事实 wāiqū shìshí

wrestle *v.* 摔跤 shuāijiāo

wretch *n.* 可怜而不幸的人 kělián ér búxìng de rén: homeless ～es 无家可归的不幸的人们 wújiā kěguī de búxìngde rénmen

wriggle *v. & n.* 扭动 niǔdòng; 蠕动 rúdòng

wring *v.* 拧 níng: ～ water from a towel 拧出毛巾里的水 níngchū máojīn li de shuǐ

wrinkle *n.* 绉纹 zhòuwén

wrist *n.* 腕子 wànzi: a ～ watch 手表 shǒubiǎo

write *v.* 1. 写 xiě: He wrote a report. 他写了一份报告。 Tā xiěle yí fèn bàogào 2. 写信 xiě xìn: He wrote to her every week. 他每个星期给她写信 Tā měi gè xīngqī gěi tā xiě xìn.

writer *n.* 作家 zuòjiā; 作者 zuòzhě

writing *n.* 1. 书写 shūxiě: reading and ～ 读写 dúxiě 2. 作品 zuòpǐn: a piece of ～ 一部作品 yí bù zuòpǐn

written *a.* 书面的 shūmiànde; 笔头的 bǐtóude: ～ work
书面作业 shūmiàn zuòyè, / ～ law 成文法 chéngwén
fǎ, / a ～ examination 笔试 bǐshì

wrong *a.* 1. 错误的 cuòwùde: a ～ answer 错误的答案
cuòwùde dá'àn 2. 有毛病的 yǒu máobìng de:
Something is ～ with the machine. 机器有点毛病
了。Jīqì yǒudiǎnr máobìngle. *n.* 错误 cuòwù:
right and ～ 是与非 shì yǔ fēi *v.* 委屈 wěiqū; 冤枉
yuānwang

wry *a.* 歪扭的 wāiniǔde: a ～ face 苦脸 kǔliǎn

X

xenophobia *n.* 对外国人或外国事物的畏惧和憎恨 duì
wàiguórén huò wàiguó shìwù de wèijù hé zēnghèn;
排外主义 páiwàizhǔyì

Xerox *v.* 机器复印 jīqì fùyìn *n.* 复印件 fùyìnjiàn

X-ray *n.* X 光 X-guāng *v.* 用 X 光检查或治疗 yòng X-
guāng jiǎnchá huò zhìliáo

xylophone *n.* 木琴 mùqín

Y

yacht *n.* 游艇 yóutǐng; 快艇 kuàitǐng

yak *n.* 牦牛 máoniú

Yankee *n.* 美国佬 měiguólǎo

yard[1] *n.* 1. 院子 yuànzi: a school-～ 校院 xiàoyuàn
2. 工作场 gōngzuòchǎng: a ship～ 造船厂 zào-
chuánchǎng

yard[2] *n.* 码 mǎ *measure of length.

yardstick *n.* 1. 码尺 mǎchǐ 2. 尺度 chǐdù: the ～ of
success 衡量成功的尺度 héngliáng chénggōng de

chǐdù

yarn *n.* 纱 shā: cotton ～ 棉纱 miánshā

yawn *v.* 1. 打呵欠 dǎ hāqian 2. 裂开 lièkāi: a ～ing crack 大裂缝 dàlièfèng *n.* 呵欠 hāqian

year *n.* 1. 年 nián: New Y～'s Day 元旦 Yuándàn / next ～ 明年 míngnián, ～ in ～ out 年复一年 nián fù yì nián, ～ after ～ 年年 nián nián 2. 年龄 niánlíng: He is twenty ～s old. 他二十岁。 Tā èrshí suì.

yearbook *n.* 年鉴 niánjiàn

yearly *a.* 每年的 měi nián de

yearn *v.* 1. 想念 xiǎngniàn: ～ to return home 极想回 家 jí xiǎng huíjiā 2. 渴望 kěwàng: ～ for success 渴望成功 kěwàng chénggōng

yearning *n.* 渴望 kěwàng

yeast *n.* 酵母 jiàomǔ

yell *v. & n.* 大喊 dàhǎn; 嚷 rǎng

yellow *a.* 黄色的 huángsède *n.* 1. 黄色 huángsè 2. 蛋黄 dànhuáng *of an egg

yellowish *a.* 带黄色的 dài huángsède

yes *ad. & n.* 是 shì

yesterday *n. & ad.* 昨天 zuótiān: the day before ～ 前天 qiántiān

yet *ad.* 1. 还 hái: not ～ 还没有 hái méiyǒu *conj.* 而 ér; 然而 rán'ér: It is strange, ～ true. 这很奇怪，然而这是真的。 Zhè hěn qíguài, rán'ér zhè shì zhēn de. as ～ 至今还没有 zhìjīn hái méiyǒu

yield *v.* 1. 产生 chǎnshēng: That tree ～s plenty of fruit. 那棵树结很多果子。 Nà kē shù jiē hěn duō guǒzi. 2. 放弃 fàngqì: The enemy ～ed to us. 敌人向我们投降了。 Dírén xiàng wǒmen tóuxiáng le. *n.* 产量 chǎnliàng: ～ of wheat 小麦产量

xiǎomài chǎnliàng

yielding *a.* 易变形的 yì biànxíng de: soft and ～ 柔软
而易变形 róuruǎn ér yì biànxíng

yoga *n.* 瑜珈操 yújiācāo

yoghurt, yogurt, yoghourt *n.* 酸奶 suānnǎi

yoke *n.* 1. 牛轭 niú'è *for oxen, etc. 2. 枷锁 jiāsuǒ

yolk *n.* 蛋黄 dànhuáng

you *pron.* 1. 你 nǐ 2. 你们 nǐmen *pl.

young *a.* 1. 年青的 niánqīngde: ～ people 年青人
niánqīngrén 2. 幼小的 yòuxiǎode: a ～ tree 小树
xiǎoshù *n.* 1. 青年 qīngnián: the ～ 青年们 qīng-
niánmen 2. 崽 zǎi; 小动物 xiǎodòngwù *of ani-
mals

youngster *n.* 年轻人 niánqīngrén

your *a.* 1. 你的 nǐde 2. 你们的 nǐmende *pl.

yours *n.* 你(们)的 nǐ (men) de

yourself *pron.* 1. 你自己 nǐzìjǐ

youth *n.* 1. 青春 qīngchūn: full of ～ and vigour 充满
青春活力 chōngmǎn qīngchūn huólì 2. 青年时期
qīngnián shíqī: in one's ～ 在年轻的时候 zài nián-
qīngde shíhou 3. 青年们 qīngniánmen: the ～ of
today 当代青年 dāngdài qīngnián

youthful *a.* 1. = young 年轻的 niánqīngde: a ～
teacher 年轻的教师 niánqīngde jiàoshī 2. = full of
youthful vigour 富于青春活力的 fùyú qīngchūn
huólì de

Z

zeal *n.* 热心 rèxīn: great ～ for knowledge 强烈的求
知欲 qiángliède qiúzhiyù

zealous *a.* 热心的 rèxīnde

zebra *n.* 斑马 bānmǎ:~ crossing 人行横道 rénxíng héng-dào

zenith *n.* 天顶 tiāndǐng *of the heavens;顶点 dǐngdiǎn *highest point

zero *n. & a.* 零（的）líng (de)

zest *n.* 热情 rèqíng

zigzag *n. & a.* 之字形（的）zhīzìxíng (de): a ~ path 羊肠小道 yángcháng xiǎodào *ad.* 弯弯曲曲地 wān-wānqūqūde

zinc *n.* 锌 xīn

Zionism *n.* 犹太复国主义 yóutài fùguózhǔyì

zip *v.* 拉开（扣上）……的拉链 lākāi (kòushang)…de lāliàn: ~ the bag open (shut) 拉开（扣上）书包的拉链 lākāi (kòushàng) shūbāo de lāliàn, ~ up 拉上拉链 lāshàng lāliàn, ~-fastener 拉链 lāliàn *n.* 拉链 lāliàn / ~ code 邮政编号 yóuzhèng biānhào

zipper *n.* 拉链 lāliàn

zone *n.* 1. 地区 dìqū: a danger ~ 危险地区 wēixiǎn dìqū 2. 地带 dìdài: torrid ~ 热带 rèdài

zoo *n.* 动物园 dòngwùyuán

zoological *a.* 动物学的 dòngwùxuéde

zoologist *n.* 动物学家 dòngwùxuéjiā

zoology *n.* 动物学 dòngwùxué

zoom *v.* 1. 陡直上升 dǒuzhí shàngshēng *of an air-craft 2. 移向（离）目标 yí xiàn (lí) mùbiāo: The camera ~ed in on the child's face. 摄影机移向孩子的脸。Shèyǐngjī yí xiàng háizi de liǎn. *n.* ~ lens 变焦镜头 biànjiāo jìngtóu

Appendix 1
Scheme for the Chinese Phonetic Alphabet
汉语拼音方案
Table of the Chinese Phonetic Alphabet
一、字母表

字 母 Letter	名 称 Name	字 母 Letter	名 称 Name
A a	[a]	N n	[nɛ]
B b	[pɛ]	O o	[o]
C c	[tsʻɛ]	P p	[pʻɛ]
D d	[tɛ]	Q q	[tɕiu]
E e	[ɣ]	R r	[ɑr]
F f	[ɛf]	S s	[ɛs]
G g	[kɛ]	T t	[tʻɛ]
H h	[xa]	U u	[u]
I i	[i]	V v	[vɛ]
J i	[tɕiɛ]	W w	[uɑ]
K k	[kɛ]	X x	[ɕi]
L l	[ɛl]	Y y	[ia]
M m	[ɛm]	Z z	[tsɛ]

V 只用来拼写外来语、少数民族语言和方言。

V is used only to transcribe foreign words and words from national minority languages and local dialects.

拼写规则
Spelling Rules:

(1) "知、蚩、诗、日、资、雌、思" 等七个音节的韵母用 i，即：知、蚩、诗、日、资、雌、思等字拼作 zhi, chi, shi, ri, zi, ci, si。

"知、蚩、诗、日、资、雌、思" are represented as zhi, chi, shi, ri, zi, ci and si with the common "final" —i.

(2) 韵母儿写成 er，用作韵尾的时候写成 r。例如，"儿童" 拼作 értóng，"花儿" 拼作 huār.
The final — 儿 is represented by er, but it appears as "r" at the end of a word: 儿童 értóng, 花儿 huār.

(3) 韵母 ㄝ 单用的时候写做 ê. The final — ㄝ, when used alone, is written ê.

(4) i 行的韵母，前面没有声母的时候，写成：yi（衣），ya（呀），ye（耶），yao（腰），you（忧），yan（烟），yin（因），yang（央），ying（英），yong（雍）。

u 行的韵母，前面没有声母的时候，写成：wu（乌），wa（蛙），wo（窝），wai（歪），wei（威），wan（弯），wen（温），wang（汪），weng（翁）。

ü 行的韵母，前面没有声母的时候，写成：yu（迂），yue（约），yuan（冤），yun（晕）；ü 上两点省略。

ü 行的韵母跟声母 j，q，x 拼的时候，写成：ju（居），qu（区），xu（虚），ü 以上两点也省略；

但是跟声母 n, l 拼的时候，仍然写成：nü （女），lü （吕）。

Finals of the "i" line not preceded by consonantal initials are spelt with y: yi（衣), ya（呀）, ye（耶）, yao （腰）, you （忧）, yan （烟）, yin （因）, yang （央）, ying （英）, yong （雍）.

Finals of the "u" line not preceded by consonantal initials are spelt with "w": wu （乌）, wa （蛙）, wo （窝）, wai （歪）, wei （威）, wan （弯）, wen （温）, wang （汪）, weng（翁）.

Finals of the "ü" line not preceded by consonantal initials are spelt with "y": yu （迂）, yue （约）, yuan （冤）, yun （晕）, with the umlaut over u omitted.

When the finals of the "ü" line are preceded by the initials "j, q" and "x", they are spelt as ju （居）, qu （区） and xu （虚） with the umlaut omitted. But when they are preceded by the initials n and l, the umlaut must appear, as in nü （女） and lü （吕）.

(5) iou, uei, uen 前面加声母的时候，写成：iu, ui, un。例如：niu （牛）, gui （归）, lun （论）。 iou, uei, uen when preceded by consonantal initials are spelt as iu, ui and un, for example: niu （牛）, gui （归） and lun （论）.

（6）在给汉字注音的时候，为了使拼式简短， ng 可以省作 η。

For brevity, the spelling of "ng" is represented by "η" in phonetic notation.

Table of Initials
二、声母表

声母 Initial	名称 Name	例字 Example	声母 Initial	名称 Name	例字 Example
b	[bo]	玻	j	[tɕi]	基
p	[p'o]	坡	q	[tɕ'i]	欺
m	[mo]	摸	x	[ɕi]	希
f	[fo]	佛	zh	[tʂɻ]	知
d	[tɤ]	得	ch	[tʂ'ɻ]	吃
t	[t'ɤ]	特	sh	[ʂɻ]	诗
n	[nɤ]	讷	r	[ʐɻ]	日
l	[lɤ]	勒	z	[tsɿ]	资
g	[kɤ]	哥	c	[ts'ɿ]	雌
k	[k'ɤ]	科	s	[sɿ]	私
h	[xɤ]	喝			

三、 Table of Finals 韵母表

		a	o	e	ai	ei	ao	ou	an	en	ang	eng	ong
a 组	韵母 (Final)	a	o	e	ai	ei	ao	ou	an	en	ang	eng	ong
	读音 (IPA)	[A]	[o]	[ɣ]	[ai]	[ei]	[ɑu]	[ou]	[an]	[ən]	[ɑŋ]	[əŋ]	[uŋ]
	例字 (Example)	阿	喔	鹅	哀	欸	熬	欧	安	恩	昂	亨的韵母 雍的韵母
i 组	韵母 (Final)	i	ia				iao	iou	ian	in	iang	ing	iong
	读音 (IPA)	[i]	[ia]	[iɛ]			[iau]	[iou]	[iɛn]	[in]	[iɑŋ]	[iŋ]	[yŋ]
	例字(Example)	衣	呀	耶			腰	忧	烟	因	央	英	雍
u 组	韵母 (Final)	u	ua	uo	uai	uei			uan	uen	uang	ueng	
	读音 (IPA)	[u]	[uɑ]	[uo]	[uai]	[uei]			[uan]	[uən]	[uɑŋ]	[uəŋ]	
	例字(Example)	乌	蛙	窝	歪	威			弯	温	汪	翁	
ü 组	韵母 (Final)	ü		üe						ün			
	读音 (IPA)	[y]		[yɛ]						[yn]			
	例字(Example)	迂		约					冤	晕			

Tone Marks
四、声调符号

阴平	阳平	上声	去声
–	´	ˇ	`
1st tone	2nd tone	3rd tone	4th tone

声调符号标在音节的主要母音上，轻声不标。例如：

Tone marks are placed above the main vowel of the syllable, The neutral tone is not marked. e.g.

妈 mā	麻 má	马 mǎ
（阴平）	（阳平）	（上声）
(1st tone)	(2nd tone)	(3rd tone)
骂 mà	吗 ma	
（去声）	（轻声）	
(4th tone)	(neutral tone)	

The Dividing Sign
五、隔音符号

a, o, e 开头的音节连接在其他音节后面的时候，如果音节的界限发生混淆，用隔音符号（ ' ）隔开，例如：pi'ao （皮袄），ming'e （名额）。

If a syllable beginning with a, o, e follows another syllable and when there is ambiguity as to which of two syllable of a word a letter belongs or as to how many syllables a word should be divided into, the division between syllables is marked by the dividing sign (') for example: pi'ao (皮袄 leather jacket), ming'e (名额 quota).

Appendix 2

Chinese (standard modern Chinese language) Speech Sounds

汉语（普通话）语音

1. 汉语字音（音节）结构
    Formation of Chinese Syllables

例 Example	声母 Initial	韵母 Final	声调 Tone	说 明 Remarks
江	j	iāng	阴平 1st tone	汉语声调只有这四种。 There are only the four tones mentioned in Chinese.
南	n	án	阳平 2nd tone	
火	h	uǒ	上声 3rd tone	
力	l	ì	去声 4th tone	
啊		ā	阴平 1st tone	汉语有的字音没有声母。 Some Chinese characters do not contain "initials".

汉语一个字就是一个音节。一个字音由声母、韵母和声调三部分组成。

A Chinese character represents one syllable. The pronunciation of a character consists of "initial", "final" and "tone".

2. 声韵的配合规律

Spelling Rules for Initials and Finals

声母跟韵母拼合起来不计声调计有四百多个音节。

There are over 400 syllables when initials and finals are combined (without counting tones).

3. 声调变化规律

Rules for Tones Changes

一些汉字跟另一些汉字连读时，声调要起一些变化，重要的有以下几种。

In certain cases, the tones of syllables spoken in succession are a little bit different from those of the same syllables when spoken in isolation:

a. 上声字声调的变化 Changes in the third tone:
上声字在其他声调的字的前边时，变读半上声或阳平。

When the third tone is followed by a first, second or fourth tone, it changes to a "half-third tone"

例 Example	变 化 Tone change	说 明 Remarks
好 心	hǎo xīn——>hâo xīn	上声字在阴平，阳平，去声字前读半上。
好 人	hǎo rén——>hâo rén	
好 意	hǎo yì——>hâo yì	
好 友	hǎo yǒu——>háo yǒu	上声字在另一上声字前读阳平。

(indicated by the circumflex "ʌ") which is pronounced without its final rising pitch. A third tone followed by another third tone changes into a second tone:

凡三个以上的上声字连读时，除末一个字外，都变读阳平。例如：展览馆 (zhǎnlǎnguǎn——➤zhánlánguǎn)，我也有 (wǒ yě yǒu——➤wó yé yǒu)，我也有表(wǒ yě yǒu biǎo——➤wó yé yóu biǎo)；或者适当分组读，各组上声字按上述的规律变读。前一组末一字因下一组头一个字已变阳平，读半上声，最后一组，末尾一字不变调，仍读上声。例如，岂有/此理 qí yǒu / cí li，我有/好几把/雨伞 wóyǒu / háo jí bǎ / yúsǎn。

When three or more third tones occur in succession, all except the last become second tones, for example, 1. 展览馆 zhǎnlǎnguǎn ——➤zhánlánguǎn；2. 我也有 wǒ yě yǒu——➤wó yé yǒu；3. 我也有表 wǒ yě yǒu biǎo——➤wó yé yóu biǎo. Alternatively, a long succession of third tones may be divided into appropriate groups and pronounced according to the rules above. The last syllable of the first group, being followed by a second tone (a converted third tone) is pronounced as a half-third tone. The last syllable of the last group retains its third tone pronunciation. For example,

1.　岂有/此理 qí yǒu / cǐ lǐ——➤qí yǒu / cí li；2. 我有/好几把/雨伞 wǒ yǒu / hǎo jí bǎ / yǔ sǎn ——➤ wó yǒu / háo jí bǎ / yúsǎn.

　　b．"一、七、八"跟"不"四个字声调的变化。Changes in the Tones of 一，七，八 and 不。

　　"一、七、八"单念时读阴平调，"不"读去声。在其他声调的字前边时变读阳平或去声。参看下表。

Spoken in isolation, 一，七 and 八 are pronounced in the first tone, and 不 is pronounced in the fourth tone. When these words precede a fourth tone, they are pronounced in the second tone. When 一, precede a fourth tone, they are pronounced in the second or third tone.

例 Example	变 化 Tone change	说 明 Remarks
一（七、八）个	yī gè——>yí gè	一、七、八 和不在去声 字前时都读 阳平。
不去	bù qù——>bú qù	
一张	yī zhāng——>yì zhāng	一在阴平、 阳平、上声 前时，读去 声。
一年	yī nián——>yì nián	
一尺	yī chǐ——>yì chǐ	

4. 轻声 Neutral Tone

轻声字的读法由它前一个字的声调来决定。

The tone of an unstressed syllable is determined by the tone of the preceding syllable.

例 Example	变 化 Tone change	说 明 Explanation*
丫·头	yātóu → yā·tòu	轻声字在阴平、阳平
拳·头	quántóu → quán·tòu	跟去声字后边时读近
木·头	mùtóu → mù·tòu	于去声的短低轻调。
里·头	lǐtóu → lǐ·tōu	轻声字在上声字后边 时读近于阴平的短高 轻调，前边的上声字 也随着变半上声。

*Following a first, second or fourth tone, the unstressed syllable is pronounced like a very short, light fourth tone. The pitch of the beginning of the shortened fourth tone follows naturally from the sound pattern of the preceding syllable:

1. After a first tone the shortened fourth tone begins at a pitch slightly lower than the first tone.

2. After a second tone, the shortened fourth tone begins at a pitch slightly higher than the second tone.

3. After a fourth tone, the shortened-fourth tone begins at a pitch slightly lower than the fourth tone.

4. After a third tone the unstressed syllable is

pronounced as a short, light first tone. Because it preceded a first tone, the third tone becomes a half-third tone.

This can be diagramatically represented as follows
u.s. = unstressed syllable

Pitch of Voice	‿ ＼ u.s.	╱ ＼ u.s.	＼ ‿ u.s.	＼ ‿ u.s.

first tone second tone third tone fourth tone

凡三个以上的轻声字连读时，后一个轻声字要看前一个轻声字变成象那一种声调，再按上述的规律变读。例如：说·起·来 (shuō qǐlái ⟶ shuō·qì·lài,) 拿·出·去 (ná chūqù ⟶ ná·chù·qù), 要·回·来 (yào huílái ⟶ yào·huì·lài), 砍·下·来 (kǎnxiàlái ⟶ kân·xiā·lài), 砍·下·来·了 (kǎn xià láilè ⟶ kân·xiā·lài·lè).

When three or more unstressed syllable appear in succession, the second and following unstressed syllables are pronounced as shortened fourth tones (represented here by the symbol (、).) for example: 说起来 shūo qǐlái → shuō·qì·lài; 拿出去 ná chūqù → ná·chū·qù; 要回来 yào huí lái → yào hùi·lài; 砍下来 kǎn xiàlái → kân xiā·lài, 砍下来了 kǎn xiàláilè → kân·xiā·lái·lè.

5. 儿化音 Rules for Pronunciation of the r-sound

凡读儿化音的字，音节末尾是 a, o, e, u 的，儿化时韵母不变化。（例如：码儿 mǎr, 刀儿 daōr, 格儿 gér, 猴儿 hóur)。其他韵母的，都要变得适于卷舌发音。参看下表。

When the suffix "r" （儿） is used, "r" is not pronounced as a separate syllable but indicates that the sound of "r" should be added to the final of the preceding syllable.

Syllables ending in finals "a, o, e" and "u" do not change when "r" is added, for example, 码儿 mǎr, 刀儿 daōr, 格儿 gér, 猴儿 hóur. Syllables with other finals change accommodate the retroflex pronunciation of "r" as follows.

例 Example	变化 Change in Final	说明 Explanation*
盖儿 竿儿	gài ——→ gàr gān ——→ gār	1. 凡韵母末尾是 i 或 n 的要去掉 i 或 n.
笛儿 鱼儿	dí ——→ díer yú ——→ yúer	2. 凡韵母是 i 或 ü 的要加 e.
枝儿 词儿	zhī ——→ zhēr cí ——→ cér	3. 凡韵母是 -i 的，韵母 -i 要变成 e.
汤儿 铃儿	tāng ——→ tā̃r líng ——→ liē̃r	4. 凡韵母末尾是 ng 的，要丢掉 ng, 并按上述规律儿化为鼻化音。

加～表示鼻化音

+ ～ nasalized sound

* Explanation for table

1. Syllables ending in "n" or under a compound vowel ending in "i", drop the "n" or "i" and replace it with "r".

2. "er" is added to syllables ending in simple vowels "i" or "ü".

3. "i" after "z, c, s, zh, ch, sh", "r" is replaced by "er".

4. Syllables ending in "ng", drop the "ng", and modify the remaining sound according to the above rules. The sound is nasalized.

Appendix 3

A Comparative Chart of the International Phonetic Alphabet and the Chinese *Pinyin* Alphabet

汉语拼音字母和国际音标对照表
Hànyǔ pīnyīn zìmǔ hé
guójì yīnbiāo duìzhàobiǎo

拼音字母	国际音标	拼音字母	国际音标	拼音字母	国际音标
b	[p]	z	[ts]	ia	[ia]
p	[p′]	c	[ts′]	ie	[iɛ]
m	[m]	s	[s]	iao	[iɑu]
f	[f]	a	[A]	iou	[iou]
v	[v]	o	[o]	ian	[iɛn]
d	[t]	e	[ɤ]	in	[in]
t	[t′]	ê	[ɛ]	iang	[iɑŋ]
n	[n]	i	[i]	ing	[iŋ]

拼音字母	国际音标	拼音字母	国际音标	拼音字母	国际音标
l	[l]	-i（前）	[ʅ]	uɑ	[uA]
g	[k]	-i（后）	[ʅ]	uo	[uo]
k	[kʻ]	u	[u]	uɑi	[uɑi]
(ng)	[ŋ]	ü	[y]	uei	[uei]
h	[x]	er	[ər]	uɑn	[uɑn]
j	[tɕ]	ɑi	[ai]	uen	[uən]
q	[tɕʻ]	ei	[ei]	uɑng	[uɑŋ]
		ɑo	[ɑu]	ueng	[uəŋ]
x	[ɕ]	ou	[ou]	ong	[uŋ]
zh	[tʂ]	ɑn	[an]	üe	[yɛ]
ch	[tʂʻ]	en	[ən]	üɑn	[yɛn]
sh	[ʂ]	ɑng	[ɑŋ]	ün	[yn]
r	[ʐ]	eng	[əŋ]	iong	[yŋ]

Appendix 4

Table of Measure Words
汉语量词表
hànyǔ-liàngcíbiǎo

A

English 英（名）	Chinese 汉（名）	Pinyin 拼音	Measure Word 量词	
apron	围裙	wéiqún	条	tiáo
arm	胳膊	gēbō	只	zhī
article	文章	wénzhāng	篇	piān
auditorium	礼堂	litáng	座	zuò

B

bamboo	竹子	zhúzi	根	gēn
banana	香蕉	xiāngjiāo	根	gēn
basket	篮子	lánzi	个	gè
beancurd	豆腐	dòufū	块	kuài
bean	豆子	dòuzi	粒	lì
bed	床	chuáng	张	zhāng
bee	蜜蜂	mìfēng	只	zhī
bell	钟	zhōng	座	zuò
bird	鸟	niǎo	只	zhī
biscuit	饼干	bǐnggān	块	kuài
blanket	毯子	tǎnzi	条	tiáo
blood	血	xuè (xiě)	滴	dī
board	板	bǎn	块	kuài

book	书	shū	本	běn
bookcase	书橱	shūchú	个	gè
bookshop	书店	shūdiàn	家	jiā
box	箱子	xiāngzi	只	zhī/个 gè
bracelet	手镯	shǒuzhuó	个	gè/副 fù
			对	duì
bridge	桥	qiáo	座	zuò
bull	牛	niú	头	tóu
business	企业	qǐyè	家	jiā
butterfly	蝴蝶	húdié	只	zhī

C

cell	电池	diànchí	节	jié
chair	椅子	yǐzi	把	bǎ
chess	棋	qí	盘	pán/副 fù
chessman	棋子	qízǐ	个	gè
chicken	鸡	jī	只	zhī
chopsticks	筷子	kuàizi	双	shuān
cigarette	香烟	xiāngyān	支	zhī
city	城	chéng	座	zuò
classroom	教室	jiàoshì	个	gè
cloth	布	bù	块	kuài
clothes	衣服	yīfu	件	jiàn
cord	绳子	shéngzi	条	tiáo
course	课程	kèchéng	门	mén
cow	牛	niú	头	tóu
cucumber	黄瓜	huángguā	条	tiáo

D

diamond	钻石	zuànshí	粒	lì
diary	日记	rìjì	篇	piān
dog	狗	gǒu	条	tiáo
door	门	mén	个	gè
drawing pin	图钉	túdīng	个	gè
duck	鸭子	yāzi	只	zhī

E

ear	耳朵	ěrduo	个	gè
earings	耳环	ěrhuán	副	fù/只 zhī
eye	眼睛	yǎnjīng	只	zhī

F

factory	工厂	gōngchǎng	个	gè
fan	扇子	shànzi	把	bǎ
fiction	小说	xiǎoshuō	篇	piān
film	电影	diànyǐng	部	bù
	影片	yǐngpiàn	部	bù
fire	火	huǒ	把	bǎ
fish	鱼	yú	条	tiáo
flower	花	huā	朵	duǒ/束 shù
foot	脚	jiǎo	只	zhī
frog	青蛙	qīngwā	只	zhī
furniture	家具	jiāju	件	jiàn

G

glass	玻璃	bōli	块	kuài	
glasses	眼镜	yǎnjìng	副/只	fù/只	zhī
gloves	手套	shǒutào	只/副	zhī/副	fù
goods	货物	huòwù	件	jiàn	
	商品	shāngpǐn	个	gè	
gramophone record	唱片	chàngpiàn	张	zhāng	
grape	葡萄	pútáo	串	chuàn	
grass	草	cǎo	棵	kē	
ground	地	dì	块	kuài	
guest	客人	kèrén	位/个	wèi/个	gè
gun	手枪	shǒuqiāng	支	zhī	

H

handkerchief	手绢	shǒujuàn	条	tiáo	
hair	头发	tóufa	根	gēn	
hat	帽子	màozi	顶	dǐng	
heart	心	xīn	颗	kē	
homework	功课	gōngkè	门	mén	
horse	马	mǎ	匹	pǐ	
hotel	饭店	fàndiàn	家	jiā	
	旅馆	lǚguǎn	家	jiā	
hospital	医院	yīyuàn	家/所	jiā/所	suǒ
house	房间	fángjiān	个	gè	
household	人家	rénjiā	户	hù	

I

ice	冰	bīng	块	kuài
idea	意见	yìjiàn	条	tiáo
illness	病	bìng	场	chàng/次 cì
instrument (musical)	乐器	yuèqì	件	jiàn
island	岛	dǎo	个	gè

K

key	钥匙	yàoshì	把	bǎ
knife	刀子	dāozi	把	bǎ

L

ladle	勺子	sháozi	把	bǎ
lamp	灯	dēng	盏	zhǎn
leaf	叶子	yèzi	片	piàn
letter	信	xìn	封	fēng
letter box	信箱	xìnxiāng	个	gè
luggage	行李	xíngli	件	jiàn

M

machine	机器	jīqì	台	tái
magazine	杂志	zázhì	本	běn
man	人	rén	个	gè
map	地图	dìtú	张	zhāng
match (competition)	比赛	bǐsài	场	chǎng

meal	饭	fàn	顿	dùn
meat	肉	ròu	块	kuài
medicine	药	yào	片	piàn
melon	瓜	guā	个	gè
melon seeds	瓜籽	guāzi	颗	kē
mirror	镜子	jìngzi	面	miàn/个 gè
moon cake	月饼	yuèbǐng	个	gè
mouth	嘴	zuǐ	张	zhāng
mountain	山	shān	座	zuò
movie	影片	yǐngpiàn	部	bù
muffler (scarf)	围巾	wéijīn	条	tiáo
music	乐曲	yuèqǔ	首	shǒu

N

nail	钉子	dīngzi	个	gè
needle	针	zhēn	根	gēn
news	消息	xiāoxi	条	tiáo / 个 gè
newspaper	报纸	bàozhǐ	张	zhāng / 份 fèn
newspaper office	报社	bàoshè	家	jiā
nose	鼻子	bízi	个	gè

O

onion	葱	cōng	根	gēn/颗 kē
orange	桔子	júzi	个	gè
ox	牛	niú	头	tóu

P

palace	官殿	gōngdiàn	座	zuò
pan	锅(平底)	guō	口	kǒu
paper	纸	zhǐ	张	zhāng
pastry	点心	diǎnxīn	块	kuài
peanut	花生	huāshēng	颗	kē
pearl	珠子	zhūzi	颗	kē/粒 lì
pen	笔	bǐ	支	zhī
person	人	rén	个	gè
photograph	相片	xiàngpiàn	张	zhāng
piano	钢琴	gāngqín	架	jià
picture	画	huà	张	zhāng
pig	猪	zhū	口	kǒu
pillow	枕头	zhěntóu	个	gè
pistol	手枪	shǒuqiāng	支	zhī
plan	计划	jìhuà	个	gè
plane	飞机	fēijī	架	jià
play	戏	xì	场	chǎng / 出 chū
poem	诗	shī	首	shǒu
poetry	诗	shī	首	shǒu
pot	锅	guō	口	kǒu
present	礼物	lǐwù	件	jiàn

Q

quilt	被子	bèizi	床	chuáng/条 tiáo

R

radio	收音机	shōuyīnji	台	tái
railway carriage	车厢	chēxiāng	节	jié
rain	雨	yǔ	场	chǎng
rice	米	mǐ	粒	lì
river	河、江	hé, jiāng	条	tiáo
road	路	lù	条	tiáo
rocket	火箭	huǒjiàn	支	zhī
room	房间	fángjiān	个	gè
	屋子	wūzi	间	jiān
rope	绳子	shéngzi	条	tiáo
rubber	橡皮	xiàngpí	块	kuài
ruler	尺	chí	把	bǎ

S

sausage	香肠	xiāngcháng	根	gēn
scarf	头巾	tóujīn	块	kuài
scenery	风景	fēngjǐng	处	chù
scenic spot	名胜	míngshèng	处	chù
school	学校	xuéxiào	所	suǒ
schoolwork	功课	gōngkè	门	mén
scissors	剪子	jiǎnzi	把	bǎ
seal	图章	túzhāng	个	gè
sesame seed cake	烧饼	shāobing	个	gè
sheet	床单	chuángdān	条	tiáo
ship	船	chuán	条	tiáo

shoes	鞋	xié	双	shuāng / 只 zhī
shop	商店	shāngdiàn	家	jiā
shrimp	虾	xiā	只	zhī
skirt	裙子	qúnzi	条	tiáo
snow	雪	xuě	场	chǎng
soap	肥皂	féizào	块	kuài
song	歌	gē	支	zhī
spoon	勺子	sháozi	把	bǎ
stamp	邮票	yóupiào	张	zhāng
star	星	xīng	颗	kē
station	车站	chēzhàn	个	gè
steamed bread	馒头	mántóu	个	gè
stone	石头	shítóu	块	kuài
storeyed building	楼	lóu	层	céng
story	故事	gùshi	个	gè
street	街	jiē	条	tiáo
string	绳子	shéngzi	条	tiáo
sugar	糖	táng	块	kuài
sword	剑	jiàn	口	kǒu 把 bǎ

T

table	桌子	zhuōzi	张	zhāng
tangerine	桔子	júzi	个	gè
tears	眼泪	yǎnlèi	滴	dī
text	课文	kèwén	篇	piān
theatre	剧院	jùyuàn	家	jiā

thing	东西	dōngxi	件	jiàn
thing	事	shì	件	jiàn
ticket	票	piào	张	zhāng
tiger	老虎	lǎohǔ	只	zhī
tomato	西红柿	xīhóngshì	个	gè
tongue	舌头	shétou	个	gè
tooth	牙齿	yáchǐ	颗	kē
toothbrush	牙刷	yáshuā	把	bǎ
toothpaste	牙膏	yágāo	支	zhī
towel	手巾	shǒujīn	条	tiáo
tower	塔	tǎ	座	zuò
tractor	拖拉机	tuōlājī	台	tái
train	火车	huǒchē	列/节	liè/jié
trousers	裤子	kùzi	条	tiáo

U

umbrella	伞	sǎn	把	bǎ

V

vegetables	菜	cài	棵	kē
vehicle	车	chē	辆	liàng
verse	诗	shī	首	shǒu

W

wall	墙	qiáng	堵	dǔ
war	战争	zhànzhēng	场	chǎng

watch	表	biǎo	块	kuài		
water	水	shuǐ	滴	dī		
watermelon	西瓜	xīguā	个	gè/块	kuài	
way	办法	bànfǎ	个	gè		
way	路	lù	条	tiáo		
wharf	码头	mǎtóu	个	gè		
wind	风	fēng	阵	zhèn		
window	窗户	chuānghù	个	gè/扇	shàn	
wire	电线	diànxiàn	条	tiáo		
wood	木头	mùtou	根	gēn/ 块	kuài	
word	词	cí	个	gè/字	zì	
word (talk)	话	huà	句	jù		
work	工作	gōngzuò	个	gè/ 件	jiàn	
worker	工人	gōngrén	个	gè		

Appendix 5

Chinese Provinces, Autonomous Regions and Municipalities Directly Under the Central Government and Seats of Their People's Government

中国各省、自治区、直辖市的名称及其人民政府所在地

Zhōngguó gè shěng, zìzhìqū, zhíxiáshìde míngchēng jíqí rénmín zhèngfǔ suǒzàidì

Name 名称 míngchēng		Abbreviation 简称 jiǎnchēng		Seat of the people's government 人民政府所在地 Rénmínzhèngfǔ suǒzàidì	
北京市	Běijīng shì	京	Jīng	北京市	Běijīng shì
上海市	Shànghǎi shì	沪	Hù	上海市	Shànghǎi shì
天津市	Tiānjīn shì	津	Jīn	天津市	Tiānjīn shì

河北省	Héběi shěng	冀 Jì	石家庄市 Shíjiāzhuāng shì
山西省	Shānxi shěng	晋 Jìn	大原市 Tàiyuán shì
内蒙古自治区	Nèi Měnggǔ zìzhìqū	内蒙 Nèi Měng (Nèi Mongol)	呼和浩特市 Hūhéhàotè (Huhhot)shì
辽宁省	Liáoníng shěng	辽 Liáo	沈阳市 Shěnyáng shì
吉林省	Jílín shěng	吉 Jí	长春市 Chángchūn shì
黑龙江省	Hēilóngjiāng shěng	黑 Hēi	哈尔滨市 Hāěrbìn (Harbin) shì
山东省	Shāndōng shěng	鲁 Lǔ	济南市 Jìnán shì
河南省	Hénán shěng	豫 Yù	郑州市 Zhèngzhōu shì
江苏省	Jiāngsū shěng	苏 Sū	南京市 Nánjīng shì
安徽省	Ānhui shěng	皖 Wǎn	合肥市 Héféi shì
浙江省	Zhèjiāng shěng	浙 Zhè	杭州市 Hángzhōu shì

江西省	Jiāngxī shěng	赣	Gàn	南昌市	Nánchāng shì
福建省	Fújiàn shěng	闽	Mǐn	福州市	Fúzhōu shì
台湾省	Táiwān shěng	台	Tái		
湖北省	Húběi shěng	鄂	È	武汉市	Wǔhàn shì
湖南省	Húnán shěng	湘	Xiāng	长沙市	Chángshā shì
广东省	Guǎngdōng shěng	粤	Yuè	广州市	Guǎngzhōu shì
广西壮族自治区	Guǎngxī Zhuàngzú zìzhìqū	桂	Guì	南宁市	Nánníng shì
甘肃省	Gānsù shěng	甘	Gān	兰州市	Lánzhōu shì
青海省	Qīnghǎi shěng	青	Qīng	西宁市	Xīníng shì
宁夏回族自治区	Níngxià Huízú zìzhìqū	宁	Níng	银川市	Yínchuān shì

陕西省	Shǎanxi shěng	陕	Shǎn	西安市	Xī'ān shì
新疆维吾尔自治区	Xinjiāng Wéiwúěr (Uygur) zizhìqū	新	Xin	乌鲁木齐市	Wūlǔmùqí (Ürümqi) shì
四川省	Sichuān shěng	川	Chuān	成都市	Chéngdū shì
		蜀	Shǔ		
贵州省	Guizhōu shěng	贵	Gui	贵阳市	Guiyáng shì
		黔	Qián		
云南省	Yúnnán shěng	云	Yún	昆明市	Kūnmíng shì
		滇	Diān		
西藏自治区	Xizàng zizhìqū	藏	Zàng	拉萨市	Lāsà (Lhasa) shì